Mathcad

Benutzerhandbuch
Mathcad 2000 Professional
Mathcad 2000 Standard

Mathcad

Benutzerhandbuch
Mathcad 2000 Professional
Mathcad 2000 Standard

MathSoft, Inc.
101 Main Street
Cambridge
Massachusetts 02142
USA
http://www.mathsoft.com/

MathSoft
$\Sigma + \sqrt{} - = \times \int \div \delta$

Alle Rechte an der Software Mathcad und an der Dokumentation sind Mathsoft, Inc. vorbehalten. Kein Teil des Werkes darf in irgendeiner Form (Druck, Fotokopie, Mikrofilm oder einem anderen Verfahren) ohne schriftliche Genehmigung des Verlages reproduziert oder unter Verwendung elektronischer Systeme verarbeitet, vervielfältigt oder verbreitet werden.

U.S. Patent Numbers 5.526,475 und 5,468,538

Beachten Sie auch die Lizenzbestimmungen und die Hinweise zur beschränkten Haftung.

MKM entwickelt von Waterloo Maple Software.

VolvoView Express technology, Copyright © 1999 Autodesk, Inc. Alle Rechte vorbehalten. Mathcad Colloboratory wird unterstützt von O'Reilly WebBoard, Copyright © 1995-1999 Duke Engineering/O'Reilly & Associates, Inc.

Copyright © 1986-1999 Mathsoft, Inc. Alle Rechte vorbehalten.

MathSoft, Inc.
101 Main Street
Cambridge, MA 02142
USA

Mathcad, *Axum* und S-*PLUS* sind eingetragenen Warenzeichen von MathSoft, Inc. *Electronic Book*, *QuickSheets*, *MathConnex*, *ConnexScript*, *Colloboratory*, *IntelliMath*, *LiveSymbolics* und das MathSoft-Logo sind Warenzeichen von MathSoft, Inc.

Microsoft, *Windows*, *IntelliMouse* und das Windows-Logo sind eingetragenen Warenzeichen der Microsoft Corp. *Windows NT* ist ein Warenzeichen der Microsoft Corp.

OpenGL ist ein eingetragenes Warenzeichen von Silicon Graphics, Inc.

MATLAB ist ein eingetragenes Warenzeichen von The Math, Inc.

SmartSketch ist ein eingetragenes Warenzeichen von Intergraph Corporation.

Die Wiedergabe von Gebrauchsnamen, Handelsnamen, Warenbezeichnungen usw. in diesem Werk berechtigt auch ohne besondere Kennzeichnung nicht zu der Annahme, daß solche Namen im Sinne der Warenzeichen- und Markenschutz-Gesetzgebung als frei zu betrachten wären und daher von jedermann benutzt werden dürften.

Printed in Germany
© Copyright 2000 by MITP-Verlag GmbH, Bonn
Ein Unternehmen der verlag moderne industrie AG & Co. KG, Landsberg

Druck: Media-Print, Paderborn
Umschlaggestaltung: Kommunikation & Design, Köln
Übersetzung: Media-Mate, Düsseldorf
Satz: Reemers EDV-Satz, Krefeld

Warnung: MATHSOFT, INC. IST NUR BEREIT, IHNEN EINE LIZENZ FÜR DIE VERWENDUNG DER BEILIEGENDEN SOFTWARE ZU GEWÄHREN, WENN SIE SÄMTLICHE IN DIESER LIZENZVEREINBARUNG ENTHALTENEN BEDINGUNGEN ANERKENNEN: LESEN SIE SICH DIESE LIZENZBEDINGUNGEN VOR DEM ÖFFNEN DER CD-ROM-PACKUNG ODER EINES ANDEREN MEDIUMS SORGFÄLTIG DURCH, DA SIE MIT DEM ÖFFNEN DES PAKETS ERKLÄREN, DASS SIE DIE LIZENSBEDINGUNGEN ANERKENNEN. SOLLTEN SIE SICH NICHT MIT DIESEN BEDINGUNGEN EINVERSTANDEN ERKLÄREN, IST MATHSOFT NICHT BEREIT, IHNEN EINE LIZENZ FÜR DIE SOFTWARE ZU GEWÄHREN. IN DIESEM FALL SOLLTEN SIE DAS VOLLSTÄNDIGE PAKET ZUSAMMEN MIT ALLEN MATERIALIEN SOWIE DEM UNGEÖFFNETEN PAKET MIT DER CD-ROM ODER EINEM ANDEREM MEDIU ZURÜCKGEBEN. SIE ERHALTEN DEN KAUFPREIS DANN ZURÜCKERSTATTET.

LIZENZVEREINBARUNG MIT MATHSOFT, INC.

Software und Dokumentation unterliegen dem gültigen Urheberrechtsbestimmungen, Bestimmungen internationaler Verträge und Handelsgeheimnisgesetzen verschiedener Staaten. Diese Vereinbarung gewährt Ihnen eine begrenzte, nichtexklusive, nichtübertragbare Lizenz zur Verwendung der Software und Dokumentation. Dies ist keine Vereinbarung über den Verkauf der Software oder Dokumentation oder einer Kopie der Software oder Dokumentation, und Sie haben weder Rechte noch Eigentum an der Software oder an der Dokumentaion oder Kopien oder Teilen davon erworben. Ihr Recht, die Software und die Dokumentation zu benutzen ist durch die hier beschriebenen Bestimmungen begrenzt.

Die Software und die Dokumentation dürfen ausschließlich für persönliche oder interne Zwecke und für unentgeltliche Demonstrationen (nicht aber für die Lieferung oder den Verkauf) in Zusammenhang mit persönlichen oder internen Zwecken verwendet werden. Dabei gilt folgendes:

a) Wenn Sie eine Einzellizenz haben, darf die Software immer nur auf einem Computer bzw. von einem Benutzer verwendet werden.

b) Wenn Sie Mehrfachlizenzen erworben haben, darf die Software entweder auf Einzelcomputern oder in Computer-Netzwerken von gleichzeitig so vielen oder weniger Benutzern benutzt werden, wie Sie Lizenzen erworben haben.

c) Die Vertraulichkeit der Software und Dokumentation muß jederzeit gewahrt bleiben.

Kopien der Software dürfen nur für Archivierungszwecke verwendet werden und auch nur dann, wenn Sie jede Sicherungskopie mit einem entsprechenden Urheberrechtsvermerk versehen.

MathSoft, Inc. behält sich alle nicht ausdrücklich in dieser Lizenzvereinbarung Ihnen gegenüber gewährten Rechte vor. Die in dieser Vereinbarung gewährte Lizenz ist ausschließlich auf die oben genannte Verwendungszwecke beschränkt. Ohne Einschränkung der Allgemeingültigkeit des zuvor Gesagten haben Sie KEINE Lizenz, die Software oder die Dokumentation in Zusammenhang mit dem Verkauf, Wiederverkauf, der Lizenzierung oder einer anderen auf Gewinn ausgerichtet persönlichen oder kommerziellen Reproduktion oder dem kommerziellen Vertrieb von Computer-Programmen oder anderen Materialien zu verwenden oder zu kopieren, ohne daß dies zuvor schriftliche von MathSoft, Inc. genehmigt worden ist. Insbesondere dürfen die DLL-Schnittstellenspezifikationen, das HBK-Dateiformat und andere vertrauliche Informationen und urheberrechtlich geschützte Materialien nicht ohne das vorherige schriftliche Einverständnis von MathSoft, Inc. für die Erstellung von Computer-Programmen oder anderen Materialien für den Verkauf, Wiederverkauf, die Lizenzierung oder für eine entgeltliche persönliche oder kommerzielle Reproduktion oder den kommerziellen Vertrieb angewendet werden.

Sie müssen über einen angemessenen Mechanismus bzw. über die entsprechenden Verfahren verfügen, mit denen sichergestellt werden kann, daß die Anzahl der Benutzer niemals die Anzahl der von Ihnen bezahlten Lizenzen übersteigt und daß alle Personen, die laut dieser Vereinbarung keine Befugnis zur Nutzung der Software haben, auf diese auch nicht zugreifen können. Sämtliche Kopien, die Sie von der Software anfertigen, ob vollständig oder teilweise, sind Eigentum von MathSoft. Sie erklären sich einvertanden, alle von Ihnen angefertigten Kopien der Software mit den entsprechenden Verweisen auf MathSofts Urheberrecht, die Warenzeichen und andere geschützte Rechte zu versehen.

Ihre Lizenz zur Verwendung der Software und Dokumentation endet automatisch, wenn Sie sich ncht an die Bestimmungen dieser Vereinbarung halten. Sie erklären sich einverstanden, bei Beendigung der Lizenz alle in Ihrem Besitz befindlichen Kopien oder Exemplare der Software und Dokumentation zu zerstören.

BESCHRÄNKTE HAFTUNG VON MATHSOFT, INC

MathSoft, Inc. garantiert gegenüber dem ursprünglichen Lizenznehmer für eine Zeitraum von neunzig (90) Tagen ab Kaufdatum, daß die Medien, auf denen die Software aufgezeichnet ist, bei normaler Nutzung keinerlei Material- oder Verarbeitungsfehler aufweisen. Das Kaufdatum muß durch eine Kopie Ihrer Quittung belegt werden. Die Haftung der MathSoft, Inc. gemäß dieser beschränkten Haftung beschränkt sich auf den Ersatz der defekten Medien. Wenn das Nichtfuntionieren des Mediums auf Unfall, Mißbrauch oder falsche Anwendung zurückzuführen ist, ist MathSoft, Inc. gemäß dieser beschränkten Haftung nicht verpflichtet das Medium zu ersetzen.

DIE BESCHRÄNKTE HAFTUNG SOWIE DAS RECHT AUF ERSATZ TRITT AN DIE STELLE ALLER ANDEREN AUSDRÜCKLICHEN UND IMPLIZIERTEN GARANTIEANSPRÜCHE IN BEZUG AUF DIE SOFTWARE, DIE DOKUMENTATION, DATENTRÄGER UND DIESE LIZENZ, D.H. SIE VERZICHTEN HIERMIT AUF ALLE ANSPRÜCHE U.A. BEZÜGLICH DER VERKÄUFLICHKEIT UND DER EIGNUNG FÜR EINEN BESTIMMTEN ZWECK. UNTER KEINEN UMSTÄNDEN IST MATHSOFT, INC. FÜR NEBENSÄCHLICHE SCHÄDEN UND FOLGESCHÄDEN HAFTBAR, HIERZU GEHÖREN U.A. DIE FOLGENDEN SCHÄDEN: AUSFALLZEITEN, EINKOMMENSVERLUSTE, DATENVERLUSTE ODER DATENVERFÄLSCHUNGEN SOWIE VERLUSTE VON DRITTEN, SELBST DANN, WENN MATHSOFT, INC. ÜBER DIE MÖGLICHKEIT SOLCHER VERLUSTE UNTERRICHTET WORDEN IST. **Diese Garantie gibt Ihnen bestimmte Rechte, die sich von Staat zu Staat unterscheiden können. Da diese Art der beschränkten Haftung bzw. Ausschließung der Haftung für Folgeschäden in einigen Staaten nicht zulässig ist, haben die obigen Einschränkungen möglicherweise keine Geltung für Sie.**

Die Lizenzvereinbarung unterliegt den Gesetzen des Commonwealth of Massachusetts und soll MathSoft, seinen Nachfolgern, Vertretern und Rechtsnachfolgern zugute kommen. Die mit dieser Vereinbarung gewährte Lizenz darf ohne die vorherige schriftliche Genehmigung von MathSoft, Inc. weder übertragen, unterlizenziert noch anderweitig weitergeben werden. Wenn eine der Bestimmungen dieser Vereinbarung ungültig, unrechtmäßig oder nicht durchsetzbar ist, werden dadurch die Gültigkeit, Gesetzmäßigkeit und Durchsetzbarkeit der übrigen Bestimmungen in keiner Weise berührt oder beeinträchtig.

Inhaltsverzeichnis

I Benutzerhandbuch 13

Wie Sie diesen User Guide nutzen — 13
    Notationen und Konventionen — 14

Teil 1 Grundlagen 15

1: Willkommen bei Mathcad — 17
    Was ist Mathcad? — 17
    Mathcad-Editionen — 18
    Neu in Mathcad 2000 — 18
    Systemanforderungen — 19
    Installation — 20
    MathSoft-Kontaktadressen — 20

2: Die ersten Schritte — 23
    Der Arbeitsbereich von Mathcad — 23
    Bereiche — 27
    Eine einfache Berechnung — 29
    Definitionen und Variablen — 30
    Texteingabe — 32
    Iterative Berechnungen — 33
    Diagramme — 36
    Speichern, Drucken und Beenden — 38

3: Online-Ressourcen — 41
    Informationszentrum und elektronische Bücher — 41
    Hilfe — 47
    Internet-Zugriff in Mathcad — 49
    Die WWW-Foren — 50
    Weitere Hilfsquellen — 54

Teil 2 Mathcad-Arbeitsblätter 55

4: Mathematische Ausdrücke 57
    Mathematische Ausdrücke einfügen *57*
    Ausdrücke *65*
    Ausdrücke bearbeiten *69*
    Mathematische Formate *78*

5: Text 83
    Text einfügen 83
    Text- und Absatzeigenschaften 87
    Textformate 90
    Gleichungen im Text 93
    Textwerkzeuge 94

6: Grafiken und andere Objekte 99
    Überblick 99
    Bilder einfügen 100
    Objekte einfügen 104

7: Verwaltung von Arbeitsblättern 109
    Arbeitsblätter und Vorlagen 109
    Neuanordnung des Arbeitsblatts 114
    Layout 118
    Gesicherte Bereiche auf einem Arbeitsblatt 121
    Hyperlinks 124
    Erstellen eines elektronischen Buchs 126
    Drucken und Mail 131

Teil 3 Programmierung 135

8: Berechnungen 137
    Definition und Auswertung von Variablen 137
    Definition und Auswertung von Funktionen 145
    Einheiten und Dimensionen 148
    Ergebnisse 152
    Berechnungen steuern 160
    Animation 163
    Fehlermeldungen 166

9: Operatoren 169
    Die Arbeit mit Operatoren 169
    Arithmetische und Boolesche Operatoren 172

Vektor- und Matrix-Operatoren	175
Summationen und Produkte	178
Ableitungen	181
Integrale	184
Benutzerdefinierte Operatoren	189

10: Vordefinierte Funktionen 193

Vordefinierte Funktionen einfügen	193
Wichtige mathematische Funktionen	195
Diskrete Transformationen	201
Vektor- und Matrixfunktionen	203
Funktionen zur Lösung und Optimierung	208
Funktionen für Statistik, Wahrscheinlichkeit und Datenanalyse	215
Finanzfunktionen	226
Funktionen zur Lösung von Differentialgleichungen	229
Verschiedene Funktionen	241

11: Vektoren, Matrizen und Datenfelder 247

Felder anlegen	247
Zugriff auf Feldelemente	253
Felder anzeigen	256
Die Arbeit mit Feldern	259
Verschachtelte Felder	263

12: 2D-Diagramme 265

2D-Diagramme – Überblick	265
Grafische Funktionen und Ausdrücke	267
Datenvektoren	272
Formatieren von 2D-Diagrammen	276
Änderung der 2D-Diagrammperspektive	280

13: 3D-Diagramme 283

3D-Diagramme – Überblick	283
Erzeugen von 3D-Diagrammen von Funktionen	284
Erzeugen von 3D-Diagrammen aus Daten	288
Formatierung von 3D-Diagrammen	295
Drehen und Zoomen von 3D-Diagrammen	307

14: Symbolische Berechnungen 309

Symbolische Algebra – Überblick	309
Symbolische Auswertung – »live«	310
Das Symbolik-Menü	319
Beispiele für die symbolische Berechnung	321
Symbolische Optimierung	331

15: Programmierung — 333

- Definition eines Programms — 333
- Bedingte Anweisungen — 336
- Schleifen — 338
- Steuerung des Programmflusses — 340
- Fehlerbehandlung — 343
- Programme in Programmen — 345

16: Komplexere Berechnungen — 349

- Verweise auf Arbeitsblätter — 349
- Daten mit anderen Applikationen austauschen — 350
- Skripting für benutzerdefinierte OLE-Automatisierungsobjekte — 365
- Zugriff auf Mathcad aus einer anderen Applikation — 368

Anhang — 371

- Operatoren — 371
- Funktionen für die symbolische Transformation — 376
- SI-Einheiten — 378
- CGS-Einheiten — 380
- US-spezifische Einheiten — 382
- MKS-Einheiten — 384
- Vordefinierte Variablen — 386
- Suffixe für Zahlen — 387
- Griechische Buchstaben — 388
- Pfeil- und Bewegungstasten — 389
- Funktionstasten — 391
- ASCII-Codes — 392

II Referenzteil — 395

Einleitung — 397

- Notation — 397

17: Funktionen — 399

- Funktionskategorien — 399
- Auffinden weiterer Informationen — 400
- Anmerkung zum Literaturverzeichnis — 401
- Funktionen — 401

18: Operatoren — 557

- Zugriff auf Operatoren — 557
- Auffinden weiterer Informationen — 558

	Anmerkung zum Literaturverzeichnis	558
	Arithmetische Operatoren	559
	Matrix-Operatoren	564
	Rechenoperatoren	567
	Auswertungs-Operatoren	575
	Boolesche Operatoren	581
	Programmierungsoperatoren	584
19:	**Symbolische Schlüsselwörter**	**587**
	Zugriff auf symbolische Schlüsselwörter	587
	Auffinden weiterer Informationen	588
	Schlüsselwörter	589
A:	**Weitere Sonderfunktionen**	**601**
	Funktionsdefinitionen	602
	Anmerkungen	604
B:	**Literaturverzeichnis**	**605**
	Index	**607**

Wie Sie diesen User Guide nutzen

Dieser *User Guide* ist in die folgenden Abschnitte unterteilt:

Grundlagen
Diese Einführung stellt die Funktionen und die Umgebung von Mathcad vor. Unter anderem erfahren Sie dabei, welche Ressourcen im Produkt bereitstehen und wie Sie mit Hilfe des Internets noch mehr aus Mathcad machen. Wenn Sie Mathcad-Einsteiger sind, sollten Sie diesen Abschnitt unbedingt lesen.

Mathcad-Arbeitsblätter erstellen
Dieser Abschnitt beschreibt detailliert, wie Sie Mathcad-Arbeitsblätter erstellen und bearbeiten. Hier lernen Sie, Gleichungen, Text und Grafiken zu bearbeiten und zu formatieren. Außerdem erfahren Sie, wie man Mathcad-Arbeitsblätter und Vorlagen öffnet, bearbeitet, speichert und druckt.

Berechnungen
Dieser Abschnitt beschreibt, wie von Mathcad Gleichungen interpretiert werden. Außerdem werden hier die rechentechnischen Funktionen von Mathcad erklärt: Maßeinheiten, komplexe Zahlen, Matrizen, eingebaute Funktionen, Gleichungssysteme, Programmierung usw. Außerdem erfahren Sie hier, wie symbolische Berechnungen ausgeführt werden und wie Mathcad zwei- und dreidimensionale Diagrammdarstellungen unterstützt.

Der *User Guide* endet mit einem Referenzteil und einem umfassenden Index.

So weit wie möglich werden die Themen in diesem Buch unabhängig voneinander beschrieben. Wenn Sie also mit der grundlegenden Arbeitsweise des Programms vertraut sind, können Sie die verschiedenen Kapitel in beliebiger Reihenfolge lesen.

Wenn Sie versuchen, Beispiele aus diesem User Guide nachzuvollziehen, beachten Sie, daß das zum Teil sehr kompliziert sein kann, weil diese Beispiele auch Gleichungen enthalten können, die hier nicht gezeigt werden, weil nicht immer die Standards für Ausgabeformate und numerische Formate verwendet wurden, weil dabei Zufallszahlen verwendet werden können, oder weil Ihnen die dafür verwendeten Datendateien nicht zur Verfügung stehen. Darüber hinaus kann das Mathcad-Fenster abhängig von der Konfiguration in den Symbolleisten Standard, Rechnen und Format anders aussehen als hier gezeigt.

Weitere Informationen, Beispiele und Anwendungsdateien, die Sie direkt auf Ihren eigenen Mathcad-Arbeitsblättern einsetzen können, finden Sie im Informationszentrum von Mathcad (wählen Sie im **Hilfe**-Menü den Eintrag **Informationszentrum**).

Notationen und Konventionen

In diesem User Guide werden die folgenden Notationen und Konventionen verwendet:

Variablennamen, Funktionsnamen und Fehlermeldungen werden *kursiv* dargestellt.

`Courier Fett` kennzeichnet Eingaben, die Sie vornehmen sollen.

- Gliederungspunkte kennzeichnen die Schritte, nach denen Sie vorgehen sollen.

Mit KAPITÄLCHEN werden Menübefehle dargestellt. Außerdem werden Vektoren- und Matrizenvariablen im **Fettdruck** ausgezeichnet.

Ein Pfeil, wie beispielsweise in DIAGRAMM⇒X-Y-DIAGRAMM, bezeichnet einen Menübefehl mit weiteren Unterbefehlen.

Funktionstasten und andere spezielle Tasten sind in eckige Klammern eingeschlossen. Beispielsweise stellen [↑], [↓], [←] und [→] die Pfeiltasten auf der Tastatur dar. [F1], [F2] usw. sind die Funktionstasten. [←] ist die Backspace-Taste, mit der links vom Cursor stehende Zeichen gelöscht werden; [Entf] ist die Entfernen-Taste, mit der rechts vom Cursor stehende Zeichen gelöscht werden; [Einfg] ist die Einfügen-Taste, mit der Zeichen links vom Cursor eingefügt werden; [⇥] ist die Tabulator-Taste, und [ ] ist die Leertaste.

[Strg], [⇧] und [Alt] sind die Strg-, Shift- und Alt-Tasten. Wenn zwei Tasten nebeneinander angezeigt werden, beispielsweise [Strg]+[V], halten Sie die erste Taste gedrückt und drücken dann die zweite.

Das Symbol [↵] und Eingabetaste bezeichnen dieselbe Taste.

Werden in einer Gleichung Leerzeichen angezeigt, brauchen Sie diese nicht einzugeben. Mathcad fügt automatisch die korrekten Leerzeichen in eine Gleichung ein.

Pro Dieser User Guide bezieht sich auf Mathcad Professional, Mathcad Professional Academic und Mathcad Standard Edition. Wenn Sie nicht Mathcad Professional oder Mathcad Professional Academic einsetzen, stehen Ihnen bestimmte Funktionen, die in diesem User Guide beschrieben werden, nicht zur Verfügung. Das Wort **Pro** erscheint:

- In der Marginalspalte, wie oben gezeigt, wenn ein Abschnitt in einem Kapitel eine Funktion oder eine Eigenschaft beschreibt, die nur unter Mathcad Professional zur Verfügung steht.

- In der Fußzeile einer Seite, wenn alle in diesem Kapitel beschriebenen Funktionen nur in Mathcad Professional zur Verfügung stehen.

Dieser User Guide beschreibt außerdem einige Produktfunktionen, die es nur in bestimmten Add-On-Paketen für Mathcad gibt. Beispielsweise bietet der Expert Solver von MathSoft Inc. einige ganz besondere Funktionen zur numerischen Gleichungslösung an.

Teil 1

Grundlagen

Kapitel 1
Willkommen bei Mathcad

Was ist Mathcad?

Mathcad-Editionen

Neu in Mathcad 2000

Systemanforderungen

Installation

Kontaktaufnahme mit MathSoft

Was ist Mathcad?

Mathcad ist eine Software, die Technikern, Lehrern und Studenten die Ausführung von Berechnungen ermöglichen soll. Sie folgt dem Industriestandard. Mathcad ist so flexibel und leistungsfähig wie eine Programmiersprache, jedoch nicht so schwer zu erlernen wie ein Tabellenkalkulationsprogramm. Außerdem ist es in der Lage, die Vorteile des Internets und anderer Applikationen, die Sie täglich einsetzen, zu nutzen.

Mathcad ermöglicht Ihnen, Gleichungen so einzugeben, wie Sie sie kennen, und zwar in der korrekten Darstellung auf Ihrem Bildschirm. In einer Programmiersprache könnte eine Gleichung beispielsweise wie folgt aussehen:

`x=(-B+SQRT(B**2-4*A*C))/(2*A)`

In einer Tabellenkalkulation sehen die Gleichungen, die Sie in Zellen eingeben, beispielsweise folgendermaßen aus:

`+(B1+SQRT(B1*B1-4*A1*C1))/(2*A1)`

Dabei wird vorausgesetzt, daß Sie die Gleichungen überhaupt sehen. Normalerweise wird nur eine Zahl angezeigt.

In Mathcad sieht dieselbe Gleichung so aus, wie Sie sie auf einer Tafel oder in Ihren Notizen aufzeichnen. Sie brauchen keine schwierige Syntax zu erlernen; Sie zeigen und klicken – und Ihre Gleichung erscheint:

Aber die Mathcad-Gleichungen sehen nicht nur gut aus: Sie können sie einsetzen, um fast jedes mathematische Problem zu lösen, das Sie sich vorstellen können – symbolisch oder numerisch. Sie können an

$$x := \frac{-b + \sqrt{b^2 - 4 \cdot a \cdot c}}{2 \cdot a}$$

jeder beliebigen Stelle ergänzenden Text einfügen, um Ihre Arbeit zu dokumentieren. Außerdem können Sie die Gleichungen in zwei- und dreidimensionalen Grafiken anzeigen. Sie können Ihre Arbeit sogar mit Grafiken aus anderen Windows-Programmen ergänzen. Außerdem unterstützt Mathcad den Microsoft-Standard OLE 2 (Object Linking and Embedding) für die Zusammenarbeit mit anderen Programmen. Damit werden Drag&Drop sowie die Inplace-Aktivierung sowohl auf dem Client als auch auf dem Server möglich.

Mathcad beinhaltet ein eigenes Online-Hilfesystem, das sogenannte Informationszentrum. Dort haben Sie Zugriff auf viele praktische Formeln, Datenwerte und Referenzmaterial sowie auf Lernprogramme. Ein Mausklick genügt.

Mathcad vereinfacht die Dokumentation, was für die Veröffentlichung und die Erfüllung von Geschäfts- und Qualitätssicherungsstandards ganz wesentlich ist. Durch die Kombination von Gleichungen, Text und Grafiken auf einem einzigen Arbeitsblatt bietet Mathcad Überblick auch über komplizierte Berechnungen. Das ausgedruckte Arbeitsblatt sieht genau so aus wie die Bildschirmausgabe. Durch den Ausdruck haben Sie damit eine dauerhafte und exakte Aufzeichnung Ihrer Arbeit.

Mathcad-Editionen

Mathcad 2000 steht in zwei Editionen zur Verfügung:

- **Mathcad Professional**. Dies ist der Industriestandard für angewandte Mathematik auf dem technischen Sektor. Er stellt alle Funktionen bereit, die erforderlich sind, um vollständige Berechnungen auszuführen und Berichte daraus zu erzeugen. Die Professional Edition enthält mehr Funktionen und stellt eine integrierte Umgebung für die Ausführung, die gemeinsame Nutzung und die Veröffentlichung technischer Arbeiten bereit.
- **Mathcad Standard**. Dies ist das richtige Programm für alltägliche technische Berechnungen und stellt ein praktisches Werkzeug dar, wenn Papier und Bleistift, Taschenrechner und Tabellenkalkulationen nicht ausreichend sind.

Neu in Mathcad 2000

Leistungsfähigere Kalkulationsfunktionen

Weitere Verbesserungen

- Neue Boolesche Operatoren für UND, ODER, NICHT und logische XODER-Angaben
- Verbesserung der Root-Funktion
- Neue spezielle Fitting-Funktionen für die statistische Analyse von Exponential-, logarithmischen, Potenz-, Sinus- sowie logistischen Daten.

Pro ■ Neuer Differentialgleichungs-Lösungsblock und Odesolve-Funktion für die schnellere Lösung einer Differentialgleichung mit Hilfe realer mathematischer Bezeichnungssysteme

■ 19 neue Funktionen für Kalkulationen im Finanzbereich

Mathematische Notation

■ Bessere Anzeige von Zeichen und Operatoren in Gleichungen

■ Wahl der Anzeige bestimmter Operatoren für Präsentationen

Grafik und Visualisierung

■ Neue 3D-QuickPlots für die schnelle Kurvenzeichnung zweier Variablen

Pro ■ Axum LE erweitert die 2D-Plotting-Fähigkeiten von Mathcad mit Hilfe der Axum-Komponente

Vorbereitung, Präsentation und Veröffentlichung von Dokumenten

■ Kontrolle bei der Übereinanderschichtung von Regionen.

■ Neues Lineal für das Justieren von Regionen und das Setzen von Tabs und Einzügen in Texten.

Pro ■ Möglichkeit zur Erstellung eines elektronischen Buchs mitsamt Inhaltsverzeichnis und Index.

Verbesserte Benutzerfreundlichkeit

■ Neues Instrument für die Fehlerverfolgung in Arbeitsblättern

■ Verbesserter Support für die Verteilung von Arbeitsblättern im Netzwerk

■ Verbesserte »WWW-Foren« für die Kommunikation mit anderen Mathcad-Benutzern

Systemanforderungen

Um Mathcad Professional oder Standard installieren und benutzen zu können, werden folgende Voraussetzungen empfohlen:

■ Ein IBM oder vergleichbarer Rechner mit einem Pentium 90-Prozessor

■ Ein CD-ROM-Laufwerk

■ Mindestens Windows 95 bzw. Windows NT 4.0

■ Mindestens 32 MB Speicherkapazität, 64 MB empfohlen

■ Eine optimale Funktion der Online-Hilfe wird erst durch den Internet Explorer 4.0 gewährleistet, welcher nicht gleichzeitig Standard-Browser sein muß

Installation

Vor der Installation von Mathcad sollten sie den auf den ersten Seiten des Mathcad Benutzerhandbuchs aufgeführten Lizenzvertrag lesen und unterzeichnen.

1. Legen Sie zunächst die CD-ROM in das CD-ROM-Laufwerk Ihres Computers. Das Installationsprogramm wird jetzt automatisch gestartet, anderenfalls können Sie es auch mit dem Befehl AUSFÜHREN im Startmenü, der Eingabe des Befehls D:\SETUP (wenn »D« Ihr CD-ROM-Laufwerk bezeichnet) und dem Klicken auf OK starten.
2. Klicken Sie auf das Mathcad-Symbol auf der ersten Installationsseite.
3. Geben Sie dann die Produktseriennummer an, die auf der Hülle Ihrer CD-ROM vermerkt ist.
4. Folgen Sie nun den Anweisungen auf dem Monitor.

Für die Installation anderer Produkte wie Axum LE, SmartSketch LE oder Online-Dokumentationen führen Sie zunächst Schritt 1 durch und klicken Sie dann auf das entsprechende Symbol.

MathSoft-Kontaktadressen

USA und Kanada:

MathSoft, Inc.

101 Main Street

Cambridge, MA 02142

Telefon: 001-617-577-1017

Fax: 001-617-577-8829

alle anderen Länder:

MathSoft International

Knightway House

Park Street

Bagshot, Surrey

GUI19 5AQ

United Kingdom

Telefon: +44 1276 452299

Fax: +44 1276 451224

Web: http://www.mathsoft.com

Technischer Support

MathSoft bietet allen Benutzern von Mathcad einen kostenlosen technischen Support. In den USA und Kanada haben Sie die folgenden Möglichkeiten, mit MathSoft Kontakt aufzunehmen:

- E-Mail: *support@mathsoft.com*
- Fax: 617-577-8829
- Automatischer Support und Fax-Back-System: 617-577-1778
- Web: `http://www.mathsoft.com/support/support.htm`
- Telefon: 617- 577-1778

Wenn Sie außerhalb der USA oder Kanada wohnen, finden Sie in der Dokumentation zum Produkt Informationen über Ihr lokales Support-Zentrum. Sie können sich auch an die folgenden Adressen wenden:

- Zentrum für automatisierte Lösungen und Fax-Back-System: +44 1276 475350
- Fax: +44 1276 451224 (Attn: TechSupport)
- E-Mail: *help@mathsoft.co.uk*

Weitere Informationen über Site-Lizenzen erhalten Sie bei MathSoft oder Ihrem Händler.

Kapitel 2
Die ersten Schritte

Der Mathcad-Arbeitsbereich

Bereiche

Eine einfache Berechnung

Definitionen und Variablen

Texteingabe

Iterative Berechnungen

Diagramme

Speichern, Drucken und Beenden

Der Arbeitsbereich von Mathcad

Informationen über die Systemanforderungen und die Installation von Mathcad auf Ihrem Computer finden Sie in Kapitel 1 »Willkommen bei Mathcad«.

Beim Starten von Mathcad sehen Sie ein Fenster, wie es in Abbildung 2.1 gezeigt wird. Standardmäßig wird der Arbeitsblatt-Bereich weiß dargestellt. Um eine andere Farbe dafür zu verwenden, wählen Sie im FORMAT-Menü den Eintrag FARBE⇒HINTERGRUND.

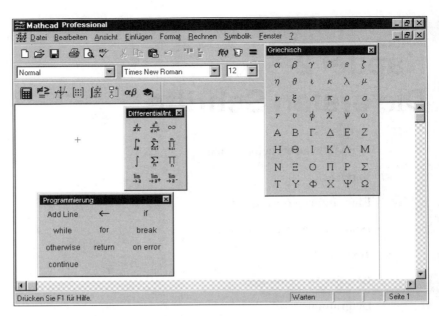

Abbildung 2.1: Mathcad Professional mit verschiedenen Symbolleisten

Jede Schaltfläche in der **Rechen-Palette**, die Sie in Abbildung 2.1 sehen, öffnet eine weitere Symbolleiste mit Operatoren und Symbolen. Durch Anklicken der Schaltflächen auf diesen Symbolleisten können Sie zahlreiche Operatoren, griechische Buchstaben oder Diagramme einfügen:

Schaltfläche ...	**... öffnet diese Symbolleiste**
	Kalkulator – allgemeine arithmetische Operatoren
	Auswertung – Gleichheitszeichen für die Auswertung und Definition, Boolesche Ausdrücke
	Diagramm – Verschiedene zwei- und dreidimensionale Diagrammtypen
	Matrix – Matrizen- und Vektoroperatoren
	Differential- und Integral – Ableitungen, Integrale, Grenzwerte und iterierte Summen und Produkte
	Programmierung – Programmierkonstrukte (nur Mathcad Professional)
	Griechische Symbole – Griechische Buchstaben
	Boolesche Werte – Komparative und logische Operatoren für Boolesche Ausdrücke

Kapitel 2 Die ersten Schritte

Schaltfläche ...	... öffnet diese Symbolleiste
	Symbolische Schlüsselwörter – Symbolische Schlüsselwörter

Die **Standard-Symbolleiste** enthält die folgenden Schaltflächen unmittelbar unterhalb des in Abbildung 2.1 gezeigten Hauptmenüs:

Viele Menübefehle können durch Anklicken einer Schaltfläche in der Standard-Symbolleiste schneller ausgeführt werden.

Die **Format-Symbolleiste** wird in Abbildung 2.1 unmittelbar unterhalb der Standard-Symbolleiste angezeigt. Sie enthält Listenfelder und Schaltflächen zur Zuweisung von Schrifteigenschaften für Gleichungen und Text.

Tip   Um zu erfahren, welche Aufgabe eine Schaltfläche in einer der Symbolleisten hat, schieben Sie den Mauszeiger über diese Schaltfläche. Nach einem kurzen Moment sehen Sie einen Tooltip mit einer kurzen Beschreibung neben dem Zeiger.

Um Platz auf dem Bildschirm zu sparen, können Sie die einzelnen Symbolleisten mit Hilfe des ANSICHT-Menüs unabhängig voneinander anzeigen oder ausblenden. Die Symbolleisten können außerdem an beliebigen Positionen im Fenster abgelegt werden. Dazu plazieren Sie den Mauszeiger in der Symbolleiste, aber nicht über einer Schaltfläche oder einem Textfeld. Anschließend drücken Sie die Maustaste, halten sie gedrückt und verschieben die Maus. Sie werden feststellen, daß die Symbolleisten automatisch neu angeordnet werden, abhängig davon, wohin Sie sie verschieben. Außerdem merkt sich Mathcad, wo Sie die Symbolleisten abgelegt hatten, wenn Sie das Programm später wieder starten.

Tip   Die Standard-, Format- und Math-Symbolleisten sind benutzerdefinierbar. Um Schaltflächen hinzuzufügen oder daraus zu entfernen, klicken Sie mit der rechten Maustaste auf die Symbolleiste und wählen im Kontextmenü den Eintrag ANPASSEN aus, um das Dialogfeld SYMBOLLEISTE ANPASSEN anzuzeigen.

Der Arbeitsblatt-Lineal ist auf Abbildung 2.1 oben abgebildet. Mit dem Eintrag LINEAL im ANSICHT-Menü können Sie das Lineal wahlweise anzeigen oder ausblenden. Die Maßeinheiten des Lineals können durch Klicken der rechten Maustaste und der Wahl von Zoll, Zentimeter, Punkt oder Pica im Kontextmenü geändert werden. Mehr Informationen zum Formatieren Ihres Arbeitsblatts mit einem Lineal finden Sie unter »Arbeitsblatt-Lineal« auf Seite 115.

Die Arbeit mit Fenstern

Beim Starten von Mathcad wird ein Fenster auf einem Mathcad-*Arbeitsblatt* geöffnet. Sie können beliebig viele Arbeitsblätter öffnen – die Anzahl ist nur durch Ihre Systemressourcen begrenzt. Damit ist es möglich, auf mehreren Arbeitsblättern gleichzeitig zu arbeiten. Sie klicken einfach mit der Maus das Dokumentfenster an, in dem Sie gerade arbeiten möchten.

Es kann vorkommen, daß ein Mathcad-Arbeitsblatt nicht vollständig angezeigt werden kann, weil das Fenster zu klein ist. Um den nicht angezeigten Abschnitt eines Arbeitsblatts auf dem Bildschirm anzuzeigen, gehen Sie wie folgt vor:

- Sie vergrößern das Fenster so, wie Sie es aus anderen Windows-Programmen kennen.

- Sie wählen im ANSICHT-Menü den Eintrag ZOOM oder klicken auf die STANDARD-Symbolleiste, und wählen dort einen Wert, der kleiner ist als 100%.

Sie können sich im Mathcad-Fenster auch mit Hilfe der Bildlaufleisten, der Maus und der Tastatur bewegen, genau wie in anderen Windows-Programmen. Wenn Sie beispielsweise den Mauszeiger verschieben und mit der Maustaste klicken, springt der Cursor von der vorherigen an die aktuelle Position.

Tip   Mathcad unterstützt die IntelliMouse von Microsoft und kompatible Zeigegeräte. Für jeden Klick beim Drehen an dem Rad wird das Fenster um eine Zeile vertikal verschoben. Wenn Sie die ⇧-Taste drücken und dabei das Rad drehen, wird das Fenster horizontal verschoben.

Tastenkombinationen, die den Cursor auf dem Arbeitsblatt verschieben, sind auf Seite 381 beschrieben. Wenn Sie mit einem größeren Arbeitsblatt arbeiten, wählen Sie im BEARBEITEN-Menü den Eintrag GEHE ZU SEITE und geben in das Dialogfeld die betreffende Seitennummer an. Wenn Sie auf OK klicken, positioniert Mathcad den Anfang der ausgewählten Seite oben im Fenster.

Tip   Mathcad unterstützt die Standardtastenkombinationen, die Windows zum Öffnen von Dateien Strg+O, zum Speichern Strg+S, zum Drucken Strg+P, zum Kopieren Strg+C und zum Einfügen Strg+V verwendet. Wählen Sie im ANSICHT-Menü den Eintrag OPTIONEN, und markieren Sie auf der Registerkarte ALLGEMEIN das Kontrollkästchen STANDARDMÄSSIGE WINDOWS-TASTATURBEFEHLE, um alle Windows-Shortcuts zu aktivieren. Wenn Sie die in Mathcad 2000 unterstützten Tastaturbefehle verwenden möchten, entfernen Sie die Markierung.

Bereiche

Mathcad erlaubt, an jeder beliebigen Position des Arbeitsblatts Gleichungen und Text einzugeben. Jede Gleichung, jeder Textabschnitt und jedes anderes Element stellen *Bereiche* dar. Für jeden dieser Bereiche erzeugt Mathcad ein unsichtbares Rechteck, das ihn umschließt. Ein Mathcad-Arbeitsblatt setzt sich aus lauter solchen Bereichen zusammen. Um einen neuen Bereich anzulegen, gehen Sie wie folgt vor:

1. Klicken Sie im Arbeitsblatt auf eine beliebige, freie Stelle. Sie sehen einen kleinen Fadenkreuz-Cursor. Was Sie jetzt eingeben, erscheint an der Position dieses Fadenkreuzes.

2. Wenn ein mathematischer Bereich angelegt werden soll, beginnen Sie Ihre Eingabe einfach an der Position des Fadenkreuzes. Mathcad interpretiert Ihre Eingaben automatisch als Mathematik. Ein Beispiel dafür finden Sie im Abschnitt »Eine einfache Berechnung« auf Seite 29.

3. Um einen Textbereich anzulegen, wählen Sie im EINFÜGEN-Menü den Eintrag TEXTBEREICH und beginnen danach Ihre Eingabe. Ein Beispiel dafür finden Sie im Abschnitt »Texteingabe« auf Seite 32.

Neben Gleichungen und Text unterstützt Mathcad auch zahlreiche Diagrammbereiche. Ein Beispiel für das Einfügen eines zweidimensionalen Diagramms finden Sie im Abschnitt »Diagramme« auf Seite 36.

Tip Mathcad zeigt um den aktuell bearbeiteten Bereich einen Rahmen an. Wenn Sie außerhalb des Bereichs klicken, verschwindet dieser Rahmen. Wenn Sie einen ständigen Rahmen um einen Bereich herum möchten, klicken Sie den Bereich mit der rechten Maustaste an, und wählen Sie den Befehl EIGENSCHAFTEN aus dem Kontextmenü. Klicken Sie auf die Registerkarte ANZEIGE, und klicken Sie in den Rahmen neben RAHMEN ANZEIGEN.

Bereichsauswahl

Um einen einzelnen Bereich auszuwählen, klicken Sie mit der Maus darauf. Mathcad zeigt den Rahmen für diesen Bereich an.

Um mehrere Bereiche auszuwählen, gehen Sie wie folgt vor:

1. Drücken Sie die linke Maustaste, und halten Sie sie gedrückt, um eine Ecke des Auswahlrechtecks zu verankern.

2. Verschieben Sie die Maus bei gedrückter Maustaste, um so alles einzuschließen, was in Ihrem Auswahlrechteck erscheinen soll.

3. Lassen Sie die Maustaste los. Mathcad zeigt ein gestricheltes Rechteck um die von Ihnen ausgewählte Bereiche an.

Tip Sie können auch mehrere Bereiche an beliebigen Positionen im Arbeitsblatt auswählen, indem Sie beim Anklicken die `Strg`-Taste gedrückt halten. Wenn Sie einen Bereich anklicken und mit `Shift`-Mausklick eine weitere auswählen, werden diese beiden und alle dazwischen liegenden Bereiche ausgewählt.

Bereiche verschieben und kopieren

Nachdem die Bereiche ausgewählt sind, können Sie sie verschieben oder kopieren.

Bereiche verschieben

Bereiche werden mit der Maus oder mit Hilfe von AUSSCHNEIDEN und EINFÜGEN verschoben.

Um Bereiche mit der Maus zu verschieben, gehen Sie wie folgt vor:

1. Selektieren Sie die Bereiche so, wie im vorigen Abschnitt beschrieben.
2. Plazieren Sie den Zeiger auf dem Rahmen eines der ausgewählten Bereiche. Der Zeiger wird in Form einer kleinen Hand angezeigt.
3. Drücken Sie die Maustaste, und halten Sie sie gedrückt.
4. Verschieben Sie die Maus bei gedrückter Maustaste. Der Umriß des Rechtecks für die ausgewählten Bereiche folgt dem Mauszeiger.

Jetzt können Sie die ausgewählten Bereiche entweder an eine andere Position auf dem Arbeitsblatt verschieben oder aber auch auf ein anderes Arbeitsblatt. Um die ausgewählten Bereiche auf ein anderes Arbeitsblatt zu verschieben, drücken Sie die Maustaste und halten sie gedrückt, ziehen den rechteckigen Umriß in das betreffende Arbeitsblatt und lassen die Maustaste los.

Um die ausgewählten Bereiche mit AUSSCHNEIDEN und EINFÜGEN zu verschieben, gehen Sie wie folgt vor:

1. Selektieren Sie die Bereiche so, wie im vorigen Abschnitt beschrieben.
2. Wählen Sie im BEARBEITEN-Menü den Eintrag AUSSCHNEIDEN (Tastenkombination [Strg]+X), oder klicken Sie in der Standard-Symbolleiste auf ✂. Damit werden die ausgewählten Bereiche gelöscht und in der Zwischenablage abgelegt.
3. Klicken Sie mit der Maus an die Position, an der die Bereiche wieder eingefügt werden sollen. Achten Sie darauf, daß es sich dabei um eine freie Position handeln muß. Dabei ist es egal, ob Sie auf dem aktuellen oder einem anderen Arbeitsblatt klicken. Jetzt sollte ein Fadenkreuz zu sehen sein.
4. Wählen Sie im BEARBEITEN-Menü den Eintrag EINFÜGEN (Tastenkombination `Strg`+`V`), oder klicken Sie in der Standard-Symbolleiste auf 📋.

Hinweis Sie können einen Bereich auf einen anderen verschieben. Durch das Anklicken eines bestimmten Bereichs mit der rechten Maustaste und die Befehle NACH VORNE oder NACH HINTEN aus dem Kontextmenü können Bereiche entsprechend angeordnet werden.

Bereiche kopieren

Bereiche werden mit den Befehlen KOPIEREN und EINFÜGEN kopiert:

1. Selektieren Sie die Bereiche so, wie auf Seite 27 beschrieben.

2. Wählen Sie im BEARBEITEN-Menü den Eintrag KOPIEREN (Tastenkombination [Strg]+[C], oder klicken Sie in der Standard-Symbolleiste auf . Damit werden die ausgewählten Bereiche in die Zwischenablage kopiert.

3. Klicken Sie mit der Maus an die Position, an der die Bereiche wieder eingefügt werden sollen. Achten Sie darauf, daß es sich dabei um eine freie Position handeln muß. Dabei ist es egal, oa EARBEITEN-Menü den Eintrag EINFÜGEN (Tastenkombination [Strg]+[V], oder klicken Sie in der Standard-Symbolleiste auf .

Tip Wenn die Bereiche, die Sie kopieren möchten, innerhalb eines gesperrten Bereichs oder in einem elektronischen Buch liegen (siehe Seite 131), kopieren Sie sie, indem Sie sie einfach mit der Maus auf Ihr Arbeitsblatt ziehen.

Bereiche löschen

Um einen oder mehrere Bereiche zu löschen, gehen Sie wie folgt vor:

1. Selektieren Sie die Bereiche so, wie auf Seite 27 beschrieben.

2. Wählen Sie im BEARBEITEN-Menü den Eintrag AUSSCHNEIDEN (Tastenkombination [Strg]+[X], oder klicken Sie in der Standard-Symbolleiste auf .

Mit AUSSCHNEIDEN werden die ausgewählten Bereiche von Ihrem Arbeitsblatt entfernt und in der Zwischenablage abgelegt. Wenn Sie den Inhalt Ihrer Zwischenablage nicht überschreiben möchten oder wenn Sie die ausgewählten Bereiche nicht aufbewahren möchten, wählen Sie statt dessen im BEARBEITEN-Menü den Eintrag LÖSCHEN (Tastenkombination [Strg]+[D]).

Eine einfache Berechnung

Mathcad ist in der Lage, komplexe Mathematik darzustellen, aber Sie können es auch einfach als Taschenrechner benutzen. Um Ihre erste Berechnung auszuführen, gehen Sie wie folgt vor:

1. Klicken Sie an einer beliebigen Stelle in Ihr Arbeitsblatt. Sie sehen ein kleines Fadenkreuz. Alle Ihre Eingaben erscheinen an diesem Fadenkreuz.

2. Geben Sie **15-8/104.5=** ein. Sobald Sie das Gleichheitszeichen eingeben oder auf ▬ klicken, berechnet Mathcad das Ergebnis und zeigt es an.

$$15 - \frac{8}{104.5} = 14.923$$

$+$

Diese Berechnung demonstriert die Arbeitsweise von Mathcad:

- Mathcad zeigt Gleichungen so an, wie Sie sie in einem Buch oder auf einer Tafel sehen, nämlich in zwei Dimensionen. Mathcad paßt die Größe von Bruchstrichen, Klammern und anderen Symbolen an, um die Gleichungen so anzuzeigen, wie Sie sie auf Papier schreiben würden.

- Mathcad weiß, welche Operation als erste ausgeführt werden soll. In diesem Beispiel erkennt es, daß die Division vor der Subtraktion stattfinden soll – und zeigt die Gleichung entsprechend an.

- Sobald Sie das Gleichheitszeichen eingeben oder auf ▬ klicken, gibt Mathcad das Ergebnis zurück. Falls nicht anders angegeben, verarbeitet Mathcad die Gleichungen unmittelbar nach der Eingabe. Wie Sie das ändern können, erfahren Sie in Kapitel 8.

- Wenn Sie einen Operator eingeben (in diesem Fall – und /), zeigt Mathcad ein kleines Rechteck an, einen sogenannten *Platzhalter*. Platzhalter bieten Raum für Zahlen oder Ausdrücke, die noch nicht geschrieben wurden. Sobald Sie eine Zahl eingeben, ersetzt diese den Platzhalter in dem Ausdruck. Der Platzhalter, der am Ende des Ausdrucks erscheint, wird für Umwandlungen verwendet, wie auf Seite 139 noch genauer beschrieben werden wird.

Nachdem Sie eine Gleichung auf dem Bildschirm geschrieben haben, bearbeiten Sie sie, indem Sie an die entsprechende Position klicken und neue Buchstaben, Ziffern oder Operatoren eingeben. Viele Operatoren und griechische Buchstaben können mit Hilfe der Rechnen-Symbolleiste eingegeben werden, die Sie in diesem Kapitel bereits kennengelernt haben. Kapitel 4 bietet detaillierte Erklärungen zur Bearbeitung von Gleichungen in Mathcad.

Definitionen und Variablen

Sie werden die Leistungsfähigkeit und Flexibilität von Mathcad schnell erkennen, wenn Sie *Variablen* und *Funktionen* nutzen. Durch die Definition von Variablen und Funktionen können Sie Gleichungen verknüpfen und Zwischenergebnisse in weiteren Berechnungen wiederverwenden.

Die folgenden Beispiele zeigen, wie Variablen definiert und verwendet werden.

Variablendefinitionen

Um die Variable *t* zu definieren, gehen Sie wie folgt vor:

1. Geben Sie **t** ein, gefolgt von einem Doppelpunkt (:), oder klicken Sie in der Kalkulator-Symbolleiste auf

   . Mathcad zeigt den Doppelpunkt als das Definitionssymbol an, **:=**.

2. Geben Sie für den leeren Platzhalter die Zahl **10** ein, um die Definition von *t* abzuschließen.

   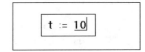

Wenn Sie einen Fehler gemacht haben, klicken Sie in die Gleichung und drücken Sie die ⎵-Taste, bis der gesamte Ausdruck zwischen den beiden Bearbeitungslinien steht, wie oben bereits beschrieben. Löschen Sie die Eingabe mit dem Eintrag AUSSCHNEIDEN aus dem BEARBEITEN-Menü (Tastenkombination [Strg]+[X]). Weitere Methoden zur Korrektur von Ausdrücken werden in Kapitel 4 beschrieben.

Zur Variablendefinition gehen Sie also wie folgt vor:

1. Geben Sie den Namen der zu definierenden Variablen ein.
2. Geben Sie einen Doppelpunkt (**:**) ein, oder klicken Sie in der Kalkulator-Symbolleiste auf ≔ um das Definitionssymbol einzufügen. Für die folgenden Beispiele sollten Sie jeweils den Doppelpunkt eingeben, weil das normalerweise schneller geht.
3. Geben Sie den Wert ein, der der Variablen zugewiesen werden soll. Dabei kann es sich um eine Zahl handeln, wie im obigen Beispiel gezeigt, es kann aber auch eine komplexere Kombination aus Zahlen und bereits definierten Variablen zugewiesen werden.

Mathcad-Arbeitsblätter werden von oben nach unten und von links nach rechts gelesen. Nachdem Sie eine Variable wie *t* definiert haben, können Sie sie an jeder Stelle unterhalb und rechts von der definierenden Gleichung weiterverwenden.

Jetzt geben Sie eine weitere Definition ein.

1. Drücken Sie die [↵]-Taste. Das Fadenkreuz wird unter die erste Gleichung gesetzt.
2. Um *bes* als -9.8 zu definieren, geben Sie **bes:-9.8** ein. Drücken Sie die [↵]-Taste. Mathcad zeigt den Fadenkreuz-Cursor unterhalb der von Ihnen eingegebenen Gleichung an.

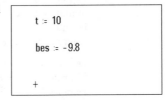

Ergebnisse berechnen

Nachdem die Variablen *bes* und *t* definiert sind, können Sie sie in anderen Ausdrücken weiterverwenden.

1. Klicken Sie mit der Maus ein paar Zeilen unterhalb der beiden Gleichungen.

2. Geben Sie **bes/2**[Leerzeichen]***t^2** ein. Das Caret-Symbol (^) steht für die Potenzierung, der Stern (*) für die Multiplikation und der Schrägstrich (/) für die Division.

3. Geben Sie das Gleichheitszeichen ein (=).

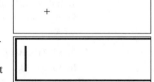

Diese Anweisung berechnet die Distanz, die ein fallender Körper in der Zeit *t* mit der Beschleunigung *bes* zurücklegt. Nachdem Sie die Gleichung eingegeben und das Gleichheitszeichen (=) gedrückt oder in der Auswertung-Symbolleiste ■ angeklickt haben, gibt Mathcad das Ergebnis zurück.

Mathcad aktualisiert Ergebnisse, falls Sie Änderungen vornehmen. Wenn Sie beispielsweise auf Ihrem Bildschirm auf die 10 klicken und statt dessen eine andere Zahl eingeben, berücksichtigt Mathcad das im Ergebnis, sobald Sie die Enter-Taste drücken oder an irgendeine Stelle außerhalb der Gleichung klicken.

Texteingabe

Mathcad behandelt Text ähnlich wie Gleichungen. Sie können damit beliebige Kommentare für Ihre Gleichungen bereitstellen.

So geben Sie Text ein:

1. Klicken Sie an eine leere Stelle rechts neben den eingegebenen Gleichungen. Sie sehen einen Fadenkreuz-Cursor.

2. Wählen Sie im EINFÜGEN-Menü den Eintrag TEXTBEREICH, oder drücken Sie " (doppeltes Anführungszeichen). Daran erkennt Mathcad, daß Sie Text eingeben möchten. Statt des Fadenkreuz-Cursors wird jetzt eine vertikale Linie angezeigt, der sogenannte Einfügepunkt. Alle Zeichen, die Sie eingeben, erscheinen hinter dieser Linie. Der Einfügepunkt wird umrahmt dargestellt, woran Sie erkennen, daß Sie sich in einem Textbereich befinden. Dieser Rahmen wird auch als Textfeld bezeichnet. Er paßt seine Größe während der Texteingabe automatisch an.

3. Geben Sie **Bewegungsgleichungen** ein. Mathcad zeigt den Text im Arbeitsblatt neben den beiden Gleichungen an.

Hinweis   Wenn das Lineal im ANSICHT-Menü aktiviert ist und sich der Cursor in einem Textbereich befindet, verändert das Lineal seine Größe, um die Größe Ihres Textbereichs anzugeben. Weitere Informationen zum Setzen von Tabstops und Einrückungen in einem Textbereich mit dem Lineal finden Sie im Kapitel »Verändern von Absatzeigenschaften« auf Seite 88.

| Tip | Wenn Sie im Arbeitsblatt an eine leere Stelle klicken und sofort mit der Eingabe beginnen, wird ein mathematischer Bereich angelegt. Mathcad wandelt den mathematischen Bereich in einen Textbereich um, wenn Sie die ☐-Taste drücken. |

Um eine zweite Textzeile einzugeben, drücken Sie einfach die Enter-Taste und schreiben weiter:

1. Drücken Sie die ⏎-Taste.
2. Geben Sie **für fallende Körper mit Schwerkraft** ein.
3. Klicken Sie an eine andere Stelle im Arbeitsblatt, oder drücken Sie Strg+⇧+⏎, um den Textbereich zu verlassen. Das Textfeld verschwindet und der Cursor wird wieder als Fadenkreuz dargestellt.

> Bewegungsgleichungen
> für einen fallenden Körper
> unter Schwerkrafteinwirkung

| Hinweis | Mit Strg+⇧+⏎ bewegen Sie sich aus dem Textbereich an eine leere Stelle in Ihrem Arbeitsblatt. Wenn Sie dagegen die ⏎-Taste drücken, fügt Mathcad einen Zeilenumbruch in den aktuellen Textbereich ein. |

Sie können die Breite eines Textbereichs festlegen, ebenso wie die darin verwendete Schrift, die Schriftgröße und den Schriftstil. Weitere Informationen darüber erhalten Sie in Kapitel 5.

Iterative Berechnungen

Wiederholte oder iterative Berechnungen sind unter Mathcad genauso einfach auszuführen wie voneinander unabhängige Berechnungen. Dazu wird eine spezielle Variable verwendet, die sogenannte Bereichsvariable.

Bereichsvariablen nehmen einen bestimmten Wertebereich auf, beispielsweise alle ganzen Zahlen von 0 bis 10. Immer wenn in einer Mathcad-Gleichung eine Bereichsvariable erscheint, berechnet Mathcad die Gleichung nicht nur einmal, sondern für jeden Wert der Bereichsvariablen.

Dieser Abschnitt beschreibt, wie Bereichsvariablen für iterative Berechnungen eingesetzt werden.

Bereichsvariablen anlegen

Um Gleichungen für einen bestimmten Wertebereich zu berechnen, legen Sie dafür eine Bereichsvariable an. Wir betrachten hier noch einmal das Beispiel von Seite 23, berechnen aber hier die Ergebnisse für t-Werte im Bereich zwischen 10 und 20 mit der Schrittweite 1. Dazu gehen Sie wie folgt vor:

1. Machen Sie *t* zu einer Bereichsvariablen. Klicken Sie in der Gleichung `t:=10` auf die `10`. Der Einfügepunkt sollte sich jetzt hinter der 10 befinden, wie in der Abbildung gezeigt.

    $t := 10$

2. Geben Sie `,11` ein. Daran erkennt Mathcad, daß die nächste Zahl im Bereich die 11 ist.

    $t := 10, 11$

3. Geben Sie `;` als Bereichsvariablenoperator ein, oder klicken Sie in der Kalkulator-Symbolleiste

    $t := 10, 11 .. 20$

    auf [m..n], und geben Sie die letzte Zahl im Bereich ein, `20`. Daran erkennt Mathcad, daß die letzte Zahl im Bereich 20 ist. Mathcad zeigt den Bereichsvariablenoperator als zwei hintereinander liegende Punkte an.

4. Klicken Sie an eine Stelle außerhalb der Gleichung für *t*. Mathcad beginnt die Berechnung mit *t* als Bereichsvariable. Da *t* jetzt elf Werte annimmt, muß es auch elf verschiedene Ergebnisse geben. Diese Ergebnisse werden in einer *Ausgabetabelle* angezeigt. Möglicherweise müssen Sie Ihr Fenster vergrößern oder nach unten blättern, um die ganze Tabelle zu sehen.

-490
-592.9
-705.6
-828.1
-960.4
$-1.103 \cdot 10^3$
$-1.254 \cdot 10^3$
$-1.416 \cdot 10^3$
$-1.588 \cdot 10^3$
$-1.769 \cdot 10^3$
$-1.96 \cdot 10^3$

Funktionsdefinition

Durch die Definition von Funktionen gewinnen Sie zusätzliche Flexibilität. So fügen Sie Ihrem Arbeitsblatt eine Funktion hinzu:

1. Löschen Sie die Tabelle. Dazu markieren Sie den gesamten Bereich, bis alles zwischen den beiden Bearbeitungslinien steht. Wählen Sie im BEARBEITEN-Menü den Eintrag AUSSCHNEIDEN (Tastenkombination [Strg]+X), oder klicken Sie in der Standard-Symbolleiste auf ✂.

2. Definieren Sie die Funktion *d(t)*, indem Sie `d(t):` eingeben.

    $d(t) := \blacksquare$

3. Geben Sie den folgenden Ausdruck für die Definition ein: `1600+acc/2`▯`*t^2` ↵

    $d(t) := 1600 + \frac{acc}{2} \cdot t^2$

Diese Definition definiert eine Funktion. Der Funktionsname ist *d*, das Argument der Funktion ist *t*. Mit dieser Funktion berechnen Sie den obigen Ausdruck für verschiedene Werte von *t*. Dazu ersetzen Sie *t* einfach durch die entsprechende Zahl, zum Beispiel so:

Kapitel 2 Die ersten Schritte

1. Um die Funktion mit einem bestimmten Wert zu berechnen, beispielsweise 3.5, geben Sie **d(3.5)=** ein. Mathcad gibt das richtige Ergebnis zurück, wie rechts zu sehen ist:

$$d(3.5) = 939.975$$

2. Um die Funktion für jeden Wert der zuvor definierten Bereichsvariablen *t* zu berechnen, klicken Sie unterhalb aller anderen Gleichungen und geben **d(t)=** ein. Mathcad zeigt eine Ausgabetabelle an, wie rechts zu sehen ist:

$d(t)$
$1.11 \cdot 10^3$
$1.007 \cdot 10^3$
894.4
771.9
639.6
497.5
345.6
183.9
12.4
-168.9
-360

Ergebnisformatierung

Alle Zahlen, die Mathcad berechnet und anzeigt, können formatiert werden. Dabei werden beispielsweise die Anzahl der Dezimalstellen geändert, statt der Exponentialschreibweise eine normale Dezimalnotation verwendet usw.

Im oben gezeigten Beispiel sind die beiden ersten Werte, $1.11 \cdot 10^3$ und $1.007 \cdot 10^3$, in Exponentialschreibweise (in Potenzen von 10) dargestellt. Diese Tabelle kann so geändert werden, daß keine der Zahlen in Exponentialschreibweise dargestellt wird:

1. Klicken Sie mit der Maus irgendwo in die Tabelle.

2. Wählen Sie im FORMAT-Menü den Eintrag ERGEBNIS. Das Dialogfeld ERGEBNISFORMAT wird angezeigt. In diesem Dialogfeld legen Sie fest, wie die Ergebnisse angezeigt werden sollen, unter anderem die Anzahl der Dezimalstellen, die Verwendung der Exponentialschreibweise, die Basis usw.

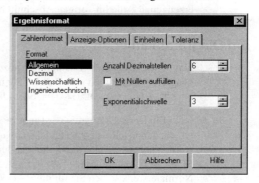

3. Das Standardformatschema ist Allgemein und hat die Exponentialschwelle 3. Das bedeutet, nur Zahlen größer oder gleich 10^3 werden in Exponentialschreibweise dargestellt. Setzen Sie die Exponentialschwelle mit Hilfe der im Textfeld bereitgestellten Pfeile auf den Wert 6.

4. Klicken Sie auf OK. Die Tabelle zeigt das neue Ergebnisformat an.

Weitere Informationen zur Ergebnisformatierung finden Sie im Abschnitt »Ergebnisse formatieren« auf Seite 152.

d(t)
1110
1007.1
894.4
771.9
639.6
497.5
345.6
183.9
12.4
-168.9
-360

Hinweis   Die Ergebnisformatierung bezieht sich nur auf das Ergebnis. Mathcad verwendet intern die vollständige Genauigkeit (bis zu 15 Ziffern).

Diagramme

Mathcad kann zweidimensionale Kartesische oder polare Diagramme, Umrißdiagramme, Flächendiagramme und zahlreiche dreidimensionale Diagramme anzeigen. Sie werden in sogenannten Diagrammbereichen angelegt.

Dieser Abschnitt beschreibt, wie Sie ein einfaches zweidimensionales Diagramm erzeugen, das die im vorigen Abschnitt berechneten Punkte anzeigt.

Ein Diagramm anlegen

Um in Mathcad ein X-Y-Diagramm anzulegen, klicken Sie an eine freie Stelle, wo das Diagramm erscheinen soll. Wählen Sie im EINFÜGEN-Menü den Eintrag DIAGRAMM⇒X-Y-DIAGRAMM, oder klicken Sie in der Diagramm-Symbolleiste auf

. Ein leeres Diagramm wird angezeigt, mit Platzhaltern neben den *x*- und *y*-Achsen, wo die darzustellenden Ausdrücke eingegeben werden. X-Y- und polare Diagramme werden normalerweise durch die von Ihnen definierten Bereichsvariablen beschrieben: Mathcad zeichnet für jeden Wert der Bereichsvariable einen Punkt im Diagramm. Normalerweise geben Sie für die *x*-Achse des Diagramms die Bereichsvariable oder einen von der Bereichsvariablen abhängigen Wert an. Das folgende Beispiel zeigt einen QuickPlot für die im vorigen Abschnitt definierte Funktion *d(t)*:

1. Positionieren Sie das Fadenkreuz an einer Leerstelle, und geben Sie *d(t)* ein. Zeigen Sie für den Ausdruck die Bearbeitungslinien an.

d(t)|

2. Wählen Sie im EINFÜGEN-Menü den Eintrag DIAGRAMM⇒X-Y-DIAGRAMM, oder klicken Sie in der Diagramm-Symbolleiste auf . Mathcad zeigt einen Rahmen für das Diagramm an.

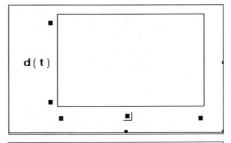

3. Geben Sie *t* in den Platzhalter unten in der Mitte des Diagramms ein.

4. Klicken Sie auf eine beliebige Stelle außerhalb des Diagramms. Mathcad berechnet die Punkte und zeigt sie an. Unter der Angabe *d(t)* erscheint die für die Verbindung der Punkte verwendete Linienform. Anhand dieser können Sie Kurven unterscheiden, wenn Sie mehrere Funktionen innerhalb eines Diagramms darstellen. Falls nicht anders angegeben, zeichnet Mathcad gerade Linien zwischen den Punkten und trägt die entsprechenden Achsenbeschriftungen ein.

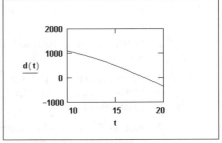

Detaillierte Informationen über das Anlegen und die Formatierung von Diagrammen finden Sie in Kapitel 12. Dort erhalten Sie insbesondere Informationen zur *QuickPlot*-Funktion von Mathcad, mit dem Sie Ausdrücke zeichnen können, ohne den Variablenbereich direkt im Diagramm anzugeben.

Größenänderung eines Diagramms

Um die Größe eines Diagramms zu ändern, wählen Sie es durch Anklicken aus. Bewegen Sie dann den Cursor zu einem Ziehpunkt am Rand des Diagramms, bis der Cursor zu einem Pfeil mit zwei Spitzen wird. Halten Sie die Maustaste gedrückt, und ziehen Sie die Maus in die Richtung, in die Sie das Diagramm vergrößern möchten.

Diagrammformatierung

Ein Diagramm hat zunächst seine *Standardeigenschaften*: Es zeigt beschriftete Achsen an, verwendet keine Gitterlinien, und die Punkte werden mit durchgezogenen Linien verbunden. Durch die Formatierung des Diagramms werden diese Eigenschaften geändert, wie Sie es bereits von der Ergebnisformatierung kennen.

Um das oben erstellte Diagramm zu formatieren, gehen Sie wie folgt vor:

1. Klicken Sie in das Diagramm, und wählen Sie im FORMAT-Menü den Eintrag DIAGRAMM⇒X-Y-DIAGRAMM, oder doppelklicken Sie in das Diagramm, um das Dialogfeld STANDARDFORMATE anzuzeigen. Dort finden Sie die Einstellungen für alle Diagrammformate. Mehr über diese Einstellungen erfahren Sie in Kapitel 12.

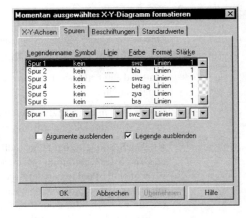

2. Gehen Sie auf die Registerkarte SPUREN.

3. licken Sie unter der Überschrift »Legendenname« auf den Listeneintrag SPUR 1. Mathcad zeigt die aktuellen Einstellungen für Spur 1 in den Feldern unterhalb des Listenfelds an.

4. Klicken Sie auf den Pfeil unterhalb der Spalte FORMAT. Eine Dropdown-Liste mit Spurformaten wird angezeigt. Wählen Sie den Eintrag BALKEN.

5. Klicken Sie auf OK, um die Einstellung zu übernehmen. Mathcad zeigt das Diagramm jetzt als Balkendiagramm an, statt die Punkte mit Linien zu verbinden. Beachten Sie, daß die Beispiellinie unter der Angabe *d(t)* jetzt auch einen Balken anzeigt.

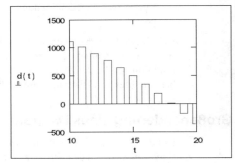

6. Klicken Sie außerhalb des Diagramms, um die Markierung aufzuheben.

Speichern, Drucken und Beenden

Nachdem Sie ein Arbeitsblatt angelegt haben, wollen Sie es sehr wahrscheinlich speichern oder ausdrucken.

Ein Arbeitsblatt speichern

Um ein Arbeitsblatt zu speichern, gehen Sie wie folgt vor:

1. Wählen Sie im DATEI-Menü den Eintrag SPEICHERN (Tastenkombination [Strg]+[S]), oder klicken Sie in der Standard-Symbolleiste auf . Wenn die Datei noch nie gespeichert wurde, wird das Dialogfeld SPEICHERN UNTER angezeigt. Andernfalls speichert Mathcad die Datei ohne weitere Nachfrage.

2. Geben Sie den Namen der Datei in das bereitgestellte Textfeld ein. Um sie in einem anderen Ordner abzulegen, wählen Sie diesen im Dialogfeld SPEICHERN UNTER aus.

Standardmäßig speichert Mathcad die Datei im Mathcad-Format (MCD). Sie haben jedoch auch die Möglichkeit, andere Formate auszuwählen, beispielsweise RTF oder HTML, auch als eine Vorlage für zukünftige Mathcad-Arbeitsblätter oder in ein zu früheren Mathcad-Versionen kompatibles Format. Weitere Informationen finden Sie in Kapitel 7.

Drucken

Zum Ausdrucken einer Datei wählen Sie im DATEI-Menü den Eintrag DRUCKEN, oder Sie klicken in der Standard-Symbolleiste auf . Mit der Auswahl SEITE EINRICHTEN im DATEI-Menü oder durch Anklicken von zeigen Sie eine Vorschau auf die gedruckte Seite an.

Weitere Informationen über das Drucken finden Sie in Kapitel 7.

Mathcad beenden

Wenn Sie mir Ihrer Arbeit in Mathcad fertig sind, wählen Sie im DATEI-Menü den Eintrag BEENDEN. Mathcad schließt alle Fenster und bringt Sie auf Ihren Desktop zurück. Falls Sie seit dem letzten Speichern Änderungen an Ihren Arbeitsblättern vorgenommen haben, werden Sie in einem Dialogfeld gefragt, ob Sie sie verwerfen oder speichern möchten. Wenn Sie Symbolleisten verschoben haben, merkt sich Mathcad ihre Position und zeigt sie beim nächsten Programmaufruf genau dort wieder an.

Hinweis   Um ein bestimmtes Arbeitsblatt zu schließen, wenn Mathcad geöffnet bleiben soll, wählen Sie aus dem BEARBEITEN-Menü den Befehl SCHLIEßEN.

Kapitel 3
Online-Ressourcen

Informationszentrum und Elektronische Bücher

Hilfe

Internet-Zugriff in Mathcad

WWW-Foren

Andere Ressourcen

Informationszentrum und elektronische Bücher

Wenn Sie zu den Menschen gehören, die am besten aus Beispielen lernen, Informationen brauchen, die Sie sofort auf Ihren Mathcad-Arbeitsblättern umsetzen können, oder direkt aus Mathcad auf das World Wide Web zugreifen möchten, wählen Sie im HILFE-Menü das INFORMATIONSZENTRUM, oder klicken Sie in der Standard-Symbolleiste auf 🗎. Das Informationszentrum ist ein elektronisches Buch, das in einem eigenen Fenster mit eigenen Menüs und Symbolleisten angezeigt wird, wie in Abbildung 3.1 dargestellt.

Hinweis In der über das Informationszentrum zugänglichen Mathcad-Internet-Bibliothek sind einige elektronische Bücher erhältlich. Darüber hinaus gibt es bei MathSoft oder Ihrem Softwarehändler viele weitere elektronische Bücher zu Mathcad. Um ein elektronisches Buch zu öffnen, wählen Sie im HILFE-Menü BUCH ÖFFNEN und suchen nach der entsprechenden HBK-Datei.

Im Informationszentrum gibt es die folgenden Angebote:

- Ein umfangreiches elektronisches Buch mit einer Sammlung von Informationen, QuickSheet-Vorlagen, Beispielen, Verweistabellen und Beispielen von Mathcad-Zusatzprodukten. Sie können die Informationen aus dem Informationszentrum einfach auf Ihre eigenen Mathcad-Arbeitsblätter verschieben.

- Unmittelbarer Zugriff auf Mathcad-Arbeitsblätter und elektronische Bücher auf der World Wide Web-Site von MathSoft oder anderen Internet-Sites

- Bereitstellung der gesamten Funktionalität, die der Internet Explorer zum Web-Browsing bietet, innerhalb der Mathcad-Umgebung

- Zugriff auf WWW-Foren zum Austausch mit anderen Mathcad-Benutzern

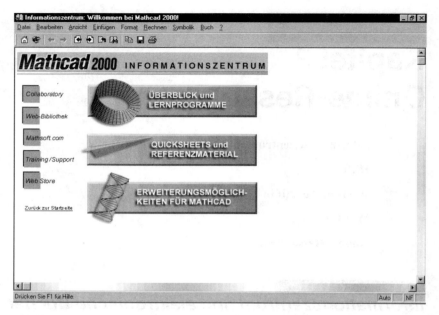

Abbildung 3.1: Das Informationszentrum für Mathcad Professional. Die Themen in anderen Mathcad-Editionen können leicht abweichen.

Tip	Das Informationszentrum wird bei jedem Aufruf von Mathcad automatisch geöffnet. Um dies zu umgehen, wählen Sie im ANSICHT-Menü den Eintrag OPTIONEN, klicken auf die Registerkarte ALLGEMEIN und deaktivieren Sie die Option INFORMATIONSZENTRUM BEIM STARTEN ÖFFNEN.

Hinweis	Sie können Ihr eigenes elektronisches Mathcad-Buch erstellen. Weitere Informationen hierzu finden Sie im Kapitel »Erstellen eines elektronischen Buches« auf Seite 136.

Inhalt des Informationszentrums

Dieser Abschnitt beschreibt kurz die im Informationszentrum angebotenen Themenbereiche. Diese Themenbereiche variieren in der Mathcad-Professional- und der Mathcad-Standard-Edition.

- **Mathcad-Übersicht und -Tutorials** – Beschreibung der Funktionen und der Tutorials von Mathcad, die den Einstieg in die Arbeit mit Mathcad erleichtern oder spezielle Funktionen wie Lösung, Datenanalyse, Programmierung, Erstellen von Diagrammen und Arbeitsblättern erläutern.

- **QuickSheets und Referenztabellen** – Über 300 QuickSheets, »Rezepte«, führen Sie durch eine Vielzahl von gebräuchlichen mathematischen Aufgabenstellungen, die Sie an Ihren jeweiligen Gebrauch anpassen können. Tabellen für physikalische Konstanten, chemische und physikalische Daten und mathematische Formeln können Sie in Ihren Mathcad-Arbeitsblättern verwenden.

- **Erweiterung von Mathcad** – Zahlreiche branchenspezifische Beispiele, aus einem elektronischen Buch und einer Erweiterung bestehenden Paket entnommen, erläutern die Verwendungszwecke von Mathcad.

- **Web-Foren** – Eine Verbindung zum kostenlosen Internet-Forum von MathSoft ermöglicht es Ihnen, Kontakt mit der weltweiten Gemeinde der Mathcad-Benutzer aufzunehmen.

- **MathSoft.com** – Internet-Site von MathSoft mit Zugriff auf Mathcad- und andere mathematische Quellen und die neuesten Informationen von MathSoft.

- **Schulung/Support** – Informationen zu Schulungen und Support von Mathsoft.

- **Internet-Shop** – Im Internet-Shop von MathSoft können Sie sich über alle Zusatzprodukte, die aktuellen Schulungs- und Technik-Software von MathSoft und Drittanbietern informieren und diese auch erwerben.

Informationen in einem elektronischen Buch suchen

Das Informationszentrum ist ein elektronisches Mathcad-Buch – eine mit Hyperlinks versehene Sammlung von Mathcad-Arbeitsblättern. Wie in anderen Hypertextsystemen, die Sie kennen, bewegt man sich in einem elektronischen Mathcad-Buch, indem man einfach auf Icons oder unterstrichenen Text klickt. Der Mauszeiger nimmt automatisch die Form einer Hand an, wenn er über einen Hypertext-Link geschoben wird. Eine Meldung in der Statusleiste teilt Ihnen mit, was passiert, wenn Sie auf den Link klicken. Abhängig davon, wie das Buch organisiert ist, öffnet der aktivierte Link automatisch den entsprechenden Abschnitt oder zeigt Informationen in einem Popup-Fenster an.

Sie können auch die Schaltflächen in der Symbolleiste oben im Fenster für das elektronische Buch verwenden, um sich durch den Inhalt zu bewegen.

Schaltfläche	Funktion
	Link zum Inhaltsverzeichnis; das ist die Seite, die erscheint, wenn Sie das elektronische Buch öffnen
	Öffnet eine Symbolleiste für die Eingabe einer WWW-Adresse
	Geht zu dem zuletzt angezeigten Dokument zurück
	Geht wieder zum nächsten Dokument weiter
	Springt im elektronischen Buch einen Abschnitt zurück

⬛	Springt im elektronischen Buch einen Abschnitt weiter
⬛	Zeigt eine Liste der zuletzt angezeigten Dokumente an
⬛	Durchsucht das elektronische Buch nach einem bestimmten Begriff
⬛	Kopiert einen ausgewählten Bereich in die Zwischenablage
⬛	Speichert den aktuellen Abschnitt des elektronischen Buchs
⬛	Druckt den aktuellen Abschnitt des elektronischen Buchs

Mathcad zeichnet auf, wo Sie im elektronischen Buch gelesen haben. Wenn Sie auf ⬛ klicken, geht Mathcad zum zuletzt geöffneten Abschnitt und dort auf die Seite, wo Sie es verlassen haben, zurück. Das ist insbesondere praktisch, wenn Sie bei irgendeinem Verweis nachgelesen haben, und dann an den Ausgangspunkt zurückgelangen möchten.

Wenn Sie nicht nur um einen einzigen Abschnitt zurückspringen möchten, klicken Sie auf ⬛. Ein Protokollfenster wird angezeigt, in dem Sie jeden Abschnitt auswählen können, den Sie seit dem Öffnen des elektronischen Buchs besucht haben.

Volltextsuche
Neben der Verwendung von Hyperlinks, die in elektronischen Büchern zu ganz bestimmten Themen führen, können Sie auch nach ganzen Themen oder Sätzen suchen. Dazu gehen Sie wie folgt vor:

1. Klicken Sie auf ⬛, um das Dialogfeld SUCHEN zu öffnen.

2. Geben Sie ein Wort oder einen Satz in das Textfeld SUCHEN NACH ein. Wählen Sie ein Wort oder einen Satz aus, und klicken Sie auf SUCHEN. Damit wird eine Themenliste für den Suchbegriff angezeigt und ebenfalls, wie oft er gefunden wurde.

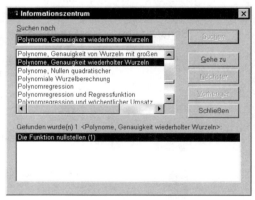

3. Wählen Sie ein Thema aus, und klicken Sie auf GEHE ZU. Mathcad öffnet den Abschnitt im elektronischen Buch, nach dem Sie gesucht haben. Klicken Sie auf NÄCHSTER oder VORHERIGER, um zum nächsten oder vorherigen Vorkommen des Eintrags zu gelangen.

Anmerkungen in einem elektronischen Buch

Ein elektronisches Mathcad-Buch besteht aus komplett interaktiven Mathcad-Arbeitsblättern. Sie können alle mathematischen Bereiche in einem elektronischen Buch beliebig bearbeiten, um zu beobachten, wie sich ein veränderter Parameter auswirkt, wie eine geänderte Gleichung reagiert usw. Text, Grafiken oder mathematische Ausdrücke können als Kommentare in das elektronische Buch eingetragen werden. Dazu verwenden Sie die Menübefehle in dem Fenster für das elektronische Buch und die Mathcad-Symbolleisten.

Tip Standardmäßig werden alle Anmerkungen, die Sie in einem elektronischen Buch vornehmen, in einer besonderen Farbe markiert. Um diese Farbe zu ändern, wählen Sie im FORMAT-Menü den Eintrag FARBE⇒ANMERKUNG. Um die farbige Kennzeichnung von Anmerkungen in einem elektronischen Buch zu unterdrücken, entfernen Sie die Markierung für ÄNDERUNGEN HERVORHEBEN im BUCH-Menü des elektronischen Buchs.

Speichern von Anmerkungen

Änderungen, die Sie an einem elektronischen Buch vornehmen, sind standardmäßig nicht permanent: Sie verschwinden, wenn Sie das elektronische Buch schließen. Wenn Sie das Buch wieder öffnen, wird es wieder in seinem Originalzustand angezeigt. Sie speichern die Anmerkungen in einem elektronischen Buch, indem Sie im BUCH-Menü oder im Popup-Menü, das erscheint, wenn Sie mit der rechten Maustaste klicken, den Eintrag ANMERKUNGEN IN BUCH auswählen:

- Wählen Sie im BUCH-Menü den Eintrag ABSCHNITT SPEICHERN, um alle Anmerkungen zu speichern, die Sie im aktuellen Abschnitt des elektronischen Buchs vorgenommen haben, oder wählen Sie ALLE ÄNDERUNGEN SPEICHERN, um alle Änderungen zu speichern, die stattgefunden haben, seit Sie das elektronische Buch zuletzt geöffnet haben.

- Wählen Sie ORIGINALABSCHNITT EINSEHEN, um den Abschnitt in seiner ursprünglichen Form anzuzeigen. Wählen Sie GEÄNDERTEN ABSCHNITT EINSEHEN, um Ihre Anmerkungen wieder zu sehen.

- Wählen Sie ABSCHNITT WIEDERHERSTELLEN, um wieder zum Originalabschnitt zurückzukehren, oder ALLES WIEDERHERSTELLEN, um alle Anmerkungen und Änderungen, die Sie an dem elektronischen Buch vorgenommen haben, zu entfernen.

Informationen aus einem elektronischen Buch kopieren

Es gibt zwei Möglichkeiten, Informationen aus einem elektronischen Buch in Ihr Mathcad-Arbeitsblatt zu kopieren:

- Verwenden Sie die Zwischenablage. Wählen Sie unter Verwendung einer der auf Seite 27 beschriebenen Methoden Text oder Gleichungen aus, klicken Sie in der Symbolleiste des elektronischen Buchs auf [Symbol] oder wählen Sie im BEARBEITEN-Menü den Eintrag KOPIEREN, klicken Sie an die entsprechende Position in Ihrem Arbeitsblatt und wählen Sie im BEARBEITEN-Menü den Eintrag EINFÜGEN.

- Sie können ganze Bereiche aus dem Buch-Fenster heraus auf Ihr Arbeitsblatt ziehen. Wählen Sie diese Bereiche wie oben beschrieben aus, drücken Sie die Maustaste über einem der Bereiche, und halten Sie sie gedrückt, während Sie den Bereich mit der Maus auf Ihr Arbeitsblatt ziehen. Die Bereiche werden in das Arbeitsblatt kopiert, sobald Sie die Maustaste loslassen.

Web-Browsing

Wenn Sie einen Internet-Zugang besitzen, stellt die Schaltfläche Web-Bibliothek im Informationszentrum eine Verbindung zum World Wide Web her, in dem Sie zahlreiche Mathcad-Arbeitsblätter und elektronische Bücher finden. Im Fenster für das Informationszentrum gehen Sie an eine beliebige Position im World Wide Web und öffnen neben den Mathcad-Arbeitsblättern Standard-HTML- (Hypertext Mark-up Language) oder andere Web-Seiten. Damit haben Sie in der Mathcad-Umgebung direkten Zugriff auf die reichhaltigen Informationsquellen im Internet.

Hinweis Wenn sich das Informationszentrum-Fenster im Web-Modus befindet, verwendet Mathcad ein OLE-Steuerelement zum Web-Browsing, das vom Microsoft Internet Explorer bereitgestellt wird. Für das Web-Browsing in Mathcad benötigen Sie den Microsoft Internet Explorer 4.0 oder höher auf Ihrem System, dieser muß aber nicht der Standard-Browser sein. Der Microsoft Internet Explorer steht bei der Installation von Mathcad zur Verfügung. Auf der Web-Site von Microsoft, `http://www.micro-soft.com/` finden Sie weitere Informationen über Lizenzbestimmungen und technischen Support. Außerdem können Sie von dort die neueste Version herunterladen.

Um innerhalb des Informationszentrum-Fensters eine WWW-Seite anzuzeigen, gehen Sie wie folgt vor:

1. Klicken Sie in der Symbolleiste des Informationszentrums auf [Symbol]. Eine weitere Symbolleiste wird angezeigt, in die Sie eine Adresse eingeben können, wie in der folgenden Abbildung gezeigt. Jetzt befindet sich das Informationszentrum im Web-Modus:

2. Geben Sie in das Feld ADRESSE eine URL (Uniform Resource Locator) für ein Dokument im World Wide Web ein. Um beispielsweise die Homepage von MathSoft zu besuchen, geben Sie `http://www.mathsoft.com/` ein und drücken Sie die Enter-Taste. Wenn Sie einen Internet-Zugang haben und der Server zur Verfügung steht, laden Sie die angeforderte Seite in Ihr Informationszentrum. Unter Windows NT 3.51 oder wenn Sie keine unterstützte Version des Microsoft Internet Explorers installiert haben, rufen Sie statt dessen Ihren Standard-Web-Browser auf.

Die weiteren Schaltflächen in der Web-Symbolleiste haben die folgende Bedeutung:

Schaltfläche	Funktion
	Setzt ein Lesezeichen auf der aktuellen Seite, damit diese später wieder besucht werden kann
	Lädt die aktuelle Seite neu
	Beendet die aktuelle Dateiübertragung

Hinweis Wenn Sie sich im Web-Modus befinden und mit der rechten Maustaste auf das Informationszentrum klicken, zeigt Mathcad ein Popup-Menü an, das Befehle für die Anzeige von Web-Seiten bereitstellt. Viele der Schaltflächen in der Symbolleiste des Informationszentrums bleiben aktiv, während Sie sich im Web-Modus befinden. Sie können also Informationen, die Sie im Web gefunden haben, ganz einfach kopieren, speichern oder drucken, oder zu zuvor besuchten Seiten zurückkehren. Wenn Sie auf

klicken, gelangen Sie zum Inhaltsverzeichnis des Informationszentrums, und die Verbindung zum Web wird unterbrochen.

Tip Das Informationszentrum bietet Ihnen im Web-Modus Zugriff auf Mathcad-Arbeitsblätter im gesamten World Wide Web. Sie geben dazu einfach nur die URL des betreffenden Arbeitsblatts in das Adreßfeld der Web-Symbolleiste ein.

Hilfe

Mathcad bietet in einem umfassenden Online-Hilfesystem Hilfe zu den verschiedenen Produktfunktionen an. Um die Online-Hilfe von Mathcad anzuzeigen, wählen Sie im HILFE-Menü den Eintrag MATHCAD-HILFE, klicken in der Standard-Symbolleiste auf

oder drücken F1 . Das Hilfesystem von Mathcad verwendet die HTML-Hilfeumgebung von Microsoft, wie in Abbildung 3.2 gezeigt. Auf der Registerkarte INHALT wird die Explorer-Ansicht angezeigt, auf der Registerkarte INDEX schlagen Sie Begriffe oder ganze Sätze nach, und auf der Registerkarte SUCHEN durchsuchen Sie das gesamte Hilfe-System nach einem Schlüsselwort oder einem bestimmten Satz.

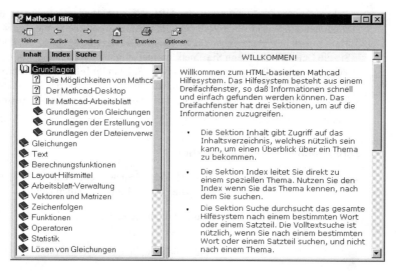

Abbildung 3.2: Die Online-Hilfe von Mathcad wird als HTML-Hilfe angezeigt.

Hinweis Zur Aktivierung dieser Hilfe muß mindestens ein Internet Explorer 4.0 installiert sein, der aber nicht der Standard-Browser sein muß.

Mathcad bietet Ihnen auch eine kontextabhängige Hilfe an. Um Hilfe zu Mathcad-Menübefehlen zu erhalten, klicken Sie auf den Befehl, damit in der Statusleiste unten im Fenster die entsprechende Information angezeigt wird. Um Informationen über die Schaltflächen der Symbolleiste zu erhalten, schieben Sie den Zeiger über diese Schaltflächen, so daß ein Tooltip angezeigt wird.

Hinweis Die Statusleiste wird in Mathcad standardmäßig angezeigt. Sie können die Statusleiste verbergen, indem Sie im ANSICHT-Menü die Markierung für STATUSLEISTE aufheben.

Es gibt aber auch detailliertere Hilfe zu Menübefehlen, Operatoren oder Fehlermeldungen:

1. Klicken Sie auf eine Fehlermeldung, eine eingebaute Funktion oder Variable oder auf einen Operator.
2. Drücken Sie [F1], um den entsprechenden Hilfebildschirm anzuzeigen.

Um Hilfe zu Menübefehlen oder einer der Schaltflächen auf der Symbolleiste zu erhalten, gehen Sie wie folgt vor:

1. Drücken Sie [⇧]+[F1]. Mathcad stellt den Zeiger als Fragezeichen dar.
2. Wählen Sie im Menü einen Befehl aus. Mathcad zeigt den entsprechenden Hilfebildschirm an.
5. Klicken Sie auf eine Schaltfläche in der Symbolleiste. Mathcad zeigt den Namen des Operators sowie die zugehörige Tastenkombination in der Statusleiste an.

Um Ihre eigentliche Arbeit fortzusetzen, drücken Sie `Esc`. Der Zeiger wird wieder als Pfeil angezeigt.

Tip Wählen Sie im HILFE-Menü den Eintrag TIPS UND TRICKS. Dadurch werden Ihnen beim Starten von Mathcad automatisch viele praktische Tips angezeigt.

Internet-Zugriff in Mathcad

Viele der in diesem Kapitel beschriebenen Online-Ressourcen für Mathcad befinden sich nicht auf Ihrem eigenen Computer oder in einem lokalen Netzwerk, sondern im Internet.

Um auf die Ressourcen im Internet zuzugreifen, gehen Sie wie folgt vor:

- Sie brauchen Netzwerksoftware, die eine 32-Bit-Internet-Applikation unterstützt (TCP/IP). Diese Software ist in der Regel Teil der Netzwerkdienste Ihres Betriebssystems. Weitere Informationen finden Sie in der Dokumentation zu Ihrem Betriebssystem.

- Sie brauchen eine direkte oder eine DFÜ-Verbindung zum Internet, mit geeigneter Hardware und der entsprechenden Kommunikationssoftware. Fragen Sie Ihren Systemadministrator oder den Internet Service Provider nach weiteren Informationen über Ihre Internet-Verbindung.

Bevor Sie über Mathcad auf das Internet zugreifen können, müssen Sie wissen, ob Sie für den Zugriff einen *Proxy-Server* verwenden. Fragen Sie Ihren Systemadministrator nach dem Namen der Proxy-Maschine oder der IP-Adresse (Internet Protokoll), ebenso wie nach der Portnummer (Socket), die Sie für die Verbindung verwenden sollten. Sie können für die drei von Mathcad angebotenen Internet-Protokolle separate Proxy-Server angeben: HTTP für das World Wide Web; FTP als Dateiübertragungsprotokoll; und GOHPHER, ein älteres Protokoll für den Zugriff auf Informationsarchive.

Wenn Sie diese Informationen haben, wählen Sie im ANSICHT-Menü den Eintrag EINSTELLUNGEN. Gehen Sie auf die Registerkarte INTERNET. Geben Sie die ermittelten Werte in das Dialogfeld ein.

Die bereits auf der Registerkarte vorgegebenen Informationen wurden bei der Installation von Mathcad eingegeben:

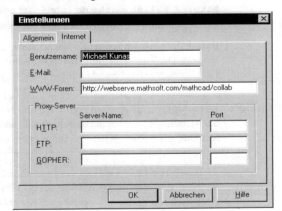

- Ihr Name
- Ihre Internet-E-Mail-Adresse
- Die URL für den WWW-Server, auf den Sie zugreifen, wenn Sie auf der Homepage des Informationszentrums auf die Schaltfläche WWW-Forum klicken.

Die WWW-Foren

Wenn Sie eine direkte oder eine DFÜ-Internet-Verbindung haben, können Sie von der Homepage des Informationszentrums aus auf das Mathcad-WWW-Forum zugreifen. Das WWW-Forum ist ein WWW-Dienst, der Ihnen die Kommunikation mit einer ganzen Gemeinde von Mathcad-Benutzern ermöglicht. Es handelt sich dabei um eine Gruppe aus mehreren Foren, in die Sie Mathcad- oder andere Dateien laden, Nachrichten verschicken und aus denen Sie Dateien und Nachrichten von anderen Mathcad-Benutzern herunterladen können. Sie können das WWW-Forum auch auf Schlüsselwörter oder -phrasen enthaltende Nachrichten absuchen, über für Sie interessante Nachrichten informiert werden und sich auch nur bisher ungelesene Nachrichten anzeigen lassen. Sie werden feststellen, daß die Web-Foren einige der besten Eigenschaften von Bulletin-Boards und Online-Newsgroups kombinieren und Ihnen dabei die Bequemlichkeit bieten, Arbeitsblätter und andere mit Mathcad erzeugten Dateien gemeinsam zu nutzen.

Wenn Sie das WWW-Forum öffnen, wird das in Abbildung 3.3 gezeigte Fenster aufgerufen. Im Explorer-Feld auf der linken Seite erscheint eine Liste aller Foren, in dem Explorer-Feld auf der rechten Seite erscheinen die Themen der einzelnen Foren. In der Liste im rechten Feld sehen Sie das Datum, die Größe und den Dateinamen der einzelnen Projekte. Eingerückte Einträge stellen Antworten auf frühere Themen dar.

Zum Öffnen der WWW-Foren wählen Sie INFORMATIONSZENTRUM aus dem HILFE-Menü und klicken sie das Informationszentrum-Symbol an. Sie können auch über den Internet-Browser zur Web-Site des WWW-Forums gehen:

```
http:// collab.mathsoft.com/~mathcad2000/
```

Sie werden die Login-Bildschirmoberfläche des WWW-Forums sehen.

Eine Auflistung der Foren und Nachrichten erscheint auf der linken Seite des Bildschirms. Die Menüleiste am oberen Bildschirmrand ermöglicht Ihnen den Zugriff auf Funktionen wie Suche und Online-Hilfe.

Tip Wenn Sie nach der Anmeldung Ihr Kennwort ändern möchten, klicken Sie OPTIONEN in der Menüleiste am oberen Bildschirmrand an. Klicken Sie dann auf BENUTZERPROFIL ÄNDERN, geben Sie ein neues Kennwort ein und klicken Sie dann auf SPEICHERN.

Hinweis Mathcad verwaltet den WWW-Server als kostenlosen Service, der allen Mathcad-Benutzern zur Verfügung steht. Lesen Sie unbedingt die Nutzungsbedingungen.

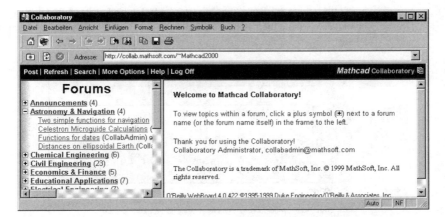

Abbildung 3.3: Öffnen Sie im Informationszentrum das WWW-Forum. Die verschiedenen Foren und Themen ändern sich im Laufe der Zeit.

Lesen von Nachrichten

Sobald Sie sich im WWW-Forum angemeldet haben, wird Ihnen gesagt, wie viele neue Nachrichten vorliegen und wie viele davon an Sie adressiert sind. Mit Hilfe der beigefügten Links können Sie die Nachrichten lesen oder sich am rechten Bildschirmrand eine Liste der eingegangenen Nachrichten anzeigen lassen. Um eine Nachricht in einem der WWW-Foren zu lesen, müssen Sie:

1. Auf **+** neben dem Namen des Forums klicken, oder den Namen des Forums anklicken.

2. Die Nachricht anklicken, die Sie lesen möchten. Klicken Sie **+** links neben der Nachricht, um alle Antworten darunter anzeigen zu lassen.

3. Die Nachricht wird auf der rechten Seite des Fensters angezeigt.

Noch nicht gelesene Nachrichten werden in Kursivschrift angezeigt, oder es erscheint ein »Neu«-Symbol neben der Nachricht.

Versenden einer Nachricht

Nach der Anmeldung im WWW-Forum, können Sie jedes beliebige Forum besuchen und dort eine Nachricht versenden oder auf eine Nachricht antworten.

1. Wählen Sie ein Forum aus, in dem Sie eine Nachricht versenden wollen oder auf eine Nachricht antworten möchten. Klicken Sie den Namen des Forums an, um die darin enthaltenen Nachrichten anzeigen zu lassen. Wenn Sie auf eine Nachricht antworten möchten, klicken Sie auf die Nachricht.

2. Zum Versenden einer neuen Nachricht wählen Sie SENDEN aus der Menüleiste am oberen Rand des Fensters. Zum Erstellen einer Antwort klicken Sie auf ANTWORTEN oberhalb der Nachricht im rechten Rand des Fensters. Sie sehen dann

die Senden-/Antworten-Seite am rechten Rand des Fensters. Wenn Sie beispielsweise eine neue thematische Nachricht in das Biologie-Forum versenden, sehen Sie:

3. Geben Sie den Titel Ihrer Nachricht in das Feld THEMA ein.

4. Klicken Sie einen der Rahmen unterhalb des Titels an, um festzulegen, ob Sie eine Nachricht beispielsweise in der Ansicht sehen, die Rechtschreibprüfung anwenden oder eine Datei einbinden möchten.

5. Geben Sie Ihren Text in das NACHRICHT-Feld ein.

Tip   Sie können Hyperlinks in Ihre Nachricht einbinden, indem Sie vollständige URLs wie z.B. *http://www.myserver.com/main.html* eingeben.

6. Klicken Sie SENDEN an, wenn Sie den Text eingegeben haben. Je nach gewählter Option, wird Ihre Nachricht entweder sofort versandt, oder Sie können sie zunächst in der Ansicht sehen. Eventuelle orthographische Fehler werden, unter Angabe von Alternativvorschlägen, in roter Schrift angezeigt.

7. Erscheint der Text in der Ansicht korrekt, können Sie SENDEN anklicken.

8. Wenn Sie eine Datei einbinden, erscheint eine neue Seite. Spezifizieren Sie den Dateityp, und klicken Sie JETZT HOCHLADEN an.

Hinweis   Für weitere Informationen zum Lesen und Versenden von Nachrichten und anderen Funktionen der WWW-Foren klicken Sie HILFE in der Menüleiste der WWW-Foren an.

Um eine versandte Nachricht zu löschen, müssen Sie diese durch Anklicken öffnen und LÖSCHEN in der kleinen Menüleiste anklicken, die sich oberhalb der Nachricht am rechten Fensterrand befindet.

Suchen

Um das WWW-Forum zu durchsuchen, müssen Sie in der Menüleiste des WWW-Forums SUCHEN anklicken. Sie können hiermit Nachrichten suchen, die bestimmte Begriffe oder Wendungen enthalten, an einem bestimmten Datum oder von bestimmten Benutzern erstellt wurden.

Sie können die Benutzer-Datenbank des WWW-Forums auch dafür benutzen, um nach Benutzern aus bestimmten Ländern oder nach bestimmten E-Mail-Adressen zu suchen. Hierfür müssen Sie lediglich auf BENUTZER SUCHEN am oberen Rand der Such-Seite klicken.

Ändern Ihrer Benutzer-Information

Bei Ihrer Erstanmeldung im WWW-Forum haben Sie ein Formular zur Information neuer Benutzer mit Namen, Adresse usw. ausgefüllt. Diese Informationen wurden als Ihr Profil gespeichert. Um diese Informationen oder Standardeinstellungen des WWW-Forums ändern zu können, müssen Sie zunächst Ihr Profil wie folgt bearbeiten:

1. Klicken Sie OPTIONEN in der Menüleiste am oberen Fensterrand an.
2. Klicken Sie PROFIL BEARBEITEN an.
3. Ändern Sie die Angaben im Formular und klicken Sie auf SPEICHERN.

Sie können Angaben wie Anmeldename und Kennwort ändern oder Ihre E-Mail-Adresse verstecken.

Hinweis Um von Ihnen gesandte Nachrichten zu schützen, können Sie Ihre E-Mail-Adresse verstecken oder Ihren Anmeldenamen ändern, indem sie Ihr Profil bearbeiten. Beachten Sie, daß Sie, wenn Sie Ihre E-Mail-Adresse verstecken, keine Nachrichten von anderen Forumsbenutzern erhalten können.

Andere Funktionen

Die WWW-Foren verfügen über weitere Funktionen, die ein problemloses Auffinden und Bereitstellen von Informationen für die Mathcad-Gemeinde ermöglichen. Aktivitäten wie das Erstellen eines Adressbuchs, das Kenntlichmachen bereits gelesener Nachrichten, die Ansicht ausgewählter Nachrichten oder die automatische Abfrage von E-Mail-Bekanntmachungen lassen sich durch WEITERE OPTIONEN in der Menüleiste der WWW-Foren durchführen.

Die WWW-Foren unterstützen ebenfalls Kontakte via E-Mail oder News Groups. Für weitere Informationen zu diesen oder anderen in den WWW-Foren verfügbaren Funktionen klicken Sie HILFE in der Menüleiste des WWW-Forums an.

Weitere Hilfsquellen

Online-Dokumentation

Die folgende Mathcad-Dokumentation enthält der DOC-Ordner der Mathcad-CD im PDF-Format:

- *Mathcad-Benutzerhandbuch*: Benutzerhandbuch mit aktuellen Informationen und allen Updates, die nach der letzten Ausgabe erstellt wurden.

- *Mathcad-Referenzbuch*: detaillierter Leitfaden zu allen eingebauten Funktionen, Operatoren und Symbolkennwörtern.

- *MathConnex-Benutzerhandbuch*: Benutzerhandbuch für MathConnex, eine Umgebung zum Integrieren und Verknüpfen von Anwendungen und Datenquellen.

- *Erstellen einer Benutzer-DLL*: eine Datei mit Anweisungen in C oder C++, mit der Sie eigene Funktionen in Form einer DLL erstellen können.

Sie können diese PDF-Dateien lesen, wenn Sie den Adobe Acrobat Reader installiert haben, der in dem DOC-Ordner der Mathcad-CD bereitliegt. Weitere Informationen zur Online-Dokumentation finden Sie in der Readme-Datei des DOC-Ordners.

Beispielordner

Der Beispielordner in Ihrem Mathcad-Ordner enthält Beispieldateien aus Mathcad und MathConnex, die Komponenten wie Axum-, Excel- oder SmartSketch-Komponeneten einsetzen. Er enthält des weiteren Beispielanwendungen aus Visual Basic, die auf die Arbeit mit Mathcad-Dateien ausgerichtet sind. Weitere Informationen zu den in den Beispielen angeführten Komponenten und Funktionen finden Sie in Kapitel 16, »Komplexere Berechnungen«.

Anmerkungen

Die Anmerkungen finden Sie im DOC-Ordner Ihres Mathcad-Ordners. Dort erhalten Sie aktuelle Informationen über Mathcad, Updates zu den Dokumentationen, Troubleshooting-Anweisungen usw.

Teil 2

Mathcad-Arbeitsblätter

Kapitel 4
Mathematische Ausdrücke

Mathematische Ausdrücke einfügen

Ausdrücke aufbauen

Ausdrücke bearbeiten

Mathematische Formate

Mathematische Ausdrücke einfügen

Sie können Ihre mathematischen Gleichungen und Ausdrücke im Mathcad-Arbeitsblatt an beliebiger Stelle einfügen. Dazu klicken Sie einfach nur auf das Arbeitsblatt und fangen an zu tippen.

1. Klicken Sie irgendwo in das Arbeitsblatt. Sie sehen einen Fadenkreuz-Cursor. Alles, was Sie eingeben, erscheint an der Position dieses Fadenkreuzes.

2. Geben Sie Zahlen, Buchstaben und mathematische Operatoren ein, oder fügen Sie sie mit Hilfe der Schaltfläche in den Mathematik-Symbolleisten von Mathcad ein, um einen *mathematischen Bereich* anzulegen.

$$15 - \frac{8}{104.5} = 14.923$$

Sie werden feststellen, daß Mathcad anders als eine Textverarbeitung standardmäßig alles, was Sie am Fadenkreuz-Cursor eingeben, als mathematischen Ausdruck interpretiert. Wenn Sie statt dessen einen Textbereich anlegen möchten, gehen Sie vor wie in Kapitel 5, »Text«, beschrieben.

Manchmal geben Sie Ihre mathematischen Ausdrücke auch in Platzhalter in einem mathematischen Ausdruck ein, die erscheinen, wenn Sie bestimmte Operatoren eingeben. In Kapitel 9, »Operatoren«, finden Sie detailliertere Informationen über die mathematischen Operatoren in Mathcad und die dafür bereitgestellten *Platzhalter*.

Das restliche Kapitel stellt die Elemente mathematischer Ausdrücke in Mathcad vor und beschreibt die Techniken, die Sie zum Aufbau und zur Bearbeitung brauchen. Weitere Informationen über Zahlen- und Symbole in Mathcad finden Sie im Abschnitt »Berechnungen« in diesem Buch.

Zahlen und komplexe Zahlen

Dieser Abschnitt beschreibt die verschiedenen Zahlentypen, die Mathcad unterstützt, und wie sie in mathematische Ausdrücke eingegeben werden. Eine einzelne Zahl wird in Mathcad als *Skalar* bezeichnet. Informationen über die Eingabe von Zahlengruppen in *Feldern* finden Sie im Abschnitt »Vektoren und Matrizen« auf Seite 59.

Zahlentypen

In mathematischen Bereichen interpretiert Mathcad alles, was mit einer der Ziffern 0-9 beginnt, als Zahl. Einer Ziffer können folgen:

- Andere Ziffern
- Ein Dezimalpunkt
- Ziffern nach dem Dezimalpunkt
- Einer der Buchstaben **b**, **h** oder **o** für binäre, hexadezimale und oktale Zahlen, und **i** oder **j** für imaginäre Zahlen. Diese Zahlentypen werden im folgenden noch genauer beschrieben. Weitere Informationen über andere Suffixe finden Sie im Anhang »Suffixe für Zahlen« auf Seite 387.

Hinweis Mathcad verwendet den Punkt (**.**) als Dezimalpunkt. Das Komma (**,**) trennt einzelne Werte in einer Bereichsvariablendefinition, wie im Abschnitt »Bereichsvariablen« auf Seite 142 noch beschrieben wird. Wenn Sie Zahlen eingeben, die größer als 999 sind, verwenden Sie bitte weder ein Komma noch einen Punkt, um die Tausendergruppen zu kennzeichnen. Geben Sie einfach eine Ziffer nach der anderen ein. Um beispielsweise Zehntausend einzugeben, tippen Sie **10000**.

Imaginäre und komplexe Zahlen

Imaginäre Zahlen werden mit den Suffixen *i* oder *j* gekennzeichnet, beispielsweise **1i** oder **2.5j**.

Hinweis Es ist nicht möglich, *i* oder *j* ohne Zahlen zu verwenden, um so den Imaginäranteil darzustellen. Sie müssen immer **1i** oder **1j** schreiben. Andernfalls hält Mathcad das *i* oder das *j* für eine Variable. Befindet sich der Cursor jedoch außerhalb einer Gleichung, die 1*i* oder 1*j* enthält, verbirgt Mathcad die überflüssige Angabe von 1.

Sie können imaginäre Zahlen zwar von *i* oder *j* gefolgt eingeben, aber Mathcad zeigt sie normalerweise mit einem *i* an. Wenn Sie möchten, daß Mathcad die imaginären Zahlen mit j anzeigt, wählen Sie im FORMAT-Menü den Eintrag ERGEBNIS, klicken die Registerkarte OPTIONEN ANZEIGEN an und setzen IMAGINÄRER WERT auf j(J). Weitere Informationen über die Formatierung finden Sie im Abschnitt »Ergebnisse formatieren« auf Seite 152.

Mathcad akzeptiert komplexe Zahlen der Form $a + bi$ (oder $a + bj$), wobei a und b reelle Zahlen sind.

Binärzahlen

Binäre Zahlen werden mit einem nachfolgenden **b** gekennzeichnet. Beispielsweise ist binär **11110000b** gleich 240 dezimal. Binärzahlen müssen kleiner 2^{31} sein.

Oktale Zahlen

Oktale Zahlen werden mit einem nachfolgenden **o** gekennzeichnet. Beispielsweise ist oktal **25636o** gleich 11166 dezimal. Oktalzahlen müssen kleiner 2^{31} sein.

Hexadezimalzahlen

Hexadezimale Zahlen werden mit einem nachfolgenden **h** gekennzeichnet. Beispielsweise ist hexadezimal **2b9eh** gleich 11166 dezimal. Um die Ziffern oberhalb von 9 darzustellen, verwenden Sie die Großbuchstaben **A** bis **F**. Um eine Hexadezimalzahl einzugeben, die mit einem Buchstaben beginnt, stellen Sie ihr eine führende Null voraus. Andernfalls hält Mathcad die Zahl für eine Variable. Schreiben Sie also **0a3h** (löschen Sie das Multiplikationszeichen zwischen 0 und 3) statt **a3h**, um die Dezimalzahl 163 hexadezimal darzustellen. Hexadezimalzahlen müssen kleiner 2^{31} sein.

Exponentenschreibweise

Um sehr große oder sehr kleine Zahlen in Exponentenschreibweise darzustellen, multiplizieren Sie eine Zahl einfach mit einer Potenz von 10. Um beispielsweise die Zahl $3 \cdot 10^8$ einzugeben, schreiben Sie **3*10^8**.

Vektoren und Matrizen

Eine Zahlenspalte ist ein *Vektor*, ein rechteckiges Zahlenfeld ist eine *Matrix*. Der allgemeine Begriff für einen Vektor oder eine Matrix lautet *Feld (Array)*.

Es gibt mehrere Möglichkeiten, in Mathcad Felder anzulegen. Eine der einfachsten ist das Ausfüllen eines Felds mittels leerer Platzhalter; dies wird später in diesem Abschnitt noch beschrieben. Diese Technik ist vor allem für kleinere Felder bis 100 Elemente geeignet. Weitere Techniken zum Anlegen von Feldern beliebiger Größe sind in Kapitel 11, »Vektoren, Matrizen und Datenfelder«, beschrieben.

Tip   Vielleicht wollen Sie den Matrizennamen, Vektoren und Skalaren unterschiedliche Schriften zuweisen. In vielen Mathematikbüchern findet man die Namen von Vektoren fett dargestellt, während die Skalare kursiv angezeigt werden. Weitere Informationen darüber, wie Sie diese Darstellung realisieren, finden Sie im Abschnitt »Mathematische Formate« auf Seite 78.

Einen Vektor oder eine Matrix anlegen

Um in Mathcad einen Vektor oder eine Matrix anzulegen, gehen Sie wie folgt vor:

1. Wählen Sie im EINFÜGEN-Menü den Eintrag MATRIX, oder klicken Sie in der MATRIX-Symbolleiste auf die Schaltfläche [⋮⋮⋮]. Das hier gezeigte Dialogfeld erscheint:

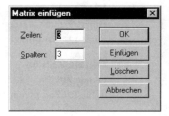

2. Geben Sie die Anzahl der Spalten und Zeilen in die beiden dafür vorgesehenen Felder ein. In diesem Beispiel verwenden wir zwei Zeilen und drei Spalten. Klicken Sie auf OK. Mathcad fügt eine Matrix mit Platzhaltern ein.

3. Tragen Sie anstelle der Platzhalter die gewünschten Werte ein, um die Matrix zu vervollständigen. Drücken Sie auf die [↹]-Taste, um sich zwischen den Platzhaltern zu bewegen.

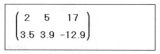

Diese Matrix kann wie eine Zahl in einer Gleichung verwendet werden.

Tip   Das Dialogfeld MATRIX EINFÜGEN ermöglicht Ihnen außerdem, eine bestimmte Anzahl Zeilen oder Spalten aus einem bereits existierenden Feld anzulegen. Weitere Informationen finden Sie im Abschnitt »Größenänderungen von Vektoren und Matrizen« auf Seite 248.

Hinweis   In diesem Buch bezieht sich der Begriff »Vektor« stets auf einen *Spaltenvektor*. Ein Spaltenvektor ist eine einspaltige Matrix. Sie können auch einen *Zeilenvektor* anlegen, indem Sie eine Matrix mit einer Zeile und vielen Spalten erzeugen.

Strings

Größtenteils sind die mathematischen Ausdrücke und die Variablen, mit denen Sie in Mathcad arbeiten, Zahlen oder Felder (Arrays), Sie können aber auch mit Strings (auch als Zeichenfolgenkonstanten oder Zeichenfolgenvariablen bezeichnet) arbeiten. Strings können beliebige Zeichen enthalten, die Sie auf der Tastatur eingeben, unter anderem Buchstaben, Ziffern, Interpunktionszeichen oder Leerzeichen sowie zahlreiche Sonderzeichen, die im Anhang auf Seite 392 im Abschnitt »ASCII-Codes« beschrieben sind. Strings unterscheiden sich von Variablennamen und Zahlen dahingehend, daß Mathcad sie immer zwischen Anführungszeichen anzeigt. Ein String kann einem Variablennamen zugewiesen werden, oder er kann als Element eines Vektors oder einer Matrix oder als Argument für eine Funktion verwendet werden.

Um einen String anzulegen, gehen Sie wie folgt vor:

1. Klicken Sie in einem mathematischen Ausdruck auf einen leeren Platzhalter, normalerweise rechts von einer Variablendefinition.

2. Geben Sie das doppelte Anführungszeichen (") ein. Mathcad zeigt ein Paar Anführungszeichen an und stellt den Cursor zwischen die beiden Zeichen.

$$s := "|"$$

3. Geben Sie eine beliebige Kombination aus Buchstaben, Zahlen, Interpunktionszeichen oder Leerzeichen ein. Klicken Sie irgendwo außerhalb des

$$s := "Das\ Ergebnis\ 5\ ist\ gültig.|"$$

Ausdrucks, oder klicken Sie zweimal auf die Taste mit dem Pfeil nach rechts →, wenn Sie fertig sind.

Um ein Sonderzeichen einzugeben, das einem der ASCII-Zeichen entspricht, gehen Sie wie folgt vor:

1. Klicken Sie in dem String auf den Einfügepunkt.

2. Halten Sie die Alt -Taste gedrückt und geben Sie die Zahl »0« ein, unmittelbar gefolgt von der Nummer für den ASCII-Code. *Verwenden Sie dazu den numerischen Tastenblock auf der rechten Seite der Tastatur* im Zahlenmodus.

3. Lassen Sie die Alt -Taste los. Sie sehen das Symbol in dem String.

Um beispielsweise das Grad-Zeichen (°) einzugeben, drücken Sie die Alt -Taste und geben auf dem numerischen Tastenblock 0176 ein.

Hinweis Das doppelte Anführungszeichen (") hat in Mathcad unterschiedliche Bedeutungen, abhängig davon, wo Sie es verwenden. Wenn Sie einen String eingeben möchten, müssen Sie immer einen leeren Platzhalter dafür auswählen.

Gültige Strings sind beispielsweise »Fischers Fritz fischt frische Fische«, »Ungültige Eingabe: Geben Sie eine Zahl kleiner -5 ein« oder »Keine Panik!«. Eine Zeichenfolge erscheint in Mathcad immer in einer einzigen Textzeile auf Ihrem Ar-beitsblatt, obwohl es keine Größenbeschränkung gibt. Beachten Sie, daß eine Zeichenfolge wie »123«, die auf die oben beschriebene Weise erzeugt wurde, von Mathcad als String verstanden wird, nicht als die Zahl 123.

Tip Strings sind insbesondere praktisch, um allgemeine Fehlermeldungen in Programmen anzuzeigen, wie in Kapitel 15 noch genauer erklärt wird. Andere Funktionen zur Verarbeitung von Strings sind im Abschnitt »Funktionen für Zeichenfolgen« auf Seite 241 beschrieben.

Namen

Ein *Name* in Mathcad ist einfach eine Zeichenfolge, die Sie eingeben oder in einen mathematischen Bereich einfügen. Ein Name bezieht sich in der Regel auf eine Variable oder auf eine Funktion, die Sie in einer Berechnung verwenden. Mathcad unterscheidet zwei Arten von Namen:

- Eingebaute Namen. Das sind Namen für Variablen und Funktionen, die in Mathcad immer zur Verfügung stehen, und die Sie in Ihren Ausdrücken beliebig verwenden können.

- Benutzerdefinierte Namen. Das sind Namen von Variablen und Funktionen, die Sie in Ihren Mathcad-Arbeitsblättern erzeugen.

Eingebaute Namen

Weil Mathcad eine Umgebung für numerische und symbolische Berechnungen ist, gibt es sehr viele eingebaute Namen für die Verwendung in mathematischen Ausdrücken. Diese eingebauten Namen beinhalten *eingebaute Variablen* und *eingebaute Funktionen*.

- Mathcad beinhaltet mehrere Variablen, die anders als gewöhnliche Variablen, bereits beim Starten definiert sind. Diese *vordefinierten* oder *eingebauten Variablen* haben entweder einen konventionellen Wert, wie beispielsweise π (3.14159...) oder e (2.71828...), oder sie werden als Systemvariablen verwendet, die die Berechnungen in Mathcad steuern. Weitere Informationen finden Sie im Abschnitt »Eingebaute Variablen« auf Seite 138.

- Neben diesen vordefinierten Variablen behandelt Mathcad die Namen aller eingebauten Einheiten als vordefinierte Variablen. Beispielsweise erkennt Mathcad den Namen »A« als Ampere, »m« als Meter, »s« als Sekunde usw. Wählen Sie im EINFÜGEN-Menü den Eintrag EINHEIT, oder klicken in der Standard-Symbolleiste auf , um eine der in Mathcad vordefinierten Einheiten einzufügen. Weitere Informationen über eingebaute Einheiten finden Sie im Abschnitt »Einheiten und Dimensionen« auf Seite 148.

- Mathcad enthält sehr viele eingebaute Funktionen, die bestimmte Standardberechnungen vornehmen, von den Grundrechenarten bis hin zu komplexen Kurveninterpolationen, Matrixmanipulationen und Statistik. Um auf eine dieser eingebauten Funktionen zuzugreifen, geben Sie einfach ihren Namen in einen mathematischen Bereich ein. Beispielsweise erkennt Mathcad den Namen »*mittelwert*« als den Namen der eingebauten Funktion *mittelwert*, die das arithmetische Mittel der Elemente in einem Feld berechnet. Der Name »*eigenwerte*« steht für die eingebaute *eigenwerte*-Funktion, die einen Vektor mit Eigenwerten für eine Matrix zurückgibt.

- Sie können auch im EINFÜGEN-Menü den Eintrag FUNKTION auswählen oder in der Standard-Symbolleiste auf klicken, um eine der eingebauten Funktionen von Mathcad einzufügen. Einen allgemeinen Überblick über die eingebauten Funktionen von Mathcad finden Sie im Kapitel 10, »Eingebaute Funktionen«.

Benutzerdefinierte Variablen- und Funktionsnamen

Mathcad ermöglicht Ihnen, verschiedene Ausdrücke als Variablen- oder Funktionsnamen zu verwenden.

Namen in Mathcad können die folgenden Zeichen enthalten:

- Groß- und Kleinbuchstaben.

- Die Ziffern 0 bis 9.

- Den Unterstrich (_).
- Das Primsymbol ('). Dieses Symbol entspricht nicht dem Apostroph. Es befindet sich auf derselben Taste wie [#], Sie können auch die Tastenkombination [Strg]+[F7] benutzen.
- Das Prozentzeichen (%).
- Griechische Buchstaben. Um einen griechischen Buchstaben einzufügen, klicken Sie auf eine Schaltfläche in der Symbolleiste für griechische Buchstaben, oder Sie geben den entsprechenden lateinischen Buchstaben ein und drücken [Strg]+[G]. Im Abschnitt »Griechische Buchstaben« auf Seite 64 finden Sie weitere Informationen.
- Das Symbol Unendlich (∞) das Sie einfügen, indem Sie auf der Differential- und Integralpalette ∞ klicken oder [Strg]+[⇧]+[Z] drücken.

Hier einige Beispiele für gültige Namen:

```
alpha                        b
xyz700                       A1_B2_C3_D4%%%
F1'                          a%%
```

Für Variablennamen gelten die folgenden Einschränkungen:

- Ein Name darf nicht mit einer der Ziffern von 0 bis 9 beginnen. Mathcad interpretiert alles, was mit einer Ziffer beginnt, entweder als imaginäre Zahl (2i oder 3j), als binäre, oktale oder hexadezimale Zahl (z. B. 5o, 7h) oder als Multiplikator für eine Variable (3• x).
- Das Zeichen für Unendlich (∞) darf nicht das erste Zeichen des Namens sein.
- Alle Zeichen, die Sie nach einem Punkt (.) eingeben, erscheinen tiefgestellt, wie auf Seite 64 noch genauer beschrieben wird, als sogenanntes Literal.
- Alle Zeichen im Namen müssen dieselbe Schriftart, dieselbe Schriftgröße und denselben Schriftschnitt (kursiv, fett usw.) verwenden. Es ist jedoch möglich, in einem Variablennamen griechische Buchstaben zu verwenden, wie auf Seite 78 unter »Mathematische Formate« beschrieben.
- Mathcad unterscheidet nicht zwischen Variablennamen und Funktionsnamen. Wenn Sie also *f(x)* definieren und später auch die Variable *f*, werden Sie feststellen, daß Sie *f(x)* unterhalb der Definition von *f* nicht mehr benutzen können.
- Es ist möglich, die Namen, die Mathcad für eingebaute Funktionen, Konstanten und Einheiten verwendet, neu zu definieren, aber beachten Sie, daß dann ihre eigentliche Bedeutung nicht mehr vorhanden ist. Wenn Sie beispielsweise die Variable *mittelwert* definieren, kann die eingebaute Mathcad-Funktion *mittelwert*(**v**) nicht mehr genutzt werden.

Hinweis Mathcad berücksichtigt die Groß-/Kleinschreibung. Beispielsweise ist der Variablenname *diam* nicht gleich dem Variablennamen *DIAM*. Außerdem unterscheidet es auch zwischen Namen in unterschiedlichen Formaten, wie auf Seite 78 beschrieben. *Diam* ist also eine andere Variable als **Diam**.

Tip Um in einem Namen Symbole wie $ einzugeben, geben Sie [Strg]+[⇧]+[K], dann das Symbol und schließlich wieder [Strg]+[⇧]+[K] ein.

Griechische Buchstaben

Es gibt zwei Möglichkeiten, in einen Variablennamen griechische Buchstaben einzufügen:

- Klicken Sie auf den entsprechenden Buchstaben in der Palette griechischer Symbole. Um diese Symbole anzuzeigen, klicken Sie in der Rechen-Symbolleiste auf $\alpha\beta$, oder Sie wählen im ANSICHT-Menü den Eintrag SYMBOLLEISTEN⇒GRIECHISCH.

- Geben Sie das lateinische Äquivalent zu dem griechischen Symbol ein, und drücken Sie [Strg]+[G]. Um beispielsweise φ einzugeben, drücken Sie [F]+[Strg]+[G]. Auf Seite 388 finden Sie eine Tabelle der griechischen Buchstaben und ihrer lateinischen Äquivalente.

Hinweis Viele der griechischen Großbuchstaben sehen aus wie normale Großbuchstaben, sind aber nicht dasselbe. Mathcad unterscheidet zwischen griechischen und lateinischen Buchstaben, auch wenn sie optisch gleich dargestellt sind.

Tip Weil der griechische Buchstabe π so oft verwendet wird, kann er auch über [Strg]+[⇧]+[P] eingegeben werden.

Tiefstellungen

Wenn Sie in einem Variablennamen einen Punkt eingeben, zeigt Mathcad alles, was nach diesem Punkt kommt, als tiefgestellten Index, als sogenanntes Literal, an, was aber keinem Vektor entspricht, wie unten beschrieben. Sie nutzen diese Tieferstellungen, um Variablen mit Namen wie beispielsweise vel_{init} oder u_{luft} zu erzeugen.

Um eine Tieferstellung in einem Namen zu erzeugen, gehen Sie wie folgt vor:

1. Geben Sie den Teil des Namens an, der vor dem tiefergestellten Index (Literal) erscheinen soll.

2. Geben Sie einen Punkt (.) ein, gefolgt von dem Teil des Namens, der tiefgestellt werden soll.

Hinweis Verwechseln Sie diese Namenstieferstellungen nicht mit Feld-Indizes, die erzeugt werden, wenn die öffnende eckige Klammer ([) eingegeben oder auf der Kalkulator-Symbolleiste auf x_n geklickt wird. Die Darstellung ist zwar fast dieselbe – eine Tieferstellung im Namen erscheint unterhalb der Eingabezeile, wie ein Feldindex, aber mit einem kleinen Abstand vor dem tiefgestellten Teil – doch in Berechnungen verhalten sie sich völlig unterschiedlich. Eine Tieferstellung im Namen ist einfach nur eine kosmetische Maßnahme für einen Variablennamen. Ein Feldindex aber stellt einen Verweis auf ein Feldelement dar. Weitere Informationen über Feldindizes finden Sie in Kapitel 11.

Operatoren

Wie im vorigen Abschnitt bereits beschrieben, setzen sich Namen und Zahlen aus bestimmten Zeichen zusammen. Andere Zeichen wie beispielsweise ***** oder **+** stellen *Operatoren* dar.

Operatoren sind Symbole wie »+« oder »–«, die Variablen und Zahlen zu *Ausdrücken* zusammenfassen. Variablen und Zahlen, die mit Hilfe von Operatoren verknüpft werden, werden auch als *Operanden* bezeichnet. In einem Ausdruck wie

$$a^{x+y}$$

sind die Operanden für das »+« die Variablen x und y. Die Operanden für den *Exponenten*-Operator sind a und der Ausdruck $x+y$.

Die allgemeinen arithmetischen Operatoren werden mit den Standardtasten eingegeben, beispielsweise ***** und **+**, die auch in Ihren Tabellenkalkulationen und anderen Applikationen verwendet werden. In Mathcad können alle Operatoren durch die entsprechenden Tasten oder die Schaltflächen in den Rechen-Symbolleisten eingegeben werden. Beispielsweise fügen Sie den Ableitungsoperator ein, indem Sie **?** eingeben oder in der Differential- und Integralpalette auf $\frac{d}{dx}$ klicken. Eine vollständige Liste aller Operatoren finden Sie auf Seite 371. Außerdem sind die Mathcad-Operatoren in Kapitel 9 genauer beschrieben.

Ausdrücke

Mathematische Ausdrücke werden erzeugt, indem Sie einfach nur Zeichen eingeben oder die entsprechenden Operatoren aus den Rechen-Symbolleisten einfügen.

$$\frac{3}{4+5^2} = 0.103$$

Die Eingabe

3/4+5^2=

beispielsweise erzeugt das hier gezeigte Ergebnis:

Auf den ersten Blick scheint der Formeleditor von Mathcad einem Texteditor ganz ähnlich zu sein, aber er ist sehr viel mehr. Mathematische Ausdrücke haben eine wohldefinierte Struktur, auf die der Formeleditor von Mathcad ganz genau abgestimmt ist. In Mathcad werden die mathematischen Ausdrücke nicht eingegeben, sondern aufgebaut.

Mathcad setzt automatisch die Komponenten einer Anweisung zusammen. Dabei werden die Operatorprioritäten und einige zusätzliche Regeln berücksichtigt, die die Eingabe von Nennern, Exponenten und Wurzelausdrücken sehr vereinfachen. Wenn Sie beispielsweise **/** eingeben oder in der Kalkulator-Symbolleiste auf $\div$ klicken, legen Sie einen Bruch an. Mathcad bleibt so lange im Nenner, bis Sie die ▭-Taste drücken, um den gesamten Ausdruck zu selektieren.

Die Eingabe von Namen und Zahlen

Bei der Eingabe von Namen oder Zahlen verhält sich Mathcad ganz wie eine normale Textverarbeitung. Während der Eingabe sehen Sie die Zeichen, die Sie schreiben, hinter einem vertikalen Strich, einer *Bearbeitungslinie*. Mit Hilfe der Pfeile nach links oder rechts bewegen Sie diese Bearbeitungslinie um jeweils ein Zeichen nach links oder rechts, so wie Sie es aus der Textverarbeitung kennen. Es gibt jedoch zwei wichtige Unterschiede:

- Wenn die Bearbeitungslinie nach rechts bewegt wird, hinterläßt sie eine Spur. Dabei handelt es sich um die »horizontale Bearbeitungslinie«. Sie werden erkennen, wie wichtig sie ist, sobald Sie anfangen, mit Operatoren zu arbeiten.

- Wenn die Gleichung, in die Sie geklickt haben, noch keinen Operator enthält, wird der mathematische Bereich durch Drücken der ⎕-Taste in einen Textbereich umgewandelt. Diese Umwandlung kann nicht rückgängig gemacht werden.

Die Eingabe von Operatoren

Für die Arbeit mit Operatoren müssen Sie lernen, welche Variable oder welcher Ausdruck als *Operand* verwendet werden soll. Es gibt zwei Möglichkeiten:

- Sie geben zuerst den Operator ein und füllen die Platzhalter mit Operanden.

- Sie verwenden die Bearbeitungslinien, um anzugeben, welche Variable oder welcher Ausdruck als Operand verwendet werden soll.

Mit der ersten Methode erzeugen Sie gewissermaßen ein Gerüst und füllen die Details später ein. Diese Methode ist einfacher, wenn Sie sehr komplizierte Ausdrücke erzeugen oder wenn Sie mit Operatoren wie Summen arbeiten, für die sehr viele Operanden erforderlich sind, die aber keine natürliche Eingabereihenfolge aufweisen.

Die zweite Methode entspricht eher der einfachen Eingabe. Sie ist viel schneller, wenn Sie mit einfachen Ausdrücken arbeiten. In Ihrer täglichen Arbeit werden Sie nach Bedarf zwischen den beiden Möglichkeiten wechseln.

Und so erzeugen Sie den Ausdruck a^{x+y} nach der ersten Methode:

1. Drücken Sie ^, um den Exponentenoperator zu erzeugen, oder klicken Sie in der Kalkulator-Symbolleiste auf . Sie sehen zwei Platzhalter. Die Bearbeitungslinien »halten« den Exponentenplatzhalter.

2. Klicken Sie auf den unteren Platzhalter, und geben Sie **a** ein.

3. Klicken Sie auf den oberen Platzhalter.

4. Geben Sie **+** ein.

5. Klicken Sie auf die weiteren Platzhalter, und
geben Sie **x** und **y** ein.

Um den Ausdruck a^{x+y} mit Hilfe der Bearbeitungslinien zu erzeugen, gehen Sie wie folgt vor:

1. Geben Sie **a** ein. Die Bearbeitungslinien halten das a und zeigen an, daß a zum ersten Operanden des als nächstes eingegebenen Operators wird.

2. Drücken Sie **^**, um den Exponentenoperator zu erzeugen. Wie bereits angekündigt, wird a zum ersten Operanden des Exponenten. Die Bearbeitungslinien halten jetzt einen weiteren Platzhalter.

3. Geben Sie für den Platzhalter **x+y** ein, um den Ausdruck zu vervollständigen.

Beachten Sie, daß Sie den Ausdruck in diesem Beispiel so eingeben können, wie Sie ihn auch lesen. Selbst dieses einfache Beispiel enthält jedoch Mehrdeutigkeiten. Wenn Sie sagen »a hoch x plus y«, dann können Sie nicht unterscheiden, ob Sie damit a^{x+y} oder a^x+y meinen. Bei komplizierteren Ausdrücken gibt es noch viel mehr Verwechslungsgefahren.

Sie können diese Mehrdeutigkeiten mit Hilfe von Klammern eliminieren, aber das kann sehr aufwendig sein. Besser verwenden Sie die Bearbeitungslinien, um die Operanden für Ihre Operatoren anzugeben. Das folgende Beispiel zeigt dies, indem es beschreibt, wie statt a^{x+y} der Ausdruck a^x+y erzeugt wird.

1. Geben Sie **a^x** ein, wie Sie es auch im vorigen Beispiel getan haben. Beachten Sie, wie die Bearbeitungslinien das x enthalten. Wenn Sie jetzt ein + eingeben, wird das x zum ersten Operanden des Pluszeichens.

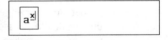

2. Drücken Sie die ▭-Taste. Die Bearbeitungslinien enthalten jetzt den gesamten Ausdruck, a^x.

3. Geben Sie **+** ein. Was zwischen den Bearbeitungslinien stand, wird jetzt zum ersten Operanden des Pluszeichens.

4. In den letzten Platzhalter geben Sie **y** ein.

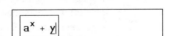

Multiplikation

Wenn Sie auf einem Blatt Papier eine Multiplikation vornehmen, dann werden die beiden Variablen normalerweise nebeneinander geschrieben. Ausdrücke wie beispielsweise ax oder $a(x+y)$ werden häufig als »a mal x« oder »a mal die Summe aus x plus y« erkannt.

Das ist mit Mathcad-Variablen nicht möglich, weil Mathcad bei der Eingabe von **ax** nicht erkennt, ob Sie »*a* mal *x*« oder »die Variable *ax*« meinen. Wenn Sie **a(x+y)** eingeben, kann Mathcad nicht erkennen, ob Sie »*a* mal die Summe aus *x* plus *y*« meinen oder ob Sie die Funktion *a* auf das Argument *x+y* anwenden möchten.

Um in Ihrer täglichen Arbeit Mehrdeutigkeiten zu vermeiden, sollten Sie immer ein ***** eingeben, um die Multiplikation explizit zu kennzeichnen, wie im folgenden Beispiel gezeigt:

1. Geben Sie **a** gefolgt von einem ***** ein. Mathcad fügt einen kleinen Punkt hinter dem *a* ein, der die Multiplikation kennzeichnet.

2. Im Platzhalter geben Sie den zweiten Faktor ein, **x**.

Hinweis Falls Sie eine numerische Konstante eingeben, unmittelbar gefolgt von einem Variablennamen, wie beispielsweise **4x**, interpretiert Mathcad den Ausdruck als die Multiplikation der Konstanten mit der Variablen: 4 • *x*. Mathcad zeigt ein Leerzeichen zwischen der Konstanten und der Variablen an, um damit zu zeigen, daß die Multiplikation gemeint ist. Sie können auf diese Weise eine mathematische Notation nachbilden, die der Notation in Lehrbüchern und Nachschlagewerken entspricht. Mathcad reserviert jedoch bestimmte Buchstaben, wie beispielsweise *i* für den Imaginärteil, oder *o* für oktal, als Suffixe für Zahlen. Für diese Suffixe wird nicht versucht, die Zahl mit einer Variablen zu multiplizieren. Statt dessen wird der Ausdruck als Zahl mit Suffix betrachtet.

Tip Sie können den Multiplikationsoperator auch als X, als kleinen Zwischenraum oder als großen Punkt anzeigen lassen. Hierfür klicken Sie diesen mit der rechten Maustaste an und wählen MULTIPLIKATION ZEIGEN ALS. Zum Ändern aller Multiplikationsoperatoren in einem Arbeitsblatt wählen Sie OPTIONEN aus dem RECHNEN-Menü, klicken die Registerkarte ANZEIGE an und wählen aus der Auswahl unter »Multiplikation«. Zusätzliche Informationen finden Sie im Kapitel 9 unter »Anzeige eines Operators ändern«.

Ein ausführliches Beispiel

Bei der Bearbeitung von Gleichungen müssen Sie wissen, wo die Bearbeitungslinien plaziert werden sollen. In einer Textverarbeitung wird als Einfügemarke ein einfacher vertikaler Strich verwendet, weil Text eindimensional ist, ähnlich einer Linie. Neue Buchstaben werden entweder links oder rechts von den bereits vorhandenen Buchstaben eingefügt. Eine Gleichung dagegen ist zweidimensional, eher mit einer Baumstruktur als mit einer Textzeile vergleichbar. Mathcad braucht also eine *zweidimensionale* Version derselben vertikalen Einfügemarke. Und deshalb gibt es zwei Bearbeitungslinien: eine vertikale und eine horizontale.

Angenommen, Sie möchten einen etwas komplizierteren Ausdruck eingeben:

$$\frac{x - 3 \cdot a^2}{-4 + \sqrt{y + 1} + \pi}$$

Beobachten Sie in den folgenden Schritten, wie sich die Bearbeitungslinien verhalten:

1. Geben Sie **x-3*a^2** ein. Weil die Bearbeitungslinien nur die »2« umschließen, wird nur die »2« zum Zähler, wenn Sie / drücken. Weil der gesamte Ausdruck $x-3 \cdot a^2$ zum Zähler werden soll, müssen wir dafür sorgen, daß die Bearbeitungslinien den gesamten Ausdruck umschließen.

   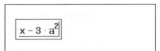

2. Dazu drücken Sie die ☐-Taste. Bei jedem Drücken der Taste nehmen die Bearbeitungslinien einen weiteren Teil des Ausdrucks auf. Sie müssen also dreimal die ☐-Taste drücken, um den gesamten Ausdruck aufzunehmen.

   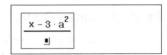

3. Jetzt drücken Sie **/**, um einen Bruchstrich einzufügen. Beachten Sie, daß alles, was innerhalb der Bearbeitungslinien stand, als Sie / eingegeben haben, zum Zähler des Bruchs wird.

   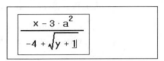

4. Jetzt geben Sie **-4+** ein und klicken in der Kalkulator-Symbolleiste auf √. Geben Sie unter der Wurzel **y+1** ein, um den Nenner zu vervollständigen.

   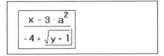

5. Um etwas außerhalb der Wurzel einzugeben, drücken Sie zweimal die ☐-Taste, so daß die Bearbeitungslinien die Wurzel umschließen. Wenn Sie beispielsweise dem Nenner π hinzufügen möchten, drücken Sie zweimal die ☐-Taste.

   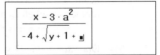

6. Drücken Sie **+**. Weil die Bearbeitungslinien die gesamte Wurzel enthielten, wird die gesamte Wurzel zum Operand, wenn Sie + drücken.

7. Klicken Sie in der Kalkulator-Symbolleiste auf π, oder drücken Sie [Strg]+[◇]+[P]. π ist eine der eingebauten Variablen von Mathcad.

Ausdrücke bearbeiten

Dieser Abschnitt beschreibt, wie man existierende Ausdrücke ändert.

Einen Namen oder eine Zahl ändern

Um einen Namen oder eine Zahl zu ändern, gehen Sie wie folgt vor:

1. Klicken Sie mit der Maus auf das betreffende Element. Die vertikalen Bearbeitungslinien werden eingefügt.
2. Verschieben Sie die vertikalen Bearbeitungslinien gegebenenfalls mit Hilfe der Tasten ← und →.
3. Wenn Sie ein Zeichen eingeben, erscheint es links von der vertikalen Bearbeitungslinie. Mit ← wird das Zeichen links von der vertikalen Bearbeitungslinie entfernt. Entf entfernt das Zeichen rechts von der vertikalen Bearbeitungslinie.

Wenn Sie mehrere Vorkommen desselben Namens oder derselben Zahl ändern möchten, verwenden Sie im BEARBEITEN-Menü den Eintrag WIEDERHOLEN. Um einen String zu suchen, verwenden Sie im BEARBEITEN-Menü den Eintrag SUCHEN. Diese Befehle werden auf Seite 101 unter »Textwerkzeuge« noch genauer beschrieben.

Einfügen eines Operators

Die einfachste Position für das Einfügen eines Operators ist zwischen zwei Zeichen in einem Namen oder zwei Zahlen in einer Konstanten. Hier sehen Sie, wie ein Plus-Zeichen zwischen zwei Zeichen eingefügt wird:

1. Plazieren Sie die Bearbeitungslinien dort, wo das Pluszeichen erscheinen soll.

2. Drücken Sie die Taste **+** oder klicken Sie in der Kalkulator-Symbolleiste auf ⊞.

Hinweis Bei der Eingabe einer Gleichung brauchen Sie keine Leerzeichen einzugeben. Mathcad fügt automatisch Leerzeichen ein, wenn das sinnvoll ist. Wenn Sie versuchen, ein Leerzeichen einzufügen, nimmt Mathcad an, Sie möchten Text eingeben und wandelt Ihren mathematischen Bereich in einen Textbereich um.

Operatoren wie Division und Exponentiation erzeugen dramatischere Änderungen der Formate. Wenn Sie beispielsweise ein Divisions-Zeichen eingeben, verschiebt Mathcad alles, was nach diesem Zeichen kommt, in den Nenner. So fügen Sie ein Divisions-Zeichen ein:

1. Plazieren Sie die Bearbeitungslinien dort, wo das Divisions-Zeichen eingefügt werden soll.

2. Drücken Sie die Taste **/** oder klicken Sie in der Kalkulator-Symbolleiste auf ÷. Mathcad formatiert den Ausdruck als Bruch.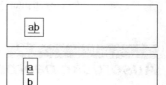

Für einige Operatoren ist nur ein einziger Operand erforderlich. Beispiele dafür sind die Wurzel, der Absolutwert oder komplexe Konjugationen. Um einen solchen Operator einzufügen, plazieren Sie die Bearbeitungslinien auf einer Seite des Operanden und drücken die entsprechende Taste. Viele dieser Operatoren stehen über die Kalkulator-Symbolleiste zur Verfügung. Um beispielsweise x in $\sqrt{x}$ umzuwandeln, würden Sie wie folgt vorgehen:

1. Plazieren Sie die Bearbeitungslinien vor oder nach dem x.

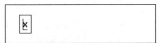

2. Drücken Sie \, um den Wurzeloperator einzufügen, oder klicken Sie in der Kalkulator-Symbolleiste auf ▢.

Einen Operator auf einen Ausdruck anwenden

Die im vorigen Abschnitt beschriebenen Methoden können auch verwendet werden, um einen Operator auf eine Variable oder eine Zahl anzuwenden. Wenn Sie einen Operator auf einen *gesamten Ausdruck* anwenden möchten, gibt es zwei Möglichkeiten, das zu tun:

- Setzen Sie den gesamten Ausdruck in Klammern, und gehen Sie vor wie im letzten Abschnitt beschrieben oder

- Verwenden Sie die Bearbeitungslinien, um den Ausdruck zu spezifizieren, auf den Sie den Operator anwenden möchten

Die erste Methode ist intuitiver, aber auch langsamer, weil Sie Klammern eingeben müssen. Die effizientere zweite Methode soll Thema dieses Abschnitts sein. Auf den Seiten 75 und 76 erfahren Sie, wie Sie effizient mit Klammern arbeiten.

Die Bearbeitungslinien beinhalten eine horizontale und eine vertikale Linie, die sich von links nach rechts auf der horizontalen Linie bewegt. Um einen Operator auf einen Ausdruck anzuwenden, selektieren Sie den Ausdruck, indem Sie ihn zwischen die beiden Bearbeitungslinien setzen. Die folgenden Beispiele zeigen, wie die Eingabe von *c zu völlig unterschiedlichen Ausdrücken führen kann, abhängig davon, was selektiert war.

- Hier enthalten die beiden Bearbeitungslinien nur den Zähler. Das bedeutet, der Operator, den Sie eingeben, wird nur auf den Zähler angewendet.

$$\frac{a + b}{x + d}$$

- Die Eingabe von *c erzeugt diesen Ausdruck. Beachten Sie, daß der Ausdruck zwischen den Bearbeitungslinien zum ersten Operanden der Multiplikation geworden ist.

$$\frac{(a + b) \cdot c}{x + d}$$

- Hier enthalten die Bearbeitungslinien den gesamten Bruch. Das bedeutet, der Operator, den Sie eingeben, wird auf den gesamten Bruch angewendet.

$$\frac{a + b}{x + d}$$

- Durch Eingabe von *c entsteht dieser Ausdruck. Beachten Sie, daß alles, was sich zwischen den Bearbeitungslinien befand, zum ersten Operanden der Multiplikation geworden ist.

$$\frac{a + b}{x + d} \cdot c$$

- Hier enthalten die Bearbeitungslinien den gesamten Bruch so, wie im vorigen Beispiel gezeigt. Jetzt befindet sich die vertikale Bearbeitungslinie jedoch links.

- Die Eingabe von ***c** erzeugt diesen Ausdruck. Beachten Sie, daß der Ausdruck, der in die Bearbeitungslinien eingeschlossen ist, hier zum zweiten und nicht zum ersten Operator der Multiplikation geworden ist. Das ist passiert, weil die vertikale Bearbeitungslinie sich auf der linken Seite des Ausdrucks befunden hat.

Steuerung der Bearbeitungslinien

Die folgenden Techniken steuern, was sich zwischen den Bearbeitungslinien befindet:

- Anklicken eines Operators. Abhängig davon, wo Sie auf den Operator geklickt haben, sehen Sie die vertikale Bearbeitungslinie links oder rechts vom Operator. Die horizontale Linie bestimmt den Operanden für den Operator. Wenn Sie die vertikale Bearbeitungslinie von einer Seite des Ausdrucks auf die andere verschieben möchten, drücken Sie `Einfg`.

- Mit Hilfe der Pfeiltasten verschieben Sie die vertikale Bearbeitungslinie um jeweils ein Zeichen. Wenn Ihr Ausdruck Brüche enthält, bewegen Sie die Bearbeitungslinien mit den Pfeiltasten nach unten oder oben.

- Drücken Sie die ☐-Taste, um immer größere Abschnitte des Ausdrucks in die Bearbeitungslinien aufzunehmen. Immer wenn Sie die ☐-Taste drücken, nehmen die Bearbeitungslinien mehr vom Ausdruck auf, bis irgendwann der gesamte Ausdruck zwischen den Bearbeitungslinien steht. Wenn Sie die ☐-Taste noch einmal drücken, werden die Bearbeitungslinien wieder dorthin gesetzt, wo sie vor der Bearbeitung standen.

Das folgende Beispiel demonstriert die Verwendung die ☐-Taste:

1. Dies ist die Ausgangsposition. Die beiden Bearbeitungslinien enthalten nur eine einzige Variable, *d*.

2. Wenn Sie die ☐-Taste drücken, werden die Bearbeitungslinien vergrößert und enthalten jetzt den gesamten Nenner.

3. Wenn Sie noch einmal die ☐-Taste drücken, werden die Bearbeitungslinien noch einmal erweitert, so daß sie jetzt den gesamten Ausdruck enthalten.

4. Jetzt können die Bearbeitungslinien nicht mehr erweitert werden. Wenn Sie noch einmal die ☐-Taste drücken, werden die Bearbeitungslinien wieder auf die Ausgangsposition zurückgesetzt.

Sie haben bemerkt, daß es im oben beschriebenen Zyklus keinen Zwischenschritt gab, wo die Bearbeitungslinien nur den Zähler enthielten. Und es gab auch keinen Schritt, wo die Bearbeitungslinien nur das *a* oder das *b* im Zähler enthielten. Die Schritte, die die Bearbeitungslinien machen, werden durch den Startpunkt des Zyklus bestimmt.

Um den Startpunkt des Zyklus zu setzen, klicken Sie auf den entsprechenden Abschnitt des Ausdrucks, wie bereits beschrieben, oder Sie verwenden die Pfeiltasten, um sich innerhalb des Ausdrucks zu bewegen. Die Pfeiltasten durchlaufen den Ausdruck in die jeweilige Richtung. Beachten Sie jedoch, daß das Konzept oben-unten-links-rechts nicht immer offensichtlich ist, insbesondere wenn der Ausdruck sehr kompliziert ist, oder wenn er Summenzeichen, Integrale oder andere komplexe Operatoren enthält.

Hinweis Die Bearbeitung von Strings unterscheidet sich von der Bearbeitung mathematischer Ausdrücke, weil Sie die Pfeiltasten nutzen oder außerhalb des Strings klicken, um sich aus einem String heraus zu bewegen. Wenn Sie die ⬚-Taste drücken, die in mathematischen Ausdrücken verwendet wird, um die Position der Bearbeitungslinien zu ändern, wird dies in Strings nur als weiteres Zeichen interpretiert.

Einen Operator löschen

Um einen Operator zu entfernen, der zwei Variablen oder Konstanten verknüpft, gehen Sie wie folgt vor:

1. Plazieren Sie die vertikale Bearbeitungslinie hinter dem Operator:

   $a + b|$

2. Drücken Sie ⬅.

   $a|b$

Jetzt können Sie einfach einen neuen Operator einfügen, der den gelöschten Operator ersetzen soll.

Tip Ein Operator kann auch gelöscht werden, indem die Bearbeitungslinie vor ihm plaziert und dann [Entf] gedrückt wird.

In den oben gezeigten Beispielen war leicht zu erkennen, was »vor« und »nach« bedeutet, weil wir diese Ausdrücke von links nach rechts lesen. Brüche verhalten sich auf dieselbe Weise. Weil wir »*a* durch *b*« sagen, bedeutet die Plazierung der Bearbeitungslinien »nach« dem Bruchstrich, sie vor das *b* zu setzen. Analog bedeutet die Plazierung der Bearbeitungslinien »vor« dem Bruchstrich, daß sie unmittelbar vor dem *b* gesetzt werden. Die Plazierung der Bearbeitungslinien vor dem Bruchstrich bedeutet gleichzeitig, sie unmittelbar nach dem *a* anzuzeigen. Betrachten Sie dazu das folgende Beispiel:

1. Plazieren Sie die vertikale Bearbeitungslinie nach dem Bruchstrich.

   $\frac{|a}{b}$

Ausdrücke bearbeiten

2. Drücken Sie [←].

Um einen Operator zu löschen, der nur einen Operanden hat (z.B. √x oder |x|) gehen Sie wie folgt vor:

1. Positionieren Sie die Bearbeitungslinien unmittelbar hinter dem Operator.

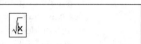

2. Drücken Sie [←].

Bei bestimmten Operatoren ist es nicht sofort klar, wo die Bearbeitungslinien plaziert werden sollen

Beispielsweise ist es nicht klar, was bei |x| oder $\bar{x}$ »vor« oder »nach« bedeutet. Wenn das passiert, löst Mathcad die Mehrdeutigkeit auf, indem es sich auf die gesprochene Form des Ausdrucks bezieht. Weil Sie beispielsweise $\bar{x}$ als »x konjugiert« lesen, wird der Strich als nach dem x interpretiert.

Ersetzen eines Operators

Um einen Operator zu ersetzen, der zwischen zwei Variablen oder Konstanten oder auf einer einzigen Variablen gelöscht worden ist, wie in den oben angeführten Schritten erläutert, muß der neue Operator nach der Eingabe [←] eingegeben werden.

Ein Operator kann wie folgt zwischen zwei Ausdrücken ersetzt werden

1. Positionieren Sie die Bearbeitungslinien direkt hinter dem Operator.

2. Geben Sie [←] ein. Es erscheint ein Operator-Platzhalter.

3. Geben Sie den neuen Operator ein.

Einfügen eines Minuszeichens

Das Minuszeichen für die »Negierung« verwendet dasselbe Zeichen wie das Minuszeichen für die Subtraktion. Um festzustellen, welches von beiden eingefügt werden soll, betrachtet Mathcad die Position der vertikalen Bearbeitungslinie. Befindet sie sich links, fügt Mathcad das Negierungs-Minus ein. Befindet es sich rechts, fügt Mathcad das Subtraktions-Minus ein. Um die vertikale Bearbeitungslinie von einer Seite auf die andere zu verschieben, verwenden Sie [Einfg].

Das folgende Beispiel zeigt, wie man ein Minuszeichen vor »sin(a)« einfügt.

1. Klicken Sie auf sin(a). Drücken Sie gegebenenfalls die [____]-Taste, um den gesamten Ausdruck zu selektieren.

2. Drücken Sie gegebenenfalls auf `Einfg`, um die vertikale Bearbeitungslinie nach links zu verschieben.

3. Geben Sie – ein, oder klicken Sie in der Kalkulator-Symbolleiste auf ▬, um ein Minuszeichen einzufügen.

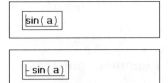

Wenn Sie sin(a) zu 1 – sin(a) machen möchten, fügen Sie einen anderen Operator ein (beispielsweise »+«), wie auf Seite 70 beschrieben. Löschen Sie den Operator, wie auf Seite 73 beschrieben. Beachten Sie, daß Mathcad das unäre Minus im Ausdruck -sin(a) kleiner darstellt als das Minuszeichen in Ausdrücken wie 1 – sin(a).

Hinweis   Wenn Sie einen Operator bei angezeigtem Operator-Platzhalter ersetzen, wählen Sie rechts neben dem Operator-Platzhalter und -Typ einen Ausdruck statt einer einzelnen Variablen. Andernfalls fügt Mathcad ein Minuszeichen ein.

Klammern einfügen

Mathcad plaziert automatisch Klammern, um die Auswertungsreihenfolge zu gewährleisten. Es gibt jedoch Situationen, in denen Sie selbst Klammern setzen möchten, um einen Ausdruck zu verdeutlichen oder die allgemeine Struktur des Ausdrucks zu ändern. Sie können entweder eine übereinstimmendes Klammerpaar oder einzelne Klammern einfügen. Wir empfehlen Ihnen, ein Klammerpaar einzufügen, weil Sie dann keine unvollständigen Klammerungen riskieren.

Um einen Ausdruck in ein Klammerpaar einzuschließen, gehen Sie wie folgt vor:

1. Setzen Sie den betreffenden Ausdruck zwischen die Bearbeitungslinien. Dazu klicken Sie auf den Ausdruck und drücken einmal oder mehrmals die ▭-Taste.

2. Geben Sie das einfache Anführungszeichen (') ein, oder klicken Sie in der Kalkulator-Symbolleiste auf `()`. Der ausgewählte Ausdruck wird jetzt in Klammern dargestellt.

Manchmal ist es erforderlich, Klammern einzeln zu setzen. Dazu verwenden Sie die Tasten [und]. Um beispielsweise aus $a - b + c$ den Ausdruck $a - (b + c)$ zu machen, gehen Sie wie folgt vor:

1. Setzen Sie die Bearbeitungslinien unmittelbar links von dem b. Drücken Sie gegebenenfalls `Einfg`, um sie an die richtige Position zu bringen.

2. Geben Sie (ein und klicken Sie rechts neben c. Setzen Sie die Bearbeitungslinien so, wie hier gezeigt.

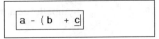

Ausdrücke bearbeiten

3. Geben Sie) ein.

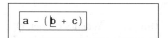

Klammern entfernen

Es ist nicht möglich, eine einzelne Klammer zu entfernen. Immer wenn Sie eine Klammer löschen, entfernt Mathcad auch die dazugehörige Klammer. Das verhindert, daß Sie versehentlich einen Ausdruck erzeugen, in dem die Klammerung nicht übereinstimmt.

Um ein Klammerpaar zu entfernen, gehen Sie wie folgt vor:

1. Setzen Sie die Bearbeitungslinien rechts von »(«.

2. Drücken Sie [←]. Sie könnten die Bearbeitungslinien aber auch links vor »)« setzen und statt dessen [Entf] drücken.

Anwendung einer Funktion auf einen Ausdruck

Um einen Ausdruck in das Argument einer Funktion aufzunehmen, gehen Sie wie folgt vor:

1 Klicken Sie in den Ausdruck, und drücken Sie die [____]-Taste, bis der gesamte Ausdruck, $w \cdot t - k \cdot z$, zwischen den Bearbeitungslinien steht.

2. Geben Sie ein einfaches Anführungszeichen (') ein, oder klicken Sie in der Kalkulator-Symbolleiste auf (). Der ausgewählte Ausdruck wird jetzt in Klammern dargestellt.

3. Drücken Sie die [____]-Taste. Die Bearbeitungslinien beinhalten jetzt auch die Klammern.

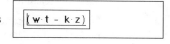

4. Drücken Sie gegebenenfalls die [Einfg]-Taste, damit die vertikale Bearbeitungslinie nach links geht. Wenn sie sich bereits links befindet, überspringen Sie diesen Schritt.

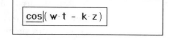

5. Geben Sie den Namen der Funktion ein. Falls es sich dabei um eine eingebaute Funktion handelt, wählen Sie im EINFÜGEN-Menü den Eintrag FUNKTION, oder Sie klicken in der Standard-Symbolleiste auf und doppelklicken auf den Funktionsnamen.

Teile eines Ausdrucks verschieben

Die Menübefehle AUSSCHNEIDEN, KOPIEREN und EINFÜGEN im BEARBEITEN-Menü sind gut dazu geeignet, komplizierte Ausdrücke zu bearbeiten. Sie funktionieren wie folgt:

- **Ausschneiden** ( ) in der Standard-Symbolleiste oder die Tastenkombination `Strg`+`X`) löscht, was sich zwischen den Bearbeitungslinien befindet, und kopiert es in die Zwischenablage.

- **Kopieren** ( ) in der Standard-Symbolleiste oder die Tastenkombination `Strg`+`C`) kopiert alles, was sich zwischen den Bearbeitungslinien befindet, in die Zwischenablage.

- **Einfügen** ( ) in der Standard-Symbolleiste oder die Tastenkombination `Strg`+`V`) fügt den Inhalt der Zwischenablage in Ihr Arbeitsblatt ein, entweder in einen Platzhalter oder in den leeren Bereich zwischen anderen Bereichen.

Die Befehle KOPIEREN und EINFÜGEN verwenden die Zwischenablage, um Ausdrücke zu verschieben. Sie können die Zwischenablage jedoch auch umgehen, indem Sie die Drag&Drop-Funktion nutzen, die Mathcad für Gleichungen bietet.

Angenommen, Sie möchten den folgenden Ausdruck aufbauen:

$$\cos(wt + x) + \sin(wt + x)$$

1. Kennzeichnen Sie das Argument in der Kosinus-Funktion mit der Maus, so daß es hervorgehoben dargestellt wird.

2. Drücken Sie `Strg` und die Maustaste, und halten Sie sie gedrückt. Der Zeiger ändert seine Form und zeigt damit an, daß er den ausgewählten Ausdruck »mitnimmt«. Der Ausdruck wird so lange verschoben, bis Sie die Maustaste loslassen.

3. Schieben Sie den Zeiger bei gedrückter Maustaste auf den Platzhalter.

4. Lassen Sie die Maustaste los. Der Zeiger setzt den Ausdruck im Platzhalter ab. Anschließend nimmt er wieder seine normale Form an.

Tip Sie können Ausdrücke und sogar ganze mathematische Bereiche in Platzhalter anderer Ausdrücke oder auf freie Bereiche auf Ihrem Arbeitsblatt verschieben. Lassen Sie die Maustaste erst los, wenn Sie die gewünschte Position erreicht haben. Wenn Sie versuchen, den Ausdruck in einem Platzhalter abzulegen, positionieren Sie den Zeiger sorgfältig.

Ausdrücke bearbeiten

Teile eines Ausdrucks löschen

Mit den Tasten [Entf] oder [←] können Sie Teile eines Ausdrucks löschen. Bei dieser Methode wird nichts in der Zwischenablage abgelegt. Das ist praktisch, wenn Sie das, was Sie löschen möchten, durch den aktuellen Inhalt der Zwischenablage ersetzen möchten.

Um einen Teil eines Ausdrucks zu löschen, ohne ihn in der Zwischenablage aufzubewahren, gehen Sie wie folgt vor:

1. Markieren Sie mit der Maus den betreffenden Teil des Ausdrucks (in diesem Fall den Zähler), so daß er hervorgehoben dargestellt wird.

   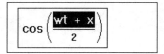

2. Drücken Sie [Entf] oder [←]. Damit wird der Zähler entfernt, und es erscheint ein Platzhalter.

   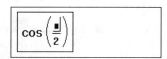

Hinweis Wenn Sie einen Ausdruck mit Hilfe der Bearbeitungslinien statt mit der Maus markieren, müssen Sie [←] oder [Entf] zweimal drücken, um ihn zu entfernen. In diesem Fall entfernt [←] den Ausdruck links von den Bearbeitungslinien, [Entf] löscht den Ausdruck rechts von den Bearbeitungslinien.

Mathematische Formate

Sie kennen die Verwendung von Formaten bereits aus anderen Applikationen. Formate bestimmen das Erscheinungsbild von Text oder anderen Elementen. Wenn Sie in einer Textverarbeitung Änderungen an Textformaten statt an einzelnen Textelementen vornehmen, garantieren Sie ein einheitliches Aussehen Ihres Dokuments. Erläuterungen zu den Mathcad-Formaten finden Sie in Kapitel 5, »Text«. Denselben Effekt erzielen Sie mit mathematischen Formaten, um den Elementen Ihrer mathematischen Ausdrücke bestimmte Schriftarten, Schriftgrößen, Schriftschnitte und Effekte oder Farben zuzuweisen.

Mathcad beinhaltet vordefinierte mathematische Formate, die das Erscheinungsbild der gesamten Mathematik auf Ihren Arbeitsblättern bestimmen. Neben diesen vordefinierten Formaten können Sie auch eigene Formate definieren, um sie in Ihren Gleichungen einzusetzen.

Mathcad beinhaltet vordefinierte Formate für:

- **Variablen** – sie bestimmen das Standarderscheinungsbild aller Variablen.
- **Konstanten** – sie bestimmen das Standarderscheinungsbild aller Zahlen, die sie in mathematische Bereiche eingeben oder die in Ergebnissen erscheinen.

Immer wenn Sie einen Variablennamen eingeben, macht Mathcad folgendes:

- Es weist ihnen das mathematische Format »Variablen« zu.
- Es zeigt den Variablennamen unter Verwendung der in »Variablen« festgelegten Eigenschaften an.

Wenn Sie eine Zahl eingeben, oder wenn ein Ergebnis berechnet wird, macht Mathcad folgendes:

- Es weist ihnen das mathematische Format »Konstanten« zu.
- Es zeigt die Zahlen unter Verwendung der in »Konstanten« festgelegten Eigenschaften an.

Mathematische Formate bearbeiten

Um das Standardformat zu ändern, das Mathcad für alle Variablen und Diagramme verwendet, gehen Sie wie folgt vor:

1. Klicken Sie in Ihrem Arbeitsblatt auf einen Variablennamen.
2. Wählen Sie im FORMAT-Menü den Eintrag GLEICHUNG. Der Formatname »Variablen« ist ausgewählt.
3. Klicken Sie auf ÄNDERN, um die dem Format »Variablen« zugeordnete Schrift zu ändern. Ein Dialogfeld wird angezeigt, in dem Sie die Schrift abändern können.

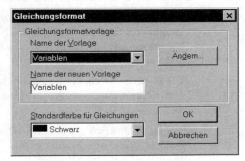

4. Nehmen sie Änderungen nur mit Hilfe des Dialogfelds vor, und klicken Sie auf OK. Mathcad ändert die Schrift aller Variablen auf dem Arbeitsblatt.

Wenn Sie das Variablenformat ändern, sollten Sie auch das Zahlenformat ändern, so daß die beiden Formate zusammenpassen. Dazu gehen Sie wie folgt vor:

1. Klicken Sie auf eine Zahl.
2. Wählen Sie im FORMAT-Menü den Eintrag GLEICHUNG. Der Formatname »Konstanten« ist ausgewählt.
3. Gehen Sie wie oben gezeigt vor, um das Format zu ändern.

Sie können die Schrift, Schriftgröße und den Schriftschnitt für ein mathematisches Format auch in der Format-Symbolleiste ändern. Um beispielsweise die Einstellungen für das Variablenformat zu ändern, klicken Sie auf eine Variable, dann auf die entsprechende Schaltfläche in der Format-Symbolleiste.

Hinweis Das von Mathcad verwendete Raster paßt sich nicht automatisch den verwendeten Schriftgrößen an. Wenn Sie Schrifteigenschaften ändern, kann das dazu führen, daß sich Bereiche überlappen. Sie trennen diese Bereiche voneinander, indem Sie im FORMAT-Menü den Eintrag BEREICHE TRENNEN auswählen. Bitte beachten Sie, daß dies Auswirkungen auf alle Gleichungen Ihres Arbeitsblattes hat.

Manchmal möchte man, daß Gleichungen in einer anderen Farbe als der Standardtext angezeigt werden, so daß keine Verwechslungen entstehen. Um die Standardfarbe aller Gleichungen auf Ihrem Arbeitsblatt zu ändern, gehen Sie wie folgt vor:

1. Wählen Sie im FORMAT-Menü den Eintrag GLEICHUNG.
2. Wählen Sie in der Dropdown-Liste STANDARDFARBE FÜR GLEICHUNGEN eine Farbe aus.
3. Klicken Sie auf OK.

Anwendung mathematischer Formate

Die Stile »Variablen« und »Konstanten« bestimmen das Erscheinungsbild der Formeln auf Ihrem Arbeitsblatt. Diese beiden Formatnamen können nicht geändert werden. Sie können jedoch eigene mathematische Formate definieren und in Ihren Arbeitsblättern und Vorlagen verwenden.

Um zu sehen, welches Format einem Namen oder einer Zahl gerade zugeordnet ist, klicken Sie darauf, und schauen Sie sich das Formatfenster der Format-Symbolleiste an.

Alternativ klicken Sie den Namen oder die Zahl an und wählen im FORMAT-Menü den Eintrag GLEICHUNG. Im Dropdown-Listenfeld wird das mathematische Format des von Ihnen ausgewählten Elements angezeigt.

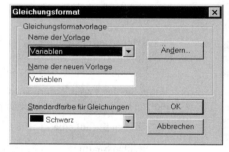

Wenn Sie auf die Schaltfläche rechts von »Variablen« klicken, entweder in der FORMAT-Symbolleiste oder im Dialogfeld GLEICHUNGSFORMAT, sehen Sie eine Dropdown-Liste mit verfügbaren mathematischen Formaten. Wählen Sie »Benutzer 1«, und klicken Sie auf OK. Auf das ausgewählte Element wird ein anderes Format angewendet, und es wird entsprechend angezeigt.

Auf diese Weise können Sie Formate anwenden auf:

- einzelne Variablennamen in einem Ausdruck oder
- einzelne Zahlen in einem mathematischen Ausdruck (aber nicht in berechneten Ergebnissen, die immer im Stil »Konstanten« angezeigt werden).

Viele Mathematikbücher stellen Vektoren fett und unterstrichen dar. Wenn Sie dieser Konvention folgen möchten, gehen Sie wie folgt vor:

1. Wählen Sie im FORMAT-Menü den Eintrag GLEICHUNG.

2. Klicken Sie auf den Pfeil neben dem Namen des aktuellen mathematischen Formats, so daß eine Liste mit den verfügbaren Formaten angezeigt wird.

3. Klicken Sie auf einen nicht genutzten Formatnamen, beispielsweise »Benutzer 1«. Im Textfeld »Neuer Name der Vorlage« erscheint der Name »Benutzer 1«. Klicken Sie in dieses Textfeld, und geben Sie dem Format beispielsweise den Namen »Vektoren«.

4. Klicken Sie auf ÄNDERN, um dieses Format fett und unterstrichen zu machen.

Damit haben Sie das mathematische Format »Vektoren« angelegt. Wenn Sie mit Ihrer Definition fertig sind, klicken Sie auf OK.

Statt die Schrift, die Schriftgröße und den Schriftschnitt für jeden Vektor einzeln zu ändern, ändern Sie jetzt einfach das Format.

Hinweis Alle Namen, egal ob Funktions- oder Variablennamen, berücksichtigen die Schriftart. Das bedeutet, x und $\boldsymbol{x}$ verweisen auf unterschiedliche Variablen, und $f(x)$ und $\boldsymbol{f(x)}$ bezeichnen unterschiedliche Funktionen. Dabei prüft Mathcad die Formate und nicht die Schriften. Um zu vermeiden, daß verschiedene Variablen gleich aussehen, sollten Sie keine mathematischen Formate anlegen, die dieselbe Schrift, dieselbe Schriftgröße oder andere Eigenschaften wie ein anderes Format verwenden.

Mathematische Formate speichern

Nachdem Sie die von Ihnen benötigten mathematischen Formate angelegt haben, müssen Sie den Prozeß für andere Arbeitsblätter nicht wiederholen. Es ist möglich, Formatinformationen als Vorlage zu speichern. Wählen Sie hierzu aus dem Menü BEARBEITEN den Befehl SPEICHERN UNTER, und wählen Sie im entsprechenden Dialogfeld Mathcad-Vorlage (*.mct) als Dateityp. Standardmäßig verwendet Mathcad die Vorlage *Normal.mct* aus dem Verzeichnis \ Template, z.B. auch zum Öffnen von Dokumenten der älteren Mathcad 6.

Um ein mathematisches Format in einem anderen Arbeitsblatt anzuwenden, öffnen Sie Ihre Vorlage im DATEI-Menü und kopieren den Inhalt des Arbeitsblatts in die Vorlage. Weitere Informationen über Arbeitsblattvorlagen finden Sie in Kapitel 7.

Kapitel 5
Text

Text einfügen

Text- und Absatzeigenschaften

Textformate

Gleichungen im Text

Textwerkzeuge

Text einfügen

Dieser Abschnitt beschreibt, wie Sie in Mathcad Textbereiche anlegen. Textbereiche sind praktisch, wenn Sie einen Text in Ihre Arbeitsblätter oder Vorlagen einfügen möchten: Kommentare für die Gleichungen und Diagramme auf Ihrem Arbeitsblatt, Textblöcke mit Erklärungen, Hintergrundinformationen, Anweisungen für die Verwendung des Arbeitsblatts usw.

Mathcad ignoriert Text bei der Ausführung von Berechnungen. Sie können jedoch funktionierende mathematische Gleichungen in Textbereiche einbetten, wie auf Seite 100 erklärt wird.

Textbereiche anlegen

Um einen Textbereich anzulegen, gehen Sie wie folgt vor. Klicken Sie auf einen leeren Platz auf Ihrem Arbeitsblatt, um das Fadenkreuz entsprechend zu positionieren.

1. Wählen Sie im EINFÜGEN-Menü den Eintrag TEXTBEREICH, oder geben Sie das doppelte Anführungszeichen (") ein. Mathcad legt einen Textbereich an. Das Fadenkreuz wird zum Einfügepunkt, und auf dem Bildschirm wird ein Rahmen um den Text angezeigt.

2. Geben Sie einen Text ein. Mathcad zeigt den Text innerhalb eines Rahmens an. Während der Eingabe bewegt sich die Einfügemarke weiter und der Rahmen wird größer.

    Beispiel zum Fließen von Flüssigkeiten

3. Nachdem Sie den gesamten Text eingegeben haben, klicken Sie auf eine beliebige Stelle außerhalb des Textbereichs. Das Textfeld verschwindet.

Beispiel zum Fließen von Flüssigkeiten
+

Hinweis Ein Textbereich kann nicht einfach nur mit [↵] verlassen werden. Entweder Sie klicken außerhalb des Bereichs, oder Sie drücken [Strg]+[⇧]+[↵], oder Sie drücken wiederholt eine der Pfeiltasten, bis der Cursor den Bereich verläßt.

Um Text in einen bereits existierenden Textbereich einzugeben, gehen Sie wie folgt vor:

■ Klicken Sie irgendwo in den Textbereich. Der Text wird innerhalb eines Rahmens dargestellt. Alles, was Sie jetzt eingeben, wird am Einfügepunkt eingefügt.

Um Text aus einem bereits existierenden Textbereich zu löschen, gehen Sie wie folgt vor:

1. Drücken Sie [←], um das Zeichen links vom Einfügepunkt zu entfernen, oder
2. Drücken Sie [Entf], um das Zeichen rechts vom Einfügepunkt zu entfernen

Um Text zu überschreiben, gehen Sie wie folgt vor:

1. Plazieren Sie den Einfügepunkt links vom ersten Zeichen, das Sie überschreiben möchten.
2. Drücken Sie [Einfg], um im Überschreibemodus zu schreiben. Um wieder in den Einfügemodus zu wechseln, drücken Sie erneut [Einfg].

Sie können den Text auch überschreiben, indem Sie ihn auswählen (siehe »Text auswählen« auf Seite 85). Der ausgewählte Bereich wird durch Ihre Eingabe überschrieben.

Tip Um einen Zeilenumbruch in einem Textbereich einzufügen, drücken Sie [↵]. Mathcad fügt einen Umbruch ein und verschiebt den Einfügepunkt in die nächste Zeile. Drücken Sie [⇧]+[↵], um einen Zeilenumbruch durchzuführen. Wenn Sie die Breite des Textbereichs ändern, behält Mathcad den Zeilenumbruch an diesen Stellen im Text bei.

Den Einfügepunkt verschieben

Im allgemeinen können Sie den Einfügepunkt im Textbereich mit Hilfe der Maus verschieben. Es ist aber auch möglich, die Pfeiltasten für diese Aufgabe zu verwenden.

Die Pfeiltasten verschieben den Einfügepunkt zeichen- oder zeilenweise im Text. Durch gleichzeitiges Drücken von [Strg] wird der Einfügepunkt wort- oder zeilenweise verschoben. Die folgende Auflistung beschreibt, wie der Einfügepunkt verschoben wird:

Taste	Aktion
[→]	Verschiebt den Einfügepunkt um ein Zeichen nach rechts.
[←]	Verschiebt den Einfügepunkt um ein Zeichen nach links.
[↑]	Verschiebt den Einfügepunkt in die vorherige Zeile.
[↓]	Verschiebt den Einfügepunkt in die nächste Zeile.
[Strg]+[→]	Verschiebt den Einfügepunkt an das Ende des aktuellen Worts. Befindet sich der Einfügepunkt bereits am Wortende, wird er an das Ende des nächsten Worts verschoben.
[Strg]+[←]	Verschiebt den Einfügepunkt an den Anfang des aktuellen Worts. Befindet sich der Einfügepunkt bereits am Wortanfang, wird er an den Anfang des nächsten Worts verschoben.
[Strg]+[↑]	Verschiebt den Einfügepunkt an den Anfang der aktuellen Zeile. Befindet sich der Einfügepunkt bereits am Zeilenanfang, wird er an den Anfang der nächsten Zeile verschoben.
[Strg]+[↓]	Verschiebt den Einfügepunkt an das Ende der aktuellen Zeile. Befindet sich der Einfügepunkt bereits am Zeilenende, wird er an das Ende der nächsten Zeile verschoben.
[Pos1]	Verschiebt den Einfügepunkt an den Anfang der aktuellen Zeile.
[Ende]	Verschiebt den Einfügepunkt an das Ende der aktuellen Zeile.

Text auswählen

Eine Methode, Text innerhalb eines Textbereichs auszuwählen:

1. Klicken Sie in den Textbereich, so daß der Rahmen erscheint.

2. Ziehen Sie die Maus bei gedrückter Maustaste über den Text.

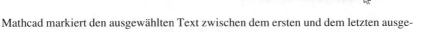

Mathcad markiert den ausgewählten Text zwischen dem ersten und dem letzten ausgewählten Zeichen.

Online-Hilfe Sie können Text auch mit Pfeiltasten und mehrfachen Mausklicks auswählen, wie es aus Textverarbeitungsprogrammen bekannt ist. Weitere Informationen finden Sie in der Online-Hilfe unter »Text auswählen«.

Nachdem der Text markiert ist, können Sie ihn löschen, kopieren, die Rechtschreibung prüfen oder die Schrift, die Größe, das Format oder die Farbe ändern.

Tip Wenn Sie Text in der Zwischenablage abgelegt haben, können Sie ihn in einem Textbereich einfügen oder an jeder beliebigen freien Stelle als neuen Textbereich einfügen.

Um einen oder mehrere Textbereiche auszuwählen und zu verschieben, gehen Sie wie bei Math-Bereichen vor, also wie in »Bereiche Verschieben und Kopieren« auf Seite 34 beschrieben. Weitere Bearbeitungsvorgänge lassen sich durch Auswählen des Bereichs und Anklicken von AUSSCHNEIDEN, LÖSCHEN, EINFÜGEN oder KOPIEREN im BEARBEITEN- Menü durchführen. Sie können hierfür auch die entsprechenden Schaltflächen auf der Standard-Menüleiste benutzen.

Griechische Buchstaben im Text

Um einen griechischen Buchstaben in einen Textbereich einzugeben, gehen Sie wie folgt vor:

- Klicken Sie in der Palette griechischer Symbole auf den entsprechenden Buchstaben. Um diese Symbolleiste aufzurufen, klicken Sie auf $\alpha\beta$ in der Rechen-Symbolleiste, oder Sie wählen im ANSICHT-Menü den Eintrag SYMBOLLEISTEN⇒GRIECHISCH.

- Sie können aber auch das *lateinische Äquivalent* zu dem griechischen Symbol eingeben und dann [Strg]+[G] drücken. Um beispielsweise ϕ einzugeben, drücken Sie [F]+[Strg]+[G]. Eine Tabelle der griechischen Buchstaben und ihrer lateinischen Äquivalente finden Sie auf Seite 388.

Tip Wie bereits in Kapitel 4 beschrieben, wandelt die Eingabe von [Strg]+[G] auch in einem Rechenbereich einen Buchstaben in den entsprechenden griechischen Buchstaben um. Außerdem wandelt [Strg]+[G] auch Zeichen, die nicht aus dem Alphabet stammen, in die entsprechenden griechischen Symbole um. Wenn Sie zum Beispiel in einem Textbereich [Shift]+[2]+[Strg]+[G] eingeben, wird das Zeichen »≅« erzeugt.

Um einen ausgewählten Text in sein griechisches Äquivalent umzuwandeln, gehen Sie wie folgt vor:

1. Markieren Sie den Text, und wählen Sie im FORMAT-Menü den Eintrag TEXT aus.

2. Wählen Sie die Schrift SYMBOL aus.

Sie können die Schriftart für einen ausgewählten Bereich auch mit Hilfe der Format-Symbolleiste ändern.

Die Breite eines Textbereichs ändern

Bei der Eingabe in einen Textbereich wächst dieser entsprechend an und wird nur getrennt, wenn der rechte Rand oder die Seitengrenze erreicht ist. (Der rechte Rand wird im Dialogfeld SEITE EINRICHTEN gesetzt. Dieses Dialogfeld öffnen Sie im DATEI-Menü über den Eintrag SEITE EINRICHTEN.) Drücken Sie [↵], wenn Sie eine neue Zeile beginnen möchten. Um eine bestimmte Breite für den gesamten Textbereich zu definieren, gehen Sie folgendermaßen vor:

1. Schreiben Sie, bis die erste Zeile die gewünschte Breite erreicht hat.

2. Geben Sie ein Leerzeichen ein, und drücken Sie [Strg]+[↵].

Alle anderen Zeilen verwenden dann auch diese Breite. Wenn Sie Text einfügen oder bearbeiten, unterteilt Mathcad den Text gemäß der Vorgabe, die Sie mit [Strg]+[↵] getroffen haben.

Um die Breite eines bereits existierenden Textbereichs zu ändern:

1. Klicken Sie irgendwo in den Textbereich. Ein Auswahlfeld umschließt den gesamten Textbereich.

2. Schieben Sie den Zeiger über die rechte Begrenzung des Textbereichs, bis Sie einen der »Griffe« erreicht haben. Der Zeiger wird als Pfeil mit zwei Spitzen dargestellt. Jetzt können Sie die Größe des Textbereichs so ändern, wie Sie eine Fenstergröße ändern – mit der Maus.

Tip Sie können vorgeben, daß ein Textbereich die gesamte Seitenbreite einnehmen soll, indem Sie auf den Bereich klicken und im FORMAT-Menü den Eintrag EIGENSCHAFTEN auswählen. Gehen Sie auf die Registerkarte TEXT, und markieren Sie das Kontroll-kästchen SEITENBREITE VERWENDEN. Wenn Sie mehrere Zeilen in einen Bereich voller Breite eingeben, werden alle darunter liegenden Bereiche auf dem Arbeitsblatt automatisch verschoben.

Text- und Absatzeigenschaften

Dieser Abschnitt beschreibt, wie Sie Schrifteigenschaften sowie die Ausrichtung und den Einzug von *Absätzen* in einem Textbereich ändern.

Texteigenschaften ändern

Um die Schrift, die Schriftgröße, den Schriftschnitt, die Position oder die Farbe eines Texts im Textbereich zu ändern, markieren Sie diesen zunächst (siehe Seite 85). Wählen Sie im FORMAT-Menü den Eintrag TEXT, um das Dialogfeld TEXTFORMAT zu öffnen. Das Dialogfeld TEXTFORMAT erscheint auch, wenn Sie mit der rechten Maustaste auf markierten Text klicken und im Popup-Menü den Eintrag TEXT auswählen.

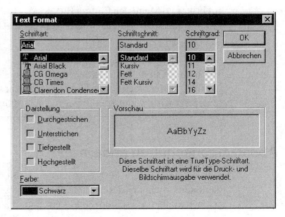

Viele der Optionen des Dialogfelds TEXTFORMAT stehen auch über die Schaltflächen und Dropdown-Listen der Format-Symbolleiste zur Verfügung:

Beim Einfügen von Text werden dessen Eigenschaften durch die Standardwerte für das Arbeitsblatt oder die Vorlage NORMAL bestimmt. Weitere Informationen über Textformate finden Sie auf Seite 90. Alle Eigenschaften, die Sie für ausgewählten Text ändern, *überschreiben* das Format für den betreffenden Textbereich.

Tip Wenn Sie den Einfügepunkt im Text plazieren und die Eigenschaften im Dialogfeld TEXTFORMAT oder über die Format-Symbolleiste ändern, wird der Text, der hinter diesem Einfügepunkt eingegeben wird, mit den neuen Eigenschaften dargestellt.

Sie können die folgenden Texteigenschaften ändern:

- Schrift
- Schriftschnitt
- Schriftgröße
- Effekte wie Hochstellung und Tiefstellung
- Farbe

Schriftgrößen werden in Punkten angegeben. Einige Schriften stehen in sehr vielen Größen zur Verfügung, andere dagegen nicht. Beachten Sie, daß der Textbereich, in dem Sie sich befinden, durch die Verwendung einer größeren Schrift andere Bereiche überlappen kann. Wählen Sie gegebenenfalls im FORMAT-Menü den Eintrag BEREICHE TRENNEN aus.

Tip Sie können festlegen, daß ein Textbereich nachfolgende Bereiche automatisch nach unten verschiebt, wenn er vergrößert wird. Dazu klicken Sie auf den Bereich und wählen im FORMAT-Menü den Eintrag EIGENSCHAFTEN. Gehen Sie auf die Registerkarte TEXT, und wählen Sie BEREICHE BEI EINGABE NACH UNTEN VERSCHIEBEN aus.

Tip Hoch- und Tiefstellungen können auch schneller mit den Befehlen HOCHGESTELLT und TIEFGESTELLT erzeugt werden. Sie finden diese Befehle in dem Popup-Menü, das angezeigt wird, wenn Sie mit der rechten Maustaste auf den markierten Text klicken.

Absatzeigenschaften ändern

Ein Absatz in einem Textbereich ist eine Zeichenmenge gefolgt von einem harten Zeilenumbruch, der durch die Eingabe von [Shift] erzeugt wird. Absätzen in Textbereichen können verschiedene Eigenschaften zugeordnet werden, unter anderem *Ausrichtung*, *Einzug* für die erste oder alle Zeilen im Absatz, *Tabstopps*, *Absatzmarkierungen* oder *Numerierungen*.

Wenn Sie einen Textbereich anlegen, werden seine Absatzeigenschaften durch das Arbeitsblatt oder die Vorlagen für das Format NORMAL bestimmt. Weitere Informationen über Textformate finden Sie auf Seite 97. Jede Absatzeigenschaft, die Sie ändern, überschreibt die Absatzeigenschaften, die im Format für den Textbereich festgelegt sind.

Hinweis Wenn Sie `Shift`+`↵` drücken, fügt Mathcad eine neue Zeile im aktuellen Abschnitt ein; es wird kein neuer Abschnitt begonnen.

Um die Eigenschaften für einen Absatz eines Textbereichs zu ändern, gehen Sie wie folgt vor:

1. Markieren Sie den Absatz, indem Sie ihn anklicken und den Einfügepunkt dort setzen, indem Sie ihn mit der Maus markieren, oder indem Sie insgesamt dreimal darauf klicken.

2. Wählen Sie im FORMAT-Menü den Eintrag ABSATZ, oder klicken Sie mit der rechten Maustaste, und wählen Sie im Popup-Menü den Eintrag ABSATZ. Mathcad zeigt das Dialogfeld ABSATZFORMAT an.

3. Ändern Sie die gewünschten Eigenschaften im Dialogfeld, und klicken Sie auf OK.

Sie können die folgenden Absatzeigenschaften ändern:

Einzug
Um alle Zeilen im Absatz um einen bestimmten Betrag einzurücken, geben Sie Werte in die Textfelder LINKS und RECHTS ein. Um die erste Zeile des Absatzes anders einzurücken als die restlichen Zeilen, wählen Sie ERSTE ZEILE oder HÄNGEND aus.

Sie können Einzüge auch mit dem Lineal setzen. Klicken Sie in einen Absatz und gehen Sie im ANSICHT-Menü auf LINEAL. Bewegen Sie den oberen oder unteren Pfeil, um verschiedene Einzüge für die erste Zeile zu setzen, oder beide Pfeile, um die Einzüge für alle Zeilen des Absatzes zu setzen.

Aufzählungszeichen und numerierte Aufzählungen
Um einen Absatz mit einem Aufzählungszeichen zu beginnen, wählen Sie in der Dropdown-Liste AUFZÄHLUNGSZEICHEN den Eintrag AUFZÄHLUNGSZEICHEN. Wählen Sie NUMMERN, wenn Mathcad aufeinanderfolgende Absätze im Bereich automatisch numerieren soll. Alternativ klicken Sie auf der Format-Symbolleiste auf ▤ oder ▤ .

Ausrichtung
Um den Absatz im Bereich rechts- oder linksbündig auszurichten oder den Text im Textbereich zu zentrieren, verwenden Sie die drei Schaltflächen für die Ausrichtung im Dialogfeld. Alternativ klicken Sie auf die drei Schaltflächen für die Ausrichtung auf der Format-Symbolleiste.

Tabstopps

Um Tabstopps anzugeben, öffnen Sie die Tab-Schaltfläche im Dialogfeld TABSTOPP-POSITION durch Anklicken. Geben Sie Zahlen in das Textfeld TABSTOPP-POSITION ein. Klicken Sie dann für jedes Tabstopp auf SETZEN und schließlich auf OK.

Sie können Tabstopps auch mit dem Lineal setzen, indem Sie im ANSICHT-Menü auf LINEAL klicken. Klicken Sie das Lineal an der Stelle an, an der sich ein Tabstopp befinden soll. Dort erscheint ein Tabstopp-Symbol. Um ein Tabstopp zu verschieben, klicken Sie auf das Tabstopp-Symbol, halten Sie die Maustaste gedrückt, und ziehen Sie den Cursor vom Lineal weg.

Tip   Um die im Dialogfeld Absatzformat bzw. im Lineal benutzte Maßeinheit zu ändern, klicken Sie im ANSICHT-Menü auf LINEAL, damit das Lineal sichtbar wird, falls dies noch nicht der Fall ist. Klicken Sie das Lineal mit der rechten Maustaste an, und wählen Sie ZOLL, ZENTIMETER, PUNKTE oder PICA aus dem Kontextmenü.

Textformate

Mathcad verwendet Textformate, um Textbereichen Standardformate für Text und Absätze zuzuweisen. Textformate ermöglichen Ihnen, Ihren Arbeitsblättern ein konsistentes Aussehen zu verleihen. Statt für jeden einzelnen Bereich bestimmte Eigenschaften für Text und Absätze festzulegen, wenden Sie ein Textformat an, das die dort definierten Eigenschaften gleichzeitig zuweist.

Jedes Arbeitsblatt enthält das Standardtextformat NORMAL, bei dem bestimmte Eigenschaften für Text und Absätze festgelegt sind. Abhängig von Ihrem Arbeitsblatt und der Vorlage, die dafür verwendet wurde, haben Sie möglicherweise auch noch andere Textformate, die Sie existierenden oder neuen Textbereichen zuweisen können. Außerdem können Sie bereits existierende Textformate ändern, neue anlegen und nicht mehr benötigte löschen.

Dieser Abschnitt beschreibt, wie man Textformate anwendet, ändert, erzeugt und löscht. Weitere Informationen über die verfügbaren Text- und Absatzeigenschaften und Anweisungen für die Formatierung von markiertem Text innerhalb eines Textbereichs finden Sie im vorigen Abschnitt.

Anwendung eines Textformats auf einen Absatz in einem Textbereich

Wenn Sie auf Ihrem Arbeitsblatt einen Bereich anlegen, wird dieser automatisch mit dem Format NORMAL verbunden. Sie können jedoch jedem Absatz im Textbereich ein eigenes Format zuweisen:

1. Klicken Sie in den Textbereich oder in den Absatz, dessen Format geändert werden soll.

2. Wählen Sie im FORMAT-Menü den Eintrag FORMATVORLAGE aus, oder klicken Sie mit der rechten Maustaste, und wählen Sie im Popup-Menü den Eintrag FORMATVORLAGE aus. Das Dialogfeld FORMATVORLAGEN zeigte eine Liste der verfügbaren Textformate an. Welche Textformate zur Verfügung stehen, ist davon abhängig, welche Arbeitsblattvorlage Sie verwenden.

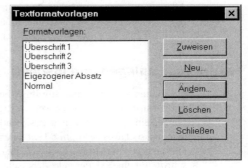

3. Wählen Sie eines der Textformate aus, und klicken Sie auf ZUWEISEN. Der Standardtext in Ihrem Absatz übernimmt die hier definierten Text- und Absatzeigenschaften.

Ein existierendes Textformat ändern

Sie können die Definition eines Textformats jederzeit ändern – sowohl Text- als auch Absatzformate.

Um ein Textformat zu ändern, gehen Sie wie folgt vor:

1. Wählen Sie im FORMAT-Menü den Eintrag FORMATVORLAGE aus. Mathcad zeigt das Dialogfeld FORMATVORLAGEN an.

2. Wählen Sie die Formatvorlage aus, die geändert werden soll, und klicken Sie auf ÄNDERN.

3. Das Dialogfeld FORMATVORLAGE DEFINIEREN zeigt die Definitionen des ausgewählten Textformats an.

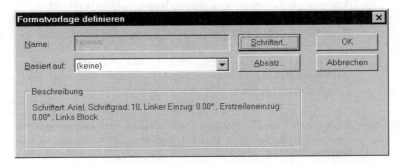

4. Klicken Sie auf SCHRIFTART, um Textformate zu ändern, beispielsweise Schriftart, Schriftgröße, Schriftschnitte, Effekte und Farben. Klicken Sie auf ABSATZ, um die Einrückung, Ausrichtung und andere Eigenschaften der Absätze zu ändern. Weitere Informationen über die Optionen zur Text- und Absatzformatierung finden Sie auf Seite 90.

5. Klicken Sie auf OK, um Ihre Änderungen zu speichern.

Alle neuen Textbereiche, auf die Sie das geänderte Textformat anwenden, berücksichtigen die neue Definition. Darüber hinaus werden auch Bereiche, die zuvor mit diesem Textformat angelegt wurden, entsprechend abgeändert.

Textformate anlegen und löschen

Sie können die Textformate für Ihr Arbeitsblatt ergänzen oder reduzieren. Die Änderungen an den Textformaten werden zusammen mit Ihrem Arbeitsblatt ge-speichert. Sie können ein neues Textformat, basierend auf einem bereits existierenden Textformat, anlegen, so daß es bestimmte Text- oder Absatzeigenschaften erbt. Sie können aber auch ein ganz neues Textformat entwickeln. Beispielsweise könnten Sie eine neue »Unterüberschrift« für eine existierende »Überschrift« erstellen, dafür eine kleinere Schrift wählen, aber die anderen Text- und Absatzeigenschaften unverändert lassen.

Ein Textformat anlegen

Um ein neues Textformat anzulegen, gehen Sie wie folgt vor:

1. Wählen Sie im FORMAT-Menü den Eintrag FORMATVORLAGE. Mathcad zeigt das Dialogfeld FORMATVORLAGEN an.

2. Klicken Sie auf NEU, um das Dialogfeld FORMATVORLAGE DEFINIEREN anzuzeigen.

3. Geben Sie in das Textfeld NAME den Namen für die neue Formatvorlage ein. Wenn die neue Formatvorlage auf einer bereits in Ihrem aktuellen Arbeitsblatt existierenden Formatvorlage basieren soll, wählen Sie eine Formatvorlage aus der Drop-down-Liste BASIERT AUF aus.

4. Klicken Sie auf die Schaltfläche SCHRIFTART, um die Schrift für die neue Formatvorlage festzulegen. Klicken Sie auf die Schaltfläche ABSATZ, um die Absatzformate für den neuen Absatz festzulegen.

5. Klicken Sie auf OK.

Ihre neue Formatvorlage wird jetzt im Dialogfeld FORMATVORLAGEN angezeigt und kann auf beliebige Textbereiche angewendet werden, wie auf Seite 98 beschrieben. Wenn Sie das Arbeitsblatt speichern, wird gleichzeitig die Formatvorlage damit gespeichert. Wenn Sie in zukünftigen Arbeitsblättern das neue Textformat nutzen möchten, speichern Sie dieses als Vorlage, wie in Kapitel 7 noch erklärt wird. Sie können das Textformat auch in ein anderes Arbeitsblatt kopieren, indem Sie den formatierten Bereich dorthin kopieren.

Hinweis Wenn Sie ein neues Format basierend auf einem alten Format erstellen, werden alle Änderungen, die Sie später an dem Originalformat vornehmen, auch in dem neuen Textformat berücksichtigt.

Ein Textformat löschen

Um ein Textformat zu löschen, gehen Sie wie folgt vor:

1. Wählen Sie im FORMAT-Menü den Eintrag FORMATVORLAGE. Mathcad zeigt das Dialogfeld FORMATVORLAGEN an.

2. Wählen Sie eines der Textformate aus der Liste aus.

3. Klicken Sie auf LÖSCHEN.

Das Textformat wird aus der Liste der verfügbaren Textformate entfernt. Alle Textbereiche in Ihrem Arbeitsblatt, die mit diesem Textformat angelegt wurden, weisen jedoch auch weiterhin die dort definierten Eigenschaften auf.

Gleichungen im Text

Dieser Abschnitt beschreibt, wie Sie Gleichungen in Ihre Textbereiche einfügen. Gleichungen, die in den Text eingefügt werden, haben dieselben Eigenschaften wie das restliche Arbeitsblatt. Sie können mit den in Kapitel 4 vorgestellten Methoden geändert werden.

Einfügen einer Gleichung in Text

Sie betten eine Gleichung in den Text ein, indem Sie innerhalb eines Textbereichs eine neue Gleichung anlegen oder indem Sie eine bereits existierende Gleichung dort einfügen.

Um eine neue Gleichung in einem Textbereich oder Absatz einzufügen, gehen Sie wie folgt vor:

1. Klicken Sie in den Textbereich oder Absatz, um den Einfügepunkt dort zu positionieren, wo die Gleichung anfangen soll.

   > Die allgemeine Gravitationskonstante (G) hat den Wert | und kann zur Berechnung der Beschleunigung eines leichteren Objekts in Richtung eines schwereren Objekts verwendet werden.

2. Wählen Sie im EINFÜGEN-Menü den Eintrag RECHENBEREICH. Es erscheint ein Platzhalter.

   > Die allgemeine Gravitationskonstante (G) hat den Wert ▪ und kann zur Berechnung der Beschleunigung eines leichteren Objekts in Richtung eines schwereren Objekts verwendet werden.

3. Geben Sie die Gleichung so ein, wie Sie das auch in einem Rechenbereich tun würden.

   > Die allgemeine Gravitationskonstante, (G) hat den Wert $G := 6.67259 \cdot 10^{-11} \cdot \frac{m^3}{kg \cdot s^2}$ und kann zur Berechnung der Beschleunigung eines leichteren Objekts in Richtung eines schwereren Objekts verwendet werden.

4. Wenn Sie mit der Eingabe der Gleichung fertig sind, klicken Sie auf Text, um in den Textbereich zurückzugelangen. Mathcad paßt die Linienabstände im Textbereich an die eingebetteten Gleichungen an.

Um eine bereits existierende Gleichung in einen Textbereich einzufügen, gehen Sie wie folgt vor:

1. Markieren Sie die Gleichung, die in den Textbereich eingefügt werden soll.
2. Wählen Sie im BEARBEITEN-Menü den Eintrag KOPIEREN, oder klicken Sie in der Standard-Symbolleiste auf ▣.
3. Klicken Sie in den Textbereich, um den Einfügepunkt dort zu setzen, wo die Gleichung erscheinen soll.
4. Wählen Sie im BEARBEITEN-Menü den Eintrag EINFÜGEN, oder klicken Sie in der Standard-Symbolleiste auf ▣.

Eingebettete Gleichungen deaktivieren

Wenn Sie eine Gleichung in Text einfügen, verhält sie sich zunächst wie eine Gleichung in einem Rechenbereich; sie beeinflußt alle Berechnungen auf dem Arbeitsblatt. Wenn Sie möchten, daß die Gleichung nur zur Information dienen soll, können Sie veranlassen, daß sie keine Berechnungen mehr vornimmt. Dazu gehen Sie wie folgt vor:

1. Klicken Sie auf die Gleichung, die deaktiviert werden soll.
2. Wählen Sie im FORMAT-Menü den Eintrag EIGENSCHAFTEN. Klicken Sie auf die Registerkarte BERECHNUNG.
3. Markieren Sie das Kontrollkästchen AUSWERTUNG DEAKTIVIEREN.
4. Klicken Sie auf OK.

Die Gleichung beeinflußt damit keine anderen Gleichungen auf dem Arbeitsblatt mehr. Um sie wieder zu aktivieren, heben Sie die Markierung im Kontrollkästchen AUSWERTUNG DEAKTIVIEREN auf.

Eine allgemeine Beschreibung zum Deaktivieren und Sperren von Gleichungen finden Sie auf Seite 163.

Textwerkzeuge

Mathcad beinhaltet Werkzeuge zum Suchen und Ersetzen von Text sowie für eine Rechtschreibprüfung.

Suchen&Ersetzen

Die Befehle SUCHEN und ERSETZEN, die Mathcad im BEARBEITEN-Menü bereitstellt, können sowohl in Text- als auch in Rechenbereichen eingesetzt werden. Standardmäßig sucht und ersetzt Mathcad jedoch nur Text in Textbereichen.

Text suchen

Um eine Zeichenfolge zu suchen, gehen Sie wie folgt vor:

1. Wählen Sie im BEARBEITEN-Menü den Eintrag SUCHEN. Mathcad zeigt das Dialogfeld SUCHEN an.

2. Geben Sie die Zeichenfolge ein, nach der Sie suchen.

3. Klicken Sie auf WEITERSUCHEN, um das Vorkommen der Zeichenfolge hinter dem aktuellen Einfügepunkt zu finden. Mit Hilfe der Optionen im Dialogfeld können Sie das Arbeitsblatt vorwärts oder rückwärts durchsuchen, nur nach ganzen Wörtern suchen, die Groß-/Kleinschreibung bei der Suche berücksichtigen oder angeben, ob Mathcad in Text- oder in Rechenbereichen oder in beiden suchen soll.

Online-Hilfe Im Abschnitt »Zeichen finden und ersetzen« werden alle Zeichen, einschließlich griechischer Buchstaben, aufgeführt, die in Math- und Textregionen vorliegen können. Einige spezielle Zeichen, wie Zeichensetzung und Leerstellen, können nur in Text- oder Math-Zeichenfolgen vorkommen.

Zeichen ersetzen

Um Text zu suchen und zu ersetzen, gehen Sie wie folgt vor:

1. Wählen Sie im BEARBEITEN-Menü den Eintrag ERSETZEN. Mathcad zeigt das Dialogfeld ERSETZEN an.

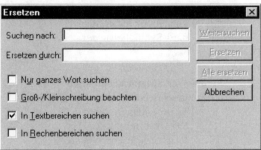

2. Geben Sie im Feld SUCHEN NACH: die Zeichenfolge ein, nach der Sie suchen.

3. Geben Sie die Zeichenfolge, die stattdessen verwendet werden soll, in das Feld ERSETZEN DURCH ein. Markieren Sie die Optionen, die beim Ersetzen berücksichtigt werden sollen.

Sie haben die folgenden Möglichkeiten:

■ Klicken Sie auf WEITERSUCHEN, um das nächste Vorkommen der gesuchten Zeichenfolge zu finden.

■ Klicken Sie auf ERSETZEN, um das aktuell selektierte Vorkommen der Zeichenfolge zu ersetzen.

■ Klicken Sie auf ALLE ERSETZEN, um alle Vorkommen der Zeichenfolge zu ersetzen.

Rechtschreibprüfung

Nachdem Sie Ihren Text eingegeben haben, können Sie Mathcad veranlassen, nach Schreibfehlern im Text zu suchen, und gegebenenfalls Korrekturen vornehmen. Außerdem können Sie Wörter, die Sie häufig verwenden, in Ihr persönliches Wörterbuch aufnehmen.

Hinweis Mathcad führt die Rechtschreibprüfung nur für Textbereiche aus.

Um mit der Rechtschreibprüfung zu beginnen, geben Sie an, für welchen Teil des Arbeitsblatts sie erfolgen soll. Dazu gibt es zwei Möglichkeiten:

- Klicken Sie an den Anfang des Bereichs, der überprüft werden soll. Mathcad führt die Überprüfung von diesem Punkt an bis zum Ende des Arbeitsblatts durch. Sie können dann die Rechtschreibprüfung entweder am Anfang des Arbeitsblatts fortsetzen oder sie beenden.

- Alternativ markieren Sie den Text, der überprüft werden soll.

Nachdem Sie den Bereich definiert haben, der überprüft werden soll, gehen Sie wie folgt vor:

1. Wählen Sie im BEARBEITEN-Menü den Eintrag RECHTSCHREIBUNG, oder klicken Sie in der Standard-Symbolleiste auf .

2. Wenn Mathcad ein falsch geschriebenes Wort findet, öffnet es das Dialogfeld RECHTSCHREIBUNG. Das falsch geschriebene Wort wird angezeigt, ebenso Verbesserungsvorschläge. Falls Mathcad keine Verbesserungsvorschläge hat, zeigt es nur das falsch geschriebene Wort an.

Tip Um zu erkennen, ob ein Wort falsch geschrieben ist, vergleicht Mathcad es mit zwei Wörterbüchern: einem allgemeinen Wörterbuch und Ihrem persönlichen Wörterbuch. Wenn Sie bestimmte Wörter häufig verwenden, die zwar richtig geschrieben sind, die Mathcad jedoch nicht erkennt, sollten Sie sie in Ihr persönliches Wörterbuch aufnehmen.

Im Dialogfeld RECHTSCHREIBPRÜFUNG haben Sie mehrere Möglichkeiten:

- Um das Wort durch den Korrekturvorschlag oder ein anderes Wort aus der Vorschlagsliste zu ersetzen, wählen Sie ÄNDERN.

- Um weitere, aber weniger wahrscheinliche Korrekturvorschläge anzuzeigen, klicken Sie auf VORSCHLAGEN. Falls es keine weiteren Vorschläge gibt, wird die Schaltfläche VORSCHLAGEN grau dargestellt.

- Um das Wort zu ändern, aber nicht durch einen der Korrekturvorschläge zu ersetzen, geben Sie das neue Wort in das Feld ÄNDERN IN ein und klicken auf ÄNDERN.

- Um die Wörter beizubehalten, klicken Sie auf IGNORIEREN oder HINZUFÜGEN. Wenn Sie auf IGNORIEREN klicken, behält Mathcad das Wort bei, setzt die Rechtschreibprüfung fort und ignoriert alle weiteren Vorkommen dieses Worts. Wenn Sie auf HINZUFÜGEN klicken, wird das Wort Ihrem persönlichen Wörterbuch hinzugefügt.

Hinweis   Um einen im englischen Wörterbuch angeführten Dialekt auszuwählen, wählen Sie im ANSICHT-Menü EINSTELLUNGEN, klicken Sie die Registerkarte ALLGEMEIN an, und wählen Sie eine Option unter RECHTSCHREIBPRÜFUNG DIALEKT.

Kapitel 6
Grafiken und andere Objekte

Überblick

Bilder einfügen

Objekte einfügen

Einfügen von verknüpften Grafiken in Ihr Arbeitsblatt

Überblick

Für die anschauliche Erklärung Ihrer Mathcad-Kalkulationen sind Diagramme, Bilder und andere Objekte oft sehr hilfreich. Sie können folgende Abbildungen in Ihr Mathcad-Arbeitsblatt einfügen:

- 2D-Diagramme, einschließlich X-Y- und polarer Diagramme.
- 3D-Diagramme, einschließlich Flächendiagrammen, Umrißdiagrammen, 3D-Streuungsdiagrammen und anderen.
- Aus anderen Anwendungen kopierte und eingefügte Bilder, die auf Werten einer Matrix oder einer Bitmap-Datei basieren.
- In anderen Anwendungen (z.B. in AVI-, DOC-, MDI- oder anderen Dateien) erstellte Objekte.
- Mit Ihren Berechnungen verknüpfte Diagramme.

Weitere Informationen zur Erstellung von 2D-Diagrammen finden Sie in Kapitel 12, »Diagramme«. Kapitel 13, »3D-Diagramme«, enthält weitere Informationen für die Erstellung von dreidimensionalen Diagrammen.

Die übrigen Abschnitte dieses Kapitels erläutern, wie Bilder und Objekte in ein Mathcad-Arbeitsblatt eingefügt und formatiert werden können. Der letzte Abschnitt dieses Kapitels beschreibt das Einfügen eines Diagramms, das mit Ihren Berechnungen verknüpft ist. Dieser Vorgang wird in Kapitel 16, »Komplexere Berechnungen«, detailliert besprochen.

Bilder einfügen

Dieser Abschnitt beschreibt verschiedene Methoden zum Erstellen und Formatieren von *Bildern*, statisch-grafischer Abbildungen, in Ihrem Mathcad-Arbeitsblatt.

Ein Bild erstellen

Um in ein Mathcad-Arbeitsblatt ein Bild einzufügen, gehen Sie wie folgt vor:

- Wenden Sie den *Bild-Operator* an, und geben Sie den Namen einer Mathcad-Matrix oder den Namen einer externen Bitmap-Datei an, oder

- Importieren Sie ein Bild über die Zwischenablage aus einer anderen Applikation

Ein Bild aus einer Matrix erzeugen

Mit Hilfe des Bild-Operators legen Sie ein Bild in einem Mathcad-Arbeitsblatt an:

1. licken Sie in Ihrem Mathcad-Arbeitsblatt auf einen freien Bereich.

2. Wählen Sie im EINFÜGEN-Menü den Eintrag BILD, oder klicken Sie in der Matrix-Menüleiste auf [Symbol].

3. Geben Sie in den Platzhalter unten im Operator den Namen einer Matrix ein.

Mathcad erzeugt eine 256-Graustufen-Darstellung der Matrixdaten, wobei jedes Matrixelement einem Pixel im Bild entspricht.

Hinweis Der Bild-Operator von Mathcad verwendet ein 256-Farben-Modell, wobei der Wert 0 Schwarz, der Wert 255 Weiß darstellt. Zahlen außerhalb des Bereichs von 0 bis 255 werden als Modulo 256 umgerechnet. Bei Fließkommazahlen wird nur der Integer-Anteil verwendet.

Weil die Matrizen, die zum Rendern von Bildern verwendet werden, in der Regel sehr groß sind, ist diese Technik der Bilderzeugung am sinnvollsten, wenn Sie Grafikdateien als Matrizen in Mathcad importieren, wie auf Seite 242 noch erklärt wird. Sie können beispielsweise die Funktion *READBMP* verwenden, um eine externe Grafikdatei in eine Matrix einzulesen, und diese dann in Mathcad mit Hilfe des Bild-Operators anzeigen.

Tip Um ein farbiges Bild anzuzeigen, müssen Sie den Bild-Operator mit drei Matrizen versorgen, die alle dieselbe Größe haben und die Rot-, Grün- und Blauwerte des Bildes enthalten. Dafür geben Sie die drei Namen durch Kommata getrennt in den Platzhalter des Bild-Operators ein. Andernfalls erscheint das Bild in Graustufen.

Ein Bild als Verweis auf eine Bitmap-Datei anlegen

Mathcad kann ein Bild direkt aus einer externen Datei im Windows-Bitmap-Format (BMP) erzeugen. Dazu klicken Sie auf einen leeren Bereich auf Ihrem Arbeitsblatt und gehen dann wie folgt vor:

1. Wählen Sie im EINFÜGEN-Menü den Eintrag BILD, oder klicken Sie in der Matrix-Menüleiste auf ![] um den Bild-Operator einzufügen.

2. Geben Sie in den Platzhalter eine Zeichenfolge ein, die den Namen der Bitmap-Datei im aktuellen Verzeichnis enthält, oder geben Sie den vollständigen Pfad zu einer Bitmap-Datei ein. Die Zeichenfolge wird durch Eingabe eines doppelten Anführungszeichens (") gekennzeichnet.

3. Klicken Sie außerhalb des Bild-Operators. Die Bitmap erscheint auf Ihrem Arbeitsblatt.

   Immer wenn Sie das Arbeitsblatt öffnen oder die Berechnungen ausführen, wird die Bitmap-Datei in den Bild-Operator eingelesen.

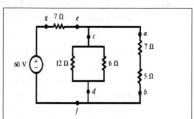

Hinweis Wenn Sie die Quelle für die Bitmap-Datei ändern, müssen Sie das Arbeitsblatt neu berechnen, um das abgeänderte Bild zu sehen. Wenn Sie die Bitmap-Datei verschieben, kann Mathcad sie nicht mehr anzeigen.

Ein Bild durch Importieren aus der Zwischenablage erzeugen

Es ist möglich, in einer anderen Applikation ein Bild in die Zwischenablage zu kopieren und es dann in Mathcad einzufügen. Dieser Abschnitt beschreibt den Befehl INHALTE EINFÜGEN im BEARBEITEN-Menü. Mit diesem Befehl fügen Sie eine Grafikdatei aus der Zwischenablage in ein Mathcad-Arbeitsblatt ein, deren Format von Mathcad nicht weiter verarbeitet werden kann: wie z.B. eine Metadatei oder eine Bitmap. Eine Metadatei ist ein Windows-Grafikformat und kann in Mathcad vergrößert oder verkleinert werden, ohne daß dadurch Verluste für die Auflösung entstehen, während eine Bitmap am besten in der Originalgröße angezeigt wird. Eine geräteunabhängige Bitmap, DIB, wird in einem Bitmap-Format gespeichert, das auf andere Betriebssysteme portiert werden kann.

Hinweis Wenn Sie im BEARBEITEN-Menü von Mathcad den Befehl EINFÜGEN verwenden, um ein Bild aus der Zwischenablage einzufügen (oder es per Drag&Drop aus einer anderen Applikation übernehmen), fügen Sie normalerweise ein verknüpftes *OLE-Objekt* in Ihr Mathcad-Arbeitsblatt ein, wie auf Seite 104 beschrieben. Wenn Sie auf ein verknüpftes OLE-Objekt doppelklicken, aktivieren Sie die Applikation, in der das Objekt erzeugt wurde, und können es von Ihrem Mathcad-Arbeitsblatt aus bearbeiten.

Um ein Grafikbild aus einer anderen Applikation in Mathcad einzufügen, gehen Sie wie folgt vor:

1. Öffnen Sie die Applikation, und kopieren Sie die Grafik in die Zwischenablage. Dazu verwenden Sie normalerweise den Befehl KOPIEREN im BEARBEITEN-Menü. Die meisten Windows-Applikationen bieten diese Funktion an.
2. Klicken Sie mit der Maus in Ihrem Mathcad-Arbeitsblatt dort, wo das Bild eingefügt werden soll.
3. Wählen Sie im EINFÜGEN-Menü den Befehl INHALTE EINFÜGEN und dann BILD (METADATEI) oder GERÄTEUNABHÄNGIGE BITMAP.
4. Klicken Sie auf OK. Mathcad erzeugt einen Bildbereich und fügt das in der Zwischenablage enthaltene Bild ein.

Hinweis Die Formatauswahl im Dialogfeld INHALTE EINFÜGEN variiert, abhängig von der Applikation, in der das Objekt erzeugt wurde.

Mathcad speichert die Farbtiefe – die Anzahl der Farben im Bild –, wenn Sie das Bild in das Arbeitsblatt einfügen. Das bedeutet, Sie können alle Arbeitsblätter, die Farbbilder enthalten, welche auf Systemen mit anderen Farbtiefen erzeugt wurden, sicher speichern. Die Bilder werden auf den Systemen, auf denen die Arbeitsblätter angelegt wurden, mit der richtigen Farbtiefe angezeigt.

Hinweis Wenn Sie direkt von der Zwischenablage importieren, wird die Bildinformation als Teil des Mathcad-Arbeitsblatts gespeichert. Damit wird die Datei größer. Beim Kopieren des Arbeitsblatts wird auch die Bildinformation kopiert.

Hinweis Um zu verhindern, daß Ihre Mathcad-Datei zu groß wird, fügen Sie gespeicherte Bitmaps in möglichst geringer Farbauflösung wie etwa 16 oder 256 Farben ein.

Ein Bild formatieren

Dieser Abschnitt beschreibt, wie Sie ein Bild formatieren, nachdem Sie es angelegt haben.

Die Größe eines Bildes ändern

Um einen Bildbereich zu vergrößern oder zu verkleinern, gehen Sie wie folgt vor:

1. Klicken Sie mit der Maus in dem Bildbereich, um ihn auszuwählen.
2. Schieben Sie den Mauszeiger auf einen der Griffe am Bereichsrand. Der Zeiger wird als Pfeil mit zwei Spitzen angezeigt.
3. Drücken Sie die linke Maustaste, und halten Sie sie gedrückt. Ziehen Sie die Maus bei gedrückter Maustaste in die Richtung, in die das Bild vergrößert oder verkleinert werden soll.

Tip Wenn Sie die Größe des Bildbereichs ändern, kann es sein, daß das darin angezeigte Bild verzerrt wird. Wenn Sie ein Bild vergrößern oder verkleinern, indem Sie den Griff in der unteren rechten Ecke diagonal verschieben, behalten Sie das Ansichtsverhältnis des Originalbildes bei, also das Verhältnis von Höhe zu Breite. Um ein Bild in seiner Originalgröße wiederherzustellen, klicken Sie auf das Bild und wählen im FORMAT-Menü den Eintrag EIGENSCHAFTEN. Auf der Registerkarte ANZEIGE markieren Sie IN ORIGINALGRÖSSE ANZEIGEN.

Rahmen für Bilder anlegen

Mathcad erlaubt Ihnen, einen Rahmen um einen Bildbereich zu legen. Dazu gehen Sie wie folgt vor:

1. Doppelklicken Sie auf das Bild, oder wählen Sie im FORMAT-Menü den Eintrag EIGENSCHAFTEN. Das Dialogfeld EIGENSCHAFTEN wird angezeigt.
2. Klicken Sie auf RAHMEN ANZEIGEN.
3. Klicken Sie auf OK. Mathcad zeichnet einen Rahmen um den Bildbereich.

Farbpaletten

Wenn Sie eine 256-Farben-Anzeige verwenden und in Ihren Mathcad-Arbeitsblättern Farbbitmaps angelegt haben, setzt Mathcad für alle Bitmaps in Ihren Arbeitsblättern standardmäßig eine einzige 256-Farben-Palette ein. Es handelt sich dabei um dieselbe Standard-Farbpalette, die Mathcad auch für den restlichen Mathcad-Bildschirm verwendet. Sie ist für die meisten Bilder geeignet.

Diese Standard-Farbpalette ist jedoch möglicherweise nicht genau dieselbe wie die, die bei der Entwicklung der Farbbitmaps verwendet wurde. Um das Erscheinungsbild der Bitmaps auf Ihrer Arbeitsblatt zu verbessern, weisen Sie Mathcad an, seine Standard-Farbpalette zu optimieren, so daß für die Anzeige von Bitmaps die bestmöglichen 256 Farben verwendet werden. Dazu gehen Sie wie folgt vor:

1. Wählen Sie im FORMAT-Menü den Eintrag FARBE⇒PALETTE OPTIMIEREN. Mathcad wertet die Bilder auf dem Arbeitsblatt aus und erzeugt eine optimale 256-Farben-Palette für sie.
2. Im FORMAT-Menü soll der Eintrag FARBE⇒STANDARDPALETTE VERWENDEN markiert sein. Mathcad verwendet dann die neue Standardpalette, die erstellt wurde.

Hinweis Wenn Ihr Anzeigetreiber mehr als 256 Farben unterstützt, sind die Optionen zur Einrichtung der Palette im FORMAT-Menü grau dargestellt.

Objekte einfügen

Dieser Abschnitt beschreibt Techniken zum Einfügen und zur Bearbeitung von Objekten, die in anderen Applikationen erzeugt werden. OLE (Object Linking and Embedding) in Microsoft Windows ermöglicht, solche Objekte nicht nur statisch in Ihre Applikationen (oder Mathcad-Objekte in andere Applikationen) einzufügen, sondern die Objekte werden so eingefügt, daß sie von Mathcad aus in ihren jeweiligen Applikationen vollständig bearbeitet werden können.

Ein Objekt kann in ein Mathcad-Arbeitsblatt *eingebettet* oder damit *verknüpft* werden. Ein verknüpftes Objekt muß in einer extern gespeicherten Datei vorliegen. Ein Objekt, das Sie einbetten, kann beim Einfügen angelegt werden. Wird ein verknüpftes Objekt verändert, werden alle diese Änderungen auch in der Originaldatei berücksichtigt. Wird ein eingebettetes Objekt bearbeitet, betreffen diese Änderungen das Objekt nur im Kontext des Mathcad-Arbeitsblatts. Das Originalobjekt in der Quell-Applikation bleibt unverändert.

Tip Weitere Informationen über die Verwendung spezieller Objekte, sogenannter *Komponenten*, zum Importieren und Exportieren von Daten sowie zur Einrichtung dynamischer Verbindungen zwischen Mathcad und anderen Applikationen finden Sie in den Kapiteln 11 und 16.

Ein Objekt in ein Arbeitsblatt einfügen

Ein Objekt wird mit Hilfe des OBJEKT-Befehls aus dem EINFÜGEN-Menü in Mathcad (eine OLE2-kompatible Applikation) eingefügt, mit Kopieren&Einfügen oder mit Drag&Drop. Welche Methode Sie verwenden, ist davon abhängig, ob Sie das Objekt dynamisch anlegen möchten, ob das Objekt bereits existiert, oder ob Sie das Objekt als ganze Datei einfügen möchten. Es ist möglich, Objekte in ein Mathcad-Arbeitsblatt einzufügen, indem man einfach darauf doppelklickt und dadurch die *Inplace-Aktivierung* der Originalapplikation veranlaßt.

Tip Im allgemeinen verwenden Sie dieselben Methoden, um *ein Mathcad-Objekt* in eine andere Applikation einzufügen und sie dort zu bearbeiten, wie Sie sie auch für das Einfügen von Objekten in Mathcad-Arbeitsblätter einsetzen. Die Details sind davon abhängig, inwieweit die Applikation, die ein Mathcad-Objekt erhält, OLE 2 unterstützt. Nachdem Sie ein Mathcad-Objekt in eine kompatible Applikation eingefügt haben, bearbeiten Sie es ganz einfach, indem Sie darauf doppelklicken. Wenn die Applikation die Inplace-Aktivierung unterstützt, wie die aktuellen Applikationen von Microsoft Office, werden die Menüs und Symbolleisten von Mathcad angezeigt.

Der Befehl Objekt einfügen

Wenn Sie den Befehl OBJEKT aus dem EINFÜGEN-Menü verwenden, können Sie ein Objekt einfügen, das Sie in demselben Moment erstellen. Sie können aber auch eine ganze Datei einfügen, die bereits vorher existiert.

Um ein Objekt oder eine gespeicherte Datei einzufügen, gehen Sie wie folgt vor:

1. Klicken Sie auf Ihrem Arbeitsblatt an die Stelle, an der das Objekt eingefügt werden soll. Das Fadenkreuz sollte angezeigt werden.

2. Wählen Sie im EINFÜGEN-Menü den Eintrag OBJEKT, um das Dialogfeld OBJEKT EINFÜGEN anzuzeigen. Standardmäßig ist NEU ERSTELLEN ausgewählt:

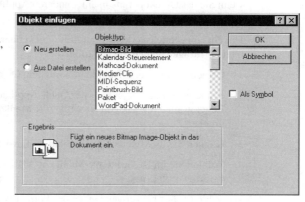

3. Markieren Sie ALS SYMBOL, wenn Sie statt des Objekts ein Icon auf Ihrem Arbeitsblatt anzeigen möchten. Dabei wird in der Regel das Icon für die Applikation erstellt, in der das Objekt angelegt wurde.

Um ein neues Objekt anzulegen, gehen Sie wie folgt vor:

1. Wählen Sie in der Liste OBJEKTTYP eine Applikation aus. Welche Objekttypen hier bereitgestellt werden, ist davon abhängig, welche Applikationen Sie auf Ihrem System installiert haben.

2. Klicken Sie auf OK.

Wenn Sie eine bereits existierende Datei einfügen möchten, gehen Sie wie folgt vor:

1. Klicken Sie im Dialogfeld OBJEKT EINFÜGEN auf AUS DATEI ERSTELLEN. Das Dialogfeld wird nun anders dargestellt.

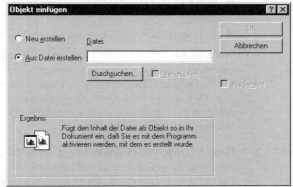

2. Geben Sie den Pfad zur Objektdatei ein, oder klicken Sie auf DURCHSUCHEN, um ihn zu ermitteln.

3. Markieren Sie VERKNÜPFEN, um ein verknüpftes Objekt einzufügen. Wenn dieses Kontrollkästchen nicht markiert ist, wird das Objekt eingebettet.

4. Klicken Sie auf OK.

Ein Objekt in ein Arbeitsblatt einfügen

Sie können ein Objekt in einer Quell-Applikation in die Zwischenablage kopieren und es von dort direkt in Mathcad einfügen. Diese Methode ist insbesondere dann praktisch, wenn Sie das Objekt bereits in einer anderen Applikation angelegt haben und keine ganze Datei einfügen möchten.

Um ein eingebettetes oder verknüpftes Objekt über die Zwischenablage in ein Arbeitsblatt einzufügen, gehen Sie wie folgt vor:

1. Öffnen Sie die Quell-Applikation mit dem Objekt.

2. Kopieren Sie das Objekt aus der Quell-Applikation in die Zwischenablage. In der Regel wählen Sie dazu im BEARBEITEN-Menü den Eintrag KOPIEREN, oder Sie drücken [Strg]+[C].

3. Klicken Sie im Mathcad-Arbeitsblatt dort, wo das Objekt plaziert werden soll.

4. Wählen Sie im BEARBEITEN-Menü von Mathcad den Eintrag EINFÜGEN oder INHALTE EINFÜGEN.

Wenn Sie EINFÜGEN verwenden, ist das Format des Objekts, das in Ihr Mathcad-Arbeitsblatt eingefügt wird, davon abhängig, welche Quell-Applikation es in die Zwischenablage kopiert hat. Das Verhalten unterscheidet sich dahingehend, ob Sie einen mathematischen Platzhalter ausgewählt haben oder ob Sie das Objekt an eine freie Stelle auf dem Arbeitsblatt einfügen. Mathcad erzeugt eines der folgenden Objekte:

- Eine *Matrix*, falls Sie numerische Daten aus der Zwischenablage in einen leeren mathematischen Platzhalter einfügen.

- Einen *Textbereich*, wenn Sie Text einfügen, der nicht nur aus numerischen Daten besteht.

- Eine *Bitmap* oder ein *Bild* (*Metadatei*), falls die Originalapplikation Grafiken erzeugt.

- Ein *eingebettetes Objekt*, wenn die Originalapplikation OLE unterstützt.

Wenn Sie INHALTE EINFÜGEN verwenden, haben Sie die Möglichkeit, das Objekt in einem der in der Zwischenablage vorliegenden Formate einzufügen. In der Regel fügen Sie das Objekt als eingebettetes oder verknüpftes OLE-Objekt ein (falls das Objekt in einer OLE-kompatiblen Quell-Applikation als Datei abgelegt wurde), als Bild (Metadatei) oder als Bitmap. Weitere Informationen über das Einfügen von Metadateien und Bitmaps finden Sie auf Seite 101.

Drag&Drop, um Objekte in ein Arbeitsblatt einzufügen

Eine dritte Möglichkeit, ein OLE-Objekt in ein Mathcad-Arbeitsblatt einzufügen, ist Drag&Drop von der Quell-Applikation in das Arbeitsblatt. Das ist dem Kopieren und Einfügen ganz ähnlich, aber Sie können damit nicht immer eine Verknüpfung mit einem Objekt anlegen. Für das Drag&Drop öffnen Sie sowohl Mathcad als auch die Quell-Applikation und zeigen die beiden Fenster nebeneinander auf dem Bildschirm an. Wählen Sie das Objekt in der Quell-Applikation aus, und ziehen Sie es mit Hilfe der Maus auf Ihr Mathcad-Arbeitsblatt. Das Objekt erscheint, sobald Sie die Maustaste loslassen.

Ein Objekt bearbeiten

Um ein in ein Mathcad-Arbeitsblatt eingebettetes Objekt zu bearbeiten, doppelklicken Sie auf das Objekt. Die Menüs und Symbolleisten der Quell-Applikation werden in Mathcad angezeigt, und das Objekt wird mit einem schraffierten Rahmen gekennzeichnet, in dem Sie es bearbeiten können. Dieser OLE-Mechanismus zur Bearbeitung wird auch als *Inplace-Aktivierung* bezeichnet. Beispielsweise können Sie diese Inplace-Aktivierung verwenden, um in Mathcad Objekte zu bearbeiten, die in Microsoft-Office-Applikationen angelegt wurden, beispielsweise in Excel oder Word.

Wenn die Quell-Applikation die Inplace-Aktivierung in Mathcad nicht unterstützt oder wenn das Objekt verknüpft ist, entsteht ein anderes Verhalten. Bei einem eingebetteten Objekt wird eine Kopie des Objekts in der anderen Applikation eingefügt. Ist das Objekt verknüpft, öffnet die Quell-Applikation die Datei mit dem Objekt.

Eine Verknüpfung bearbeiten

Wenn Sie ein verknüpftes Objekt in ein Mathcad-Arbeitsblatt eingebettet haben, können Sie die Verknüpfung aktualisieren, entfernen oder die Quelldatei, mit der das Objekt verknüpft ist, ändern. Dazu wählen Sie im BEARBEITEN-Menü den Eintrag VERKNÜPFUNGEN.

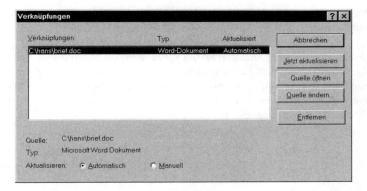

Wählen Sie aus der Liste die Verknüpfung aus, die Sie bearbeiten möchten. Es gibt mehrere Möglichkeiten, Änderungen vorzunehmen.

Online-Hilfe Weitere Informationen zu den Optionen im Dialogfeld finden Sie in der Online-Hilfe unter »Verknüpfungen Dialogfeld«.

Einfügen von verknüpften Grafiken in Ihr Arbeitsblatt

Wenn Sie eine Zeichnung oder Grafik einfügen möchten, die mit Ihrem Mathcad-Arbeitsblatt verknüpft ist, können Sie eine *Komponente* einfügen. Eine Komponente ist ein spezielles OLE-Objekt. Im Gegensatz zu anderen OLE-Objekten, die Sie in ein Arbeitsblatt einfügen können, wie im Abschnitt »Objekte einfügen« beschrieben, kann ein Komponent Daten von Mathcad empfangen und an Mathcad senden, oder beides, indem er das Objekt dynamisch mit Ihren Mathcad-Berechnungen verknüpft.

Mit der SmartSketch-Komponente beispielsweise können Sie SmartSketch-Zeichnungen einfügen, deren Dimensionen als Berechnungen mit Ihren Mathcad-Kalkulationen verknüpft sind.

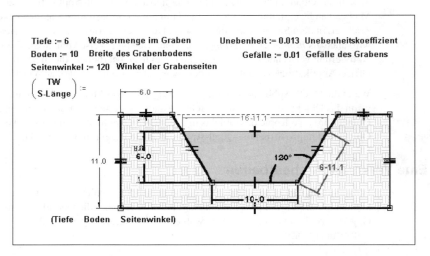

Abbildung 6.1: Einfügen in ein Mathcad-Arbeitsblatt durch die SmartSketch-Komponente

Abbildung 6.1 zeigt ein Beispiel für die Verwendung der SmartSketch-Komponente. Neben den SmartSketch-Komponenten verfügt Mathcad über andere Komponenten zum Datenaustausch in Applikationen wie Excel, Axum oder MATLAB. Weitere Informationen zu diesen und anderen Komponenten finden Sie in Kapitel 16, »Komplexe Berechnungen«.

Kapitel 7
Verwaltung von Arbeitsblättern

Arbeitsblätter und Vorlagen

Neuanordnen Ihres Arbeitsblatts

Layout

Sperren von Bereichen auf einem Arbeitsblatt

Hyperlinks

Erstellen eines elektronischen Buchs

Drucken und Mail

Arbeitsblätter und Vorlagen

Wenn Sie Mathcad einsetzen und Ihre Arbeit für eine spätere Wiederverwendung speichern, legen Sie in der Regel ein Arbeitsblatt an, das Textbereiche, Rechenbereiche und Grafikbereiche enthält. Die Dateinamenerweiterung für Arbeitsblätter ist .MCD.

Beim Anlegen eines neuen Arbeitsblatts in Mathcad beginnen Sie zunächst mit dem Standardformat von Mathcad. Sie können aber auch eine *Vorlage* verwenden, die benutzerdefinierte Informationen für die Formatierung Ihres Arbeitsblatts enthält. Wenn Sie Ihr Arbeitsblatt aus einer Vorlage erstellen, werden alle Formatinformationen sowie Text-, Rechen- und Grafikbereiche aus der Vorlage auf das neue Arbeitsblatt kopiert. Das neue Arbeitsblatt erbt also das Erscheinungsbild sowie die Formatanweisungen der Vorlage, so daß Sie allen Ihren Arbeitsblättern dasselbe Aussehen geben können.

Mathcad beinhaltet zahlreiche vordefinierte Vorlagen, aus denen Sie Ihre neuen Mathcad-Arbeitsblätter erzeugen. Sie erweitern diese Vorlagen, indem Sie eigene Mathcad-Arbeitsblätter als Vorlagen speichern. Mathcad verwendet .MCT als Standarddateinamenerweiterung für Vorlagen.

Es gibt jedoch auch noch andere Optionen zum Speichern. Ein Arbeitsblatt kann im RTF-Format (Rich Text Format) gespeichert werden, so daß es von den meisten Textverarbeitungen geöffnet werden kann, oder im HTML-Format (Hypertext Mark-up Language), damit die Datei in einem Web-Browser angezeigt werden kann. Außerdem ist es möglich, Arbeitsblätter in Formaten abzulegen, die zu früheren Mathcad-Versionen kompatibel sind.

Ein neues Arbeitsblatt anlegen

Wenn Sie Mathcad neu öffnen oder in der Standard-Symbolleiste auf ▢ klicken, sehen Sie ein leeres Arbeitsblatt, das auf der Vorlage »Leeres Arbeitsblatt« (normal.mct) basiert. Hier geben Sie Gleichungen, Grafik, Text und Diagramme ein und formatieren sie. Die Arbeitsblattattribute können geändert werden, beispielsweise Seitenränder, Zahlenformate, Kopf- und Fußzeilen und Text- und Rechenformate. Das leere Arbeitsblatt ist nur eine der von Mathcad vordefinierten Vorlagen. Abhängig davon, welche Arbeitsblätter Sie anlegen, können Sie auch noch andere Vorlagen benutzen. Beispielsweise gibt es eine Vorlage für elektronische Bücher, für Berichte, für Datenblätter usw.

Um ein neues Arbeitsblatt anzulegen, das eine Vorlage benutzt, gehen Sie wie folgt vor:

1 Wählen Sie im DATEI-Menü den Eintrag NEU. Mathcad zeigt eine Liste der verfügbaren Arbeitsblattvorlagen an. Welche Vorlagen Ihnen genau zur Verfügung stehen, hängt von den Vorlagen ab, die Sie bereits erstellt haben.

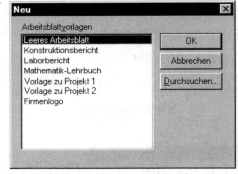

2. Wählen Sie eine andere Vorlage als LEERES ARBEITSBLATT aus. Standardmäßig zeigt Mathcad Vorlagen an, die im Ordner TEMPLATE abgelegt sind, und zwar in dem Verzeichnis, in dem Mathcad installiert wurde. Klicken Sie auf DURCHSUCHEN, um eine Vorlage in einem anderen Ordner oder auf einem anderen Laufwerk zu suchen.

3. Klicken Sie auf OK.

Ihr Arbeitsblatt speichern

Wenn Sie das Arbeitsblatt speichern möchten, wählen Sie SPEICHERN oder SPEICHERN UNTER aus dem DATEI-Menü und geben einen Dateinamen mit der Endung .MCD an. Wenn Sie das Arbeitsblatt wiederholt speichern, wählen Sie einfach SPEICHERN aus dem DATEI-Menü, oder klicken Sie in der Standard-Symbolleiste auf ▢, um das bereits gespeicherte Arbeitsblatt auf dem Datenträger zu aktualisieren.

Tip Um mit einem Arbeitsblatt zu arbeiten, das Sie zuvor abgelegt haben, wählen Sie im DATEI-Menü den Eintrag ÖFFNEN oder klicken in der Standard-Symbolleiste auf ▢. Mathcad fordert Sie im Dialogfeld ÖFFNEN auf, einen Dateinamen auszuwählen. Sie finden bzw. öffnen ein Mathcad-Arbeitsblatt in anderen Verzeichnissen oder Laufwerken auf die gleiche Weise wie Dateien in jeder anderen Windows-Applikation.

Unten im DATEI-Menü sehen Sie eine Liste der zuletzt verwendeten Arbeitsblätter, aus der Sie unmittelbar auswählen können, welche Datei bearbeitet werden soll.

Arbeitsblätter im RTF-Format ablegen

Um ein Arbeitsblatt zu speichern, so daß Sie es in einer Textverarbeitung öffnen können, die RTF-Dateien mit eingebetteten Grafiken lesen kann, gehen Sie wie folgt vor:

1. Blättern Sie in Ihrem Arbeitsblatt nach unten, um alle berechneten Ergebnisse zu aktualisieren.
2. Wählen Sie im DATEI-Menü den Eintrag SPEICHERN UNTER.
3. Wählen Sie im Dialogfeld SPEICHERN UNTER in der Dropdown-Liste DATEITYP den Eintrag RTF-DATEI.
4. Geben Sie einen Dateinamen ein, und klicken Sie auf SPEICHERN.

Wenn Sie eine RTF-Datei in einer Textverarbeitung öffnen, beispielsweise in Microsoft Word, sehen Sie alle Mathcad-Bereiche untereinander aufgelistet, da das RTF-Format die Mathcad-Formatierungen nur sehr begrenzt unterstützen kann. In der Textverarbeitung müssen Sie eventuell Textbereiche verschieben, damit diese wie in Ihrem Mathcad-Arbeitsblatt erscheinen. Nachdem Mathcad-Bereiche in eine Textverarbeitung geladen sind, können Sie den Text bearbeiten. Es ist jedoch nicht möglich, Rechenbereiche und Diagramme zu bearbeiten, die in Grafiken eingebettet worden sind. Wie Sie Mathcad-Arbeitsblätter oder Bereiche in ein Dokument einer Textverarbeitung einbetten, so daß Sie die Original-Arbeitsblätter bearbeiten können, finden Sie auf Seite 104 beschrieben.

Tip   Text wird in Mathcad mit der RTF-Spezifikation von Microsoft unterstützt. Das bedeutet, Sie können Text aus Textbereichen mit Hilfe der Zwischenablage in die meisten Textverarbeitungsprogramme exportieren. Selektieren Sie den betreffenden Textbereich in Mathcad, kopieren Sie den Text mit dem Befehl KOPIEREN aus dem BEARBEITEN-Menü oder mit [icon] auf der Standard-Symbolleiste in die Zwischenablage. Wählen Sie in Ihrer Textverarbeitung im BEARBEITEN-Menü den Eintrag EINFÜGEN.

Arbeitsblätter im HTML-Format speichern

Um ein Arbeitsblatt so zu speichern, daß ein Web-Browser es öffnen kann, gehen Sie wie folgt vor:

1. Gehen Sie an das Ende Ihres Arbeitsblatts, so daß alle Ergebnisse neu berechnet werden.
2. Wählen Sie im DATEI-Menü den Eintrag SPEICHERN UNTER.
3. Wählen Sie im Dialogfeld SPEICHERN UNTER im Dropdown-Listenfeld DATEITYP den Eintrag HTML-DATEI.
4. Geben Sie einen Dateinamen ein, und klicken Sie auf SPEICHERN.

Hinweis Wenn Sie ein Arbeitsblatt als HTML-Datei speichern, werden alle Bereiche, die keine Textbereiche sind, als einzelne JPEG-Dateien gespeichert. Wenn Ihr Arbeitsblatt viele solcher Bereiche enthält, sollten Sie das Arbeitsblatt in einem neuen Ordner abspeichern, um alle zu einem bestimmten Arbeitsblatt zusammengehörenden Dateien übersichtlicher verwalten zu können.

Arbeitsblätter in einem älteren Format speichern

Im allgemeinen können Arbeitsblätter aus früheren Mathcad-Versionen in der aktuellen Version geöffnet werden. Dateien, die in der aktuellen Mathcad-Version angelegt werden, können jedoch nicht in früheren Versionen geöffnet werden. Mathcad 2000 ermöglicht Ihnen jedoch, ein Arbeitsblatt im Format von Mathcad 8, Mathcad 7 oder Mathcad 6 abzulegen.

Hinweis Wenn Sie auf Ihrem Arbeitsblatt Funktionen oder Diagrammtypen einsetzen, die nur unter Mathcad 2000 zur Verfügung stehen, werden diese von früheren Versionen nicht erkannt. Bereiche oder Funktionen, die in älteren Versionen nicht funktionieren, werden als Bitmaps darge-stellt.

Um ein Arbeitsblatt in einem Format zu speichern, das von früheren Mathcad-Versionen gelesen werden kann, gehen Sie wie folgt vor:

1. Wählen Sie im DATEI-Menü den Eintrag SPEICHERN oder SPEICHERN UNTER.
2. Wählen Sie in der DATEITYP-Dropdown-Liste MATHCAD-8-ARBEITSBLATT, MATHCAD-7-ARBEITSBLATT oder MATHCAD-6-ARBEITSBLATT aus, und geben Sie einen Dateinamen ein.
3. Klicken Sie auf SPEICHERN. Eine Meldung erscheint, die Sie darauf hinweist, daß Sie bestimmte Funktionen nur in Mathcad 2000 ausführen können und daß diese in früheren Versionen nicht zur Verfügung stehen.

Neue Vorlagen anlegen

Sie können die Vorlagen auch durch eigene Dokumente ergänzen. Eine Vorlage, die Sie selbst anlegen, kann Gleichungen, Text und Grafik an beliebigen Stellen enthalten ebenso wie benutzerdefinierte Informationen in den Kopf- und Fußzeilen (siehe »Layout« auf Seite 118). Die Vorlage spezifiziert außerdem:

- Definitionen aller mathematischen Formate (Kapitel 4).
- Definitionen aller Textformate (Kapitel 5).
- Ränder für das Drucken (siehe Abschnitt »Layout« auf Seite 118).
- Numerische Ergebnisformate und Werte für die eingebauten Mathcad-Variablen (Kapitel 8).
- Namen für die Einheiten in Mathcad und das Standardmaßsystem (Kapitel 8).
- Den Standard-Berechnungsmodus (Kapitel 8).
- Sichtbarkeit des Lineals und des Maßsystems (im Abschnitt »Ausrichtung von Bereichen« auf Seite 114).

Um eine neue Vorlage anzulegen, erzeugen Sie zuerst ein neues Arbeitsblatt, wobei die oben aufgelisteten Optionen nach Bedarf realisiert werden. Das Arbeitsblatt kann beliebige Gleichungen, Text und Grafik enthalten – eben das, was auf der Vorlage erscheinen soll. Im nächsten Schritt legen Sie das Arbeitsblatt als Vorlage ab. Dazu gehen Sie wie folgt vor:

1. Wählen Sie im DATEI-Menü den Eintrag SPEICHERN UNTER.
2. Doppelklicken Sie im Dialogfeld SPEICHERN UNTER auf den Ordner TEMPLATE.
3. Wählen Sie in der DATEITYP-Dropdown-Liste MATHCAD-VORLAGEN.
4. Klicken Sie auf SPEICHERN.

Damit haben Sie dem Dialogfeld, das erscheint, wenn Sie im DATEI-Menü den Eintrag NEU wählen, Ihre neue Vorlage hinzugefügt. Um ein neues Arbeitsblatt anzulegen, das diese Vorlage verwendet, wählen Sie einfach im DATEI-Menü den Eintrag NEU und die Vorlage aus der Liste aus. Falls Sie Ihre Vorlage nicht im Ordner TEMPLATE abgelegt haben, wählen Sie den Pfad zur Datei mit Hilfe von DURCHSUCHEN aus.

Eine Vorlage abändern

Um eine existierende Vorlage abzuändern, gehen Sie wie folgt vor:

1. Wählen Sie im DATEI-Menü den Eintrag ÖFFNEN, oder klicken Sie in der Standard-Symbolleiste auf .
2. Wählen Sie in der DATEITYP-Dropdown-Liste ALLE DATEIEN aus.
3. Geben Sie den Namen der Vorlage in das Feld DATEINAME ein, oder suchen Sie die Vorlage. Arbeitsblatt-Vorlagen werden standardmäßig im Ordner TEMPLATE abgelegt.
4. Klicken Sie auf ÖFFNEN. Die Vorlage wird im Mathcad-Fenster geöffnet.

Die Vorlage kann abgeändert werden wie jedes beliebige Mathcad-Arbeitsblatt. Um Ihre Änderungen unter dem aktuellen Vorlagennamen zu speichern, wählen Sie im DATEI-Menü den Eintrag SPEICHERN, oder klicken Sie in der Standard-Symbolleiste auf . Wenn Sie der abgeänderten Vorlage einen neuen Namen zuweisen möchten, wählen Sie im DATEI-Menü den Eintrag SPEICHERN UNTER und geben einen entsprechenden Namen ein.

Tip Um die *Standardvorlage* für ein leeres Arbeitsblatt zu ändern, ändern Sie die Vorlagendatei NORMAL.MCT.

Hinweis Von der Änderung einer Vorlage sind nur die Dateien betroffen, die mit der geänderten Vorlage erzeugt werden. Auf Arbeitsblätter, die vor der Vorlagenänderung angelegt wurden, werden die Änderungen nicht angewendet. Diese Standardvorlage wird auch zum Öffnen von älteren Mathcaddokumenten, wie denen von Mathcad 6, verwendet.

Neuanordnung des Arbeitsblatts

Dieser Abschnitt beschreibt, wie mathematische Ausdrücke, Grafik und Text auf Ihren Arbeitsblättern neu angeordnet werden kann. Weitere Informationen über die grundsätzliche Vorgehensweise zum Selektieren, Kopieren, Verschieben und Löschen von Bereichen finden Sie auf Seite 27.

Hinweis	Mit Hilfe des Befehls ZOOM im ANSICHT-Menü oder durch Anklicken von VERGRÖSSE-RUNG auf der Standard-Menüleiste erhalten Sie eine Gesamtansicht Ihres Arbeitsblatts. Alternativ können Sie auch den Befehl SEITENANSICHT verwenden, der auf Seite 133 noch genauer beschrieben wird.

Ausrichtung von Bereichen

In Ihr Arbeitsblatt eingefügte Bereiche können horizontal und vertikal ausgerichtet werden. Hierfür können Sie Menü-Befehle oder das Arbeitsblatt-Lineal verwenden

Befehle.
Folgende Befehle dienen dem horizontalen bzw. vertikalen Ausrichten von Bereichen:

1. Wählen Sie den Bereich wie auf Seite 27 beschrieben aus.
2. Wählen Sie BEREICHE AUSRICHTEN⇒HORIZONTAL (für die horizontale ausrichtung) oder BEREICHE AUSRICHTEN⇒VERTIKAL (für die vertikale Ausrichtung) aus dem FORMAT-Menü. Sie können diese beiden Befehle auch durch Anklicken von [icon] und [icon] in der Standard-Symbolleiste ausführen.

Bei der Auswahl von BEREICHE AUSRICHTEN⇒VERTIKAL oder durch Anklicken von [icon] macht Mathcad folgendes:

- Mathcad zeichnet eine unsichtbare vertikale Linie in der Mitte zwischen der rechten Kante des ganz rechts ausgewählten Bereichs und der linken Kante des ganz links ausgewählten Bereichs.

- Alle rechts von dieser Linie selektierten Bereiche werden nach links verschoben, bis ihre linken Kanten damit bündig sind.

- Alle links von dieser Linie selektierten Bereiche werden nach rechts verschoben, bis ihre linken Kanten damit bündig sind.

Die Auswahl von BEREICHE AUSRICHTEN⇒HORIZONTAL oder das Anklicken von [icon] bewirkt fast dasselbe. Mathcad zeichnet eine unsichtbare horizontale Linie in der Mitte zwischen der oberen Kante des obersten Bereichs und der unteren Kante des untersten Bereichs. Selektierte Bereiche unterhalb und oberhalb dieser Linie werden nach oben bzw. unten verschoben, bis die Mittelpunkte ihrer linken Kanten genau auf der Linie liegen.

Hinweis Die Ausrichtung von Bereichen kann bewirken, daß sich diese überlappen. Mathcad warnt Sie, falls das passiert, aber Sie können die überlappenden Bereiche auch wieder trennen, wie im folgenden noch beschrieben wird.

Verwendung des Arbeitsblatt-Lineals

Wenn Sie aus dem ANSICHT-Menü den Eintrag LINEAL wählen, während sich der Cursor auf einer leeren Stelle oder in einem Math-Bereich befindet, wird das Lineal am oberen Rand des Fensters angezeigt. Sie können auf dem Lineal Feststellmarken setzen, um Bereiche nach bestimmten Maßen auszurichten.

So setzen Sie Feststellmarken auf dem Lineal:

1. Klicken Sie das Lineal dort an, wo eine Feststellmarke erscheinen soll. Unterhalb des Lineals erscheint ein entsprechendes Symbol.

2. Klicken Sie das Feststellmarken-Symbol mit der rechten Maustaste an, und wählen Sie FESTSTELLMARKE ANZEIGEN aus dem Kontextmenü. Es erscheint ein entsprechendes Symbol neben dem Befehl.

Die Feststellmarke wird als grüne vertikale Linie angezeigt. Wählen Sie Bereiche aus, und verschieben Sie diese an die Feststellmarke. Abbildung 7.1 beschreibt die Verwendung einer Feststellmarke bei der vertikalen Verschiebung eines Bereichs.

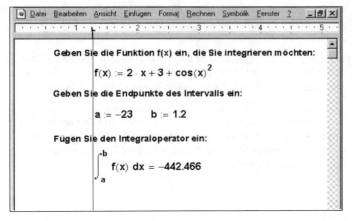

Abbildung 7.1: Verwendung einer Feststellmarke bei der vertikalen Verschiebung eines Bereichs

Hinweis Die auf dem Lineal festgelegten Tabstopps legen fest, wohin sich der Cursor bewegt, wenn Sie die Tabulator-Taste drücken. Um einen Tabstopp zu entfernen, klicken Sie auf das Symbol, halten die Maustaste gedrückt und ziehen die Markierung vom Lineal weg.

Um eine Feststellmarke zu entfernen, klicken Sie das Lineal mit der rechten Maustaste an der Feststellmarke an, und wählen Sie FESTSTELLMARKE ANZEIGEN aus dem Menü, damit die Feststellmarke deaktiviert wird.

Tip	Sie können das Maßsystem des Lineals ändern, indem Sie das Lineal mit der rechten Maustaste anklicken und ZOLL, ZENTIMETER, PUNKTE oder PICAS aus dem Kontextmenü wählen. Um das Maßsystem des Lineals für alle Dokumente zu ändern, speichern Sie diese Änderungen als Vorlage normal.mct ab.

Leerzeilen einfügen oder entfernen

Es ist ganz einfach, eine oder mehrere Leerzeilen in Ihr Arbeitsblatt einzufügen.

1. Klicken Sie auf die leere Zeile, unterhalb derer Sie eine oder mehrere Leerzeilen einfügen möchten. Der Cursor muß aussehen wie ein Fadenkreuz.

2. Drücken Sie [↵], um eine leere Zeile einzufügen, und verschieben Sie den Cursor auf den linken Rand. Machen Sie das so oft, wie Sie leere Zeilen einfügen möchten.

Um eine oder mehrere Leerzeilen aus Ihrem Arbeitsblatt zu entfernen, gehen Sie wie folgt vor:

1. Klicken Sie oberhalb der Leerzeilen, die gelöscht werden sollen. Der Cursor muß aussehen wie ein Fadenkreuz. Rechts oder links vom Cursor sollen sich keine Bereiche befinden.

2. Drücken Sie [Entf], solange Sie weitere Zeilen löschen möchten. Mathcad löscht leere Zeilen unterhalb des Cursors. Sie können auch alternativ [←] so oft drücken, wie Sie Zeilen entfernen möchten. Mathcad löscht leere Zeilen oberhalb des Cursors.

Wenn Sie [Entf] oder [←] drücken und scheinbar nichts passiert, prüfen Sie, ob sich der Cursor in einer Zeile befindet. Falls sich in der Zeile, die Sie löschen wollen, ein Bereich Ihres Arbeitsblatts befindet, löscht Mathcad die Zeile nicht.

Tip	Um eine bestimmte Anzahl Zeilen schnell aus Ihrem Arbeitsblatt zu löschen oder darin einzufügen, klicken Sie mit der rechten Maustaste auf einen leeren Bereich des Arbeitsblatts, wählen im Popup-Menü die Einträge ZEILEN EINFÜGEN oder ZEILEN LÖSCHEN und geben die Anzahl der Zeilen in das Dialogfeld ein.

Bereiche trennen

Nachdem Sie die Bereiche auf einem Mathcad-Arbeitsblatt verschoben und bearbeitet haben, überlappen diese sich möglicherweise. Überlappende Bereiche stören sich gegenseitig nicht bei Berechnungen, aber Ihr Arbeitsblatt wird dadurch schwer zu entziffern sein.

Am besten stellen Sie fest, welche Bereiche sich überlappen, indem Sie im ANSICHT-Menü den Eintrag BEREICHE wählen. Wie hier gezeigt, stellt Mathcad den freien Hintergrund

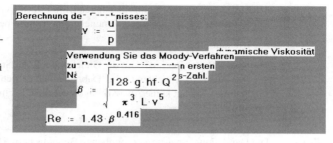

grau dar, während Bereiche in der normalen Hintergrundfarbe angezeigt werden. Um den leeren Platz ebenfalls wieder in der normalen Hintergrundfarbe anzuzeigen, wählen Sie erneut den Eintrag BEREICHE aus dem ANSICHT-Menü.

Um alle überlappenden Bereiche zu trennen, wählen Sie im FORMAT-Menü den Eintrag BEREICHE TRENNEN. Überall wo sich Bereiche überlappen, verschiebt dieser Befehl die Bereiche so, daß die Überlappungen verschwinden,

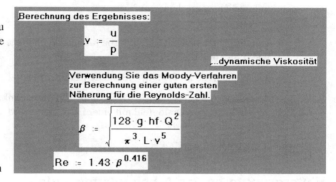

wobei aber die Reihenfolge der Berechnungen beibehalten wird, wie im oben angeführten Beispiel gezeigt.

Hinweis Seien Sie vorsichtig im Umgang mit dem Befehl BEREICHE TRENNEN, weil er nicht nur weitreichende Auswirkungen haben kann, sondern weil es außerdem nicht möglich ist, ihn rückgängig zu machen. Bereiche werden verschoben und die Reihenfolge der Kalkulation kann sich ändern. Als Alternative können Sie die Bereiche einzeln verschieben, mit ⏎ Zeilen einfügen und die Bereiche so anordnen, daß sie sich nicht mehr überlappen.

Bereiche hervorgehoben darstellen

Mathcad ermöglicht Ihnen, Bereiche so darzustellen, daß sie sich von allen anderen Bereichen und dem Text in Ihrem Arbeitsblatt abheben.

Um einen Bereich mit einer anderen Hintergrundfarbe darzustellen, gehen Sie wie folgt vor:

1. Klicken Sie in den Bereich, der hervorgehoben dargestellt werden soll.
2. Wählen Sie im FORMAT-Menü den Eintrag EIGENSCHAFTEN.
3. Klicken Sie auf die Registerkarte ANZEIGE.

4. Markieren Sie das Kontrollkästchen BEREICH HERVORHEBEN. Klicken Sie auf FARBE AUSWÄHLEN, um eine neue Hintergrundfarbe für den Bereich auszuwählen.

5. Klicken Sie auf OK.

Mathcad füllt das Rechteck um die Gleichung mit der Standard-Hintergrundfarbe oder der von Ihnen ausgesuchten Farbe. Dabei handelt es sich nur um eine verschönernde Maßnahme – sie hat keine Auswirkungen auf die Gleichung, außer daß sie mehr auffällt.

Hinweis Die Darstellung eines hervorgehobenen Bereichs beim Drucken hängt von den Fähigkeiten Ihres Druckers und der ausgewählten Farbe ab. Einige Schwarz/Weiß-Drucker stellen eine Farbe schwarz dar, so daß die Gleichung nicht mehr lesbar ist. Andere berechnen den entsprechenden Grauwert, um die Gleichung zu kennzeichnen, ohne sie unleserlich zu machen.

Um die Standard-Hintergrundfarbe für hervorgehobene Bereiche zu ändern, gehen Sie wie folgt vor:

1. Wählen Sie im FORMAT-Menü den Eintrag FARBE.

2. Klappen Sie das nächste Menü für diesen Menüpunkt auf, und wählen Sie HERVORHEBUNG. Ein Dialogfeld mit einer Farbpalette wird angezeigt. Klicken Sie auf die gewünschte Farbe.

3. Klicken Sie auf OK.

Hintergrundfarbe des Arbeitsblattes ändern

Sie können die Hintergrundfarbe Ihres Arbeitsblattes wie folgt ändern:

1. Wählen Sie im FORMAT-Menü den Eintrag FARBE.

2. Klappen Sie das nächste Menü für diesen Menüpunkt auf, und wählen Sie HINTERGRUND. Ein Dialogfeld mit einer Farbpalette wird angezeigt. Klicken Sie auf die gewünschte Farbe.

3. Klicken Sie auf OK.

Layout

Bevor Sie ein Arbeitsblatt ausdrucken, richten Sie die Ränder, Papieroptionen, Seitenumbrüche und Kopf- und Fußzeilen so aus, daß die Seiten des Arbeitsblatts korrekt dargestellt werden.

Ränder, Papiergröße, Zufuhr und Ausrichtung einstellen

Mathcad-Arbeitsblätter verwenden benutzerdefinierbare Ränder – links, rechts, oben und unten. Um diese Ränder zu setzen, wählen Sie im DATEI-Menü den Eintrag SEITE EINRICHTEN.

Verwenden Sie die vier Textfelder unten rechts im Dialogfeld, um die Abstände der Ränder zu den entsprechenden Papierrändern zu spezifizieren.

In diesem Dialogfeld können Sie auch die Papiergröße vorgeben, ebenso wie die Ausrichtung des Papiers. Weitere Informationen zum Drucken in Mathcad finden sie ab Seite 131.

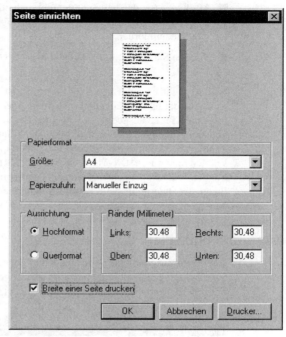

Tip Wenn Sie die Ränder und andere Seiteneigenschaften auch in anderen Arbeitsblättern verwenden möchten, speichern Sie das Arbeitsblatt als Vorlage, wie auf Seite 112 beschrieben.

Seitenumbrüche

Mathcad erlaubt zwei Arten von Seitenumbrüchen:

- *Weiche Seitenumbrüche*: Mathcad verwendet die Standardeinstellungen für Ihren Drucker und Ihre oberen und unteren Ränder, um diese Seitenumbrüche automatisch einzufügen. Sie werden als punktierte horizontale Linien angezeigt, die Sie sehen, wenn Sie in Ihrem Arbeitsblatt nach unten blättern. Weiche Seitenumbrüche können nicht entfernt und nicht hinzugefügt werden.

- *Harte Seitenumbrüche*: Harte Seitenumbrüche werden eingefügt, indem der Cursor an der entsprechenden Position auf dem Arbeitsblatt plaziert wird und Sie im EINFÜGEN-Menü den Eintrag SEITENUMBRUCH wählen. Harte Seitenumbrüche werden in Ihrem Arbeitsblatt als horizontale Linie dargestellt.

Wenn Mathcad Ihr Arbeitsblatt ausdruckt, wechselt es auf eine neue Seite, wenn es auf einen weichen oder einen harten Seitenumbruch trifft.

Um einen harten Seitenumbruch zu entfernen, gehen Sie wie folgt vor:

- Markieren Sie den harten Seitenumbruch mit der Maus so, wie Sie auch andere Bereiche auf Ihrem Arbeitsblatt markieren. Ein gestrichelter Rahmen erscheint um den Seitenumbruch.
- Wählen Sie im BEARBEITEN-Menü den Eintrag LÖSCHEN.

Tip Weil Mathcad eine WYSIWYG-Umgebung ist, werden alle Bereiche, die einen weichen oder harten Seitenumbruch überlappen, zerteilt und auf den zwei aufeinanderfolgenden Seiten ausgedruckt. Um einen Bereich von einem harten Seitenumbruch zu trennen, wählen Sie im FORMAT-Menü den Eintrag BEREICHE TRENNEN. Dieser Befehl trennt jedoch keine Bereiche von einem überlappenden weichen Seitenumbruch. Wählen Sie im FORMAT-Menü den Eintrag SEITEN JETZT NEU UMBRECHEN, um Mathcad zu zwingen, einen weichen Seitenumbruch oberhalb jedes Bereichs einzufügen, der andernfalls beim Ausdruck in mehrere Stücke zerteilt würde.

Kopf- und Fußzeilen

Um in jede ausgedruckte Seite eine Kopf- oder Fußzeile einzufügen, um für die erste Seite eine andere Kopf- oder Fußzeile anzuzeigen oder um eine existierende Kopf- oder Fußzeile zu bearbeiten, wählen Sie im FORMAT-Menü den Eintrag KOPF-/FUSSZEILEN. Das entsprechende Dialogfeld erscheint:

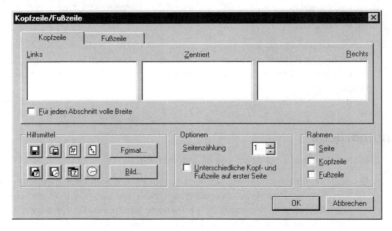

Um eine Kopf- oder Fußzeile einzufügen, gehen Sie wie folgt vor:

1. Klicken Sie auf die Registerkarte KOPFZEILE bzw. FUSSZEILE. Um für die erste Seite Ihres Arbeitsblatts eine andere Kopf- oder Fußzeile anzulegen, markieren Sie die Option UNTERSCHIEDLICHE KOPF- UND FUSSZEILEN AUF ERSTER SEITE und klicken auf die Registerkarte KOPFZEILE-SEITE 1 oder FUSSZEILE-SEITE 1.

2. Geben Sie die Information für die Kopf- oder Fußzeile in eines oder mehrere der Textfelder ein. Was Sie in die Textfelder LINKS, ZENTRIERT und RECHTS eingeben, erscheint auch auf der Seite in diesen Positionen. Klicken Sie in der Gruppe HILFS-

MITTEL auf FORMAT, um die Schrift, den Schriftschnitt, die Ausrichtung oder die Schriftgröße für die Kopf- oder Fußzeile zu ändern. Klicken Sie GANZE BREITE FÜR JEDEN ABSCHNITT, wenn Sie möchten, daß Text über die Textfelder hinausgeschrieben wird.

3. Klicken Sie auf die Schaltflächen der HILFSMITTEL-Gruppe, um den Dateinamen, die Seitennummer, die aktuelle Zeit oder das aktuelle Datum an die Position der Einfügemarke automatisch einzufügen. Um ein Bild einzufügen, klicken Sie in der HILFSMITTEL-Gruppe auf BILD und suchen dann nach der entsprechende Bitmap-Datei (.BMP-Format).

Tip Mathcad beginnt die Seitennumerierung standardmäßig mit 1. In der Gruppe OPTIONEN stellen Sie eine andere Seitennummer ein.

Gesicherte Bereiche auf einem Arbeitsblatt

Die Leichtigkeit, mit der Sie ein Mathcad-Arbeitsblatt ändern können, kann auch ein Problem darstellen. Es ist nur allzu leicht, ein Arbeitsblatt zu ändern und dabei Dinge zu tun, die nicht geschehen sollten. Wenn Sie beispielsweise eine ganze Reihe von Gleichungen entwickelt und sorgfältig getestet haben, sollten Sie andere Benutzer Ihres Arbeitsblatts daran hindern, damit herumzuspielen. Um unerwünschte Änderungen Ihres Arbeitsblatts zu verhindern, sichern Sie die betreffenden Bereiche auf Ihrem Arbeitsblatt, indem Sie sie sperren, damit sie zwar von Ihnen selbst, nicht aber von anderen bear-beitet werden können.

Pro In Mathcad Professional ist es möglich, Bereiche Ihres Arbeitsblatts zu sperren. Dazu gehen Sie wie folgt vor:

1. Erzeugen Sie auf Ihrem Arbeitsblatt eine *Region*, die alle zu sperrenden Bereiche enthält.

2. Plazieren Sie alle Bereiche, die Sie schützen möchten, in dieser Region.

3. Sperren Sie die Region. Optional können Sie ein Kennwort vorgeben oder die Region ausblenden.

Nachdem sich ein Bereich sicher innerhalb einer gesperrten Region befindet, kann ihn niemand mehr bearbeiten. Alle Rechenbereiche innerhalb einer gesperrten Region werden weiterhin berechnet, so daß sie andere Gleichungen im Dokument beeinflussen. Wenn Sie beispielsweise innerhalb einer gesperrten Region eine Funktion definieren, können Sie diese überall unterhalb und rechts von dieser Definition benutzen. Sie können jedoch die Definition der Funktion nicht ändern, es sei denn, Sie heben die Sperre für die Region auf.

Eine Region einfügen

Um eine sperrbare Region in Ihr Arbeitsblatt einzufügen, gehen Sie wie folgt vor:

1. Wählen Sie im EINFÜGEN-Menü den Eintrag REGION aus. Mathcad fügt ein Linienpaar in das Arbeitsblatt ein. Diese Linien markieren die Begrenzungen der sperrbaren Region.

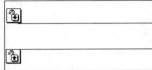

2. Wählen Sie eine dieser Begrenzungslinien so aus, wie Sie einen Bereich markieren: indem Sie die Maus über die Linie ziehen oder indem Sie die Linie anklicken.

3. Nachdem Sie die Begrenzungslinie markiert haben, verschieben Sie sie, so wie Sie auch Bereiche verschieben.

Sie sollten die Begrenzungslinien so positionieren, daß genügend Platz zwischen ihnen ist, um die zu sperrenden Bereiche aufzunehmen. Sie können beliebig viele sperrbare Regionen in Ihr Arbeitsblatt aufnehmen. Die einzige Einschränkung dabei ist, daß sperrbare Regionen nicht verschachtelt werden können.

Tip Um einer Region auf Ihrem Arbeitsblatt einen Namen zuzuweisen, klicken Sie auf die Begrenzungslinie, wählen im FORMAT-Menü den Eintrag EIGENSCHAFTEN und geben auf der Registerkarte REGION einen Namen ein. Die Registerkarte REGION ermöglicht Ihnen, auch andere Anzeigeattribute einer Region einzustellen, beispielsweise ob ein Rahmen oder ein Icon angezeigt werden sollen.

Eine Region sperren und ausblenden

Nachdem Sie die zu sperrenden Bereiche in Regionen abgelegt haben, sperren Sie die Region. Sie können eine Region mit einem Kennwort versehen, um zu verhindern, daß jemand sie ändert, der keine Berechtigung dazu hat. Außerdem können Sie die Region ausblenden, so daß die darin enthaltenen Bereiche nicht mehr angezeigt werden.

Um eine Region zu sperren, gehen Sie wie folgt vor:

1. Klicken Sie in die Region.

2. Wählen Sie im FORMAT-Menü den Eintrag REGION⇒SPERREN.

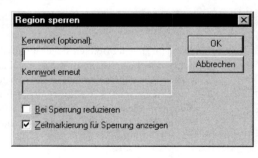

3. Geben Sie gegebenenfalls im Dialogfeld REGION SPERREN ein Kennwort ein, das aus einer beliebigen Kombination aus Buchstaben, Ziffern und anderen Zeichen besteht. Das Kennwort wird zur Bestätigung ein zweites Mal eingegeben.

4. Klicken Sie auf BEI SPERRUNG REDUZIEREN, um den gesperrten Bereich nicht anzuzeigen. Klicken Sie auf ZEITMARKIERUNG FÜR SPERRUNG ANZEIGEN, um oberhalb bzw. unterhalb der Begrenzungslinien das Datum und den Zeitpunkt anzuzeigen, zu dem die Region zuletzt gesperrt wurde.

5. Klicken Sie auf OK.

Jetzt ist die Region gesperrt. Standardmäßig werden am Rand Vorhängeschlösser und an den Begrenzungslinien die Zeitmarkierungen angezeigt.

Hinweis Wenn Sie eine Region durch ein Kennwort schützen, sollten Sie sich dieses Kennwort unbedingt merken. Wenn Sie es vergessen, sind Sie für immer aus dieser Region ausgesperrt. Beachten Sie, daß im Kennwort die Groß-/Kleinschreibung berücksichtigt wird.

Um einen Bereich auszublenden, ohne ihn zuvor zu sperren, gehen Sie wie folgt vor:

1. Klicken Sie auf den Bereich.
2. Wählen Sie im FORMAT-Menü den Eintrag BEREICH⇒AUSBLENDEN.

Ein ausgeblendeter Bereich erscheint als einzelne Zeile in Ihrem Arbeitsblatt.

Regionen freigeben und erweitern

Wenn Sie Änderungen in einem Bereich innerhalb einer gesperrten Region vornehmen möchten, müssen Sie die Sperre aufheben. Ist diese Region ausgeblendet, erweitern Sie sie.

Um die Sperre für eine gesperrte Region aufzuheben, gehen Sie wie folgt vor:

1. Klicken Sie in die Region, deren Sperre aufgehoben werden soll.
2. Wählen Sie im FORMAT-Menü den Eintrag REGION⇒FREIGEBEN.
3. Falls ein Kennwort angegeben wurde, werden Sie danach gefragt.

Um eine ausgeblendete Region zu expandieren, gehen Sie wie folgt vor:

1. Klicken Sie auf die Begrenzungslinie der Region.
2. Wählen Sie im FORMAT-Menü den Eintrag REGION⇒ERWEITERN.

Nachdem eine Region freigegeben und expandiert ist, können Sie dort beliebige Änderungen vornehmen.

Tip Wenn Sie eine Region ohne Kennwort sperren, kann jeder die Sperre aufheben, indem er einfach REGION⇒FREIGEBEN im FORMAT-Menü auswählt.

Eine Region löschen

Eine sperrbare Region wird so gelöscht wie jeder andere Bereich. Dazu gehen Sie wie folgt vor:

1. Stellen Sie sicher, daß die Region nicht gesperrt ist. Es ist nicht möglich, eine gesperrte Region zu löschen.

2. Markieren Sie eine der beiden Linien, die den Umfang der gesperrten Region anzeigen.

3. Wählen Sie im BEARBEITEN-Menü den Eintrag AUSSCHNEIDEN, oder klicken Sie in der Standard-Symbolleiste auf ✂.

Hyperlinks

Mathcad erlaubt es, sogenannte *Hyperlinks* anzulegen – d.h. auf den Mathcad-Arbeitsblättern werden »Hotspots« angelegt, die beim Doppelklicken neue Mathcad-Arbeitsblätter oder andere Dateien öffnen.

Hyperlinks zwischen Arbeitsblättern

Sie können in jedem Mathcad-Bereich – egal ob Textbereich oder grafisches Element – einen Hyperlink einfügen. Wenn Sie auf den Hyperlink doppelklicken, öffnet Mathcad das zugehörige Arbeitsblatt. Auf diese Weise gruppieren Sie Arbeitsblätter, die in irgendeiner Beziehung zueinander stehen, ähnlich den elektronischen Büchern in Mathcad. Sie können aber auch einfach einen Verweis auf ein anderes Mathcad-Arbeitsblatt im aktuellen Arbeitsblatt anlegen.

Es gibt zwei Möglichkeiten, das verknüpfte Arbeitsblatt anzuzeigen, wenn auf den Hyperlink doppelgeklickt wird:

- Das verknüpfte Arbeitsblatt kann in einem normal großen Mathcad-Arbeitsblattfenster geöffnet werden, das das aktuelle Fenster überdeckt und es Ihnen ermöglicht, seinen Inhalt zu bearbeiten.

- Das verknüpfte Arbeitsblatt kann in einem kleinen Popup-Fenster angezeigt werden, das einfach nur den Inhalt des Arbeitsblatts anzeigt, der aber nicht bearbeitet werden kann. Diese Art Hyperlink wird als *Popup* bezeichnet.

Mathcad kann Hyperlinks zu beliebigen Arbeitsblättern verfolgen, egal ob auf einem lokalen Laufwerk, einem Netzwerkdateisystem oder dem World Wide Web.

Um einen Hyperlink anzulegen, müssen Sie diesen zunächst spezifizieren, nämlich so:

- Selektieren Sie einen Textabschnitt oder

- Klicken Sie irgendwo in eine Gleichung oder einen Grafikbereich oder

- Plazieren Sie die Einfügemarke irgendwo innerhalb eines Textbereichs

Tip   Am besten sollten hierfür ein markierter Text oder eine eingebettete Grafik als Hyperlink auf ein anderes Arbeitsblatt verwendet werden, was die Übersicht und spätere Überarbeitung sehr erleichtert.

Im nächsten Schritt spezifizieren Sie das Ziel. Dazu gehen Sie wie folgt vor:

1. Wählen Sie im EINFÜGEN-Menü den Eintrag HYPERLINK. Mathcad öffnet das Dialogfeld HYPERLINK EINFÜGEN.

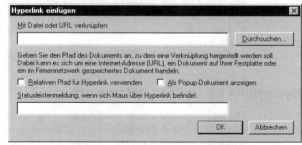

2. Klicken Sie auf DURCHSUCHEN, um das Ziel-Arbeitsblatt anzugeben. Alternativ können Sie auch den vollständigen Pfad zu einem Arbeitsblatt in das leere Textfeld oben im Dialogfeld eingeben, oder eine Internet-Adresse (URL), um einen Hyperlink zu einer Datei im World Wide Web anzulegen.

3. Klicken Sie auf RELATIVEN PFAD FÜR HYPERLINK VERWENDEN, um die Position des Ziel-Arbeitsblatts relativ zu dem Mathcad-Arbeitsblatt anzugeben, das den Hyperlink enthält. Damit bleibt der Hyperlink auch dann gültig, wenn Sie die Zieldatei oder das Arbeitsblatt mit dem Hyperlink verschieben, die relative Verzeichnisstruktur zwischen beiden jedoch gleich bleibt.

Hinweis   Um über RELATIVEN PFAD FÜR HYPERLINKS BENUTZEN verfügen zu können, müssen Sie zunächst Ihr Arbeitsblatt speichern, in dem Sie Hyperlinks einfügen möchten.

4. Markieren Sie ALS POPUP-DOKUMENT ANZEIGEN, wenn das Ziel-Arbeitsblatt in einem kleinen Popup-Fenster angezeigt werden soll.

5. Wenn Sie möchten, daß in der Statusleiste unten im Fenster eine Meldung erscheint, wenn sich die Maus über einen Hyperlink bewegt, geben Sie die Meldung in das Textfeld unten in diesem Dialogfeld ein.

6. Klicken Sie auf OK.

Wenn Sie auf einen Hyperlink doppelklicken, öffnet Mathcad das Ziel-Arbeitsblatt in einem Fenster (abhängig von Ihren Vorgaben in einem Popup- oder einem Vollbild-Fenster). Schließen Sie das Popup-Fenster, indem Sie auf die SCHLIESSEN-Schaltfläche rechts oben klicken.

Um Eigenschaften eines Hyperlinks zu ändern – beispielsweise wenn Sie das Ziel-Arbeitsblatt verschoben haben und der Hyperlink erhalten bleiben soll –, klicken Sie auf den Hyperlink und wählen im EINFÜGEN-Menü den Eintrag HYPERLINK. Nehmen Sie im Dialogfeld HYPERLINK EINFÜGEN beliebige Änderungen vor.

Um einen Hyperlink zu entfernen, klicken Sie auf den Hyperlink und wählen im EINFÜGEN-Menü den Eintrag HYPERLINK. Klicken Sie im Dialogfeld auf HYPERLINK LÖSCHEN. Mathcad entfernt alle Spuren der Verknüpfung.

Hinweis Wenn Sie in einem markierten Text einen Hyperlink einfügen, unterstreicht Mathcad diesen Text und stellt ihn fett dar, um auf die Existenz eines Hyperlinks hinzuweisen. Mathcad zeigt den Mauszeiger in Form einer Hand dar, wenn Sie ihn über einen Hyperlink bewegen. Meldungen, die Sie für den Hyperlink angegeben haben, werden unten im Fenster in der Statusleiste angezeigt, sobald der Cursor über den Hyperlink geschoben wird.

Hyperlinks für andere Dateien anlegen

Die im vorigen Abschnitt beschriebenen Methoden erzeugen nicht nur Hyperlinks von einem Mathcad-Arbeitsblatt zu einem anderen, sondern auch von einem Mathcad-Arbeitsblatt zu einer beliebigen Datei, egal ob auf einem lokalen Dateisystem, einem Netzwerk oder dem World Wide Web. Mit dieser Funktion können Sie elektronische Bücher, wie im Abschnitt »Erstellen eines elektronischen Buchs« beschrieben wird, oder zusammengesetzte Dokumente erzeugen, die nicht nur Mathcad-Arbeitsblätter enthalten, sondern auch Textdateien, Animationsdateien – und überhaupt jeden Dateityp, den Sie verwenden möchten.

Hinweis Wenn Sie auf einen Hyperlink doppelklicken, der zu einer anderen Datei als einem Mathcad-Arbeitsblatt führt, starten Sie entweder die Applikation, mit der die Datei erzeugt wurde, oder eine Applikation, die dem Dateityp in der Windows-Registrierungsdatenbank zugeordnet wurde.

Erstellen eines elektronischen Buchs

Wie bereits in Kapitel 3, »Online-Ressourcen«, erläutert, besteht ein elektronisches Buch aus Mathcad-Arbeitsblättern, die über Hyperlinks verknüpft sind. Wenn Sie ein elektronisches Buch in Mathcad öffnen, wird es in einem eigenem Fenster geöffnet. Ein elektronisches Buch verfügt über ein Inhaltsverzeichnis, einen Index und andere Browsing-Funktionen, auf die Sie im Fenster über die Schaltflächen der Menüleiste Zugriff haben. Der Anwender kann die Arbeitsblätter im elektronischen Buch direkt nutzen und bearbeiten.

Wenn Sie mehrere Mathcad-Arbeitsblätter besitzen und diese zu einer Sammlung zusammenstellen möchten, können Sie mit Hilfe von Mathcad Professional ein eigenes elektronisches Buch erstellen. Dieser einfache Vorgang erfordert folgende Schritte:

1. Erstellen individueller Mathcad-Dateien
2. Vorbereitung eines Inhaltsverzeichnisses
3. Hinzufügen von Hyperlinks zwischen geeigneten Dateien

4. Erstellen einer .HBK-Datei zur Festlegung der Reihenfolge der Dateien im Buch

5. Erstellen eines Index

Die einzelnen Schritte werden im folgenden näher erläutert, und die Entstehung eines Beispielbuchs, »Erforschung der Algebra«, wird beschrieben. Nachdem Sie ein elektronisches Buch erstellt haben, können Sie oder andere es in Mathcad öffnen und sich mit Hilfe der Schaltflächen der Menüleiste im Fenster darin bewegen.

Schritt 1: Erstellen von Mathcad-Dateien

Erstellen Sie die gewünschte Anzahl an Arbeitsblättern, die Sie in Ihr Buch einfügen möchten. Legen Sie alle Arbeitsblätter in einen für das elektronische Buch vorgesehenen Ordner.

Tip Wenn Sie Daten aus einer Datendatei in ein Arbeitsblatt einfügen möchten, sollten Sie eine Eingabetabelle einfügen und die Daten dorthin importieren. Dies garantiert die Lesbarkeit Ihres Buchs auch in Form einer CD oder Web-Site. Informationen zum Importieren von Daten in eine Eingabetabelle finden Sie in Kapitel 11 im Abschnitt »Datendatei importieren«.

Sie haben zum Beispiel die drei Arbeitsblätter FRACTIONS.MCD, PRIMES.MCD und SQUARE.MCD für das elektronische Buch »Erforschung der Algebra« erstellt.

Um eine einheitliche Form Ihrer Arbeitsblätter zu gewährleisten, können Sie Vorlagen und Textformate erstellen und verwenden. Weitere Informationen hierzu finden Sie im Abschnitt »Arbeitsblätter und Vorlagen« auf Seite 109 und im Abschnitt »Textformate« auf Seite 90.

Schritte 2 und 3: Vorbereiten eines Inhaltsverzeichnisses und Hinzufügen von Hyperlinks

Erstellen Sie eine Datei mit dem Namen CONTENTS.MCD, die alle in den Arbeitsblättern Ihres elektronischen Buchs erklärten Themen enthält. Stellen Sie dann Hyperlinks von dieser Themenliste zu den Arbeitsblättern her. Folgen Sie dabei den auf Seite 134 erläuterten Schritten zum Einfügen von Hyperlinks.

In dem Buch »Erforschung der Algebra« könnte die CONTENTS.MCD-Datei beispielsweise folgenden Text enthalten:

 Algebra-Explorationen

Kettenbrüche

Suchen nach Primzahlen

Näheres über Quadratzahlen

Sie würden dann Hyperlinks von »Bruch erhalten«, »Nach Primzahl suchen« und »Reise um das Quadrat« zu den entsprechenden Dateien FRACTIONS.MCD, PRIMES.MCD und SQUARE.MCD erstellen.

Mit Hilfe des Inhaltsverzeichnisses kann der Leser nach Belieben durch die einzelnen Abschnitte blättern.

Schritt 4: Erstellen einer HBK-Datei

Eine HBK-Datei erfüllt für das elektronische Buch dieselbe Funktion wie eine herkömmliche Buchbinderei: es legt die Reihenfolge der einzelnen Dateien im Buch fest, die der Leser durchsieht. Zum Erstellen einer HBK-Datei müssen Sie:

1. Einen Texteditor oder ein Textverarbeitungsprogramm verwenden

2. Am Beginn einer HBK-Datei die folgenden vier Schlüsselwörter angeben:
   .version 2000
   .title
   SPLASH
   TOC

Beachten Sie, daß SPLASH und TOC groß geschrieben werden müssen. In der zweiten Spalte dieser Zeilen folgt dann .title mit dem Titel des Buchs, dann SPLASH und TOC mit den Namen der Dateien, wie in Abb. 7.1 gezeigt. Verwenden Sie Tabstopps, um die Spalten zu trennen.

3. Geben Sie für jede Datei des Buchs eine Zeile mit drei Spalten ein. Verwenden Sie Tabstopps, um die Spalten zu trennen. Tragen Sie in der ersten Spalte den logischen Namen der Datei ein (Dateiname ohne Erweiterung), in der zweiten den Dateinamen und in der dritten einen Doppelpunkt (:), ein Leerzeichen und den Namen der Datei, die in der Titelleiste des Buchfensters erscheinen soll. Sehen Sie hierzu auch Abb.7.1.

4. Speichern Sie die Datei als Textdatei mit einer HBK-Erweiterung und unter demselben Namen wie der Ordner, der alle Mathcad-Arbeitsblätter Ihres Buchs enthält. Wenn der ALGEBRA-Ordner alle Arbeitsblätter zum Thema »Erforschung der Algebra« enthält, speichern Sie diese HBK-Datei als ALGEBRA.HBK-Datei.

5. Suchen Sie im Mathcad Professional-Ordner nach einen Unterordner mit dem Namen HANDBOOK. Wenn dieser noch nicht existieren sollte, erstellen Sie ihn jetzt.

6. Legen Sie die HBK-Datei und den Ordner mit Ihren Arbeitsbättern in den HANDBOOK-Ordner ab. Legen Sie beispielsweise die Datei ALGEBRA.HBK und den ALGEBRA-Ordner in den HANDBOOK-Ordner ab.

Tip   Sie können eine HBK-Datei mit einem Texteditor oder einem Textverarbeitungsprogramm erstellen. Stellen Sie sicher, daß die HBK-Datei als Textdatei gespeichert wird.

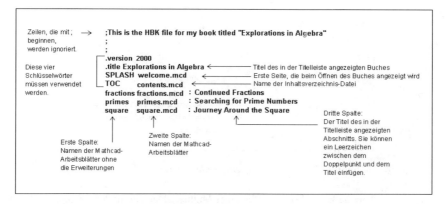

Abbildung 7.2: Beispiel für eine HBK-Datei

Tips zum Erstellen einer HBK-Datei:

- Begrenzen Sie die Dateinamen auf acht Buchstaben, um Netzwerk-Probleme zu verhindern, die beim Lesen langer Dateinamen auftreten können.

- Kürzen Sie lange Dateinamen so ab, daß sie nicht abgeschnitten werden, sobald sie am oberen Rand des Fensters erscheinen. Betrachten Sie diese als Kolumnentitel oder als Kopfzeile, die am Kopf der Seite erscheinen.

- Geben Sie keine Leerzeichen in der HBK-Datei ein.

- Die HBK-Datei muß keine Dateien auflisten, deren Hyperlinks eher als Popup erscheinen anstatt zu verzweigen oder deren Verknüpfung aus Unterverzeichnissen stammen.

- Zeilen, die mit einem Semikolon beginnen, werden übergangen und dienen als reine Kommentarzeilen.

Schritt 5 (optional): Erstellen eines Suchindex

Wie der Verfasser eines gedruckten Buchs, können auch Sie einen Index für Ihr elektronisches Buch erstellen. Wenn Sie aus dem HILFE-Menü INFORMATIONSZENTRUM wählen und die ![icon]-Schaltfläche anklicken, können Sie einen Beispiel-Suchindex sehen.

Hinweis Zum Erstellen eines Suchindex können Sie eine DOS-Utility namens NEWDICT.EXE zu Hilfe nehmen, die sich in Ihrem Mathcad-Verzeichnis befindet. Das Erstellen eines Index setzt einen sicheren Umgang mit DOS voraus.

So erstellen Sie einen Suchindex:

1. Erstellen Sie eine Text-Datei mit einem beliebigen Namen und der Erweiterung .TXT.

2. Geben Sie Einträge in die Textdatei ein. Für das Buch »Erforschung der Algebra« könnten Sie zum Beispiel die in Abbildung 7.2 gezeigten Einträge eingeben. Jede Zeile enthält einen Eintrag, eine Bereichsnummer in | |-Zeichen und einen Dateinamen.

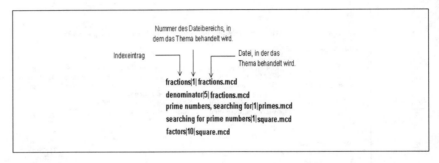

Abbildung 7.3: Beispiel für eine Index-Datei

Um die Bereichsnummer in einer Mathcad-Datei zu finden, öffnen Sie die Datei in Mathcad, klicken in diesen Bereich und drücken [Strg]+[⇧]+[L]. In der Statusleiste am unteren Rand des Mathcad-Fensters erscheint eine Meldung, wie etwa »Bereichs-stufe 3, Bereichsnummer 2«. In diesem Beispiel gibt Bereichsnummer 2 die Anzahl der Bereiche an.

Tip Wenn Sie für einen Begriff ungebräuchliche Ausdrücke verwenden, möchten Sie vielleicht gebräuchlichere Ausdrücke einfügen, nach denen der Leser wahrscheinlich sucht. Jeder zusätzliche Eintrag macht den Index hilfreicher für den Leser. Auch das Nennen von Begriffen an mehreren Stellen ist eine große Hilfe. Das Thema »Primzahlen« kann beispielsweise unter den Indexeinträgen »Zahlen, Prim-« und »Primzahlen« eingetragen werden.

Vor einer weiteren Bearbeitung sollte der Index alphabetisch geordnet werden. Sie können dies manuell selber durchführen oder mit einer Anwendung wie z.B. Microsoft Word.

3. Legen Sie die folgenden Dateien in den HANDBOOK-Ordner:

- NEWDICT.EXE (Index-Utility im Mathcad-Ordner)
- die TXT-Datei
- die HBK-Datei

4. Wechseln Sie im MSDOS- oder Eingabeaufforderungs-Modus zum HANDBOOK-Ordner, und geben Sie ein:

newdict index.txt book.hbk.

Bei einem Fehler in der Index-Datei stoppt NEWDICT.EXE die Ausführung und gibt die Zeile an, in der der Fehler aufgetreten ist. Überprüfen und korrigieren Sie den Fehler in der TXT- oder der HBK-Datei, und führen Sie NEWDICT.EXE aus, bis es ohne Fehlermeldung läuft.

Hinweis Fehler werden bei Leerzeichen im Index oder in der HBK-Datei gemeldet. Fehler entstehen auch durch mangelnde Übereinstimmung der Dateinamen in den Index- und den HBK-Dateien oder durch fehlende Dateinamen.

5. Bei diesem Vorgang entstehen zwei Dateien: OUT.DCT und OUT.RFS. Benennen Sie diese entsprechend den Namen der HBK-Datei und dem Ordner für Ihr elektronisches Buch um. Wenn Sie beispielsweise ein Ordner ALGEBRA und eine HBK-Datei ALGEBRA.HBK vorliegen haben, benennen Sie die Dateien in ALGEBRA.DCT und ALGEBRA.RFS um.

6. Legen Sie die DCT- und RFS-Dateien in Ihren Ordner »Elektronisches Buch«, beispielsweise in den Ordner ALGEBRA.

Hinweis Wenn Sie Änderungen an den Dateien im elektronischen Buch vornehmen, die die Position oder die Anzahl der Bereiche betreffen oder die HBK-Dateien verändern, müssen Sie einen komplett neuen Index erstellen.

Weitere Informationen zum Erstellen eines elektronischen Buchs finden Sie im Informationszentrum oder unter der FTP-Seite von Mathcad: `ftp://ftp.mathsoft.com/pub/author`.

Öffnen des elektronischen Buchs
So öffnen Sie das elektronische Buch:

1. Starten Sie Mathcad, und wählen Sie aus dem HILFE-Menü den Eintrag BUCH ÖFFNEN.

2. Gehen Sie zu Ihrer HBK-Datei, und klicken Sie diese an.

3. Klicken Sie auf ÖFFNEN.

Das Fenster Ihres elektronischen Buchs wird geöffnet. Benutzen Sie die Schaltflächen der am oberen Rand des Fensters angezeigten Symbolleiste. Klicken Sie zum Beispiel auf ⌂, um zum Inhaltsverzeichnis zu gehen oder auf 🔍, um den Suchindex zu öffnen. Weitere Informationen zum elektronischen Buch und zu Navigationshilfen finden Sie in Kapitel 3, »Online-Ressourcen«.

Drucken und Mail

Um ein Mathcad-Arbeitsblatt auszudrucken, wählen Sie im DATEI-Menü den Eintrag DRUCKEN. Im Dialogfeld DRUCKEN bestimmen Sie, ob Sie das gesamte Arbeitsblatt drucken, bestimmte Seiten oder markierte Bereiche; auf welchem Drucker gedruckt werden soll; und wie viele Kopien gedruckt werden sollen. Die Darstellung des Dialogfelds ist abhängig davon, welchen Drucker Sie installiert haben. Ein typisches DRUCKEN-Dialogfeld könnte folgendermaßen aussehen:

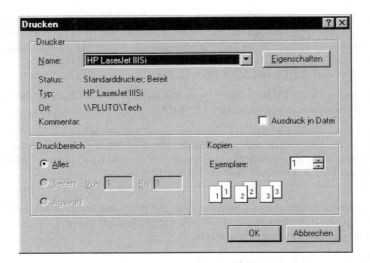

Breite Arbeitsblätter drucken

Mathcad-Arbeitsblätter sind zum Teil breiter als ein Blatt Papier, weil Sie auf einem Mathcad-Arbeitsblatt so weit nach rechts scrollen können, wie es für Gleichungen, Text und Grafik erforderlich ist. Wenn Sie horizontal scrollen, sehen Sie gestrichelte vertikale Linien, die die rechten Ränder der folgenden »Seiten« darstellen und die den Einstellungen für Ihren Drucker entsprechen. Die Abschnitte auf den Arbeitsblättern, die durch die gestrichelten vertikalen Linien getrennt werden, werden auf separaten Blättern ausgedruckt, aber die Seitennummer unten im Mathcad-Fenster ändert sich nicht, während Sie nach rechts scrollen.

Sie können sich das Arbeitsblatt in vertikale Streifen zerteilt vorstellen. Mathcad beginnt den Ausdruck am Anfang eines Streifens und druckt weiter, bis es den letzten Bereich auf diesem Streifen erreicht hat. Anschließend druckt es alle von links nach rechts folgenden Streifen. Beachten Sie, daß bestimmte Layouts eine oder mehrere leere Seiten erzeugen.

Tip   Sie können steuern, ob ein breites Arbeitsblatt als Einzelseite oder in normaler Seitenbreite ausgedruckt werden soll. Dazu wählen Sie im DATEI-Menü den Eintrag SEITE EINRICHTEN. Um nicht über den rechten Rand hinaus zu drucken, markieren Sie das Kontrollkästchen BREITE EINER SEITE DRUCKEN.

Es ist möglich, einen Seitenbereich aus Ihrem Arbeitsblatt zu drucken. Die Seitennummern im Dialogfeld DRUCKEN beziehen sich nur auf horizontale Unterteilungen. Wenn Ihr Arbeitsblatt aussieht wie das oben gezeigte, und Sie Mathcad auffordern, Seite 2 zu drucken, werden zwei Blätter ausgedruckt, die den beiden unteren Vierteln entsprechen.

Tip Mit Mathcad können Sie die Anzeige einiger Operatoren ändern, beispielsweise **:=**, fette Gleichheitszeichen, Ableitungsoperatoren und Multiplikationsoperatoren. Sie können die Anzeige dieser Operatoren vor dem Druck ändern, indem Sie OPTIONEN aus dem MATH-Menü wählen und auf die Registerkarte klicken. Dies macht Ihren Ausdruck übersichtlicher für diejenigen, die nicht mit Darstellungen in Mathcad vertraut sind.

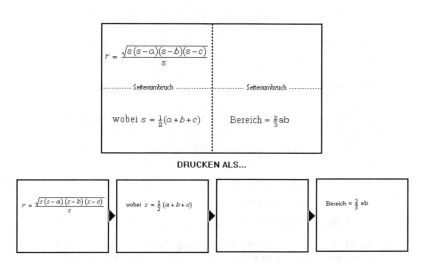

Seitenansicht

Um das Layout eines Arbeitsblatts zu überprüfen, bevor Sie es drucken, wählen Sie im DATEI-Menü den Eintrag SEITENANSICHT, oder klicken Sie in der Standard-Symbolleiste auf . Das Mathcad-Fenster zeigt den aktuellen Abschnitt Ihres Arbeitsblatts stark verkleinert an, nämlich so, wie er auf dem Ausdruck aussieht. Oben im Fenster werden verschiedene Schaltflächen angezeigt:

Um Ihr Arbeitsblatt von diesem Bildschirm aus auszudrucken, klicken Sie auf DRUCKEN. Klicken Sie auf SCHLIESSEN, um zurück zum Hauptbildschirm zu gelangen. Die weiteren Schaltflächen bieten Ihnen weitere Bearbeitungsmöglichkeiten der Seitenansicht an.

Tip Sie können das Arbeitsblatt mit dem ZOOM-Befehl vergrößern, aber auch, indem Sie den Cursor auf die Seitenansicht setzen, so daß er in Form einer Lupe angezeigt wird. Klicken Sie mit der Maus. Klicken Sie noch einmal, um Ihr Arbeitsblatt noch weiter zu vergrößern. Wenn Sie die maximale Größe erreicht haben, wird das Arbeitsblatt durch ein weiteres Klicken wieder verkleinert.

Hinweis Die aktuelle Seite kann in der Seitenansicht nicht bearbeitet werden. Um die Seite zu bearbeiten oder das Format zu ändern, gehen Sie zur Normalansicht des Arbeitsblatts zurück, indem Sie auf SCHLIESSEN klicken.

Mail

Wenn Sie an ein Mailsystem angeschlossen sind, das mit dem Mail-API (MAPI) von Microsoft kompatibel ist, können Sie Mathcad nutzen, um Ihr aktuelles Arbeitsblatt über dieses System als Mail zu versenden. Wenn Sie mit Mathcad ein Arbeitsblatt als E-Mail versenden, erhält der Empfänger es als Datei, die an eine normale E-Mail-Nachricht angefügt ist, vorausgesetzt, das Mailsystem des Empfängers verwendet dieselbe Codierung.

Tip Die Einstellungen in Ihrem Mailsystem bestimmen, wie Mathcad-Arbeitsblätter an eine Mail angefügt werden. Wir empfehlen Ihnen, eine Codierung wie MIME oder UUENCODE zu verwenden, um Mathcad-Arbeitsblätter an Mails anzufügen.

Um ein Mathcad-Arbeitsblatt als E-Mail zu versenden, gehen Sie wie folgt vor:

1. Öffnen Sie das Arbeitsblatt, das versendet werden soll.
2. Wählen Sie im DATEI-Menü den Eintrag SENDEN.

Ihr Mailsystem wird gestartet und erzeugt eine neue Mail, an die Ihr Arbeitsblatt angefügt wird. Geben Sie den Text für die Mail ein, ebenso die Empfängeradresse und andere Informationen, die Ihr Mailsystem unterstützt.

Teil 3

Programmierung

Kapitel 8
Berechnungen

Definition und Auswertung von Variablen

Definition und Auswertung von Funktionen

Einheiten und Dimensionen

Arbeiten mit Ergebnissen

Berechnungen steuern

Animation

Fehlermeldungen

Definition und Auswertung von Variablen

Wenn Sie einen Ausdruck in ein Arbeitsblatt eingeben, dann führen Sie einen der folgenden Schritte aus:

■ Sie geben einen Variablen- oder Funktionsnamen ein und weisen ihm einen Wert zu.

■ Sie geben eine Gleichung ein und fordern Mathcad auf, das Ergebnis zu berechnen.

Dieser und der folgende Abschnitt werden einen Überblick über diese Themen bieten. Weitere Informationen über die numerische Auswertung finden Sie auf Seite 139.

Variablendefinition

Eine Variablendefinition weist einer Variablen einen Wert zu, der überall unterhalb und rechts von dieser Definition auf dem Arbeitsblatt genutzt werden kann. Um eine Variable zu definieren, gehen Sie wie folgt vor:

1. Geben Sie den Namen der zu definierenden Variablen ein. Eine Beschreibung gültiger Variablennamen finden Sie in Kapitel 4.

2. Geben Sie einen Doppelpunkt (**:**) ein, oder klicken Sie in der Kalkulator-Symbolleiste auf . Das Definitionssymbol (**:=**) erscheint. Rechts davon wird ein leerer Platzhalter angezeigt.

3. Geben Sie einen Ausdruck ein, um die Definition zu vervollständigen. Dieser Ausdruck kann Zahlen sowie bereits definierte Variablen und Funktionen enthalten.

$$KE := \frac{1}{2} \cdot m \cdot v^2$$

Auf der linken Seiten des Zeichens »:=« können die folgenden Dinge stehen:

- Ein einfacher Variablenname, beispielsweise x.

- Ein Variablenname mit einer tiefgestellten Anmerkung, einem sogenannten Literal, wie in C_{tief}.

- Ein Variablenname mit Vektor-Index, beispielsweise v_i.

- Eine Matrix, deren Elemente aus den oben beschriebenen Komponenten bestehen können, beispielsweise $\begin{bmatrix} x \\ y_1 \end{bmatrix}$. Diese Technik erlaubt die Definition mehrerer Variablen in einem Schritt: Alle Elemente auf der rechten Seite werden den entsprechenden Elementen auf der linken Seite in einem einzigen Schritt zugeordnet.

- Ein Funktionsname mit einer Argumenteliste, die nur einfache Variablennamen enthält, beispielsweise $f(x, y, z)$. Weitere Informationen über Funktionsnamen finden Sie später in diesem Abschnitt.

- Einen Wert mit einem hochgestellten Index, beispielsweise $M^{(1)}$.

Eingebaute Variablen

Mathcad beinhaltet vordefinierte oder eingebaute Variablen. Vordefinierte Variablen haben entweder einen konventionellen Wert, wie beispielsweise π oder e, oder sie werden als Systemvariablen verwendet, die die Arbeitsweise von Mathcad kontrollieren. Eine Liste der in Mathcad eingebauten Variablen finden Sie im Abschnitt »Vordefinierte Variablen« auf Seite 386.

Hinweis Neben den hier beschriebenen eingebauten Variablen behandelt Mathcad die Namen aller eingebauten Einheiten ebenfalls als vordefinierte Variablen. Weitere Informationen finden Sie im Abschnitt »Einheiten und Dimensionen« auf Seite 148.

Die vordefinierten Variablen von Mathcad enthalten beim Programmstart zwar schon Werte, Sie können diese Werte jedoch abändern. Wenn Sie beispielsweise eine Variable e mit einem anderen als dem von Mathcad bereitgestellten Wert verwenden möchten, geben Sie eine neue Definition ein, etwa $e:=2$. Die Variable e hat nun im Arbeitsblatt unterhalb und rechts von der neuen Definition den Wert, der dort festgelegt wurde. Alternativ können Sie auch eine globale Definition für die Variable anlegen, wie im Abschnitt »Globale Definitionen« auf Seite 141 beschrieben.

Hinweis Die vordefinierten Variablen von Mathcad sind für alle Schriften, Größen und Formate definiert. Wenn Sie also e wie oben neu definieren, können Sie für den natürlichen Logarithmus immer noch z.B. **e** verwenden. Beachten Sie jedoch, daß dabei griechische Buchstaben nicht eingeschlossen sind.

Viele der in Mathcad eingebauten Variablen können verändert werden, ohne sie explizit in Ihrem Arbeitsblatt definieren zu müssen. Dazu wählen Sie im RECHNEN-Menü den Eintrag RECHENOPTIONEN und klicken auf die Registerkarte VORDEFINIERTE VARIABLEN. Dort geben Sie einen neuen Wert in das entsprechende Textfeld ein und klicken auf OK. Anschließend wählen Sie im RECHNEN-Menü den Eintrag ARBEITSBLATT BERECHNEN, um sicherzustellen, daß alle bereits existierenden Gleichungen die neuen Werte berücksichtigen.

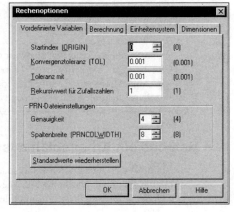

Die Zahlen in Klammern rechts von den Namen zeigen die Standardwerte für diese Variablen an. Um die Standardwerte für die vordefinierten Variablen wiederherzustellen, klicken Sie auf STANDARDWERTE WIEDERHERSTELLEN und dann auf OK.

Numerische Auswertung von Ausdrücken

Um einen Ausdruck numerisch auszuwerten, gehen Sie wie folgt vor:

1. Geben Sie einen Ausdruck mit einer gültigen Kombination aus Zahlen, Variablen und Funktionen ein. Alle in diesem Ausdruck enthaltenen Variablen oder Funktionen sollten auf dem Arbeitsblatt bereits definiert sein.

$$\frac{1}{2} \cdot m \cdot v^2|$$

2. Drücken Sie = oder klicken Sie in der Kalkulator-Symbolleiste auf = . Mathcad berechnet den Wert des Ausdrucks und zeigt ihn hinter dem Gleichheitszeichen an.

$$\frac{1}{2} \cdot m \cdot v^2| = 567.108$$

```
Bewegung mit konstanter Geschwindigkeit

t := 11.5

s := 100

v := s/t
                        v = 8.696

m := 15
                        m·v = 130.435

KE := 1/2·m·v²          1/2·m·v² = 567.108

                        KE = 567.108
```

Abbildung 8.1: Berechnungen aus einfachen Variablendefinitionen

Abbildung 8.1 zeigt einige Ergebnisse, die aus den oben gezeigten Variablendefinitionen berechnet wurden.

Tip Wenn Sie einen Ausdruck auswerten, zeigt Mathcad einen Platzhalter am Ende der Gleichung an. Mit Hilfe dieses Platzhalters wandeln Sie Einheiten um, wie im Abschnitt »Ergebnisse« auf Seite 152 noch beschrieben wird. Sobald Sie außerhalb des Bereichs klicken, verbirgt Mathcad diesen Platzhalter.

Wie Mathcad ein Arbeitsblatt auswertet

Mathcad wertet das Arbeitsblatt so aus, wie Sie es lesen: von links nach rechts und von oben nach unten. Das bedeutet, eine Variablen- oder Funktionsdefinition, die das Zeichen »:=« enthält, beeinflußt alles, was unterhalb und rechts davon steht.

Um die Bereiche auf Ihrem Arbeitsblatt besser zu erkennen, wählen Sie im ANSICHT-Menü den Eintrag BEREICHE. Mathcad zeigt den leeren Platz grau an, die Bereiche in der normalen Hintergrundfarbe.

Abbildung 8.2 zeigt Beispiele für die Plazierung von Gleichungen auf einem Arbeitsblatt und welche Auswirkung sie auf die Ergebnisse hat. In der ersten Gleichung sind sowohl x als auch y hervorgehoben dargestellt (Mathcad zeigt sie auf dem Bildschirm rot an), das bedeutet, sie sind nicht definiert. Die Definitionen für x und y folgen irgendwo unterhalb. Weil Mathcad das Arbeitsblatt von oben nach unten auswertet, kennt es die Werte von x und y nicht.

Die zweite Gleichung dagegen befindet sich unterhalb der Definitionen für x und y. Wenn Mathcad diese Gleichung auswertet, kennt es die Werte für x und y bereits.

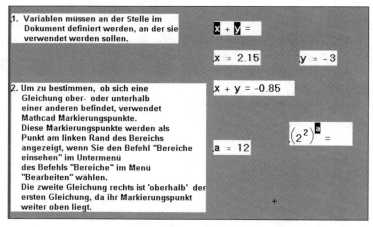

Abbildung 8.2: Mathcad wertet in einem Arbeitsblatt die Gleichungen von oben nach unten aus. Nicht definierte Variablen werden markiert.

Hinweis Eine Variable kann auf einem Arbeitsblatt mehrmals definiert werden. Mathcad verwendet einfach die erste Definition für alle Ausdrücke unterhalb der ersten und oberhalb der zweiten Definition. Für Ausdrücke unterhalb der zweiten und oberhalb der dritten Definition verwendet Mathcad die zweite Definition usw.

Globale Definitionen

Globale Definitionen verhalten sich genau wie lokale Definitionen, außer daß sie vor allen lokalen Definitionen ausgewertet werden. Wenn Sie eine globale Definition für Variablen oder Funktionen bereitstellen, stehen diese Werte in allen lokalen Definitionen Ihres Arbeitsblatts zur Verfügung, unabhängig davon, ob die lokale Definition oberhalb oder unterhalb der globalen Definition steht.

Um eine globale Definition einzugeben, gehen Sie wie folgt vor:

1. Geben Sie den Namen der Variablen oder der Funktion ein.

2. Drücken Sie die Tilde (~), oder klicken Sie in der Auswertungspalette auf . Das Symbol für die globale Definition erscheint.

3. Geben Sie einen Ausdruck ein. Der Ausdruck kann Zahlen oder global definierte Variablen und Funktionen enthalten.

Globale Definitionen können für Funktionen, indizierte Variablen und alles andere benutzt werden, für welche auch sonst das Symbol »:=« angewendet werden kann.

Mathcad wertet alle Definitionen – globale und andere – nach dem folgenden Algorithmus aus:

- Zuerst durchläuft Mathcad das gesamte Arbeitsblatt von oben nach unten. Dabei werden nur globale Definitionen ausgewertet.

- Anschließend durchläuft Mathcad das Arbeitsblatt ein zweites Mal von oben nach unten. Dabei werden alle Definitionen ausgewertet, die mit »:=« angelegt wurden, ebenso wie alle Gleichungen, die ein »=« oder »≡« enthalten. Beachten Sie, daß globale Definitionen bei diesem Durchlauf keine lokalen Definitionen verwenden.

Hinweis Eine globale Variablendefinition kann durch eine lokale Definition für denselben Variablennamen mit Hilfe des Definitionssymbols »:=« überschrieben werden.

Abbildung 8.3 zeigt die Ergebnisse einer globalen Definition für die Variable *R*, die unten in der Abbildung steht.

> **Beginnen Sie mit den folgenden Definitionen und Berechnungen:**
>
> $V := 1000 \qquad n := 3 \qquad T := 373$
>
> $P := \dfrac{n \cdot R \cdot T}{V} \qquad P = 0.092$
>
> **Ändern Sie nun die Definitionen von V und T:**
>
> $V := 500 \qquad T := 323$
>
> $P := \dfrac{n \cdot R \cdot T}{V} \qquad P = 0.159$
>
> **Da R global definiert ist, gilt die Definition für das gesamten Dokument:**
>
> $R \equiv .0820562$

Abbildung 8.3: Die Verwendung des Symbols für globale Definitionen

Globale Definitionen werden vor allen lokalen Definitionen ausgewertet, aber nach demselben System: von oben nach unten und von links nach rechts. Das bedeutet, wenn Sie eine Variable rechts von einem »≡«-Zeichen verwenden,

- muß diese Variable auch mit einem »≡« definiert worden sein, und
- die Variable muß oberhalb der Stelle definiert worden sein, wo Sie versuchen, sie zu verwenden.

Andernfalls wird die Variable rot markiert, d.h. sie ist nicht definiert.

Tip Sie sollten sich angewöhnen, für jede globale Variable nur eine Definition zu verwenden. Es ist zwar möglich, Variablen mit zwei verschiedenen globalen Definitionen zu verwenden, oder mit einer globalen und einer lokalen Definition, aber es kann sein, daß Ihr Arbeitsblatt dadurch für andere sehr schwer zu verstehen sein wird.

Bereichsvariablen

Iterative Prozesse auf Mathcad-Arbeitsblättern sind von *Bereichsvariablen* abhängig. Außer in der Definition ist eine Bereichsvariable einer konventionellen Variablen sehr ähnlich. Der Unterschied ist, daß eine konventionelle Variable nur einen Wert annehmen kann. Eine Bereichsvariable dagegen kann nacheinander einen ganzen Wertebereich annehmen. Beispielsweise könnten Sie eine Bereichsvariable von -4 bis 4 mit einer Schrittweite von 2 definieren. Wenn Sie diese Bereichsvariable jetzt in einem Ausdruck einsetzen, wertet Mathcad diesen Ausdruck fünfmal aus – einmal für jeden Wert der Bereichsvariablen.

Bereichsvariablen helfen Ihnen, Mathcad wirklich voll zu nutzen. Dieser Abschnitt beschreibt, wie Bereichsvariablen für die Iteration definiert und verwendet werden. Eine Beschreibung komplexerer iterativer Operationen, die mit Hilfe der programmierbaren Operatoren von Mathcad möglich sind, finden Sie in Kapitel 15.

Definition und Nutzung von Bereichsvariablen

Um eine Bereichsvariable zu definieren, geben Sie den Variablennamen gefolgt von einem Doppelpunkt und einem Wertebereich ein. Definieren Sie beispielsweise die Variable *j* mit einem Bereich von 0 bis 15 und einer Schrittweite von 1:

1. Geben Sie *j* ein, und drücken Sie den Doppelpunkt (:), oder klicken Sie in der Kalkulator-Symbolleiste auf ≔ . Der leere Platzhalter zeigt an, daß Mathcad eine Definition für *j* erwartet. Zu diesem Zeitpunkt weiß Mathcad noch nicht, ob *j* eine konventionelle oder eine Bereichsvariable ist.

2. Geben Sie **0** ein. Drücken Sie das Semikolon (;) oder klicken Sie in der Kalkulator-Symbolleiste auf m..n . Daran erkennt Mathcad, daß Sie eine Bereichsvariable definieren. Mathcad zeigt das Semikolon als zwei Punkte »..« an, die den Bereich kennzeichnen. Vervollständigen Sie die Definition der Bereichsvariable, indem Sie für den anderen Platzhalter **15** eingeben.

Diese Definition zeigt an, daß *j* jetzt die Werte 0, 1, 2, ..., 15 annimmt. Wie Sie eine Bereichsvariable mit einer anderen Schrittweite definieren, können Sie im Abschnitt »Bereichstypen« auf Seite 144 nachlesen.

Nachdem Sie eine Bereichsvariable definiert haben, nimmt sie *für jede Verwendung* den gesamten Wertebereich an. Verwenden Sie die Bereichsvariable beispielsweise in einer Gleichung, wertet Mathcad diese Gleichung für jeden Wert der Bereichsvariablen aus.

Sie definieren eine Bereichsvariable genau wie oben gezeigt. Sie brauchen:

- einen Variablennamen auf der linken Seite,
- »:=« oder »≡« in der Mitte und
- einen gültigen Bereich auf der rechten Seite.

Hinweis Es ist nicht möglich, eine andere Variable mit Hilfe einer Bereichsvariablen zu definieren. Wenn Sie beispielsweise *j* wie oben gezeigt definiert haben und jetzt $i := j + 1$ schreiben, nimmt Mathcad an, daß Sie einer skalaren Variablen eine Bereichsvariable zuweisen, und gibt die entsprechende Fehlermeldung aus.

Bereichsvariablen werden verwendet, um die Elemente eines Vektors oder einer Matrix mit Werten zu füllen, wobei Sie in diesem speziellen Fall aber nur ganzzahlige Werte für die Bereichsvariable vorsehen dürfen. Sie definieren die Vektorelemente, indem Sie eine Bereichsvariable als Index verwenden, Um beispielsweise x_j für jeden Wert von *j* zu definieren, gehen Sie wie folgt vor:

- Geben Sie **x[j:j^2[Leerzeichen]+1** ein.

$$x_j := j^2 + 1$$

Abbildung 8.4 zeigt den Vektor, den diese Gleichung erzeugt. Weil es sich bei *j* um eine Bereichsvariable handelt, wird die gesamte Gleichung für jeden Wert von *j* einmal ausgewertet. Damit werden x_j für jeden Wert zwischen 0 und 15 definiert.

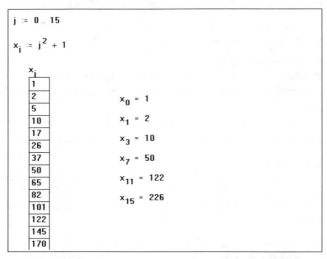

Abbildung 8.4: Mit Hilfe von Bereichsvariablen werden die Werte eines Vektors definiert.

Um zu verstehen, wie Mathcad mit Bereichsvariablen arbeitet, beachten Sie die folgende Faustregel:

Wenn Sie in einem Ausdruck eine Bereichsvariable verwenden, wertet Mathcad den Ausdruck für jeden Wert der Bereichsvariablen einmal aus.

Wenn Sie in einer Gleichung zwei oder mehr Bereichsvariablen verwenden, wertet Mathcad die Gleichung für jeden Wert jeder Bereichsvariablen einmal aus.

Tip   Mathcad braucht für die Berechnung mit Bereichsausdrücken länger, weil für jede Gleichung mehrere Berechnungen erforderlich sind. Während der Berechnung ändert Mathcad die Form seines Mauszeigers. Wie Sie eine Berechnung unterbrechen, erfahren Sie im Abschnitt »Berechnungen unterbrechen« auf Seite 162.

Bereichstypen

Die oben gezeigte Definition von *j* als Bereich von 0 bis 15 ist ein Beispiel für die Definition des einfachsten Bereichstyps. Mathcad erlaubt die Verwendung von Bereichsvariablen mit beliebigen Anfangs- und Endwerten und mit beliebigen Schrittweiten.

Um eine Bereichsvariable zu definieren, deren Schrittgröße nicht 1 ist, gehen Sie wie folgt vor:

```
k:1,1.1;2
```

In Ihrem Arbeitsblattfenster sehen Sie:

$$k := 1, 1.1 \ldots 2$$

In dieser Bereichsdefinition gilt:

- Die Variable k ist der Name der Bereichsvariablen.

- Die Zahl 1 ist der erste Wert, der von der Bereichsvariablen k angenommen wird.

- Die Zahl 1.1 ist der zweite Wert im Bereich. Beachten Sie, daß es sich dabei *nicht um die Schrittgröße* handelt. Die Schrittgröße in diesem Beispiel ist 0.1, also die Differenz zwischen 1.1 und 1. Wenn Sie das Komma und den Wert 1.1 nicht angeben, nimmt Mathcad eine geeignete Schrittgröße (nach unten oder oben) an.

- Die Zahl 2 ist der letzte Wert im Bereich. In diesem Beispiel wird in der Bereichsvariablen nach oben gezählt. Hätten Sie statt dessen $k := 10 \ldots 1$ definiert, würde von 10 bis 1 heruntergezählt. Wenn die dritte Zahl in der Bereichsdefinition kein Vielfaches des Inkrementschritts vom Anfangswert aus darstellt, wird der Bereich nicht überschritten. Wenn Sie beispielsweise $k := 10, 20 \ldots 65$ definieren, nimmt k die Werte 10, 20, 30, ..., 60 an.

Hinweis In Bereichsdefinitionen können beliebige skalare Ausdrücke verwendet werden. Dabei muß es sich jedoch immer um *reelle* Zahlen handeln. Beachten Sie, daß eine Bereichsvariable nicht als Vektor-Index verwendet werden kann, wenn sie in Bruchschritten inkrementiert wird, weil ein Index eine ganze Zahl sein muß.

Definition und Auswertung von Funktionen

Wie in Kapitel 10 beschrieben, bietet Mathcad zahlreiche vordefinierte Funktionen. Darüber hinaus ist es möglich, eigene Funktionen zu definieren.

Eine Funktion wird ähnlich wie eine Variable definiert. Der Name wird links angezeigt, in der Mitte ein Definitionssymbol und rechts ein Ausdruck. Der wichtigste Unterschied dabei ist, daß der Name eine Argumenteliste enthält. Das folgende Beispiel zeigt die Definition der Funktion *dist(x, y)*, die den Abstand zwischen dem Punkt (x, y) und dem Ursprung zurückgibt.

Um eine Funktionsdefinition einzugeben, gehen Sie wie folgt vor:

1. Geben Sie den Funktionsnamen ein.

   | dist |

2. Geben Sie eine öffnende Klammer gefolgt von einem oder mehreren durch Kommata voneinander getrennten Namen ein. Vervollständigen Sie die Argumenteliste mit einer schließenden Klammer.

   | dist(x , y) |

Hinweis   Es ist egal, ob die Namen in der Argumenteliste zuvor an anderer Stelle im Arbeitsblatt definiert oder verwendet wurden. Wichtig dabei ist, daß es sich bei den Argumenten um *Namen* handeln muß. Es dürfen keine komplizierteren Ausdrücke verwendet werden.

- Geben Sie den Doppelpunkt (**:**) ein, oder klicken Sie in der Kalkulator-Symbolleiste auf ≔ . Sie sehen das Definitionssymbol (**:=**).

    $dist(x, y) := \blacksquare$

- Geben Sie einen Ausdruck ein, der die Funktion definiert. In diesem Beispiel beinhaltet der Ausdruck nur die Namen der Argumenteliste. Im allgemeinen kann der Ausdruck jedoch auch alle zuvor definierten Funktionen und Variablen enthalten.

    $dist(x, y) := \sqrt{x^2 + y^2}$

Nachdem eine Funktion definiert ist, kann sie überall rechts und unterhalb ihrer Definition verwendet werden.

Bei der Auswertung eines Ausdrucks, der eine Funktion enthält, wie in Abbildung 8.5 gezeigt, geht Mathcad wie folgt vor:

1. Es wertet die Argumente aus, die Sie zwischen die Klammern schreiben.
2. Es ersetzt die Platzhalterargumente der Funktionsdefinition durch die Argumente, die Sie zwischen den Klammern angeben.
3. Es führt die Berechnungen aus, die in der Funktionsdefinition spezifiziert wurden.
4. Es gibt das Ergebnis als Funktionswert zurück.

Berechnung der Entfernunng zwischen Punkten

$x1 := 0$ $\quad$ $y1 := 1.5$

$x2 := 3$ $\quad$ $y2 := 4$

$x3 := -1$ $\quad$ $y3 := 1$ $\quad\quad\quad$ $dist(x, y) := \sqrt{x^2 + y^2}$

Berechnung der Entfernung vom Anfangspunkt

$dist(x1, y1) = 1.5$

$dist(x2, y2) = 5$

$dist(x3, y3) = 1.414$

Abbildung 8.5: Eine benutzerdefinierte Funktion, die den Abstand zum Ursprung berechnet

Hinweis   Wenn Sie, wie in Abbildung 8.5, nur den Namen einer Funktion ohne seine Argumente eingeben, wiederholt Mathcad lediglich den Begriff »Funktion«.

Die Argumente einer benutzerdefinierten Funktion können Skalare, Vektoren oder Matrizen repräsentieren. Sie könnten beispielsweise die Distanzfunktion als

$dist(v) := \sqrt{v_0^2 + v_1^2}$ definieren. Dies ist ein Beispiel für eine Funktion, die einen Vektor als Argument übernimmt und einen Skalar zurückgibt. Weitere Informationen finden Sie in Kapitel 11.

Hinweis In *benutzerdefinierten* Funktionsnamen wird die Schriftart und die Groß-/Kleinschreibung berücksichtigt. Die Funktion **F**(x) unterscheidet sich also von der Funktion (x) und die Funktion SIN(x) von der Funktion sin(x). Die *vordefinierten* Funktionen von Mathcad sind für alle Schriften (außer Symbol), Größen und Formate definiert. **sin**(x), *sin*(x) und **sin**(x) führen also alle dieselbe Funktion aus.

Variablen in benutzerdefinierten Funktionen

Bei der Definition einer Funktion brauchen Sie die Namen in der Argumenteliste nicht zu definieren, weil Sie Mathcad nur mitteilen, was es mit den Argumenten *tun soll*, und nicht, worum es sich dabei handelt. Bei der Definition einer Funktion braucht Mathcad nicht einmal zu wissen, welchen Typs die Argumente sind – ob es sich also um Skalare, Vektoren, Matrizen usw. handelt. Erst wenn Mathcad eine Funktion auswertet, muß es die Argumenttypen kennen.

Wenn Sie bei der Definition einer Funktion einen Variablennamen verwenden, der nicht in der Argumenteliste enthalten ist, müssen Sie den Variablennamen vor der Funktionsdefinition definieren. Der Wert dieser Funktion wird zum Zeitpunkt der Funktionsdefinition zu einem permanenten Bestandteil der Funktion, wie in Abbildung 8.6 verdeutlicht werden soll.

```
Verwendung von Variablen in benutzerspezifischen Funktionen:
        a := 2
        f( x ) := x^a
Der Wert von f ist abhängig von seinen Argumenten . . .
        f( 2 ) = 4                t := -4
        f( 3 ) = 9
                                  f( t ) = 16
        f(√5) = 5
. . . aber nicht von dem Wert von a.
                                  f( 2 ) = 4
        a := 3
                                  f( 2 ) = 4
        a := 5
                                  f( 2 ) = 4
Da a kein Argument von f ist, ist der Wert von f abhängig vom
Wert von a an der Stelle, an der f definiert wurde.
```

Abbildung 8.6: Der Wert einer benutzerdefinierten Funktion ist von ihren Argumenten abhängig.

Soll eine Funktion von dem Wert einer Variablen abhängig sein, nehmen Sie diese Variable als Argument auf. Andernfalls verwendet Mathcad den fixen Wert der Variablen an der Position im Arbeitsblatt, an der die Funktion definiert ist.

Rekursive Funktionsdefinitionen

Mathcad unterstützt *rekursive* Funktionsdefinitionen – Sie definieren damit den Wert einer Funktion basierend auf einem früheren Wert der Funktion. Wie in Abbildung 8.7 gezeigt, sind rekursive Funktionen praktisch, um beliebige periodische Funktionen zu definieren. Außerdem können Sie damit numerische Funktionen sehr elegant implementieren, beispielsweise die Fakultät.

In der Definition einer rekursiven Funktion sollten immer mindestens zwei Komponenten enthalten sein:

- Eine Ausgangsbedingung, die verhindert, daß die Rekursion endlos ausgeführt wird.
- Eine Definition der Funktion für einen Anfangswert.

Hinweis   Wenn Sie keine Ausgangsbedingung angeben, die die Rekursion begrenzt, erzeugt Mathcad die Fehlermeldung »Stapelüberlauf«, sobald Sie versuchen, die Funktion auszuwerten.

Pro   Die programmierbaren Operatoren von Mathcad Professional unterstützen die Rekursion ebenfalls. Beispiele dafür finden Sie im Abschnitt »Programme in Programmen« in Kapitel 15.

Einheiten und Dimensionen

Mathcad stellt einen vollständigen Satz Einheiten für Ihre Berechnungen zur Verfügung. Sie können diese Einheiten wie vordefinierte Variablen behandeln. Um einer Zahl oder einem Ausdruck eine Einheit hinzuzufügen, multiplizieren Sie sie bzw. ihn mit dem Namen der Einheit.

Mathcad erkennt die meisten Einheiten an ihren gebräuchlichen Abkürzungen. Eine Liste aller vordefinierten Einheiten in unterschiedlichen Einheitensystemen finden Sie in den Anhängen. Standardmäßig verwendet Mathcad für die *Ergebnisse* von Berechnungen die grundlegenden SI-Einheiten (aus dem internationale Einheitensystem), in Ihren Berechnungen können Sie jedoch beliebige Einheiten verwenden. Weitere Informationen über die Auswahl eines Einheitensystems für Ergebnisse finden Sie im Abschnitt »Einheiten für Ergebnisse« auf Seite 156.

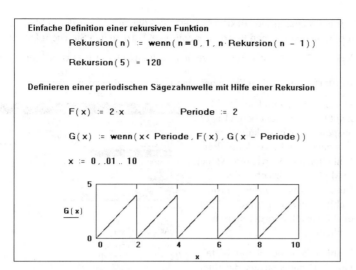

Abbildung 8.7: Mathcad erlaubt rekursive Funktionsdefinitionen.

Geben Sie beispielsweise die folgenden Ausdrücke ein:

```
mass:75*kg
bes:100*m/s^2
bes_g:9.8*m/s^2
F:mass*(bes + bes_g)
```

Abbildung 8.8 zeigt, wie diese Gleichungen auf einem Arbeitsblatt erscheinen.

```
Masse := 75 kg

bes := 100 · m/s²        bes_g := 9.8 · m/s²

F := Masse · (bes + bes_g)

F = 8.235·10³ · kg·m·s⁻²
```

Abbildung 8.8: Gleichungen mit Einheiten

Tip Wenn Sie eine Variable definieren, die aus einer Zahl unmittelbar gefolgt von einem Einheitennamen besteht, können Sie das Multiplikationssymbol weglassen. Mathcad fügt ein kleines Leerzeichen ein und nimmt eine implizite Multiplikation an. Betrachten Sie dazu beispielsweise die Massendefinition unten in Abbildung 8.8

Mit Hilfe des Dialogfelds EINHEIT EINFÜGEN können Sie eine der in Mathcad vordefinierten Einheiten in einen Platzhalter einfügen. Dazu gehen Sie wie folgt vor:

1. Klicken Sie auf den leeren Platzhalter, wählen Sie im EINFÜGEN-Menü den Eintrag EINHEIT, oder klicken Sie in der Standard-Symbolleiste auf .

2. Die Liste unten im Dialogfeld zeigt für die in der oberen Liste ausgewählten physikalischen Dimensionen die vordefinierten Einheiten ebenso wie ihre Namen in Mathcad. Wird oben der Eintrag »dimensionslos« ausgewählt, erscheint im unteren Feld eine Liste aller vordefinierten Einheiten.

3. Wählen Sie in der oberen Liste nur die Dimension aus, die einer bestimmten physikalischen Menge zuzuordnen ist. Dadurch wird es einfacher, eine geeignete Einheit dafür auszuwählen oder zu überblicken, welche Auswahlmöglichkeiten dafür zur Verfügung stehen.

4. Doppelklicken Sie in der unteren Liste auf die Einheit, die Sie einfügen möchten, oder klicken Sie auf die Einheit und wählen Sie EINFÜGEN. Mathcad fügt die Einheit in den leeren Platzhalter ein.

Hinweis Mathcad analysiert Dimensionen, indem es prüft, ob die Dimensionen des ausgewählten Ergebnisses mit einer der allgemeinen physischen Dimensionen des in der oberen Liste ausgewählten Werts übereinstimmt. Findet es eine Übereinstimmung, sehen Sie alle vordefinierten Einheiten, die der im oberen Feld angegebenen Dimension zugeordnet werden können. Gibt es keine Übereinstimmung, listet Mathcad einfach alle vordefinierten Einheiten im unteren Feld auf.

Überprüfung der Dimensionen

Immer wenn Sie einen Ausdruck eingeben, in dem Einheiten verwendet werden, prüft Mathcad die Dimensionskonsistenz. Wenn Sie Werte mit inkompatiblen Einheiten addieren oder subtrahieren oder andere Grundlagen der Dimensions-Analysis verletzen, zeigt Mathcad eine entsprechende Fehlermeldung an oder fügt in Ergebnissen eine entsprechende Korrektureinheit als weiteren Faktor ein.

Angenommen, Sie haben *bes* als 100 · *m/s* definiert, und nicht als 100 · *m/s²*. Weil *bes* in Einheiten der Geschwindigkeit angegeben wird und *bes_g* in Einheiten der Beschleunigung, können sie nicht addiert werden. Beim Versuch einer Addition zeigt Mathcad einen Fehler an.

Auch die folgenden Situationen erzeugen Fehler:

$$\text{Masse} := 75 \cdot kg$$

$$bes := 100 \cdot \frac{m}{s}$$

$$bes\_g := 9.8 \cdot \frac{m}{s^2}$$

$$F := \text{Masse} \cdot (bes + bes\_g)$$

Inkompatible Einheiten

- Eine fehlerhafte Einheitenumwandlung.
- Eine Variable mit der falschen Einheit.
- Einheiten in Exponenten oder Indizes (beispielsweise $v^{3 \cdot acre}$ oder $2^{3 \cdot ft}$).
- Einheiten als Argumente in Funktionen, bei denen das nicht sinnvoll ist (z. B. sin(0 ·*henry*)).

Tip Wenn Sie Einheiten zeitweise aus einem Argument, *x*, entfernen möchten, teilen Sie *x* durch *Einheiten von x (Units Of (x))*. Wenn beispielsweise *p* als 2 *ft* definiert ist, gibteinen Fehler an, aber

Definition eigener Einheiten

Mathcad erkennt die meisten gebräuchlichen Einheiten, aber es kann vorkommen, daß Sie auch eigene Einheiten definieren müssen, falls Mathcad sie nicht vordefiniert bereitstellt, oder falls Sie eine eigene Abkürzung für die Einheit bevorzugen.

Hinweis Mathcad beinhaltet zwar absolute Temperatureinheiten, nicht jedoch Fahrenheit und Celsius. Beispiele dafür, wie Sie diese Temperaturskalen definieren und die verschiedenen Werte konvertieren, finden Sie auf dem QuickSheet »Temperaturumwandlung« im Informationszentrum.

Sie definieren Ihre eigenen Einheiten basierend auf vordefinierten Einheiten so, wie Sie Variablen basierend auf bereits definierten Variablen definieren würden. Abbildung 8.9 zeigt, wie neue Einheiten und wie bereits existierende Einheiten neu definiert werden.

```
Å := 10⁻¹⁰·m      μs := 10⁻⁶·s         Definieren Sie Einheiten mit
                                        Grunddimensionen (L, T etc.)
woche := 7·day    kilo := 1·kg          oder mit vordefinierten
                                        Einheiten.

Die Ergebnisse werden standardmäßig entsprechend den
Grunddimensionen des derzeitigen Einheitensystems angezeigt; Sie
können jedoch andere kompatible Einheiten in die Ergebnisse einfügen.

Å = 1.000·10⁻¹⁰·m       woche = 6.048·10⁵·s

woche = 0.019·yr        μs = 1.667·10⁻⁸·min

kilo = 1.000·kg
```

Abbildung 8.9: Definition eigener Einheiten

Hinweis Weil sich Einheiten wie Variablen verhalten, können unerwartete Konflikte auftreten. Wenn Sie beispielsweise auf Ihrem Arbeitsblatt die Variable *m* definieren, können Sie die vordefinierte Einheit *m* für Meter unterhalb dieser Definition nicht mehr verwenden. Mathcad zeigt jedoch die Einheit *m* in allen Ergebnissen an, die Meter darstellen, wie im Abschnitt »Einheiten für Ergebnisse« auf Seite 156 beschrieben.

Ergebnisse

Ergebnisse formatieren

Die Art, wie Mathcad Zahlen anzeigt (die Anzahl der Dezimalstellen, ob *i* oder *j* für imaginäre Zahlen verwendet werden soll, usw.) wird auch als *Ergebnisformat* bezeichnet. Das Ergebnisformat wird für ein einzelnes Ergebnis oder für ein gesamtes Arbeitsblatt festgelegt.

Das Format eines einzelnen Ergebnisses festlegen

Wenn Sie in Mathcad Ergebnisse numerisch auswerten, werden diese auf dem Arbeitsblatt so formatiert, wie es im Ergebnisformat für das Arbeitsblatt festgelegt ist. Dieses Format kann für ein einzelnes Ergebnis abgeändert werden:

1. Klicken Sie in die Gleichung, deren Ergebnis formatiert werden soll.

$$\pi \cdot 10^5 = 3.142 \cdot 10^5$$

2. Wählen Sie im FORMAT-Menü den Eintrag ERGEBNIS aus. Alternativ können Sie auch auf die Gleichung doppelklicken. Das Dialogfeld ERGEBNISFORMAT wird angezeigt.

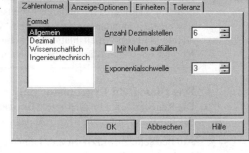

3. Ändern Sie die gewünschten Einstellungen. Weitere Informationen über die Einstellungen im Dialogfeld finden Sie in den folgenden Abschnitten. Um das Ergebnis mit sechs Dezimalstellen anzuzeigen, setzen Sie den Wert für DEZIMALSTELLEN von 3 auf 6.

4. Klicken Sie auf OK. Mathcad zeigt das Ergebnis im neuen Format an.

Um ein Ergebnis neu anzuzeigen, so daß es das Standardformat für das Arbeitsblatt verwendet, klicken Sie auf das Ergebnis, so daß es zwischen den beiden Bearbeitungslinien angezeigt wird, entfernen das Gleichheitszeichen und drücken dann =, um das Gleichheitszeichen wieder zu setzen. Das Ergebnis wird jetzt mit den Standardeinstellungen für das Arbeitsblatt angezeigt.

Hinweis Wenn das Format eines Ergebnisses geändert wird, ändert sich nur die Darstellung auf dem Arbeitsblatt. Mathcad verwendet intern weiterhin die volle Genauigkeit. Um eine Zahl so anzuzeigen, wie sie intern abgelegt ist, klicken Sie auf das Ergebnis, drücken [Strg]+[⇧]+[N] und lesen in der Meldungsleiste unten im Fenster die interne Zahlendarstellung ab. Wenn Sie ein Ergebnis dagegen kopieren, kopiert Mathcad die Zahl in der angezeigten Genauigkeit.

Standardformate für das Arbeitsblatt

Um die Standardanzeige für numerische Ergebnisse in Ihrem Arbeitsblatt zu ändern, gehen Sie wie folgt vor:

1. Doppelklicken Sie in einen leeren Bereich Ihres Arbeitsblatts.

2. Wählen Sie im FORMAT-Menü den Eintrag ERGEBNIS. Markieren Sie ALS STANDARD FÜR ARBEITSBLATT EINRICHTEN.

3. Ändern Sie die entsprechenden Einstellungen im Dialogfeld ERGEBNISFORMAT.

4. Klicken Sie auf OK.

Mathcad ändert die Anzeige aller Ergebnisse, deren Formate nicht explizit festgelegt wurden.

Tip   Eine Änderung der Standardformate für ein Arbeitsblatt betrifft nur das Arbeitsblatt, in dem Sie sie setzen. Alle anderen Arbeitsblätter, die gleichzeitig geöffnet sind, behalten ihre eigenen Standardeinstellungen bei. Wenn Sie Ihre Standard-Ergebnisformate in andere Mathcad-Arbeitsblätter übernehmen möchten, legen Sie Ihr Arbeitsblatt als Vorlage ab, wie in Kapitel 7 beschrieben.

Das Dialogfeld Ergebnisformat

Die Registerkarten im Dialogfeld ERGEBNISFORMAT führen zu Seiten, die Optionen für das Formatieren verschiedener Aspekte eines Ergebnisses enthalten.

Auf der Seite **ZAHLENFORMAT** kann die Anzahl von Dezimalstellen und nachfolgende Nullen kontrolliert und angegeben werden, ob ein Ergebnis exponentiell dargestellt ist. Je nach Zahlenformat, das Sie im Abschnitt FORMAT ausgewählt haben, werden verschiedene Optionen angezeigt.

- Mit **ALLGEMEIN** können Sie die Anzahl der Ziffern hinter dem Dezimalpunkt, nachfolgende Nullen und die Exponentialschwelle bestimmen. Ein Ergebnis wird exponentiell dargestellt, wenn die Exponentialschwelle überschritten ist. Nachfolgende Nullen können angezeigt werden, wenn sie insgesamt nicht mehr als 15 Stellen hinter dem Dezimalpunkt haben.

- Mit **DEZIMAL** können die Ziffern hinter dem Dezimalpunkt kontrolliert werden, ohne die Ergebnisse exponential darzustellen. Sie können nachfolgende Nullen über die ersten 15 Stellen nach dem Dezimalpunkt hinaus anzeigen, allerdings werden nur die ersten 15 exakt angezeigt.

- Mit **WISSENSCHAFTLICH** oder **TECHNISCH** können die Ziffern hinter dem Dezimalpunkt kontrolliert werden, die dann immer exponential dargestellt werden. Unter »Technisch« werden die Exponenten in Dreier-Einheiten dargestellt. Mit »Exponenten als ± E 000 anzeigen« können Sie die E-Schreibweise für Exponenten wählen. Sie können nachfolgende Nullen über die ersten 15 Stellen nach dem Dezimalpunkt hinaus anzeigen, allerdings werden nur die ersten 15 exakt angezeigt.

Hinweis   Abgeblendete Einstellungen können nur für das gesamte Arbeitsblatt geändert werden, wie unter »Standardformate für das Arbeitsblatt« auf Seite 153 angegeben.

Auf der Seite **ANZEIGEOPTIONEN** kann kontrolliert werden, ob eine Matrize in Form einer Tabelle oder einer Matrix angezeigt wird, ob eine verschachtelte Matrix erweitert wird und ob i oder j benutzt werden, um einen Imaginärwert anzuzeigen. Sie können auch eine andere Radix (Basis), wie Binär oder Oktal, angeben.

Auf der Seite **EINHEITENANZEIGE** finden Sie Optionen zum Formatieren von Einheiten (z.B. Brüche) und zum Vereinfachen von Einheiten in ein abgeleitetes Format.

Auf der Seite **TOLERANZ** können Sie festlegen, wann ein realer oder imaginärer Teil eines Ergebnisses versteckt werden soll und wie klein eine Zahl sein muß, um als Null angezeigt zu werden.

Online- Weitere Informationen und Beispiele zu den auf einzelnen Seiten des Dialogfeldes
Hilfe ERGEBNISFORMAT verfügbaren Optionen finden Sie, wenn Sie die Hilfe-Schaltfläche am unteren Ende des Dialogfeldes anklicken.

Abbildung 8.10 zeigt einige Beispiele für Formatierungsoptionen.

```
x := π·10^5                          ...Definition

x = 3.142·10^5                       ...Standardformat

x = 314159.265                       ...Exponentieller Schwellenwert = 10

x = 4cb2fh                           ...Hexadezimal

x = 3.1·10^5                         ...Anzeigte Genauigkeit = 1

x = 3.1415926536·10^5                ...Anzeigte Genauigkeit = 10
```

Abbildung 8.10: Es gibt mehrere Methoden, eine Zahl zu formatieren.

Komplexe Ergebnisse

In Ergebnissen können komplexe Zahlen auftreten, wenn Sie einen Ausdruck eingeben, der eine komplexe Zahl enthält. Und sogar Mathcad-Ausdrücke, die nur reelle Zahlen enthalten, können einen komplexen Wert annehmen. Wenn Sie beispielsweise $\sqrt{-1}$ auswerten, gibt Mathcad *i* zurück. Weitere Beispiele finden Sie in Abbildung 8.11.

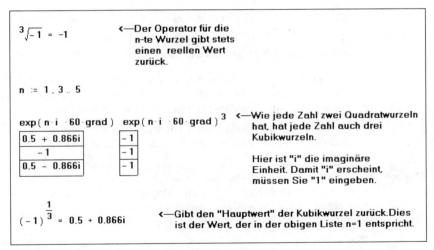

Abbildung 8.11: Beispiele für komplexe Ergebnisse

Hinweis Stehen komplexe Zahlen zur Verfügung, führen viele Funktionen und Operatoren, von denen wir ein eindeutiges Ergebnis erwarten, zu mehreren Ergebnissen. Mathcad gibt für mehrwertige Funktionen oder Operatoren im allgemeinen den *Hauptwert* zurück: Der Hauptwert ist der Wert, der den kleinsten positiven Winkel zur positiven realen Achse in der komplexen Ebene erzeugt. Wenn Mathcad beispielsweise $(-1)^{1/3}$ auswertet, gibt es $.5 + .866i$ zurück, obwohl wir normalerweise davon ausgehen, daß die Kubikwurzel von -1 gleich -1 ist.
Die Zahl $.5 + .866i$ stellt einen Winkel von nur 60 Grad zur positiven realen Achse dar.
Die Zahl -1 dagegen bildet 180 Grad zur positiven realen Achse. Der Operator für die *n*-te Wurzel gibt in diesem Fall jedoch -1 zurück.

Einheiten für Ergebnisse

Mathcad zeigt die Ergebnisse normalerweise in grundlegenden Einheiten des Einheitensystems an, mit dem Sie arbeiten. Es bietet die folgenden Einheitensysteme an: SI, CGS, MKS, US-spezifische Einheiten oder kein Einheitensystem (siehe unten).

Tip Markieren Sie im Dialogfeld ERGEBNISFORMAT das Kontrollkästchen EINHEITEN EVENTUELL VEREINFACHEN (siehe Seite 154), um die Einheiten in einem abgeleiteten Format und nicht in Grundeinheiten anzuzeigen. Markieren Sie EINHEITEN FORMATIEREN, um die Einheiten als Bruch aus Termen mit positiven Einheiten anzuzeigen, und nicht als Produkt aus Einheiten mit positiven und negativen Einheiten.

Mathcad kann jedes Ergebnis mit einer seiner vordefinierten Einheiten anzeigen. Dazu gehen Sie wie folgt vor:

1. Klicken Sie auf das Ergebnis. Rechts vom Ergebnis wird ein Platzhalter angezeigt, der *Einheitenplatzhalter*.
2. Klicken Sie auf den Einheitenplatzhalter, wählen Sie im EINFÜGEN-Menü den Eintrag EINHEIT, oder klicken Sie in der Standard-Symbolleiste auf . Mathcad öffnet das Dialogfeld EINHEIT EINFÜGEN. Weitere Informationen darüber finden Sie im Abschnitt »Einheiten und Dimensionen« auf Seite 148.
3. Doppelklicken Sie auf die Einheit, mit der Sie das Ergebnis anzeigen möchten. Mathcad fügt diese Einheit in den Einheitenplatzhalter ein.

Hinweis Für bestimmte Einheiten – beispielsweise *hp*, *cal*, *BTU* und *Hz* – verarbeitet Mathcad eine allgemeine Definition für die Einheit, bietet Ihnen aber die Möglichkeit, unterschiedliche Einheitennamen zu verwenden.

Eine andere Möglichkeit, eine Einheit einzufügen, ist die direkte Eingabe des Namens in den Einheitenplatzhalter. Diese Methode ist allgemeiner, weil sie nicht nur für vordefinierte Einheiten angewendet werden kann, sondern auch für benutzerdefinierte und kombinierte Einheiten.

Einheitensystem

Beim Starten von Mathcad wird standardmäßig das Einheitensystem SI-System geladen. Das bedeutet, wenn Sie das Gleichheitszeichen setzen, um ein Ergebnis mit Einheiten anzuzeigen, zeigt Mathcad automatisch grundlegende oder abgeleitete SI-Einheiten an.

Mathcad kann die Einheiten auch in einem der anderen eingebauten Einheitensysteme anzeigen: CGS, US-spezifisch, MKS oder völlig ohne Einheitensystem. Dazu wählen Sie im RECHNEN-Menü den Eintrag OPTIONEN und klicken auf die Registerkarte EINHEITENSYSTEM.

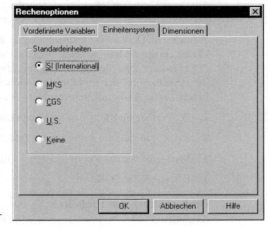

Wählen Sie das Einheitensystem aus, in dem Ihre Ergebnisse angezeigt werden sollen. Das Einheitensystem SI, das von Wissenschaftlern und Ingenieuren in vielen Ländern häufig eingesetzt wird, stellt gegenüber den anderen Systemen zwei zusätzliche Basiseinheiten bereit, eine für die Leuchtstärke (*Lux*), und eine für Stoff (*Mol*). Außerdem unterscheidet sich die Basis-Einheit für Elektrizität von SI (*Ampere*) von der Basis-Einheit für Elektrizität in anderen Systemen (*Coulomb*).

Die folgende Tabelle bietet einen Überblick über die Basiseinheiten, die in den Einheitensystemen von Mathcad zur Verfügung stehen.

Einheitensystem	**Basiseinheiten**
SI	*m, kg, s, A, K, cd* und *Mol*
MKS	*m, kg, sec, coul* und *K*
CGS	*cm, gm, sec, coul* und *K*
US	*ft, lb, sec, coul* und *K*
keine	Zeigt Ergebnisse in Hinblick auf Basisdimensionen für Länge, Masse, Zeit, Ladung und absolute Temperatur an. Alle vordefinierten Einheiten sind deaktiviert.

Die Namen der Standard-SI-Einheiten – beispielsweise A für *Ampere*, L für *Liter*, s für *Sekunde* und S für *Siemens* – stehen normalerweise nur im SI-Einheitensystem zur Verfügung. In den anderen Einheitensystemen stehen viele weitere Einheitennamen zur Verfügung. Eine Auflistung aller Einheiten, die in den verschiedenen Systemen vorgegeben sind, finden Sie in den Anhängen. Mathcad beinhaltet die meisten Einheiten, die Wissenschaftler und Ingenieure für ihre Arbeit brauchen. Mathcad versteht die konventionellen Präfixe für Einheiten nicht, wie etwa *m-* für *Milli-*, *n-* für *Nano-* usw., aber es ist ganz einfach, eigene Einheiten zu definieren, beispielsweise μm, wie Sie im Abschnitt »Definition eigener Einheiten« auf Seite 151 erfahren haben.

Tip Beispiele für Einheiten, deren Präfixe in Mathcad nicht vordefiniert sind, finden Sie in den QuickSheets im Informationszentrum.

Wenn Sie im Dialogfeld OPTIONEN auf der Registerkarte SYSTEMEINHEITEN auf KEINE klicken, erkennt Mathcad keine eingebauten Einheiten mehr und zeigt Ergebnisse in den grundlegenden Einheiten für *Länge*, *Masse*, *Zeit*, *Ladung* und *Temperatur* an. Auch wenn Sie in einem der vordefinierten Einheitensysteme arbeiten, können Sie Ihre Ergebnisse in Basiseinheiten anzeigen. Dazu gehen Sie wie folgt vor:

1. Wählen Sie im RECHNEN-Menü den Eintrag OPTIONEN.
2. Klicken Sie auf die Registerkarte DIMENSIONEN.
3. Markieren Sie das Kontrollkästchen DIMENSIONEN ANZEIGEN.
4. Klicken Sie auf OK.

Umwandlung von Einheiten

Es gibt zwei Möglichkeiten, Einheiten ineinander umzuwandeln:

- Im Dialogfeld EINHEIT EINFÜGEN oder
- Durch Eingabe der neuen Einheiten in den Einheitenplatzhalter.

Im Dialogfeld EINHEIT EINFÜGEN gehen Sie wie folgt vor, um Einheiten zu konvertieren:

1. Klicken Sie auf die Einheit, die umgewandelt werden soll.
2. Wählen Sie im EINFÜGEN-Menü den Eintrag EINHEIT, oder klicken Sie in der Standard-Symbolleiste auf .
3. Doppelklicken Sie in der Liste EINHEIT auf die Einheit, in der das Ergebnis angezeigt werden soll.

Wenn Sie das Ergebnis in einer Einheit darstellen möchten, die im Dialogfeld EINHEIT EINFÜGEN nicht zur Verfügung steht – beispielsweise eine Einheit, die Sie selbst definiert haben oder eine algebraische Kombination von Einheiten –, können Sie den Einheitenplatzhalter auch selbst bearbeiten.

Abbildung 8.12 zeigt *F* in SI-Basiseinheiten und in verschiedenen Einheitenkombinationen.

Wenn Sie im Einheitenplatzhalter eine nicht geeignete Einheit eingeben, fügt Mathcad eine Kombination aus Basiseinheiten ein, die die richtigen Einheiten für das angezeigte Ergebnis erzeugen. Die letzte Gleichung in Abbildung 8.12 zeigt eine Gleichung, die $kW \cdot s$ verwendet, was keine Einheit für Kraft ist. Mathcad fügt deshalb m^{-1} ein, um die zusätzliche Längendimension zu korrigieren.

```
Masse := 75 kg      bes := 100·m·s⁻²      bes_g := 9.8·m·s⁻²
            F := Masse·(bes + bes_g)
```

$F = 8.235 \cdot 10^3 \cdot kg \cdot m \cdot s^{-2}$	←— Standardanzeige mit MKS-Grundheiten. Klicken Sie auf das Ergebnis, um den "Einheitenplatzhalter" zu sehen.
$F = 8.235 \cdot 10^3 \cdot newton$	
$F = 8.235 \cdot 10^8 \cdot dyn$	←— Geben Sie die gewünschte Einheit in den Einheitenplatzhalter ein.
$F = 82.35 \cdot \dfrac{J}{cm}$	←— Sie können in den Einheitenplatzhalter auch mehere verschiedene Einheiten eingeben.
$F = 8.235 \cdot m^{-1} \cdot kW \cdot s$	←— Da kW·s keine Kraft-Einheit ist, fügt Mathcad ein zusätzliches m⁻¹ ein, um die Einheiten richtig darzustellen.

Abbildung 8.12: Ein Ergebnis, dargestellt in unterschiedlichen Einheiten

Wenn Sie Einheiten in den Einheitenplatzhalter eingeben, dividiert Mathcad den Wert, der angezeigt werden soll, durch den Inhalt des Einheitenplatzhalters. Damit wird sichergestellt, daß das gesamte Ereignis – der Wert *multipliziert* mit dem Ausdruck, den Sie als Platzhalter eingegeben haben – einen korrekten Wert für die Gleichung darstellt.

Hinweis Umwandlungen, für die neben einer Multiplikation auch noch ein Offset erforderlich ist, beispielsweise die direkte Umwandlung zwischen Normaldruck und absolutem Druck, oder Grad Fahrenheit und *Grad Celsius*, sind mit dem Konvertierungsmechanismus in Mathcad nicht ohne weiteres möglich. Sie können jedoch spezielle Funktionen dafür entwickeln. Weitere Beispiele für Funktionen zur Temperaturumwandlung finden Sie auf den QuickSheets »Einheiten« im Informationszentrum.

In einen Einheitenplatzhalter können Sie beliebige Variablen, Konstanten oder Ausdrücke eingeben. Mathcad zeigt das Ergebnis dann entsprechend dem im Einheitenplatzhalter angegebenen Wert an. Sie können den Einheitenplatzhalter beispielsweise verwenden, um ein Ergebnis als Vielfaches von π oder als Vielfaches von 10^3, 10^6 usw. anzuzeigen.

Tip Sie können den Einheitenplatzhalter auch für dimensionslose Einheiten einsetzen, beispielsweise Grad oder Radianten. Mathcad behandelt die Einheit *rad* als Konstante mit dem Wert 1. Wenn Sie also mehrere Ausdrücke in Radianten haben, können Sie in den Einheitenplatzhalter *Grad* eingeben, um das Ergebnis von Radianten in Grad umzuwandeln.

Numerische Ergebnisse kopieren und einfügen

Numerische Ergebnisse können kopiert und an anderer Stelle auf Ihrem Arbeitsblatt oder in einer anderen Applikation eingefügt werden. Um eine einzelne Zahl rechts von einem Gleichheitszeichen zu kopieren, gehen Sie wie folgt vor:

1. Klicken Sie auf das Ergebnis rechts vom Gleichheitszeichen. Das Ergebnis wird zwischen den Bearbeitungslinien angezeigt.

2. Wählen Sie im BEARBEITEN-Menü den Eintrag KOPIEREN, oder klicken Sie in der Standard-Symbolleiste auf , um das Ergebnis in die Zwischenablage zu kopieren.

3. Klicken Sie an die Stelle, wo das Ergebnis eingefügt werden soll. Wenn Sie es in eine andere Applikation einfügen möchten, wählen Sie im BEARBEITEN-Menü dieser Applikation den Eintrag EINFÜGEN, oder klicken Sie dort in der Standard-Symbolleiste auf .

Wenn Sie ein numerisches Ergebnis in ein Mathcad-Arbeitsblatt einfügen, erscheint es als:

- Rechenbereich, der aus einer einzigen Zahl besteht, wenn Sie es an einer leeren Position eingefügt haben.

- Zahl, wenn Sie es in einen Platzhalter in einem Rechenbereich eingefügt haben.

- Zahl, wenn Sie es direkt in einen Text eingefügt haben oder wenn Sie mit dem Befehl RECHENBEREICH aus dem EINFÜGEN-Menü einen Platzhalter im Text geschaffen haben.

Um mehr als eine Zahl zu kopieren, wenden sie dieselben Schritte wie beim Kopieren eines Felds an. Weitere Informationen zum Kopieren und Einfügen von Feldern finden Sie unter »Felder anzeigen«.

Hinweis Der Befehl KOPIEREN kopiert das numerische Ergebnis nur mit der Genauigkeit, mit der es angezeigt wird. Um das Ergebnis mit höherer Genauigkeit zu kopieren, doppelklicken Sie darauf und erhöhen den Wert für »Angezeigte Genauigkeit« im Dialogfeld ERGEBNISFORMAT. KOPIEREN kopiert keine Einheiten und Dimensionen eines Ergebnisses.

Berechnungen steuern

Nach dem Aufruf befindet sich Mathcad im automatischen Modus. Das bedeutet, Mathcad aktualisiert die Ergebnisse im Arbeitsblatt-Fenster automatisch. Sie erkennen, daß Sie sich im automatischen Modus befinden, weil in der Statusleiste am unteren Rand des Fensters das Wort »auto« steht.

Wenn Sie nicht jedesmal darauf warten möchten, daß Mathcad seine Berechnungen durchführt, während Sie an dem Arbeitsblatt arbeiten, deaktivieren Sie den automatischen Modus. Dazu wählen Sie im RECHNEN-Menü den Befehl AUTOMATISCHE BERECHNUNG. Das Wort »Auto« verschwindet aus der Statusleiste und entfernt die Markierung neben dem Eintrag AUTOMATISCHE BERECHNUNG. Damit befinden Sie sich im *manuellen Modus*.

Tip Der Berechnungsmodus – manuell oder automatisch – ist eine Eigenschaft, die in Ihrem Mathcad-Arbeitsblatt gespeichert wird. In Kapitel 7 wird beschrieben, daß der Berechnungsmodus ebenso in Mathcad-Vorlagendateien (MCT-Dateien) gespeichert wird.

Berechnungen im automatischen Modus

So verhält sich Mathcad im automatischen Modus:

- Sobald Sie das Gleichheitszeichen eingeben, zeigt Mathcad ein Ergebnis an.
- Sobald Sie außerhalb einer Gleichung klicken, die »:=« oder »≡« enthält, führt Mathcad alle Berechnungen aus, die für die Zuweisung erforderlich sind.

Wenn Sie eine Definition im automatischen Modus vornehmen, passiert folgendes, sobald Sie außerhalb des Gleichungsbereichs klicken:

- Mathcad wertet den Ausdruck auf der rechten Seite der Definition aus und weist ihn dem Namen auf der linken Seite zu.
- Mathcad sucht nach allen anderen Gleichungen im Arbeitsblatt, die durch die neue Definition beeinflußt werden.
- Mathcad aktualisiert alle betroffenen Gleichungen, die im Arbeitsblatt-Fenster sichtbar sind.

Hinweis Eine von Ihnen geänderte Gleichung kann alle Gleichungen auf Ihrem Arbeitsblatt beeinflussen. Mathcad führt nur die Berechnungen aus, die dafür sorgen, daß alles aktuell ist, was Sie im Fenster sehen. Diese Optimierung garantiert, daß Sie nicht warten müssen, bis Mathcad alle Ausdrücke aktualisiert hat, die nicht sichtbar sind. Wenn Sie das Arbeitsblatt drucken oder im Fenster bis zum Ende blättern, aktualisiert Mathcad das gesamte Arbeitsblatt.

Immer wenn Mathcad Zeit braucht, um Berechnungen auszuführen, ändert der Mauszeiger sein Aussehen, und in der Statuszeile erscheint das Wort »WARTEN«. Das kann passieren, wenn Sie eine Gleichung eingeben oder berechnen, wenn Sie im Fenster blättern, während Sie drucken, oder wenn Sie ein Fenster vergrößern, um weitere Gleichungen anzuzeigen. In all diesen Situationen wertet Mathcad Berechnungen aus, die noch von früheren Änderungen betroffen sein können.

Während Mathcad einen Ausdruck auswertet, umrahmt es ihn mit einem grünen Rechteck. Damit ist es ganz einfach, den Berechnungen zu folgen.

Um Mathcad zu zwingen, alle Gleichungen auf dem Arbeitsblatt neu zu berechnen, wählen Sie im RECHNEN-Menü den Eintrag ARBEITSBLATT BERECHNEN.

Berechnungen im manuellen Modus

Im manuellen Modus berechnet Mathcad keine Gleichungen und zeigt die Ergebnisse erst dann an, wenn Sie es explizit dazu auffordern, sie zu berechnen. Das bedeutet, während Sie auf dem Arbeitsblatt arbeiten, brauchen Sie nicht auf irgendwelche Berechnungen zu warten.

Mathcad merkt sich, welche Berechnungen noch ausstehen, während Sie sich im manuellen Modus befinden. Sobald Sie eine Änderung vornehmen, die eine Berechnung erforderlich macht, erscheint in der Meldungszeile der Hinweis »Berechnen«. Daran erkennen Sie, daß Sie Berechnungen ausführen müssen, um sichergehen zu können, daß die Ergebnisse aktuell sind.

Aktualisieren Sie den Bildschirm, indem Sie im RECHNEN-Menü den Eintrag BERECHNEN wählen oder indem Sie in der Standard-Symbolleiste auf = klicken. Mathcad führt alle Berechnungen durch, die erforderlich sind, um alle im Fenster sichtbaren Ergebnisse zu aktualisieren. Wenn Sie nach unten blättern, um weitere Abschnitte des Arbeitsblatts anzuzeigen, erscheint das Wort »Berechnen« wieder in der Meldungsleiste. Es weist darauf hin, daß Sie eine Neuberechnung ausführen sollten, um aktuelle Ergebnisse zu sehen.

Um das gesamte Arbeitsblatt zu verarbeiten, auch Abschnitte, die im Fenster nicht sichtbar sind, wählen Sie im RECHNEN-Menü den Eintrag ARBEITSBLATT BERECHNEN.

Hinweis Wenn Sie ein Arbeitsblatt ausdrucken, während Sie sich im manuellen Modus befinden, sind die Ergebnisse auf dem Ausdruck nicht unbedingt aktuell. Wählen Sie also im RECHNEN-Menü den Eintrag ARBEITSBLATT BERECHNEN, bevor Sie drucken.

Berechnungen unterbrechen

Um eine Berechnung während der Ausführung zu unterbrechen, gehen Sie wie folgt vor:

1. Drücken Sie [Esc]. Das folgende Dialogfeld erscheint.
2. Klicken Sie auf OK, um die Berechnung zu unterbrechen, oder auf ABBRECHEN, um die Berechnung fortzusetzen.

Wenn Sie auf OK klicken, wird die Gleichung, die gerade bearbeitet wurde, als Sie auf [Esc] gedrückt haben, mit einer Fehlermeldung markiert (siehe »Fehlermeldungen« auf Seite 166). Daran erkennen Sie, daß die Berechnungen unterbrochen wurden. Um eine unterbrochene Berechnung fortzusetzen, klicken Sie auf die Gleichung mit der Fehlermeldung und wählen im RECHNEN-Menü den Eintrag BERECHNEN, oder Sie klicken in der Standard-Symbolleiste auf =.

Tip Wenn Sie feststellen, daß Sie häufig Berechnungen unterbrechen, um keine Wartezeiten in Kauf nehmen zu müssen, wechseln Sie in den manuellen Modus, wie oben beschrieben.

Gleichungen deaktivieren

Sie können eine Gleichung *deaktivieren*, so daß sie auf Ihrem Arbeitsblatt nicht mehr berechnet wird. Eine deaktivierte Gleichung kann weiterhin bearbeitet, formatiert und angezeigt werden.

Um die Berechnung einer einzelnen Gleichung auf Ihrem Arbeitsblatt zu deaktivieren, gehen Sie wie folgt vor:

1. Klicken Sie auf die gewünschte Gleichung.
2. Wählen Sie im FORMAT-Menü den Eintrag EIGENSCHAFTEN, und klicken Sie auf die Registerkarte BERECHNUNG.
3. Markieren Sie im Abschnitt BERECHNUNGSOPTIONEN den Eintrag AUSWERTUNG DEAKTIVIEREN.
4. Mathcad zeigt hinter der Gleichung ein kleines Rechteck an, das darauf hinweist, daß diese Gleichung deaktiviert ist. Hier sehen Sie ein Beispiel dafür:

$$KE := \frac{1}{2} \cdot m \cdot v^2 \; \blacksquare$$

Tip Eine einfache Abkürzung für die Deaktivierung der Auswertung ist, mit der rechten Maustaste auf eine Gleichung zu klicken und im Popup-Menü den Eintrag AUSWERTUNG DEAKTIVIEREN zu wählen.

Um die Berechnung für eine deaktivierte Gleichung wieder zu aktivieren, gehen Sie wie folgt vor:

1. Klicken Sie auf die Gleichung, um sie zu markieren.
2. Wählen Sie im FORMAT-Menü den Eintrag EIGENSCHAFTEN, und klicken Sie auf die Registerkarte BERECHNUNG.
3. Entfernen Sie die Markierung für AUSWERTUNG DEAKTIVIEREN.

Mathcad entfernt das kleine Rechteck hinter der Gleichung, und die Berechnung wird wieder aktiviert.

Animation

Dieser Abschnitt beschreibt, wie Mathcad kurze Animations-Clips erzeugt und abspielt. Dazu wird die vordefinierte Variable FRAME verwendet. Alles, was man von dieser Variablen abhängig machen kann, kann auch animiert werden. Dazu gehören nicht nur Diagramme, sondern auch numerische Ergebnisse. Sie können die Animations-Clips in unterschiedlichen Geschwindigkeiten abspielen oder sie für die Verwendung durch andere Applikationen speichern.

Einen Animations-Clip erzeugen

Mathcad beinhaltet die vordefinierte Konstante FRAME, deren einzige Aufgabe es ist, Animationen zu steuern. Um eine Animation zu erzeugen, gehen Sie wie folgt vor:

1. Erzeugen Sie eine Ausgabe, ein Diagramm oder eine Gruppe von Ausdrücken, deren Erscheinungsbild letztlich vom Wert der Konstanten FRAME abhängig ist. Dieser Ausdruck muß kein Diagramm sein. Es kann sich um wirklich alles handeln.

2. Wählen Sie im ANSICHT-Menü den Eintrag ANIMIEREN, um das Dialogfeld ANIMIEREN anzuzeigen.

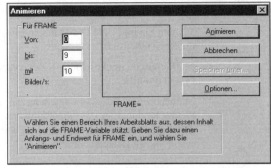

3. Markieren Sie mit der Maus den Teil Ihres Arbeitsblatts, der animiert werden soll, wie in Abbildung 8.13 gezeigt. Spannen Sie ein Rechteck um die Bereiche auf, die in der Animation erscheinen sollen. Der Bereich sollte dabei weder das Dialogfeld noch den Rahmen des Arbeitsfensters berühren.

4. Legen Sie in dem Dialogfeld die Ober- und die Untergrenze für FRAME fest. Wenn Sie die Animation aufzeichnen, wird die FRAME-Variable in Schritten von 1 von der Untergrenze zur Obergrenze hin inkrementiert.

5. Geben Sie die Abspielgeschwindigkeit in das Feld MIT BILDER/SEC. ein.

6. Klicken Sie auf ANIMIEREN. Sie sehen eine kleine Darstellung Ihrer Auswahl im Dialogfeld. Mathcad zeichnet für jeden Wert von FRAME eine solche Vorschau. Das Ganze stimmt nicht unbedingt mit der Abspielgeschwindigkeit überein, weil Sie hier die Animation noch erzeugen.

7. Um Ihre Animation als AVI-Datei zu speichern, damit sie in anderen Windows-Applikationen angezeigt werden kann, klicken Sie im Dialogfeld auf SPEICHERN UNTER.

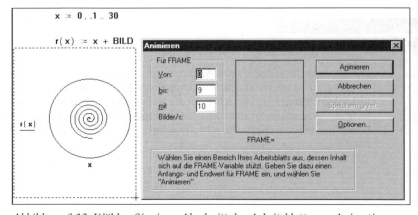

Abbildung 8.13: Wählen Sie einen Abschnitt des Arbeitsblatts zur Animation aus.

Tip Weil Animations-Clips sehr viel Plattenspeicher belegen können, legt Mathcad sie in komprimiertem Format ab. Bevor Sie die Animation erzeugen, wählen Sie, welche Komprimierungsmethode verwendet werden, oder ob überhaupt eine Komprimierung erfolgen soll, wobei die verfügbare Auswahl dieser Verfahren von Ihrer Windows-Installation abhängt. Dazu klicken Sie im Dialogfeld ANIMIEREN auf OPTIONEN.

Abspielen eines Animations-Clips

Sobald Sie den Animations-Clip erzeugt haben, öffnet Mathcad ein Abspielfenster:

Das erste Bild der Animation, die Sie soeben erzeugt haben, wird bereits im Fenster angezeigt. Um die Animation abzuspielen, klicken Sie auf den Pfeil unten links im Fenster. Sie können den Clip auch im Einzelbildmodus anzeigen – vorwärts und rückwärts. Dazu ziehen Sie den Schieberegler unterhalb des animierten Bildes nach links oder nach rechts.

Tip Sie steuern die Abspielgeschwindigkeit durch Anklicken der Schaltfläche rechts von der Abspiel-Schaltfläche. Damit wird ein Popup-Menü angezeigt, aus dem Sie den Eintrag GESCHWINDIGKEIT wählen und den Schieberegler entsprechend anpassen.

Abspielen einer zuvor gespeicherten Animation

Wenn Sie bereits eine Windows-AVI-Datei auf Ihrer Festplatte haben, können Sie diese in Mathcad abspielen. Dazu gehen Sie wie folgt vor:

1. Wählen Sie im ANSICHT-Menü den Eintrag WIEDERGEBEN, um das Dialogfeld PLAYBACK anzuzeigen. Das Fenster ist ausgeblendet, weil noch kein Animations-Clip geöffnet wurde.

2. Klicken Sie auf die Schaltfläche rechts neben der Abspielen-Schaltfläche, und wählen Sie im Menü den Eintrag ÖFFNEN. Laden Sie im Dialogfeld ÖFFNEN die AVI-Datei, die abgespielt werden soll.

Nachdem Sie eine Windows-AVI-Datei geladen haben, gehen Sie vor, wie im vorigen Abschnitt beschrieben.

Fehlermeldungen

Wenn Mathcad bei der Auswertung eines Ausdrucks einen Fehler erkennt, markiert es ihn mit einer Fehlermeldung und stellt den fehlerhaften Namen oder Operator rot dar.

Eine Fehlermeldung ist nur dann sichtbar, wenn Sie, wie unten angezeigt, auf den entsprechenden Ausdruck klicken.

Mathcad kann keine Ausdrücke verarbeiten, die Fehler enthalten. Handelt es sich um eine Definition, bleibt die Variable oder Funktion bis auf weiteres undefiniert. Das kann dazu führen, daß auch andere Ausdrücke, in denen diese Variable verwendet wird, undefiniert sind.

$$g(x) := \frac{3}{x}$$
$$f(x) := g(x) \cdot 10$$
$$f(0) = \blacksquare\blacksquare$$

Beim Auswerten dieses Ausdrucks wurde eine Singularität gefunden. Möglicherweise teilen Sie durch null.

Tip Sie erhalten Online-Hilfe zu einer Fehlermeldung, indem Sie sie anklicken und [F1] drücken.

Fehlerquelle finden

Wenn ein Mathcad-Arbeitsblatt einen Ausdruck enthält, der von einer oder mehreren in Ihrem Arbeitsblatt erstellten Definitionen abhängt, kann der Fehler in dieser Definition bereits in einer vorhergegangenen Defintion begründet sein.

In dem oben gegebenen Beispiel erscheint der Fehler im dritten Bereich, *f(0)*. *f(x)* basiert auf der Definition von *f(x)*. Wenn *x* gleich Null ist, ist *g(x)* der erste Bereich, der einen Fehler aufweist.

Sie können die Fehlerquelle suchen, indem Sie Ihr Arbeitsblatt noch einmal durchsehen, um zu sehen, wo der Fehler entstand oder indem Sie Mathcad zu Hilfe nehmen, um den Fehler in Ihrem Arbeitsblatt zurückzuverfolgen. So suchen Sie eine Fehlerquelle mit Mathcad:

1. Klicken Sie mit der rechten Maustaste auf den Bereich, der den Fehler enthält, und wählen Sie aus dem Kontextmenü den Eintrag FEHLER VERFOLGEN. Das Dialogfeld FEHLER VERFOLGEN erscheint:

2. Benutzen Sie die Schaltfläche im Dialogfeld, um sich in den Bereichen zu bewegen, die Fehler aufweisen.

Klicken Sie zum Beispiel auf ZURÜCK, um in den letzten abhängigen Bereich zurückzugehen.

Oder klicken Sie auf ERSTER, um in den ersten Bereich zu gehen, der den Fehler verursacht hat.

Tip Wenn Sie zeitraubende Neuberechnungen verhindern möchten, schalten Sie auf manuellen Modus um wie auf Seite 160 unter »Berechnungen steuern« beschrieben. Wenn Sie neu kalkulieren möchten, wählen Sie aus dem Math-Menü den Eintrag KALKULIEREN, oder klicken Sie auf ▨ in der Standard-Menüleiste. Alternativ können Sie auch wieder den automatischen Modus einschalten.

Fehler korrigieren

Nachdem Sie festgestellt haben, welcher Ausdruck den Fehler verursacht hat, versuchen Sie, den Fehler zu korrigieren. Sobald Sie auf den Ausdruck klicken und die Bearbeitung beginnen, entfernt Mathcad die Fehlermeldung. Wenn Sie außerhalb der Gleichung klicken (oder wenn Sie im manuellen Modus eine Neuberechnung ausführen), berechnet Mathcad den Ausdruck neu. Nachdem Sie den Fehler korrigiert haben, berechnet Mathcad auch die anderen Ausdrücke, die von Ihren Eingaben abhängig sind.

Kapitel 9
Operatoren

Die Arbeit mit Operatoren

Arithmetische und Boolesche Operatoren

Vektor- und Matrix-Operatoren

Summationen und Produkte

Ableitungen

Integrale

Pro   Benutzerdefinierbare Operatoren

Die Arbeit mit Operatoren

Einfügen eines Operators

Die gebräuchlichsten arithmetischen Operatoren werden über die Standardtastatur in mathematische Ausdrücke eingefügt, beispielsweise * und +. Darüber hinaus können in Mathcad alle Operatoren mit Hilfe von Schaltflächen der Arithmetik-Palette in mathematische Ausdrücke eingefügt werden. Um beispielsweise den Ableitungs-Operator einzufügen, klicken Sie in der Differential- und Integralpalette auf $\frac{d}{dx}$, oder Sie geben **?** ein. Wählen Sie im ANSICHT-Menü den Eintrag SYMBOLLEISTEN, um alle Arithmetik-Symbolleisten anzuzeigen. Eine vollständige Liste der Operatoren, Tastenkombinationen und Beschreibungen finden Sie im Abschnitt »Operatoren« auf Seite 371.

Hinweis Im allgemeinen fügen Sie Operatoren nur in leere Bereiche Ihres Arbeitsblatts ein oder wenn Sie bereits in existierende Rechenbereiche geklickt haben. Um die Operatoren im Text nutzen zu können, klicken Sie zuerst in den Text und wählen im EINFÜGEN-Menü den Eintrag RECHENBEREICH. Damit wird ein mathematischer Platzhalter im Text angelegt, in den Sie Operatoren einfügen können.

Tip Die Tooltips der Schaltflächen in den Arithmetik-Symbolleisten zeigen neben dem Namen des Operators auch die Tastenkombination an, mit der er über die Tastatur aufgerufen werden kann.

Wie in Kapitel 4 bereits beschrieben, erscheint beim Einfügen eines Mathcad-Operators in einen leeren Bereich ein mathematisches Symbol mit leeren Platzhaltern auf dem Arbeitsblatt. In diese Platzhalter geben Sie Ausdrücke ein, die *Operanden* für die Operatoren. Wie viele solcher Platzhalter angelegt werden, ist vom Operator abhängig: Einige Operatoren, wie beispielsweise die Fakultät, haben nur einen einzigen Platzhalter, während andere, wie beispielsweise bestimmte Integrale, mehrere Platzhalter erzeugen. Um Ergebnisse zu berechnen, geben Sie an Stelle des Platzhalters eines jeden Operators gültige mathematische Ausdrücke ein.

Hier folgt ein sehr einfaches Beispiel, das den Additions-Operator von Mathcad verwendet:

1. Klicken Sie auf einen leeren Bereich in Ihrem Arbeitsblatt. Klicken Sie in der Kalkulator-Palette auf 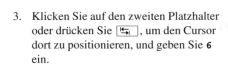, oder drücken Sie einfach **+**. Der Additions-Operator und zwei Platzhalter erscheinen.

2. Geben Sie für den ersten Platzhalter **2** ein.

3. Klicken Sie auf den zweiten Platzhalter oder drücken Sie [⇥], um den Cursor dort zu positionieren, und geben Sie **6** ein.

4. Drücken Sie **=**, oder klicken Sie in der Auswertungs-Palette auf 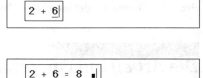, um das numerische Ergebnis anzuzeigen.

Tip Weitere Informationen über den Aufbau und die Bearbeitung komplizierter mathematischer Ausdrücke finden Sie in Kapitel 4. Dort wird auch beschrieben, wie die *Bearbeitungslinien* festlegen, für welchen Operator der nächste Operand eingegeben wird.

Weitere Operatoren

Dieses Kapitel konzentriert sich auf die Mathcad-Operatoren, die Sie für die Berechnung numerischer Ergebnisse verwenden. Es gibt noch weitere Operatoren:

■ *Symbolische Operatoren* werden verwendet, um andere mathematische Ausdrücke oder exakte numerische Ergebnisse zu erzeugen. Wie in Kapitel 14 beschrieben, versteht der Symbolprozessor von Mathcad fast alle Mathcad-Ausdrücke, aber Ausdrücke, die die folgenden Operatoren aus der Arithmetik-Palette enthalten, können nur symbolisch ausgewertet werden: unbestimmtes Integral ∫, zweiseitiger Grenzwert $\lim_{\to a}$, oberer Grenzwert $\lim_{\to a^+}$ und unterer Grenzwert $\lim_{\to a^-}$. Um einen Ausdruck symbolisch auszuwerten, klicken Sie in der Auswertungs-Symbolleiste auf →.

170   Kapitel 9 Operatoren

Pro ■ *Programmierbare Operatoren*, die Sie verwenden, um mehrere Mathcad-Ausdrücke durch bedingte Verzweigungen, Schleifenkonstrukte, lokale Gültigkeitsbereiche von Variablen und andere Funktionen der traditionellen Programmiersprachen zu verknüpfen. Diese Operatoren stehen nur in Mathcad Professional zur Verfügung (klicken Sie auf der Rechenpalette auf). Weitere Informationen darüber finden Sie in Kapitel 15.

Anzeige des Operators ändern

Wenn Sie einen Operator in ein Arbeitsblatt eingefügt haben, erscheint dieser in einer Standardform. Wenn Sie zum Beispiel einen Doppelpunkt (:) eingeben oder auf der Kalkulator-Palette anklicken, zeigt Mathcad den Doppelpunkt als Definitionssymbol := an. Dies ist ein von Mathcad benutztes spezielles Symbol für die Anzeige von Variablen oder Funktionsdefinitionen.

Wahrscheinlich möchten Sie in bestimmten Momenten die Erscheinungsform eines speziellen Symbols, etwa des Definitionssymbols, ändern. Sie möchten beispielsweise, daß das Definitionssymbol einem normalen Gleichheitszeichen entspricht, auch wenn Sie es weiterhin für die Definition von Variablen und Fuktionen in Ihrem Arbeitsblatt verwenden möchten. Mit Mathcad können Sie die Form eines Operators wie dem Definitionssymbol ändern, ohne dessen Funktion zu verändern.

So verändern Sie die äußere Form eines Operators in einem Arbeitsblatt:

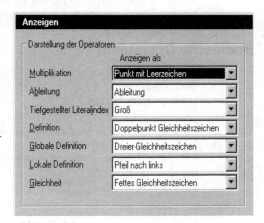

1. Wählen Sie aus dem MATH-Menü den Eintrag OPTIONEN.
2. Klicken Sie die Registerkarte ANZEIGE an.
3. Benutzen Sie die Drop-Down-Funktion neben jedem Operator, um eine alternative Anzeigeoption auszuwählen.
4. Klicken Sie auf OK.

Weitere Informationen über die für jeden Operator verfügbaren Optionen finden Sie, wenn Sie im Dialogfeld MATH-OPTIONEN auf die HILFE-Schaltfläche am unteren Rand der Registerkarte ANZEIGE klicken.

Um die äußere Form eines Operators in einem oder mehreren einzelnen Ausdrücken zu verändern, klicken Sie mit der rechten Maustaste, und benutzen Sie das Popup-Menü. Um beispielsweise die Multiplikation in einem Ausdruck von einem Punkt in ein X umzuwandeln, gehen Sie folgendermaßen vor:

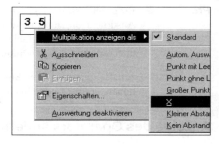

1. Klicken Sie mit der rechten Maustaste auf die Multiplikation.

2. Wählen Sie aus dem Popup-Menü den Eintrag MULTIPLIKATION ANZEIGEN ALS... ⇒X.

Arithmetische und Boolesche Operatoren

Arithmetische Operatoren

Mit den arithmetischen Operatoren, die Sie in der Kalkulator-Palette finden, können Sie beliebige Zahlen kombinieren. Abbildung 9.1 zeigt Beispiele dafür.

Boolesche Operatoren

Mathcad beinhaltet logische oder *Boolesche* Operatoren in der Auswertungs- und in der Booleschen Palette. Boolesche Operatoren geben nur Null oder Eins zurück. Dennoch können sie sehr praktisch für die Auswertung Ihrer Ausdrücke sein.

```
a := π                Vordefinierte Variable                              a = 3.142

b := 123456789012     Große Gleitkommazahl                                b = 1.235·10¹¹

c := 5 − 7i           Komplexe Zahl
                      (könnte auch 5−7j lauten)                           c = 5 − 7i

d := 14EFh            Hexadezimalzahl
                      (könnte auch 14efh oder 14efH lauten)               d = 5.359·10³

e := 3.5L             Dimensionswert
                      (könnte auch 3.5l lauten)                           e = 3.5·Länge

a + 4·10⁻⁵ = 3.142

a·d/e = 4.81·10³·Länge⁻¹

b·c = 6.173·10¹¹ − 8.642·10¹¹ i
```

Abbildung 9.1: Kombination unterschiedlicher Zahlentypen mit Hilfe von arithmetischen Operatoren

Die folgende Tabelle listet die Booleschen Operatoren auf, die in der Auswertungs- und Booleschen Palette zur Verfügung stehen, ebenso wie ihre Bedeutung. Beachten Sie, daß sich der Operator »Gleich« von dem Gleichheitszeichen unterscheidet, das Sie mit = eingeben.

Verwendung	Schaltfläche	Beschreibung	Tastenanschlag
w = z	=	Boolesches Gleich wird als fettes Gleichheitszeichen dargestellt.	Strg =
x < y	<	Kleiner	<
x > y	>	Größer	>
x ≤ y	≤	Kleiner gleich	Strg + 9
x ≥ y	≥	Größer gleich	Strg + 0
w ≠ z	≠	Ungleich	Strg + 3
¬z	¬	Nicht	Strg + ⇧ + 1
w ∧ z	∧	Und	Strg + ⇧ + 7
w ∨ z	∨	Oder	Strg + ⇧ + 6
w ⊕ z	⊕	Xoder (exklusives Oder)	Strg + ⇧ + 5

Hinweis   Der Boolesche Operator gibt 1 zurück, wenn der Ausdruck wahr ist, andernfalls 0. Die vier Operatoren <, >, ≥ und ≤ können nicht für komplexe Zahlen eingesetzt werden, weil die Konzepte »Größer« und »Kleiner« in der komplexen Ebene ihre Bedeutung verlieren.

```
┌─────────────────────────────────────────────────────┐
│  Einige Vergleiche mit Mathcads Booleschen Operatoren │
│                                                     │
│       10>0 = 1        10<0 = 0      3 + 5=7 = 0    │
│                                                     │
│       0.5=½ = 1       14≠10 = 1     12345<12345 = 0│
│                                                     │
│       12345≤12345 = 1  19²≥360 = 1  2000≠2000 = 0  │
│                                                     │
│  Beachten Sie den Unterschied zwischen dem Booleschen│
│  Gleichheitszeichen und dem Gleichheitszeichen für die│
│  Berechnung!                                        │
└─────────────────────────────────────────────────────┘
```

Abbildung 9.2: Verwendung Boolescher Operatoren

Tip Vergleichende Boolesche Operatoren wie z.B. < oder > werden auch für den Vergleich von Zeichenfolgen eingesetzt. Mathcad vergleicht zwei Zeichenfolgen zeichenweise anhand des ASCII-Codes der betreffenden Zeichen. Die Zeichenfolge »Euler« liegt in der ASCII-Reihenfolge vor »Mach«, deshalb ergibt der Ausdruck (»Euler« < »Mach«) den Wert 1. Eine Beschreibung der von Mathcad verwendeten Zeichenreihenfolge finden Sie in den Anhängen unter der Überschrift »ASCII-Codes« auf Seite 392.

Komplexe Operatoren

Mathcad beinhaltet die folgenden arithmetischen Operatoren für die Arbeit mit komplexen Zahlen:

Verwendung	Schaltfläche	Beschreibung
$\bar{z}$		Komplexe Konjugation von z. Um den Konjugations-Operator auf einen ganzen Ausdruck anzuwenden, selektieren Sie den Ausdruck und drücken das doppelte Anführungszeichen ("). Die Konjugation der komplexen Zahl $a + b \cdot i$ ist $a - b \cdot i$.
$|z|$	$|x|$	Die Determinante der Zahl z.

Abbildung 9.3 zeigt einige Beispiele für die Verwendung komplexer Zahlen in Mathcad.

```
r := 2                    θ := (3·π)/4

Definieren Sie die komplexen Variablen z1 und z2

z1 := √(-1)        z2 := r·e^(i·θ)

z1 = i             z2 = -1.414 + 1.414i

Berechnen Sie damit
z1 + z2 = -1.414 + 2.414i        Re( z2 ) = -1.414
z1·z2 = -1.414 - 1.414i          Im( z2 ) = 1.414
z2̄ = -1.414 + 1.414i             sin( z2 ) = -2.152 + 0.302i
z2/z1 = 1.414 + 1.414i           sinh( z2 ) = -0.302 + 2.152i
                                 ln( z2 ) = 0.693 + 2.356i
Zerlegen Sie z2 in die polare Form
|z2| = 2           arg( z2 ) = 2.356
```

Abbildung 9.3: Komplexe Zahlen in Mathcad

Vektor- und Matrix-Operatoren

Die meisten Operatoren der Kalkulator-Palette können auch für Vektoren und Matrizen eingesetzt werden. Wenn Sie beispielsweise den Additions-Operator für zwei Felder derselben Größe anwenden, führt Mathcad die standardmäßige elementweise Addition aus. Außerdem werden für die Subtraktion, Multiplikation, Potenzierung und die Bestimmung der Determinanten von Matrizen ebenfalls die konventionellen arithmetischen Operatoren verwendet.

Einige der Operatoren von Mathcad haben für Vektoren und Matrizen eine besondere Bedeutung. Die meisten davon werden in der Vektor- und Matrixpalette bereitgestellt

([:::] in der Rechenpalette anklicken). Beispielsweise bedeutet das Multiplikationssymbol für zwei Zahlen eine Multiplikation, für Vektoren dagegen ein Vektorprodukt, für Matrizen eine Matrixmultiplikation.

Die folgende Tabelle beschreibt die Vektor- und Matrix-Operationen von Mathcad. Operatoren, die hier nicht aufgelistet sind, können nicht auf Vektoren und Matrizen

angewendet werden. Sie können jedoch den VEKTORISIEREN-Befehl (f(t) in der Matrix-Palette) verwenden, um skalare Operationen oder Funktionen auf die einzelnen Elemente eines Vektors oder einer Matrix anzuwenden. Weitere Informationen darüber finden Sie im Abschnitt »Parallele Berechnungen« auf Seite 259. Abbildung 9.4 zeigt Beispiele für die Verwendung von Vektor- und Matrix-Operatoren:

```
Matrix M ...            Vektoren v und w ...

        ⎛ 0  1  2 ⎞         ⎛ 3 + 10 ⎞        ⎛ 13 ⎞                      ⎛  26 ⎞
   M := ⎜ 3  0  2 ⎟    v := ⎜ 1 -  4 ⎟   v =  ⎜ -3 ⎟   w := 2·v    w =    ⎜  -6 ⎟
        ⎝ 5  3  1 ⎠         ⎝ 5·10   ⎠        ⎝ 50 ⎠                      ⎝ 100 ⎠

   Summe ...              Determinante ...      Skalar- und Vektorprodukt ...
                                                                                    ⎛ 0 ⎞
   Σv = 60                |M| = 25              v·w = 5.356·10³       v × w =      ⎜ 0 ⎟
                                                                                    ⎝ 0 ⎠
   Inverse ...                                  Transponierte ...

          ⎛ -0.24  0.2   0.08  ⎞                wᵀ = ( 26  -6  100 )
   M⁻¹ =  ⎜  0.28 -0.4   0.24  ⎟
          ⎝  0.36  0.2  -0.12  ⎠                Lösen des linearen Systems Mx=v mit
                                                der Inversen:

                                                x := M⁻¹·v
            ⎛ 1  0  0 ⎞                                ⎛  0.28 ⎞              ⎛ 13 ⎞
   M·M⁻¹ =  ⎜ 0  1  0 ⎟                           x =  ⎜ 16.84 ⎟    M·x =    ⎜ -3 ⎟
            ⎝ 0  0  1 ⎠                                ⎝ -1.92 ⎠              ⎝ 50 ⎠
```

Abbildung 9.4: Vektor- und Matrixoperationen

In der folgenden Tabelle gelten die folgenden Voraussetzungen:

- **A** und **B** stellen Felder dar.
- **u** und **v** stellen Vektoren dar.
- **M** stellt eine quadratische Matrix dar.
- u_i und v_i stellen die einzelnen Elemente der Vektoren **u** und **v** dar.
- z stellt einen Skalar dar.
- m und n stellen ganze Zahlen dar.

Verwendung	Schaltfläche	Beschreibung
A · z	[x·y]	Skalare Multiplikation. Multipliziert jedes Element von **A** mit dem Skalar z.
u · **v**	[x·y]	Punktprodukt. Gibt einen Skalar zurück: $\Sigma \langle u_i \cdot v_i \rangle$. Die Vektoren müssen dieselbe Elementanzahl haben.
A · **B**	[x·y]	Matrixmultiplikation. Gibt das Matrixprodukt von **A** und **B** zurück. Die Anzahl der Spalten von **A** muß gleich der Anzahl der Zeilen von **B** sein.
A · **v**	[x·y]	Vektor/Matrix-Multiplikation. Gibt das Produkt aus **A** und **B** zurück. Die Anzahl der Spalten von **A** muß gleich der Anzahl der Zeilen von **B** sein.
$\dfrac{A}{z}$	[÷]	Skalare Division. Dividiert jedes Element des Felds **A** durch den Skalar z.

Verwendung	Schaltfläche	Beschreibung
$A \div z$		Skalare Division. Dividiert jedes Element des Felds **A** durch den Skalar z. Drücken Sie [Strg]+/ zum Einfügen.
A + **B**	+	Vektor- und Matrix-Addition. Addiert die korrespondierenden Elemente von **A** und **B**. **A** und **B** müssen dieselbe Anzahl Zeilen und Spalten aufweisen.
A + z	+	Skalare Addition. Addiert zu jedem Element von **A** den Skalar z.
A − **B**	−	Vektor- und Matrix-Subtraktion. Subtrahiert die korrespondierenden Elemente von **A** und **B**. **A** und **B** müssen dieselbe Anzahl Zeilen und Spalten aufweisen.
A − z	−	Skalare Subtraktion. Subtrahiert von jedem Element von **A** den Skalar z.
−**A**	−	Negativwert des Vektors oder der Matrix. Gibt ein Feld zurück, dessen Elemente die Negativwerte der Elemente von **A** darstellen.
M^n	x^Y	n-te Potenz einer quadratischen Matrix **M** (dazu wird die Matrix-Multiplikation verwendet). n muß eine ganze Zahl sein. **M**$^{-1}$ repräsentiert die Inverse von **M**. Andere negative Potenzen sind Potenzen der Inversen. Rückgabewert ist eine Matrix.
|**v**|	|x|	Determinante eines Vektors. Gibt $\sqrt{v \cdot \overline{v}}$ zurück, wobei $\overline{v}$ der komplex-konjugierte Wert von **v** ist.
|**M**|	|x|	Determinante. **M** muß eine quadratische Matrix sein.
A^T	M^T	Transposition. Vertauscht Zeilen und Spalten von **A**.
u × **v**	$\vec{u} \times \vec{v}$	Kreuzprodukt. **u** und **v** müssen dreielementige Vektoren sein; das Ergebnis ist ebenfalls ein dreielementiger Vektor.
$\overline{A}$		Komplexe Konjugation. Erzeugt das komplexe Konjugat jedes Elements von **A**. Wird mit dem doppelten Anführungszeichen (") in Rechenbereiche eingefügt.
Σ**v**	Συ	Vektorsumme. Summiert die Elemente von **v**.

Verwendung	Schaltfläche	Beschreibung
$\vec{A}$		Vektorisieren. Führt Operationen für **A** elementweise aus. Weitere Informationen darüber finden Sie im Abschnitt »Parallele Berechnungen« auf Seite 259.
$A^{\langle n \rangle}$		Feldindex. n-te Spalte des Felds **A**. Gibt einen Vektor zurück.
v_n		Vektorindex. n-tes Element eines Vektors.
$A_{m,n}$		Matrixindex. m,n-tes Element einer Matrix.

Tip Operatoren und Funktionen, denen Vektoren übergeben werden, erwarten immer Spaltenvektoren. Sie werden nicht auf Zeilenvektoren angewendet. Um einen Zeilenvektor in einen Spaltenvektor umzuwandeln, verwenden Sie den Operator für die Transponierung M^T auf der Vektor- und Matrixpalette.

Summationen und Produkte

Der Summations-Operator summiert einen Ausdruck über alle Indexwerte. Der Operator für das iterierte Produkt arbeitet vergleichbar. Er erzeugt das Produkt eines Ausdrucks über alle Indexwerte.

Um einen Summations-Operator auf Ihrem Arbeitsblatt anzulegen, gehen Sie wie folgt vor:

1. Klicken Sie auf einen leeren Bereich. Klicken Sie in der Differential- und Integralpalette auf $\sum_{n=1}^{m}$. Auf dem Arbeitsblatt erscheint ein Summationszeichen mit vier Platzhaltern.

2. Geben Sie in den Platzhalter links vom Gleichheitszeichen einen Variablennamen ein. Diese Variable stellt den Index für die Summation dar. Sie ist nur innerhalb des Summations-Operators definiert und hat damit keine Auswirkungen auf die Variablendefinitionen außerhalb des Operators.

3. Geben Sie in den Platzhalter rechts vom Gleichheitszeichen und in den einzelnen Platzhalter oberhalb des Sigmas eine Ganzzahl oder einen Ausdruck, der eine ganze Zahl ergibt, ein.

$$\sum_{n=1}^{10} \blacksquare$$

4. Geben Sie für den letzten Platzhalter den Ausdruck für die Summation ein. Dieser Ausdruck beinhaltet in der Regel den Index der Summation. Besteht der Ausdruck aus mehreren Termen, geben Sie als erstes ein Apostroph (') ein, um Klammern um den Platzhalter einzufügen.

$$\sum_{n=1}^{10} n^2$$

Iterierte Produkte sind Summationen ganz ähnlich. Klicken Sie in der Differential- und Integral-Palette auf $\prod_{n=1}^{m}$, und füllen Sie die Platzhalter wie oben beschrieben aus.

Tip Mit Hilfe der Tastenkombination [Strg]+[⇧]+[4] legen Sie die iterierte Summe an, mit [Strg]+[⇧]+[3] das iterierte Produkt.

Abbildung 9.5 zeigt einige Beispiele für die Verwendung der Operatoren für Summation und Produktbildung.

Um mehrere Summationen auszuwerten, plazieren Sie eine weitere Summation im letzten Platzhalter der ersten Summation. Ein Beispiel dafür sehen Sie unten in Abbildung 9.5.

$$i := 0 .. 20 \qquad x_i := \sin(0.1 \cdot i \cdot \pi)$$

$$\sum_{n=0}^{20} n = 210 \qquad \left[\prod_{n=0}^{20} (n+1)\right] = 5.109 \cdot 10^{19}$$

$$\sum_{n=0}^{20} x_n = 0 \qquad \sum_{n=0}^{20} x_n \cdot n = -63.138$$

$$\sum_{n=0}^{20} \sum_{m=0}^{10} n^m = 2.554 \cdot 10^{13}$$

Abbildung 9.5: Summationen und Produkte

Wenn Sie den in Abbildung 9.5 gezeigten Summations-Operator verwenden, wird die Summation über ganze Zahlen und in Schritten von 1 ausgeführt. Mathcad bietet auch allgemeinere Versionen dieser Operatoren an, welche für Bereichsvariablen eingesetzt werden können, die Sie als Index definieren. Um diese Operationen zu nutzen, gehen Sie wie folgt vor:

1. Definieren Sie zunächst eine Bereichsvariable, beispielsweise mit `i:1,2;10`.

2. Klicken Sie in den leeren Bereich. Klicken Sie in der Differential- und Integralpalette auf ∑. Auf dem Arbeitsblatt erscheint ein Summationszeichen mit zwei Platzhaltern.

3. Klicken Sie auf den unteren Platzhalter, und geben Sie den Namen einer Bereichsvariablen ein. Diese Bereichsvariable muß zuvor auf dem Arbeitsblatt definiert worden sein.

4. Klicken Sie auf den Platzhalter rechts vom Summationszeichen, und geben Sie einen Ausdruck ein, in dem die Bereichsvariable verwendet wird. Besteht dieser Ausdruck aus mehreren Termen, geben

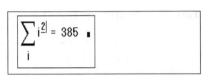

Sie als erstes ein Apostroph (`'`) ein, um Klammern um den Platzhalter einzufügen.

Drücken Sie `=` oder klicken Sie in der Auswertungspalette auf `=`.

Tip Wenn Sie nicht in jeden Platzhalter klicken möchten, können Sie den oben gezeigten Ausdruck auch einfach durch die Eingabe von `i$i^2` erzeugen.

Es gibt auch eine allgemeinere Version des iterierten Produkts. Dazu klicken Sie in der Differential- und Integralpalette auf ∏. Füllen Sie die beiden Platzhalter aus.

Tip Die Summation von Elementen eines Vektors ist so gebräuchlich, daß Mathcad einen speziellen Operator dafür bereitstellt. Der Operator Vektorsumme (Σv auf der Matrixpalette) summiert die Elemente eines Vektors, ohne daß dafür eine Bereichsvariable angegeben werden muß.

Variable Obergrenze für die Summation

Der Bereichs-Summations-Operator von Mathcad durchläuft alle Werte der Bereichsvariablen, die Sie im unteren Platzhalter spezifiziert haben. Durch die geschickte Anwendung von Booleschen Ausdrücken ist es möglich, eine Summe bis zu einem bestimmten Wert zu erzeugen. In Abbildung 9.6 gibt der Term $i \leq x$ den Wert 1 zurück, solange er zutrifft, andernfalls 0. Der Operator für die Summation summiert weiterhin für alle Indexwerte, aber alle Terme, für die $i > x$ ist, werden mit 0 multipliziert und tragen damit nicht zur Summe bei.

Sie können die Operatoren mit den vier Platzhaltern auch für die Berechnung von Summen und Produkten mit einer Obergrenze einsetzen. Beachten Sie jedoch, daß die Obergrenze für diese Operatoren eine ganze Zahl sein muß.

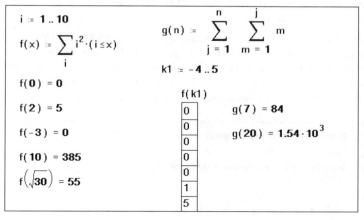

Abbildung 9.6: Eine variable Obergrenze für die Summation

Ableitungen

Der Ableitungs-Operator wertet die erste oder x-te Ableitung einer Funktion zu einem bestimmten Zeitpunkt aus.

Das folgende Beispiel zeigt, wie die Ableitung von x^3 ausgewertet wird, mit $x = 2$.

1. Definieren Sie den Punkt, an der die Ableitung ausgewertet werden soll. Geben Sie dazu **x:2** ein.

2. Klicken Sie unterhalb der Definition von x. Klicken Sie in der Differential- und Integralpalette auf ▪. Auf dem Arbeitsblatt wird der Ableitungs-Operator mit zwei Platzhaltern angezeigt.

3. Klicken Sie auf den unteren Platzhalter und geben Sie **x** ein. Sie differenzieren nach dieser Variablen. Klicken Sie auf den Platzhalter rechts von $\frac{d}{dx}$ und geben Sie **x^3** ein. Dieser Ausdruck wird differenziert.

4. Drücken Sie =, oder klicken Sie auf ▣ in der Auswertungspalette.

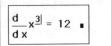

Abbildung 9.7 zeigt Beispiele für die Differentiation in Mathcad.

Der Ableitungsalgorithmus von Mathcad garantiert, daß die erste Ableitung auf 7 oder 8 signifikante Stellen genau ist, vorausgesetzt, der Wert, für den die Ableitung ausgewertet wird, liegt nicht zu nahe an einer Singularität der Funktion. Die Genauigkeit dieses Algorithmus verringert sich für jede Ordnung der Ableitung um eine signifikante Stelle (siehe »Ableitungen höherer Ordnung« auf Seite 183).

Zentrum der Masse eines Dreiecks beschrieben
von: $0 < x < 1$ und $0 < y < x$
sowie Masse/Dichte proportional zur Entfernung vom Ursprung.

$$\delta(x, y) := \sqrt{x^2 + y^2}$$

$$\text{mass} := \int_0^1 \int_0^x \delta(x, y)\, dy\, dx \qquad\qquad \text{mass} = 0.383$$

$$\text{xctr} := \frac{1}{\text{mass}} \cdot \int_0^1 \int_0^x x \cdot \delta(x, y)\, dy\, dx \qquad \text{xctr} = 0.75$$

$$\text{yctr} := \frac{1}{\text{mass}} \cdot \int_0^1 \int_0^x y \cdot \delta(x, y)\, dy\, dx \qquad \text{yctr} = 0.398$$

Abbildung 9.7: Beispiele für die Differentiation in Mathcad

Hinweis Beachten Sie, daß das Ergebnis einer numerischen Differentiation keine Funktion, sondern eine Zahl ist: die berechnete Ableitung an dem betreffenden Punkt der Differentiationsvariablen. Im oben gezeigten Beispiel ist die Ableitung von x^3 nicht der Ausdruck $3x^2$, sondern $3x^2$ für den Wert $x = 2$. Die symbolische Auswertung von Ableitungen wird in Kapitel 14 beschrieben.

Die *Differentiation* gibt zwar nur eine Zahl zurück, Sie können aber auch eine Funktion als die Ableitung einer anderen Funktion definieren, z.B.:

$$f(x) := \frac{d}{dx} g(x)$$

Die Auswertung von *f(x)* gibt die numerisch berechnete Ableitung von *g(x)* für *x* zurück.

Mit Hilfe dieser Technik können Sie die Ableitung einer Funktion an verschiedenen Punkten auswerten. Ein Beispiel dafür sehen Sie in Abbildung 9.8.

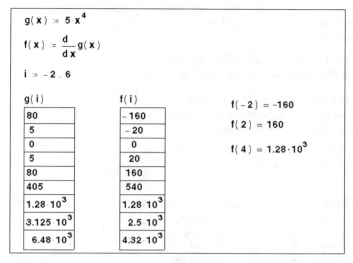

Abbildung 9.8: Auswertung der Ableitung einer Funktion an mehreren Punkten

Zur Differentiation in Mathcad sollten Sie sich die folgenden Aspekte merken:

- Die zu differenzierenden Ausdrücke können reell oder komplex sein.
- Die Differentiationsvariable muß einen einzelnen Variablennamen haben. Wenn Sie die Ableitung für verschiedene in einem Vektor abgelegte Punkte auswerten, müssen Sie die Ableitung für jedes Vektorelement erzeugen (siehe Abbildung 9.7).

Tip Sie können die Anzeige des Ableitungsoperators in partielle Ableitungssymbole umwandeln. Zum Beispiel kann $\frac{d}{dx}$ als $\frac{\partial}{\partial x}$ angezeigt werden. Um die Anzeige eines Ableitungsoperators in partielle Ableitungssymbole umzuwandeln, klicken Sie ihn mit der rechten Maustaste an, und wählen Sie im ANSICHT-Menü den Eintrag ABLEITUNG ANZEIGEN ALS ... PARTIELL. Um die Anzeige aller Ableitungsoperatoren in Ihrem Arbeitsblatt zu verändern, wählen Sie aus dem MATH-Menü den Eintrag OPTIONEN, und wählen Sie »Partielle Ableitungen« neben den Ableitungen. Weitere Informationen finden Sie auf Seite 171 unter »Anzeige des Operators ändern«.

Ableitungen höherer Ordnung

Um eine Ableitung höherer Ordnung auszuwerten, geben Sie den n-ten Ableitungsoperator ein. Folgen Sie hierfür den Schritten, die für das Einfügen von Ableitungsoperatoren erläutert wurden.

Das folgende Beispiel zeigt die Auswertung der dritten Ableitung von x^9 für $x = 2$, wenn x als 2 definiert ist:

Definieren Sie den Punkt, an dem die Ableitung ausgewertet werden soll. Geben Sie dafür **x:2** ein.

$x := 2$

1. Klicken Sie unterhalb der Definition von x. Klicken Sie in der Differential- und Integralpalette auf . Auf dem Arbeitsblatt erscheint ein Ableitungs-Operator mit vier Platzhaltern.

   $$\frac{d^\blacksquare}{d\blacksquare^\blacksquare}\blacksquare$$

2. Klicken Sie auf den unteren Platzhalter, und geben Sie **x** ein.

   $$\frac{d^\blacksquare}{dx^\blacksquare}\blacksquare$$

3. Klicken Sie auf den Ausdruck oberhalb und rechts vom vorigen Platzhalter, und geben Sie **3** ein. Dabei muß es sich um eine ganze Zahl zwischen 0 und 5 handeln. Beachten Sie, daß der Platzhalter im Nenner die Eingabe automatisch berücksichtigt.

   $$\frac{d^3}{dx^3}\blacksquare$$

4. Klicken Sie auf den Platzhalter rechts von $\frac{d}{dx^3}$, und geben Sie **x^9** ein. Dieser Ausdruck soll differenziert werden.

   $$\frac{d^3}{dx^3}x^9$$

5. Drücken Sie =, oder klicken Sie auf = in der Auswertungspalette

   $$\frac{d^3}{dx^3}x^9 = 3.226 \cdot 10^4$$

Hinweis Für $n = 1$ erzeugt der Operator für die n-te Ableitung dasselbe Ergebnis wie der Operator für die erste Ableitung (siehe Seite 181).

Integrale

Mit dem Integral-Operator von Mathcad werten Sie das bestimmte Integral einer Funktion über einem bestimmten Intervall aus.

Das folgende Beispiel zeigt die Auswertung des bestimmten Integrals von $\sin^2(x)$ zwischen 0 und $\pi/4$. (In Mathcad geben Sie $\sin^2(x)$ als $\sin(x)^2$ ein.). Gehen Sie wie folgt vor:

1. Klicken Sie auf einen freien Bereich und dann in der Differential- und Integralpalette auf [Symbol]. Auf dem Arbeitsblatt erscheint ein Integralsymbol mit Platzhaltern für den Integranden, die Grenzwerte der Integration und die Integrationsvariable.

2. Klicken Sie auf den unteren Platzhalter, und geben Sie **0** ein. Klicken Sie auf den oberen Platzhalter, und geben Sie [P]+[Strg]+[G] **/4** ein. Damit haben Sie die Ober- und Untergrenzen für die Integration festgelegt.

3. Klicken Sie auf den Platzhalter zwischen dem Integralzeichen und dem »d«. Geben Sie **sin(x)^2** ein. Dieser Ausdruck wird integriert.

4. Klicken Sie auf den letzten Platzhalter, und geben Sie **x** ein. Dies ist die Integrationsvariable. Drücken Sie =, oder klicken Sie auf [=] in der Auswertungspalette.

Hinweis Bei der Auswertung von Integralen in Mathcad gelten einige Regeln: 1) Die Grenzen der Integration müssen reell sein. Der zu integrierende Ausdruck kann reell oder komplex sein. 2) Bis auf die Integrationsvariable müssen alle im Integranden verwendeten Variablen bereits im Arbeitsblatt definiert sein. 3) Die Integrationsvariable muß aus einem einzelnen Variablennamen bestehen. 4) Falls in der Integrationsvariablen Einheiten verwendet werden, müssen die Ober- und Untergrenze für die Integration dieselben Einheiten verwenden.

Integrationsalgorithmen und AutoSelect

Mathcad beinhaltet zahlreiche Integrationsmethoden, aus denen Sie auswählen können, um die numerische Annäherung eines Integrals zu berechnen. Bei der Auswertung eines Integrals verwendet Mathcad standardmäßig eine *AutoSelect*-Prozedur, um die genaueste Integrationsmethode auszuwählen. Wenn Sie in Mathcad Professional arbeiten, können Sie sich über AutoSelect hinwegsetzen und zwischen den verfügbaren Integrationsalgorithmen wählen.

Hier die Methoden, die Mathcad für die numerische Auswertung eines Integrals bereitstellt:

Romberg
Wendet eine Romberg-Integrationsmethode an, die das Integrationsintervall in gleich große Teilintervalle zerlegt.

Adaptiv
Wendet einen adaptiven Quadratalgorithmus an, wenn der Integrand über das Integrationsintervall wesentliche Größenunterschiede aufweist.

Grenzwert
Wendet einen Algorithmus an, der für eine unzulässige Integralauswertung bereitgestellt wird, falls eine der Integralgrenzen ∞ oder –∞ ist.

Singularität an der Integrationsgrenze
Wendet eine Routine an, die die Intervallendpunkte nicht benutzt, falls der Integrand an einer der Integrationsgrenzen nicht definiert ist.

Hinweis Die Integrationsalgorithmen von Mathcad berücksichtigen zahlreiche Situationen, können aber Probleme mit Integranden haben. Weisen die Ausdrücke beispielsweise Singularitäten oder Unstetigkeiten auf, ist das Ergebnis möglicherweise ungenau.

Pro In Mathcad Professional können Sie sich über die von AutoSelect ausgewählte Integrationsmethode hinwegsetzen. Dazu gehen Sie wie folgt vor:

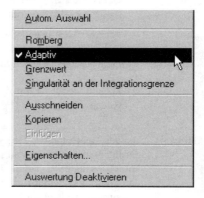

1 Werten Sie das Integral aus wie auf Seite 187 beschrieben. AutoSelect wählt einen Integrationsalgorithmus aus.

2. Klicken Sie mit der rechten Maustaste auf das Integral.

3. Klicken Sie im Popup-Menü auf eine der aufgelisteten Integrationsmethoden. Mathcad berechnet das Integral neu.

Tip In einigen Fällen können Sie mit Hilfe der symbolischen Integration von Mathcad einen exakten numerischen Wert ermitteln. Diese Möglichkeit verwenden Sie auch zur Auswertung unbestimmter Integrale. Weitere Informationen finden Sie in Kapitel 14.

Variable Integrationsgrenzen

Das Ergebnis einer Integration ist eine Zahl, Sie können aber ein Integral auch für eine Bereichsvariable berechnen, um Ergebnisse für viele Werte gleichzeitig zu erhalten. Das könnte beispielsweise sinnvoll sein, wenn Sie variable Integrationsgrenzen verwenden. Abbildung 9.9 zeigt, wie Sie dabei vorgehen.

Beachten Sie, daß ein Integral, wie das in Abbildung 9.9 gezeigte, wiederholt berechnet wird. Das kann abhängig von der Art des Integrals, seiner Länge und dem Wert des Toleranzparameters TOL (siehe unten) relativ lange dauern.

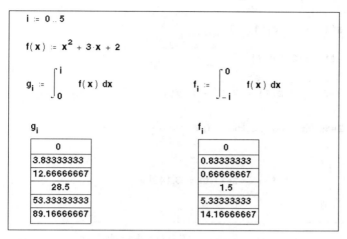

Abbildung 9.9: Variable Integrationsgrenzen

Integraltoleranzen

Mathcads Algorithmen zur numerischen Integration nehmen aufeinanderfolgende Annäherungen des Integralwerts vor und geben einen Wert zurück, wenn sich die beiden letzten Annäherungen um weniger als den Wert der vordefinierten Variablen TOL unterscheiden.

Wie im Abschnitt »Eingebaute Variablen« beschrieben, können Sie den Wert für TOL direkt auf Ihrem Arbeitsblatt ändern. Vordefinierte Variablen können außerdem durch Auswahl von OPTIONEN im RECHNEN-Menü geändert werden. Um zu sehen, welche Auswirkungen eine Änderung der Toleranz hat, wählen Sie im RECHNEN-Menü den Eintrag ARBEITSBLATT BERECHNEN, um alle Gleichungen auf dem Arbeitsblatt neu zu berechnen.

Wenn die Annäherung eines Integrals nicht konvergiert und kein Ergebnis erzeugt, markiert Mathcad das Integral mit einer Fehlermeldung. Das kann passieren, wenn die Funktion Singularitäten oder »Spitzen« innerhalb des Intervalls aufweist oder wenn ein extrem großes Intervall verwendet wird.

Tip Wenn Sie die Toleranz ändern, sollten Sie zwischen Genauigkeit und Rechenzeit abwägen. Wenn Sie die Toleranz verkleinern, berechnet Mathcad die Integrale genauer, aber es dauert länger, bis Sie ein Ergebnis haben. Wenn Sie die Toleranz vergrößern, rechnet Mathcad schneller, aber die Antworten sind weniger genau.

Umriß-Integrale

Mathcad kann komplexe Umriß-Integrale auswerten. Dazu parametrisieren Sie den Umriß und integrieren über den Parameter. Ist der Parameter keine Bogenlänge, müssen Sie auch die Ableitung der Parametrisierung als Korrekturfaktor angeben. Abbildung 9.10 zeigt ein Beispiel dafür. Beachten Sie, daß die imaginäre Einheit *i* für die Beschreibung des Pfads als **1i** geschrieben werden muß.

$$x(t) := 2 \cdot \cos(t)$$

$$y(t) := 2 \cdot \sin(t)$$

Pfad: $\quad z(t) := x(t) + i \cdot y(t)$

Zu integrierende Funktion: $f(z) := \dfrac{1}{z}$

$$\int_0^\pi f(z(t)) \cdot \dfrac{d}{dt} z(t) \, dt = 3.142i$$

Abbildung 9.10: Ein komplexes Umriß-Integral in Mathcad

Mehrfachintegrale

Mathcad ermöglicht die Auswertung von Doppel- oder Mehrfachintegralen. Um ein Doppelintegral zu erzeugen, klicken Sie zweimal auf ∫ in der Differential- und Integralpalette. Geben Sie einen Integranden, die Grenzen und die Integrationsvariable für die beiden Integrale ein. Abbildung 9.11 zeigt ein Beispiel.

Massenmittelpunkt des durch:

$\quad 0 < x < 1 \quad \text{and} \quad 0 < y < x$

beschriebenen Dreiecks mit einer Massendichte
proportional zum Abstand vom Ursprung.

$$\delta(x, y) := \sqrt{x^2 + y^2}$$

$$\text{Masse} := \int_0^1 \int_0^x \delta(x, y) \, dy \, dx \qquad \text{Masse} = 0.383$$

$$\text{xmittel} := \dfrac{1}{\text{Masse}} \cdot \int_0^1 \int_0^x x \cdot \delta(x, y) \, dy \, dx \qquad \text{xmittel} = 0.75$$

$$\text{ymittel} := \dfrac{1}{\text{Masse}} \cdot \int_0^1 \int_0^x y \cdot \delta(x, y) \, dy \, dx \qquad \text{ymittel} = 0.398$$

Abbildung 9.11: Doppelintegrale

Hinweis Mehrfachintegrale brauchen in der Regel sehr viel länger, bis sie konvergieren und ein Ergebnis zurückgeben, als Einfachintegrale. Sie sollten also wo immer möglich ein äquivalentes Einfachintegral verwenden.

Benutzerdefinierte Operatoren

Pro Dieser Abschnitt beschreibt, wie Sie mit Hilfe von Mathcad Professional eigene Operatoren definieren.

Operatoren sind mit Funktionen vergleichbar. Eine Funktion nimmt »Argumente« entgegen und gibt ein Ergebnis zurück. Ein Operator nimmt »Operanden« entgegen und gibt ein Ergebnis zurück. Die Unterschiede beziehen sich eher auf die Benennung:

- Funktionen haben in der Regel einen Namen, beispielsweise *tan* oder *spline*, während Operatoren normalerweise mit Hilfe mathematischer Symbole dargestellt werden, beispielsweise »+« oder »×«.

- Funktionsargumente werden in Klammern eingeschlossen, stehen hinter dem Funktionsnamen und werden durch Kommata voneinander getrennt. Operanden dagegen können an verschiedenen Stellen stehen. Beispielsweise sehen Sie häufig den Ausdruck *f(x, y)*, selten dagegen *x f y*. Analog dazu findet man oft »*x + y*«, seltener dagegen »+*(x, y)*«.

Definition eines benutzerdefinierten Operators

Ein benutzerdefinierter Operator wird wie eine Funktion definiert, die einen »seltsamen« Namen hat:

1. Geben Sie den Namen des Operators gefolgt von einem Klammerpaar ein. Geben Sie zwischen den Klammern die Operanden (mindestens zwei) ein.

2. Geben Sie das Definitionssymbol ein, :=.

3. Geben Sie einen Ausdruck ein, der beschreibt, was der Operator mit den Operanden auf der anderen Seite des Definitionssymbols tun soll.

Tip Mathcad stellt mehrere mathematische Symbole für die Definition eines benutzerdefinierten Operators bereit. Öffnen Sie dazu die QuickSheets im Informationszentrum (wählen Sie im HILFE-Menü den Eintrag INFORMATIONSZENTRUM), und klicken Sie auf »Zusätzliche Rechensymbole«. Diese Symbole können auf Ihr Arbeitsblatt verschoben werden, um daraus einen neuen Operatornamen zu machen.

Angenommen Sie möchten einen neuen Vereiningungsoperator definieren, der das Symbol »÷« verwendet.

1. Ziehen Sie das Symbol aus dem QuickSheet »Zusätzliche Rechensymbole« auf Ihr Arbeitsblatt.

2. Geben Sie eine öffnende Klammer, zwei durch Komma getrennte Namen und eine schließende Klammer ein.

3. Drücken Sie den Doppelpunkt (:), oder klicken Sie in der Kalkulator-Palette auf 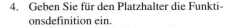. Sie sehen das Definitionssymbol gefolgt von einem Platzhalter.

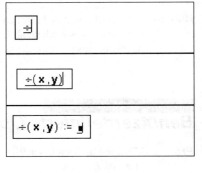

4. Geben Sie für den Platzhalter die Funktionsdefinition ein.

Damit haben Sie eine Funktion angelegt, die sich so wie die in Kapitel 8 beschriebenen benutzerdefinierten Funktionen verhält. Sie könnten also auf Ihrem Arbeitsblatt » ÷(1,2)= « eingeben und würden dafür das Ergebnis, einen Vektor mit den Elementen 1 und 2, auf der anderen Seite des Gleichheitszeichens erhalten.

Tip   Nachdem Sie den neuen Operator definiert haben, klicken Sie im Informationszentrum in den QuickSheets auf »Persönliche QuickSheets«. Wählen Sie aus dem BUCH-Menü den Eintrag BUCH MIT ANMERKUNGEN VERSEHEN, und geben Sie die neue Definition in das QuickSheet ein, oder verschieben Sie sie dorthin. Wählen Sie dann aus dem BUCH-Menü den Eintrag ABSCHNITT SPEICHERN. Wenn Sie diesen Operator wieder benötigen, öffnen Sie einfach Ihr persönliches QuickSheet und ziehen ihn auf Ihr neues Arbeitsblatt.

Verwendung eines benutzerdefinierten Operators

Nachdem Sie einen neuen Operator definiert haben, können Sie ihn in Ihren Berechnungen so verwenden wie alle vordefinierten Operatoren von Mathcad. Wie Sie dabei vorgehen, ist davon abhängig, ob der Operator einen oder zwei Operanden verarbeitet.

Um einen Operator mit zwei Operanden zu verwenden, gehen Sie wie folgt vor:

1. Definieren Sie die Variablen, die Sie als Argumente verwenden möchten.

2. Klicken Sie in der Auswertungspalette auf xfy. Sie sehen drei leere Platzhalter.

3. Geben Sie in den mittleren Platzhalter den Namen des Operators ein. Alternativ können Sie den Namen auch aus der Operatordefinition kopieren und in den Platzhalter einfügen.

4. Geben Sie in die beiden anderen Platzhalter die Operanden ein.	1 ÷ 2
5. Drücken Sie =, oder klicken Sie in der Auswertungspalette auf ▆ .	1 ÷ 2 = 0.5

Tip Eine Alternative zur Anzeige eines Operators mit zwei Operanden ist, auf $x^f y$ in der Auswertungspalette zu klicken. Wenn Sie den oben beschriebenen Anweisungen zur Verwendung des Operators folgen, sehen Sie eine baumförmige Darstellung.

Um einen Operator mit einem einzigen Operanden einzufügen, entscheiden Sie zuerst, ob der Operator vor dem Operanden, so wie in »-1«, oder nach dem Operanden, so wie in »5«, stehen soll. Steht der Operand vor dem Operator, handelt es sich um einen *Präfix-Operator*. Steht er hinter dem Operator, handelt es sich um einen *Postfix-Operator*. Das folgende Beispiel zeigt die Verwendung eines Postfix-Operators. Die Vorgehensweise für den Postfix-Operator ist fast identisch.

Das folgende Beispiel erklärt, wie Sie einen neuen logischen Nicht-Operator definieren und verwenden können. Definieren Sie zunächst einen Operator, »$'(x)$«. Dazu gehen Sie vor wie bei der Definition von $\cup(x,y)$ im vorigen Abschnitt. Ersetzen Sie das Symbol »'« durch »∪«, und verwenden Sie statt eines Arguments zwei.

Um den neuen Operator anzuwenden, gehen Sie wie folgt vor:

1. Klicken Sie in der Auswertungspalette auf $x\,f$, um einen Postfix-Operator anzulegen. Für einen Präfix-Operator klicken Sie auf $f\,x$. In jedem Fall sehen Sie zwei leere Platzhalter.

2. Wenn Sie auf $x\,f$ geklickt haben, tragen Sie den Operatornamen in den zweiten Platzhalter ein, andernfalls in den ersten. Sie werden feststellen, daß es bequemer ist, den Namen aus der Operatordefinition zu kopieren und in den Platzhalter einzufügen.

3. Geben Sie in den anderen Platzhalter den Operanden ein.

4. Drücken Sie =, oder klicken Sie in der Auswertungspalette auf ▆ .

¬0

¬0 = 1

Tip So wie Mathcad einen benutzerdefinierten Operator wie eine Funktion anzeigen kann, können Sie eine Funktion wie einen Operator anzeigen. Viele Benutzer lassen bei bestimmten Funktionen (z.B. bei trigonometrischen Funktionen) gerne die Klammern um die Argumente weg (sin x statt sin(x)). Um diese Notation verwenden zu können, behandeln Sie die *sin*-Funktion als Operator mit einem Operanden.

Benutzerdefinierte Operatoren

Kapitel 10
Vordefinierte Funktionen

Einfügen vordefinierter Funktionen

Wichtige mathematische Funktionen

Diskrete Transformationen

Vektor- und Matrixfunktionen

Funktionen zur Lösung und Optimierung

Funktionen für Statistik, Wahrscheinlichkeit und Datenanalyse

Finanzfunktionen

Pro Funktionen zur Lösung von Differentialgleichungen

Verschiedene Funktionen

Vordefinierte Funktionen einfügen

Abhängig davon, welche Erweiterungspakete Sie installiert haben oder ob Sie eigene vordefinierte Funktionen angelegt haben, werden Ihnen unterschiedliche Funktionen angeboten. Diese Funktionen können aus den folgenden Quellen stammen:

Vordefinierte Mathcad-Funktionen
Dies sind die Kernfunktionen von Mathcad. Sie werden in diesem Kapitel vorgestellt.

Pro **Mathcad-Erweiterungspakete**
Ein Erweiterungspaket besteht aus komplexen Funktionen, die für einen bestimmten Anwendungsbereich bereitgestellt werden. Die Dokumentation für diese Funktionen finden Sie in dem elektronischen Buch, das Sie zusammen mit dem Erweiterungspaket erhalten. Momentan gibt es unter anderem Erweiterungspakete für die Signalverarbeitung, Bildverarbeitung, für Dampftabellen, numerische Analyse und Wavelets. Mehr über diese und andere Erweiterungspakete erhalten Sie bei MathSoft, Ihrem lokalen Händler, auf der Web-Site von MathSoft

`http://www.mathsoft.com/`

oder in den Mathcad-Zusatzprodukten im Online-Informationszentrum (wählen Sie aus dem HILFE-Menü den Eintrag INFORMATIONSZENTRUM). Nach der Installation eines Erweiterungspaketes erscheinen die neuen Funktionen im Dialogfeld FUNKTION EINFÜGEN.

Pro **Vordefinierte Funktionen, die Sie selbst in C schreiben**

Wenn Sie Mathcad Professional einsetzen und einen unterstützten 32-Bit-C/C++-Compiler verwenden, können Sie auch eigene vordefinierte Funktionen entwickeln. Weitere Informationen finden Sie im PDF-Format in der Adobe-Acrobat-Datei »Eigene Benutzer-DLLs entwickeln« auf der Installations-CD.

Funktionen einfügen

Im Dialogfeld FUNKTION EINFÜGEN sehen Sie eine Liste der in Ihre Mathcad-Version eingebauten Funktionen, alphabetisch sortiert oder ihrer Kategorie nach angeordnet. Dabei werden gleichzeitig die Platzhalter für die Argumente angezeigt.

1. Klicken Sie auf einen leeren Bereich auf Ihrem Arbeitsblatt oder in einen Platzhalter.

2. Wählen Sie im EINFÜGEN-Menü den Eintrag FUNKTION, oder klicken Sie in der Standard-Symbolleiste auf 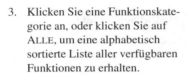. Mathcad öffnet das Dialogfeld FUNKTION EINFÜGEN.

3. Klicken Sie eine Funktionskategorie an, oder klicken Sie auf ALLE, um eine alphabetisch sortierte Liste aller verfügbaren Funktionen zu erhalten.

4. Doppelklicken Sie auf den Namen der Funktion, die eingefügt werden soll, oder klicken Sie auf EINFÜGEN.

5. Setzen Sie die Platzhalter ein.

Um eine Funktion auf einen zuvor eingegebenen Ausdruck anzuwenden, plazieren Sie den Ausdruck zwischen den beiden Bearbeitungslinien und gehen vor wie oben beschrieben. Weitere Informationen über die Bearbeitungslinien finden Sie in Kapitel 4.

Sie können aber auch einfach den Namen einer vordefinierten Funktion in einen Platzhalter oder einen Rechenbereich eingeben.

Tip Die Namen eingebauter Funktionen berücksichtigen nicht die Groß-/Kleinschreibung. Wenn Sie den Funktionsnamen nicht aus dem Dialogfeld FUNKTION EINFÜGEN einfügen, geben Sie den Namen der Funktion in einen Rechenbereich ein, wie er in den im folgenden gezeigten Tabellen dargestellt ist: in Kleinbuchstaben, in Großbuchstaben oder gemischt.

Hinweis In diesem Kapitel und im Dialogfeld FUNKTION EINFÜGEN werden optionale Argumente in eckigen Klammern, [ ], angegeben.

Hilfe bei der Verwendung vordefinierter Funktionen

Mathcad beinhaltet mehrere Hilfequellen, die Sie bei der Verwendung vordefinierter Funktionen unterstützen:

- Das Dialogfeld FUNKTION EINFÜGEN stellt eine bequeme Methode dar, eine Funktion ihrer Kategorie nach zu suchen, die erforderlichen Argumente zu ermitteln und eine kurze Beschreibung der Funktion zu erhalten. Wenn Sie im Dialogfeld FUNKTION EINFÜGEN auf HILFE klicken, wird unmittelbar das Hilfethema für die aktuell selektierte Funktion angezeigt.

- Das Online-Hilfesystem (wählen Sie im HILFE-Menü den Eintrag MATHCAD-HILFE, oder klicken Sie in der Standard-Symbolleiste auf) bietet einen Überblick ebenso wie detaillierte Hilfethemen zu Funktionen und Funktionskategorien.

- Das Informationszentrum (wählen Sie im HILFE-Menü den Eintrag INFORMATIONSZENTRUM, oder klicken Sie in der Standard-Symbolleiste auf) beinhaltet zahlreiche Mathcad-Dateien, z.B. Lernprogramme und QuickSheet-Beispiele, die Ihnen bei der Verwendung vordefinierter Funktionen oder bei der Lösung von Problemen helfen.

- Das *Mathcad-Referenzhandbuch* bietet Details zu Syntax, Argumenten, Algorithmen und dem Verhalten aller eingebauten Funktionen, Operatoren und Schlüsselwörter von Mathcad. Sie finden das Referenzhandbuch als Adobe-Acrobat-Datei auf der Mathcad-CD.

Wichtige mathematische Funktionen

Trigonometrische Funktionen

winkel(x, y)	Gibt den Winkel (in Radianten) von der positiven x-Achse zum Punkt (x, y) in der x-y-Ebene zurück. Das Ergebnis liegt zwischen 0 und 2π.
cos(z)	Gibt den Kosinus von z zurück.
cot(z)	Gibt 1/tan(z) zurück, den Kotangens von z. z sollte kein Vielfaches von π sein.
csc(z)	Gibt 1/sin(z) zurück, die Kosekans von z. z sollte kein Vielfaches von π sein.
sec(z)	Gibt 1/cos(z) zurück, die Sekans von z. z sollte kein ungerades Vielfaches von π sein.
sin(z)	Gibt den Sinus von z zurück.
tan(z)	Gibt sin(z)/cos(z) zurück, den Tangens von z. z sollte kein ungerades Vielfaches von π sein.

Die trigonometrischen Funktionen und ihre Inversen akzeptieren beliebige skalare Argumente: real, komplex oder imaginär. Außerdem geben sie gegebenenfalls komplexe Zahlen zurück.

Hinweis Trigonometrische Funktionen erwarten ihre Argumente als *Radianten*. Um ein Argument in Grad zu übergeben, verwenden Sie die vordefinierte Einheit *grad*. Um beispielsweise den Sinus von 45 Grad zu berechnen, geben Sie **sin(45*grad)** ein.

Tip In Mathcad geben Sie trigonometrische Funktionen wie $\sin^2(x)$ als $\sin(x)^2$ ein. Sie können auch den Präfix-Operator von Mathcad Professional benutzen wie im Abschnitt »Benutzerdefinierte Operatoren« auf Seite 194 beschrieben. Um beispielsweise $\sin^2(x)$ einzugeben, klicken Sie auf [f x] in der Auswertungspalette, geben Sie **sin²** in den linken Platzhalter und **(x)** in den rechten Platzhalter ein.

Inverse trigonometrische Funktionen

acos(*z*)	Gibt den Winkel (in Radianten) zurück, dessen Kosinus gleich *z* ist.
acot(*z*)	Gibt den Winkel (in Radianten) zurück, dessen Kotangens gleich *z* ist.
acsc(*z*)	Gibt den Winkel (in Radianten) zurück, dessen Kosekans gleich *z* ist.
asec(*z*)	Gibt den Winkel (in Radianten) zurück, dessen Sekans gleich *z* ist.
asin(*z*)	Gibt den Winkel (in Radianten) zurück, dessen Sinus gleich *z* ist.
atan(*z*)	Gibt den Winkel (in Radianten) zurück, dessen Tangens gleich *z* ist.
atan2(*x, y*)	Gibt den Winkel (in Radianten) von der positiven *x*-Achse zum Punkt (*x, y*) in der *x-y*-Ebene zurück.

Mit Ausnahme von *atan2* und *acot* nehmen die inversen trigonometrischen Funktionen reale oder komplexe Argumente entgegen und geben einen Winkel in Radianten zwischen $-\pi/2$ und $\pi/2$ zurück, bzw. den Hauptwert, falls es sich um ein komplexes Argument handelt. *atan2* nimmt nur reale Argumente entgegen und gibt ein Ergebnis zwischen $-\pi$ und π zurück. *acot* gibt für ein reales Argument einen Winkel in Radianten zwischen 0 und π oder den Hauptwert zurück, falls es sich um ein komplexes Argument handelt.

Um ein Ergebnis in Grad umzuwandeln, dividieren Sie es durch die vordefinierte Einheit *grad* oder geben in den Einheitenplatzhalter **grad** ein, wie im Abschnitt »Einheiten für Ergebnisse« auf Seite 156 beschrieben.

Hyperbolische Funktionen

acosh(z)	Gibt die Zahl zurück, deren hyperbolischer Kosinus z ist.
acoth(z)	Gibt die Zahl zurück, deren hyperbolischer Kotangens z ist.
acsch(z)	Gibt die Zahl zurück, deren hyperbolischer Kosekans z ist.
asech(z)	Gibt die Zahl zurück, deren hyperbolischer Sekans z ist.
asinh(z)	Gibt die Zahl zurück, deren hyperbolischer Sinus z ist.
atanh(z)	Gibt die Zahl zurück, deren hyperbolischer Tangens z ist.
cosh(z)	Gibt den hyperbolischen Kosinus von z zurück.
coth(z)	Gibt 1/tanh(z) zurück, den hyperbolischen Kotangens von z.
csch(z)	Gibt 1/sinh(z) zurück, die hyperbolische Kosekans von z.
sech(z)	Gibt 1/cosh(z) zurück, die hyperbolische Sekans von z.
sinh(z)	Gibt den hyperbolischen Sinus von z zurück.
tanh(z)	Gibt sinh(z)/cosh(z) zurück, den hyperbolischen Tangens von z.

Logarithmus- und Exponentialfunktionen

exp(z)	Gibt e in der Potenz von z zurück.
ln(z)	Gibt den natürlichen Logarithmus von z zurück. ($z \neq 0$).
log(z, b)	Gibt den Logarithmus von z mit der Basis b zurück. ($z \neq 0$, $b \neq 0$). Wird b nicht angegeben, wird die Basis 10 verwendet.

Die Exponential- und Logarithmusfunktionen von Mathcad können komplexe Argumente entgegennehmen und zurückgeben. *ln* gibt den Hauptwert der natürlichen Logarithmusfunktion zurück.

Bessel-Funktionen

Pro	Ai(x)	Gibt den Wert der Airy-Funktion der ersten Art zurück. x muß real sein.
Pro	bei(n, x)	Gibt den Wert der imaginären Bessel-Kelvin-Funktion der Ordnung n zurück.
Pro	ber(n, x)	Gibt den Wert der realen Bessel-Kelvin-Funktion der Ordnung n zurück.
Pro	Bi(x)	Gibt den Wert der Airy-Funktion der zweiten Art zurück. x muß real sein.
	I0(x)	Gibt den Wert der modifizierten Bessel-Funktion nullter Ordnung der ersten Art zurück. x muß real sein.

	I1(x)	Gibt den Wert der modifizierten Bessel-Funktion erster Ordnung der ersten Art zurück. x muß real sein.
	In(m, x)	Gibt den Wert der modifizierten Bessel-Funktion m-ter Ordnung der ersten Art zurück. x muß real sein, m ist eine ganze Zahl, und es gilt $0 \leq m \leq 100$.
	J0(x)	Gibt den Wert der Bessel-Funktion nullter Ordnung der ersten Art zurück. x muß real sein.
	J1(x)	Gibt den Wert der Bessel-Funktion erster Ordnung der ersten Art zurück. x muß real sein.
	Jn(m, x)	Gibt den Wert der Bessel-Funktion m-ter Ordnung der ersten Art zurück. x muß real sein, und es gilt $0 \leq m \leq 100$.
Pro	js(n, x)	Gibt einen Wert der sphärischen Bessel-Funktion der ersten Art zurück, in einer ganzzahligen Ordnung n. $x > 0$, $n \geq -200$.
	K0(x)	Gibt den Wert der modifizierten Bessel-Funktion nullter Ordnung der zweiten Art zurück. x real, $x > 0$.
	K1(x)	Gibt den Wert der modifizierten Bessel-Funktion erster Ordnung der zweiten Art zurück. x real, $x > 0$.
	Kn(m,x)	Gibt den Wert der modifizierten Bessel-Funktion m-ter Ordnung der zweiten Art zurück. x real, $x > 0$, m ist eine ganze Zahl, und es gilt $0 \leq m \leq 100$.
	Y0(x)	Gibt den Wert der Bessel-Funktion nullter Ordnung der zweiten Art zurück. x real, $x > 0$.
	Y1(x)	Gibt den Wert der Bessel-Funktion erster Ordnung der zweiten Art zurück. x real, $x > 0$.
	Yn(m, x)	Gibt den Wert der Bessel-Funktion m-ter Ordnung der zweiten Art zurück. x real, $x > 0$, 0, m ist eine ganze Zahl, und es gilt $0 \leq m \leq 100$.
Pro	ys(n, x)	Gibt den Wert der sphärischen Bessel-Funktion der zweiten Art der Integer-Ordnung n zurück. x muß real sein. $x > 0$, $n \geq -200$.

Komplexe Zahlen

arg(z)	Gibt den Winkel von der realen Achse zu z in der komplexen Ebene zurück. Das Ergebnis liegt zwischen $-\pi$ und π.
csgn(z)	Komplexe Signum Funktion. Gibt 0 zurück, wenn $z = 0$; 1, wenn Re(z) > 0 oder (Re(z) = 0 und Im(z) > 0); und -1 andernfalls.
Im(z)	Gibt den Imaginärteil einer Zahl z zurück.
Re(z)	Gibt den Realteil einer Zahl z zurück.
signum(z)	Gibt 1 zurück, wenn $z = 0$, andernfalls $z/|z|$.

Teilweise stetige Funktionen

wenn(*bedingung, true, false*)	Gibt *true*-wert zurück, wenn *bedingung* ungleich Null ist (True), *false*-wert, wenn *bedingung* gleich Null ist (False). *bedingung* ist in der Regel ein Boolescher Ausdruck.
$\delta\,(m, n)$	Kroneckersche Delta-Funktion. Gibt 1 zurück, wenn $m = n$, andernfalls 0. Beide Argumente müssen ganze Zahlen sein.
$\varepsilon\,(i, j, k)$	Vollständig asymmetrischer Tensor des Grads 3. i, j und k müssen ganze Zahlen zwischen 0 und 2 sein. Das Ergebnis ist 0, wenn zwei Werte gleich sind, 1 für gerade Permutationen und -1 für ungerade Permutationen.
$\Phi(x)$	Heaviside-Sprungfunktion. Gibt 1 zurück, falls $x \geq 0$, andernfalls -1. x muß real sein.
sign(x)	Gibt 0 zurück, wenn $x = 0$; 1, wenn $x > 0$; andernfalls -1. x muß real sein.

Hinweis   Die *wenn*-Bedingung erleichtert das Verzweigen von Berechnungen: die Wahl eines von zwei Werten, die auf Bedingungen basieren. Das erste Argument der *wenn*-Bedingung, *bedingung*, kann irgendein Ausdruck sein, im Normalfall jedoch ein Boolescher Ausdruck, der zwei mathematische Ausdrücke mit dem Booleschen Operator verbindet. Beachten Sie hierzu auch den Abschnitt »Arithmetische und Boolesche Operatoren« auf Seite 172.

Zahlentheorie/Kombinatorik

combin(n, k)	Gibt die Anzahl der Kombinationen zurück: die Anzahl der Untermengen der Größe k, die aus n Objekten gebildet werden können. n und k sind ganze Zahlen, es gilt $0 \leq k \leq n$.
GGT(**A, B, C, ...**)	Gibt den größten gemeinsamen Teiler zurück: das ist die größte ganze Zahl, die alle Elemente in den Feldern oder Skalaren **A, B, C,** ... ohne Rest teilt. Die Elemente von **A, B, C,** ... müssen positive ganze Zahlen sein.
KGV(**A, B, C, ...**)	Gibt das kleinste gemeinsame Vielfache zurück: die kleinste positive ganze Zahl, die ein Vielfaches aller Werte in den Feldern oder Skalaren **A, B, C,** ... darstellt. Die Elemente von **A, B, C,** ... müssen positive ganze Zahlen sein.
mod(x, y)	Rest der Division von x durch y. Das Ergebnis hat dasselbe Vorzeichen wie x.
permut(n, k)	Gibt die Anzahl der Permutationen zurück: die Anzahl der Möglichkeiten, n verschiedene Objekte zu jeweils k Stück zu kombinieren. n und k sind ganze Zahlen, $0 \leq n \leq k$.

Kürzungen und Rundungen

	ceil(x)	Kleinste ganze Zahl $\geq x$ (x muß reell sein).
	floor(x)	Größte ganze Zahl $\leq x$ (x muß reell sein).
	round(x, n)	Rundet die reale Zahl x auf n Dezimalstellen. Wenn $n < 0$, wird x auf die Stelle vor dem Dezimalpunkt aufgerundet. Wenn n fehlt, wird x auf die nächste ganze Zahl gerundet und zurückgegeben.
	trunc(x)	Gibt den ganzzahligen Anteil einer reellen Zahl x zurück, indem der Bruchteil entfernt wird.

Spezielle Funktionen

	fehlf(x)	Gibt den Wert der Fehlerfunktion von x zurück. x muß rell sein.
	erfc(x)	Gibt den Wert der komplementären Fehlerfunktion von x zurück: $1 - \text{Fehlf}(x)$. x muß reell sein.
Pro	fhyper(a, b, c, x)	Gibt den Wert der Gaußschen hypergeometrischen Funktion an der Stelle x mit den Parameter a, b, c zurück. $-1 < x < 1$.
	$\Gamma(z)$	Gibt den Wert der klassischen Eulerschen Gamma-Funktion an der Stelle z zurück, eine reelle oder komplexe Zahl. Undefiniert für $z = 0, -1, -2, \ldots$
	$\Gamma(x, y)$	Gibt den Wert der erweiterten Eulerschen Gamma-Funktion für reale Zahlen $x > 0$, $y \geq 0$ zurück.
Pro	Her(n, x)	Gibt den Wert der Hermitschen Polynomial-Funktion des Rangs n an der Stelle x zurück.
Pro	ibeta(a, x, y)	Gibt den Wert der unvollständigen Beta-Funktion von x und y mit dem Parameter a zurück.
Pro	Jac(n, a, b, x)	Gibt den Wert der Jacobischen Polynomial-Funktion des Rangs n an der Stelle x mit den Parametern a und b zurück.
Pro	Lag(n, x)	Gibt den Wert der Laguerreschen Polynomial-Funktion des Rangs n an der Stelle x zurück.
Pro	leg(n, x)	Gibt den Wert der Legendreschen Polynomial-Funktion des Rangs n an der Stelle x zurück.
Pro	mhyper(a, b, x)	Gibt den Wert einer konfluenten hypergeometrischen Funktion an der Stelle x mit den Parametern a und b zurück.
Pro	Tcheb(n, x)	Gibt den Wert der Chebyshevschen Polynomial-Funktion des Grades n, der ersten Art und an der Stelle x zurück.
Pro	Ucheb(n, x)	Gibt den Wert der Chebyshevschen Polynomial-Funktion des Grades n, der zweiten Art und an der Stelle x.

Diskrete Transformationen

Mathcad beinhaltet zahlreiche Funktionen für die Ausführung diskreter Transformationen. Für diese Funktionen werden Vektoren als Argumente übergeben.

Hinweis Wenn Sie einen Vektor v für die Verwendung in Fourier- oder Wavelet-Transformationen definieren, indiziert Mathcad diesen standardmäßig als bei 0 beginnend, es sei denn, Sie haben den Wert der eingebauten Variablen ORIGIN nicht auf 0 festgelegt (siehe auch Seite 138). Wenn Sie v_0 nicht bestimmen, legt Mathcad den Wert automatisch auf 0 fest. Dies kann zu Verfälschungen in den Ergebnissen der Transformationsfunktionen führen.

Fourier-Transformationen für reelle und komplexe Daten

cfft(**A**)	Gibt die schnelle Fourier-Transformation eines Vektors oder einer Matrix komplexer Daten zurück, die Messungen in gleich großen Zeitabschnitten darstellen. Das zurückgegebene Feld hat dieselbe Größe wie das Argument.
icfft(**A**)	Gibt die inverse Fourier-Transformation eines Vektor oder einer Matrix für Daten entsprechend *cfft* zurück. Das zurückgegebene Feld hat dieselbe Größe wie das Argument.
fft(**v**)	Gibt die schnelle direkte Fourier-Transformation eines 2^m Element-Vektors reeller Daten zurück, die Messungen in gleich großen Zeitabschnitten darstellen. $m > 2$.
ifft(**v**)	Gibt die inverse Fourier-Transformation eines Vektors mit Daten entsprechend *fft* zurück. Nimmt einen Vektor der Größe $1 + 2^{n-1}$ entgegen und gibt einen reellen Vektor der Größe 2^n zurück. $n > 2$.
CFFT(**A**)	Gibt eine Transformation zurück, die *cfft* entspricht, außer daß ein anderer Normalisierungsfaktor verwendet wird.
ICFFT(**A**)	Gibt die inverse Fourier-Transformation eines Vektor oder einer Matrix mit Daten gemäß *CFFT* zurück. Das zurückgegebene Feld hat dieselbe Größe wie das Argument.
FFT(**v**)	Gibt eine Transformation zurück, die *fft* entspricht, außer daß ein anderer Normalisierungsfaktor verwendet wird.
IFFT(**v**)	Gibt die inverse Fourier-Transformation eines Vektors mit Daten gemäß *FFT* zurück. Nimmt einen Vektor der Größe $1 + 2^{n-1}$ entgegen und gibt einen reellen Vektor der Größe 2^n zurück.

Mathcad bietet zwei Arten von Fourier-Transformations-Paaren an: fft/ifft (oder die Alternativen *FFT/IFFT*) und *cfft/icfft* (oder die Alternativen *CFFT/ICFFT*). Diese Funktionen sind diskret: Sie werden nur auf Vektoren und Matrizen angewendet und geben nur Vektoren und Matrizen zurück. Sie können nicht mit anderen Funktionen kombiniert werden.

Die Funktionen *fft* und *ifft* (oder *FFT/IFFT*) werden verwendet, wenn:

- die Datenwerte in der Zeitdomäne real sind und
- der Datenvektor 2^m Elemente enthält.

In allen anderen Fällen werden die Funktionen *cfft* und *icfft* (oder *CFFT/ICFFT*) verwendet.

Diese Funktionen müssen paarweise benutzt werden. Wenn Sie beispielsweise *CFFT* verwenden, um von der Zeitdomäne in die Frequenzdomäne zu gelangen, müssen Sie *ICFFT* verwenden, um wieder zurück in die Zeitdomäne zu gelangen. Ein Beispiel dafür finden Sie in Abbildung 10.1.

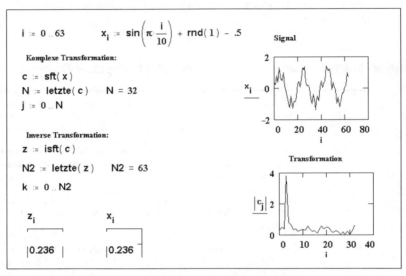

Abbildung 10.1: Schnelle Fourier-Transformationen in Mathcad. Da die Zufallszahlengeneratoren bei jedem Vorgang andere Zahlen angeben, wird sich dieses Beispiel auf Ihrem Bildschirm leicht von dieser Abbildung unterscheiden.

Hinweis Verschiedene Quellen benutzen verschiedene Konventionen beim Anfangsfaktor der Fourier-Transformation und bei der Entscheidung, die Ergebnisse der Transformation oder der inversen Transformation zu konjugieren. Die Funktionen *fft*, *ifft*, *cfft* und *icfft* benutzen $1/\sqrt{N}$ als normalisierenden Faktor und einen positiven Exponenten, um von der Zeit- in die Frequenzdomäne zu wechseln. Die Funktionen *FFT*, *IFFT*, *CFFT* und *ICFFT* benutzen $1/N$ als normalisierenden Faktor und einen negativen Exponenten, um von der Zeit- in die Frequenzdomäne zu wechseln.

Wavelet-Transformationen

Pro	wave(**v**)	Gibt die diskrete Wavelet-Transformation von **v** zurück, einem 2^m-elementigen Vektor mit reellen Daten. Dazu wird der Daubechies'sche Vier-Koeffizienten-Wavelet-Filter verwendet. Der zurückgegebene Vektor hat dieselbe Größe wie **v**.
Pro	iwave(**v**)	Gibt die inverse diskrete Wavelet-Transformation von **v** zurück, einem 2^m-elementigen Vektor mit reellen Daten. Der zurückgegebene Vektor hat dieselbe Größe wie **v**.

Vektor- und Matrixfunktionen

Beachten Sie, daß Funktionen, die Vektoren entgegennehmen, Spaltenvektoren aber keine Zeilenvektoren erwarten. Um einen Zeilenvektor in einen Spaltenvektor umzuwandeln, verwenden Sie den Transponierenoperator (klicken Sie in der Matrix-Palette auf M^T).

Größe und Gültigkeitsbereich eines Felds

spalten(**A**)	Gibt die Anzahl der Spalten im Feld **A** zurück. Ist **A** ein Skalar, wird 0 zurückgegeben.
letzte(**v**)	Gibt den Index des letzten Elements im Vektor **v** zurück.
länge(**v**)	Gibt die Anzahl der Elemente im Vektor **v** zurück.
max(**A, B, C, ...**)	Gibt das größte Element in den Zeichenfolgen, Feldern oder Skalaren **A, B, C, ...** zurück. Ist ein Wert komplex, wird der größte Realteil plus i-mal der größte Imaginärteil zurückgegeben.
min(**A, B, C, ...**)	Gibt das kleinste Element in den Zeichenfolgen, Feldern oder Skalaren **A, B, C, ...** zurück. Ist ein Wert komplex, wird der kleinste Realteil plus i-mal der kleinste Imaginärteil zurückgegeben.
zeilen(**A**)	Gibt die Anzahl der Zeilen im Feld **A** zurück. Ist **A** ein Skalar, wird 0 zurückgegeben.

Spezielle Matrizentypen

Pro	diag(**v**)	Gibt eine Diagonalmatrix zurück, die auf ihrer Diagonalen die Elemente von **v** enthält.
Pro	geninv(**A**)	Gibt die verallgemeinerte inverse Matrix **L** von **A** zurück, so daß gilt $L \cdot A = I$, wobei **I** die Identitätsmatrix ist, die dieselbe Anzahl Spalten wie **A** hat. Matrix **A** ist eine $m \times n$-Matrix mit reellen Werten, wobei $m \geq n$ ist.

	einheit(*n*)	Gibt eine $n \times m$-Matrix mit Nullen zurück, wobei nur auf der Diagonalen 1en sitzen.
	zref(**A**)	Gibt die zeilenreduzierte Echelonform von **A** zurück.

$$v := \begin{bmatrix} 2 \\ 8 \\ 9 \\ 7 \end{bmatrix} \quad \text{diag}(v) = \begin{bmatrix} 2 & 0 & 0 & 0 \\ 0 & 8 & 0 & 0 \\ 0 & 0 & 9 & 0 \\ 0 & 0 & 0 & 7 \end{bmatrix} \quad \leftarrow \text{Eine Diagonalmatrix von einem Vektor. nur Mathcad PLUS}$$

$$A := \begin{pmatrix} 2 & 4 & 6 \\ 4 & 5 & 6 \\ 2 & 7 & 12 \end{pmatrix} \quad \text{rref}(A) = \begin{pmatrix} 1 & 0 & -1 \\ 0 & 1 & 2 \\ 0 & 0 & 0 \end{pmatrix} \quad \leftarrow \text{Der zeilenreduzierte Echelon einer Matrix. nur Mathcad PLUS}$$

$$B := \begin{bmatrix} 5 + 2i \\ 2.54 - 3i \\ 3 + (4 + .8) \cdot i \end{bmatrix} \quad \text{Im}(B) = \begin{pmatrix} 2 \\ -3 \\ 4.8 \end{pmatrix} \quad \leftarrow \text{Der Imaginärteil einer Matrix.}$$

Abbildung 10.2: Funktionen für die Transformation von Feldern

Spezielle Eigenschaften einer Matrix

Pro	cond1(**M**)	Gibt die Bedingungsnummer der Matrix **M** basierend auf der Norm L_1 zurück.
Pro	cond2(**M**)	Gibt die Bedingungsnummer der Matrix **M** basierend auf der Norm L_2 zurück.
Pro	conde(**M**)	Gibt die Bedingungsnummer der Matrix **M** basierend auf der euklidschen Norm zurück.
Pro	condi(**M**)	Gibt die Bedingungsnummer der Matrix **M** basierend auf der Unendlichkeitsnorm zurück.
Pro	norm1(**M**)	Gibt die L_1-Norm der Matrix **M** zurück.
Pro	norm2(**M**)	Gibt die L_2-Norm der Matrix **M** zurück.
Pro	norme(**M**)	Gibt die euklidsche Norm der Matrix **M** zurück.
Pro	normi(**M**)	Gibt die Unendlichkeitsnorm der Matrix **M** zurück.
	rg(**A**)	Gibt den Rang der real-wertigen Matrix **A** zurück.
	sp(**M**)	Gibt die Summe der Diagonalenelemente zurück, auch als die Spur von **M** bezeichnet.

Neue Matrizen anlegen

erweitern(**A**, **B**, **C**, ...)	Gibt ein Feld zurück, das gebildet wird, indem **A**, **B**, **C**, ... von links nach rechts angelegt werden. **A**, **B**, **C**, ... sind entweder Eingabefelder mit derselben Anzahl an Zeilen oder aber Skalare und einzeilige Felder.
CreateMesh (**F**, [[*s0*], [*s1*], [*t0*], [*t1*], [*sgrid*], [*tgrid*], [**fmap**]])	Gibt ein verschachteltes Feld dreier Matrizen zurück, das die *x*-, *y*- und *z*-Koordinaten einer durch die Funktion **F** definierten parametrisierten Fläche darstellt. **F** ist eine aus drei Elementen bestehende vektorwertige Funktion zweier Variablen. *s0*, *s1*, *t0* und *t1* sind die Variablenbegrenzungen und *sgrid* und *tgrid* geben die Anzahl der Rasterpunkte an. Alle Werte müssen reelle Skalare sein. **fmap** ist eine aus drei Elementen bestehende vektorwertige Abbildungsfunktion. Alle Argumente außer dem Funktionsargument sind optional.
CreateSpace (**F**, [[*t0*], [*t1*], [*tgrid*], [**fmap**]])	Gibt ein verschachteltes Feld dreier Vektoren zurück, das die *x*-, *y*- und *z*-Koordinaten einer durch die Funktion **F** definierten Raumkurve darstellt. **F** ist eine aus drei Elementen bestehende vektorwertige Funktion einer Variablen. *t0* und *t1* sind die Variablenbegrenzungen und *tgrid* gibt die Anzahl der Rasterpunkte an. Alle Werte müssen reelle Skalare sein. **fmap** ist eine aus drei Elementen bestehende vektorwertige Abbildungsfunktion. Alle Argumente außer dem Funktionsargument sind optional.
matrix(*m*, *n*, *f*)	Erzeugt eine Matrix, in der das *i,j*-te Element den Wert von *f*(*i*, *j*) enthält, wobei $i = 0, 1, ..., m-1$ und $j = 0, 1, ..., n-1$ ist. Die Funktion *f* muß zuvor im Arbeitsblatt definiert worden sein.
stapeln(**A**, **B**, **C**, ...)	Gibt ein Feld zurück, das gebildet wird, indem **A**, **B**, **C**, ... von oben nach unten angelegt werden. **A**, **B**, **C**, ... sind Eingabefelder, die dieselbe Anzahl an Spalten haben, oder sie sind Skalare und Vektoren.
submatrix(**A**, *ir*, *jr*, *ic*, *jc*)	Gibt eine Teilmatrix von **A** zurück, die alle Elemente der Zeilen *ir* bis *jr* und der Spalten *ic* bis *jc* enthält. Um die Reihenfolge der Zeilen und/oder Spalten beizubehalten, muß $ir \le jr$ und $ic \le jc$. gelten

Hinweis Anstatt einer vektorwertigen Funktion **F** können Sie für die Funktionen *CreateMesh* und *CreateSpace* die drei Funktionen **f1**, **f2** und **f3** verwenden, welche die *x*-, *y*- und *z*-Koordinaten einer parametrisierten Fläche oder einer Raumkurve darstellen. Das Aufrufen einer dieser Funktionen könnte wie folgt aussehen: *CreateMesh* (*f*1, *f*2, *f*3). Sie können für den Aufruf von *CreateMesh* auch eine einzelne Funktion zweier Variablen wie diese benutzen:

$$F(x, y) = \frac{\sin(x) + \cos(y)}{2}$$

Abbildung 10.3 zeigt Beispiele für die Verwendung von *stapeln* und *erweitern*.

$$M := \begin{pmatrix} 1 & 7 & 1 \\ 5 & 8 & 2 \\ 6 & 9 & 3 \end{pmatrix} \qquad A := \begin{pmatrix} -1 & -2 \\ -3 & -7 \\ -4 & -9 \end{pmatrix} \qquad B := \begin{pmatrix} 1 & 2 \\ 3 & 7 \\ 4 & 9 \end{pmatrix}$$

Zusammenfügen von Matrizen...

Mit "stapeln" können Sie Matrizen übereinander anordnen.

Mit "erweitern" können Sie Matrizen nebeneinander anordnen.

$$\text{stapeln}(A, B) = \begin{bmatrix} -1 & -2 \\ -3 & -7 \\ -4 & -9 \\ 1 & 2 \\ 3 & 7 \\ 4 & 9 \end{bmatrix} \qquad \text{erweitern}(M, A) = \begin{pmatrix} 1 & 7 & 1 & -1 & -2 \\ 5 & 8 & 2 & -3 & -7 \\ 6 & 9 & 3 & -4 & -9 \end{pmatrix}$$

Abbildung 10.3: Verknüpfung von Matrizen mit den Funktionen erweitern *und* stapeln

Eigenwerte und Eigenvektoren

	eigenwerte(**M**)	Gibt einen Vektor zurück, der die Eigenwerte der quadratischen Matrix **M** enthält.
	eigenvek(**M**, z)	Gibt eine Matrix zurück, die den normalisierten Eigenvektor enthält, der dem Eigenwert z der quadratischen Matrix **M** entspricht.
Pro	eigenvektoren(**M**)	Gibt eine Matrix zurück, die normalisierte Eigenvektoren enthält, die den Eigenwerten der quadratischen Matrix **M** entsprechen. Die *n*-te Spalte der zurückgegebenen Spalte ist ein Eigenvektor, der dem *n*-ten von *eigenwerte* zurückgegebenen Eigenwert entspricht.
Pro	genwerte(**M, N**)	Gibt einen Vektor **v** berechneter Eigenwerte zurück, die alle dem verallgemeinerten Eigenwertproblem $M \cdot x = v_i \cdot N \cdot x$ entsprechen. Vektor **x** ist der entsprechende Eigenvektor. **M** und **N** sind reelle quadratische Matrizen, die dieselbe Anzahl Spalten aufweisen.
Pro	genvektoren(**M, N**)	Gibt eine Matrix mit den normalisierten Eigenvektoren zurück, die den Eigenwerten in **v** entsprechen, dem von *genwerte* zurückgegebenen Vektor. Die *n*-te Spalte dieser Matrix ist der Eigenvektor **x**, der dem verallgemeinerten Eigenwertproblem $M \cdot x = v_n \cdot N \cdot x$ entspricht. **M** und **N** sind reell-wertige quadratische Matrizen, die dieselbe Anzahl Spalten aufweisen.

Abbildung 10.4 zeigt einige dieser Funktionen.

> Suchen der Eigenwerte und Eigenvektoren einer reellen Matrix...
>
> $$A := \begin{pmatrix} 1 & -2 & 6 \\ 3 & 0 & 10 \\ 2 & 5 & -1 \end{pmatrix} \qquad c := \text{eigenwerte}(A) \qquad c = \begin{pmatrix} 0.105 \\ 7.497 \\ -7.602 \end{pmatrix}$$
>
> Ermitteln *aller* entsprechenden Eigenvektoren in einem Schritt
> (nur in Mathcad PLUS)...
>
> $$v := \text{eigenvektoren}(A) \qquad v = \begin{pmatrix} 0.873 & 0.244 & -0.554 \\ -0.408 & 0.81 & -0.574 \\ -0.266 & 0.534 & 0.603 \end{pmatrix}$$
>
> Die erste Spalte von v ist der Eigenvektor für 0.105, das erste Element von
> c. Die zweite Spalte von v ist dem entsprechend der Eigenvektor für 7.497,
> das zweite Element von c.

Abbildung 10.4: Eigenwerte und Eigenvektoren in Mathcad

Lösung linearer Gleichungssysteme

Pro   llösen(M, v)   Gibt einen Lösungsvektor **x** zurück, so daß gilt **M · x = v**.   **v** ist ein Vektor, der dieselbe Anzahl an Zeilen aufweist wie die Matrix **M**.

In Mathcad Professional können Sie die Funktion *llösen* nutzen, um ein lineares Gleichungssystem zu lösen, dessen Koeffizienten in der Matrix **M** abgelegt sind.

Hinweis   Das Argument **M** für *llösen* muß eine Matrix sein, die weder singulär noch fast singulär ist. Eine Alternative zu *llösen* ist die Lösung des linearen Gleichungssystems unter Verwendung von Matrix-Inversen.

Dekomposition

Pro   cholesky(M)   Gibt die untere Dreiecksmatrix **L** zurück, so daß gilt **L · L^T = M**. Dazu wird nur der obere Dreiecksbereich von **M** verwendet.

Pro   lu(M)   Gibt eine einzelne Matrix zurück, die die drei quadratischen Matrizen **P**, **L** und **U** enthält, die alle dieselbe Größe wie **M** haben und in dieser Reihenfolge nebeneinander verknüpft sind. Diese drei Matrizen genügen der Gleichung **P · M = L · U**, wobei **L** und **U** die untere bzw. die obere Dreiecksmatrix darstellen.

Pro   qr(A)   Gibt eine Matrix zurück, deren erste *n* Spalten die quadratische orthonormale Matrix **Q** und deren restliche Spalten die obere Dreiecksmatrix **R** enthalten. Die Matrizen **Q** und **R** genügen der Gleichung **A = Q · R**, wobei **A** ein reell-wertiges Feld ist.

Pro	svd(**A**)	Gibt eine einzelne Matrix mit zwei gestapelten Matrizen **U** und **V** zurück, wobei **U** die obere $m \times n$-Teilmatrix und **V** die untere $n \times n$-Teilmatrix ist. Die Matrizen **U** und **V** genügen der Gleichung **A** = **U** · diag(**s**) ·**V**^{T}, wobei **s** ein Vektor ist, der von svds(**A**) zurückgegeben wurde. **A** ist ein $m \times n$-Feld mit realen Werten, wobei gilt $m \geq n$.
Pro	svds(**A**)	Gibt einen Vektor zurück, der die singulären Werte des reell-wertigen $m \times n$-Felds **A** enthält, wobei $m \geq n$.

Sortierfunktionen

	spsort(**A**, *n*)	Gibt ein Feld zurück, in dem die Zeilen der Matrix **A** so angeordnet werden, daß sich die *Elemente in Spalte n* in aufsteigender Reihenfolge befinden. Das Ergebnis hat dieselbe Größe wie **A**.
	umkehren(**A**)	Gibt ein Feld zurück, in dem die Elemente eines Vektors oder die Zeilen einer Matrix in umgekehrter Reihenfolge abgelegt sind.
	zsort(**A**, *n*)	Gibt ein Feld zurück, in dem die Spalten der Matrix **A** so angeordnet sind, daß sich die *Elemente in Zeile n* in aufsteigender Reihenfolge befinden. Das Ergebnis hat dieselbe Größe wie **A**.
	sort(**v**)	Gibt die Elemente des Vektors **v** in aufsteigender Reihenfolge sortiert zurück.

Tip	Wenn Sie den Wert von ORIGIN nicht ändern, werden die Matrizen standardmäßig beginnend mit Zeile 0 und Spalte 0 numeriert. Um die erste Spalte einer Matrix zu sortieren, würden Sie also *spsort*(**A**, 0) schreiben.

Funktionen zur Lösung und Optimierung

Dieser Abschnitt beschreibt, wie Gleichungen gelöst werden, von einfachen Gleichungen mit einer einzigen Unbekannten bis hin zu großen Systemen mit mehreren Nebenbedingungen. Die hier beschriebenen Techniken erzeugen numerische Lösungen. Kapitel 14 beschreibt Techniken zur symbolischen Lösung von Gleichungen.

Wurzeln

	nullstellen(**v**)	Gibt die Wurzeln des Polynoms *n*-ten Grads zurück, dessen Koeffizienten in **v**, einem Vektor der Länge $n + 1$, abgelegt sind. Gibt einen Vektor der Länge *n* zurück.
	wurzel(*f(z)*, *z*)	Gibt den Wert von *z* zurück, für den der Ausdruck *f(z)* gleich 0 ist. Die Argumente für diese Funktion sind ein reell- oder komplexwertiger Ausdruck *f(z)* sowie ein reeller oder komplexer Skalar, *z*. Für diese Funktion muß im Arbeitsblatt ein Schätzwert für *z* stehen. Sie gibt einen Skalar zurück.

wurzel(f(z), z, a, b)	Gibt den zwischen *x* und *y* liegenden Wert von *z* zurück, für den der Ausdruck *f(z)* gleich 0 ist. Die Argumente dieser Funktion sind ein reellwertiger Ausdruck *f(z)*, ein reeller Skalar *z* und reelle Endpunkte, *a* < *b*. Für *z* wird kein Schätzwert benötigt. Sie gibt einen Skalar zurück.

Hinweis Wenn Sie die Argumente *a* und *b* für die Wurzelfunktion definieren, wird Mathcad nur dann eine Funktion *f* finden, wenn *f*(a) positiv und *f*(b) negativ ist oder umgekehrt, also ein Vorzeichenwechsel in diesen beiden Funktionswerten vorliegt.

Die Funktion *wurzel* löst eine Gleichung mit einer Unbekannten. Diese Funktion nimmt einen beliebigen Ausdruck oder eine beliebige Funktion entgegen, zusammen mit einer der Variablen aus dem Ausdruck. *wurzel* kann auch einen Bereich entgegennehmen, in dem sich die Lösung befindet. Anschließend wird diese Variable variiert, bis der Ausdruck Null ergibt und im angegebenen Bereich liegt. Die Funktion gibt den Wert zurück, für den die Gleichung Null ergeben hat und der im angegebenen Bereich liegt.

Tip *wurzel* erzeugt aufeinanderfolgende Schätzwerte für den Wert der Wurzel und gibt einen Wert zurück, wenn die Differenz der beiden letzten Schätzwerte kleiner als der Toleranzparameter TOL ist. Wie im Abschnitt »Eingebaute Variablen« auf Seite 143 beschrieben, können Sie den Toleranzwert ändern und damit auch die Genauigkeit der Lösung. Die Definition für TOL erfolgt direkt auf Ihrem Arbeitsblatt. Sie können die Toleranz auch auf der Registerkarte VORDEFINIERTE VARIABLEN ändern. Dazu wählen Sie im RECHNEN-Menü den Eintrag OPTIONEN.

Um die Wurzel eines Ausdrucks der folgenden Form zu finden:

$$v_n x^n + \ldots + v_2 x^2 + v_1 x + v_0$$

verwenden Sie statt der Funktion *wurzel* die Funktion *nullstellen*. Für *nullstellen* ist kein Schätzwert erforderlich, und es gibt alle Wurzeln gleichzeitig zurück, egal ob reell oder komplex. Abbildung 10.5 zeigt einige Beispiele.

Ermitteln der Wurzeln eines Polynoms mit wurzel und nullstellen

$f(x) := x^3 - 10 \cdot x + 2$

Eine Ausgangsschätzung für den Gebrauch der wurzel-Funktion: $x := 3$

wurzel (f(x) , x) = 3.057

Der Vektor v enthält die Koeffizienten des Polynoms, beginnend mit einer Konstante. Stellen Sie sicher, daß alle Koeffizienten enthalten sind, auch wenn sie Null sind.

$$v := \begin{bmatrix} 2 \\ -10 \\ 0 \\ 1 \end{bmatrix} \quad \text{nullstellen}(v) = \begin{bmatrix} -3.258 \\ 0.201 \\ 3.057 \end{bmatrix}$$

Abbildung 10.5: Wurzeln mit Hilfe von wurzel *und* nullstellen *ermitteln*

Hinweis *nullstellen* verwendet standardmäßig die LaGuerre-Methode, um *wurzeln* zu finden. Wenn Sie stattdessen die Companion-Matrix-Methode anwenden möchten, klicken Sie mit der rechten Maustaste auf die *nullstellen*-Funktion, und wählen Sie aus dem Popup-Menü den Eintrag COMPANION MATRIX.

Hinweis *wurzel* und *nullstellen* lösen nur eine Gleichung mit einer Unbekannten und geben immer numerische Ergebnisse zurück. Um mehrere Gleichungen gleichzeitig zu lösen, verwenden Sie die im nächsten Abschnitt beschriebenen Techniken. Um eine Gleichung symbolisch zu lösen oder um einen exakten numerischen Wert in Form von grundlegenden Funktionen zu ermitteln, wählen Sie im SYMBOLIK-Menü den Eintrag VARIABLE AUFLÖSEN. Weitere Informationen finden Sie in Kapitel 14.

Lineare/nicht lineare Systemlösung und -optimierung

Mathcad bietet zahlreiche leistungsfähige numerische Lösungsfunktionen, die Probleme der folgenden Art lösen:

- Lineare Gleichungssysteme mit Nebenbedingungen (Gleichheiten oder Ungleichheiten).
- Nicht lineare Gleichungssysteme mit Nebenbedingungen.
- Optimierung (Maximierung oder Minimierung) einer objektiven Funktion.
- Optimierung (Maximierung oder Minimierung) einer objektiven Funktion mit Nebenbedingungen.
- Lineare Programmierung, wobei alle Nebenbedingungen Gleichheiten oder Ungleichheiten sind, die lineare Funktionen mit Konstanten vergleichen, und wobei die objektive Funktion die folgende Form hat:

$$c_0 x_0 + c_1 x_1 + \ldots + c_n x_n$$

Pro
- Quadratische Programmierung, wobei alle Nebenbedingungen linear sind, die objektive Funktion aber nicht nur lineare, sondern auch quadratische Terme enthält. Dazu benötigen Sie das Lösungs- und Optimierungs-Erweiterungspaket (**Expert Solver**) für Mathcad Professional, das Sie bei MathSoft oder Ihrem Händler gegen einen Aufpreis erhalten können.

Hinweis Ihre Mathcad-Version bestimmt, welche Probleme Sie lösen können. Mathcad Standard löst Systeme mit bis zu 50 Variablen, während Mathcad Professional nicht-lineare Systeme mit bis zu 200 Variablen und lineare Systeme mit bis zu 500 Variablen unterstützt. Das Lösungs- und Optimierungs-Erweiterungspaket (**Expert Solver**) für Mathcad Professional löst nicht-lineare Systeme mit bis zu 250 Variablen, lineare Systeme mit bis zu 1000 Variablen und quadratische Systeme mit bis zu 1000 Variablen.

Blöcke lösen

Die allgemeine Form für den Einsatz von Systemlösungsfunktionen in Mathcad ist ein *Lösungsblock*. Ein Lösungsblock wird in vier Schritten angelegt:

1. Stellen Sie Schätzwerte (Definitionen) für alle Unbekannten bereit, nach denen Sie auflösen möchten. Mathcad löst Gleichungen, indem es iterative Berechnungen ausführt, die irgendwann zu einem gültigen Ergebnis konvergieren. Der Schätzwert, den Sie angeben, stellt einen Ausgangspunkt für die Lösungssuche dar. Im allgemeinen werden für alle Systeme Schätzwerte gefordert.

2. Geben Sie unterhalb der Definitionen für die Schätzwerte das Wort *Vorgabe* in einen separaten Rechenbereich ein. Daran erkennt Mathcad, daß ein System mit Nebenbedingungen eingegeben wird. Geben Sie das Wort »Vorgabe« nicht in einen Textbereich ein!

3. Geben Sie jetzt unterhalb des Worts *Vorgabe* die Gleichungen (Gleichungen und Ungleichungen) in beliebiger Reihenfolge ein. Verwenden Sie das fette Gleichheitszeichen (klicken Sie in der Auswertungspalette auf ■, oder drücken Sie [Strg]+[+], um Gleichungen zu spezifizieren. Zwischen der linken und rechten Seite einer Ungleichheit können die Symbole <, >, ≥ und ≤ stehen.

4. Geben Sie eine Gleichung ein, die eine der Funktionen *suchen, maximieren, minimieren* oder *minfehl* enthält.

Hinweis   Lösungsblöcke können nicht verschachtelt werden – Jeder Lösungsblock kann nur eine Vorgabe und eine Funktion *suchen* (oder *minimieren, maximieren* oder *minfehl*) beinhalten. Sie können jedoch am Ende eines Lösungsblocks eine Funktion wie $f(x) := suchen(x)$ definieren und in einem anderen Lösungsblock darauf verweisen.

suchen($z0, z1, ...$)   Gibt Werte von $z0, z1, ...$ zurück, die den Bedingungen in einem Lösungsblock entsprechen. $z0, z1, ...$ sind reelle oder komplexe Skalare, Vektoren, Felder oder einzelne Vektorelemente, die gleich der Anzahl der Unbekannten im System sind. Gibt für eine einzige Unbekannte einen Skalar zurück; andernfalls einen Lösungsvektor.

maximieren($f, z0, z1,...$)   Gibt Werte für $z0, z1, ...$ zurück, für die die Funktion f ihren höchsten Wert annimmt. $z0, z1, ...$ sind reelle oder komplexe Skalare, Vektoren, Felder oder einzelne Vektorelemente, die gleich der Anzahl der Unbekannten im System sind. Gibt für eine einzige Unbekannte einen Skalar zurück; andernfalls einen Lösungsvektor. Lösungsblockbedingungen sind optional.

minfehl($z0, z1, ...$)   Gibt Werte für $z0, z1,...$ zurück, die den Bedingungen in einem Lösungsblock am besten entsprechen. $z0, z1, ...$ sind reelle oder komplexe Skalare, Vektoren, Felder oder einzelne Vektorelemente, die gleich der Anzahl der Unbekannten im System sind. Gibt für eine einzige Unbekannte einen Skalar zurück; andernfalls einen Lösungsvektor.

minimieren($f, z0, z1, ...$)   Gibt Werte für $z0, z1, ...$ zurück, für die die Funktion f ihren niedrigsten Wert annimmt. $z0, z1, ...$ sind reelle oder komplexe Skalare, Vektoren, Felder oder einzelne Vektorelemente, die gleich der Anzahl der Unbekannten im System sind. Gibt für eine einzige Unbekannte einen Skalar zurück; andernfalls einen Lösungsvektor. Lösungsblockbedingungen sind optional.

Tip Anders als die meisten anderen Mathcad-Funktionen können die Anfangsbuchstaben dieser Funktionen in Klein- oder Großbuchstaben in einen Rechenbereich eingegeben werden.

Abbildung 10.6 zeigt einen Lösungsblock mit mehreren Bedingungen und dem Aufruf der *suchen*-Funktion. Es gibt zwei Unbekannte. Hier nimmt die Funktion *suchen* also zwei Argumente entgegen, x und y, und gibt einen Vektor mit zwei Elementen zurück.

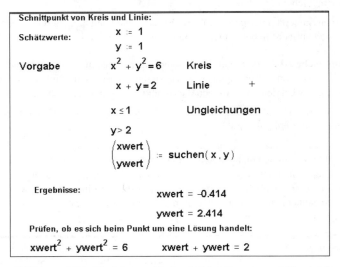

Abbildung 10.6: Ein Lösungsblock mit Gleichungen und Ungleichungen

Bedingungen

Die folgende Tabelle beschreibt die Bedingungen, die zwischen dem Schlüsselwort *Vorgabe* und einer der Funktionen im Lösungsblock auftreten können. In der Tabelle stellen x und y reellwertige Ausdrücke dar, z und w sind beliebige Ausdrücke. Die Booleschen Bedingungen werden mit Hilfe der Schaltflächen in der Auswertungspalette eingegeben. Während es sich bei den Bedingungen häufig um skalare Ausdrücke handelt, kann es sich dabei durchaus auch um Vektor- oder Feldausdrücke handeln.

Bedingung	Schaltfläche	Beschreibung
$w = z$	=	Gleichheit ist gefordert
$x > y$	>	Größer
$x < y$	<	Kleiner
$x \geq y$	≥	Größer oder gleich

Bedingung	Schaltfläche	Beschreibung
$x \leq y$	≤	Kleiner oder gleich
$x \wedge y$	Strg + ⇧ + 7	Und
$x \vee y$	Strg + ⇧ + 6	Oder
$\neg x$	Strg + ⇧ + 1	Nicht
$x \otimes y$	Strg + ⇧ + 5	X oder (Exklusives oder)

Die folgenden Elemente sind in einem Lösungsblock nicht erlaubt:

- Bedingungen mit »≠«.
- Zuweisungen (z. B. `x:=1`)

Sie können jedoch zusammengesetzte Anweisungen wie z.B. $1 \leq x \leq 3$ einsetzen.

Hinweis Mathcad gibt nur eine Lösung für einen Lösungsblock zurück. Es kann jedoch mehrere Lösungen für eine Gleichung geben. Um eine weitere Lösung zu finden, probieren Sie es mit anderen Schätzwerten, oder Sie geben eine zusätzliche Ungleichung ein, die die aktuelle Lösung nicht erfüllt.

Toleranzen für die Lösungen

Mathcad verwendet zwei Toleranzparameter zur numerischen Berechnung von Lösungen in Lösungsblöcken:

- **Konvergenztoleranz.** Es werden aufeinanderfolgende Annäherungen an die Lösungen berechnet. Das Ergebnis wird zurückgegeben, wenn die Differenz der beiden letzten Annäherungen kleiner als die vordefinierte Variable TOL ist. Ein kleinerer Wert von TOL resultiert häufig in einer exakteren Lösung, aber die Berechnungen dauern länger.

- **Bedingungstoleranz.** Dieser Parameter wird durch den Wert der vordefinierten Variablen CTOL bestimmt und steuert, wie genau eine Bedingung erfüllt sein muß, damit eine Lösung akzeptiert wird (engl. Condition). Ist die Bedingungstoleranz beispielsweise 0,0001, ist die Bedingung $x < 2$ erfüllt, wenn der Wert von x der Bedingung $x < 2{,}0001$ genügt.

Im Abschnitt »Eingebaute Variablen« auf Seite 138 ist beschrieben, wie diese Toleranzwerte geändert werden.

Tip Wenn Sie in einem Lösungsblock die Funktion *minfehl* einsetzen, sollten Sie immer zusätzliche Bedingungen vorgeben, die die Plausibilität der Ergebnisse überprüfen. Die vordefinierte Variable ERR gibt die Größe des Fehlervektors für die durch *minfehl* angenäherte Lösung an. Es gibt keine vordefinierte Variable, um die Größe des Fehlers für einzelne Lösungen der Unbekannten festzulegen.

Lösungsalgorithmen und AutoSelect

Für die Lösung einer Gleichung verwendet Mathcad standardmäßig die AutoSelect-Prozedur, um einen geeigneten Algorithmus auszuwählen. Sie können diese Auswahl überstimmen und einen anderen Algorithmus auswählen.

Hier die verfügbaren Lösungsmethoden:

Linear

Wendet einen linearen Programmieralgorithmus auf das Problem an. Schätzwerte für die Unbekannten sind nicht erforderlich.

Nicht linear

Wendet Lösungsroutinen mit konjugiertem Gradienten, nach Levenberg-Marquardt oder quasi-Newton auf das Problem an. Dem Lösungsblock müssen Schätzwerte für alle Unbekannten vorausgehen. Wenn Sie Mathcad Professional verwenden, wählen Sie im Popup-Menü den Eintrag NICHTLINEAR⇒ERWEITERTE OPTIONEN, um die Einstellungen für den konjugierten Gradienten und quasi-Newton festzulegen.

Hinweis Die Levenberg-Marquardt-Methode ist nicht für die Funktionen *maximieren* und *minimieren* verfügbar.

Pro ### Quadratisch

Wendet einen quadratischen Programmieralgorithmus auf das Problem an. Diese Option steht nur zur Verfügung, wenn das Lösungs- und Optimierungs-Erweiterungspaket (Expert Solver) für Mathcad Professional installiert ist. Schätzwerte für die Unbekannten sind nicht erforderlich.

Sie können die von Mathcad vorgenommene Standardauswahl für den Lösungsalgorithmus überstimmen:

1. Legen Sie einen Lösungsblock an, und werten Sie ihn aus. Überlassen Sie Mathcad die automatische Auswahl eines Algorithmus mit AutoSelect.

2. Klicken Sie mit der rechten Maustaste auf den Namen der Funktion, die den Lösungsblock beendet, und entfernen Sie im Popup-Menü die Markierung für AUTOSELECT.

3. Wählen Sie eine der im Popup-Menü bereitgestellten Lösungsmethoden aus. Mathcad berechnet die Lösung unter Verwendung der von Ihnen ausgewählten Methode neu.

Pro ### Berichte

Mit dem optional zu erstehenden Lösungs- und Optimierungs-Erweiterungspaket (Expert Solver) für Mathcad Professional können Sie Berichte über Probleme bei der linearen Optimierung erstellen. Um einen Bericht zu erstellen, klicken Sie mit der rechten Maustaste auf die Lösungsfunktion und wählen aus dem Popup-Menü den Eintrag BERICHT. Weitere Informationen zu Berichten finden Sie in der Online-Hilfe.

Pro   **Gemischte ganzzahlige Programmierung**

Mit dem Lösungs- und Optimierungs-Erweiterungspaket (Expert Solver) für Mathcad Professional können Sie die gemischte ganzzahlige Programmierung durchführen. Mit Hilfe dieses Vorgangs können Sie die Lösung einer unbekannten Variablen auf eine binäre Zahl (1 oder 0) oder eine Ganzzahl einschränken. Weitere Informationen zur gemischten ganzzahligen Programmierung finden Sie in der Online-Hilfe.

Funktionen für Statistik, Wahrscheinlichkeit und Datenanalyse

Statistik

gmean(**A**, **B**, **C**, ...)	Gibt das geometrische Mittel der Elemente der Felder **A**, **B**, **C**, ... zurück. Alle Elemente müssen reell und größer Null sein.
hist(**int**, **A**)	Gibt einen Vektor zurück, der die Häufigkeiten angibt, wie viele Datenpunkte aus **A** in die durch **int** repräsentierten Intervalle fallen. Wenn **int** ein Intervallvektor in aufsteigender Reihenfolge ist, gibt das i-te Element des zurückgegebenen Vektors die Anzahl der Punkte in den Daten an, die zwischen dem i-ten und $(i+1)$-ten Element von *int* liegen. Wenn **int** ein Integer ist, gibt es die Anzahl der Teilintervalle gleicher Länge an. **int** und **A** müssen real sein.
hmean(**A**, **B**, **C**, ...)	Gibt das harmonische Mittel der Elemente in den Feldern oder Skalaren **A**, **B**, **C**, ... zurück. Alle Elemente müssen ungleich Null sein.
korr(**A**, **B**)	Gibt den Pearson'schen r-Korrelationskoeffizienten für die $m \times n$-Felder **A** und **B** zurück.
kurt(**A**, **B**, **C**, ...)	Gibt die Kurtose der Elemente der Felder oder Skalaren **A**, **B**, **C**, ... zurück.
kvar(**A**, **B**)	Gibt die Kovarianz der Elemente in den $m \times n$-Feldern **A** und **B** zurück.
median(**A**, **B**, **C**, ...)	Gibt den Median der Elemente in den Feldern oder Skalaren **A**, **B**, **C**, ... zurück: Dies ist der Wert, ober- und unterhalb dessen es keine gleiche Anzahl von Feldelementen gibt. Wenn es eine ungerade Anzahl an Elementen gibt, entspricht der Median dem arithmetischen Mittel der beiden Werte im Zentrum des Feldes.
mittelwert(**A**, **B**, **C**, ...)	Gibt das arithmetische Mittel für die Elemente der Felder oder Skalaren **A**, **B**, **C**, ... zurück.
mode(**A**, **B**, **C**, ...)	Gibt das Element in den Feldern oder Skalaren **A**, **B**, **C**, ... zurück, das am häufigsten auftritt.
skew(**A**, **B**, **C**, ...)	Liefert die Asymmetrie der Elemente in den Feldern oder Skalaren **A**, **B**, **C**, ...

stdabw(**A, B, C, ...**)	Gibt die Populationsstandardabweichung (Quadratwurzel der Varianz) der Elemente in den Feldern oder Skalaren **A, B, C, ...** zurück.
Stdabw(**A, B, C, ...**)	Gibt die Beispielstandardabweichung (Quadratwurzel der Beispielvarianz) der Elemente in den Feldern oder Skalaren **A, B, C, ...** zurück.
var(**A, B, C, ...**)	Gibt die Populationsvarianz der Elemente in den Feldern oder Skalaren **A, B, C, ...** zurück.
Var(**A, B, C, ...**)	Gibt die Beispielvarianz der Elemente in den Feldern oder Skalaren **A, B, C, ...** zurück.

Wahrscheinlichkeitsverteilungen

Mathcad beinhaltet Funktionen für die Arbeit mit gebräuchlichen Wahrscheinlichkeitsdichten. Sie können in vier Kategorien eingeteilt werden:

- **Wahrscheinlichkeitsdichten**. Diese Funktionen beginnen mit dem Buchstaben »d« und geben die Wahrscheinlichkeit an, mit der eine Zufallsvariable einen bestimmten Wert annimmt.

- **Kumulative Wahrscheinlichkeitsverteilungen**. Diese Funktionen beginnen mit dem Buchstaben »p« und geben die Wahrscheinlichkeit an, mit der eine Zufallsvariable einen Wert *kleiner oder gleich* einem vorgegeben Wert annimmt. Sie werden ermittelt, indem einfach die entsprechende Wahrscheinlichkeitsdichte von $-\infty$ bis zu einem vorgegebenen Wert integriert (bzw. summiert) wird.

- **Inverse kumulative Wahrscheinlichkeitsverteilungen**. Diese Funktionen beginnen mit dem Buchstaben »q« und nehmen eine Wahrscheinlichkeit p zwischen 0 und 1 als Argument entgegen. Sie geben einen Wert zurück, für den gilt, daß die Wahrscheinlichkeit, daß eine Zufallsvariable *kleiner oder gleich* diesem Wert ist, gleich p ist.

- **Zufallszahlengeneratoren**. Diese Funktionen beginnen mit dem Buchstaben »r« und geben einen Vektor mit m Elementen zurück, der aus der entsprechenden Wahrscheinlichkeitsverteilung erzeugt wurde. Immer wenn Sie eine Gleichung mit einer dieser Funktionen neu berechnen, erzeugt Mathcad neue Zufallszahlen.

Tip Den Zufallszahlengeneratoren von Mathcad ist ein sogenannter »Rekursivwert« zugeordnet, ein Ausgangswert. Ein bestimmter Rekursivwert erzeugt immer dieselbe Folge an Zufallszahlen. Durch die Auswahl von BERECHNEN im RECHNEN-Menü schaltet Mathcad diese Zufallszahlenfolge weiter. Wird der Rekursivwert geändert, erzeugt Mathcad eine andere Zufallszahlenfolge. Um den Rekursivwert zu ändern, wählen Sie im RECHNEN-Menü den Eintrag OPTIONEN und geben auf der Registerkarte VORDEFINIERTE VARIABLEN einen neuen Wert dafür ein.

Hinweis Kommentare zur Nomenklatur, zu den Argumenten und den Rückgabewerten der Funktionen zur Wahrscheinlichkeitsverteilung finden Sie in der folgenden Tabelle.

dbeta(x, s_1, s_2) pbeta(x, s_1, s_2) qbeta(p, s_1, s_2) rbeta(m, s_1, s_2)	Funktionen für die Betaverteilung, wobei (s_1, $s_2 > 0$) die Formparameter sind. $0 < x < 1$; $0 \leq p \leq 1$.
dbinom(k, n, p) pbinom(k, n, p) qbinom(p, n, r) rbinom(m, n, p)	Funktionen für die Binomialverteilung, wobei n und k ganze Zahlen sind, mit $0 \leq k \leq n$. $0 \leq p \leq 1$. r ist die Wahrscheinlichkeit, bei einem einzigen Versuch einen Treffer zu haben.
dcauchy(x, l, s) pcauchy(x, l, s) qcauchy(p, l, s) rcauchy(m, l, s)	Funktionen für die Cauchy-Verteilung, wobei l ein Positionsparameter und $s > 0$ ein Skalenparameter ist. $0 < p < 1$.
dchisq(x, d) pchisq(x, d) qchisq(p, d) rchisq(m, d)	Funktionen für die Chi-Quadrat-Verteilung, wobei $d > 0$ die Freiheitsgrade sind und $x > 0$ gilt. $0 \leq p < 1$.
depx(x, r) pexp(x, r) qexp(p, r) rexp(m, r)	Funktionen für die Exponentialverteilung, wobei $r > 0$ die Verfallsgeschwindigkeit ist und gilt $x > 0$. $0 \leq p < 1$.
dF(x, d_1, d_2) pF(x, d_1, d_2) qF(x, d_1, d_2) rF(x, d_1, d_2)	Funktionen für die F-Verteilung, wobei (d_1, $d_2 > 0$) die Freiheitsgrade darstellen und gilt $x > 0$. $0 \leq p < 1$.
dgamma(x, s) pgamma(x, s) qgamma(p, s) rgamma(m, s)	Funktionen für die Gamma-Verteilung, wobei $s > 0$ der Formparameter ist und gilt $x \geq 0$. $0 \leq p < 1$.
dgeom(k, p) pgeom(k, p) qgeom(p, r) rgeom(m, p)	Funktionen für die geometrische Verteilung, wobei $0 < p \leq 1$ die Trefferwahrscheinlichkeit ist und k eine nicht negative ganze Zahl. r ist die Trefferwahrscheinlichkeit bei einem einzigen Versuch.
dhypergeom(M, a, b, n) phypergeom(M, a, b, n) qhypergeom(p, a, b, n) rhypergeom(m, a, b, n)	Funktionen für die hypergeometrische Verteilung, wobei M, a, b und n ganze Zahlen sind, wobei gilt $0 \leq M \leq a$, $0 \leq n - M \leq b$ und $0 \leq n \leq a + b$. $0 \leq p < 1$.

dlnorm(x, μ, σ) plnorm(x, μ, σ) qlnorm(p, μ, σ) rlnorm(m, μ, σ)	Funktionen für die logarithmische Normalverteilung, wobei μ der logarithmische Mittelwert ist, und $\sigma > 0$ die logarithmische Abweichung. $x > 0$. $0 \leq p < 1$.
dlogis(x, l, s) plogis(x, l, s) qlogis(p, l, s) rlogis(m, l, s)	Funktionen für die logistische Verteilung, wobei l der Positionsparameter ist, $s > 0$ der Skalenparameter. $0 < p < 1$.
dnbinom(k, n, p) pnbinom(k, n, p) qnbinom(p, n, r) rnbinom(m, n, p)	Funktionen für die negative Binomialfunktion, wobei $0 < p \leq 1$ gilt und n und k ganze Zahlen sind, mit $n > 0$ und $k \geq 0$.
dnorm(x, μ, σ) pnorm(x, μ, σ) qnorm(p, μ, σ) rnorm(m, μ, σ)	Funktionen für die Normalverteilung, wobei μ und σ die mittlere und die Standardabweichung darstellen. $\sigma > 0$.
dpois(k, λ) ppois(k, λ) qpois(p, λ) rpois(m, λ)	Funktionen für die Poisson-Verteilung, wobei $\lambda > 0$ und k eine nicht negative ganze Zahl sind. $0 \leq p \leq 1$.
dt(x, d) pt(x, d) qt(p, d) rt(m, d)	Funktionen für die Student'sche t-Verteilung, wobei $d > 0$ die Freiheitsgrade angeben. $0 < p < 1$.
dunif(x, a, b) punif(x, a, b) qunif(p, a, b) runif(m, a, b)	Funktionen für die gleichmäßige Wahrscheinlichkeitsverteilung, wobei b und a die Endpunkte des Intervalls sind, mit $a \leq x \leq b$. $0 \leq p \leq 1$.
dweibull(x, s) pweibull(x, s) qweibull(p, s) rweibull(m, s)	Funktionen für die Weibull-Verteilung, wobei $s > 0$ den Formparameter darstellt und $x > 0$ gilt. $0 < p < 1$.

Tip   Zwei weitere Funktionen, die für Wahrscheinlichkeitsberechnungen sehr nützlich sind, sind *rnd(x)*, was *runif(1, 0, x)* entspricht, und *knorm(x)*, das *pnorm(x, 0, 1)* entspricht.

Interpolation und Prognose

Hinweis		Wenn Sie in den in diesem Abschnitt beschriebenen Funktionen Felder als Argumente verwenden, sollten Sie darauf achten, daß jedes Feldelement einen Datenwert enthält. Mathcad weist allen Elementen, die Sie nicht explizit zugewiesen haben, eine 0 zu. Beachten Sie deshalb auch die Einstellung von ORIGIN.

Pro	bspline(**vx**, **vy**, **u**, *n*)	Gibt einen Vektor mit den Koeffizienten eines B-Splines *n*-ten Grads zurück, der in der Funktion *interp* verwendet wird. Die Knotenpunkte des Splines sind im Vektor **u** angegeben. **vx** und **vy** müssen reelle Vektoren derselben Länge sein. Die Werte in **vx** müssen in aufsteigender Reihenfolge vorliegen.
	kspline(**vx**, **vy**)	Gibt einen Vektor mit den Koeffizienten eines kubischen Splines mit kubischen Endpunkten zurück, der in der unten beschriebenen Funktion *interp* verwendet wird. Die Werte in **vx** müssen in aufsteigender Reihenfolge vorliegen.
	interp(**vs**, **vx**, **vy**, *x*)	Gibt den interpolierten *y*-Wert für das Argument *x* zurück. Der Vektor **vs** nimmt Zwischenergebnisse auf, die mit *bspline*, *kspline*, *lspline* oder *pspline* oder den Regressionsroutinen *regress* oder *loess* unter Verwendung der Datenvektoren **vx** und **vy** ermittelt wurden. **vx** und **vy** müssen reelle Vektoren derselben Länge sein. Die Werte in **vx** müssen in aufsteigender Reihenfolge vorliegen.
	linterp(**vx**, **vy**, *x*)	Gibt für die Datenvektoren **vx** und **vy** einen linear interpolierten Wert für das Argument *x* zurück. **vx** und **vy** müssen reelle Vektoren derselben Länge sein. Die Werte in **vx** müssen in aufsteigender Reihenfolge vorliegen.
	lspline(**vx**, **vy**)	Gibt einen Vektor mit Koeffizienten eines kubischen Splines mit linearen Endpunkten zurück, der in der *interp*-Funktion verwendet wird. **vx** und **vy** müssen reelle Vektoren derselben Länge sein. Die Werte in **vx** müssen in aufsteigender Reihenfolge vorliegen.
	prognose(**v**, *m*, *n*)	Gibt *n* Prognosewerte basierend auf *m* aufeinanderfolgenden Werten des Datenvektors **v** zurück. Die Elemente in **v** sollten Beispiele enthalten, die in denselben Intervallen festgehalten wurden. *m* und *n* sind ganze Zahlen.
	pspline(**vx**, **vy**)	Gibt einen Vektor mit Koeffizienten eines kubischen Splines mit parabolischen Endpunkten zurück, der in der *interp*-Funktion verwendet wird. **vx** und **vy** müssen reelle Vektoren derselben Länge sein. Die Werte in **vx** müssen in aufsteigender Reihenfolge vorliegen.

Bei der *Interpolation* werden existierende Datenpunkte verwendet, um Werte zwischen diesen Datenpunkten vorherzusagen. Die Berechnung von interpolierten Ergebnissen für Werte *außerhalb* des vorliegenden Datenbereichs ist daher nicht sinnvoll. Mathcad erlaubt Ihnen, die Datenpunkte mit geraden Linien (lineare Interpolation) oder mit

Abschnitten eines kubischen Polynoms (kubische Spline-Interpolation) zu verbinden. Anders als die im nächsten Abschnitt beschriebenen Regressionsfunktionen geben diese Interpolationsfunktionen eine Kurve zurück, die die von Ihnen vorgegebenen Punkte durchlaufen muß. Wenn Ihre Daten starke Abweichungen aufweisen, sollten Sie statt dessen Regressionsfunktionen verwenden (siehe Seite 221).

Die *kubische Spline-Interpolation* legt eine Kurve durch mehrere Punkte, so daß die erste und zweite Ableitung der Kurve an jedem Punkt stetig ist. Diese Kurve wird erzeugt, indem durch drei benachbarte Punkte ein kubisches Polynom gelegt wird. Diese kubischen Polynome werden dann zur eigentlichen Kurve verbunden. Bei »traditionellen« kubischen Splines definieren die zu interpolierenden Punkte sogenannte »Knoten«, an denen die Polynome verbunden werden, aber B-Splines (die durch die Funktion *bspline* implementiert werden) erlauben Ihnen, die Polynome an beliebigen Punkten zu verbinden.

Die *lineare Prognose* verwendet bereits existierende Datenwerte, um neben den existierenden Werten zusätzliche Werte vorherzusagen.

Die von den Funktionen für die Spline-Interplation (*bspline*, *kspline*, *lspline* und *pspline*) und die Regressionsfunktionen (*regress* und *loess*) zurückgegebenen Koeffizienten werden der *interp*-Funktion von Mathcad übergeben. *interp* gibt einen einzigen interpolierten *y*-Wert für einen vorgegebenen *x*-Wert zurück. In der Praxis werden Sie *interp* für viele verschiedene Punkte auswerten, wie in Abbildung 10.7 gezeigt. Dann ist es sinnvoll, die von den Spline- oder Regressionsfunktionen zurückgegebenen Koeffizienten in einem Vektor abzulegen (wie beispielsweise **vs** in Abbildung 10.7), der *interp* zur Auswertung, zur Ausgabe oder zu weiteren Berechnungen übergeben werden kann.

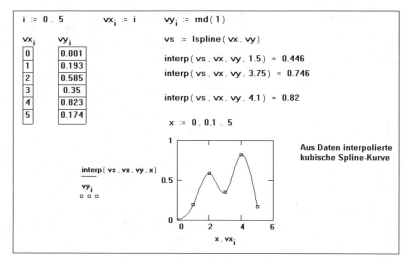

Abbildung 10.7: Spline-Kurven für die in x *und* y *abgelegten Werte. Weil der Zufallszahlengenerator immer wieder andere Zahlen erzeugt, können sich die hier abgebildeten Werte von Ihrem Beispiel unterscheiden.*

Tip   Die besten Ergebnisse für die Spline-Interpolation erzielen Sie, wenn Sie die *interp*-Funktion nicht für *x*-Werte verwenden, die sich weit entfernt von den vorgegebenen Punkten befinden. Splines werden für die Interpolation, nicht für die Extrapolation bereitgestellt.

Hinweis   Mathcad behandelt die *zweidimensionale kubische* Spline-Interpolation ganz ähnlich wie im eindimensionalen Fall demonstriert: In diesem Fall nimmt die Spline-Funktion zwei Matrixargumente entgegen, **Mxy** und **Mz**. Das erste ist eine $n \times 2$-Matrix, die die Punkte entlang der Diagonalen eines rechteckigen Rasters angibt, das zweite ist eine $n \times n$-Matrix mit *z*-Werten, die die zu interpolierende Oberfläche darstellen. Mathcad zeigt diese Oberfläche durch ein Punkteraster an. Sie entspricht einem kubischen Polynom in *x* und *y*, wobei die erste und zweite partielle Ableitung über jeden Rasterpunkt stetig in der entsprechenden Richtung sind. Ein Beispiel dafür sehen Sie in den Datenanalyse-QuickSheets im Informationszentrum (wählen Sie im HILFE-Menü den Eintrag INFORMATIONSZENTRUM).

Regressions- und Glättungsfunktionen

Mathcad beinhaltet zahlreiche Funktionen für die *Regression*. In der Regel erzeugen diese Funktionen eine Kurve oder Oberfläche eines vorgegebenen Typs, der gewissermaßen den Fehler zwischen sich selbst und den von Ihnen übergebenen Daten minimiert. Die Funktionen unterschieden sich hauptsächlich in dem Kurven- oder Oberflächentyp, den sie einsetzen. Anders als Interpolationsfunktionen ist es hier nicht nötig, daß die ermittelte Kurve oder Oberfläche die von Ihnen vorgegebenen Punkte durchläuft, deshalb sind diese Funktionen auch nicht so empfindlich gegenüber Ausreißerdaten.

Bei der *Glättung* werden *y*- (und möglicherweise *x*-) Werte übernommen. Zurückgegeben wird ein neuer Satz an *y*-Werten, der glatter als die Ausgangsmenge ist. Anders als Regressions- und Interpolationsfunktionen erzeugt die Glättung einen neuen Satz *y*-Werte, keine Funktion, die zwischen den von Ihnen vorgegebenen Datenpunkten ausgewertet werden kann. Wenn Sie die *y*-Werte *zwischen* den von Ihnen vorgegebenen *y*-Werten benötigen, sollten Sie eine Regressions- oder Interpolationsfunktion verwenden.

Lineare Regression

achsenabschn(**vx**, **vy**)	Gibt einen Skalar zurück; der Achsenabschnitt der Regressionslinie für die Datenpunkte in **vx** und **vy**.
neigung(**vx**, **vy**)	Gibt einen Skalar zurück: die Steigung der Regressionslinie für die Datenpunkte in **vx** und **vy**.
stderr(**vx**, **vy**)	Gibt den Standardfehler für die lineare Regression der Elemente von **vy** auf die Elemente von **vx** zurück.
medfit(**vx**, **vy**)	Gibt den Standardfehler für die lineare Regression der Elemente von **vy** auf die Elemente von **vx** mit Hilfe der Median-Median-Regression zurück.

Polynomiale Regression

	regress(**vx**, **vy**, *n*)	Gibt einen Vektor mit Koeffizienten für die multivariable Fehlerquadrat-Polynomanpassung *n*-ten Grades der Antwortdaten **vy** gegen die Faktoren **Mx** zurück.
Pro	loess(**vx**, **vy**, *span*)	Gibt einen Vektor zurück, der eine Menge von Polynomen zweiter Ordnung enthält, die am besten mit den in den Parametern **vx** und **vy** spezifizierten Umgebungsdatenpunkten übereinstimmt. Das Argument *span*, *span* > 0, gibt an, wie groß *loess* die Umgebung betrachtet, wenn diese lokale Regression ausgeführt wird.

Diese Funktionen sind praktisch, wenn Sie in einer Messung *y*-Werte ermittelt haben, die *x*-Werten entsprechen (oder möglicherweise mehreren *x*-Werten), durch die ein Polynom gelegt werden soll.

Wenn Sie ein einziges Polynom suchen, das für alle Ihre Datenwerte geeignet ist, verwenden Sie *regress*. Die *regress*-Funktion ermöglicht Ihnen, ein Polynom beliebiger Ordnung zu suchen. Aus praktischen Gründen sollen Sie jedoch keine Werte höher $n = 4$ verwenden.

Die *loess*-Funktion, die in Mathcad Professional zur Verfügung steht, führt eine lokalere Regression aus. Statt ein einziges Polynom zu erzeugen, erzeugt sie ein anderes Polynom zweiter Ordnung, abhängig davon, an welchem Punkt der Kurve Sie sich befinden. Dazu wertet sie die Daten in einer kleinen Umgebung eines Punktes aus, an dem Sie interessiert sind.

Bei den Spline-Interpolationsfunktionen werden die von *regress* und *loess* zurückgegebenen Koeffizienten an die *interp*-Funktion von Mathcad weitergegeben. *interp* gibt einen einzigen interpolierten *y*-Wert für einen vorgegebenen *x*-Wert zurück. In der Praxis sollten Sie *interp* jedoch für mehrere verschiedene Punkte auswerten.

Hinweis	Mit Hilfe von *regress* und *loess* kann Mathcad auch eine *multivariate* polynomiale Regression durchführen, um *y*-Werte an zwei oder mehreren Variablen anzupassen. In diesem Fall sind die beiden ersten Argumente der Regressionsfunktion **Mx** und **vy**: Das erste ist eine $n \times m$-Matrix, die die *m*-Werte eines *n*-Prädiktors angibt, und die zweite ist ein Vektor von Ausgabedaten, die den Faktoren von **Mx** entsprechen. Ein Beispiel hierfür finden Sie in den QuickSheets »Datenanalysen« des Informationszentrums (wählen Sie aus dem HILFE-Menü den Eintrag INFORMATIONSZENTRUM). Sie können unabhängige Variablen hinzufügen, indem Sie Spalten im **Mx**-Feld und eine entsprechende Anzahl an Zeilen in den Vektor einfügen, den Sie an die *interp*-Funktion weitergeben.

Spezielle Regression

expanp(**vx**, **vy**, **vg**)	Gibt die Parameterwerte für die Exponentialkurve $a \cdot e^{(b \cdot x)} + c$ zurück, die die Daten in **vx** und **vy** am besten annähern. Der Vektor **vg** bestimmt die Schätzwerte für die drei unbekannten Parameter *a*, *b*, und *c*. Beachten Sie auch das Beispiel in Abbildung 10.8.

lgsanp(**vx**, **vy**, **vg**)	Gibt die Parameterwerte für die logistische Kurve $a/(1 + b \cdot e^{(-c \cdot x)})$ zurück, die die Daten in **vx** und **vy** am besten annähern. Der Vektor **vg** bestimmt die Schätzwerte für die drei unbekannten Parameter a, b, und c.
loganp(**vx**, **vy**, **vg**)	Gibt die Parameterwerte für die logarithmische Kurve $a \cdot \ln(x)^b + c$ zurück, die die Daten in **vx** und **vy** am besten annähern. Der Vektor **vg** bestimmt die Schätzwerte für die drei unbekannten Parameter a, b, und c.
pwranp(**vx**, **vy**, **vg**)	Gibt die Parameterwerte für die Potenzkurve $a \cdot x^b + c$ zurück, die die Daten in **vx** und **vy** am besten annähern. Der Vektor **vg** bestimmt die Schätzwerte für die drei unbekannten Parameter a, b, und c.
sinanp(**vx**, **vy**, **vg**)	Gibt die Parameterwerte für die Sinuskurve $a \cdot \sin(x + b) + c$ zurück, die die Daten in **vx** und **vy** am besten annähern. Der Vektor **vg** bestimmt die Schätzwerte für die drei unbekannten Parameter a, b, und c.

Verwenden Sie diese Funktionen, wenn eine Reihe gemessener, den x-Werten entsprechende y-Werte vorliegen und Sie einen bestimmten Kurventyp durch diese y-Werte hindurch anpassen möchten. Die auf Seite 224 beschriebene *genanp*-Funktion läßt Sie zwar eine auf jede Funktion passende Kurve erstellen, die hier genannten Funktionen erleichtern Ihnen die Arbeit allerdings erheblich. Verwenden Sie diese, wenn Sie auf die bestimmten Funktionskurven, die Sie erstellen möchten, zutreffen.

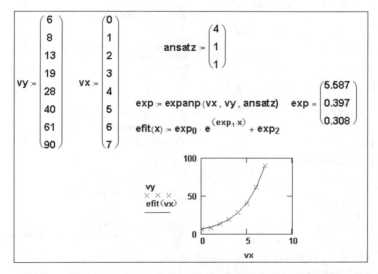

Abbildung 10.8: Mit genanp finden Sie Parameter für eine Funktion, so daß sie den Daten am besten entspricht. Beachten Sie, daß Sie im Funktions-Vektor unterhalb der anzupassenden Funktion als weitere Gleichungen die partiellen Ableitungen nach den jeweiligen Parametern eingeben müssen.

Allgemeine Regression

linanp(**vx**, **vy**, **F**)	Gibt einen Vektor mit den Koeffizienten für die lineare Kombination der Funktionen in **F**, die am besten für die *x-y*-Daten in den Vektoren **vx** und **vy** passen, zurück. Die Elemente von **vx** sollten in aufsteigender Reihenfolge vorliegen.
genanp(**vx**, **vy**, **vg**, **F**)	Gibt die Parameter für die beste Anpassung durch die (möglicherweise nichtlineare) Funktion zurück, die durch *f* für die Datenpunkte in den Vektoren **vx** und **vy** definiert ist. **F** ist eine Funktion, die einen *n*+1-Elementvektor zurückgibt, der *f* und seine partiellen Ableitungen in Hinblick auf die *n* Parameter enthält. **vg** ist ein *n*-Element-Vektor mit Schätzwerten für die *n* Parameter.

linanp soll Ihre Daten durch eine lineare Kombination beliebiger Funktionen modellieren:

$$y = a_0 \cdot f_0(x) + a_1 \cdot f_1(x) + \ldots + a_n \cdot f_n(x)$$

genanp soll Ihre Daten durch beliebige (möglicherweise nichtlineare) Funktionen modellieren, deren Parameter ausgewählt werden. Wenn Ihre Daten beispielsweise am besten durch die folgende Summe modelliert werden

$$f(x) = 2 \cdot sin(a_1 x) + 3 \cdot tanh(a_2 x)$$

und Sie eine Lösung für die unbekannten Parameter a_1 und a_2 suchen, verwenden Sie *genanp*. Ein Beispiel für *genanp* finden Sie in Abbildung 10.9.

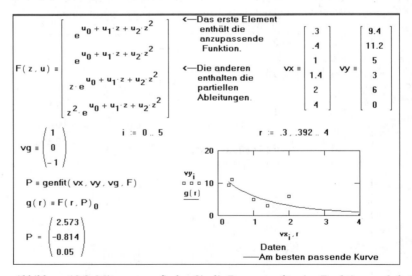

Abbildung 10.9: Mit genanp *finden Sie die Parameter für eine Funktion, so daß sie den Daten am besten entspricht.*

Alles, was Sie mit *linanp* tun können, ist auch mit *genanp* möglich – wenn auch weniger bequem. Der Unterschied zwischen den beiden Funktionen ist der Unterschied zwischen der Lösung eines linearen Gleichungssystems und der Lösung eines nichtlinearen Gleichungssystems. Nichtlineare Gleichungssysteme müssen im allgemeinen durch Iteration gelöst werden, was erklärt, warum *genanp* einen Vektor mit Schätzwerten als Argument braucht, *linanp* dagegen nicht.

Glättungsfunktionen

	medgltt(**vy**, n)	Gibt einen aus n Elementen bestehenden Vektor zurück, der durch die Glättung von **vy** mit gleitenden Mittelwerten entsteht. **vy** ist ein n-Element-Vektor mit reellen Zahlen. n ist die Breite des Fensters, über die die Glättung erfolgt. n muß eine ungerade Zahl sein, die kleiner als die Anzahl der Elemente in **vy** ist.
Pro	kgltt(**vx**, **vy**, b)	Gibt einen aus n Elementen bestehenden Vektor zurück, der durch Glättung mit Hilfe eines Gaußschen Kerns entsteht, um gewichtete Durchschnittswerte von **vy** zu erzeugen. **vy** und **vx** sind n-Elemente-Vektoren mit realen Zahlen. Die Bandbreite b steuert das Glättungsfenster und sollte ein Vielfaches des Abstands zwischen Ihren x-Datenpunkten darstellen. Die Elemente in **vx** müssen in aufsteigender Reihenfolge vorliegen.
Pro	strgltt(**vx**, **vy**)	Gibt einen aus m Elementen bestehenden Vektor zurück, der durch die stückweise Ausführung eines symmetrischen linearen MKQ-Anpassungsverfahrens unter Berücksichtigung des k am nächsten stehenden Nachbarn entsteht, wobei k der jeweiligen Situation angepaßt wird. **vy** und **vx** sind n-Element-Vektoren mit realen Zahlen. Die Elemente von **vx** müssen in aufsteigender Reihenfolge vorliegen.

medgltt ist die robusteste der drei Glättungsfunktionen, weil sie am wenigsten durch Ausreißerdaten beeinflußt wird. Diese Funktion verwendet gleitende Mittelwerte, berechnet die verbleibende Punkte, glättet sie auf dieselbe Weise und addiert die beiden geglätteten Vektoren. Beachten Sie, daß *medgltt* die letzten $(n-1)/2$ Punkte unverändert beibehält. In der Praxis sollte die Länge des Glättungsfensters, n, im Vergleich zur Länge der Datenmenge klein gewählt werden.

Pro   *kgltt*, das in Mathcad Professional bereitgestellt wird, verwendet einen Gaußschen Kern, um lokal gewichtete Durchschnittswerte für den Eingabevektor **vx** zu berechnen. Diese Glättung ist praktisch, wenn Ihre Daten innerhalb einer relativ konstanten Bandbreite liegen. Liegen Ihre Daten mit großen Schwankungen verstreut, sollten Sie eine adaptive Glättung verwenden, beispielsweise *strgltt*, das ebenfalls in Mathcad Professional bereitgestellt wird. *strgltt* verwendet eine MKQ-Prozedur, um mehrere Liniensegmente durch Ihre Daten zu legen. Anders als *kgltt*, das eine feste Bandbreite für alle Ihre Daten verwendet, wählt *strgltt* jeweils verschiedene Bandbreiten für verschiedene Datenabschnitte aus.

Finanzfunktionen

Die hier aufgeführten Funktionen für Ihre persönliche Finanzen führen verschiedene Berechnungen durch, die Ihnen bei Entscheidungen bezüglich Krediten und Investitionen helfen werden. Alle Finanzfunktionen akzeptieren nur reale Werte. Ausgehende Zahlungen, wie Einzahlungen auf ein Konto oder Zahlung eines Darlehns, müssen als negative Zahlen angegeben werden. Eingehende Zahlungen, wie z.B. Dividendenschecks, müssen als positive Zahlen angegeben werden. Wenn Sie den Zeitpunkt einer Zahlung festlegen möchten, können Sie die optionale Zeitvariable *type* verwenden. Diese kann mit 0 für das Ende des Zeitraums und mit 1 für den Beginn des Zeitraums festgesetzt werden. Ansonsten ist die Einstellung für *type* 0.

Rate und Zeitraum

cnper(*rate, pv, fv*)	Gibt die zusammenhängenden Zeiträume an, die für einen zukünftigen Wert, *fv*, bei einem gegebenen gegenwärtigen Wert, *pv*, und einem gegebenen Zeitraum für den Zinssatz, *rate*, benötigt werden. *rate* > -1. *pv* > 0. *fv* > 0.
crate(*nper, pv, fv*)	Gibt den festen Zinssatz an, der bei einem gegenwärtigen Wert, *pv*, für eine Investition benötigt wird, um einen zukünftigen Wert, *fv*, über eine vorgegebenen Zeitraum, *nper*, hinweg zu erzielen.
nper(*rate, pmt, pv,* [[*fv*], [*type*]])	Gibt die zusammenhängenden Zeiträume für eine Investition oder eine Anleihe auf der Grundlage periodischer konstanter Zahlungen, *pmt*, bei festen Zinssätzen, *rate*, und einem gegenwärtigen Wert, *pv*, an. Ansonsten gilt *fv* = 0 und *type* = 0. Wenn *pmt* > 0, dann müssen *rate* und *pv* gegensätzliche Zeichen sein.
rate(*nper, pmt, pv,* [[*fv*], [*type*], [*guess*]])	Gibt den Zinssatz einer Investition oder einer Anleihe pro Zeitraum über eine bestimmte Anzahl zusammenhängender Zeiträume, *nper*, hinweg bei periodischer konstanter Zahlung, *pmt*, und einem gegenwärtigen Wert, *pv*, an. Ansonsten gilt *fv* = 0, *type* = 0 und *guess* =0,1 (10%).

Hinweis Wenn *rate* nach 20 Wiederholungen nicht mit 1×10^{-7} konvergiert, wird es zu einem Fehler. Setzen Sie in diesem Fall verschiedene Werte für *guess* ein. In den meisten Fällen konvergiert *rate*, wenn *guess* zwischen 0 und 1 liegt.

Kumulative Zinsen und Kapital

cumint(*rate, nper,* *pv, start, end,* [*type*])	Gibt die kumulativen Zinsen für eine Anleihe zwischen dem Startzeitpunkt, *start*, und dem Endzeitpunkt, *end*, bei festgelegtem Zinssatz, *rate*, der Gesamtzahl der zusammenhängenden Zeiträume, *nper*, und dem gegenwärtigen Wert der Anleihe, *pv*, an. *rate* > 0. *nper*, *start*, und *end* sind positive ganze Zahlen. Ansonsten *type* = 0.

cumprn(*rate, nper, pv, start, end, [type]*)	Gibt das kumulative Kapital für eine Anleihe zwischen dem Startzeitpunkt, *start*, und dem Endzeitpunkt, *end*, bei festgelegtem Zinssatz, *rate*, der Gesamtzahl der zusammenhängenden Zeiträume, *nper*, und dem gegenwärtigen Wert der Anleihe, *pv*, an. *rate* > 0. *nper*, *start*, und *end* sind positive ganze Zahlen. Ansonsten *type* = 0.

```
Eine Hypothek wurde mit den folgenden
Bedingungen aufgenommen:
    Zinssatz:       9%    (jährlich)        Laufzeit:  30 Jahre
    Aktueller Wert: $125,000

Berechnen Sie die gesamten Zinsen (d. h. Zins und Zinseszins),
die im 10. Jahr gezahlt werden (Zahlungen 121 bis 132):

    zsatz := 9%/12        := 30 · 12     gw := 125000
             := 120       ende := 132

    kumzins (zsatz, nper, gw, start, ende) = -10815.54
```

Abbildung 10.10: Benutzung der Funktion cumint.

Zinssatz

eff(*rate, nper*)	Gibt den jährlichen effektiven Zinssatz bei gegebenem nominalen Zinssatz, *rate*, und der Anzahl der zusammenhängenden Zeiträume pro Jahr, *nper*, an. *nper* ist positiv.
nom(*rate, nper*)	Gibt den jährlichen nominalen Zinssatz bei gegebenem effektiven Zinssatz, *rate*, und der Anzahl der zusammenhängenden Zeiträume pro Jahr, *nper*, an. *rate* > -1. *nper* ist positiv.

Zukünftiger Wert

fv(*rate, nper, pmt, [[pv], [type]]*)	Gibt den zukünftigen Wert einer Investition oder einer Anleihe über eine Anzahl zusammenhängender Zeiträume, *nper*, hinweg bei periodischer konstanter Zahlung, *pmt*, und einem festen Zinssatz, *rate*, an. *nper* ist eine positive ganze Zahl. Ansonsten *pv* = 0 und *type* = 0.
fvadj(*prin*, **v**)	Gibt den zukünftigen Wert eines Ausgangskapitals, *prin*, nach Anwendung einiger unter **v** gespeicherter Staffelzinssätze an. **v** ist ein Vektor.
fvc(*rate*, **v**)	Gibt den zukünftigen Wert einer Auflistung von in regelmäßigen Abständen, **v**, eingehenden Barmittelzuschüssen an, die einen Zinssatz, *rate*, erbringen. **v** ist ein Vektor.

Hinweis Verwenden Sie bei Funktionen, die Informationen über Raten und Zeiträume erfordern, stets dieselben Zeiteinheiten. Wenn Sie zum Beispiel monatliche Zahlungen für eine auf vier Jahre angelegte Anleihe bei einem jährlichen Zinssatz von 12% leisten, geben Sie 1% als Zinssatz pro Zeitraum (Monat) und 48 Monate als Anzahl der Zeiträume an.

Zahlung

pmt(*rate, nper, pv,* [[*fv*], [*type*]])	Gibt die Zahlung für eine Investition oder eine Anleihe auf der Grundlage periodischer konstanter Zahlungen über eine Anzahl zusammenhängender Zeiträume, *nper*, hinweg bei einem festen Zinssatz, *rate*, und einem gegenwärtigen Wert, *pv*, an. *nper* ist eine positive ganze Zahl. Ansonsten ist der zukünftige Wert *fv* = 0 und *type* = 0.
ipmt(*rate, per, nper, pv,* [[*fv*], [*type*]])	Gibt die Zinszahlung einer Investition oder einer Anleihe für einen bestimmten Zeitraum, *per*, auf der Grundlage periodischer konstanter Zahlungen über eine Anzahl zusammenhängender Zeiträume, *nper*, hinweg bei einem festen Zinssatz, *rate*, und einem gegenwärtigen Wert, *pv*, an. *per* und *nper* sind positive ganze Zahlen. Ansonsten ist der zukünftige Wert *fv* = 0 und *type* = 0.
ppmt(*rate, nper, pv,* [[*fv*], [*type*]])	Gibt die Zinszahlung eines Kapitals, einer Investition oder einer Anleihe für einen bestimmten Zeitraum, *per*, auf der Grundlage periodischer konstanter Zahlungen über eine Anzahl zusammenhängender Zeiträume, *nper*, hinweg bei einem festen Zinssatz, *rate*, und einem gegenwärtigen Wert, *pv*, an. *per* und *nper* sind positive ganze Zahlen, *per* ≤ *nper*. Ansonsten ist der zukünftige Wert *fv* = 0 und *type* = 0.

Die monatliche Rückzahlungsrate für ein Darlehen in Höhe von DM 10.000 mit einem Jahreszinssatz von 8 %, das innerhalb von 10 Monaten zurückgezahlt werden muß:

$$\text{zsatz} := \frac{8\%}{12} \quad \text{nper} := 10 \quad \text{gw} := 10000 \quad \text{per} := 5$$

$$\text{pmt}(\text{zsatz, nper, gw}) = -1037.03$$

Der Zinsanteil der 5. Rate:

$$\text{gesverz}(\text{zsatz, per, nper, gw}) = -40.53$$

Der Tilgungsanteil der 5. Rate:

$$\text{trate}(\text{zsatz, per, nper, gw}) = -996.50$$

Abbildung 10.11: Benutzung der Funktionen pmt, ipmt *und* ppmt.

Interne Rückzahlungsrate

irr(**v**, [*guess*])	Gibt die interne Rückzahlungsrate für eine Reihe von Barmittelzuschüssen, **v**, die in regelmäßigen Abständen eingehen, an. **v** ist ein Vektor, der mindestens einen positiven und einen negativen Wert enthalten muß. Ansonsten *guess* = 0,1 (10%).
mirr(**v**, *fin_rate*, *rein_rate*)	Gibt die interne Rückzahlungsrate für eine Reihe von Barmittelzuschüssen, **v**, die in regelmäßigen Abständen eingehen, bei vorgegebenen Raten, die auf das geliehene Geld zahlbar sind, *fin_rate,* an. **v** ist ein Vektor, der mindestens einen positiven und einen negativen Wert enthalten muß.

Hinweis Wenn *irr* nach 20 Wiederholungen nicht mit 1×10^{-5} eines Anteils konvergiert, wird es zu einem Fehler. Setzen Sie in diesem Fall verschiedene Werte für *guess* ein. In den meisten Fällen konvergiert *irr*, wenn *guess* zwischen 0 und 1 liegt.

Gegenwärtiger Wert

pv(*rate, nper, pmt,* [[*fv*], [*type*]])	Gibt den gegenwärtigen Wert einer Investition oder einer Anleihe auf der Grundlage periodischer konstanter Zahlungen über eine Anzahl zusammenhängender Zeiträume, *nper,* hinweg bei einem festen Zinssatz, *rate,* und der Zahlung, *pmt,* an.
npv(*rate,* **v**)	Gibt den gegenwärtigen Nettowert einer Investition bei einem Diskontsatz, *rate,* und einer Reihe von Barmittelzuschüssen, **v**, die in regelmäßigen Abständen eingehen, an. **v** ist ein Vektor.

Hinweis *irr* und *npv* sind zusammenhängende Funktionen. Die interne Rückzahlungsrate (*irr*) ist der Wert, für den der gegenwärtige Wert (*npv*) null ist.

Funktionen zur Lösung von Differentialgleichungen

Pro In diesem Abschnitt wird erläutert, wie Sie mit Hilfe von Mathcad Differentialgleichungen lösen können.

In einer Differentialgleichung lösen Sie nach einer *unbekannten Funktion* auf. Bei normalen Differentialgleichungen ist die unbekannte Funktion eine Funktion mit einer Variablen. Bei partiellen Differentialgleichungen ist die Unbekannte eine Funktion von zwei oder mehr Variablen.

Die einfachste Art, eine einzige Differentialgleichung irgendeiner Anordnung zu lösen, ist das Arbeiten mit einem Lösungsblock und der Funktion *Odesolve (ODE: Ordinary Differential Equation, gewöhnliche Differentialgleichung).* Um Gleichungssysteme zu lösen oder den Lösungsvorgang besser zu steuern, können Sie den allgemeinen Lösungsansatz für Differentialgleichungen, *rkfest*, verwenden. Sie können auch andere speziellere Funktionen für die Lösung von Differentialgleichungen anwenden.

Lösung einer Differentialgleichung mit Lösungsblock

Pro	Odesolve(*x, b,* [*step*])	Gibt eine Funktion von *x* zurück, die die Lösung einer einfachen Differentialgleichung darstellt. *b* ist der Endpunkt des Integrationsintervalls. *step* gibt die Anzahl der Schritte an.

Um eine einzelne Differentialgleichung einer beliebigen Ordnung zu lösen, verwenden Sie einen Lösungsblock und die Funktion *Odesolve*. Dieser Lösungsblock für die Lösung einer Differentialgleichung entspricht dem für die Lösung von Gleichungen beschriebenen Lösungsblock. Mit den folgenden drei Schritten können Sie einen Lösungsblock für Differentialgleichungen erstellen:

1. Geben Sie das Wort *Gegeben* (Vorgabe) ein. Sie können *Gegeben* in jeder beliebigen Art und Weise schreiben, solange Sie es nicht in einen Textbereich eingeben.

2. Geben Sie die Differentialgleichung und die Bedingungen in beliebiger Reihenfolge unterhalb des Worts *Gegeben* ein. Mit Hilfe des fettgedruckten Gleichheitszeichens (bzw. wenn Sie die Schaltfläche = in der Auswertungspalette anklicken oder [Strg][+] drücken) können Sie eine Gleichung erstellen. Die unabhängige Variable *x* muß ausdrücklich angegeben sein. Eine typische Bedingung für einen Anfangswert könnte *y(a)=c oder y'(a)=d* sein; Mathcad läßt keine komplexeren Bedingungen wie *y(a)+y'(a)=e* zu. Die Differentialgleichung kann mit Hilfe der Ableitungsoperatoren *d/dx, d²/dx², d³/dx³*... (drücken Sie ? oder [Strg]+[#], um den Ableitungs- bzw. den *n*-ten Ableitungsoperator einzufügen) oder mit einer Primnotation *y'(x), y''(x), y'''(x),* ... dargestellt werden (drücken Sie [Strg]+F7 für ein Primsymbol).

3. Geben Sie schließlich die *Odesolve*-Funktion ein. Der Endpunkt *b* muß größer sein als der Anfangspunkt *a*.

Hinweis	Die Primnotation ist nur innerhalb des Lösungsblocks zulässig. Außerhalb des Lösungsblocks wird sie als Fehler erkannt.

Die Ausgabe von *Odesolve* ist eine Funktion von *x*, die aus einer Wertetabelle interpoliert wurde, welche durch die *rkfest*-Funktion mit der unten beschriebenen Methode aus festgelegten Schritten berechnet worden ist. Wenn Sie eine Methode mit adaptiven Schritten vorziehen, gehen Sie wie folgt vor:

1. Klicken Sie mit der rechten Maustaste auf *Odesolve*.

2. Wählen Sie aus dem Popup-Menü den Eintrag ADAPTIV.

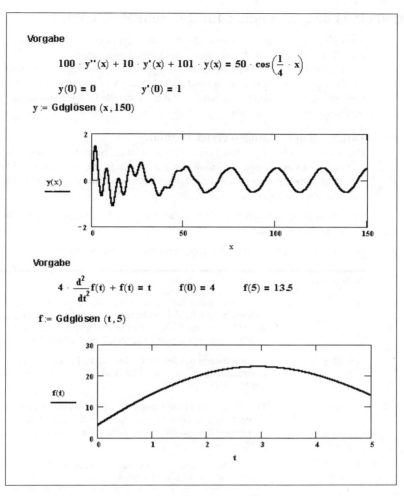

Abbildung 10.12: Lösung einer einzelnen Differentialgleichung

Hinweis Mathcad achtet sehr genau auf die Ausdrucksarten, die zwischen *Gegeben* und *Odesolve* auftreten. Die unteren Ableitungsterme können in der Differentialgleichung nicht-linear auftreten (z.B. multipliziert oder potenziert), der höchste Ableitungsterm muß hingegen linear erscheinen. Ungleichungsbedingungen sind nicht zulässig. Für eine Differentialgleichung n-ter Ordnung müssen n unabhängige Gleichheitsbedingungen vorliegen. Für ein Anfangswertproblem werden die Werte von $y(x)$ und seine erste $n-1$-Ableitung an einem Anfangspunkt a benötigt. Für ein Grenzwertproblem sollten die n Gleichheitsbedingungen Werte für $y(x)$ und bestimmte Ableitungen an den beiden Punkten a und b vorgeben.

Allgemeine Lösungsansätze für Differentialgleichungen

Um Gleichungssysteme zu lösen oder den Anfangspunkt und die Anzahl der Punkte eines Intervalls zu bestimmen, an die eine Lösung angenähert werden soll, können Sie den Lösungsansatz für Differentialgleichungen, *rkfest,* benutzen. Sie können alternativ auch andere, speziellere Funktionen für die Lösung von Differentialgleichungen verwenden, wie in dem folgenden Abschnitt »Spezielle Lösungsansätze für Differentialgleichungen« beschrieben.

Differentialgleichungen erster Ordnung

Bei einer Differentialgleichung erster Ordnung ist die höchste Ableitung der unbekannten Funktion die erste Ableitung. *rkfest* verwendet die Runga-Kutta-Methode vierter Ordnung, um eine Differentialgleichung erster Ordnung zu lösen, und gibt eine zweispaltige Matrix zurück, wobei gilt:

- Die linke Spalte enthält die Punkte, an denen die Lösung der Differentialgleichung ausgewertet wird.
- Die rechte Spalte enthält die entsprechenden Lösungswerte.

---

rkfest(**y**, *x1*, *x2*, *npoints*, **D**)

y =	Ein Vektor mit n Anfangswerten, wobei n die Ordnung der Differentialgleichung oder die Größe des zu lösenden Gleichungssystems darstellt. Für eine Differentialgleichung erster Ordnung beschränkt sich der Vektor auf einen einzigen Punkt, $y(0) = y(x1)$.
x1, *x2* =	Die Randwerte des Intervalls, für die die Lösung der Differentialgleichungen ausgewertet wird. Die Anfangswerte in **y** sind die Werte an der Stelle *x1*.
npoints	Die Anzahl der Punkte hinter dem Ausgangspunkt, an denen die Lösung angenähert wird. Hiermit wird die Anzahl der Zeilen $(1 + npoints)$ in der Matrix bestimmt, die von *rkfest* zurückgegeben wird.
D(*x*, **y**) =	Eine vektorwertige Funktion mit n Elementen, die die ersten Ableitungen der unbekannten Funktionen enthält.

Abbildung 10.13 zeigt, wie die Differentialgleichung $dy/dx + 3 \cdot y = 0$ mit dem Anfangswert $y(0) = 4$ gelöst wird.

Hinweis Der schwierigste Teil beim Lösen einer Differentialgleichung, insbesondere bei nichtlinearen Differentialgleichungen, ist die Lösungsfindung für die erste Ableitung, so daß Sie die Funktion **D**(*x*, **y**) definieren können. In solchen Fällen ist es manchmal möglich, $y'(x)$ symbolisch zu lösen und diese Lösung in die Definition für **D**(*x*, **y**) einzufügen. Dazu verwenden Sie die Techniken zur symbolischen Lösungsfindung, die in Kapitel 14 beschrieben sind.

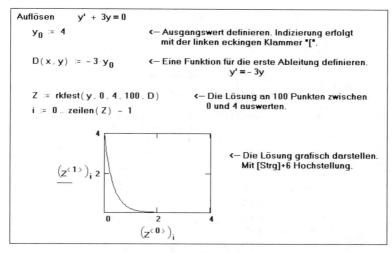

Abbildung 10.13: Lösung einer Differentialgleichung erster Ordnung

Differentialgleichungen zweiter und höherer Ordnung

rkfest kann auch genutzt werden, um Differentialgleichungen höherer Ordnung zu lösen. Eine Differentialgleichung zweiter Ordnung zeichnet sich durch die folgenden Eigenschaften aus:

- Der Vektor mit den Anfangswerten **y** hat jetzt zwei Elemente: den Wert der Funktion und ihre erste Ableitung am Anfangswert, *x1*.

- Die Funktion **D**(*t*, **y**) ist jetzt ein Vektor mit zwei Elementen:

$$\mathbf{D}(t, \mathbf{y}) = \begin{bmatrix} y'(t) \\ y''(t) \end{bmatrix}$$

- Die Lösungsmatrix umfaßt drei Spalten: die linke für die *t*-Werte; die mittlere für *y*(*t*); und die rechte für $y'(t)$.

Abbildung 10.14 zeigt ein Beispiel für die Lösung von Differentialgleichungen zweiter Ordnung mit Hilfe von *rkfest*. Abbildung 10.12 zeigt ein Beispiel für die Verwendung von *Odesolve*.

Tip Die Prozedur zur Lösung einer Differentialgleichung höherer Ordnung stellt eine Erweiterung der Lösung einer Differentialgleichung zweiter Ordnung dar. Die Unterschiede sind, daß der Vektor mit den Anfangswerten, **y**, jetzt *n* Elemente enthält, die die Anfangsbedingungen von y, y', y'', ..., $y^{(n-1)}$ festlegen; die Funktion **D** ist jetzt ein Vektor mit *n* Elementen, die den ersten *n* Ableitungen der unbekannten Funktionen entsprechen; und die Lösungsmatrix enthält *n* Spalten: die linke für die *t*-Werte, die restlichen für die Werte von y(t), $y'(t)$, $y''(t)$, ..., $y^{(n-1)}(t)$.

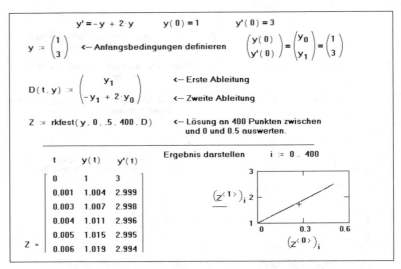

Abbildung 10.14: Lösung einer Differentialgleichung zweiter Ordnung

Differentialgleichungssysteme

Die Lösung eines Differentialgleichungssystems ist vergleichbar mit der Lösung einer Differentialgleichung höherer Ordnung. Um ein System mit Differentialgleichungen erster Ordnung zu lösen, gehen Sie wie folgt vor:

1. Definieren Sie einen Vektor mit den Anfangswerten aller unbekannten Funktionen.
2. Definieren Sie eine vektorwertige Funktion mit den ersten Ableitungen aller unbekannten Funktionen.
3. Legen Sie fest, für welche Punkte die Lösung berechnet werden soll.
4. Übergeben Sie diese Informationen der Funktion *rkfest*.

rkfest gibt eine Matrix zurück, deren erste Spalte die Punkte enthält, für die die Lösungen berechnet werden, und deren restlichen Spalten die Funktionen enthalten, die an dem entsprechenden Punkt ausgewertet werden. Abbildung 10.15 zeigt ein Beispiel für die Lösung der folgenden Gleichungen:

$$x'_0(t) = \mu \cdot x_0(t) - x_1(t) - (x_0(t)^2 + x_1(t)^2) \cdot x_0(t)$$

$$x'_1(t) = \mu \cdot x_1(t) + x_0(t) - (x_0(t)^2 + x_1(t)^2) \cdot x_1(t)$$

für die Anfangsbedingungen $x_0(0) = 0$ und $x_1(0) = 1$.

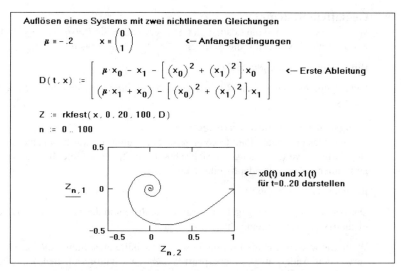

Abbildung 10.15: Ein System linearer Gleichungen der ersten Ordnung

Die Lösung eines Differentialgleichungssystems n-ter Ordnung ist der Lösung eines Differentialgleichungssystems erster Ordnung sehr ähnlich. Die größten Unterschiede sind:

- Der Vektor mit den Anfangsbedingungen muß zusätzlich zu den Anfangswerten für die Funktionen selbst Anfangsbedingungen für die $n-1$-ten Ableitungen aller unbekannten Funktionen enthalten.

- Die vektorwertige Funktion muß zusätzlich zur n-ten Ableitung Ausdrücke für die $n-1$-ten Ableitungen für alle unbekannten Funktionen enthalten.

rkfest gibt eine Matrix zurück, deren erste Spalte die Punkte enthält, für die die Lösungen und ihre Ableitungen berechnet werden sollen. Die restlichen Spalten enthalten die Lösungen und ihre Ableitungen, die an dem entsprechenden Punkt der ersten Spalte berechnet werden. Die Reihenfolge, in der die Lösung und ihre Ableitungen erscheint, entspricht der Reihenfolge, in der Sie sie in den Vektor mit den Ausgangsbedingungen geschrieben haben.

Spezielle Lösungsansätze für Differentialgleichungen

Mathcad Professional beinhaltet mehrere spezialisiertere Funktionen für die Lösung von Differentialgleichungen. Es gibt Situationen, für die diese speziellen Funktionen besser geeignet sind als das allgemeine *rkfest*. Diese Fälle können in drei Kategorien eingeteilt werden, wie im folgenden gezeigt. Alle diese Funktionen lösen Differentialgleichungen *numerisch*:

Tip Beim Lösen einer Differentialgleichung sollten Sie mehrere Lösungsansätze verwenden, da ein bestimmter Lösungsansatz für Ihre Differentialgleichung besser geeignet sein kann als ein anderer.

Geglättete Systeme

Wenn Sie wissen, daß die Lösung glatt ist, verwenden Sie *Bulstoer*, die statt der Runge-Kutta-Methode von *rkfest* die Bulirsch-Stoer-Methode verwendet.

Pro Bulstoer (**y**, *x1*, *x2*, *npoints*, **D**)

Die Argumenteliste und die Rückgabematrix von *Bulstoer* sind mit denen von *rkfest* identisch.

Langsam variierende Lösungen

Bei einer festen Anzahl Punkte können Sie eine Funktion exakter annähern, wenn Sie sie häufig auswerten, solange sie sich schnell ändert, und weniger häufig, wenn sie sich langsamer ändert, d.h. adaptiv einsetzen.

Pro Rkadapt (**y**, *x1*, *x2*, *npoints*, **D**)

Die von *Rkadapt* zurückgegebene Argumentenliste und die Matrix sind mit der Ergebnismatrix von *rkfest* identisch.

Wenn Sie wissen, daß die Lösung diese Eigenschaft hat, sollten Sie *Rkadapt* verwenden. Anders als *rkfest* überprüft *Rkadapt*, wie häufig sich die Lösung ändert, und paßt die Schrittweite entsprechend an.

Hinweis *Rkadapt* verwendet zwar bei der Lösung der Differentialgleichung intern keine konstanten Schrittweiten, gibt jedoch die Lösung für Punkte mit gleichen Abständen zurück.

Steife Systeme

Ein System mit Differentialgleichungen der Form **y** = **A** · **x** ist ein steifes System, wenn die Matrix **A** annähernd singulär ist. Unter diesen Bedingungen kann die von *rkfest* zurückgegebene Lösung oszillieren oder instabil sein. Wenn Sie ein steifes System auflösen, sollten Sie einen der beiden Lösungsansätze für Differentialgleichungen verwenden, die insbesondere dafür entwickelt wurden: *Stiffb* und *Stiffr*, die die Bulirsch-Stoer-Methode bzw. die Rosenbrock-Methode verwenden. Sie nehmen dieselben Argumente wie *rkfest* sowie ein zusätzliches Argument entgegen.

Pro Stiffb(**y**, *x1*, *x2*, *npoints*, **D**, **J**)

Stiffr(**y**, *x1*, *x2*, *npoints*, **D**, **J**)

$\mathbf{J}(x, \mathbf{y})$ = Eine von Ihnen definierte Funktion, die die $n \times (n+1)$-Matrix zurückgibt, deren erste Spalte die Ableitungen $\partial \mathbf{D} / \partial x$ enthält, und deren restliche Zeilen und Spalte die Jakobinische Matrix $\partial \mathbf{D} / \partial y_k$ für das Differentialgleichungssystem enthält. Beispielsweise gilt:

$$\mathbf{D}(x,\mathbf{y}) = \begin{bmatrix} x \cdot y_1 \\ -2 \cdot y_1 \cdot y_0 \end{bmatrix} \quad \mathbf{J}(x,\mathbf{y}) = \begin{bmatrix} y_1 & 0 & x \\ 0 & -2 \cdot y_1 & -2 \cdot y_0 \end{bmatrix}$$

dann

Eine Beschreibung der anderen Parameter finden Sie im Abschnitt für *rkfest*.

Auswertung des Randwerts

Wenn Sie nur die Lösung am Endpunkt benötigen, also $y(x2)$, und nicht für die gleich weit voneinander entfernt liegenden x-Werte im Integrationsintervall zwischen $x1$ und $x2$, verwenden Sie die im folgenden beschriebenen Funktionen. Jede Funktion entspricht einer der bereits vorgestellten Funktionen. Die Eigenschaften dieser Funktionen sind identisch mit denen der entsprechenden groß geschriebenen Funktionen aus den letzten Abschnitten, bis auf die im folgenden beschriebenen Argumente:

Pro
bulstoer(**y**, *x1*, *x2*, *bes*, **D**, *kmax*, *save*)
rkadapt(**y**, *x1*, *x2*, *bes*, **D**, *kmax*, *save*)
stiffb(**y**, *x1*, *x2*, *bes*, **D**, **J**, *kmax*, *save*)
stiffr(**y**, *x1*, *x2*, *bes*, **D**, **J**, *kmax*, *save*)

bes = Bestimmt die Genauigkeit der Lösung. Ein kleiner Wert für *bes* erzwingt, daß der Algorithmus eine kleinere Schrittweite verwendet und damit eine genauere Lösung berechnet. Werte von 0,001 ergeben genügend genaue Lösungen.

kmax = Die maximale Anzahl der Zwischenpunkte, für die die Lösung angenähert wird. Der Wert von *kmax* bildet eine Obergrenze für die Anzahl der Zeilen in der Ergebnismatrix dieser Funktion.

save = Der kleinste erlaubte Abstand zwischen den Werten, für die die Lösungen angenähert werden sollen. Damit wird eine Untergrenze für die Differenz zwischen zwei Werten in der ersten Spalte der Ergebnismatrix dieser Funktion geschaffen.

Grenzwertprobleme

Die oben beschriebenen speziellen Lösungsansätze für Differentialgleichungen sind praktisch, um *Anfangswertprobleme* zu lösen. In einigen Fällen brauchen Sie jedoch den Wert der Lösung an den Endpunkten des Integrationsintervalls – das ist ein *Grenzwertproblem* (oder auch *Randwertproblem*).

Um ein Grenzwertproblem in Mathcad zu lösen, können Sie die Funktion *Odesolve* anwenden wie im Abschnitt »Lösung einer Differentialgleichung mit Lösungsblock« beschrieben oder die hier beschriebenen Funktionen *sgrw* oder *grwanp* anwenden.

Zwei-Punkte-Grenzwertprobleme

Zwei-Punkte-Grenzwertprobleme stellen eindimensionale Differentialgleichungssysteme dar, deren Lösung eine Funktion einer einzigen Variablen ist. Der Wert der Lösung ist an zwei Punkten bekannt. Verwenden Sie *sgrw* in den folgenden Fällen:

- Sie haben eine Differentialgleichung *n*-ter Ordnung.

- Sie kennen einige der Werte für die Lösung, aber nicht alle, ebenso wie ihre ersten $n-1$ Ableitungen am Anfang des Integrationsintervalls $x1$ und am Ende des Integrationsintervalls $x2$.

- Zwischen dem, was Sie über die Lösung an den Stellen $x1$ und $x2$ wissen, haben Sie n bekannte Werte.

sgrw gibt einen Vektor zurück, der die Anfangswerte enthält, die für den ersten Endpunkt des Intervalls nicht angegeben waren. Nachdem Sie die fehlenden Anfangswerte an der Stelle *x1* kennen, haben Sie nun nur noch ein Anfangswertproblem vorliegen, das mit einer der anderen in diesem Abschnitt beschriebenen Funktionen gelöst werden kann.

Pro   sgrw(**v**, *x1*, *x2*, **D**, **load**, **score**)

        v = Vektor der Schätzwerte für die Ausgangswerte, die in *x1* nicht spezifiziert wurden.

        x1, *x2* = Die Endpunkte des Intervalls, für das die Lösung der Differentialgleichungen berechnet wird.

        D(x, y) = Eine *n*-elementige vektorwertige Funktion mit den ersten Ableitungen der unbekannten Funktionen.

        load(*x1*, **v**) = Eine vektorwertige Funktion, deren *n* Elemente den Werten der *n* unbekannten Funktionen an der Stelle *x1* entsprechen. Einige dieser Werte sind Konstanten, die durch Ihre Anfangsbedingungen festgelegt sind. Andere sind zunächst unbekannt, werden aber durch *sgrw* ermittelt. Ist ein Wert unbekannt, sollten Sie den entsprechenden Schätzwert aus **v** verwenden.

        score(*x2*, **y**) = Eine vektorwertige Funktion, die dieselbe Anzahl Elemente wie **v** enthält. Jedes Element stellt die Differenz zwischen der Anfangsbedingung an der Stelle *x2* und der entsprechenden Annäherung der Lösung dar. Der *score*-Vektor ermittelt, wie eng die vorgeschlagene Lösung mit den Anfangsbedingungen an der Stelle *x2* übereinstimmt. Haben alle Elemente den Wert 0, besteht eine perfekte Übereinstimmung zwischen der Anfangsbedingung und der Rückgabe von *sgrw*.

```
In Anfangswert konvertieren:   y⁽⁵⁾ + y = 0    y(0) = 0   y'(0) = 7
                                                y(1) = 1   y'(1) = 10   y''(1) = 5
      ⎛1⎞                y''(0)
v := ⎜1⎟  ← Schätzwert für  y'''(0)          ⎡0⎤  ← bekannt y(0)
      ⎝1⎠                y^iv(0)            ⎢7⎥  ← bekannt y'(0)
                                  load(x1, v) := ⎢v₀⎥  Unbekannte
             ⎡y₁⎤                              ⎢v₁⎥  Anfangsbedingungen.
             ⎢y₂⎥ ← D Vektor für die           ⎣v₂⎦  Aufzulösen nach
D(x, y) := ⎢y₃⎥    Differentialgleichung: y⁽⁵⁾+y=0      sbval.
             ⎢y₄⎥                   ⎛y₀ - 1⎞
             ⎣-y₀⎦   score(x2, y) = ⎜y₁ - 10⎟ ← Unterschied zwischen
                                    ⎝y₂ - 5⎠    berechneten und
                                                gegebenen Werte
S := sbval(v, 0, 1, D, load, score)             von y.

     ⎛-85.014⎞   ← y''(0)
S =  ⎜348.107⎟   ← y'''(0)    Fehlende Anfangsbedingungen.
     ⎝-516.257⎠  ← y^iv(0)    Aufzulösen nach rkfest.
```

Abbildung 10.16: Mit sgrw *ermitteln Sie die Anfangswerte vorgegebener Endwerte einer Lösung für eine Differentialgleichung.*

Hinweis Wie in Abbildung 10.12 gezeigt, gibt *sgrw* nicht wirklich die Lösung für eine Differentialgleichung zurück. Sie berechnet nur die Anfangswerte, die die Lösung haben muß, damit sie mit den von Ihnen vorgegebenen Endwerten übereinstimmt. Sie übernehmen die von *sgrw* zurückgegebenen Anfangswerte und lösen das resultierende Anfangswertproblem unter Verwendung einer Funktion wie beispielsweise *rkfest*.

Es ist möglich, daß Sie nicht alle Informationen haben, die Sie für *sgrw* brauchen, aber etwas über die Lösung und ihre ersten n – 1 Ableitungen an einem bestimmten Zwischenwert wissen, beispielsweise *xf*. *grwanp* löst ein Zwei-Punkt-Grenzwertproblem dieser Art, indem sie sich von den Endpunkten entfernt und die Lösung und ihre Ableitungen an dem Zwischenpunkt verwendet. Diese Methode ist insbesondere praktisch, wenn die Ableitung irgendwo im Integrationsintervall eine Unstetigkeit aufweist.

Pro grwanp(**v1**, **v2**, *x1*, *x2*, *xf*, **D**, **load1**, **load2**, **score**)

v1, **v2** = Vektor **v1** enthält die Schätzwerte für die Anfangswerte, die in *x1* nicht spezifiziert wurden. Vektor **v2** enthält die Schätzwerte für die Anfangswerte, die in *x2* nicht spezifiziert wurden.

x1, *x2* = Die Endpunkte des Intervalls, für die die Lösung der Differentialgleichungen berechnet wird.

xf = Ein Punkt zwischen *x1* und *x2*, an dem die Pfade der Lösungen beginnend bei *x1* und der beginnend bei *x2* gleich sind.

D(*x*, **y**) = Eine *n*-elementige vektorwertige Funktion mit den ersten Ableitungen der unbekannten Funktionen.

load1(*x1*, **v1**) = Eine vektorwertige Funktion, deren *n* Elemente den Werten der *n* unbekannten Funktionen an der Stelle *x1* entsprechen. Einige dieser Werte sind Konstanten, die durch Ihre Anfangsbedingungen festgelegt werden. Ist ein Wert unbekannt, sollten Sie den entsprechenden Schätzwert aus **v1** verwenden.

load2(*x2*, **v2**) = Analog zu **load1**, wird aber für Werte verwendet, die den *n* unbekannten Funktionen an der Stelle *x2* entsprechen.

score(*xf*, **y**) = Eine *n*-elementige vektorwertige Funktion, die angibt, wie die Lösungen für *xf* übereinstimmen sollen. In der Regel definieren Sie *score*(*xf*, **y**) := **y**, so daß die Lösungen aller unbekannten Funktionen mit *xf* übereinstimmen.

Partielle Differentialgleichungen

Ein zweiter Typ des Grenzwertproblems liegt vor, wenn Sie eine partielle Differentialgleichung lösen. Statt auf zwei Punkte begrenzt zu sein, gilt die Lösung für ein ganzes Kontinuum von Punkten, die irgendeine Grenze darstellen.

Zwei partielle Differentialgleichungen, die in der Analyse physischer Systeme häufig vorkommen, sind die Poisson'sche Gleichung

$$\frac{\partial^2 u}{\partial x^2} + \frac{\partial^2 u}{\partial y^2} = \rho(x,y)$$

und ihre homogene Form, die Laplace'sche Gleichung.

Tip Um ein Symbol für eine partielle Differentialgleichung wie $\frac{\partial}{\partial x}$ einzugeben, fügen Sie den Ableitungsoperator $\frac{d}{dx}$ durch die Eingabe von **?** ein, klicken Sie mit der rechten Maustaste auf den Ableitungsoperator, und wählen Sie aus dem Popup-Menü den Eintrag ABLEITUNG BETRACHTEN ALS⇒PARTIELLE ABLEITUNG.

Mathcad beinhaltet zwei Funktionen für die Lösung dieser Gleichungen über eine quadratische Grenze. Sie sollen *relax* verwenden, wenn Sie den Wert kennen, den die unbekannte Funktion *u(x, y)* auf allen vier Seiten eines quadratischen Bereichs annimmt.

Ist *u(x, y)* für alle vier Seiten des Quadrats gleich Null, können Sie *multigit* einsetzen, die das Problem häufig schneller als *relax* löst. Beachten Sie, daß wenn die Grenzbedingung auf allen vier Seiten dieselbe ist, Sie die Gleichung einfach in ein Äquivalent umwandeln können, für das der Wert aller vier Seiten gleich Null ist.

relax gibt eine quadratische Matrix zurück, in der gilt:

- Die Position eines Elements in der Matrix entspricht seiner Position innerhalb des quadratischen Bereichs, und

- ihr Wert ist eine Annäherung des Werts der Lösung an dieser Stelle.

Diese Funktion verwendet die Relaxations-Methode, um zur Lösung hin zu konvergieren. Die Poisson'sche Gleichung für eine quadratische Domäne wird repräsentiert durch:

$$a_{j,k} u_{j+1,k} + b_{j,k} u_{j-1,k} + c_{j,k} u_{j,k+1} + d_{j,k} u_{j,k-1} + e_{j,k} u_{j,k} = f_{j,k}$$

Pro relax(**a, b, c, d, e, f, u,** *rjac*)

a ... e = Quadratische Matrizen derselben Größe mit den Koeffizienten der oben beschriebenen Gleichung.

f = Quadratische Matrix mit dem Quellterm an jedem Punkt im Bereich, für den die Lösung gilt.

u = Quadratische Matrix mit den Grenzwerten entlang der Kanten des Bereichs und Schätzwerten für die Lösung innerhalb des Bereichs.

rjac = Spektralradius der Jacobi'schen Iteration. Diese Zahl zwischen 0 und 1 steuert die Konvergenz des Relaxationsalgorithmus. Ihr optimaler Wert ist davon abhängig, wie detailliert Ihr Problem ist.

Pro	multigit(**M**, *ncycle*)		
		M =	Quadratische Matrix mit $(1 + 2^n)$ Zeilen, deren Elemente dem Quellterm an dem entsprechenden Punkt in der quadratischen Domäne entsprechen.
		ncycle =	Die Anzahl der Zyklen auf jeder Ebene der *multigit*-Iteration. Der Wert 2 stellt im allgemeinen eine ausreichende Annäherung für die Lösung dar.

Verschiedene Funktionen

Ausdruckstyp

Pro	IsArray(*x*)	Gibt 1 zurück, wenn *x* eine Matrix oder ein Feld ist, andernfalls 0.
Pro	IsScalar(*x*)	Gibt 1 zurück, wenn *x* eine reale oder komplexe Zahl ist, andernfalls 0.
Pro	IsString(*x*)	Gibt 1 zurück, wenn *x* eine Zeichenfolge ist, andernfalls 0.
Pro	UnitsOf(*x*)	Gibt die Einheiten von *x* zurück, andernfalls 0.

Funktionen für Zeichenfolgen

Pro	verkett(*S1*, *S2*, *S3*, ...)	Gibt eine Zeichenfolge zurück, die gebildet wird, indem Zeichenfolge *S2* an das Ende von *S1* angehängt wird, *S3* an das Ende von *S2* usw.
Pro	Fehler(*S*)	Gibt die Zeichenfolge *S* als Fehlerbeschreibung aus. Wenn Mathcad die *fehler*-Funktion auswertet, wird der Ausdruck rot hervorgehoben, und die weitere numerische Auswertung ist nicht möglich. Wenn Sie auf den Ausdruck klicken, wird die Zeichenfolge als Erklärung für den Fehler angezeigt.
Pro	zahlinzf(*z*)	Gibt eine Zeichenfolge zurück, die entsteht, indem die reelle oder komplexe Zahl *z* in eine dezimalwertige Zeichenfolge umgewandelt wird.
Pro	strtpos(*S*, *S1*, *m*)	Gibt die Anfangsposition der Teilzeichenfolge *S1* im String *S* beginnend an Position *m* ein, oder -1, falls keine Teilzeichenkette gefunden wurde. *m* ist eine positive ganze Zahl.

Pro	zfinzahl(*S*)	Gibt eine Konstante zurück, die gebildet wird, indem die Zeichen der Zeichenfolge *S* in eine Zahl umgewandelt werden. *S* darf nur Zeichen enthalten, die eine ganze Zahl, eine Fließkommazahl, eine komplexe Zahl oder eine Exponentialzahl wie beispielsweise 4.51e-3 enthalten. Leerzeichen werden ignoriert.
Pro	zfinvek(*S*)	Gibt einen Vektor mit ASCII-Codes zurück, der den Zeichen in der Zeichenfolge *S* entspricht.
Pro	zflänge(*S*)	Gibt die Anzahl der Zeichen in der Zeichenfolge *S* zurück.
Pro	subzf(*S, m, n*)	Gibt eine Teilzeichenkette von *S* zurück, beginnend mit dem Zeichen an der *m*-ten Position und mit höchstens *n* Zeichen. *m* und *n* sind positive ganze Zahlen.
Pro	vekinzf(**v**)	Gibt eine Zeichenfolge zurück, die durch die Konvertierung eines Vektors **v** mit ASCII-Codes in Zeichen entsteht. Die Elemente von **v** müssen ganze Zahlen zwischen 0 und 255 sein.

Die Zeichenketten, die von diesen Funktionen verwendet und zurückgegeben werden, werden in einen mathematischen Platzhalter eingegeben, indem das doppelte Anführungszeichen (") und eine beliebige Anzahl von Buchstaben, Ziffern und anderen ASCII-Zeichen geschrieben werden. Mathcad stellt den Zeichenfolgenausdruck automatisch zwischen doppelte Anführungszeichen und zeigt auch um ein Zeichenfolgenergebnis Anführungszeichen an.

Hinweis Bei der Auswertung der Funktionen *strtpos* und *subzf* setzt Mathcad voraus, daß sich das erste Zeichen in einer Zeichenfolge an der Position 0 befindet.

Funktionen für den Dateizugriff

Das Dateiargument für eine Dateizugriffsfunktion ist eine Zeichenfolge – oder eine Variable, der eine Zeichenfolge zugewiesen wurde –, die die folgenden Dinge repräsentieren kann:

- Den Namen der Daten- oder Bilddatei in dem Ordner des Mathcad-Arbeitsblatts, das Sie gerade bearbeiten.

- Den Namen einer Farbtabellen-Datei (siehe Seite 245) im CMAP-Ordner Ihres Mathcad-Installationsordners.

- Einen vollständigen oder relativen Pfad zu einer Daten-, Bild- oder Farbtabellendatei, die sich an einer anderen Stelle eines lokalen oder Netzwerkdateisystems befindet.

ASCII-Datendateien lesen und schreiben

PRNLESEN(*datei*)		Liest eine strukturierte Datendatei. Gibt eine Matrix zurück. Jede Zeile in der Datendatei wird zu einer Zeile der Matrix. Alle Zeilen müssen dieselbe Anzahl Elemente enthalten. Diese Funktion wird normalerweise wie folgt verwendet:
		A := PRNLESEN(*datei*)
PRNSCHREIBEN(*datei*)		Schreibt eine Matrix in eine Datendatei. Jede Zeile wird zu einer Zeile in der Datei. Diese Funktion wird in Definitionen der folgenden Art verwendet:
		PRNSCHREIBEN(*datei*) := **A**.
PRNANFÜGEN(*datei*)		Fügt eine Matrix an eine bereits existierende Datei an. Jede Zeile in der Matrix wird zu einer neuen Zeile in der Datendatei. Diese Funktion wird in Definitionen der Form PRNANFÜGEN(*datei*) := **A** verwendet. Existierende Daten müssen genau so viele Spalten wie **A** haben.

Dateien im ASCII-Format bestehen ausschließlich aus Zahlen, die durch Kommata, Leerzeichen oder Zeilenschaltungen voneinander getrennt sind. Die Zahlen in den Datendateien können ganze Zahlen wie **3** oder **-1** sein, Fließkommazahlen wie **2.54**, oder Zahlen im Exponentialformat, wie beispielsweise **4.51E-4** (für $4.51 \cdot 10^{-4}$).

Tip Die Funktionen für den Zugriff auf ASCII-Dateien werden hauptsächlich der Kompatibilität mit Arbeitsblättern aus früheren Mathcad-Versionen halber bereitgestellt. Allgemeinere Funktionen zum Importieren und Exportieren von Daten in den unterschiedlichsten Formaten werden durch die Lesen/Schreiben-Funktionen realisiert. Weitere Informationen finden Sie in Kapitel 11.

Bilddateien lesen und schreiben

BMPLESEN(*datei*)	Erzeugt eine Matrix mit einer Graustufendarstellung des Bilds in *datei*, die im BMP-Format vorliegt. Jedes Element der Matrix entspricht einem einzelnen Pixel. Der Wert eines Matrixelements bestimmt die Grauschattierung des zugehörigen Pixels. Die Elemente stellen ganze Zahlen zwischen 0 (schwarz) und 255 (weiß) dar.
RGBLESEN(*datei*)	Erzeugt eine Matrix, in der Farbinformationen aus *datei*, die im BMP-Format vorliegt, als Rot-, Grün- und Blauwerte dargestellt werden. Diese Matrix besteht aus drei Teilmatrizen, die jeweils dieselbe Anzahl Zeilen und Spalten aufweisen. Jedem Pixel sind drei Matrixelemente zugeordnet. Die Elemente sind ganze Zahlen zwischen 0 und 255. Die drei korrespondierenden Elemente bilden die Pixelfarbe.

	BMPSCHREIBEN(*datei*)	Erzeugt aus der Matrix eine BMP-Datei mit Grauschattierungen. Wird in Definitionen der folgenden Form eingesetzt: BMPSCHREIBEN(*datei*) := **A**.
	RGBSCHREIBEN(*datei*)	Erzeugt aus einer Matrix, in der ein Bild im RGB-Format abgelegt ist, eine Farb-BMP-Datei. Wird in Definitionen in der folgenden Form eingesetzt: RGBSCHREIBEN(*datei*) := **A**.
Pro	BILD_LESEN(*datei*)	Erzeugt eine Matrix mit einer Graustufendarstellung des Bildes in *datei*, die im BMP-, GIF-, JPG- oder TGA-Format vorliegt.
Pro	HLS_LESEN(*datei*) HSV_LESEN(*datei*)	Erzeugt eine Matrix, in der die Farbinformationen aus *Dateien* im Format BMP, GIF, JPG oder TGA durch die entsprechenden Werte für Farbton, Helligkeit und Sättigung (HLS, Hue, Lightness und Saturation) dargestellt werden.
Pro	ROT_LESEN(*datei*) GRÜN_LESEN(*datei*) BLAU_LESEN(*datei*)	Extrahiert nur die Rot-, Grün- oder Blau-Komponente aus einem Farbbild im BMP-, GIF-, JPG- oder TGA-Format. Das Ergebnis umfaßt ein Drittel der Spaltenanzahl, die RGBLESEN zurückgibt.
Pro	HLS_TON_LESEN(*datei*) HLS_HELL_LESEN(*datei*) HLS_SAT_LESEN(*datei*)	Extrahiert nur die Komponenten für Farbton, Helligkeit oder Sättigung aus einem Farbbild im BMP-, GIF-, JPG- oder TGA-Format. Das Ergebnis umfaßt ein Drittel der Spaltenanzahl, die HLS_LESEN zurückgibt.
Pro	HSV_TON_LESEN(*datei*) HSV_SAT_LESEN(*datei*) HSV_WERT_LESEN(*datei*)	Extrahiert nur die Komponenten für Farbton, Sättigung oder Wert aus einem Farbbild im BMP-, GIF-, JPG- oder TGA-Format. Das Ergebnis umfaßt ein Drittel der Spaltenanzahl, die HSV_LESEN zurückgibt.
Pro	HLS_SCHREIBEN(*datei*)	Erzeugt eine Farb-BMP-Datei aus einer Matrix, in der das Bild im HLS-Format abgelegt ist. Wird in Definitionen der folgenden Form verwendet: HLS_SCHREIBEN(*datei*) := **A**.
Pro	HSV_SCHREIBEN(*datei*)	Erzeugt eine Farb-BMP-Datei aus einer Matrix, in der das Bild im HSV-Format abgelegt ist. Wird in Definitionen der folgenden Form verwendet: HSV_SCHREIBEN(*datei*) := **A**.

Funktionen für 3D-Diagramme

Farbtabellen laden und speichern

Pro	LadeFarbwerte(*datei*)	Gibt ein Feld mit den Werten der Farbtabelle *datei* zurück.
Pro	SpeichernFarbwerte(*datei*, **M**)	Erzeugt eine Farbtabellendatei mit den Werten aus dem dreispaltigen Feld **M**. Gibt die Anzahl der Zeilen zurück, die in *datei* geschrieben wurden.

Eine Farbtabelle (colormap) ist eine .CMP-Datei mit drei Spalten, deren Werte die Rot-, Grün- und Blau-Komponenten darstellen. Sie können eine Farbtabelle auf eine 3D-Ausgabe anwenden, wie im Abschnitt »Füllfarbe« auf Seite 293 beschrieben. Die Werte in einer Farbtabelle sollten zwischen 0 und 255 liegen. Standardmäßig speichert Mathcad Farbtabellen im Ordner CMAPS in Ihrem Mathcad-Ordner und lädt sie von dort auch.

3D-Darstellung von Polyedern

Pro	PolyLookup (*n*)	Gibt einen Vektor zurück, der den Namen, den dualen Namen und das Wythoff-Symbol für den einheitlichen Polyeder zurück, dessen Zahlencode *n* lautet. *n* ist eine ganze Zahl kleiner als 81, ein als Zeichenfolge dargestellter Name oder ein als Zeichenfolge dargestelltes Wythoff-Symbol.
Pro	Polyhedron(S)	Erzeugt einen einheitlichen Polyeder, dessen Name, Zahlencode oder Wythoff-Symbol als Zeichenfolge dargestellt wird.

Die Prozedur zur Lösung einer Differentialgleichung höherer Ordnung stellt eine Erweiterung der Lösung einer Differentialgleichung zweiter Ordnung dar. Die Unterschiede sind, daß der Vektor mit den Startwerten, **y**, jetzt *n* Elemente enthält, die die Ausgangsbedingungen von y, y', y", …, $y^{(n-1)}$ festlegen; die Funktion **D** ist jetzt ein Vektor mit *n* Elementen, die den ersten *n* Ableitungen der unbekannten Funktionen entsprechen; und die Lösungsmatrix enthält *n* Spalten: die linke für die *t*-Werte, die restlichen für die Werte von y(t), y'(t), y"(t), …, $y^{(n-1)}(t)$.

Einheitliche Polyeder sind Polyeder, deren Scheitelpunkte kongruent sind. Sie haben einen Namen, eine Zahl, einen dualen Namen (Name eines anderen Polyeders) und ein Wythoff-Symbol. Das Wythoff-Symbol und den dualen Namen eines Polyeders können Sie mit Hilfe von *PolyLookup* ermitteln.

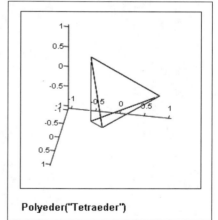

Um ein einheitliches Polyeder zu zeichnen, gehen Sie wie folgt vor:

1. Klicken Sie auf einen leeren Bereich in Ihrem Arbeitsblatt. Wählen Sie aus dem EINFÜGEN-Menü den Eintrag DIAGRAMM⇒FLÄCHENDIAGRAMM.
2. Geben Sie die Polyeder-Funktion durch das entsprechende Zeichenfolge-Argument in den Platzhalter ein.
3. Klicken Sie außerhalb des Diagramms, oder drücken Sie die ⏎-Taste.

Kapitel 11
Vektoren, Matrizen und Datenfelder

Felder anlegen

Zugriff auf Feldelemente

Felder anzeigen

Die Arbeit mit Feldern

Verschachtelte Felder

Felder anlegen

Eine Möglichkeit, ein Feld zu erzeugen, ist die Ausführung des Befehls MATRIX im EINFÜGEN-Menü. Damit wird ein Feld mit leeren Platzhaltern angelegt, in die Sie direkt Ausdrücke eingeben. Diese Technik ist nur für kleine Felder bis 100 Elemente vorgesehen, aber sie ermöglicht, Felder für die unterschiedlichsten Mathcad-Ausdrücke anzulegen, nicht nur für Zahlen. Der folgende Abschnitt beschreibt diese Technik, ebenso wie Ansätze zum Anlegen von Feldern beliebiger Größe:

- Verwendung von Bereichsvariablen zum Füllen der Elemente. Diese Technik ist praktisch, wenn Sie eine explizite Formel für die Feldelemente in Hinblick auf ihre Indizes anwenden.

- Verwendung der Komponente DATEI LESEN/SCHREIBEN, um Daten unterschiedlichster Formate aus externen Dateien zu importieren.

- Manuelle Eingabe von Zahlen in einer Eingabetabelle, wie Sie sie aus Tabellenkalkulationen kennen.

Anders als der Befehl MATRIX EINFÜGEN können diese Prozeduren jedoch nur genutzt werden, um Felder mit reinen Zahlenelementen anzulegen.

Hinweis Welche Größe die von Ihnen angelegten Felder annehmen dürfen, ist davon abhängig, wieviel Speicher Ihnen zur Verfügung steht – in der Regel mindestens 1 Million Elemente. In keinem System können mehr als 8 Millionen Elemente abgelegt werden.

Der Befehl Matrix einfügen

Um in Mathcad einen Vektor oder eine Matrix einzufügen, gehen Sie wie folgt vor:

1. Klicken Sie auf einen leeren Bereich oder auf einen Platzhalter in einem Rechenbereich.
2. Wählen Sie im EINFÜGEN-Menü den Eintrag MATRIX, oder klicken Sie in der Vektor- und Matrixpalette auf 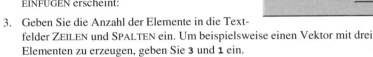. Das Dialogfeld MATRIX EINFÜGEN erscheint:
3. Geben Sie die Anzahl der Elemente in die Textfelder ZEILEN und SPALTEN ein. Um beispielsweise einen Vektor mit drei Elementen zu erzeugen, geben Sie **3** und **1** ein.
4. Ein Feld mit leeren Platzhaltern erscheint auf Ihrem Arbeitsblatt.

Jetzt tragen Sie die Feldelemente ein. Für Felder, die mit der oben beschriebenen Technik angelegt wurden, nehmen die Platzhalter beliebige Mathcad-Ausdrücke auf. Klicken Sie einfach auf den betreffenden Platzhalter, und geben Sie eine Zahl oder einen Ausdruck ein. Mit Hilfe des ⇥ bewegen Sie sich zwischen den Platzhaltern weiter.

Hinweis Felder, die mit dem Befehl MATRIX aus dem EINFÜGEN-Menü angelegt wurden, sind auf 100 Elemente beschränkt.

Größenänderungen für Vektoren oder Matrizen

Die Größe einer Matrix wird geändert, indem Zeilen und Spalten eingefügt bzw. entfernt werden.

1. Klicken Sie auf eines der Matrixelemente, so daß es zwischen den Bearbeitungslinien angezeigt wird. An dieser Stelle werden Elemente hinzugefügt oder entfernt.

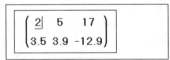

2. Wählen Sie im EINFÜGEN-Menü den Eintrag MATRIX. Geben Sie an, wie viele Zeilen und/oder Spalten eingefügt oder gelöscht werden sollen. Drücken Sie EINFÜGEN oder LÖSCHEN. Um beispielsweise die Spalte zu löschen, die das ausgewählte Element enthält, geben Sie in das Textfeld »Spalten 1« ein, in das Textfeld »Zeilen 0« und drücken LÖSCHEN.

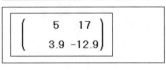

Hinweis Wenn Sie Zeilen oder Spalten einfügen, fügt Mathcad Zeilen unterhalb und Spalten rechts von dem ausgewählten Element ein. Wenn Sie Zeilen oder Spalten löschen, beginnt Mathcad mit der Zeile oder Spalte des ausgewählten Elements und löscht von dort nach unten bzw. rechts. Um eine Zeile oberhalb der obersten Zeile oder links von der ersten Spalte einzufügen, plazieren Sie die gesamte Matrix zwischen den Bearbeitungslinien.

Felder mit Hilfe von Bereichsvariablen anlegen

Wie im Abschnitt »Bereichsvariablen« auf Seite 142 beschrieben, können Sie eine oder mehrere Bereichsvariablen nutzen, um die Elemente eines Feldes zu füllen. Wenn Sie beispielsweise in einer Gleichung zwei Bereichsvariablen einsetzen, durchläuft Mathcad alle Werte jeder dieser Bereichsvariablen. Das ist eine praktische Funktion für die Definition von Matrizen. Um beispielsweise eine 5×5-Matrix zu definieren, deren i,j-tes Element gleich $i + j$ ist, geben Sie die in Abbildung 11.1 gezeigten Gleichungen ein.

Der Bereichsvariablen-Operator wird durch Eingabe eines Semikolons (;) oder durch Anklicken von m..n auf der Kalkulator-Palette eingefügt. Der Index-Operator wird durch Anklicken von X_n in der Matrix-Palette spezifiziert.

Die Gleichung $x_{i,j}$ wird für jeden Wert jeder Bereichsvariablen berechnet – in insgesamt 25 Berechnungen. Das Ergebnis ist die unten in Abbildung 11.1 gezeigte Matrix mit 5 Spalten und 5 Zeilen. Das Element in der i-ten Zeile und j-ten Spalte ist $i + j$.

Hinweis Für die Definition eines Feldelements darf eine Bereichsvariable nur ganzzahlige Werte enthalten.

$$i := 0 .. 4$$

$$j := 0 .. 4$$

$$x_{i,j} := i + j$$

$$x = \begin{pmatrix} 0 & 1 & 2 & 3 & 4 \\ 1 & 2 & 3 & 4 & 5 \\ 2 & 3 & 4 & 5 & 6 \\ 3 & 4 & 5 & 6 & 7 \\ 4 & 5 & 6 & 7 & 8 \end{pmatrix}$$

Abbildung 11.1: Definition einer Matrix unter Verwendung von Bereichsvariablen

Tip Einzelne Feldelemente können auch mit Hilfe des Index-Operators eingefügt werden, wie im Abschnitt »Zugriff auf Feldelemente« auf Seite 253 noch beschrieben wird.

Lesen einer Datendatei

Mathcad bietet die Komponente DATEI LESEN/SCHREIBEN, um eine Datendatei zu lesen und Daten in einer Feldvariablen zu speichern.

Hinweis Eine Komponente ist ein spezielles OLE-Objekt, das Sie in ein Mathcad-Arbeitsblatt einfügen, um eine Verknüpfung zwischen dem Arbeitsblatt und einer Datenquelle oder einer anderen Applikation einzurichten. Weitere Informationen über Komponenten finden Sie in Kapitel 16. Falls es sich speziell um das Einlesen von Exel-Dateien handelt, dann verwechseln Sie diese Dateikomponente bitte nicht mit der Exel-Komponente aus einer Datei. Ein geänderter Inhalt in der XLS-Datei kann nur durch Verwendung der Datei-Komponente berücksichtigt werden, welche diese Exel-Datei bei jeder Neuberechnung erneut einliest.

Sie können Daten aus Dateien in den verschiedensten Formaten lesen, unter anderem:

- Excel (*.XLS)
- MATLAB (*.MAT)
- Lotus 1-2-3 (*.WK*)
- ASCII-Editoren (*.DAT, *.CSV, *.PRN, *.TXT)

Tip Mathcad stellt zahlreiche vordefinierte Funktionen für das Importieren von ASCII-Datendateien und Bilddateien zur Verfügung, wie im Abschnitt »Funktionen für den Dateizugriff« auf Seite 235 beschrieben wird.

Um Daten mit Hilfe der Komponente DATEI LESEN/SCHREIBEN zu lesen, gehen Sie wie folgt vor:

1. Klicken Sie auf einen leeren Bereich Ihres Arbeitsblatts.
2. Wählen Sie im EINFÜGEN-Menü den Eintrag KOMPONENTEN.
3. Wählen Sie in der Liste den Eintrag DATEIEN LESEN/SCHREIBEN, und klicken Sie auf WEITER. Der Assistent DATEI LESEN/SCHREIBEN wird aufgerufen.
4. Wählen Sie AUS EINER DATEI LESEN, und drücken Sie auf WEITER.
5. Geben Sie den Typ der Datendatei an, die gelesen werden soll, ebenso den Pfad zur Datendatei (den Sie auch mit DURCHSUCHEN finden können).
6. Drücken Sie auf FERTIGSTELLEN. Sie sehen das Icon für die Komponente DATEI LESEN/SCHREIBEN, ebenso den Pfad zu der Datendatei. Wenn Sie beispielsweise die Datendatei data.txt im C:\WINDOWS-Ordner angegeben haben, sehen Sie die rechts dargestellte Komponente:

Geben Sie in den Platzhalter den Namen der Mathcad-Variablen ein, in die die Daten aus der Datei geschrieben werden sollen. Sobald Sie außerhalb der Komponente klicken, wird die Datendatei eingelesen und die Daten werden der Feldvariablen zugewiesen, die Sie im Platzhalter spezifiziert haben. Immer wenn Sie das Arbeitsblatt berechnen, liest Mathcad die Daten aus der Datei neu ein. Abbildung 11.2 zeigt ein Beispiel für das Importieren von Daten mit Hilfe der Komponente DATEI LESEN/SCHREIBEN. Möchten Sie Daten aus einer Datei nur einmal in Mathcad importieren, lesen Sie hierfür bitte den Abschnitt »Einmaliges Importieren aus einer Datendatei« auf Seite 253.

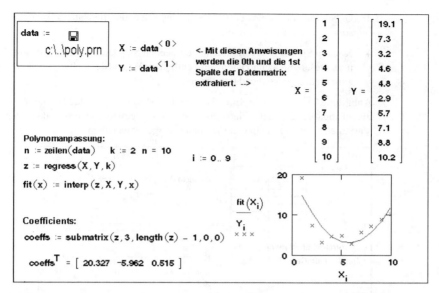

Abbildung 11.2: Lesen von Daten aus einer Datendatei. Wenn Sie ein Arbeitsblatt berechnen, wir die Datendatei eingelesen.

Um eine andere Datendatei oder aus einem anderen Dateityp einzulesen, gehen Sie wie folgt vor:

1. Klicken Sie mit der rechten Maustaste auf die Komponente, und wählen Sie im Popup-Menü den Eintrag DATEI AUSWÄHLEN.

2. Wählen Sie im Textfeld DATEITYP den Typ der zu importierenden Datei. Suchen Sie im Dialogfeld nach der Datendatei, wählen Sie sie aus, und klicken Sie auf ÖFFNEN.

Tip Standardmäßig liest Mathcad die gesamte Datendatei ein und legt ein Feld mit dem von Ihnen vorgegebenen Variablennamen an. Um nur bestimmte Zeilen oder Spalten einer Datendatei einzulesen, klicken Sie einmal auf die Komponente, um sie auszuwählen, klicken dann mit der rechten Maustaste darauf und wählen im Popup-Menü den Eintrag EIGENSCHAFTEN. Im Dialogfeld EIGENSCHAFTEN spezifizieren Sie die Zeilen und Spalten, die eingelesen werden sollen.

Daten in eine Tabelle eingeben

Um für die Dateneingabe die Bequemlichkeit zu erhalten, die eine Tabellenkalkulation bietet, legen Sie das Feld mit Hilfe der Komponente EINGABENTABELLE an:

1. Klicken Sie auf einen leeren Bereich in Ihrem Arbeitsblatt, und wählen Sie im EINFÜGEN-Menü den Eintrag KOMPONENTE.

2. Wählen Sie in der Liste den Eintrag EINGABENTABELLE, und klicken Sie auf WEITER. Die Eingabentabelle wird in Ihr Arbeitsblatt eingefügt.

3. Geben Sie den Namen der Mathcad-Variablen, der die Daten zugewiesen werden sollen, in den Platzhalter ein.
4. Klicken Sie auf die Komponente, und geben Sie Daten in die Zellen ein. Jede Zeile muß dieselbe Anzahl Datenwerte enthalten. Wenn Sie in eine Zelle keine Zahl eintragen, fügt Mathcad 0 dafür ein.

Abbildung 11.3 zeigt zwei Eingabentabellen. Beachten Sie, daß bei der Verwendung einer Eingabentabelle die Elemente einem Feld zugewiesen werden, das den Namen der Variablen trägt, die Sie in den Platzhalter eingegeben haben.

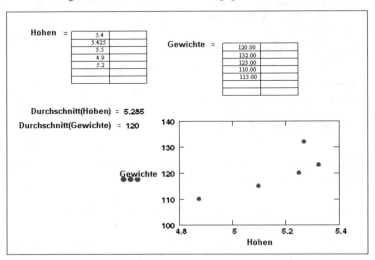

Abbildung 11.3: Mit Hilfe von Eingabentabellen werden Datenfelder angelegt

Wenn Sie die Tabelle anklicken, können Sie die darin enthaltenen Werte bearbeiten. Mit Hilfe der Bildlaufleisten bewegen Sie sich durch die Tabelle. Um die Größe der Tabelle zu ändern, schieben Sie den Cursor auf einen der »Griffe« auf ihrem Umriß, so daß er als Pfeil mit zwei Spitzen dargestellt wird. Drücken Sie die Maustaste, und ziehen Sie den Cursor bei gedrückter Maustaste so, daß die Tabelle in die gewünschte Richtung vergrößert oder verkleinert wird.

Tip Daten werden wie folgt aus einer Eingabentabelle kopiert: Markieren Sie Daten, klicken Sie mit der rechten Maustaste auf die Komponente, und wählen Sie im Popup-Menü den Eintrag KOPIEREN. Eine einzelne Zahl wird aus der Zwischenablage in die Tabelle eingefügt, indem eine Zelle markiert und im Popup-Menü der Eintrag EINFÜGEN ausgewählt wird. Mit TABELLE EINFÜGEN wird die Tabelle mit den Werten aus der Zwischenablage überschrieben.

Einmaliges Importieren aus einer Datendatei

Es ist auch möglich, eine Tabelle nur ein einziges Mal aus einer Datendatei zu importieren. Dazu gehen Sie wie folgt vor:

1. Legen Sie eine Eingabentabelle an, wie oben beschrieben wurde.
2. Geben Sie in den Platzhalter links den Namen einer Mathcad-Variablen ein, der die Daten zugewiesen werden.
3. Klicken Sie zum Auswählen auf die Tabelle, und klicken Sie dann mit der rechten Maustaste auf die Eingabentabelle, so daß das Popup-Menü angezeigt wird.
4. Wählen Sie den Eintrag IMPORTIEREN.
5. Das Dialogfeld AUS DATEI LESEN erscheint. Im Textfeld DATEITYP wählen Sie den Typ der Datei aus, die importiert werden soll. Suchen Sie im Dialogfeld nach der Datendatei, und klicken Sie auf ÖFFNEN.

Die Daten aus der Datendatei erscheinen auf Ihrem Arbeitsblatt in einer Eingabetabelle.

Hinweis Anders als bei der Komponente DATEI LESEN/SCHREIBEN werden die Daten beim Importieren nur gelesen, wenn Sie den Befehl IMPORTIEREN ausführen, und nicht bei jeder Berechnung des Arbeitsblatts. Verwenden Sie die Komponente DATEI LESEN/SCHREIBEN wie im Abschnitt »Lesen einer Datendatei« beschrieben, wenn Daten bei jeder Ihrer Berechnungen importiert werden sollen, weil sich der Inhalt der Datendatei inzwischen geändert haben kann.

Zugriff auf Feldelemente

Der Zugriff auf alle Feldelemente erfolgt durch den Variablennamen. Sie können aber auch auf einzelne Elemente oder Elementgruppen zugreifen.

Indizes

Der Zugriff auf einzelne Elemente eines Vektors oder einer Matrix erfolgt über den Index-Operator, der im Abschnitt »Vektor- und Matrix-Operatoren« auf Seite 175 beschrieben wurde. Fügen Sie den Index-Operator ein, indem Sie in der Matrix-Palette auf X_n klicken, oder indem Sie [eingeben. Um auf ein Element eines Vektors zuzugreifen, geben Sie eine Zahl in den Index ein. Um auf ein Matrixelement zuzugreifen, geben Sie zwei durch ein Komma voneinander getrennte Zahlen ein. Um auf das i-te Element eines Vektors zuzugreifen, geben Sie v[i ein. Allgemein gilt: Das Element in der i-ten Zeile und j-ten Spalte einer Matrix **M** wird durch M[i,j angesprochen.

Abbildung 11.4 zeigt Beispiele für die Definition einzelner Matrixelemente und ihre Anzeige.

```
M₀,₀ := 1          M₀,₁ := 3          M₀,₂ := 5

M₁,₀ := 2          M₁,₂ := 6

Nun zeigen Sie die Werte der Elemente von M an...

      ⎛ 1  3  5 ⎞
M  =  ⎝ 2  0  6 ⎠

M₁,₂ = 6           M₁,₁ = 0

M₂,₂ =             <-Da der Feldursprung Null ist, gibt es eine
                   nullte Zeile und eine erste Zeile...aber
                   keine zweite Zeile.
Index außerhalb der Grenzen
```

Abbildung 11.4: Definition und Anzeige von Matrixelementen

Hinweis Bei der Definition von Vektor- oder Matrizenelementen können Sie Lücken innerhalb des Vektors oder der Matrix lassen. Ist beispielsweise **v** nicht definiert, und Sie definieren v_3 als 10, sind v_0, v_1 und v_2 undefiniert. Mathcad füllt diese Lücken mit Nullen aus, bis Sie einen anderen Wert dafür bereitstellen, wie in Abbildung 11.4 gezeigt. Vermeiden Sie es, auf diese Weise versehentlich sehr große Vektoren und Matrizen anzulegen. Beachten Sie außerdem, daß die Numerierung von Vektor- und Matrizenelementen standardmäßig mit Zeile Null und Spalte Null beginnt, es sei denn, der vordefinierten Variablen ORIGIN wurde ein Wert ungleich Null zugewiesen (siehe Seite 255).

Bitte beachten Sie auch, daß bei wiederholter Verwendung des gleichen Matrix-Variablennamens mit kleineren Indizes ab dieser Definition keinesfalls die vorher existierende Matrix verworfen oder gar kleiner angelegt wird, sondern Sie nur die entsprechenden Elemente in einem Teil des bereits existierenden Feldes neu definieren, d.h. die nicht betroffenen Elemente weisen noch den alten Inhalt auf.

Diese Indexnotation wird in Mathcad genutzt, um parallele Berechnungen für die Feldelemente auszuführen (siehe »Parallele Berechnungen« auf Seite 259).

Tip Wenn Sie eine Gruppe von Feldelementen definieren oder darauf zugreifen möchten, verwenden Sie im Index eine Bereichsvariable.

Zugriff auf Zeilen und Spalten

Sie können zwar eine Bereichsvariable verwenden, um auf alle Elemente in einer Zeile oder Spalte eines Felds zuzugreifen, aber Mathcad bietet auch einen Spaltenoperator an, mit dessen Hilfe Sie schnell auf alle Elemente einer Spalte zugreifen. Klicken Sie in der Matrix-Palette auf $M^{<>}$, um den Spaltenoperator einzufügen. Abbildung 11.5 zeigt, wie die dritte Spalte der Matrix **M** extrahiert wird.

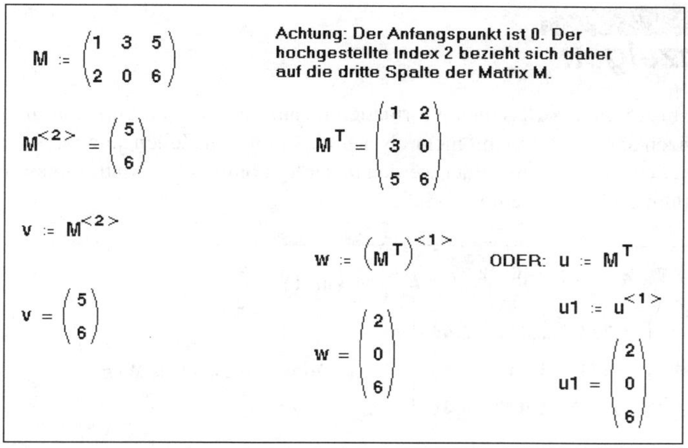

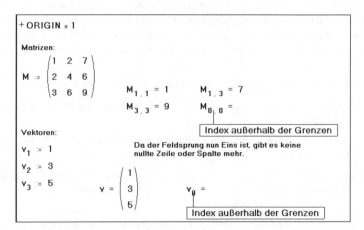

Abbildung 11.5: Extrahieren einer Spalte aus einer Matrix

Um eine einzelne Zeile aus einer Matrix zu extrahieren, transponieren Sie die Matrix mit Hilfe des Transponieren-Operators (klicken Sie in der Matrix-Palette auf M^T) und extrahieren dann die entsprechende Spalte unter Verwendung des Spaltenoperators. Diese Vorgehensweise sehen Sie rechts in Abbildung 11.5 dargestellt.

Den Feldursprung ändern

Wenn Sie Indizes verwenden, um auf Feldelemente zuzugreifen, setzt Mathcad voraus, daß das Feld an dem aktuellen Wert der vordefinierten Variablen ORIGIN beginnt. Standardmäßig ist ORIGIN 0, aber Sie können diesen Wert ändern, wie im Abschnitt »Eingebaute Variablen« auf Seite 138 beschrieben.

Abbildung 11.6: Hier beginnen die Felder mit dem Element Eins.

Abbildung 11.6 zeigt ein Arbeitsblatt mit dem ORIGIN-Wert 1. Wenn Sie versuchen, auf das nullte Element des Felds zuzugreifen, zeigt Mathcad eine Fehlermeldung an.

Felder anzeigen

Wie im Abschnitt »Ergebnisse formatieren« auf Seite 152 beschrieben, zeigt Mathcad Matrizen und Vektoren mit mehr als neun Spalten oder Zeilen automatisch als Ausgabetabellen an. Kleinere Felder werden in der herkömmlichen Matrixnotation angezeigt. Abbildung 11.7 zeigt ein Beispiel.

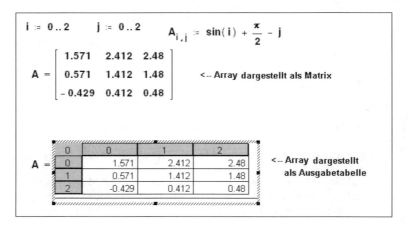

Abbildung 11.7: Anzeige von Ergebnissen in einer Ausgabetabelle

Hinweis Eine Ausgabetabelle zeigt einen Teil eines Feldes an. Links von jeder Zeile und oben an jeder Spalte sehen Sie eine Zahl, die den Index der Zeile oder Spalte angibt. Klicken Sie mit der rechten Maustaste auf die Ausgabetabelle, und wählen Sie im Popup-Menü den Eintrag EIGENSCHAFTEN, um festzulegen, ob Zeilen- und Spaltennummern angezeigt werden sollen. Falls Ihre Ergebnisse größer als die Tabelle sind, werden an den entsprechenden Kanten Bildlaufleisten angezeigt. Mit Hilfe dieser Bildlaufleisten bewegen Sie sich durch die Tabelle, wie Sie es von den Fenstern her bereits kennen.

Um die Größe einer Ausgabetabelle zu ändern, gehen Sie wie folgt vor:

1. Klicken Sie auf die Ausgabetabelle. An den Seiten der Tabelle sehen Sie »Griffe« zur Größenänderung.

2. Schieben Sie den Cursor auf einen dieser Griffe, so daß er als Pfeil mit zwei Spitzen dargestellt wird.

3. Drücken Sie die Maustaste, und ziehen Sie den Cursor bei gedrückter Maustaste in die Richtung, in die die Tabelle vergrößert oder verkleinert werden soll.

Tip Es ist möglich, die Ausrichtung einer Tabelle in Hinblick auf den Ausdruck auf der linken Seite des Gleichheitszeichens zu ändern. Klicken Sie mit der rechten Maustaste auf die Tabelle, und wählen Sie im Popup-Menü den Eintrag AUSRICHTUNG.

Die Anzeige von Feldern ändern - Tabellen oder Matrizen

Matrizen und Vektoren mit mehr als neun Zeilen oder Spalten werden automatisch als Ausgabetabellen mit Bildlaufleisten angezeigt. Sie können jedoch veranlassen, daß Mathcad sie als Matrizen anzeigt. Sie können Matrizen auch in Ausgabetabellen umwandeln. Dazu gehen Sie wie folgt vor:

1. Klicken Sie auf die Ausgabetabelle.
2. Wählen Sie im FORMAT-Menü den Eintrag ERGEBNIS.
3. Klicken Sie auf die Registerkarte OPTIONEN ANZEIGEN.
4. Wählen Sie im Dropdown-Feld MATRIX-ANZEIGEFORMATE den Eintrag MATRIX oder TABELLE.
5. Klicken Sie auf OK.

Um alle Ergebnisse auf Ihren Arbeitsblättern, unabhängig von ihrer Größe, als Matrizen oder Tabellen anzuzeigen, wählen Sie ALS STANDARD EINRICHTEN im Dialogfeld ERGEBNISFORMAT, statt auf OK zu klicken.

Hinweis Mathcad kann sehr große Felder nicht als Matrizen darstellen. Stellen Sie diese in Form einer scrollbaren Ausgabetabelle dar.

Das Format angezeigter Elemente ändern

Die Zahlen in einem Feld werden so formatiert wie alle anderen numerischen Ergebnisse, was bereits im Abschnitt »Ergebnisse formatieren« auf Seite 152 beschrieben wurde. Klicken Sie einfach auf das betreffende Feld, wählen Sie im FORMAT-Menü den Eintrag ERGEBNIS aus, und ändern Sie die Einstellungen ab. Wenn Sie auf OK klicken, wendet Mathcad das ausgewählte Format auf alle Zahlen in der Tabelle, im Vektor oder in der Matrix an. Es ist nicht möglich, die Zahlen einzeln zu formatieren.

Felder kopieren und einfügen

Ein Zahlenfeld kann direkt aus einer Tabellenkalkulation oder einer Datenbank in Ihr Mathcad-Arbeitsblatt kopiert werden. Dazu verwenden Sie die Freiform-Schnittstelle und ihre komplexen mathematischen Werkzeuge. Nachdem Sie die erforderlichen Berechnungen ausgeführt haben, fügen Sie das resultierende Zahlenfeld wieder in die Quelle ein oder schreiben es sogar in eine andere Applikation zurück.

Um nur eine Zahl aus einem Ergebnisfeld zu kopieren, klicken Sie auf die Zahl und wählen im BEARBEITEN-Menü den Eintrag KOPIEREN, oder Sie klicken auf der Standard-Symbolleiste auf . Beim Kopieren mehrerer Zahlen aus einem Vektor- oder Matrixergebnis verfährt man etwas anders, abhängig davon, ob das Feld als Matrix oder als Ausgabetabelle angezeigt wird. Weitere Informationen über die Anzeige von Vektor- und Matrixergebnissen finden Sie im Abschnitt »Ergebnisse formatieren« auf Seite 152.

Um ein Ergebnisfeld zu kopieren, das als Matrix angezeigt wird, gehen Sie wie folgt vor:

1. Markieren Sie das Feld rechts vom Gleichheitszeichen, um das gesamte Feld zwischen die Bearbeitungslinien zu setzen.
2. Wählen Sie im BEARBEITEN-Menü den Eintrag KOPIEREN. Das gesamte Feld wird in die Zwischenablage kopiert.
3. Klicken Sie dort, wo das Ergebnis eingefügt werden soll. Wenn Sie es in eine andere Applikation einfügen möchten, wählen Sie im BEARBEITEN-Menü dieser Applikation den Eintrag EINFÜGEN. Wenn Sie es in ein Mathcad-Arbeitsblatt einfügen, wählen Sie im BEARBEITEN-Menü von Mathcad den Eintrag EINFÜGEN, oder Sie klicken in der Standard-Symbolleiste auf .

Hinweis   Ein Feld kann auf einem Mathcad-Arbeitsblatt nur in einen mathematischen Platzhalter oder in einen leeren Bereich eingefügt werden.

Wenn Sie Feldergebnisse als Tabelle anzeigen, können Sie einige oder alle Zahlen aus der Tabelle kopieren und an anderer Stelle einfügen.

1. Klicken Sie auf die erste Zahl, die kopiert werden soll.
   ■ Markieren Sie bei gedrückter Maustaste alle weiteren Werte, die kopiert werden sollen.
2. Klicken Sie mit der rechten Maustaste auf die ausgewählten Werte und wählen Sie im BEARBEITEN-Menü den Eintrag KOPIEREN.

Um alle Werte in einer Zeile oder Spalte zu kopieren, klicken Sie auf die Zeilen- oder Spaltennummer. Alle Werte in der Zeile oder Spalte werden markiert. Wählen Sie im BEARBEITEN-Menü den Eintrag KOPIEREN.

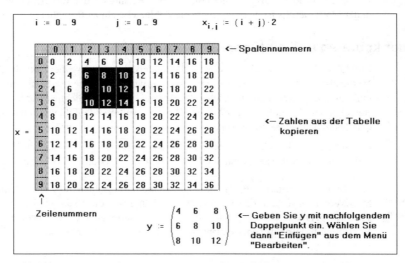

Abbildung 11.8: Ergebnisse in einer Ausgabetabelle kopieren und einfügen

Nachdem Sie eine oder mehrere Zahlen aus einer Ausgabetabelle kopiert haben, können Sie sie an anderer Stelle Ihres Arbeitsblatts oder in einer anderen Applikation wieder einfügen. Abbildung 11.8 zeigt ein Beispiel für eine neue Matrix, die durch Kopieren und Einfügen von Zahlen aus einer Ausgabetabelle erzeugt wurde.

Die Arbeit mit Feldern

Nachdem Sie ein Feld angelegt haben, können Sie es für Berechnungen nutzen. Es gibt zahlreiche Operatoren und Funktionen für die Arbeit mit Vektoren und Matrizen. Weitere Informationen darüber finden Sie in den Abschnitten »Vektor- und Matrix-Operatoren« und »Vektor- und Matrixfunktionen«. Dieser Abschnitt beschreibt den Operator »Vektorisieren«, der effiziente parallele Berechnungen für die Elemente von Feldern ermöglicht. Außerdem können die Werte eines Felds grafisch angezeigt oder in die Datendatei einer anderen Applikation exportiert werden.

Parallele Berechnungen

Alle Berechnungen in Mathcad können mit einzelnen Werten, aber auch mit Vektoren oder Matrizen ausgeführt werden. Dazu gibt es zwei Möglichkeiten:

- ■ Durch die Iteration über alle Elemente mit Hilfe von Bereichsvariablen. Ein Beispiel dafür finden Sie im Abschnitt »Felder mit Hilfe von Bereichsvariablen anlegen« auf Seite 249.

- ■ Mit Hilfe des Vektorisieren-Operators, der es Mathcad ermöglicht, dieselbe Operation effizient für alle Elemente eines Vektors oder einer Matrix auszuführen.

Die mathematische Notation zeigt wiederholte Operationen häufig unter Verwendung von Indizes an. Um beispielsweise die Matrix **P** zu definieren, indem die sich entsprechenden Elemente der Matrizen **M** und **N** multipliziert werden, schreiben Sie:

$$P_{i,j} = M_{i,j} \cdot N_{i,j}$$

Beachten Sie, daß es sich dabei nicht um eine Matrixmultiplikation handelt, sondern um eine Multiplikation der einzelnen Elemente. Diese Operation kann in Mathcad mit Hilfe von Indizes ausgeführt werden, aber viel schneller ist es, dafür eine vektorisierte Gleichung zu verwenden.

So wenden Sie den Vektorisieren-Operator auf einen Ausdruck wie **M · N** an:

1. Selektieren Sie den gesamten Ausdruck, indem Sie darauf klicken und die ☐ - Taste drücken, bis die gesamte rechte Seite zwischen den Bearbeitungslinien steht.

    $$P := M \cdot N$$

2. Klicken Sie auf  in der Matrix-Palette, um den Vektorisieren-Operator anzuwenden. Mathcad zeigt einen Pfeil über dem ausgewählten Ausdruck an.

    $$P := \overrightarrow{(M \cdot N)}$$

Eigenschaften des Vektorisieren-Operators

- Der Vektorisieren-Operator ändert die Bedeutung der anderen Operatoren und Funktionen, auf die er angewendet wird. Er weist Mathcad an, die Operatoren und Funktionen in ihrer skalaren Bedeutung anzuwenden – für die einzelnen Elemente. Die Bedeutung der Namen und Zahlen wird dadurch nicht beeinflußt. Wenn Sie den Vektorisieren-Operator auf einen einzelnen Namen anwenden, wird einfach ein Pfeil über dem Namen angezeigt. Er dient nur kosmetischen Zwecken.

- Weil Operationen zwischen zwei Feldern elementweise erfolgen, müssen alle Felder unter einem Vektorisieren-Operator dieselbe Größe haben. Operationen zwischen einem Feld und einem Skalar werden ausgeführt, indem der Skalar auf jedes Feldelement angewendet wird.

- Sie können die folgenden Matrixoperationen unter einem Vektorisieren-Operator ausführen: Punktprodukt, Matrixmultiplikation, Matrixpotenzierung, Matrix-Inverse, Determinante oder Absolutwert eines Vektors. Der Vektorisieren-Operator wandelt diese Operationen in die entsprechenden elementweisen skalaren Operationen um.

Tip Mehrere vordefinierte Funktionen und Operatoren von Mathcad nehmen skalare Argumente entgegen und vektorisieren die übergebenen Vektoren (einspaltige Felder) *automatisch*: Sie berechnen das Ergebnis elementweise, egal ob Sie den Vektorisieren-Operator angewendet haben oder nicht. Vektorargumente werden unter anderem durch trigonometrische, logarithmische, Besselfunktionen und Funktionen zur Wahrscheinlichkeitsverteilung implizit vektorisiert. Operatoren, die Vektorargumente implizit vektorisieren, sind unter anderem Fakultät, Quadrat und n-te Wurzel, ebenso relationale Operatoren. Für Felder anderer Größe müssen Sie den Vektorisieren-Operator weiterhin anwenden.

Hinweis Manche Mathcad-Funktionen, z.B. für Interpolation oder Differenzialgleichungen, erwarten teilweise skalare Argumente für ihre fest implementierten Algorithmen und können dadurch nicht vektorisiert werden. Mathcad gibt hier eine entsprechende Fehlermeldung aus.

Angenommen, Sie möchten die Quadratformel auf drei Vektoren mit Koeffizienten anwenden, *a*, *b* und *c*. Abbildung 11.9 zeigt, wie ein Vektorisieren-Operator realisiert wird.

Der Vektorisieren-Operator, der in Abbildung 11.9 als Pfeil über der Quadratformel angezeigt wird, ist in dieser Berechnung ganz wesentlich. Ohne diesen Pfeil würde Mathcad **a** · **c** als Vektorpunktprodukt interpretieren und die Quadratwurzel eines Vektors als Fehler monieren. Der Vektorisieren-Operator bewirkt, daß **a** · **c** und die Quadratwurzel elementweise ausgeführt werden.

```
Folgende Koeffizenten ...      a := ⎡1⎤    b := ⎡3⎤    c := ⎡2⎤
                                    ⎢1⎥         ⎢2⎥         ⎢1⎥
                                    ⎢2⎥         ⎢1⎥         ⎢1⎥
                                    ⎣2⎦         ⎣0⎦         ⎣1⎦

Berechnung der Wurzel ...

     →                                   ⎡ -1          ⎤
x := -b + √(b² - 4·a·c)           x =    ⎢ -1          ⎥
     ─────────────────                   ⎢ -0.25 + 0.661i ⎥
           2·a                           ⎣ 0.707i      ⎦

 →          ⎡0⎤
a·x² + b·x + c = ⎢0⎥       ... muß null sein
            ⎢0⎥
            ⎣0⎦

                                         ⎡ 1     ⎤
         →                               ⎢ 0     ⎥
Diskrim := √(b² - 4·a·c)      Diskrim =  ⎢ 2.646i ⎥
                                         ⎣ 2.828i ⎦
```

Abbildung 11.9: Quadrieren von Vektoren

Grafische Darstellung von Feldern

Neben den Zahlen, aus denen sich ein Feld zusammensetzt, können Sie auch eine grafische Darstellung des Feldinhalts anzeigen. Dazu gibt es mehrere Möglichkeiten:

- Für ein beliebiges Feld verwenden Sie die verschiedenen 3D-Ausgaben, die in Kapitel 13 vorgestellt werden.

- Für ein Feld von Ganzzahlen mit Werten zwischen 0 und 255 erstellen Sie ein Graustufenbild, indem Sie im EINFÜGEN-Menü den Eintrag BILD wählen und in den Platzhalter den Namen des Felds eingeben.

- Für drei separate Felder von Ganzzahlen mit Werten zwischen 0 und 255, die die Rot-, Grün- und Blau-Komponenten eines Bildes enthalten, wählen Sie im EINFÜGEN-Menü den Eintrag BILD und geben Sie die Feldnamen durch Kommata getrennt in den Platzhalter ein.

Weitere Informationen über die Anzeige einer Matrix im Bild-Operator finden Sie in Kapitel 6.

Daten in eine Datendatei schreiben

Die Komponente DATEI LESEN/SCHREIBEN ermöglicht es Ihnen, Werte aus einer Mathcad-Variablen in die unterschiedlichsten Dateiformate zu schreiben, unter anderem in:

- Excel (*.XLS)
- MATLAB (*.MAT)
- Lotus 1-2-3 (*.WK*)
- ASCII-Editoren (*.DAT, *.CSV, *.PRN, *.TXT)

Tip Mathcad stellt zahlreiche vordefinierte Funktionen für das Exportieren von ASCII-Datendateien und Bilddateien zur Verfügung, wie in Abschnitt »Funktionen für den Dateizugriff« auf Seite 242 beschrieben.

Um Daten mit Hilfe der Komponente DATEI LESEN/SCHREIBEN zu exportieren, gehen Sie wie folgt vor:

1. Klicken Sie auf einen leeren Bereich Ihres Arbeitsblatts.
2. Wählen Sie im EINFÜGEN-Menü den Eintrag KOMPONENTEN.
3. Wählen Sie in der Liste den Eintrag DATEIEN LESEN/SCHREIBEN, und klicken Sie auf WEITER. Der Assistent DATEI LESEN/SCHREIBEN wird aufgerufen.
4. Wählen Sie DATEN IN EINE DATEI SCHREIBEN, und drücken Sie auf WEITER.
5. Geben Sie den Typ der Datendatei an, die erstellt werden soll, ebenso den Pfad zur Datendatei (den Sie auch mit DURCHSUCHEN finden).
6. Drücken Sie auf FERTIGSTELLEN. Sie sehen das Icon für die Komponente DATEI LESEN/SCHREIBEN, ebenso den Pfad zu der Datendatei. Wenn Sie beispielsweise die Datendatei DATA.TXT angegeben haben, sehen Sie die rechts dargestellte Komponente.

Geben Sie in den Platzhalter den Namen der Mathcad-Variablen ein, die die Daten enthält, die geschrieben werden sollen. Sobald Sie außerhalb der Komponente klicken, werden die Werte aus dem Feld in die von Ihnen angegebene Datei geschrieben. Immer wenn Sie das Arbeitsblatt berechnen, schreibt Mathcad den Inhalt der Daten in die Datei. Abbildung 11.10 zeigt ein Beispiel für das Exportieren von Daten mit Hilfe der Komponente DATEI LESEN/SCHREIBEN.

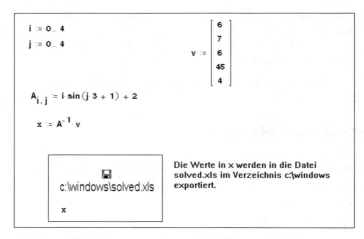

Abbildung 11.10: Daten werden mit der Komponente DATEI LESEN/SCHREIBEN exportiert

Um den Namen der Dateidatei oder den Dateityp zu ändern, gehen Sie wie folgt vor:

1. Klicken Sie einmal auf die Komponente, um auszuwählen.
2. Klicken Sie mit der rechten Maustaste auf die Komponente, und wählen Sie im Popup-Menü den Eintrag DATEI AUSWÄHLEN, um das Dialogfeld IN DATEI SCHREIBEN zu öffnen.
3. Wählen Sie den gewünschten Dateityp aus. Durchsuchen Sie den Ordner, in dem die Datendatei angelegt wird, und klicken Sie auf ÖFFNEN.

Tip Wenn Sie ein Feld als Ausgabetabelle anzeigen, wie in diesem Kapitel bereits beschreiben, können Sie Daten direkt aus der Tabelle exportieren. Klicken Sie mit der rechten Maustaste auf die Ausgabetabelle, wählen Sie im Popup-Menü den Eintrag EXPORTIEREN, und geben Sie den Namen der Datei ein, die die Daten aufnehmen soll. Anders als die Komponente DATEI LESEN/SCHREIBEN schreibt die Ausgabetabelle die Daten nur in die Datei, wenn Sie EXPORTIEREN auswählen, und nicht, wenn Sie das Arbeitsblatt neu berechnen.

Verschachtelte Felder

Ein Feldelement muß nicht unbedingt skalar sein. Es ist möglich, als Feldelement wiederum ein Feld anzugeben. Damit erzeugen Sie Felder in Feldern.

Diese Felder verhalten sich ganz ähnlich wie Felder mit skalaren Elementen. Es gibt jedoch einige Unterschiede, wie im folgenden beschrieben wird.

Hinweis Die meisten Operatoren und Funktionen von Mathcad können nicht für verschachtelte Felder eingesetzt werden, weil es keine allgemeine Definition dafür gibt, wie ein korrektes Verhalten in diesem Kontext aussehen soll. Bestimmte Operatoren und Funktionen sind aber nichtsdestotrotz sinnvoll und für die Anwendung auf verschachtelte Felder geeignet, beispielsweise Funktionen, die Zeilen und Spalten auflisten oder die Matrizen aufteilen, erweitern und stapeln. Auch die Transpositions-, Index- und Spalten-Operatoren sowie das Boolesche Gleichheitszeichen unterstützen verschachtelte Felder.

Definition eines verschachtelten Feldes

Ein verschachteltes Feld wird ähnlich definiert wie jedes andere Feld. Der einzige Unterschied ist, daß Sie im EINFÜGEN-Menü den Befehl MATRIX nicht ausführen können, wenn Sie einen Platzhalter in einem bereits existierenden Feld ausgewählt haben. Sie können jedoch auf einen Platzhalter in einem Feld klicken und den *Namen* eines anderen Felds eingeben. Abbildung 11.11 zeigt mehrere Möglichkeiten, verschachtelte Felder zu definieren.

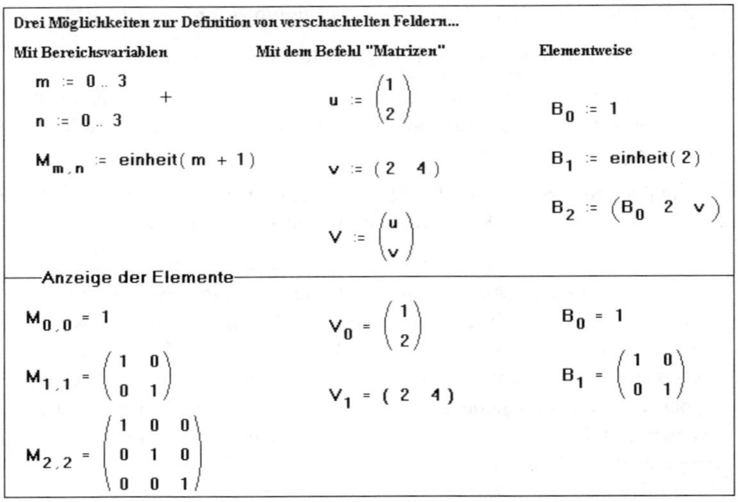

```
Drei Möglichkeiten zur Definition von verschachtelten Feldern...
Mit Bereichsvariablen      Mit dem Befehl "Matrizen"      Elementweise

    m := 0 .. 3                                              B₀ := 1
                    +        u := (1)
    n := 0 .. 3                   (2)
                                                             B₁ := einheit( 2 )
    M_{m,n} := einheit( m + 1 )   v := ( 2  4 )
                                                             B₂ := (B₀  2  v)
                                  V := (u)
                                       (v)
```

—Anzeige der Elemente—

$M_{0,0} = 1$

$V_0 = \begin{pmatrix} 1 \\ 2 \end{pmatrix}$

$B_0 = 1$

$M_{1,1} = \begin{pmatrix} 1 & 0 \\ 0 & 1 \end{pmatrix}$

$V_1 = (2 \quad 4)$

$B_1 = \begin{pmatrix} 1 & 0 \\ 0 & 1 \end{pmatrix}$

$M_{2,2} = \begin{pmatrix} 1 & 0 & 0 \\ 0 & 1 & 0 \\ 0 & 0 & 1 \end{pmatrix}$

Abbildung 11.11: Definition verschachtelter Felder

Hinweis   Die Anzeige eines verschachtelten Feldes wird durch die Einstellung FORMATVOR-LAGEN ANZEIGEN im Dialogfeld ERGEBNISFORMAT gesteuert. Ein verschachteltes Feld kann erweitert werden, wenn es sich in Matrixdarstellung befindet; andernfalls sehen Sie, falls ein Feldelement selbst ein Feld ist, die Klammernotation, die die Anzahl der Zeilen und Spalten anzeigt, und nicht das eigentliche Feld. Wird das verschachtelte Feld als Ausgabetabelle angezeigt, können Sie das zugrundeliegende Feld anzeigen. Klicken Sie mit der rechten Maustaste auf das Feldelement, und wählen Sie im Popup-Menü EINE EBENE NACH UNTEN. Wählen Sie im Popup-Menü EINE EBENE NACH OBEN, um das Feldelement wieder in seiner nicht erweiterten Form darzustellen.

Kapitel 12
2D-Diagramme

2D-Diagramme – Überblick

Grafische Funktionen und Ausdrücke

Grafische Ausgaben von Vektoren und Daten

Formatierung eines 2D-Diagramms

Die Perspektive Ihres 2D-Diagramms

2D-Diagramme – Überblick

Um in Mathcad eine Funktion oder einen Ausdruck für eine einzelne Variable oder X-Y-Daten visuell darzustellen, legen Sie ein X-Y-Diagramm an. Sie können ein Kartesisches Diagramm oder ein Kreisdiagramm anlegen. Während ein typisches X-Y-Diagramm vertikale y-Werte für horizontale x-Werte darstellt, zeigt ein Kreisdiagramm in der Regel radiale Werte, r, in Hinblick auf Winkelausdrücke, θ, an. Beispiele für 2D-Diagramme finden Sie in Abbildung 12.1.

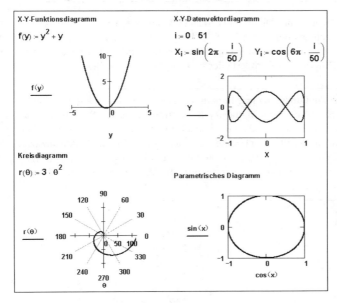

Abbildung 12.1: Beispiele für 2D-Diagramme

Erstellen eines X-Y-Diagramms

Im allgemeinen wird ein X-Y-Diagramm wie folgt angelegt:

1. Klicken Sie auf das Arbeitsblatt, wo das Diagramm angelegt werden soll.
2. Wählen Sie im EINFÜGEN-Menü den Eintrag DIAGRAMM⇒X-Y-DIAGRAMM, oder klicken Sie in der Diagrammpalette auf 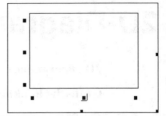. Alternativ können Sie auch [Strg]+2 oder @ eingeben. Mathcad fügt ein leeres X-Y-Diagramm ein.
3. Tragen Sie in die *x*-Achsen-Platzhalter (Mitte unten) und die *y*-Achsen-Platzhalter (Mitte links) eine Funktion, einen Ausdruck oder eine Variable ein.
4. Klicken Sie außerhalb des Diagramms, oder drücken Sie ⏎.

Mathcad wählt die Achsenbegrenzungen automatisch aus. Wenn Sie die Achsenbegrenzungen selber bestimmen möchten, klicken Sie in das Diagramm, und überschreiben Sie die Zahlen in den Platzhaltern am Ende der Achsen.

Mathcad erzeugt das Diagramm mit Standardbegrenzungen. Weitere Informationen zur Änderung dieser Standardeinstellungen finden Sie im Abschnitt »Formatieren von 2D-Diagrammen«.

Hinweis   Wenn ein Punkt komplex ist, zeichnet Mathcad ihn nicht. Um den Real- oder Imaginärteil eines Punkts oder eines Ausdrucks auszugeben, verwenden Sie die Funktionen *Re* und *Im*, um die Real- und Imaginärteile zu extrahieren.

Um die Größe eines Diagramms zu ändern, markieren Sie es. Schieben Sie den Cursor auf den rechten oder linken Griff des Diagramms, so daß er als Pfeil mit zwei Spitzen dargestellt wird. Schieben Sie die Maus bei gedrückter Maustaste in die Richtung, in die das Diagramm vergrößert oder verkleinert werden soll.

Hinweis   Wenn einige Punkte in einer Funktion oder einem Ausdruck gültig sind, andere dagegen nicht, zeichnet Mathcad nur die gültigen Punkte. Sind die Punkte nicht stetig, verbindet Mathcad sie nicht durch eine Linie. Sie sehen also ein leeres Diagramm, wenn die darzustellenden Punkte nicht stetig sind. Um die Punkte anzuzeigen, formatieren Sie die Spur so, daß Symbole für die Punkte angezeigt werden. Weitere Informationen über die Formatierung von Spuren finden Sie im Abschnitt »Formatieren von 2D-Diagrammen«.

Erstellen eines Kreisdiagramms

Im allgemeinen wird ein Kreisdiagramm wie folgt angelegt:

1. Klicken Sie an der Stelle auf das Arbeitsblatt, wo das Diagramm angelegt werden soll.

2. Wählen Sie im EINFÜGEN-Menü den Eintrag DIAGRAMM⇒KREISDIAGRAMM, oder klicken Sie in der Diagrammpalette auf ⊕.

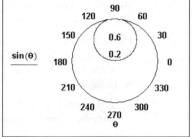

3. Tragen Sie in die *x*-Achsen-Platzhalter (Mitte unten) und die *y*-Achsen-Platzhalter (Mitte links) eine Funktion, einen Ausdruck oder eine Variable ein.

4. Klicken Sie außerhalb des Diagramms, oder drücken Sie die ↵-Taste.

Mathcad erzeugt das Diagramm mit Standardbegrenzungen. Weitere Informationen zur Änderung dieser Standardeinstellungen finden Sie im Abschnitt »Formatieren von 2D-Diagrammen«.

Alle weiteren Abschnitte in diesem Kapitel beschreiben die Darstellung von Funktionen, Ausdrücken und Daten in einem Diagramm. Dazu werden häufig X-Y-Diagramme verwendet, aber die Beschreibung gilt auch für Kreisdiagramme.

Grafische Funktionen und Ausdrücke

2D-QuickPlots

Ein 2D-QuickPlot ist ein Diagramm, das anhand von Ausdrücken oder Funktionen erstellt wurde, die gleichzeitig die *y*-Koordinaten des Diagramms darstellen.

Um ein X-Y-Diagramm für einen einzigen Ausdruck oder eine Funktion anzulegen, gehen Sie wie folgt vor:

1. Klicken Sie in Ihrem Arbeitsblatt an die Stelle, wo das Diagramm erscheinen soll.

2. Geben Sie den Ausdruck oder die Funktion einer einzelnen Variablen ein. Der Ausdruck soll von den Bearbeitungslinien umschlossen bleiben.

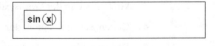

3. Wählen Sie im EINFÜGEN-Menü den Eintrag DIAGRAMM⇒X-Y-DIAGRAMM, oder klicken Sie in der Grafikpalette auf ⌇.

4. Klicken Sie außerhalb des Diagramms, oder drücken Sie die ⏎-Taste.

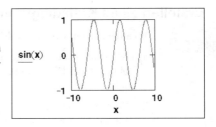

Mathcad erzeugt automatisch ein Diagramm über einen Standardbereich für die unabhängige Variable, von -10 bis 10.

Um diesen Bereich für die unabhängigen Variablen in einem 2D-QuickPlot zu verändern, ändern Sie die Achsenbegrenzungen im Diagramm:

1. Klicken Sie in das Diagramm, und klicken Sie dann auf einen der vier am Ende der Achsen liegenden Achsenbegrenzungs-Platzhalter.

2. Geben Sie den gewünschten Wert für die Achsenbegrenzung ein. Diese Werte unterliegen keinerlei Beschränkungen.

3. Klicken Sie außerhalb des Diagramms, oder drücken Sie die ⏎-Taste, damit das aktualisierte Diagramm angezeigt wird.

Definieren einer unabhängigen Variablen

Wenn Sie nicht möchten, daß Mathcad einen Standardbereich für die unabhängige Variable festlegt, definieren Sie die unabhängige Variable als Bereichsvariable, bevor Sie das Diagramm erzeugen, beispielsweise so:

1. Definieren Sie eine Bereichsvariable, beispielsweise x, mit dem Wertebereich, für den das Diagramm angelegt werden soll. Die Bereichsvariable muß nicht unbedingt x heißen; sie kann jeden gültigen Namen erhalten. Weitere Informationen finden Sie im Abschnitt »Bereichsvariablen«.

$x := 0, .1 .. 2 \cdot \pi$

2. Geben Sie einen Ausdruck oder die Funktion für eine einzelne Variable ein, die im Diagramm dargestellt werden soll. Der Ausdruck soll in den Bearbeitungslinien angezeigt werden.

3. Wählen Sie im EINFÜGEN-Menü den Eintrag DIAGRAMM⇒X-Y-DIAGRAMM, oder klicken Sie in der Grafikpalette auf 📈.

4. Geben Sie den Namen der Variablen in den Platzhalter der x-Achse ein.

5. Drücken Sie die ⏎-Taste, oder klicken Sie außerhalb des Diagramms.

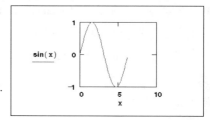

Mathcad zeichnet für jeden Wert der Bereichsvariablen einen Punkt und verbindet die einzelnen Punkte mit geraden Linien, es sei denn, Sie haben etwas anderes eingestellt.

Tip	Um die Vorgabewerte für die Achsengrenzwerte im Diagramm zu ändern, klicken Sie in das Diagramm und überschreiben die Platzhalter am Ende der Achsen. Weitere Informationen finden Sie im Abschnitt »Achsenbegrenzungen«.

Diagramme mehrerer 2D-Kurven

Innerhalb desselben X-Y-Diagramms oder Kreisdiagramms können mehrere Spuren angezeigt werden. Außerdem kann ein Diagramm mehrere y-Achsen-Ausdrücke für denselben x-Achsen-Ausdruck anzeigen. Sehen Sie hierzu Abbildung 12.2. Ein Diagramm kann mehrere y-Bereiche- oder radiale Ausdrücke mit der entsprechenden Anzahl an x-Bereichen- oder Winkel-Ausdrücken abstimmen.

So erstellen Sie einen QuickPlot, der mehrere Spuren enthält:

1. Geben Sie die Ausdrücke oder die Funktionen für eine einzelne Variable ein, getrennt durch Kommata. Der Ausdruck soll innerhalb der Bearbeitungslinien stehen.

   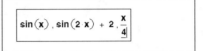

2. Wählen Sie im EINFÜGEN-Menü den Eintrag DIAGRAMM⇒X-Y-DIAGRAMM, oder klicken Sie in der Grafikpalette auf ⌇.

3. Klicken Sie außerhalb des Diagramms, oder drücken Sie die ↵-Taste.

   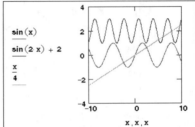

Mathcad erzeugt ein Diagramm, das alle Spuren der Ausdrücke oder Funktionen für die unabhängige(n) Variable(n) im x-Bereich -10 bis 10 enthält. Sie können den Achsenbereich ändern, indem Sie die Ober- und Untergrenze für die auf der x-Achse angetragenen Werte ändern, wie im Abschnitt »Achsenbegrenzungen« beschrieben wird.

Hinweis	In einem QuickPlot mit mehreren Spuren müssen Sie nicht in jedem y-Achsen- (oder Radial-Achsen-) Ausdruck dieselbe unabhängige Variable verwenden. Mathcad stellt die jeweils passende Variable im x-Achsen- (oder Winkel-Achsen-) Platzhalter zur Verfügung.

Im allgemeinen werden unabhängige Kurven innerhalb derselben Achsen wie folgt angezeigt:

1. Wählen Sie im EINFÜGEN-Menü den Eintrag DIAGRAMM⇒X-Y-DIAGRAMM, oder klicken Sie in der Grafikpalette auf ⌇.

2. Geben Sie zwei oder mehr durch Kommata getrennte Ausdrücke in den y-Achsen-Platzhalter ein.

3. Geben Sie dieselbe Anzahl Ausdrücke in den *x*-Achsen-Platzhalter ein, ebenfalls durch Kommata getrennt.

Mathcad kombiniert die Ausdrücke paarweise – den ersten *x*-Achsen-Ausdruck mit dem ersten *y*-Achsen-Ausdruck, den zweiten mit dem zweiten usw. Anschließend zeichnet es für jedes dieser Paare eine Spur. Abbildung 12.3 zeigt ein Beispiel.

Hinweis Alle Spuren in einem Diagramm verwenden dieselben Achsenbegrenzungen. Die Ausdrücke und Begrenzungen auf dieser Achse müssen kompatible Einheiten verwenden.

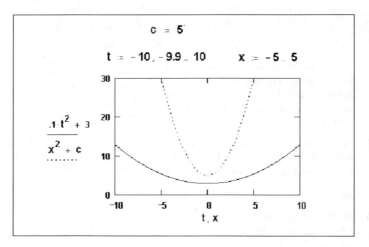

Abbildung 12.2: Diagramm mit mehreren Ausdrücken auf beiden Achsen

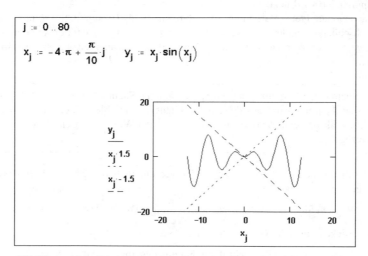

Abbildung 12.3: Diagramm mit mehreren Ausdrücken auf der y-Achse

Parametrisierte Diagramme

Ein parametrisiertes Diagramm ist ein Diagramm, das sich aus jeweils einer Funktion oder einem Ausdruck mit derselben Variablen zusammensetzt.

So erstellen Sie ein parametrisiertes Diagramm:

1. Klicken Sie an eine Stelle Ihres Arbeitsblatts, an der das Diagramm erschienen soll.
2. Wählen Sie im EINFÜGEN-Menü den Eintrag DIAGRAMM⇒X-Y-DIAGRAMM, oder klicken Sie in der Grafikpalette auf ⌨. Mathcad fügt ein leeres X-Y-Diagramm mit leeren Platzhaltern ein.
3. Geben Sie in den x-Achsen-Platzhalter und in den y-Achsen-Platzhalter eine Funktion oder einen Ausdruck ein.
4. Drücken Sie die ⏎-Taste, oder klicken Sie außerhalb des Diagramms.

Mathcad legt einen QuickPlot über einen Standardbereich für die unabhängigen Variablen an. Abbildung 12.1 zeigt ein Beispiel für ein parametrisches Diagramm.

Wenn Sie nicht möchten, daß Mathcad einen Standardbereich für das Diagramm festlegt, definieren Sie die unabhängige Variable als Bereichsvariable, bevor Sie das Diagramm anlegen. Mathcad zeichnet für jeden Wert der unabhängigen Variablen einen Punkt und verbindet die Punkte mit geraden Linien. Abbildung 12.4 zeigt zwei Funktionen von θ, die auf diese Weise erzeugt wurden. Die Bereichsvariable θ wurde definiert, bevor das Diagramm angelegt wurde. Weitere Informationen finden Sie im Abschnitt »Bereichsvariablen«.

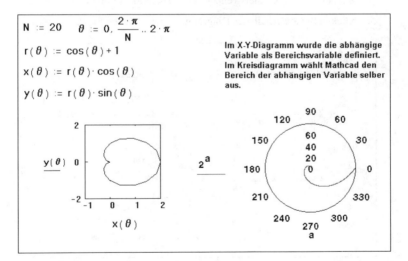

Abbildung 12.4: Vergleich von zwei Funktionen

Diagramme aus Datenvektoren

Um ein Diagramm aus einem Datenvektor zu zeichnen, legen Sie ein X-Y-Diagramm oder ein Kreisdiagramm an. Nutzen Sie den Index-Operator (siehe »Vektor- und Matrix-Operationen« auf Seite 175), um anzugeben, welche Elemente gezeichnet werden sollen. Darüber hinaus können Sie Axum LE (siehe »Diagramme mit Axum erstellen« auf Seite 274) verwenden, um ein 2D-Diagramm Ihres Datenvektors zu erstellen. Abbildung 12.5 zeigt einige Diagramme aus Vektoren.

Einzelne Datenvektoren

Um ein X-Y-Diagramm eines einzelnen Datenvektors darzustellen, gehen Sie wie folgt vor:

1. Definieren Sie eine Bereichsvariable i, auf die der Index der einzelnen Vektorelemente verweist. Für einen Vektor mit 10 Elementen wäre die Index-Bereichsvariable beispielsweise $i := 0 .. 9$, falls der Wert für ORIGIN auf 0 eingestellt ist.

2. Klicken Sie auf Ihrem Arbeitsblatt an die Stelle, wo das Diagramm erscheinen soll.

3. Wählen Sie im EINFÜGEN-Menü den Eintrag DIAGRAMM⇒X-Y-DIAGRAMM, oder klicken Sie in der Grafikpalette auf .

4. Geben Sie in den unteren Platzhalter i, in den linken Platzhalter den Vektornamen und den Index (beispielsweise y_i) ein. Geben Sie [ein, um den Index zu schreiben.

5. Klicken Sie außerhalb des Diagramms, oder drücken Sie die ↵-Taste.

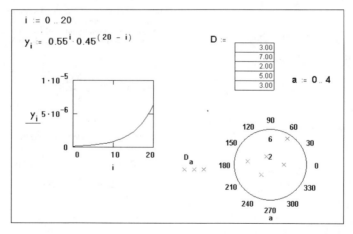

Abbildung 12.5: Darstellung eines Vektors

Hinweis Indizes sind ganze Zahlen (größer gleich ORIGIN). Das bedeutet, die x-Achse oder die Winkelvariable, die in Abbildung 12.5 gezeigt ist, kann hier nur ganzzahlige Werte durchlaufen. Falls Sie für den x-Bereich negative oder nichtganzzahlige Werte verwenden wollen, müssen Sie wie im folgenden Abschnitt beschrieben vorgehen, mit paarweise zugeordneten Datenvektoren.

Vektoren gegenüberstellen

Um alle Elemente eines Datenvektors den Elementen eines anderen Vektors gegenüberzustellen, geben Sie die Namen der Vektoren in die Achsenplatzhalter des X-Y-Diagramms oder Kreisdiagramms ein. Um beispielsweise ein X-Y-Diagramm für die beiden Datenvektoren x und y zu erzeugen, gehen Sie wie folgt vor:

1. Definieren Sie die Vektoren x und y.
2. Klicken Sie in Ihrem Arbeitsblatt an die Stelle, wo das Diagramm erscheinen soll.
3. Wählen Sie im EINFÜGEN-Menü den Eintrag DIAGRAMM⇒X-Y-DIAGRAMM, oder klicken Sie in der Grafikpalette auf [icon].
4. Geben Sie y in den Platzhalter auf der y-Achse und x im Platzhalter auf der x-Achse ein.
5. Klicken Sie außerhalb des Diagramms, oder drücken Sie die ⏎-Taste.

Mathcad zeichnet die Elemente im Vektor x im Vergleich zu den Elementen im Vektor y.

Hinweis Wenn die darzustellenden Vektoren nicht dieselbe Länge haben, zeichnet Mathcad nur die Anzahl der Elemente des kürzeren Vektors.

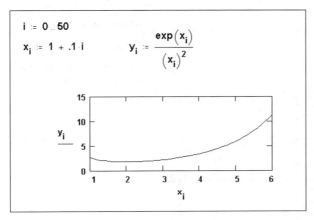

Abbildung 12.6: Darstellung von zwei einander zugeordneten Vektoren

Diagramme aus Datenvektoren

Wenn Sie nur bestimmte Vektorelemente ausgeben möchten, definieren Sie eine Bereichsvariable, und verwenden Sie sie als Index für die Vektornamen. Um im oben gezeigten Beispiel das fünfte und das zehnte Element von x und y gegenüberzustellen und auszugeben, gehen Sie wie folgt vor:

1. Definieren Sie eine Bereichsvariable, k, von 4 bis 9 in Inkrementschritten von 1. (Beachten Sie, daß die ersten Elemente der Vektoren x und y standardmäßig x_0 und y_0 sind.)

2. Geben Sie in die Achsenplatzhalter y_k und x_k ein.

Hinweis Wenn Sie einen Satz Datenwerte grafisch darstellen möchten, erstellen Sie einen Vektor, indem Sie Daten aus einer Datendatei einlesen. Dies erreichen Sie entweder durch Einfügen aus der Zwischenablage oder durch die Eingabe der Daten in eine Eingabetabelle. Sehen Sie hierzu auch Kapitel 11, »Vektoren, Matrizen und Datenfelder«. Abbildung 12.7 zeigt ein Beispiel für die Verwendung einer Eingabetabelle.

Diagramme mit Axum darstellen

Die Mathcad-CD enthält das Anwendungsprogramm Axum LE, eine Version von Axum, die Ihnen zahlreiche 2D-Diagrammarten, eine umfassende Kontrolle über die Formatierung von Diagrammen und einige Anmerkungs-Tools bietet. Mit Axum LE beherrschen Sie die verschiedensten Aspekte Ihrer 2D-Diagramme und können diese in Ihre Arbeitsblätter einfügen.

Diagramme können auf zwei verschiedene Arten und Weisen mittels Axum in Ihr Arbeitsblatt eingefügt werden. Sie können ein Diagramm in Axum erstellen und dieses als Objekt in Ihr Arbeitsblatt einfügen. Sie können aber auch Daten in Ihrem Mathcad-Arbeitsblatt definieren, an Axum senden und dann in Ihrem Mathcad-Arbeitsblatt ein dynamisches Diagramm erstellen. Diese beiden Methoden werden im folgenden kurz erläutert.

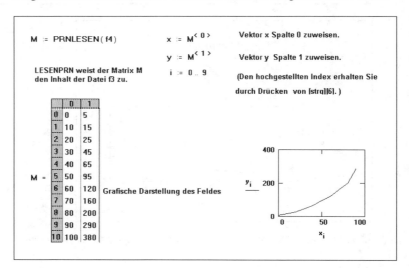

Abbildung 12.7: Ausgabe von Vektoren aus importierten Daten

Einfügen eines Axum Diagramm-Objekts

Um ein Axum Diagramm-Objekt einzufügen, gehen Sie wie folgt vor:

1. Erstellen und speichern Sie ein Diagramm in Axum. Weitere Informationen über Axum finden Sie in der Axum-Online-Hilfe.

2. Wählen Sie in Mathcad aus dem EINFÜGEN-Menü den Eintrag OBJEKT. Klicken Sie im Dialogfeld OBJEKT EINFÜGEN auf AUS DATEI ERSTELLEN und suchen Sie nach dem gespeicherten Axum Diagrammblatt. Wenn Sie Ihr Diagrammblatt ausgewählt haben, klicken Sie auf OK.

3. Das Axum-Diagramm erscheint in Ihrem Mathcad-Arbeitsblatt. Wenn Sie im Dialogfeld OBJEKT EINFÜGEN den Eintrag VERBINDUNG auswählen, können Sie das Diagramm aus Ihrem Mathcad-Arbeitsblatt heraus durch Doppelklicken aktivieren und Änderungen an Ihrem ursprünglichen Diagramm vornehmen.

Weitere Informationen über das Einfügen von Objekten finden Sie in Kapitel 6, »Grafiken und andere Objekte«.

Einfügen eines dynamischen Axum-Diagramms

Um ein Axum-Diagramm einzufügen, das mit Daten aus Ihrem Mathcad-Arbeitsblatt verknüpft ist, gehen Sie wie folgt vor:

1. Definieren Sie in Mathcad die Datenvektoren, die in einem Diagramm dargestellt werden sollen.

2. Klicken Sie auf eine leere Stelle in Ihrem Arbeitsblatt. Stellen Sie sicher, daß Sie auf eine Stelle unterhalb oder rechts von den Datenvektoren klicken.

3. Wählen Sie aus dem EINFÜGEN-Menü den Eintrag KOMPONENTE. Wählen Sie Axum-Diagramm aus der Liste, und klicken Sie auf NÄCHSTER. Suchen Sie eine Diagrammart aus, und geben Sie so viele Eingabevariablen an, wie Datenvektoren vorhanden sind. Klicken Sie auf BEENDEN.

4. Ein leeres Axum-Diagramm erscheint auf Ihrem Arbeitsblatt. Geben Sie den/die Namen Ihres/Ihrer Datenvektoren in die Platzhalter in der linken unteren Ecke Ihres Diagramms ein.

5. Klicken Sie außerhalb des Diagramms, oder drücken Sie die ⏎-Taste.

Wenn Sie die Datenvektoren ändern, von denen Ihr Axum-Diagramm-Komponent abhängt, wird Ihr Diagramm automatisch aktualisiert. Weitere Informationen über die Verwendung von Komponenten finden Sie in Kapitel 16, »Komplexere Berechnungen«. Abbildung 12.8 zeigt ein Axum-Diagramm, dessen Beschriftungen, Titel, Text und grafische Anmerkungen angepaßt wurden.

Hinweis   Wenn Sie eine Axum-Diagramm-Komponente mit mehreren unabhängigen Spuren erstellen möchten, definieren Sie x- und y-Vektoren für jedes Diagramm. Wählen Sie dann aus dem Dialog AXUM-DIAGRAMM den Diagrammtyp »Streuungsdiagramm von x-y-Paaren«, und geben Sie so viele Eingabevariablen an, wie Datenvektoren vorhanden sind. Geben Sie die Vektornamen in Form von xy-Paaren, z.B. (x1 y1 x2 y2 usw.), in die Platzhalter ein.

Diagramme aus Datenvektoren

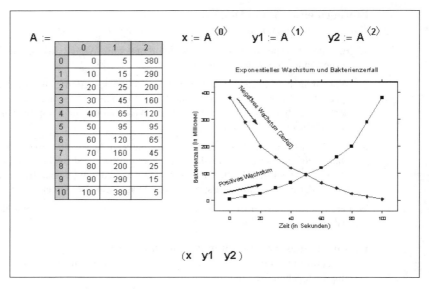

Abbildung 12.8: Ein Axum-Diagramm in einem Mathcad-Arbeitsblatt

Formatieren von 2D-Diagrammen

Wenn Sie ein X-Y-Diagramm oder ein Kreisdiagramm anlegen, verwendet Mathcad die Standardeinstellungen für die Formatierung von Achsen und Spuren. Sie können Achsen und Spuren aber auch andere Formate zuweisen. Außerdem ist es möglich, Beschriftungen in das Diagramm einzufügen.

Um ein 2D-Diagramm zu formatieren, gehen Sie wie folgt vor:

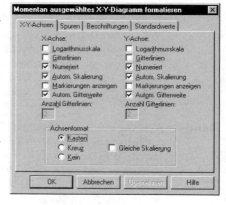

1. Doppelklicken Sie auf das Diagramm. Wählen Sie im FORMAT-Menü den Eintrag DIAGRAMM⇒X-Y-DIAGRAMM oder DIAGRAMM⇒KREISDIAGRAMM. Sie sehen ein Dialogfeld für die Formatierung eines Diagramms.

2. Klicken Sie auf die betreffende Registerkarte. Auf der Registerkarte ACHSEN legen Sie das Erscheinungsbild der Achsen und der Gitterlinien fest. Auf der Registerkarte SPUREN bestimmen Sie Farbe, Typ und Breite der Spuren. Auf der Registerkarte BESCHRIFTUNGEN fügen Sie die Achsenbeschriftungen ein. Auf der Registerkarte STANDARDWERTE legen Sie fest, wie Diagramme standardmäßig aussehen sollen.

3. Nehmen Sie im Dialogfeld die gewünschten Änderungen vor.

4. Klicken Sie auf ÜBERNEHMEN, um die Änderungen zu sehen, bevor Sie das Dialogfeld schließen.

5. Schließen Sie das Dialogfeld mit OK.

Hinweis	Auf der Registerkarte ACHSEN sollten Sie darauf achten, die Optionen in der Spalte für die richtige Achse zu ändern. Auf der Registerkarte SPUREN klicken Sie in der Spalte LEGENDENNAME auf einen Namen und ändern die Eigenschaften unter Verwendung der Dropdown-Optionen ab.
Tip	Wenn Sie in einem Diagramm auf eine Achse doppelklicken, wird ein Format-Dialogfeld für diese Achse angezeigt.
Online-Hilfe	Klicken Sie im Dialogfeld auf HILFE, um weitere Informationen über bestimmte Formatoptionen zu erhalten.

Achsenbegrenzungen

Wenn Sie ein 2D-Diagramm erzeugen, ist die Option AUTOMATISCHE GITTERWEITE aktiviert. Diese Option wird auf der Registerkarte ACHSEN geändert.

- Ist AUTOMATISCHE GITTERWEITE aktiviert, setzt Mathcad die Achsenbegrenzung auf die erste Achsennumerierung hinter den Daten. Damit ist der Bereich groß genug, um alle Punkte anzuzeigen.

- Ist AUTOMATISCHE GITTERWEITE deaktiviert, setzt Mathcad die Achsenbegrenzungen exakt auf die Datengrenzen.

Andere Begrenzungen

Sie übergehen die von Mathcad automatisch angelegten Begrenzungen, indem Sie sie direkt im Diagramm ändern. Dazu gehen Sie wie folgt vor:

1. Klicken Sie in das Diagramm, um es zu markieren. Mathcad zeigt vier zusätzliche Zahlen an, eine für jede Achsenbegrenzung. Diese Zahlen sind in Platzhalter eingeschlossen, wie in Abbildung 12.9 gezeigt.

2. Klicken Sie auf diese Zahlen, und geben Sie einen anderen Wert dafür ein.

3. Klicken Sie außerhalb des Diagramms. Mathcad zeichnet das Diagramm unter Verwendung der geänderten Achsenbegrenzungen neu. Die Platzhalter unterhalb der geänderten Begrenzungen verschwinden. Abbildung 12.9 zeigt, wie es aussieht, wenn für ein Diagramm die Begrenzungen manuell gesetzt wurden.

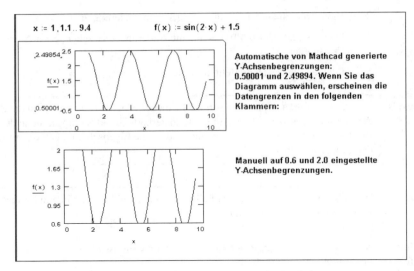

Abbildung 12.9: Automatische und manuelle Vorgabe der Achsengrenzen

Standardformate

Mathcad verwendet Standardformate für Achsen und Spuren in neuen Diagrammen.

Standards eines existierenden Diagramms kopieren

Eine Möglichkeit, neue Standardwerte anzulegen, ist die Verwendung der Formate eines bereits existierenden Diagramms. Der Vorteil dieser Methode ist, daß Sie sofort bei der Definition sehen, wie die Formateinstellungen aussehen.

Um das Format eines bereits existierenden Diagramms als Standardformat zu verwenden, gehen Sie wie folgt vor:

1. Doppelklicken Sie in das Diagramm, oder klicken Sie in das Diagramm, und wählen Sie aus dem FORMAT-Menü den Eintrag DIAGRAMM⇒X-Y-DIAGRAMM (oder DIAGRAMM⇒KREISDIA-GRAMM) aus. Mathcad zeigt das Dialogfeld zur Formatierung eines Diagramms an.

2. Gehen Sie auf die Registerkarte STANDARDWERTE.

3. Markieren Sie das Kontrollkästchen ALS STANDARD VERWENDEN. Wenn Sie das Dialogfeld mit OK schließen, speichert Mathcad diese Einstellungen als Ihre Standardwerte.

Standardwerte ohne Verwendung eines Diagramms setzen

Im Dialogfeld STANDARDFORMATE EINRICHTEN ändern Sie die Standardeinstellungen für Diagramme. Dazu gehen Sie wie folgt vor:

1. Stellen Sie sicher, daß kein Diagramm selektiert ist.
2. Wählen Sie im FORMAT-Menü den Eintrag DIAGRAMM⇒X-Y-DIAGRAMM (oder DIAGRAMM⇒KREISDIAGRAMM).
3. Ändern Sie die Einstellungen für Achsen und Spuren Ihren Vorstellungen gemäß ab.
4. Klicken Sie auf OK, um das Dialogfeld zu schließen und die Änderungen zu übernehmen.

Hinzufügen von Titeln, Beschriftungen und weiteren Anmerkungen

Eine Methode, Titel und Beschriftungen in Ihr 2D-Diagramm einzufügen, ist die Verwendung der Optionen in der Registerkarte des Dialogfeldes 2D-DIAGRAMM-FORMAT. Sie können Titel, Beschriftungen und Anmerkungen aber auch dadurch hinzufügen, indem Sie in Ihrem Arbeitsblatt einen Text oder ein anderes Objekt erstellen und dann an den oberen Rand des Diagramms verschieben.

Um eine Anmerkung für Ihr 2D-Diagramm zu erstellen, gehen Sie wie folgt vor:

1. Erstellen Sie einen Textbereich, oder fügen Sie ein grafisches Objekt in Ihr Arbeitsblatt ein, indem Sie es einfügen oder aus dem EINFÜGEN-Menü den Eintrag OBJEKT wählen.
2. Ziehen Sie den Text oder das Objekt in Ihr Arbeitsblatt, und positionieren Sie ihn/es an geeigneter Stelle.

Abbildung 12.10 zeigt ein Diagramm, das sowohl einen Textbereich (»Wendepunkt«) als auch ein grafisches Objekt (Pfeil) enthält.

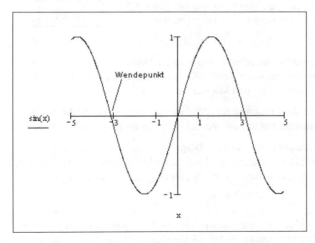

Abbildung 12.10: Mathcad Diagramm mit Anmerkungen

Hinweis   Wenn Sie aus dem FORMAT-Menü den Eintrag BEREICHE TRENNEN auswählen, werden alle überlappenden Bereiche in Ihrem Arbeitsblatt getrennt. Bei einem Diagramm mit Anmerkungen, wie in dem oben gezeigten Beispiel, erscheinen beim Trennen von Bereichen alle Anmerkungen unterhalb des Diagramms.

Änderung der 2D-Diagrammperspektive

Mathcad stellt folgende Optionen für die Präsentation Ihres 2D-Diagramms bereit:

- Sie können einen Teil des Diagramms zoomen.
- Sie können die *x*- und *y*-Koordinaten jedes für die Diagrammkonstruktion gezeichneten Punkts ermitteln.
- Sie können die *x*- und *y*-Koordinaten für jede Position im Diagramm ermitteln.

Zoomen in einem Diagramm

Mathcad ermöglicht die Auswahl eines Bereichs, um ihn zu zeichnen und zu vergrößern. Um einen Teil eines Diagramms zu zoomen, gehen Sie wie folgt vor:

1. Klicken Sie in das Diagramm, und wählen Sie im FORMAT-Menü den Eintrag DIAGRAMM⇒ZOOM us, oder klicken Sie in der Grafikpalette auf

    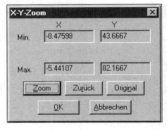

    . Das Dialogfeld ZOOM erscheint.

2. Positionieren Sie das Dialogfeld ZOOM gegebenenfalls so, daß Sie den gesamten Bereich Ihres Diagramms sehen, der gezoomt werden soll.

3. Klicken Sie mit der Maus auf eine Ecke des Bereichs, der vergrößert werden soll.

4. Verschieben Sie die Maus bei gedrückter Maustaste. Eine gestrichelte Linie umrahmt den Auswahlbereich. Die Koordinaten in dem Auswahlbereich werden in den Textfeldern MIN und MAX angezeigt.

5. Lassen Sie die Maustaste los. Klicken Sie gegebenenfalls auf diesen Auswahlumriß, um ihn an eine andere Stelle im Diagramm zu verschieben.

6. Klicken Sie auf ZOOM, um das Diagramm neu zu zeichnen. Die Achsenbegrenzungen werden vorübergehend auf die im Dialogfeld ZOOM spezifizierten Koordinaten gesetzt. Um diese Achsenbegrenzungen permanent zu machen, klicken Sie auf OK.

Tip   Wenn Sie mit einem Diagramm arbeiten, das bereits gezoomt wurde, können Sie das ursprüngliche Erscheinungsbild wiederherstellen. Dazu klicken Sie im Dialogfeld ZOOM auf ORIGINAL.

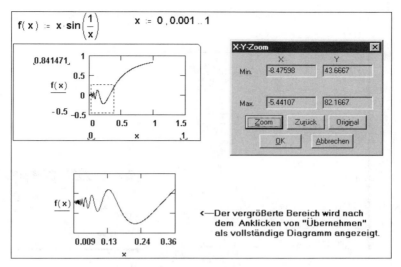

Abbildung 12.11: Ein gezoomter Bereich in einem X-Y-Diagramm

Diagrammkoordinaten auslesen

Um die Diagrammkoordinaten für bestimmte Punkte anzuzeigen, gehen Sie wie folgt vor:

1. Klicken Sie in das Diagramm, und wählen im FORMAT-Menü den Eintrag DIAGRAMM⇒SPUR, oder klicken Sie in der Grafikpalette auf ![icon]. Das Dialogfeld X-Y-KOORDINATEN ABLESEN erscheint. Markieren Sie NUR DATENPUNKTE.

2. Markieren Sie mit der Maus die betreffende Spur. Ein gestricheltes Fadenkreuz springt von Punkt zu Punkt, während Sie den Zeiger auf der Spur bewegen.

3. Wenn Sie die Maustaste loslassen, bewegen Sie sich mit den Pfeiltasten nach links oder rechts zu vorangehenden oder nachfolgenden Datenpunkten. Mit Hilfe der Pfeiltasten nach unten oder oben selektieren Sie andere Spuren.

4. Wenn der Zeiger einen Punkt auf der Spur erreicht, zeigt Mathcad die Werte für diesen Punkt in den Feldern X-Wert und Y-Wert an.

5. In den Feldern wird jeweils der zuletzt ausgewählte Punkt angezeigt. Das Fadenkreuz wird angezeigt, bis Sie außerhalb des Diagramms klicken.

Tip Wenn Sie im Dialogfeld KOORDINATEN ABLESEN die Markierung von NUR DATENPUNKTE aufheben, sehen Sie eine Ausgabe aller Positionen im Diagramm, nicht nur für die Datenpunkte.

Abbildung 12.12 zeigt ein Beispiel für ein Diagramm, dessen Koordinaten ausgelesen werden.

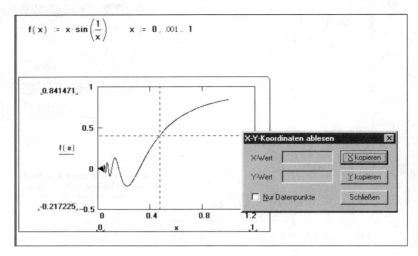

Abbildung 12.12: Auslesen von Koordinaten eines Diagramms

Um eine Koordinate unter Verwendung der Zwischenablage zu kopieren und einzufügen, gehen Sie wie folgt vor:

1. Klicken Sie auf X KOPIEREN oder Y KOPIEREN.
2. Diesen Wert können Sie in einen Rechen- oder Textbereich Ihres Mathcad-Arbeitsblatts, in eine Tabellenkalkulation oder eine andere Applikation einfügen.

Kapitel 13
3D-Diagramme

- 3D-Diagramme – Überblick
- Erzeugen von 3D-Diagrammen von Funktionen
- Erzeugen von 3D-Diagrammen aus Daten
- Formatierung von 3D-Diagrammen
- Drehen und Zoomen von 3D-Diagrammen

3D-Diagramme – Überblick

Um eine Funktion von ein oder zwei Variablen visuell darzustellen oder Daten in Form von x-, y- und z-Koordinaten zu zeichnen, können Sie ein Flächendiagramm, ein Umrißdiagramm, ein 3D-Säulendiagramm, ein 3D-Streuungsdiagramm oder ein Vektorfelddiagramm erzeugen. Diese Diagramme werden unter Verwendung der Befehle im EINFÜGEN-Menü oder mit dem 3D-Diagramm-Assistenten erzeugt. Innerhalb einer Darstellung können mehrere dieser Diagramme angezeigt werden. Mathcad rendert 3D-Diagramme mit einer komplexen, leistungsfähigen OpenGL-Grafik-Engine.

Einfügen eines 3D-Diagramms

Im allgemeinen gehen Sie beim Anlegen eines 3D-Diagramms folgendermaßen vor:

1. Definieren Sie eine Funktion von zwei Variablen oder eine Matrix aus Daten.
2. Klicken Sie auf die Stelle des Arbeitsblatts, an der das Diagramm erscheinen soll. Wählen Sie im EINFÜGEN-Menü den Eintrag DIAGRAMM, und wählen Sie einen 3D-Diagrammtyp aus. Alternativ können Sie auch auf eine der 3D-DARSTELLUNG-Schaltflächen der DIAGRAMM-Symbolleiste klicken. Mathcad fügt nun ein leeres 3D-Diagramm mit Achsen und einen leeren Platzhalter ein.
3. Geben Sie den Namen der Funktion oder der Matrix in den Platzhalter ein.
4. Klicken Sie außerhalb des Diagramms, oder drücken Sie die Enter-Taste. Mathcad legt das Diagramm entsprechend der Funktion oder Datenmatrix an.

Das unten gezeigte Flächendiagramm wurde z.B. von Mathcad aus der folgenden Funktion berechnet:

$F(x, y) := \sin(x) + \cos(y)$

Das Anlegen eines 3D-Diagramms einer Funktion wird *QuickPlot* genannt. Ein *QuickPlot* verwendet Standardlaufbereiche und Standardschrittweiten für die unabhängigen Variablen. Um diese Einstellungen zu ändern, doppelklicken Sie auf das Diagramm und verwenden im DIALOGFELD 3D-DIAGRAMMFORMAT die Registerkarte QUICKPLOT-DATEN. Weitere Informationen zum Ändern dieser und weiterer Eigenschaften von Diagrammen finden Sie im Abschnitt »Formatieren von 3D-Diagrammen« auf Seite 295.

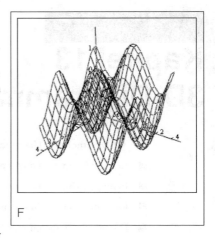

Um zu lernen, wie ein Diagramm aus einer Matrix mit Werten erstellt wird, betrachten Sie bitte die Beispiele in Abbildung 13.2 auf Seite 289.

3D-Diagramm-Assistent

Damit Sie beim Erstellen eines neuen Diagramms eine bessere Kontrolle der Formatierungseinstellungen haben, verwenden Sie wie folgt den *3D-Diagramm-Assistenten*:

1. Klicken Sie auf die Stelle des Arbeitsblatts, an der das Diagramm erscheinen soll.
2. Wählen Sie im EINFÜGEN-Menü den Eintrag DIAGRAMM⇒3D-DIAGRAMM-ASSISTENT. Nun wird die erste Seite des 3D-Diagramm-Assistenten angezeigt.
3. Wählen Sie den gewünschten 3D-Diagrammtyp aus, und klicken Sie auf WEITER.
4. Bestimmen Sie auf den folgenden Seiten, wie das Diagramm aussehen und welche Farbe es haben soll. Klicken Sie auf FERTIGSTELLEN, und das Diagramm wird mit einem leeren Platzhalter in Ihr Arbeitsblatt eingefügt.
5. Geben Sie geeignete Argumente (den Funktionsnamen, Datenvektoren, usw.) für das 3D-Diagramm in den Platzhalter ein.

Klicken Sie außerhalb des Diagramms, oder drücken Sie die Enter-Taste.

Das Diagramm wird mit den im Assistenten angegebenen Einstellungen erzeugt. Weitere Informationen darüber, wie Sie das Erscheinungsbild des Diagramms ändern, finden Sie im Abschnitt »Formatieren von 3D-Diagrammen« auf Seite 295.

Erzeugen von 3D-Diagrammen von Funktionen

Dieser Abschnitt beschreibt die Erzeugung verschiedener 3D-Diagramme von Funktionen in Mathcad, auch *QuickPlots* genannt. Obwohl sich diese Anleitung vor allem auf die Befehle des EINFÜGEN-Menüs und das Ändern von Einstellungen mit dem DIALOGFELD 3D-DIAGRAMMFORMAT bezieht, kann natürlich auch der oben beschriebene 3D-Diagramm-Assistent eingesetzt werden.

Tip Im Informationszentrum finden Sie zahlreiche Beispiele für in Diagrammen dargestellte zwei- oder dreidimensionale Funktionen und Datensätze. Öffnen Sie dazu im HILFE-Menü den Eintrag INFORMATIONSZENTRUM, klicken Sie auf KURZÜBERSICHT, und wählen Sie dort den Abschnitt PRAXIS DER KURVEN UND FLÄCHEN.

Erzeugen von Flächen-, Säulen-, Umriß- und Streuungsdiagrammen

Sie können eine beliebige Funktion zweier Variablen in drei Dimensionen als Flächen-, Säulen-, Umriß- und Streuungsdiagramm darstellen.

Schritt 1: Definieren Sie eine oder mehrere Funktionen.

Definieren Sie als erstes die Funktion auf Ihrem Arbeitsblatt nach einem der folgenden Muster:

$$F(x, y) := \sin(x) + \cos(y) \qquad G(u, v) := \begin{pmatrix} 2 \cdot u \\ 2 \cdot u \cdot \cos(v) \\ 2 \cdot \cos(v) \end{pmatrix} \qquad \begin{aligned} X(u, v) &:= v \\ Y(u, v) &:= v \cdot \cos(u) \\ Z(u, v) &:= \sin(u) \end{aligned}$$

$F(x,y)$ ist eine Funktion zweier Variablen. Bei diesem Funktionstyp variieren die Koordinaten x und y standardmäßig mit einer Schrittweite von 0,5 zwischen -5 und 5. Jeder z-Koordinatenwert ist durch die Funktion von x und y genau bestimmt.

$G(u,v)$ ist eine vektorwertige Funktion zweier Variablen. Bei diesem Funktionstyp variieren die unabhängigen Variablen u und v standardmäßig mit einer Schrittweite von 0,5 zwischen -5 und 5. Die Koordinaten x, y und z sind mittels der Definitionen der drei Vektorkomponenten durch die Werte von u und v parametrisiert.

$X(u,v)$, $Y(u,v)$ und $Z(u,v)$ sind Funktionen zweier Variablen. Bei diesem Funktionentripel variieren die unabhängigen Variablen u und v standardmäßig mit einer Schrittweite von 0,5 zwischen -5 und 5. Die Koordinaten x, y und z sind mittels der Definitionen der drei Funktionen durch die Werte von u und v parametrisiert.

Hinweis Die obigen Funktionsbeschreibungen setzen ein kartesisches Koordinatensystem voraus. Ist Ihre Funktion in Kugel- oder Zylinderkoordinaten gegeben, kann sie automatisch in kartesische Koordinaten umgewandelt werden. Doppelklicken Sie dazu auf das Diagramm, gehen Sie im DIALOGFELD 3D-DIAGRAMMFORMAT zur Registerkarte QUICKPLOT-DATEN, und klicken Sie unter KOORDINATENSYSTEM auf KUGELKOORDINATEN oder ZYLINDERKOORDINATEN.

Schritt 2: Einfügen des 3D-Diagramms.

Nach der Funktionsdefinition wählen Sie im EINFÜGEN-Menü den Eintrag DIAGRAMM und wählen einen 3D-Diagrammtyp aus.

Um z.B. ein Flächendiagramm der oben definierten Funktionen X, Y und Z zu erzeugen, gehen Sie wie folgt vor:

1. Wählen Sie im EINFÜGEN-Menü den Eintrag DIAGRAMM⇒FLÄCHENDIAGRAMM, oder klicken Sie auf das Symbol in der DIAGRAMM-Symbolleiste. Mathcad fügt nun ein leeres 3D-Diagramm ein.

2. Geben Sie den Namen der Funktionen in den Platzhalter ein. Haben Sie nur eine Oberfläche, die aber durch mehr als eine Funktion definiert ist, schreiben Sie die Funktionsnamen in Klammern und trennen sie durch Kommata. In diesem Beispiel:

   (X, Y, Z)

3. Klicken Sie außerhalb des Diagramms oder drücken Sie ↵.

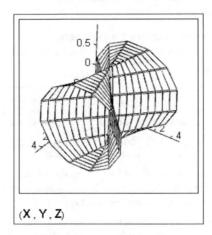

(X, Y, Z)

Wollen Sie den Typ Ihres 3D-Diagramms ändern:

1. Doppelklicken Sie auf das Diagramm, um das DIALOGFELD 3D-DIAGRAMMFORMAT zu öffnen.

2. Auf der Seite ALLGEMEIN können Sie im Bereich DARSTELLUNGSART zwischen DATENPUNKTE, SÄULENDIAGRAMM und UMRISSDIAGRAMM wählen.

3. Klicken Sie auf OK.

Abbildung 13.1 zeigt ein 3D-Streuungsdiagramm der Funktion G und ein Umrißdiagramm der Funktion F gemäß der obigen Definitionen:

Hinweis Alle 3D-*QuickPlots* sind Kurven oder Flächen in Parameterdarstellung. Mit anderen Worten, alle *QuickPlots* wurden aus drei Vektoren oder Datenmatrizen erstellt, die die Koordinaten x, y und z darstellen. Im Fall einer einzelnen Funktion zweier Variablen erzeugt Mathcad intern zwei Matrizen mit x- und y-Daten mit einer Schrittweite von 0,5 im Standardbereich zwischen -5 und 5. Anschließend wird aus diesen x- und y-Koordinaten die z-Koordinate berechnet.

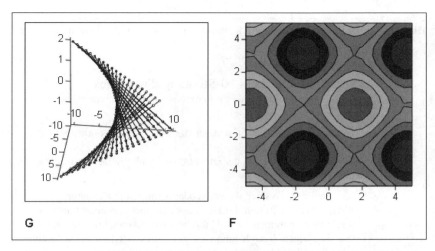

Abbildung 13.1: Ein Streuungsdiagramm und ein Umrißdiagramm von Funktionen zweier Variablen

Um die Standard-Laufbereiche und -Schrittweiten der unabhängigen Variablen zu ändern, doppelklicken Sie auf das Diagramm, und verwenden Sie im DIALOGFELD 3D-DIAGRAMMFORMAT die Registerkarte QUICKPLOT-DATEN. Weitere Informationen über das Ändern dieser und anderer Darstellungseigenschaften finden Sie im Abschnitt »Formatierung von 3D-Diagrammen« auf Seite 295.

Erzeugen einer Raumkurve

Sie können jede Parameterfunktion einer Variablen in drei Dimensionen als ein Streuungsdiagramm visuell darstellen.

Schritt 1: Definieren Sie eine oder mehrere Funktionen.

Definieren Sie als erstes die Funktion auf Ihrem Arbeitsblatt nach einem der folgenden Muster:

$$H(u) := \begin{pmatrix} \sin(u) \\ \cos(u) \\ \sin(u) \cdot \cos(u) \end{pmatrix} \qquad \begin{aligned} R(u) &:= 2 \cdot u \\ S(u) &:= u^2 \\ T(u) &:= \cos(u) \end{aligned}$$

H(u) ist eine vektorwertige Funktion einer Variablen. Bei diesem Funktionstyp läuft die unabhängige Variable *u* standardmäßig mit einer Schrittweite von 0,5 von -5 bis 5. Die Koordinaten *x, y* und *z* sind mittels der Definitionen der Vektorkomponenten durch *u* parametrisiert.

R(u), S(u) und *T(u)* sind Funktionen einer Variablen. Bei diesem Funktionstripel laufen die unabhängigen Variablen *u* standardmäßig mit einer Schrittweite von 0,5 von -5 bis 5. Die Koordinaten *x, y* und *z* werden entsprechend den Funktionsdefinitionen unter Verwendung dieser *u*-Werte dargestellt.

Hinweis   Eine Raumkurve stellt oft die Bahn eines bewegten Teilchens im Raum in Abhängigkeit der Zeit *u* dar.

Schritt 2: Einfügen des 3D-Streuungsdiagramms
Um aus einer oder aus mehreren Funktionen eine Raumkurve darzustellen, gehen Sie wie folgt vor:

1. Wählen Sie im EINFÜGEN-Menü DIAGRAMM⇒3D STREUUNGSDIAGRAMM, oder klicken Sie auf in der DIAGRAMM-Symbolleiste. Mathcad fügt nun ein leeres 3D-Diagramm ein.

2. Geben Sie den Namen der einen oder mehreren Funktion(en) in den Platzhalter ein. Besteht Ihr Diagramm aus mehr als einer Funktionsdefinition, schreiben Sie die Funktionen in Klammern, und trennen Sie die Namen durch Kommata. Um für die oben definierten Funktionen *R*, *S* und *T* eine Raumkurve zu erzeugen, geben Sie folgendes ein:

   (R , S , T)

3. Klicken Sie außerhalb des Diagramms oder drücken Sie die Enter-Taste.

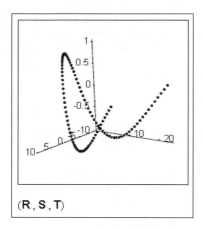

Allgemeine Informationen über die Formatierung von 3D-Diagrammen finden Sie im Abschnitt »Formatierung von 3D-Diagrammen« auf Seite 295. Schlagen Sie bei speziellen Fragen zur Formatierung von 3D-Streuungsdiagrammen auch unter dem Punkt »Streuungsdiagramme« in der Online-Hilfe nach.

Erzeugen von 3D-Diagrammen aus Daten

Dieser Abschnitt beschreibt das Erzeugen verschiedener 3D-Diagramme aus Daten. Obwohl diese Anleitung sich vor allem auf die Befehle des EINFÜGEN-Menüs und das Ändern von Eigenschaften mit dem DIALOGFELD 3D-DIAGRAMMFORMAT bezieht, kann natürlich auch der auf Seite 284 beschriebene 3D-Diagramm-Assistent eingesetzt werden.

Erzeugen von Flächen-, Balken- und Streuungsdiagrammen

Flächen-, Balken- und Streuungsdiagramme bieten sich für die Veranschaulichung zweidimensionaler Daten in einer Matrix an. Sie können entweder als zusammenhängende Fläche, als Balken über oder unter einer Nullebene oder als Punkte im Raum dargestellt werden.

Um z.B. ein Flächendiagramm aus Daten zu erzeugen, gehen Sie wie folgt vor:

1. Erstellen oder laden Sie die Matrix mit den darzustellenden Werten. Die Zeilen- und Spaltennummern entsprechen den Werten der *x*- und *y*-Koordinate. Die Elemente der Matrix selbst sind die *z*-Koordinatenwerte über bzw. unter der *xy*-Ebene ($z = 0$).

2. Wählen Sie im EINFÜGEN-Menü den Eintrag DIAGRAMM⇒FLÄCHENDIAGRAMM, oder klicken Sie auf das Symbol 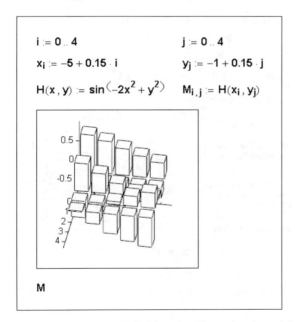 in der DIAGRAMM-Symbolleiste. Mathcad fügt nun ein leeres 3D-Diagramm ein.

3. Geben Sie den Namen der Matrix in den Platzhalter ein.

4. Klicken Sie außerhalb des Diagramms, oder drücken Sie die Enter-Taste. Abbildung 13.2 zeigt ein aus der Matrix M erzeugtes 3D-Balkendiagramm:

Standardmäßig wird das Diagramm so angezeigt, daß die erste Zeile der Matrix von der hinteren linken Ecke des Gitters aus nach rechts läuft, während die erste Spalte der Matrix von der hinteren linken Ecke in Richtung des Betrachters läuft. Im Abschnitt »Formatieren von 3D-Diagrammen« auf Seite 295 finden Sie Hilfe beim Ändern dieser Standardansicht.

Abbildung 13.2: Die Definition einer Datenmatrix und ihre Darstellung als 3D-Balkendiagramm.

Erzeugen eines parametrisierten Flächendiagramms

Ein parametrisiertes Flächendiagramm wird erzeugt, indem drei Matrizen, die die Koordinaten x, y und z der Punkte im Raum darstellen, an das Flächendiagramm übergeben werden.

Zum Erzeugen eines parametrisierten Flächendiagramms gehen Sie wie folgt vor:

1. Erstellen oder laden Sie drei Matrizen mit gleicher Spalten- und Zeilenanzahl.
2. Wählen Sie im EINFÜGEN-Menü den Eintrag DIAGRAMM⇒FLÄCHENDIAGRAMM, oder klicken Sie auf das Symbol 🔲 in der DIAGRAMM-Symbolleiste. Mathcad fügt nun ein leeres 3D-Diagramm ein.
3. Geben Sie die Namen der drei Matrizen in den Platzhalter ein. Trennen Sie die Namen durch Kommata, und schließen Sie das Tripel in Klammern ein, wie z.B.:

    (X, Y, Z)

4. Klicken Sie außerhalb des Diagramms, oder drücken Sie die Enter-Taste.

Abbildung 13.3 zeigt ein parametrisiertes Flächendiagramm aus den über dem Diagramm definierten Matrizen X, Y und Z.

Allgemeine Informationen über die Formatierung von 3D-Diagrammen finden Sie im Abschnitt »Formatierung von 3D-Diagrammen« auf Seite 234. Schlagen Sie bei speziellen Fragen bezüglich der Formatierung von parametrisierten Flächendiagrammen auch im Thema »Flächendiagramme« der Online-Hilfe nach.

$$m := 0..20 \qquad n := 0..20 \qquad r := 2 \qquad R := 6$$

$$\phi_m := \frac{2 \cdot \pi \cdot m}{20} \qquad \theta_n := \frac{2 \cdot \pi \cdot n}{20}$$

$$X_{m,n} := (R + r \cdot \cos(\theta_n)) \cdot \cos(\phi_m) \qquad Z_{m,n} := r \cdot \sin(\theta_n)$$

$$Y_{m,n} := (R + r \cdot \cos(\theta_n)) \cdot \sin(\theta_m)$$

Wählen Sie Befehl "Flächendiagramm erstellen" aus dem Menü "Grafik".

Geben Sie aus Platzhalter die durch Kommas voneinander getrennten Matrixnamen ein (X,Y,Z).

Strecken Sie das Diagramm leicht horizontal

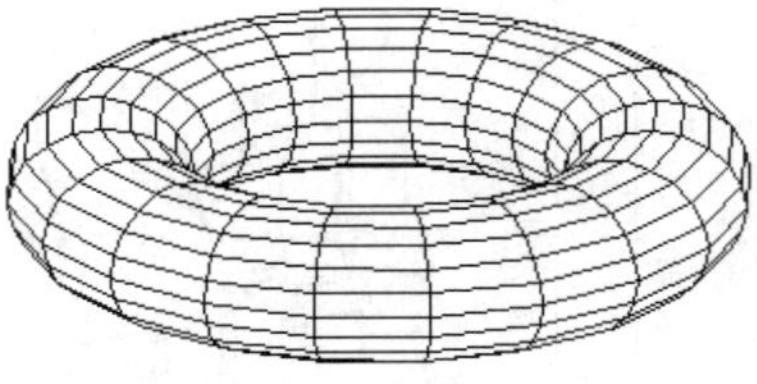

X, Y, Z

Abbildung 13.3: Ein parametrisiertes Flächendiagramm und seine Datendefinition

Hinweis Der zugrunde liegende Parameterraum ist eine rechteckige Fläche, auf der ein gleichförmiges Maschengitter liegt. Die drei Matrizen bilden diese Fläche in den dreidimensionalen Raum ab. Beispielsweise erzeugen die Matrizen **X**, **Y** und **Z** in Abbildung 13.3 eine Abbildung, die die Fläche zu einer Röhre zusammenrollt und deren Endpunkte verbindet, so daß ein Torus entsteht.

Erzeugen einer dreidimensionalen parametrisierten Kurve

Eine dreidimensionale parametrisierte Kurve wird dadurch erzeugt, daß an ein Streuungsdiagramm drei Vektoren übergeben werden, die die Koordinaten x, y und z der Punkte im Raum darstellen.

Um eine dreidimensionale parametrisierte Kurve zu erzeugen, gehen Sie wie folgt vor:

1. Erstellen oder laden Sie drei Vektoren mit der gleichen Anzahl von Zeilen.

2. Wählen Sie im EINFÜGEN-Menü den Eintrag DIAGRAMM⇒STREUUNGSDIAGRAMM, oder klicken Sie auf das Symbol in der DIAGRAMM-Symbolleiste. Mathcad fügt nun ein leeres 3D-Diagramm ein.

3. Geben Sie die Namen der Vektoren in den Platzhalter ein. Trennen Sie die Namen durch Kommata, und schließen Sie das Tripel in Klammern ein, z.B.:

   (X, Y, Z)

4. Klicken Sie außerhalb des Diagramms oder drücken Sie die Enter-Taste.

Abbildung 13.4 zeigt eine dreidimensionale parametrisierte Kurve der über dem Diagramm definierten Vektoren P, Q und R.

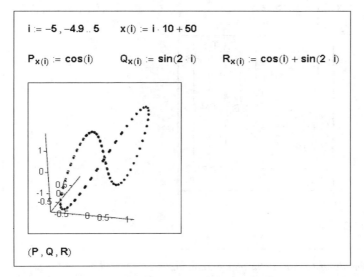

Abbildung 13.4: Eine Raumkurve und ihre Datendefinition.

Allgemeine Informationen über die Formatierung von 3D-Diagrammen finden Sie im Abschnitt »Formatierung von 3D-Diagrammen« auf Seite 234. Schlagen Sie bei speziellen Fragen bezüglich der Formatierung von »Streuungsdiagrammen« auch im gleichnamigen Thema der Online-Hilfe nach.

Erzeugung von Umrißdiagrammen

Um dreidimensionale Daten als zweidimensionale Umrißkarte darzustellen, wird aus ihnen ein Umrißdiagramm erzeugt.

1. Definieren oder laden Sie eine Matrix mit den darzustellenden Werten.
2. Wählen Sie im EINFÜGEN-Menü den Eintrag DIAGRAMM⇒UMRISSDIAGRAMM, oder klicken Sie auf das Symbol in der DIAGRAMM-Symbolleiste. Mathcad fügt nun ein leeres Diagramm mit einem einzelnen Platzhalter ein.
3. Geben Sie den Namen der Matrix in den Platzhalter ein.
4. Klicken Sie außerhalb des Diagramms, oder drücken Sie die Enter-Taste.

■ Abbildung 13.5 zeigt ein Umrißdiagramm, das aus der über dem Diagramm definierten Matrix C erzeugt wurde.

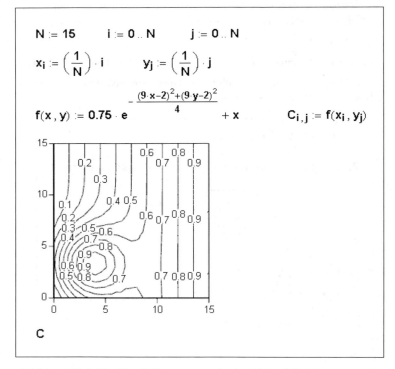

Abbildung 13.5: Ein Umrißdiagramm und seine Datendefinition

- Das Umrißdigramm ist eine visuelle Darstellung der Höhenlinien der Matrix. Mathcad setzt voraus, daß die Zeilen und Spalten gleich große Intervalle auf den Achsen darstellen, und interpoliert die Werte dieser Matrix linear, um die Höhenlinien oder Umrisse zu bilden. Jede Höhenlinie wird so erzeugt, daß sich keine zwei Kurven schneiden. Standardmäßig werden die z-Umrisse in der x-y-Ebene gezeigt. Mathcad zeichnet die Matrix so, daß das Element in Zeile 0 und Spalte 0 in der unteren linken Ecke liegt. Die Zeilen der Matrix entsprechen also den Werten auf der x-Achse und wachsen nach rechts hin an, während die Spalten den Werten auf der y-Achse entsprechen und nach oben hin anwachsen.

- Allgemeine Informationen über die Formatierung von 3D-Diagrammen finden Sie im Abschnitt »Formatierung von 3D-Diagrammen« auf Seite 295. Schlagen Sie bei speziellen Fragen bezüglich der Formatierung von Umrißdiagrammen auch im gleichnamigen Thema der Online-Hilfe nach.

Hinweis Wenn Sie das Umrißdiagramm einer Funktion darstellen, erstreckt sich standardmäßig die positive x-Achse des Diagramms nach rechts und die positive y-Achse nach oben.

Erzeugen eines Vektorfelddiagramms

In einem Vektorfelddiagramm wird jedem Punkt in der x-y-Ebene ein zweidimensionaler Vektor zugeordnet. Es gibt zwei Möglichkeiten, die Daten für ein solches Diagramm bereitzustellen:

1. Erstellen Sie eine Matrix aus komplexen Zahlen mit folgenden Bedingungen:

- Die Zeilen- und Spaltennummern stellen die Koordinaten x und y dar.
- Der Realteil jedes Matrixelements ist die x-Komponente des dieser Zeile und Spalte zugeordneten Vektors.
- Der Imaginärteil eines Matrixelements ist die y-Komponente des dieser Zeile und Spalte zugeordneten Vektors.

2. Alternativ können Sie auch zwei Matrizen mit der gleichen Anzahl von Zeilen und Spalten erstellen, wobei die erste Matrix die x-Komponenten und die zweite die y-Komponenten des Vektors enthält.

Nachdem die Daten wie oben beschrieben definiert wurden, erzeugen Sie das Vektorfelddiagramm:

1. Wählen Sie im EINFÜGEN-Menü den Eintrag DIAGRAMM⇒VEKTORFELDDIAGRAMM oder klicken Sie auf das Symbol in der DIAGRAMM-Symbolleiste.

2. Geben Sie den Namen der Matrix bzw. die Namen der Matrizen in den Platzhalter ein. Verwenden Sie zwei Matrizen, trennen Sie die Namen durch Kommata, und schließen Sie das Paar in Klammern ein, z.B.:

(X, Y)

3. Klicken Sie außerhalb des Diagramms, oder drücken Sie die Enter-Taste.

Abbildung 13.6 zeigt das Vektorfelddiagramm aus der über dem Diagramm definierten Matrix Q.

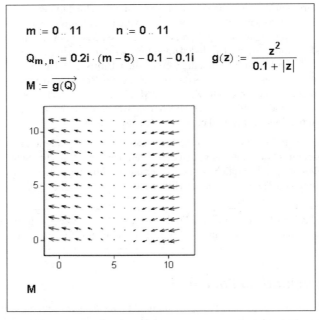

Abbildung 13.6: Ein aus der über dem Diagramm definierten Matrix Q erzeugtes Vektorfelddiagramm.

- Allgemeine Informationen über die Formatierung von 3D-Diagrammen finden Sie im Abschnitt »Formatierung von 3D-Diagrammen«. Schlagen Sie bei speziellen Fragen bezüglich der Formatierung von Vektorfelddiagrammen auch im Thema »Vektorfelddiagramme« der Online-Hilfe nach.

Mehrere 3D-Diagramme zeichnen

Pro So, wie man mehrere Spuren in ein zweidimensionales Diagramm einzeichnen kann, kann man auch mehrere Flächen-, Kurven-, Umriß-, Balken- oder Streuungsdiagramme in einer dreidimensionalen Darstellung zusammenfassen.

Um z.B. eine 3D-Darstellung von einem Umriß- und einem Flächendiagramm zu erzeugen, gehen Sie wie folgt vor:

1. Definieren Sie zwei Funktionen zweier Variablen oder alternativ irgendeine andere Kombination von zwei geeigneten Argumentsätzen für eine 2D-Darstellung (zwei Matrizen, zwei Sätze von drei Vektoren usw.).

2. Wählen Sie im EINFÜGEN-Menü den Eintrag DIAGRAMM⇒UMRISSDIAGRAMM, oder klicken Sie auf das Symbol in der DIAGRAMM-Symbolleiste. Mathcad fügt nun ein leeres 3D-Diagramm ein.

3. Geben Sie den Namen der Funktion oder Matrix für das Umrißdiagramm und anschließend ein Komma in den Platzhalter ein.

4. Geben Sie nun den Namen der Funktion oder Matrix für das Umrißdigramm ein.

5. Klicken Sie außerhalb des Diagramms, oder drücken Sie die Enter-Taste. Es erscheinen zwei Diagramme.

6. Doppelklicken Sie auf die Darstellung, um das DIALOGFELD 3D-DIAGRAMM-FORMAT anzuzeigen. Klicken Sie auf der Registerkarte ALLGEMEIN unter DARSTELLUNGSART auf die Registerkarte DIAGRAMM 2, und wählen Sie FLÄCHENDIAGRAMM. Klicken Sie auf OK.

- Sowohl das Umrißdiagramm als auch das Flächendiagramm erscheinen nun mit den Standardeinstellungen in einer Darstellung.

Tip Als Faustregel können Sie sich merken, daß man nicht mehr als zwei oder drei Diagramme gleichzeitig anzeigen sollte, weil sie sich möglicherweise überdecken und die Darstellung damit schwer erkennbar wird.

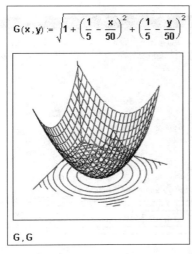

Abbildung 13.7: Ein Umriß- und ein Flächendiagramm in einer Darstellung

Formatierung von 3D-Diagrammen

Die Standardeinstellung eines 3D-Diagramms ist davon abhängig, wie es eingefügt wird. Wenn Sie über das EINFÜGEN-Menü die Einträge DIAGRAMM $\Rightarrow$ 3D-DIAGRAMM-ASSISTENT wählen, bestimmen Sie das Erscheinungsbild des Diagramms innerhalb des Assistenten. Wenn Sie ein Diagramm einfügen, indem Sie den Typ im EINFÜGEN-Menü auswählen, nimmt das Diagramm automatisch die Standardeigenschaften an.

Sie können das Erscheinungsbild jedes 3D-Diagramms nach dem Einfügen noch ändern. Hierzu verwenden Sie eine der zahlreichen Optionen, die im DIALOGFELD 3D-DIAGRAMMFORMAT zur Verfügung stehen. Beispielsweise können Sie diese Optionen nutzen, um die Farbe zu ändern, um die Achsen, Linien und Punkte zu formatieren oder um Hintergrundebenen einzufügen.

Um das 3D-DIAGRAMMFORMAT-Dialogfeld anzuzeigen, gehen Sie wie folgt vor:

1. Klicken Sie einmal auf das Diagramm, um es auszuwählen, und wählen Sie im Format-Menü den Eintrag DIAGRAMM?⇒D-DIAGRAMM. Alternativ können Sie auch einfach auf das Diagramm doppelklicken. Mathcad zeigt nun das Dialogfeld 3D-Diagrammformat an. Die Registerkarte Allgemein ist in der Abbildung gezeigt. Die anderen Registerkarten enthalten weitere Einstellungen.
2. Klicken Sie auf die Registerkarte, auf der Sie Optionen ändern möchten.
3. Nehmen Sie die Änderungen im Dialogfeld vor.
4. Klicken Sie auf Übernehmen, wenn Sie Ihre Änderungen vor dem Schließen des Dialogfelds sehen wollen.
5. Schließen Sie das Dialogfeld mit OK.

DAS DIALOGFELD 3D-DIAGRAMMFORMAT

Die Registerkarten im DIALOGFELD 3D-DIAGRAMMFORMAT zeigen Optionen für die verschiedenen Formatierungen des 3D-Diagramms an. Einige der Optionen, die auf bestimmten Seiten in dem Dialogfeld angeboten werden, sind von dem jeweiligen Diagrammtyp abhängig, während andere für alle 3D-Diagramme zur Verfügung stehen.

- Auf der Registerkarte ALLGEMEIN haben Sie Zugriff auf alle grundlegenden Optionen, die das allgemeine Erscheinungsbild der Darstellung bestimmen. Damit legen Sie die Position eines Diagramms fest, bestimmen den Achsenstil, zeichnen einen Rahmen oder wandeln ein 3D-Diagramm in einen anderen Diagrammtyp um.
- Die Optionen auf der Registerkarte ACHSEN ermöglichen, genau festzulegen, wie die einzelnen Achsen aussehen sollen. Hier kann die Stärke der Achse gewählt und

festgelegt werden, ob sie Zahlen oder Teilstriche tragen soll. Außerdem können die Grenzen der Achse eingestellt werden. Oben auf der Seite können Sie wählen, ob Sie die *x*-, *y*- oder *z*-Achse formatieren möchten.

- Auf der Registerkarte HINTERGRUNDEBENEN können Sie festlegen, ob die Hintergrundebene mit einer Farbe ausgefüllt werden soll und ob sie einen Rahmen, Gitterlinien bzw. eine Einteilung besitzen soll. Auch hier können sie oben auf der Seite festlegen, ob Sie die *xy*-, *yz*- oder *xz*-Hintergrundebene formatieren möchten.

Hinweis	Sowohl auf der HINTERGRUNDEBENEN- als auch auf der ACHSEN-Registerkarte finden Sie Optionen zum Anzeigen und Einrichten von Gitterlinien. Wenn Sie diese Linien für eine Achse auf der Registerkarte ACHSEN einrichten, werden sie automatisch für die beiden an diese Achse angrenzenden Hintergrundebenen übernommen. Wenn Sie sie hingegen auf der Registerkarte HINTERGRUNDEBENEN einrichten, bleiben die Einstellungen der anliegenden Hintergrundebenen hiervon unberührt.

- Mit den Optionen der Registerkarte DARSTELLUNG formatieren Sie die Oberflächen, Linien und Punkte, aus denen ein Diagramm besteht. Diese Optionen ermöglichen Ihnen beispielsweise, Farben direkt auf die Oberfläche eines Diagramms, auf seine Umrisse oder auf seine Linien und Punkte anzuwenden. Mehr darüber finden Sie in den folgenden Abschnitten.

- Auf der Registerkarte BELEUCHTUNG richten Sie die allgemeine Beleuchtung des Diagramms sowie einzelne Lichtquellen ein. Weitere Informationen über die Beleuchtung und ihre Auswirkungen finden Sie im Kapitel »BELEUCHTUNG« auf Seite 303.

- Auf der Registerkarte TITEL finden Sie ein Textfeld, in dem Sie einen Titel für die Darstellung eingeben können. Außerdem bestimmen Sie hier die Lage des Titels in der Darstellung.

- Die Optionen auf der Registerkarte EXTRA legen die Eigenschaften für spezielle Diagrammtypen fest. So können Sie z. B. bei den Balkendiagrammoptionen die Anordnung der Balken im 3D-Diagramm bestimmen.

- Die Optionen auf der Registerkarte ERWEITERT benötigen sie nur, wenn Sie wirklich eine Feinabstimmung des Aussehens eines Diagramms, z. B. der vertikalen Skalierung, vornehmen möchten.

- Die QUICKPLOT-DATEN-Registerkarte enthält den Bereich und die Einteilung der unabhängigen Variablen, die einen 3D-QuickPlot bestimmen. Außerdem können Sie hier festlegen, ob Ihre Funktion(en) in kartesischen Koordinaten, in Kugelkoordinaten oder in Zylinderkoordinaten gegeben sind.

Hilfe	In der Online-Hilfe finden Sie weitere Einzelheiten über die Optionen bestimmter Registerkarten im 3D-DIAGRAMMFORMAT-Dialogfeld. Klicken Sie einfach auf die Schaltfläche HILFE oben im Dialogfeld.

Einige Optionen im DIALOGFELD 3D-DIAGRAMMFORMAT wirken beim Einstellen des Erscheinungsbilds eines Diagramms zusammen. Beispielsweise arbeiten die Optionen auf den Registerkarten DARSTELLUNG, BELEUCHTUNG, EXTRA und ERWEITERT zusammen, um die Farbe eines Diagramms festzulegen.

Hinweis Wenn Sie mit Mathcad Professional eine Darstellung mit mehreren Diagrammen formatieren wollen (siehe »Mehrere 3D-Diagramme zeichnen« auf Seite 294), sollten Sie bedenken, daß sich einige Optionen im DIALOGFELD 3D-DIAGRAMMFORMAT auf die gesamte Darstellung auswirken, während andere nur einzelne Diagramme beeinflussen. Beispielsweise gelten sämtliche Optionen auf den Registerkarten ACHSEN, HINTERGRUNDEBENEN und BELEUCHTUNG für die gesamte Darstellung. Alle Diagramme darin verwenden gemeinsame Achsen, Hintergrundebenen und Beleuchtungen. Die Optionen auf der Registerkarte DARSTELLUNG sind hingegen für einzelne Diagramme spezifisch, da jede Fläche, Kurve, etc. eine eigene Farbe, Linienstärke usw. besitzen kann. Die Registerkarten DIAGRAMM 1, DIAGRAMM 2 usw. geben die Eigenschaften des Diagramms an, das Sie gerade ändern.

Füllfarbe

Die Farbe eines Diagramms wird hauptsächlich durch seine Füllfarbe festgelegt. Dieser Abschnitt beschreibt, wie man Farben auf ein Diagramm anwendet, indem man seine Fläche oder seinen Umriß füllt. Die Farbe und die Schattierung eines Diagramms werden außerdem durch die ausführlich ab Seite 303 beschriebene *Beleuchtung* beeinflußt.

Mathcad ermöglicht Ihnen, der Oberfläche oder den Umrissen eines Diagramms eine Volltonfarbe oder eine Farbzuordnung zuzuordnen. Eine Volltonfarbe ist dann zweckmäßig, wenn Sie ein Diagramm nicht durch zu viele Farben unübersichtlich machen wollen oder wenn Sie das Diagramm hauptsächlich mit der Beleuchtung schattieren möchten. Eine Farbtabelle (Farbzuordnung) wendet ein Feld mit Farben auf ein Diagramm gemäß den Koordinaten an.

Hinweis Mit Mathcad erhalten Sie eine Vielzahl von Farbzuordnungen: Regenbogenfarben, Graustufen, Abstufungen von Rot, Blau und Grün und weitere. Natürlich ist es bei Mathcad Professional auch möglich, mittels der auf Seite 244 beschriebenen Funktionen FARBZUORDNUNG SPEICHERN und FARBZUORDNUNG LADEN eigene Farbzuordnungen zu erstellen oder zu laden. Standardmäßig wird die Farbzuordnung so eingesetzt, daß der Farbton abhängig von den z-Werten, d.h. von den Höhenwerten des Diagramms, ist. Sie können dies ändern, indem Sie auf der Registerkarte ERWEITERT die gewünschte Richtung im Bereich FARBZUWEISUNG auswählen. Weitere Informationen finden Sie in der Online-Hilfe.

Füllen der Oberfläche

Um der Oberfläche eines Diagramms eine Volltonfarbe oder Farbzuordnung zuzuweisen, verwenden Sie die Optionen auf der Registerkarte DARSTELLUNG im 3D-DIAGRAMMFORMAT-DIALOGFELD. Um beispielsweise ein 3D-Säulendiagramm gemäß einer Farbzuordnung einzufärben, gehen Sie wie folgt vor:

1. Doppelklicken Sie auf das Diagramm, um das DIALOGFELD 3D-DIAGRAMMFORMAT anzuzeigen.

2. Klicken Sie auf die Registerkarte DARSTELLUNG.

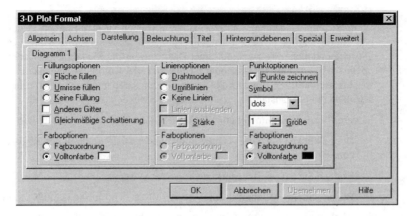

3. Klicken Sie im Abschnitt FÜLLUNGSOPTIONEN auf FLÄCHE FÜLLEN und im Abschnitt FARBOPTIONEN auf FARBZUORDNUNG.

4. Klicken Sie auf ÜBERNEHMEN, um das Diagramm anzuzeigen. Schließen Sie das Dialogfeld mit OK.

Abbildung 13.8 zeigt ein Beispiel.

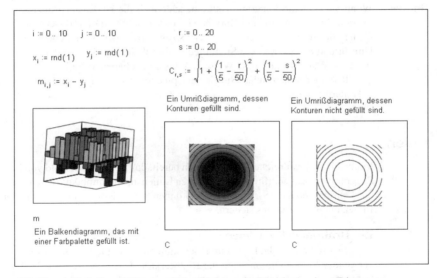

Abbildung 13.8: Das Füllen von Oberflächen oder Umrissen eines Diagramms

Das Diagramm wird standardmäßig mit der Farbzuweisung »Regenbogen« schattiert. Sie können aber im DIALOGFELD 3D-DIAGRAMMFORMAT auf der Registerkarte ERWEITERT eine andere Farbzuordnung auswählen.

Wenn Sie die Säulen des Diagramms mit einer Volltonfarbe füllen möchten, klicken Sie statt dessen auf VOLLTONFARBE und anschließend auf das Feld FARBE, um eine Farbe auszuwählen.

Umrisse füllen

Wenn Sie ein Flächendiagramm formatieren, können Sie statt FLÄCHE FÜLLEN auch den Eintrag UMRISSE FÜLLEN wählen. Dann wird das Diagramm entsprechend seiner Umrisse und nicht direkt gemäß seiner Daten ausgefüllt. Sie können selbst bestimmen, ob die Farben gemäß den x-, y- oder z-Umrissen oder Kombinationen davon zugeordnet werden. Beim Füllen von Umrißdiagrammen hingegen müssen Sie den Eintrag UMRISSE FÜLLEN anstatt FLÄCHEN FÜLLEN verwenden.

Um ein Umrißdiagramm mit einer Farbe zu füllen, gehen Sie wie folgt vor:

1. Doppelklicken Sie auf das Diagramm, um das Dialogfeld mit den Registerkarten anzuzeigen.
2. Klicken Sie auf die Registerkarte DARSTELLUNG.
3. Wählen Sie im Abschnitt FÜLLUNGSOPTIONEN den Eintrag UMRISSE FÜLLEN aus.
4. Klicken Sie auf ÜBERNEHMEN, um das Ergebnis zu betrachten. Schließen Sie das Dialogfeld mit OK.

Das Diagramm wird standardmäßig mit der Farbzuweisung »Regenbogen« schattiert. Sie können aber im DIALOGFELD 3D-DIAGRAMMFORMAT auf der Registerkarte ERWEITERT eine andere Farbzuordnung auswählen.

Hinweis Wenn Sie ein Umrißdiagramm auf eine andere als die x-y-Ebene projizieren, können Sie den Umriß mit Hilfe der Optionen im DIALOGFELD 3D-DIAGRAMMFORMAT füllen. Gehen Sie auf der Registerkarte EXTRAS zum Dropdown-Menü, und wählen Sie eine Umrißrichtung aus. Klicken Sie für jeden Umriß, der eine Farbe erhalten soll, auf FÜLLEN. Wenn Sie auf diese Weise z.B. festgelegt haben, daß die z- und x-Umrisse gefüllt werden sollen, sehen Sie eine entsprechende Umrißfarbe auf der x-y- und der y-z- Hintergrundebene.

Linien

Mathcad stellt zahlreiche Möglichkeiten bereit, das Erscheinungsbild von Linien in 3D-Diagrammen zu beeinflussen. Sie können Linien als Drahtmodelle zeichnen oder z.B. nur Umrißlinien darstellen. Außerdem können Sie auch die Stärke und die Farbe der Linien eines Diagramms steuern.

Ein Drahtmodell zeichnen

Um einzustellen, ob die Linien im Diagramm ein Drahtmodell bilden sollen, verwenden Sie die Optionen auf der Registerkarte DARSTELLUNG im 3D-DIAGRAMM-FORMAT-DIALOGFELD. Um beispielsweise wie in Abbildung 13.9 gezeigt das Drahtmodell eines Flächendiagramms zu entfernen, gehen Sie wie folgt vor:

1. Doppelklicken Sie auf das Diagramm, um das Dialogfeld mit den Registerkarten anzuzeigen.
2. Klicken Sie auf die Registerkarte DARSTELLUNG.
3. Wählen Sie im Abschnitt LINIENOPTIONEN den Eintrag KEINE LINIEN aus.

4. Klicken Sie auf ÜBERNEHMEN, um das Ergebnis zu betrachten. Schließen Sie das Dialogfeld mit OK.

■ Wollen Sie später die Linien wieder anzeigen, wählen Sie auf der Registerkarte DARSTELLUNG den Eintrag DRAHTMODELL.

Umrißlinien zeichnen

Bei der Formatierung von Flächendiagrammen können Sie auf der Registerkarte DARSTELLUNG im Abschnitt LINIENOPTIONEN auch den Eintrag UMRISSLINIEN anstatt DRAHTMODELL WÄHLEN. Diese Umrißlinien werden gemäß den Umrissen einer Oberfläche gezeichnet. Sie können zwischen x-, y- und z-Umrißlinien oder Kombinationen davon wählen

---

Hinweis Bei Umrißdiagrammen verwendet Mathcad zum Zeichnen der Umrißlinien immer UMRISSLINIEN anstatt DRAHTMODELL.

Um beispielsweise Linien zu zeichnen, die die x-Umrisse eines Flächendiagramms anzeigen, gehen Sie wie folgt vor:

1. Doppelklicken Sie auf das Diagramm, um das Dialogfeld mit den Registerkarten anzuzeigen.

2. Klicken Sie auf die Registerkarte DARSTELLUNG.

3. Klicken Sie im Abschnitt LINIENOPTIONEN auf UMRISSLINIEN.

4. Klicken Sie auf die Registerkarte EXTRA.

5. Im Dropdown-Menü muß im Abschnitt UMRISSOPTIONEN unten Z-$UMRISSE$ ausgewählt sein. Klicken Sie auf LINIEN ZEICHNEN, um die Markierung zu entfernen. Damit werden die Linien für die z-Umrisse deaktiviert.

6. Wählen Sie nun im gleichen Dropdown-Menü den Eintrag X-$UMRISSE$.

7. Markieren Sie hier LINIEN ZEICHNEN.

8. Klicken Sie auf ÜBERNEHMEN, um das Ergebnis zu betrachten. Schließen Sie das Dialogfeld mit OK.

Das Flächendiagramm wird nun mit Umrißlinien gezeichnet, die, wie Abbildung 13.9 zeigt, senkrecht auf der x-Achse stehen.

Hinweis Wenn Sie ein Umrißdiagramm in einer Darstellung mit mehreren Diagrammen (siehe Seite 284) formatieren, geben die Optionen im Dropdown-Menü auf der Registerkarte EXTRA an, auf welcher Hintergrundebene die Umrißlinien gezeichnet werden. Wenn Sie beispielsweise die Option LINIEN ZEICHNEN für z-Umrisse und x-Umrisse aktiviert haben, sehen Sie die Umrißlinien sowohl auf der x-y- als auch auf der y-z- Hintergrundebene.

Formatierung von 3D-Diagrammen

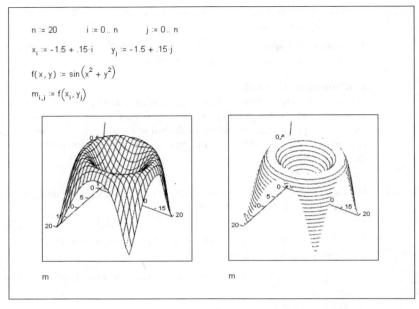

Abbildung 13.9: Drahtmodell und Umrißlinien für ein Flächendiagramm

Linienfarbe

Auf der Registerkarte DARSTELLUNG können Sie im Abschnitt LINIENOPTIONEN festlegen, welche Farbe die Linien in einem Diagramm erhalten sollen. Wie bei dem auf Seite 298 beschriebenen Füllen der Oberfläche können auch die Linien eines Diagramms eine »Volltonfarbe« oder eine Farbzuordnung erhalten.

Um die Linien eines Umrißdiagramms orange darzustellen, gehen Sie wie folgt vor:

1. Doppelklicken Sie auf das Diagramm, um das Dialogfeld mit den Registerkarten anzuzeigen.
2. Klicken Sie auf die Registerkarte DARSTELLUNG.
3. Klicken Sie im Abschnitt LINIENOPTIONEN auf UMRISSLINIEN und auf VOLLTONFARBE.
4. Doppelklicken Sie auf das Farbfeld neben dem Eintrag VOLLTONFARBE. Klicken Sie auf die Farbe ORANGE und dann auf OK.
5. Klicken Sie auf ÜBERNEHMEN, um das Ergebnis zu betrachten. Schließen Sie das Dialogfeld mit OK.

Punkte

Da alle 3D-Diagramme aus diskreten Datenpunkten konstruiert werden, können Punkte in den meisten dreidimensionalen Diagrammen beliebig gezeichnet und formatiert werden. (Ausnahmen bilden Vektorfelddiagramme, Umrißdiagramme, Balkendiagramme, Patchdiagramme.) Insbesondere sind Punkte auf 3D-Streuungsdiagrammen sinnvoll, in denen sie die Hauptbedeutung besitzen. Mathcad erlaubt Ihnen, sowohl auf die Punktsymbole als auch auf die Farbe und Größe des Symbols Einfluß zu nehmen.

Um Punkte in ein Oberflächendiagramm einzufügen oder aus ihm zu entfernen, gehen Sie wie folgt vor:

1. Doppelklicken Sie auf das Diagramm, um das DIALOGFELD 3D-DIAGRAMM-FORMAT anzuzeigen.
2. Klicken Sie auf die Registerkarte DARSTELLUNG.
3. In dem Abschnitt PUNKTOPTIONEN findet sich ein Eintrag PUNKTE ZEICHEN, den Sie aktivieren oder deaktivieren können.
4. Klicken Sie auf ÜBERNEHMEN, um das Ergebnis zu betrachten. Schließen Sie das Dialogfeld mit OK.

- Verwenden Sie zur Formatierung der Symbole, der Größe und der Farbe der Punkte auf Ihrem 3D-Streuungsdiagramm den Abschnitt PUNKTOPTIONEN (ebenfalls auf der Registerkarte DARSTELLUNG).
- Um das angezeigte Symbol zu ändern, wählen Sie ein Symbol aus der Dropdown-Liste aus.
- Mit den Pfeilen neben GRÖSSE können Sie die Größe der Symbole ändern.
- Um die Farbe der Symbole zu ändern, klicken Sie auf das Feld FARBE neben VOLL-TONFARBE, und wählen Sie einen Farbton aus, oder wählen Sie FARBZUORDNUNG.

Beleuchtung

Die Farbe eines 3D-Diagramms ist sowohl das Ergebnis der Farben, mit der seine Oberfläche und seine Linien und Punkte gefüllt sind, als auch der Farben des Umgebungslichts oder der Punktlichtquellen, von denen es angestrahlt wird. Sie ist wie in der tatsächlichen Welt, in der ein Objekt eine Farbe besitzt, die aber vom Umgebungslicht beeinflußt wird. Objekte absorbieren und reflektieren Licht in Abhängigkeit von ihrer Farbe. Ein gelber Ball reflektiert z. B. hauptsächlich den Gelbanteil des eintreffenden Lichts und absorbiert den Rest. In Abhängigkeit vom einfallenden Licht kann er in der Dämmerung grau, in blauem Licht grün und in hellem Licht hellgelb erscheinen.

Wie im obigen Abschnitt beschrieben, können die Oberflächen, Umrisse, Linien und Punkte unter Verwendung der Optionen auf den Registerkarten DARSTELLUNG und ERWEITERT im DIALOGFELD 3D-DIAGRAMMFORMAT mit Volltonfarben oder Farbzuordnungen gefüllt werden.

Die Beleuchtung wird mit Hilfe der Optionen auf der Registerkarte BELEUCHTUNG des DIALOGFELDS 3D-DIAGRAMMFORMAT eingestellt. Wenn es Ihnen ausreicht, ein Diagramm unter Verwendung einer Farbzuordnung zu füllen, benötigen Sie möglicherweise überhaupt keine Beleuchtung. Wenn Sie das Diagramm jedoch anders schattieren wollen oder wenn das Diagramm mit einer Volltonfarbe gefüllt und schattiert werden soll, können Sie die Beleuchtung aktivieren.

Hinweis	Wenn Ihre 3D-Darstellung mehrere Diagramme enthält, beeinflußt die Beleuchtung alle von ihnen, wobei Sie natürlich allen Diagrammen unterschiedliche Farben zuweisen können.

Hinweis   Wenn Sie möchten, daß die Farbe eines Diagramms hauptsächlich durch die Beleuchtung bestimmt werden soll, gehen Sie auf die Registerkarte DARSTELLUNG im DIALOGFELD 3D-DIAGRAMMFORMAT, und füllen Sie das Diagramm mit der Volltonfarbe Weiß.

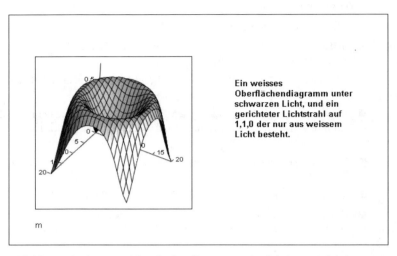

Abbildung 13.10: Ein weißes Flächendiagramm mit aktivierter Beleuchtung

Um die Beleuchtung zu aktivieren, gehen Sie wie folgt vor:

1. Doppelklicken Sie auf das Diagramm, um das Dialogfeld mit den Registerkarten anzuzeigen.
2. Klicken Sie auf die Registerkarte BELEUCHTUNG.
3. Wählen Sie im Abschnitt BELEUCHTUNG den Eintrag BELEUCHTUNG AKTIVIEREN.
4. Mit Hilfe der Optionen BELEUCHTUNG 1, BELEUCHTUNG 2 usw. auf den Registerkarten können Sie eine gerichtete Beleuchtung erzeugen und ihre Farbe und ihre Position ändern. Mathcad erlaubt die Verwendung von bis zu acht gerichteten Lichtquellen.
5. Klicken Sie auf das Farbkästchen UMGEBUNGSLICHTFARBE, um die Farbe des Umgebungslichts festzulegen. Dabei bedeutet »Schwarz«, daß kein Umgebungslicht verwendet wird.
6. Klicken Sie auf ÜBERNEHMEN, um das Ergebnis zu betrachten. Schließen Sie das Dialogfeld mit OK.

Hilfe   Weitere Einzelheiten über die Optionen der Registerkarte BELEUCHTUNG finden Sie in der Hilfe, die Sie mit der Schaltfläche am unteren Rand des Dialogfelds aufrufen. Zusätzliche Informationen hierzu stehen in »Weitere Themen« unter »Überblick« und »Lernprogramm« im Mathcad-Informationszentrum zur Verfügung.

Den Typ eines 3D-Diagramms wechseln

Fast jedes 3D-Diagramm kann mit Hilfe der Option DARSTELLUNGSART der Registerkarte ALLGEMEIN im DIALOGFELD 3D-DIAGRAMMFORMAT in ein anderes 3D-Diagramm umgewandelt werden. Wählen Sie einfach einen anderen 3D-Diagrammtyp aus, und klicken Sie auf ÜBERNEHMEN oder OK, um die Änderung wirksam zu machen. Abbildung 13.11 zeigt die gleiche Matrix in der Darstellung durch drei verschiedene Diagramme.

Hinweis Einige dreidimensionale Diagramme wie z.B. das Vektorfelddiagramm können nicht in andere Diagrammtypen umgewandelt werden. Wenn ein Diagramm nicht umgewandelt werden kann, wird dies dadurch kenntlich gemacht, daß der Diagrammtyp in dem DIALOGFELD 3D-DIAGRAMMFORMAT grau erscheint.

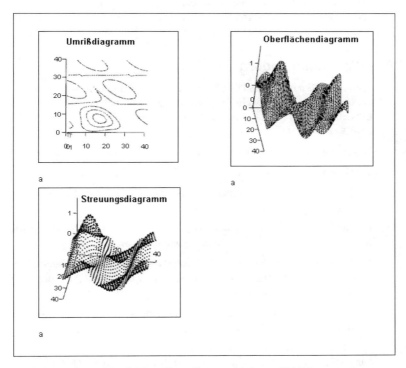

Abbildung 13.11: Die gleichen Daten in verschiedenen 3D-Diagrammtypen

Anmerkungen

Außer dem Zuweisen eines Titels zu einem Diagramm mittels der Registerkarte TITEL des DIALOGFELDS 3D-DIAGRAMMFORMAT können Sie auch Anmerkungen hinzufügen, indem Sie an eine beliebige Stelle des Diagramms Text oder Bitmaps einfügen. Damit ist es möglich, bestimmte Teile des Diagramms zu beschriften oder hervorzuheben.

Um Anmerkungstext zu einem 3D-Diagramm hinzuzufügen, gehen Sie wie folgt vor:

1. Legen Sie sich wie im Kapitel 5 unter »Text« beschrieben auf Ihrem Arbeitsblatt einen Textbereich an.

2. Ziehen Sie den Textbereich von der jeweiligen Stelle des Arbeitsblatts mit der Maus auf Ihr Diagramm. Weitere Informationen hierzu finden Sie unter »Bereiche verschieben und kopieren« auf Seite 28.

Sie können die Textanmerkung jederzeit neu positionieren. Wenn Sie sie bearbeiten möchten, ziehen Sie sie auf Ihr Arbeitsblatt, nehmen Sie die Änderungen vor, und ziehen Sie die Textanmerkung wieder auf das Diagramm.

Tip Genauso wie Text können Sie auch Bitmaps von Ihrem Arbeitsblatt auf Ihr Diagramm ziehen. Um die Bitmap einer anderen Anwendung in Ihr Diagramm aufzunehmen, kopieren Sie die Bitmap in die Zwischenablage, klicken mit der rechten Maustaste auf die betreffende Stelle des Diagramms und wählen INHALTE EINFÜGEN aus dem Popup-Menü.

3D-QuickPlot-Daten ändern

Wenn Sie wie auf Seite 284 beschrieben einen 3D-QuickPlot erzeugt haben, können Sie die Grenzen und Schrittweite jeder unabhängigen Variablen ändern, indem Sie die Einstellungen der Registerkarte QUICKPLOT-DATEN des DIALOGFELDS 3D-DIAGRAMMFORMAT verwenden.

Um die Grenzen der unabhängigen Variablen zu ändern, gehen Sie wie folgt vor:

1. Geben Sie den Start- und Endwert jedes Laufbereichs mittels der Textfelder ein.

2. Klicken Sie auf ÜBERNEHMEN, um die Änderungen auszuführen, und auf OK, um das Dialogfeld zu schließen.

Um die Schrittweite oder die Anzahl der Gitterlinien zwischen Start- und Endwert jeder Koordinatenachse zu ändern, gehen Sie wie folgt vor:

1. Erhöhen oder verringern Sie die Anzahl der Gitterlinien mit den Pfeilen neben ANZAHL DER GITTERLINIEN oder mit dem Textfeld, in das Sie die gewünschte Anzahl eintragen können.

2. Klicken Sie auf ÜBERNEHMEN, um die Änderungen auszuführen, und auf OK, um das Dialogfeld zu schließen.

Hinweis Die Grenzen, die Sie für die unabhängigen Variablen auf der QUICKPLOT-DATEN-Registerkarte einstellen, stimmen nicht unbedingt mit den Achsenbegrenzungen überein, es sei denn, es handelt sich um eine einzige Funktion zweier Variablen in kartesischen Variablen. In allen anderen Fällen werden die Achsenbegrenzungen durch die von Ihren Funktionen für den QuickPlot berechneten x-, y- und z-Daten festgelegt.

Um an den QuickPlot-Daten eine automatische Konvertierung der Koordinatensysteme vorzunehmen, gehen Sie wie folgt vor:

1. Klicken Sie unter KOORDINATENSYSTEM auf das Optionsfeld, das dem Koordinatensystem der darzustellenden Funktion entspricht.

2. Klicken Sie auf ÜBERNEHMEN, um die Änderungen auszuführen, und auf OK, um das Dialogfeld zu schließen.

Drehen und Zoomen von 3D-Diagrammen

Die Größe eines dreidimensionalen Diagramms wird genau so geändert wie die eines jeden anderen Darstellungsbereichs. Zunächst wird das Diagramm angeklickt, und dann werden die Markierungen am Rahmen des Darstellungsbereichs gezogen. Für 3D-Diagramme stellt Mathcad allerdings weitere Optionen zum Ändern der Darstellung bereit:

- Sie können ein Diagramm drehen, um es aus einer anderen Perspektive zu betrachten.
- Sie können das Diagramm in ständige Bewegung um eine Achse versetzen.
- Sie können beliebige Bereiche heran- oder wegzoomen.

Hinweis   Wenn Sie ein 3D-Diagramm drehen, rotieren lassen oder zoomen, werden alle sichtbaren Achsen im Diagramm entsprechend angepaßt. Text- oder Grafik-Anmerkungen, die Sie hinzugefügt haben (Seite 305) bleiben jedoch an ihrer alten Position und behalten ihre Größe.

Drehen von 3D-Diagrammen

Sie können ein Diagramm entweder interaktiv mit der Maus oder durch die Eingabe von Parametern im DIALOGFELD 3D-DIAGRAMMFORMAT drehen.

Um ein 3D-Diagramm interaktiv mit Hilfe der Maus zu drehen, gehen Sie wie folgt vor:

1. Klicken Sie auf das Diagramm, und halten Sie die Maustaste gedrückt.
2. Ziehen Sie den Mauszeiger mit gedrückter Maustaste in die Richtung, in die sich das Diagramm drehen soll.
3. Lassen Sie die Maustaste los, wenn das Diagramm die gewünschte Position besitzt.

Um ein dreidimensionales Diagramm mittels des DIALOGFELDS 3D-DIAGRAMM-FORMAT zu drehen, gehen Sie wie folgt vor:

1. Klicken Sie einmal auf das Diagramm, um es auszuwählen, und wählen Sie anschließend aus dem FORMAT-Menü den Eintrag DIAGRAMM ⇒ 3D-DIAGRAMM. Alternativ können Sie auch auf das Diagramm doppelklicken.
2. Klicken Sie auf die Registerkarte ALLGEMEIN.
3. Ändern Sie im Bereich ANSICHT die Einstellungen für die ROTATION, NEIGUNG und VERDREHUNG.
4. Klicken Sie auf ÜBERNEHMEN, um die Änderungen auszuführen, und auf OK, um das Dialogfeld zu schließen.

Ein Diagramm in Rotation versetzen

Sie können das Diagramm auch in eine ständige Drehung um eine Achse versetzen. Gehen Sie dazu wie folgt vor:

1. Klicken Sie auf das Diagramm, und halten Sie sowohl die Maustaste als auch die Shift-Taste gedrückt.
2. Ziehen Sie den Mauszeiger in die Richtung, in die sich das Diagramm drehen soll.
3. Lassen Sie die Maustaste los, um es in Bewegung zu setzen.

Das Diagramm wird sich nun so lange fortwährend drehen, bis Sie es wieder anklicken.

Hinweis Wenn Sie das Diagramm betreffende Gleichungen ändern, ändert sich das Diagramm, während es sich weiter dreht!

Tip Im Abschnitt »Animation« auf Seite 163 finden Sie Informationen, wie Sie eine AVI-Datei des rotierenden Diagramms erzeugen können.

Zoomen von Diagrammen

Ein Diagramm kann interaktiv oder mittels Eingabe eines Zoomfaktors im DIALOGFELD 3D-DIAGRAMMFORMAT gezoomt werden.

Um ein dreidimensionales Diagramm mit der Maus zu zoomen, gehen Sie wie folgt vor:

1. Klicken Sie auf das Diagramm, und halten Sie sowohl die Maustaste als auch [Strg] gedrückt.
2. Ziehen Sie die Maus nach oben oder unten, um die Ansicht zu verkleinern bzw. zu vergrößern.
3. Lassen Sie die Maustaste los, wenn das Diagramm die gewünschte Vergrößerung besitzt.

Tip Wenn Sie eine IntelliMouse-kompatible Maus mit einem Drehrad verwenden, können Sie dieses Rad zum Zoomen des Diagramms nutzen.

Wenn Sie zum Zoomen das DIALOGFELD 3D-DIAGRAMMFORMAT verwenden möchten, gehen Sie wie folgt vor:

1. Klicken Sie einmal auf das Diagramm, um es auszuwählen, und wählen Sie anschließend aus dem FORMAT-Menü den Eintrag DIAGRAMM ⇒ 3D-DIAGRAMM. Alternativ können Sie auch auf das Diagramm doppelklicken.
2. Klicken Sie auf die Registerkarte ALLGEMEIN.
3. Ändern Sie im Bereich ANSICHT den Zoomfaktor.
4. Klicken Sie auf ÜBERNEHMEN, um die Änderungen auszuführen, und auf OK, um das Dialogfeld zu schließen.

Kapitel 14
Symbolische Berechnungen

Symbolische Algebra – Überblick

Symbolische Auswertung – »live«

Das Symbolik-Menü

Beispiele für die symbolische Berechnung

Symbolische Optimierung

Symbolische Algebra – Überblick

Sie haben bereits gesehen, wie Mathcad für numerische Berechnungen eingesetzt wird. Mathcad gibt eine oder mehrere Zahlen zurück, wie in Abbildung 14.1 oben gezeigt. Setzt Mathcad dagegen symbolische Mathematik ein, sieht das Ergebnis bei der Auswertung in der Regel anders aus, wie in Abbildung 14.1 unten gezeigt.

Bei einer numerischen Berechnung werden nur Zahlen zurückgegeben:

$$F(x) := \sum_{k=0}^{3} \frac{3!}{k! \cdot (3-k)!} \cdot x^k \cdot (2)^{3-k} \qquad F(2) = 64$$

$$F(-5) = -27$$

Eine symbolische Transformation kann dagegen Einblicke in den zugrundeliegenden Ausdruck geben.

$$\sum_{k=0}^{3} \frac{3!}{k! \cdot (3-k)!} \cdot x^k \cdot (2)^{3-k}$$

wird folgendermaßen vereinfacht:

$$8 + 12 \cdot x + 6 \cdot x^2 + x^3$$

Abbildung 14.1: Eine numerische und eine symbolische Auswertung desselben Ausdrucks

Es gibt drei Möglichkeiten, für einen Ausdruck eine symbolische Transformation auszuführen:

- Sie verwenden das symbolische Gleichheitszeichen, wie im Abschnitt »Symbolische Auswertung« beschrieben. Diese Methode ist der numerischen Mathematik sehr ähnlich. Wenn Sie mehr Kontrolle über die symbolische Transformation wünschen, verwenden Sie in Kombination mit dem Gleichheitszeichen Schlüsselwörter.

- Sie verwenden die Befehle aus dem Symbolik-Menü, wie im Abschnitt »Das Symbolik-Menü« beschrieben.

- Sie verwenden numerische und symbolische Prozessoren gleichzeitig. Der symbolische Prozessor vereinfacht einen Ausdruck, so daß Sie effizienter damit arbeiten können. Eine genauere Beschreibung finden Sie im Abschnitt »Symbolische Optimierung«.

Hinweis Für einen Computer sind die symbolischen Operationen in der Regel schwieriger als die entsprechenden numerischen Operationen. Viele komplizierte Funktionen und scheinbar einfache Funktionen haben keine geschlossenen Integrale oder Wurzeln.

Symbolische Auswertung – »live«

Das symbolische Gleichheitszeichen »→« bietet eine Möglichkeit, die Ergebnisanzeige von Mathcad über die numerische Auswertung hinaus zu erweitern. Sie können es sich ähnlich zum normalen Gleichheitszeichen, »=«, vorstellen. Anders als das Gleichheitszeichen, das immer ein Ergebnis auf der rechten Seite erzeugt, ist das symbolische Gleichheitszeichen in der Lage, wiederum Ausdrücke zurückzugeben. Sie verwenden es, um Ausdrücke, Variablen, Funktionen oder Programme symbolisch auszuwerten.

Um das symbolische Gleichheitszeichen zu verwenden, gehen Sie wie folgt vor:

1. Markieren Sie im RECHNEN-Menü den Eintrag AUTOMATISCHE BERECHNUNG.

2. Geben Sie den Ausdruck ein, der ausgewertet werden soll.

3. Klicken Sie in der Symbolik-Palette auf ⇨, oder drücken Sie [Strg] . (die [Strg]-Taste gefolgt von einem Punkt). Mathcad zeigt das symbolische Gleichheitszeichen an, »→«.

4. Klicken Sie außerhalb des Ausdrucks. Mathcad zeigt eine vereinfachte Version des Originalausdrucks an. Falls ein Ausdruck nicht weiter vereinfacht werden kann, wiederholt Mathcad ihn rechts vom Gleichheitszeichen.

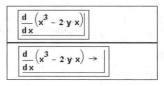

Das symbolische Gleichheitszeichen ist ein Live-Operator, so wie jeder andere Mathcad-Operator. Wenn Sie irgendwo links davon eine Änderung vornehmen, aktualisiert Mathcad das Ergebnis. Das symbolische Gleichheitszeichen »weiß« alles über zuvor definierte Funktionen und Variablen und verwendet sie, wo das sinnvoll ist. Sie können das symbolische Gleichheitszeichen zwingen, alle vorhergehenden Definitionen von Funktionen und Variablen zu ignorieren, indem Sie sie rekursiv definieren, bevor Sie sie auswerten, wie in Abbildung 14.6 auf Seite 319 gezeigt.

Abbildung 14.2 zeigt einige Beispiele für die Verwendung des symbolischen Gleichheitszeichens »→«.

Hinweis Das symbolische Gleichheitszeichen, »→«, bezieht sich auf den gesamten Ausdruck. Es ist nicht möglich, mit dem symbolischen Gleichheitszeichen einen Teil eines Ausdrucks zu transformieren.

Tip Abbildung 14.2 zeigt außerdem, daß der symbolische Prozessor Zahlen mit einem Dezimalpunkt anders behandelt als Zahlen ohne Dezimalpunkt. Wenn Sie dem symbolischen Prozessor Zahlen mit Dezimalpunkt übergeben, sind alle Ergebnisse, die Sie erhalten, ebenfalls dezimale Annäherungen an die korrekte Antwort. Andernfalls werden alle numerischen Ausdrücke wo immer möglich ohne Dezimalpunkte zurückgegeben.

Das symbolische Gleichheitszeichen erhalten Sie, indem Sie [Strg][.] (Punkt) drücken.

$$\int_a^b x^2 \, dx \rightarrow \frac{1}{3} \cdot b^3 - \frac{1}{3} \cdot a^3$$

Wenn sich der Ausdruck nicht weiter vereinfachen läßt, hat das symbolische Gleichheitszeichen keine Auswirkungen.

$$x^2 \rightarrow x^2$$

Dies entspricht dem Gleichheitszeichen, das Sie für den numerischen Ausdruck verwenden.

$$2 = 2$$

Wenn Dezimalzahlen genutzt werden, gibt das symbolische Gleichheitszeichen auch die Ergebnisse als Dezimalzahl zurück.

$$\sqrt{17} \rightarrow \sqrt{17} \qquad \sqrt{17.0} \rightarrow 4.1231056256176605498$$

Abbildung 14.2: Das symbolische Gleichheitszeichen

Anpassung des symbolischen Gleichheitszeichens unter Verwendung von Schlüsselwörtern

Das »→« übernimmt den Ausdruck auf der linken Seite und zeigt eine vereinfachte Version auf der rechten Seite an. Was der Begriff »vereinfachen« dabei bedeutet, ist Ansichtssache. Sie können in gewissem Maße steuern, wie das »→« den Ausdruck transformiert, indem Sie verschiedene symbolische Schlüsselwörter angeben. Dazu gehen Sie wie folgt vor:

1. Geben Sie den Ausdruck ein, der ausgewertet werden soll.

2. Klicken Sie in der Symbolik-Palette auf oder drücken Sie [Strg]+[◊]+[.]. (die Tasten [◊] und [Strg] und einen Punkt). Mathcad zeigt links vom symbolischen Gleichheitszeichen einen Platzhalter an, »→.«.

3. Klicken Sie in den Platzhalter links vom symbolischen Gleichheitszeichen, und geben Sie eines der Schlüsselwörter aus der folgenden Tabelle ein. Sind weitere Argumente für das Schlüsselwort erforderlich, geben Sie diese durch Kommata voneinander getrennt ein.

4. Drücken Sie die [↵]-Taste, um das Ergebnis zu sehen.

   $(x + y)^3 \text{ expand} \rightarrow x^3 + 3 \cdot x^2 \cdot y + 3 \cdot x \cdot y^2 + y^3$

Tip Eine andere Möglichkeit, ein Schlüsselwort einzufügen, ist, den Ausdruck einzugeben und in der Symbolik-Palette auf ein Schlüsselwort zu klicken. Damit wird das Schlüsselwort eingefügt, ebenso Platzhalter für zusätzliche Argumente sowie das symbolische Gleichheitszeichen, »→« . Drücken Sie die [↵]-Taste, um das Ergebnis zu sehen.

Schlüsselwort	Aufgabe
`komplex`	Führt die symbolische Auswertung für den komplexen Zahlenbereich aus. Das Ergebnis liegt in der Regel in der Form $a + i \cdot b$ vor.
`gleit,`m	Zeigt einen Fließkommawert mit m Stellen Genauigkeit an (wo das möglich ist). Wird das Argument m, eine ganze Zahl, weggelassen, ist die Genauigkeit gleich 20. Hinweis: $1 \leq m \leq 250$
`vereinfachen`	Vereinfacht einen Ausdruck durch Ausführung arithmetischer Zerlegungen und unter Verwendung grundlegender trigonometrischer und inverser Funktions-Identitäten.

entwickeln, *ausdr*	Erweitert alle Potenzen und Produkte von Summen in einem Ausdruck, außer für den Teilausdruck *ausdr*. Wird das Argument weggelassen, wird der gesamte Ausdruck erweitert.
	Handelt es sich bei dem Ausdruck um einen Bruch, wird der Zähler erweitert und der Ausdruck wird als Summe von Brüchen dargestellt.
faktor, *ausdr*	Zerlegt einen Ausdruck in ein Produkt, falls der gesamte Ausdruck in dieser Form dargestellt werden kann. Die Zerlegung erfolgt in Hinblick auf *ausdr*, einem einfachen Radikal oder einer Liste von durch Kommata getrennten Radikalen. Das Argument *ausdr* ist optional.
auflösen, *var*	Löst eine Gleichung für die Variable *var* auf, oder löst ein Gleichungssystem für die Variablen in einem Vektor *var*.
sammeln, *var1,..., varn*	Faßt ähnliche Ausdrücke in Hinblick auf die Variablen oder Teilausdrücke *var1* bis *varn* zusammen.
koeff, *var*	Ermittelt die Koeffizienten eines Ausdrucks, wenn er als Polynom neu dargestellt wird.
ersetzen, *var1=var2*	Ersetzt alle Vorkommen einer Variablen *var1* durch einen Ausdruck oder eine Variable *var2*.
reihe, *var=z, m*	Erweitert einen Ausdruck in einer oder mehreren Variablen, *var*, um den Punkt *z*. Die Reihenfolge der Erweiterung ist *m*. Die Argumente *z* und *m* sind optional. Standardmäßig erfolgt die Erweiterung um Null und es handelt sich um ein Polynom sechster Ordnung.
teilbruch, *var*	Wandelt einen Ausdruck in einen Partialbruch-Ausdruck in *var* um, der Variablen im Nenner des Ausdrucks. Normalerweise wird der Nenner in lineare oder quadratische Faktoren zerlegt, und der Ausdruck in eine Summe von Brüchen mit diesen Faktoren als Nennern dargestellt.
fourier, *var*	Wertet die Fourier-Transformation eines Ausdrucks in Hinblick auf die Variable *var* aus. Das Ergebnis ist eine Funktion von ω: $$\int_{-\infty}^{+\infty} f(t) e^{i\omega t} dt$$ Dabei ist *f(t)* der zu transformierende Ausdruck.
invfourier, *var*	Wertet die inverse Fourier-Transformation eines Ausdruck in Hinblick auf die Variable *var* aus. Das Ergebnis ist eine Funktion von *t*: $$\frac{1}{2\pi}\int_{-\infty}^{+\infty} F(\omega) e^{i\omega t} d\omega$$ Dabei ist $F(\omega)$ der zu transformierende Ausdruck.

laplace, *var*	Wertet die Laplace-Transformation eines Ausdruck in Hinblick auf die Variable *var* aus. Das Ergebnis ist eine Funktion von *s*: $$\int_0^{+\infty} f(t)e^{-st}dt$$ Dabei ist *f(t)* der zu transformierende Ausdruck.
invlaplace, *var*	Wertet die inverse Laplace-Transformation eines Ausdruck in Hinblick auf die Variable *var* aus. Das Ergebnis ist eine Funktion von *t*: $$\frac{1}{2\pi}\int_{\sigma-i\infty}^{\sigma+i\infty} F(s)e^{st}dt$$ Dabei ist *F(s)* der zu transformierende Ausdruck. Alle Singularitäten von *F(s)* stehen links von der Zeile Re(*s*) = σ.
ztrans, *var*	Wertet die *z*-Transformation eines Ausdruck in Hinblick auf die Variable *var* aus. Das Ergebnis ist eine Funktion von *z*: $$\sum_{n=0}^{+\infty} f(n)z^{-n}$$ Dabei ist *f(n)* der zu transformierende Ausdruck.
invztrans, *var*	Wertet die inverse *z*-Transformation eines Ausdruck in Hinblick auf die Variable *var* aus. Das Ergebnis ist eine Funktion von *n*, gegeben durch ein Umrißintegral um den Ursprung: $$\frac{1}{2\pi i}\int_C F(z)z^{n-1}dz$$ Dabei ist *F(z)* der zu transformierende Ausdruck. *C* ist ein Umriß, der alle Singularitäten des Integranden umschließt.
annehmen bedingung	Legt Bedingungen für eine oder mehr Variablen fest.

Viele Schlüsselwörter nehmen mindestens ein Argument entgegen, in der Regel den Namen einer Variablen, für die Sie die symbolische Operation ausführen. Einige Argumente sind optional. Beispiele finden Sie in den Abbildungen 14.3 und 14.4.

Hinweis Für die Schlüsselwörter wird die Groß-/Kleinschreibung berücksichtigt, Sie sollten sie also so eingeben, wie hier gezeigt. Anders als bei Variablen ist die Schriftart nicht relevant.

Allein entspricht das symbolische Gleichheitszeichen der Auswahl von
"Auswerten⇒"Symbolisch auswerten" aus dem Menü "Symbolisch".

$$(x + y)^3 \rightarrow (x + y)^3$$

Bei vorangehendem Schlüsselwort nimmt das symbolische Gleichheitszeichen
eine andere Bedeutung an:

$$(x + y)^3 \text{ erweitern} \rightarrow x^3 + 3 \cdot x^2 \cdot y + 3 \cdot x \cdot y^2 + y^3$$

Das Schlüsselwort "gleit" stellt das Resultat als Fließkommazahl dar.

$$x \cdot acos(0) \rightarrow \frac{1}{2} \cdot x \cdot \pi \qquad x \cdot acos(0) \text{ gleit}, 4 \rightarrow 1.571 \cdot x$$

Das Schlüsselwort "laplace" berechnet die Laplace-Transformation einer Funktion.

$$exp(-a \cdot t) \text{ laplace}, t \rightarrow \frac{1}{(s + a)}$$

Abbildung 14.3: Die Verwendung von Schlüsselwörtern in Kombination mit dem symbolischen Gleichheitszeichen

Schlüsselwort-Modifikatoren

Einige Schlüsselwörter verwenden zusätzliche Modifikatoren, welche die Art der symbolischen Auswertung noch genauer spezifizieren.

Um einen Modifikator zu verwenden, müssen Sie diesen durch ein Komma von dem Schlüsselwort trennen. Um beispielsweise den Modifikator »annehmen=reell« verwenden zu können, müssen Sie wie folgt vorgehen:

1. Geben Sie den Ausdruck ein, der vereinfacht werden soll.

2. Klicken Sie auf ■→ in der Symbolik-Palette oder drücken Sie [Strg]+[⇧]+. . Mathcad zeigt einen Platzhalter links vom Gleichheitszeichen, »→«, an.

3. Geben Sie **vereinfachen, annehmen=reell** in den Platzhalter ein (drücken Sie [Strg]+= für das Gleichheitszeichen).

4. Drücken Sie die [↵]-Taste, damit das Ergebnis angezeigt wird.

Modifikatoren für »annehmen«

`var=reell`	Wertet den Ausdruck unter der Voraussetzung aus, daß die Variable **var** reell ist.
`var=reellerBereich(a,b)`	Wertet unter der Voraussetzung aus, daß alle Variablen reell sind und zwischen a und b liegen, wo a und b reelle Zahlen oder unendlich sind ([Strg]+[⇧]+[Z]).

Symbolische Auswertung – »live«

Symbolische Auswertung

$$\int_0^\infty e^{-x^2}\,dx \;\to\; \frac{1}{2}\sqrt{\pi}$$

Komplexe Auswertung

$$e^{i\cdot n\cdot \theta}\;\text{komplex}\;\to\;\cos(n\cdot\theta)+i\cdot\sin(n\cdot\theta)$$

Gleitkommaauswertung

$$\int_0^\infty e^{-x^2}\,dx\;\text{gleit},10\;\to\;.8862269255$$

Beschränkte Auswertung

$$x\cdot\int_0^\infty e^{-\alpha\cdot t}\,dt\;\text{annehm.},\alpha>1,\alpha=\text{real}\;\to\;\frac{x}{\alpha}$$

(α muß größer als 1 und reell sein)

Abbildung 14.4: Symbolische Auswertung von Ausdrücken

Modifikatoren für »vereinfachen«

`annehmen=reell`	Vereinfacht unter der Voraussetzung, daß alle Variablen in dem Ausdruck reell sind.
`annehmen=reel-lerBe-reich(a,b)`	Vereinfacht unter der Voraussetzung, daß alle Variablen reell sind und zwischen a und b liegen, wo a und b reelle Zahlen oder unendlich sind (Strg + ◊ + Z).
`trig`	Vereinfacht einen trigonometrischen Ausdruck mit Hilfe der folgenden Identitäten: $\sin(x)^2+\cos(x)^2 = 1$ $\cosh(x)^2-\sinh(x)^2 = 1$ Es vereinfacht den Ausdruck nicht durch das Vereinfachen von Logarithmen, Potenzen oder Radikalen.

Abbildung 14.5 zeigt einige Beispiele mit dem Schlüsselwort `vereinf`, mit und ohne zusätzliche Angaben.

Tip Erweiterungen der Schlüsselwörter können über die Schaltflächen in der Attribute-Palette eingegeben werden.

$$\frac{x^2 - 3 \cdot x - 4}{x - 4} + 2 \cdot x - 5 \;\text{vereinfachen} \rightarrow 3 \cdot x - 4$$

$$e^{2 \cdot \ln(a)} \;\text{vereinfachen} \rightarrow a^2$$

$$\sin(\ln(a \cdot b))^2 \;\text{vereinfachen} \rightarrow 1 - \cos(\ln(a) + \ln(b))^2$$

$$\sin(\ln(a \cdot b))^2 \;\text{vereinfachen,trig} \rightarrow 1 - \cos(\ln(a \cdot b))^2$$

$$(2^b)^c \;\text{vereinfachen} \rightarrow (2^b)^c$$

$$(2^b)^c \;\text{vereinfachen,annehmen=reell} \rightarrow 2^{b \cdot c}$$

$$\sqrt{x^2} \;\text{vereinfachen} \rightarrow \text{csgn}(x) \cdot x$$

$$\sqrt{x^2} \;\text{vereinfachen,annehmen=RealRange}(-10, -5) \rightarrow -x$$

Abbildung 14.5: Die Vereinfachung wird durch zusätzliche Schlüsselwörter gesteuert

Die Verwendung mehrerer Schlüsselwörter

In einigen Fällen ist es sinnvoll, für einen Ausdruck mehrere symbolische Auswertungen vorzunehmen. Es gibt zwei Möglichkeiten, mehrere Schlüsselwörter anzuwenden. Welche Methode Sie wählen, ist davon abhängig, ob Sie die Ergebnisse beider Schlüsselwörter oder nur das Endergebnis anzeigen wollen.

Um mehrere Schlüsselwörter anzuwenden und die Ergebnisse einzeln anzuzeigen, gehen Sie wie folgt vor:

1. Geben Sie den Ausdruck ein, der ausgewertet werden soll.

2. Drücken Sie ■→ auf der Symbolik-Palette oder geben Sie [Strg]+[⇧]+[.] ein. Mathcad zeigt links vom symbolischen Gleichheitszeichen einen Platzhalter an.

3. Geben Sie das erste Schlüsselwort in den Platzhalter links vom symbolischen Gleichheitszeichen ein, zusammen mit allen dafür erforderlichen Argumenten.

4. Drücken Sie die [↵]-Taste, um das Ergebnis des ersten Schlüsselworts zu sehen.

$$e^x \;\text{series}, x, 3 \rightarrow 1 + x + \frac{1}{2} x^2$$

5. Klicken Sie auf das Ergebnis, und drücken Sie noch einmal [Strg]+[◊]+[.]. Das erste Ergebnis verschwindet vorübergehend. Geben Sie ein zweites Schlüsselwort in den Platzhalter ein.

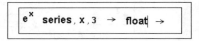

6. Drücken Sie die [↵]-Taste, um das Ergebnis des zweiten Schlüsselworts zu sehen.

$$e^x \text{ series}, x, 3 \rightarrow 1 + x + \frac{1}{2} \cdot x^2 \text{ float} \rightarrow 1. + x + .5 \cdot x^2$$

Wenden Sie weitere Schlüsselwörter an, um auf diese Weise Zwischenergebnisse zu erhalten.

Um mehrere Schlüsselwörter anzuwenden und nur das Endergebnis anzuzeigen, gehen Sie wie folgt vor:

1. Geben Sie den Ausdruck ein, der ausgewertet werden soll.

$$e^x$$

2. Klicken Sie in der Symbolik-Palette auf ■→, oder drücken Sie [Strg]+[◊]+[.]. Mathcad zeigt links vom symbolischen Gleichheitszeichen einen Platzhalter an.

$$e^x \blacksquare \rightarrow$$

3. Geben Sie das erste Schlüsselwort in den Platzhalter ein, zusammen mit allen erforderlichen Argumenten.

4. Drücken Sie noch einmal [Strg]+[◊]+[.]. Geben Sie ein zweites Schlüsselwort in den Platzhalter ein. Das zweite Schlüsselwort wird unmittelbar unterhalb des ersten Schlüsselworts plaziert.

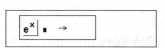

5. Drücken Sie noch einmal [Strg]+[◊]+[.], und geben Sie weitere Schlüsselwörter ein. Drücken Sie die [↵]-Taste, um das Ergebnis zu sehen.

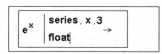

Vorherige Definitionen ignorieren

Wenn Sie das symbolische Gleichheitszeichen nutzen, um einen Ausdruck auszuwerten, prüft Mathcad alle Variablen und Funktionen, aus denen sich dieser Ausdruck zusammensetzt, um festzustellen, ob es bereits Definitionen auf dem Arbeitsblatt dafür gibt. Findet Mathcad eine Definition, wendet es sie an. Alle anderen Variablen und Funktionen werden symbolisch ausgewertet.

Es gibt zwei Ausnahmen. Bei der Auswertung eines Ausdrucks ignoriert Mathcad frühere Definitionen:

- Wenn die Variable rekursiv definiert wurde.
- Wenn die Variable als Bereichsvariable definiert wurde.

Diese Ausnahmen sind in Abbildung 14.6 dargestellt.

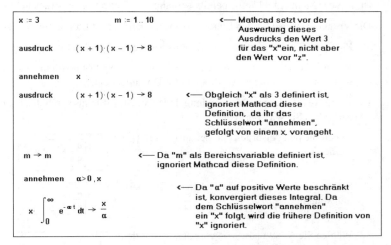

Abbildung 14.6: Rekursiv definierte Variablen werden vom symbolischen Prozessor ignoriert.

Hinweis Mathcad wertet keine Bereichsvariablen symbolisch aus, sondern Vektoren und Matrizen, die Sie mit Hilfe der Bereichsvariablen definieren.

Das Symbolik-Menü

Ein Vorteil bei der Verwendung des symbolischen Gleichheitszeichens ist, daß es »live« ausgeführt wird, so wie alle numerischen Verarbeitungen in Mathcad. Das bedeutet, Mathcad wertet alle Variablen und Funktionen aus, aus denen sich der Ausdruck zusammensetzt, um zu prüfen, ob sie auf dem Arbeitsblatt bereits definiert sind. Wenn Mathcad eine Definition findet, verwendet es sie. Alle anderen Variablen und Funktionen werden symbolisch ausgewertet. Wenn Sie später eine Änderung an dem Arbeitsblatt vornehmen, werden die Ergebnisse automatisch aktualisiert. Das ist praktisch, wenn in einem Arbeitsblatt numerische und symbolische Gleichungen nebeneinander eingesetzt werden.

Es gibt jedoch Situationen, in denen eine symbolische Berechnung unabhängig vom restlichen Arbeitsblatt erfolgen soll. In diesem Fall sollen die Definitionen nicht berücksichtigt werden. Dazu verwenden Sie die Befehle aus dem SYMBOLIK-Menü.

Dieses Befehle sind nicht »live«: Sie wenden sie nur auf bestimmte Ausdrücke an, die nichts über frühere Definitionen »wissen«, und die nicht automatisch aktualisiert werden.

Die Befehle im SYMBOLIK-Menü führen dieselben Operationen aus wie die auf Seite 309 aufgelisteten Schlüsselwörter. Beispielsweise wertet der Befehl POLYNOM-KOEF-FIZIENTEN den Ausdruck so aus wie das Schlüsselwort `koeff`. Der einzige Unterschied ist, daß der Menübefehl keine bereits vorhandenen Definitionen berücksichtigt.

Die Vorgehensweise für den Einsatz von Menübefehlen ist für alle Befehle gleich:

1. Plazieren Sie den mathematischen Ausdruck zwischen den Bearbeitungslinien.
2. Wählen Sie den entsprechenden Befehl aus dem SYMBOLIK-Menü aus. Mathcad fügt den ausgewerteten Ausdruck in Ihr Dokument ein.

Um einen Ausdruck unter Verwendung des SYMBOLIK-Menüs symbolisch auszuwerten, gehen Sie wie folgt vor:

1. Geben Sie den Ausdruck ein, der ausgewertet werden soll.

    $$\frac{d}{dx}(x^3 - 2 \cdot y \cdot x)$$

2. Setzen Sie den Ausdruck zwischen die Bearbeitungslinien.

    $$\frac{d}{dx}(x^3 - 2 \cdot y \cdot x)$$

3. Wählen Sie AUSWERTEN⇒SYMBOLISCH aus dem SYMBOLIK-Menü. Mathcad zeigt den ausgewerteten Ausdruck auf Ihrem Arbeitsblatt an (siehe »Symbolische Ergebnisse anzeigen« auf Seite 321).

    $$3 \cdot x^2 - 2 \cdot y$$

Für einige Befehle des SYMBOLIK-Menüs ist es erforderlich, die betreffende Variable zu selektieren, und nicht den gesamten Ausdruck. Wenn ein Menübefehl nicht zur Verfügung steht, versuchen Sie, ihn auf eine einzelne Variable anzuwenden.

Tip   Weil sich die Befehle im Menü SYMBOLIK nur auf den Teil des Ausdrucks beziehen, der durch die Bearbeitungslinien selektiert ist, sind sie sehr praktisch, wenn Sie bestimmte Teilausdrücke bearbeiten möchten. Ergibt beispielsweise die Auswertung eines gesamten Ausdrucks nicht die Antwort, die Sie suchen, markieren Sie einen Teilausdruck und wenden einen Befehl aus dem Menü SYMBOLIK darauf an.

Lange Antworten

Symbolische Auswertungen können sehr schnell zu Antworten führen, die so lang sind, daß sie nicht mehr in Ihr Fenster passen. Solche Antworten können ganz einfach formatiert werden, indem Sie den Operator »Addition mit Zeilenumbruch« (siehe »Operatoren«) verwenden.

Manchmal ist eine symbolische Antwort so lang, daß Sie nicht mehr auf Ihrem Arbeitsblatt anzeigen können. Wenn das passiert, fragt Mathcad Sie, ob es die Antwort in der Zwischenablage ablegen soll. Wenn Sie den Inhalt der Zwischenablage auswerten, sehen Sie eine Antwort im Fortran-Stil. Weitere Informationen über diese Syntax erhalten Sie in der Online-Hilfe unter dem Thema »Spezielle Funktionen und Syntax in symbolischen Ergebnissen«.

Symbolische Ergebnisse anzeigen

Wenn Sie das symbolische Gleichheitszeichen, »→«, verwenden wird das Ergebnis einer symbolischen Transformation immer rechts von diesem Gleichheitszeichen angezeigt. Wenn Sie dagegen das SYMBOLIK-Menü verwenden, können Sie Mathcad anweisen, das symbolische Ergebnis wie folgt anzuzeigen:

- Das symbolische Ergebnis steht unterhalb des Originalausdrucks.
- Das symbolische Ergebnis steht rechts vom Originalausdruck.
- Das symbolische Ergebnis ersetzt den Originalausdruck.

Darüber hinaus können Sie angeben, ob Mathcad einen Kommentar einfügen soll, der beschreibt, was durchgeführt wurde, um den Originalausdruck in das symbolische Ergebnis zu überführen. Dieser Text steht zwischen dem Originalausdruck und dem symbolischen Ergebnis und wird auch als »Auswertungskommentar« bezeichnet.

Um die Plazierung des symbolischen Ergebnisses und die Darstellung des erklärenden Textes zu steuern, wählen Sie im SYMBOLIK-Menü den Eintrag AUSWERTUNGSFORMAT, um das Dialogfeld AUSWERTUNGSFORMAT anzuzeigen.

Beispiele für die symbolische Berechnung

So, wie Sie in Mathcad die unterschiedlichsten numerischen Berechnungen ausführen können, können Sie auch alle symbolischen Berechnungen vornehmen. Jeder Ausdruck, der Variablen, Funktionen oder Operatoren enthält, kann symbolisch ausgewertet werden, entweder mit Hilfe des symbolischen Gleichheitszeichens oder mit den zuvor beschriebenen Befehlen.

Tip Beachten Sie bei der Wahl zwischen der Verwendung des symbolischen Gleichheitszeichens und den Menübefehlen im SYMBOLIK-Menü folgendes: Ausdrücke, die Sie mit Hilfe von Befehlen aus dem SYMBOLIK-Menü modifizieren, werden, im Gegensatz zu denen durch Schlüsselwörter modifizierten Ausdrücken, nicht automatisch aktualisiert (wie im Abschnitt »Das Symbolik-Menü« beschrieben.)

Dieser Abschnitt beschreibt, wie bestimmte und unbestimmte Integrale, Ableitungen und Grenzwerte symbolisch ausgewertet werden. Außerdem wird gezeigt, wie eine Matrix symbolisch transponiert und invertiert wird, und wie ihre Determinante bestimmt wird. Beachten Sie, daß dies nur wenige Beispiele dafür sind, was mit der symbolischen Auswertung möglich ist.

Hinweis Benutzerdefinierte Funktionen und Variablen werden vom symbolischen Prozessor erkannt, wenn Sie das symbolische Gleichheitszeichen verwenden, nicht dagegen, wenn Sie die Befehle aus dem SYMBOLIK-Menü verwenden. Abbildung 14.7 zeigt den Unterschied.

Der symbolische Prozessor erkennt viele der in Mathcad integrierten Funktionen und Konstanten.

$$e^{\ln(x)} \to x$$

$$\sin\left(\frac{\pi}{4}\right) \to \frac{1}{2}\cdot\sqrt{2}$$

$$e^{2\cdot\pi\cdot i} \to 1$$

Funktionen und Konstanten, die keine allgemein verwendete Bedeutung haben, werden allerdings nicht erkannt.

$$\text{rnd}(x) \to \text{rnd}(x)$$

$$\text{fft}(v) \to \text{fft}(v)$$

Abbildung 14.7: Der symbolische Prozessor erkennt bestimmte vordefinierte Funktionen. Benutzerdefinierte Funktionen und Variable werden nur erkannt, wenn Sie das symbolische Gleichheitszeichen einsetzen.

Ableitungen

Um eine Ableitung symbolisch auszuwerten, verwenden Sie den Ableitungs-Operator von Mathcad und das symbolische Gleichheitszeichen, wie in Abbildung 14.8 gezeigt:

1. Klicken Sie auf $\frac{d}{dx}$, oder geben Sie **?** ein, um den Ableitungs-Operator einzufügen. Alternativ klicken Sie auf $\frac{d^n}{dx^n}$ oder geben [Strg]+[◊]+[#] ein, um den Operator für die *n*-te Ableitung einzufügen.

2. Geben Sie den zu differenzierenden Ausdruck in den Platzhalter ein, ebenso die Variable, für die Sie differenzieren.

3. Klicken Sie in der Symbolik-Palette auf $\to$ oder drücken Sie [Strg]+[.]. Mathcad zeigt das symbolische Gleichheitszeichen, »→«, an.

4. Drücken Sie die Enter-Taste, um das Ergebnis anzuzeigen.

```
Einige mit Hilfe von "Symbolisch auswerten" berechnete Integrale:
```

$$\int_1^c x^3\, dx \quad \text{ergibt} \quad \frac{1}{4} c^4 - \frac{1}{4} \qquad \leftarrow \text{Drücken Sie \& für bestimmtes Integral.}$$

$$\int_0^\infty e^{-x^2}\, dx \quad \text{ergibt} \quad \frac{1}{2}\sqrt{\pi} \qquad \leftarrow \text{Drücken Sie Strg+Z für Unendlichkeit.}$$

$$\int a\cdot x^2\, dx \quad \text{ergibt} \quad \frac{1}{3}\cdot a\cdot x^3 \qquad \leftarrow \text{Drücken Sie Strg+I für unbestimmtes Integral.}$$

```
Ein mit Symbolisch auswerten ermittelter Differentialquotient zweiter Ordnung:
Drücken Sie [Strg][Umschalt]+# zum Erstellen der Ableitung n-ter Ordnung.
```

$$\frac{d^2}{d z^2} z\cdot \mathrm{atan}(z) \quad \text{ergibt} \quad \frac{2}{\left(1+z^2\right)} - 2\cdot \frac{z^2}{\left(1+z^2\right)^2}$$

Abbildung 14.8: Symbolische Auswertung von Integralen und Ableitungen

Abbildung 14.9 zeigt, wie Sie einen Ausdruck differenzieren, ohne den Ableitungs-Operator zu verwenden. Der SYMBOLIK-Menübefehl VARIABLE⇒DIFFERENZIEREN differenziert einen Ausdruck in Hinblick auf eine vorgegebene Variable.

```
Klicken Sie ein "x" an und wählen Sie "Nach Variable differenzieren"
aus dem Menü Symbolisch.
```

$$2\cdot x^2 + y \quad \text{durch Differenzierung, ergibt} \quad 4\cdot x$$

$$\frac{x}{\cosh(x)} \quad \text{durch Differenzierung, ergibt} \quad \frac{1}{\cosh(x)} - \frac{x\cdot \sinh(x)}{\cosh(x)^2}$$

```
Klicken Sie ein "x" an und wählen Sie "Nach Variable integrieren"
aus dem Menü "Symbolisch".
```

$$x^2\cdot e^x \quad \text{durch Integrierung, ergibt} \quad x^2\cdot \exp(x) - 2\cdot x\cdot \exp(x) + 2\cdot \exp(x)$$

$$\frac{x+a}{x^2+b} \quad \text{durch Integrierung, ergibt} \quad \frac{1}{2}\ln\left(x^2+b\right) + \frac{a}{\sqrt{b}}\cdot \mathrm{atan}\left(\frac{x}{\sqrt{b}}\right)$$

Abbildung 14.9: Differenzierung und Integration mit den Menü-Befehlen

Um beispielsweise $2\cdot x^2 + y$ für x zu differenzieren, gehen Sie wie folgt vor:

1. Geben Sie den Ausdruck ein.
2. Klicken Sie auf das x, um es zu markieren.

3. Wählen Sie im SYMBOLIK-Menü den Befehl VARIABLE⇒DIFFERENZIEREN. Mathcad zeigt die Ableitung an, 4 · x. Beachten Sie, daß y wie eine Konstante behandelt wird.

Ist der Ausdruck, in dem Sie eine Variable selektiert haben, ein Element eines Felds, differenziert Mathcad nur dieses Feldelement. Um ein gesamtes Feld zu differenzieren, differenzieren Sie die Elemente einzeln: Selektieren Sie eine Variable in diesem Element, und wählen Sie im SYMBOLIK-Menü den Befehl VARIABLE⇒DIFFERENZIEREN.

Tip Selektieren Sie die Variable in einem Ausdruck, bevor Sie eine Auswahl im SYMBOLIK-Menü treffen. Andernfalls steht der Befehl VARIABLE⇒DIFFERENZIEREN nicht zur Verfügung.

Integrale

Um ein bestimmtes oder unbestimmtes Integral symbolisch auszuwerten, gehen Sie wie folgt vor:

1. Klicken Sie auf [ ] oder [ ], um den Operator für das bestimmte oder unbestimmte Integral einzugeben.

2. Füllen Sie den Platzhalter für den Integranden und gegebenenfalls die Platzhalter für die Integrationsgrenzen aus.

3. Schreiben Sie die Integrationsvariable in den Platzhalter neben dem »d«. Dabei kann es sich um einen beliebigen Variablennamen handeln.

4. Klicken Sie in der Symbolik-Palette auf [→], oder drücken Sie [Strg]. Mathcad zeigt ein symbolisches Gleichheitszeichen an, »→«.

5. Drücken Sie die [↵]-Taste, um das Ergebnis anzuzeigen.

Ein Beispiel für die symbolische Auswertung von Integralen sehen Sie in Abbildung 14.8.

Bei der Auswertung eines bestimmten Integrals versucht der symbolische Prozessor, ein unbestimmtes Integral für Ihren Integranden zu finden, bevor er die von Ihnen angegebenen Grenzen einsetzt. Ist die symbolische Integration erfolgreich, und die Integrationsgrenzen sind ganze Zahlen, Brüche oder Konstanten, erhalten Sie einen exakten Wert für Ihr Integral. Findet der symbolische Prozessor keine geeignete Form für das Integral, sehen Sie eine entsprechende Fehlermeldung.

Tip Wenn Sie VARIABLE⇒INTEGRIEREN auswählen, sollte der von Ihnen ausgewählte Ausdruck in der Regel den Integraloperator nicht umfassen. Sie sollten nur einen Ausdruck auswählen, der integriert werden soll. Wenn Sie den Integraloperator in den ausgewählten Ausdruck aufnehmen, erzeugen Sie ein unbeabsichtigt doppeltes Integral.

Grenzwerte

Mathcad stellt drei Grenzwert-Operatoren bereit. Sie können nur symbolisch ausgewertet werden:

1. Klicken Sie auf ![lim], oder drücken Sie [Strg]+[L], um den Grenzwert-Operator einzufügen, oder verwenden Sie einen der beiden anderen Grenzwert-Operatoren.
2. Geben Sie den Ausdruck in den Platzhalter rechts von »lim« ein.
3. Geben Sie die Grenzwertvariable in den Platzhalter unterhalb des »lim« ein.
4. Geben Sie den Begrenzungswert in den Platzhalter rechts unter dem »lim« ein.
5. Klicken Sie in der Symbolik-Palette auf ![→], oder drücken Sie [Strg]+[.]. Mathcad zeigt ein symbolisches Gleichheitszeichen an, »→« .
6. Drücken Sie die [↵]-Taste, um das Ergebnis anzuzeigen.

Mathcad gibt ein Ergebnis für den Grenzwert zurück. Wenn es keinen Grenzwert gibt, zeigt Mathcad eine Fehlermeldung an. Abbildung 14.10 zeigt einige Beispiele für die Auswertung von Grenzwerten.

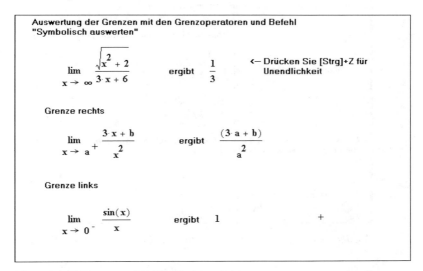

Abbildung 14.10: Auswertung von Grenzwerten

Lösung einer Gleichung für eine Variable

Um eine Gleichung für eine Variable symbolisch zu lösen, verwenden Sie das Schlüsselwort **auflösen**:

1. Geben Sie die Gleichung ein. Klicken Sie auf ![=] in der Auswertungs-Symbolleiste, oder geben Sie [Strg]+[=] ein, um das fette Gleichheitszeichen einzufügen.

Hinweis Wenn Sie die Wurzel eines Ausdrucks suchen, ist es nicht notwendig, den Ausdruck gleich Null zu setzen. Ein Beispiel sehen Sie in Abbildung 14.11.

2. Klicken Sie in der Symbolik-Palette auf [■→], oder drücken Sie [Strg]+[⇧]+[.]. (Die Strg-Taste und die Shift-Taste gedrückt halten und dann einen Punkt eingeben). Mathcad zeigt einen Platzhalter links vom symbolischen Gleichheitszeichen an.

3. Geben Sie in den Platzhalter **auflösen** ein, gefolgt von einem Komma und der Variablen, für die gelöst werden soll.

4. Drücken Sie die [↵]-Taste, um das Ergebnis anzuzeigen.

Mathcad löst nach der Variablen auf und fügt das Ergebnis rechts vom symbolischen Gleichheitszeichen ein. Beachten Sie, daß, wenn die Variable in der Originalgleichung quadriert war, Sie möglicherweise zwei Ergebnisse erhalten. Mathcad zeigt diese Ergebnisse in einem Vektor an. Abbildung 14.11 zeigt ein Beispiel.

```
Um diese Formel für A als Formel für umzustellen, wählen Sie r aus
und treffen Sie die Menüauswahl "Nach Variable auflösen."
```

$$A = \frac{L}{r^2} + 2 \cdot C \qquad \leftarrow \text{(Gleichheitszeichen ist mit [Strg][+] einzugeben.)}.$$

$$\text{hat als Lösung(en)} \qquad \begin{bmatrix} \dfrac{1}{\sqrt{A - 2 \cdot C}} \cdot \sqrt{L} \\ \dfrac{-1}{\sqrt{C - 2 \cdot C}} \cdot \sqrt{L} \end{bmatrix}$$

Um nun r in Abhängigkeit von A, C und L zu definieren, kopieren Sie die erste Lösung unf fügen Sie sie ein.

$$r(A, C, L) := \dfrac{1}{\sqrt{A - 2 \cdot C}} \cdot \sqrt{L} \qquad +$$

Abbildung 14.11: Lösung von Gleichungen, Ungleichungen und Wurzeln

Tip Eine andere Möglichkeit, nach einer Variablen aufzulösen, ist die Eingabe der Gleichung, Anklicken der betreffenden Variablen und Auswahl von VARIABLE⇒AUFLÖSEN im SYMBOLIK-Menü.

Symbolische Lösung eines Gleichungssystems

Mit dem Schlüsselwort **auflösen**, das auch für die Lösung einer einzigen Gleichung verwendet wird, können auch Gleichungssysteme gelöst werden. Um ein System mit *n* Gleichungen für *n* Unbekannte zu lösen, gehen Sie wie folgt vor:

1. Drücken Sie [::] in der Matrix-Palette oder geben Sie [Strg]+[M] ein, um einen Vektor mit *n* Zeilen und 1 Spalte einzufügen.

2. Füllen Sie die Platzhalter des Vektors mit den *n* Gleichungen des Systems. Klicken Sie auf **=** in der Auswertungs-Palette, oder geben Sie [Strg]+[=] ein, um das fette Gleichheitszeichen einzufügen.

3. Klicken Sie in der Symbolik-Palette auf ■→ , oder drücken Sie [Strg]+[◊]+[.]. Mathcad zeigt einen Platzhalter links vom symbolischen Gleichheitszeichen an.

4. Geben Sie in den Platzhalter **auflösen** ein, gefolgt von einem Komma.

5. Drücken Sie [::] in der Matrix-Palette, oder geben Sie [Strg]+[M] ein, um einen Vektor mit *n* Zeilen und 1 Spalte einzufügen. Geben Sie die Variablen ein, nach denen Sie lösen.

6. Drücken Sie die [↵]-Taste, um das Ergebnis anzuzeigen.

Mathcad zeigt die *n* Lösungen für das Gleichungssystem rechts von dem symbolischen Gleichheitszeichen an. Abbildung 14.12 zeigt ein Beispiel.

Symbolisches Suchen des Schnittpunkts zweier Geraden:

Vorgabe

$x + 2 \cdot x \cdot y = a$ ← [Strg]++ für Gleichheitszeichen verwenden.

$4 \cdot x + y = b$

$\text{Suchen}(x, y) \begin{pmatrix} \dfrac{-2 \cdot x \cdot b + a}{-1 + 8 \cdot x} \\ \dfrac{4 \cdot a - b}{-1 + 8 \cdot x} \end{pmatrix}$ ← [Strg]+Punkt für Pfeil verwenden.

Abbildung 14.12: Zwei Methoden der symbolischen Lösung eines Gleichungssystems

Symbolische Lösung eines Gleichungssystems: Lösungsblock

Eine andere Möglichkeit, ein Gleichungssystem symbolisch zu lösen, ist die Verwendung eines Lösungsblocks, ähnlich den numerischen Lösungsblöcken, die auf Seite 208 beschrieben sind.

1. Geben Sie das Wort *Vorgabe* ein. Daran erkennt Mathcad, daß es sich bei der weiteren Eingabe um ein Gleichungssystem handelt.

2. Jetzt geben Sie unterhalb des Worts *Vorgabe* die Gleichungen in beliebiger Reihenfolge ein. Klicken Sie auf **=** in der Auswertungs-Palette, oder geben Sie [Strg]+[=] ein, um das fette Gleichheitszeichen einzufügen.

3. Geben Sie die Funktion *Suchen* ein, zusammen mit den Argumenten für Ihr Gleichungssystem. Diese Funktion ist auf Seite 210 beschrieben.

4. Klicken Sie in der Symbolik-Palette auf → oder drücken Sie [Strg]+[.]. Mathcad zeigt ein symbolisches Gleichheitszeichen an, »→«.

5. Klicken Sie außerhalb der *Suchen*-Funktion, oder drücken Sie die [↵]-Taste.

Mathcad zeigt die Lösungen des Gleichungssystems rechts von dem symbolischen Gleichheitszeichen an. Abbildung 14.12 zeigt ein Beispiel.

Für die hier verwendeten Lösungsblöcke gelten fast dieselben Regeln wie bereits auf Seite 210 beschrieben. Der größte Unterschied ist, daß bei der symbolischen Lösung keine Schätzwerte für die Lösung eingegeben werden müssen.

Symbolische Matrixmanipulation

Mit Hilfe von Mathcad ermitteln Sie symbolisch die Transponierte, die Inverse oder die Determinante einer Matrix. Dazu verwenden Sie einen vordefinierten Operator und das symbolische Gleichheitszeichen. Um beispielsweise die Transponierte einer Matrix zu ermitteln, gehen Sie wie folgt vor:

1. Setzen Sie die gesamte Matrix zwischen die beiden Bearbeitungslinien, indem Sie mehrere Male die [   ]-Taste drücken.

2. Klicken Sie in der Matrixpalette auf M^T, um den Operator für die Matrix-Transposition einzufügen.

3. Klicken Sie in der Symbolik-Palette auf →, oder drücken Sie [Strg]+[.]. Mathcad zeigt ein symbolisches Gleichheitszeichen an, »→«.

4. Drücken Sie die [↵]-Taste, um das Ergebnis anzuzeigen.

Mathcad zeigt das Ergebnis rechts vom symbolischen Gleichheitszeichen an. Abbildung 14.13 zeigt einige Beispiele.

Eine weitere Möglichkeit, die Transposition, Inverse oder Determinante einer Matrix zu ermitteln, ist die Verwendung der MATRIX-Befehle im SYMBOLIK-Menü. Um beispielsweise die Transposition einer Matrix zu ermitteln, gehen Sie wie folgt vor:

1. Setzen Sie die gesamte Matrix zwischen die beiden Bearbeitungslinien, indem Sie mehrere Male die [   ]-Taste drücken.

2. Wählen Sie im SYMBOLIK-Menü den Eintrag MATRIX⇒TRANSPONIEREN.

Anders als die Matrizen, die mit dem symbolischen Gleichheitszeichen ausgewertet werden, werden Matrizen, die mit Befehlen aus dem SYMBOLIK-Menü bearbeitet wurden, nicht automatisch aktualisiert, wie auf Seite 319 bereits beschrieben.

$$
\begin{aligned}
&\text{Transponieren einer Matrix}\\
&\begin{pmatrix} x & 1 & a \\ -b & x^2 & -a \\ 1 & b & x^3 \end{pmatrix}^T \rightarrow \begin{pmatrix} x & -b & 1 \\ 1 & x^2 & b \\ a & -a & x^3 \end{pmatrix}
\end{aligned}
$$

Drücken Sie [Strg] + M, um eine Matrix zu erstellen.
Für den Pfeil drücken Sie [Strg] + [Punkt].

Berechnung der Inverse

$$
\begin{pmatrix} \lambda & 2 & 1-\lambda \\ 0 & 1 & -2 \\ 0 & 0 & -\lambda \end{pmatrix}^{-1} \rightarrow \begin{bmatrix} \dfrac{1}{\lambda} & \dfrac{-2}{\lambda} & \dfrac{-(-5+\lambda)}{\lambda^2} \\ 0 & 1 & \dfrac{-2}{\lambda} \\ 0 & 0 & \dfrac{-1}{\lambda} \end{bmatrix}
$$

Ermittlung der Determinante

$$
\left| \begin{pmatrix} x & 1 & a \\ -b & x^2 & -a \\ 1 & b & x^3 \end{pmatrix} \right| \rightarrow x^6 + x \cdot a \cdot b + b \cdot x^3 - a \cdot b^2 - a - a \cdot x^2
$$

Abbildung 14.13: Symbolische Matrix-Operationen

Transformationen

Mit Hilfe symbolischer Schlüsselwörter können Sie die Fourier-, Laplace- oder *z*-Transformationen eines Ausdrucks auswerten, ebenso wie eine inverse Transformation. Um beispielsweise die Fourier-Transformation für einen Ausdruck auszuwerten, gehen Sie wie folgt vor:

1. Geben Sie den Ausdruck ein, der transformiert werden soll.

2. Klicken Sie in der Symbolik-Palette auf ▪→ , oder drücken Sie [Strg]+[◊]+[.]. Mathcad zeigt einen Platzhalter links vom symbolischen Gleichheitszeichen an.

3. Geben Sie in den Platzhalter **fourier** ein, gefolgt von einem Komma und dem Namen der Tranformationsvariablen.

4. Drücken Sie die [↵]-Taste, um das Ergebnis anzuzeigen.

Das Ergebnis der Fourier-Transformation ist eine Funktion von ω:

$$\int_{-\infty}^{+\infty} f(t) e^{-i\omega t} dt$$

Um die inverse Fourier-Transformation als Funktion zurückzugeben, verwenden Sie das Schlüsselwort **invfourier**:

$$\frac{1}{2\pi} \int_{-\infty}^{+\infty} F(\omega) e^{i\omega t} d\omega$$

Dabei sind *f(t)* und *F(ω)* die Ausdrücke, die transformiert werden sollen.

Mit den Schlüsselwörtern **laplace**, **invlaplace**, **ztrans** und **invztrans** führen Sie eine Laplace- oder eine *z*-Transformation bzw. ihre Inversen aus.

Die Laplace-Transformation ist eine Funktion von s:

$$\int_0^{+\infty} f(t)e^{-st}dt$$

Ihre Inverse ist dargestellt durch:

$$\frac{1}{2\pi}\int_{\sigma-i\infty}^{\sigma+i\infty} F(s)e^{st}dt$$

Dabei sind $f(t)$ und $F(s)$ die Ausdrücke, die transformiert werden sollen. Alle Singularitäten von $F(s)$ stehen links von der Zeile $\text{Re}(s) = \sigma$.

Das Ergebnis der z-Transformation ist eine Funktion von z:

$$\sum_{n=0}^{+\infty} f(n)z^{-n}$$

Ihre Inverse stellt sich dar als:

$$\frac{1}{2\pi i}\int_C F(z)z^{n-1}dz$$

Dabei sind $f(n)$ und $F(z)$ die Ausdrücke, die transformiert werden sollen. C ist eine Kontur, die alle Singularitäten des Integranden umfaßt.

Tip	Mit Hilfe des Schlüsselwortes **ersetzen** können Sie eine von Mathcad zurückgegebene Variable aus einer Transformation oder Inverse durch eine andere Variable ersetzen.

Eine andere Methode, um eine Fourier-, eine Laplace- oder eine z-Transformation bzw. deren Inversen in einem Ausdruck auszuwerten, ist die Verwendung der Befehle aus dem SYMBOLIK-Menü. Die Laplace-Transformation eines Ausdrucks können Sie beispielsweise folgendermaßen finden:

- Geben Sie den Ausdruck ein.
- Klicken Sie auf die Transformationsvariable.
- Wählen Sie aus dem SYMBOLIK-Menü den Eintrag TRANSFORMIEREN⇒LAPLACE.

Bedenken Sie, daß Ausdrücke, die durch Befehle aus dem SYMBOLIK-Menü modifiziert worden sind (im Gegensatz zu Schlüsselwort-modifizierten Ausdrücken) nicht automatisch aktualisiert werden. Näheres hierzu im Abschnitt »Das Symbolik-Menü«.

Hinweis	Ergebnisse aus symbolischen Transformationen können Funktionen enthalten, die vom symbolischen, nicht aber vom numerischen Prozessor erkannt werden. Ein Beispiel hierfür ist die in der Mitte von Abbildung 14.14 gezeigte Funktion *Dirac*. Numerische Definitionen für diese und andere Funktionen finden Sie unter »Funktionen für die symbolische Transformation« im Anhang auf Seite 376 sowie im QuickSheet »Sonderfunktionen« des Informationszentrums.

```
exp(-a·t)                    1. Klicken Sie die Transformationsvariable "t" an.
                             2. Wählen Sie
hat Laplace-Transformation      "Transformationen⇒Laplace-Transformation"
                                aus dem Menü "Symbolisch".
   1                         3. Mathcad gibt die Laplace-Transformation mit "s"
  ───                           als komplexer Frequenz zurück.
  s + a

   s                         ←─ Klicken Sie "s" an und wählen Sie
  ───                            "Transformationen⇒Inverse Laplace-Transformation"
  s + a                          aus dem Menü "Symbolisch".

hat inverse Laplace-Transformation

-a·exp(-a·t) + Dirac(t)      ←─ Dirac(t) ist ein Implus bei t=0. Er ist zwar nicht
                                numerisch definiert, Mathcads Symbolprozessor
                                erkennt diese Funktion dennoch.


Dirac(t)                     ←─ Klicken Sie "t" an und wählen Sie
                                "Transformationen⇒Fourier-Transformation"
hat Fourier-Transformation      aus dem Menü "Symbolisch".

1                            ←─ Wie erwartet, wird eine Konstante in
                                Frequenz zurückgegebenen
```

Abbildung 14.14: Symbolische Transformationen

Symbolische Optimierung

Im allgemeinen kommunizieren die numerischen und symbolischen Prozessoren von Mathcad nicht miteinander. Sie können jedoch veranlassen, daß der numerische Prozessor den symbolischen Prozessor um Hilfe bittet, bevor er eine Auswertung vornimmt, die möglicherweise unnötig kompliziert ist.

Angenommen, Sie werten einen Ausdruck wie den folgenden aus:

$$\int_0^u \int_0^v \int_0^w x^2 + y^2 + z^2 \, dx \, dy \, dz$$

Mathcad macht sich an die Aufgabe, eine numerische Annäherung für das Dreifachintegral zu berechnen, obwohl man eine exakte Lösung einfacher finden könnte, indem man vorher einige elementare Umformungen berücksichtigt.

Dies geschieht, weil der numerische Prozessor von Mathcad keine selbständige Vereinfachung komplizierter Ausdrücke vornimmt. Der symbolische Prozessor weiß zwar alles über die Vereinfachung, aber die beiden Prozessoren stimmen sich nicht ab, wenngleich dies bei bestimmten Definitionen sehr hilfreich wäre. Um zu veranlassen, daß beide Prozessoren miteinander kommunizieren, wählen Sie im POPUP-Menü den Eintrag OPTIMIERUNG.

Jetzt vereinfacht der symbolische Prozessor alle Ausdrücke rechts von einem »:=«, *bevor* der numerische Prozessor seine Arbeit beginnt. Das hilft dem numerischen Prozessor, seine Arbeit schneller zu erledigen. Außerdem werden überflüssige Berechnungen eliminiert.

Wenn Mathcad eine einfachere Form für den Ausdruck findet, reagiert es wie folgt:

- Es markiert den Bereich mit einem Stern.
- Es ersetzt *intern* Ihre Eingaben durch eine vereinfachte Form.
- Statt des von Ihnen eingegebenen Ausdrucks wird der äquivalente, einfachere Ausdruck ausgewertet. Um diesen Ausdruck anzuzeigen, doppelklicken Sie auf den *roten* Stern neben dem Bereich.

Wenn Mathcad keine einfachere Form für den Ausdruck findet, zeigt es einen *blauen* Stern neben dem Bereich an.

Im obigen Beispiel hätte der symbolische Prozessor das Dreifachintegral ausgewertet und den äquivalenten, aber sehr viel einfacheren folgenden Ausdruck zurückgegeben:

$$\frac{1}{3}(w^3vu + wv^3u + wvu^3)$$

Er verwendet dann weitere Definitionen aus Ihrem Arbeitsblatt, um den Ausdruck weiter zu vereinfachen. Um diesen Ausdruck in einem Popup-Fenster anzuzeigen, klicken Sie mit der rechten Maustaste auf den roten Stern und wählen im Popup-Menü den Eintrag POPUP ANZEIGEN (siehe Abbildung 14.15).

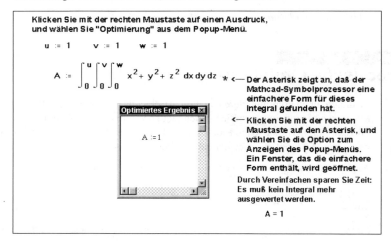

Abbildung 14.15: Ein Popup-Fenster zeigt den äquivalenten Ausdruck an, den Mathcad intern auswertet.

Für eine Optimierung des gesamten Arbeitsblattes wählen Sie aus dem RECHNEN-Menü den Eintrag OPTIMIEREN. Um die Optimierung für einen Ausdruck zu deaktivieren, klicken Sie mit der rechten Maustaste darauf und entfernen im Popup-Menü die Markierung für den Eintrag OPTIMIEREN. Mathcad wertet den Ausdruck jetzt wieder so aus, wie Sie ihn eingegeben haben.

Um die Optimierung für alle Ausdrücke zu deaktivieren, entfernen Sie im RECHNEN-Menü die Markierung für den Eintrag OPTIMIERUNG.

Kapitel 15
Programmierung

Pro

Definition eines Programms

Bedingte Anweisungen

Schleifen

Steuerung des Programmflusses

Fehlerverarbeitung

Programme innerhalb von Programmen

Definition eines Programms

Ein Mathcad-Programm ist ein spezieller Ausdruck, den Sie in Mathcad für Profis definieren können. Es handelt sich dabei um einen Ausdruck, der aus einer Folge von Anweisungen besteht, die mit Hilfe von Programmieroperatoren erzeugt werden. Diese Operatoren stehen in der Programmierungspalette zur Verfügung. Klicken Sie in der Symbolleiste auf 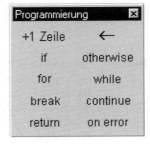, oder wählen Sie im ANSICHT-Menü den Eintrag SYMBOLLEISTEN⇒PROGRAMMIERUNG, um die Programmierungspalette anzuzeigen.

Man kann sich ein Programm wie einen zusammengesetzten Ausdruck vorstellen, in dem unter Umständen sehr viele Programmieroperatoren eingesetzt werden. Wie ein Ausdruck gibt ein Programm einen Wert zurück – einen Skalar, einen Vektor, ein Feld, ein verschachteltes Feld oder eine Zeichenfolge –, wenn seinem Aufruf ein Gleichheitszeichen oder ein symbolisches Gleichheitszeichen folgt. Wie Sie für eine Variable oder eine Funktion einen Ausdruck definieren können, können Sie auch für ein Programm Ausdrücke definieren.

Das folgende Beispiel zeigt ein einfaches Programm für die Definition der Funktion

$$f(x,w) = \log\left(\frac{x}{w}\right)$$

Das Beispiel ist so einfach, daß dafür nicht unbedingt eine Programmierung erforderlich wäre, aber es demonstriert die Verwendung einzelner Anweisungen in einem Programm sowie den Einsatz des lokalen Zuweisungsoperators, »←«.

1. Geben Sie die linke Seite der Funktionsdefinition ein, gefolgt von »:=«. Wählen Sie den Platzhalter.

   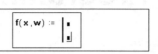

2. Klicken Sie in der Programmierungspalette auf **Add Line**, oder drücken Sie]. Sie sehen eine vertikale Leiste mit zwei Platzhaltern, die die Anweisungen für Ihr Programm aufnehmen.

3. Klicken Sie auf den oberen Platzhalter. Geben Sie **z** ein, und klicken Sie in der Programmierungspalette auf ←. Alternativ drücken Sie {, um einen »←«, auch lokales Definitionssymbol genannt, einzufügen.

   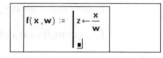

4. Geben Sie **x/w** in den Platzhalter rechts vom lokalen Definitionssymbol ein. Drücken Sie den ⇥, um in den unteren Platzhalter zu gelangen, oder klicken Sie auf den unteren Platzhalter.

   $$f(x,w) := \begin{vmatrix} z \leftarrow \dfrac{x}{w} \\ \blacksquare \end{vmatrix}$$

5. Geben Sie den Wert, der von dem Programm zurückgegeben werden soll, in den anderen Platzhalter ein, in diesem Beispiel ist das **log(z)**.

   $$f(x,w) := \begin{vmatrix} z \leftarrow \dfrac{x}{w} \\ \log(z) \end{vmatrix}$$

Jetzt können Sie diese Funktion wie jede andere Funktion in Ihrem Arbeitsblatt verwenden.

Hinweis Innerhalb eines Programms kann der normale Zuweisungsoperator »:=« von Mathcad nicht verwendet werden. Statt dessen müssen Sie den durch »←« gekennzeichneten lokalen Zuweisungsoperator verwenden. Variablen, die innerhalb eines Programm mit dem lokalen Zuweisungsoperator definiert wurden, sind für das Programm lokal und an anderer Stelle im Arbeitsblatt nicht definiert. Sie können jedoch innerhalb des Programms auf die Mathcad-Variablen und Funktionen, die an anderer Stelle im Arbeitsblatt definiert sind, zugreifen.

Abbildung 15.1 zeigt ein komplexeres Beispiel für eine quadratische Formel. Sie könnten dafür auch eine einzelne Anweisung schreiben, wie in der oberen Hälfte der Abbildung gezeigt, aber es ist einfacher, sie unter Verwendung mehrerer einfacher Anweisungen zu definieren, wie in der unteren Hälfte gezeigt.

$$q(a, b, c) := \frac{-b + \sqrt{b^2 - 4 \cdot a \cdot c}}{2 \cdot a}$$

Obgleich es möglich ist, komplizierte Funktionen in einer einzigen Zeile zu definieren...

$$r(a, b, c) := \begin{vmatrix} \text{discr} \leftarrow b^2 - 4 \cdot a \cdot c \\ \text{num} \leftarrow -b + \sqrt{\text{discr}} \\ \text{denom} \leftarrow 2 \cdot a \\ \dfrac{\text{num}}{\text{denom}} \end{vmatrix}$$

ist es doch manchmal einfacher, diese Funktionen in einfachere Schritte aufzuteilen.

Abbildung 15.1: Eine komplexere Definition für einen Ausdruck und ein Programm

Tip Ein Programm kann beliebig viele Anweisungen enthalten. Um eine Anweisung einzufügen, klicken Sie in der Programmierungspalette auf [Add Line], oder drücken Sie]. Mathcad fügt einen Platzhalter unterhalb der ausgewählten Anweisung ein. Um den Platzhalter zu entfernen, klicken Sie darauf und drücken [←].

Wie ein Ausdruck muß auch ein Mathcad-Programm einen Wert haben. Dieser Wert ist einfach der Wert der *letzten* von dem Programm ausgeführten Anweisung. Es kann sich dabei um eine Zeichenfolgenanweisung, eine einzelne Zahl oder ein Feld mit Zahlen handeln. Es kann sogar ein verschachteltes Feld zurückgegeben werden (siehe »Verschachtelte Felder« auf Seite 263).

Ein Mathcad-Programm kann auch einen symbolischen Ausdruck zurückgeben. Wenn Sie ein Programm unter Verwendung des symbolischen Gleichheitszeichens auswerten, das in Kapitel 14 beschrieben wurde, übergibt Mathcad den Ausdruck seinem symbolischen Prozessor und gibt, wenn möglich, einen vereinfachten symbolischen Ausdruck zurück. Sie können diese Fähigkeit ausnutzen, Programme symbolisch auszuwerten, um komplizierte symbolische Ausdrücke, Polynome oder Matrizen zu erzeugen. Abbildung 15.2 zeigt eine Funktion, die bei der symbolischen Auswertung symbolische Polynome erzeugt.

Hinweis Programme, welche die Anweisungen **return** und **on error** enthalten, die auf den Seiten 342 und 343 beschrieben sind, können nicht symbolisch ausgewertet werden, weil der symbolische Prozessor diese Operatoren nicht erkennt.

Online-Hilfe Beispiele für die Programmierung finden Sie in den QuickSheets des Informationszentrums.

```
Eine Funktion zum Generieren eines Polynoms.

f( n ) :=  | a ← 0
           | i ← 0
           | while i ≤ n
           |    | a ← [a + (1 + x)^i]
           |    | i ← i + 1
           | a
```

<-- Mathcad kann eine symbolische Auswertung des Programms durchführen, obwohl x nicht definiert ist.

Symbolisch berechnen...

f(3) expand → 4 + 6·x + 4·x² + x³

<--Das symbolische Schlüsselwort "entwickeln" entwickelt das Ergebnis. Drücken Sie für diesen symbolischen Schlüsselwortoperator die Tastenkombination [Strg] + [Umschalt] + [Punkt].

Abbildung 15.2: Mit einem Mathcad-Programm wird ein symbolischer Ausdruck erzeugt.

Bedingte Anweisungen

Im allgemeinen wertet Mathcad alle Anweisungen Ihres Programms von oben nach unten aus. Es gibt jedoch Situationen, in denen man möchte, daß Mathcad eine Anweisung nur dann auswertet, wenn eine bestimmte Bedingung zutrifft. Dazu verwenden Sie eine **if**-Anweisung.

Hinweis Bitte schreiben Sie derartige Befehlswörter nicht selbst, sondern verwenden Sie hierzu immer nur den entsprechenden Operator auf der Programmierpalette oder das zugehörige Tastaturkürzel.

Angenommen, Sie möchten eine Funktion definieren, die einen Halbkreis um den Ursprung zeichnet, sonst aber konstant ist. Dazu gehen Sie wie folgt vor:

1. Geben Sie die linke Seite der Funktionsdefinition ein, gefolgt von »**:=**«. Wählen Sie den Platzhalter.

2. Klicken Sie in der Programmierungspalette auf

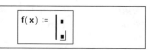

   , oder drücken Sie **]**. Sie sehen eine vertikale Leiste mit zwei Platzhaltern. Diese Platzhalter nehmen die Anweisungen für Ihr Programm auf.

3. Klicken Sie im oberen Platzhalter in der Programmierungspalette auf **if**. Alternativ drücken Sie **}**. Schreiben Sie nicht »if«.

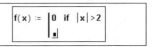

4. Geben Sie in den rechten Platzhalter einen Booleschen Ausdruck ein. Dazu verwenden Sie einen der relationalen Operatoren der Auswertungs-Palette. Im linken Platzhalter geben Sie den Wert ein, den das Programm zurücksenden soll, wenn der Ausdruck im rechten Platzhalter zutrifft. Fügen Sie gegebenenfalls mit **Add Line** weitere Platzhalter ein.

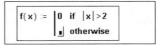

5. Wählen Sie den anderen Platzhalter, und klicken Sie in der Programmierungspalette auf **otherwise**, oder drücken Sie [Strg]+[3].

$$f(x) := \begin{vmatrix} 0 & \text{if } |x| > 2 \\ \blacksquare & \text{otherwise} \end{vmatrix}$$

6. Geben Sie den Wert ein, den das Programm zurückgeben soll, wenn die Bedingung in der ersten Anweisung falsch ist.

$$f(x) := \begin{vmatrix} 0 & \text{if } |x| > 2 \\ \sqrt{4 - x^2} & \text{otherwise} \end{vmatrix}$$

Abbildung 15.3 zeigt ein Diagramm dieser Funktion.

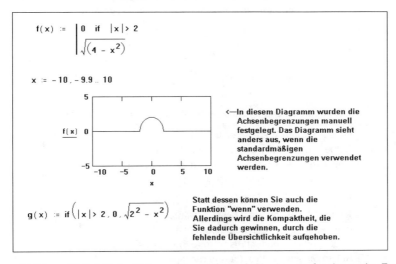

Abbildung 15.3: Mit der if-Anweisung definieren Sie eine stückweise stetige Funktion.

Hinweis Die **if**-Anweisung in einem Mathcad-Programm ist nicht dasselbe wie die *if*-Funktion. Es ist zwar nicht schwer, unter Verwendung der *if*-Funktion ein Beispielprogramm zu definieren, wie in Abbildung 15.3 gezeigt, aber die *if*-Funktion wird spätestens dann unpraktisch, wenn es mehrere Verzweigungen geben soll.

Schleifen

Einer der größten Vorteile bei der Programmierbarkeit ist die wiederholte Ausführung mehrerer Anweisungen in einer Schleife. Mathcad stellt zwei Schleifenkonstrukte zur Verfügung. Welches Konstrukt Sie verwenden, hängt davon ab, wie die Schleife beendet werden soll.

- Wenn Sie genau wissen, wie oft Sie die Schleife durchlaufen möchten, verwenden Sie eine **for**-Schleife.

- Wenn Sie möchten, daß die Schleife beim Auftreten einer bestimmten Bedingung beendet wird, aber nicht wissen, nach wie vielen Iterationen dies der Fall ist, verwenden Sie eine **while**-Schleife.

Tip Weitere Informationen über die Unterbrechung der Berechnungen im Schleifenkörper finden Sie auf Seite 340 im Abschnitt »Steuerung des Programmflusses«.

for-Schleifen

Eine **for**-Schleife endet nach einer bestimmten Anzahl von Iterationen. Die Iteration wird durch die Iterationsvariable bestimmt, die oben in der Schleife definiert ist. Die Definition der Iterationsvariablen ist lokal für das Programm.

Um eine **for**-Schleife anzulegen, gehen Sie wie folgt vor:

1. Klicken Sie in der Programmierungspalette auf 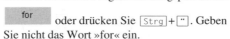 oder drücken Sie [Strg]+[„]. Geben Sie nicht das Wort »for« ein.

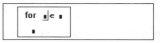

2. Geben Sie in den Platzhalter links von »∈« den Namen der Iterationsvariablen ein.

3. Geben Sie den Wertebereich für die Iterationsvariable in den Platzhalter rechts von »∈« ein. In der Regel wir dieser Bereich so spezifiziert wie eine Bereichsvariable (siehe Seite 142).

4. Geben Sie den auszuwertenden Ausdruck in den letzten Platzhalter ein. Dieser Ausdruck beinhaltet in der Regel die Iterationsvariable. Fügen Sie gegebenenfalls weitere Platzhalter ein, indem Sie auf der Programmierungspalette auf

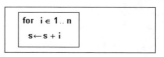

Add Line

Die obere Hälfte von Abbildung 15.4 zeigt diese **for**-Schleife für die Addition mehrerer ganzer Zahlen.

Hinweis Der Ausdruck rechts von »∈« ist normalerweise ein Bereich, es kann sich aber auch um einen Vektor oder eine Liste mit Skalaren, Bereichen oder Vektoren handeln. Die untere Hälfte von Abbildung 15.4 zeigt ein Beispiel, in dem die Iterationsvariable als die Elemente von zwei Vektoren definiert ist.

$$\text{summe}(n) := \begin{vmatrix} s \leftarrow 0 \\ \text{for } i \in 1..n \\ \quad s \leftarrow s + i \end{vmatrix} \quad \text{Entspricht...} \quad n := 44 \quad \sum_{i=1}^{n} i = 990$$

$$\text{summe}(44) = 990$$

$i \longleftarrow$ "i" ist überall außerhalb des Programms nicht definiert.

$$\text{zus}(r,s) := \begin{vmatrix} m \leftarrow 0 \\ \text{for } x \in r,s \\ \quad \begin{vmatrix} v_m \leftarrow x \\ m \leftarrow m+1 \end{vmatrix} \\ v \end{vmatrix}$$

$$r := \begin{pmatrix} 100 \\ 101 \\ 102 \end{pmatrix} \quad s := \begin{pmatrix} 1 \\ 2 \end{pmatrix} \quad \text{zus}(r,s) = \begin{bmatrix} 100 \\ 101 \\ 102 \\ 1 \\ 2 \end{bmatrix}$$

Abbildung 15.4: for-Schleifen mit zwei verschiedenen Arten von Iterationsvariablen

while-Schleifen

Eine **while**-Schleife ist davon abhängig, daß eine bestimmte Bedingung wahr ist. Sie müssen also nicht im voraus wissen, wie oft die Schleife ausgeführt wird. Es ist jedoch wichtig, irgendwo eine Anweisung zu haben, entweder innerhalb der Schleife oder im Programm, die bewirkt, daß die Bedingung irgendwann nicht mehr zutrifft. Andernfalls erzeugen Sie eine Endlosschleife.

Um eine while-Schleife anzulegen, gehen Sie wie folgt vor:

1. Klicken Sie in der Programmierungspalette auf 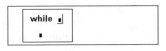 while , oder drücken Sie [Strg]+]. Geben Sie nicht das Wort »while« ein.

2. Klicken Sie in den oberen Platzhalter, und geben Sie eine Bedingung ein. Dabei handelt es sich in der Regel um einen Booleschen Ausdruck, wie hier gezeigt.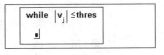

Schleifen

3. Geben Sie in den anderen Platzhalter den Ausdruck ein, der ausgewertet werden soll. Fügen Sie gegebenenfalls weitere Platzhalter ein, indem Sie auf der Programmierungspalette auf

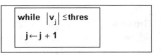

klicken.

Abbildung 15.5 zeigt ein größeres Programm, das die oben beschriebene Schleife verwendet. Nach dem Eintritt in eine **while**-Schleife prüft Mathcad die Bedingung. Trifft die Bedingung zu, führt Mathcad den Schleifenrumpf aus und prüft die Bedingung erneut. Ist die Bedingung falsch, beendet Mathcad die Schleife.

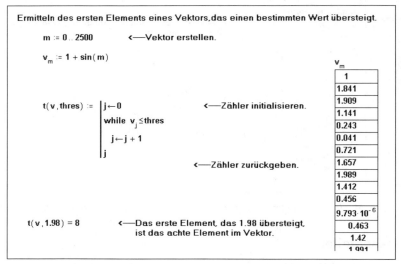

Abbildung 15.5: In einer while-Schleife wird das erste Auftreten einer bestimmten Zahl innerhalb einer Matrix ermittelt

Steuerung des Programmflusses

Die Programmierungspalette von Mathcad Professional beinhaltet drei Anweisungen für die Programmsteuerung:

- Mit der **break**-Anweisung in einer **for**- oder **while**-Schleife unterbrechen Sie die Schleife, wenn eine bestimmte Bedingung wahr ist, und führen die nächste Anweisung außerhalb der Schleife aus.

- Mit der **continue**-Anweisung in einer **for**- oder **while**-Schleife unterbrechen Sie die aktuelle Iteration und erzwingen, daß die Programmausführung mit der nächsten Schleifeniteration fortgesetzt wird.

- Mit der **return**-Anweisung beenden Sie ein Programm und geben einen speziellen Wert zurück, statt den Wert der zuletzt ausgeführten Anweisung zurückzugeben.

Die break-Anweisung

Häufig ist es sinnvoll, eine Schleife zu verlassen, wenn eine bestimmte Bedingung zutrifft. In Abbildung 15.6 wird eine **break**-Anweisung verwendet, um eine Schleife zu beenden, wenn in einem Eingabevektor eine negative Zahl erkannt wird.

Um eine **break**-Anweisung einzufügen, klicken Sie auf den Platzhalter innerhalb einer Schleife und dann in der Programmierungspalette auf   break , oder drücken Sie [Strg]+[ ]]. Geben Sie nicht das Wort »break« ein. In der Regel wird **break** in den linken Platzhalter einer **if**-Anweisung eingefügt. Das **break** wird nur ausgewertet, wenn die rechte Seite der **if**-Anweisung zutrifft.

Tip Um das links in Abbildung 15.6 gezeigte Programm zu erzeugen, würden Sie zuerst auf   break   und dann auf   if   klicken.

Die continue-Anweisung

Um eine Schleifeniteration zu ignorieren, verwenden Sie **continue**. In Abbildung 15.6 wird eine **continue**-Anweisung verwendet, um negative Zahlen in einem Eingabevektor zu ignorieren.

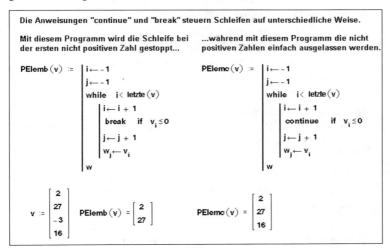

Abbildung 15.6: Die break-Anweisung beendet die Schleife. Für continue wird die Schleife mit der nächsten Iteration fortgesetzt.

Um die **continue**-Anweisung einzufügen, klicken Sie auf einen Platzhalter innerhalb einer Schleife und dann in der Programmierungspalette auf   continue , oder drücken Sie [Strg]+[ ]]. Geben Sie nicht das Wort »continue« ein. Wie auch **break**, wird **continue** normalerweise in den linken Platzhalter einer **if**-Anweisung eingefügt. Die **continue**-Anweisung wird nur ausgewertet, wenn die Bedingung auf der rechten Seite des **if** zutrifft.

Die return-Anweisung

Ein Mathcad-Programm gibt den Wert des letzten im Programm ausgewerteten Ausdrucks zurück. In einfachen Programmen ist das die letzte Programmzeile. Wenn Sie kompliziertere Programme schreiben, brauchen Sie möglicherweise eine gesteigerte Flexibilität. Die **return**-Anweisung ermöglicht Ihnen, das Programm zu unterbrechen und andere Werte als den Standardwert zurückzugeben.

Eine **return**-Anweisung kann an beliebiger Stelle im Programm verwendet werden, auch in tief verschachtelten Schleifen. Sie erzwingt, daß das Programm beendet wird, und gibt einen Skalar, einen Vektor, ein Feld oder eine Zeichenfolge zurück. Wie **break** und **continue** wird **return** in der Regel auf der linken Seite einer **if**-Anweisung verwendet. Die **return**-Anweisung wird nur dann ausgewertet, wenn die rechte Seite der **if**-Anweisung wahr ist.

Der folgende Programmausschnitt zeigt, wie eine **return**-Anweisung genutzt wird, um eine Zeichenfolge zurückzugeben, nachdem eine bestimmte Bedingung auftrifft:

1. Klicken Sie in der Programmierungspalette auf **if**.

   ▪ if ▪

2. Klicken Sie in der Programmierungspalette auf **return**, oder drücken Sie `Strg`+`]`. Geben Sie nicht das Wort »return« ein.

   return ▪ if ▪

3. Erzeugen Sie im Platzhalter rechts von **return** eine Zeichenfolge, indem Sie das doppelte Anführungszeichen (") eingeben. Geben Sie die Zeichenfolge ein, die das Programm zurückgeben soll. Mathcad zeigt die Zeichenfolge zwischen Anführungszeichen an.

   return "int" if ▪

4. Geben Sie in den Platzhalter rechts von **if** eine Bedingung ein. Dabei handelt es sich in der Regel um einen Booleschen Ausdruck, wie hier gezeigt. (Geben Sie `Strg`+`+` (auf der Nummerntastatur) ein, um das fette Gleichheitszeichen zu erhalten).

   return "int" if floor(x) = x

In diesem Beispiel gibt das Programm die Zeichenfolge »int« zurück, wenn der Ausdruck $floor(x) = x$ zutrifft.

Tip Sie können dem Ausdruck rechts von **return** weitere Zeilen hinzufügen, indem Sie in der Programmierungspalette auf `Add Line` klicken.

Fehlerbehandlung

Fehler während der Programmausführung können bewirken, daß Mathcad die Auswertung abbricht. Beispielsweise könnte ein Programm versuchen, aufgrund einer bestimmten Eingabe eine Division durch Null auszuführen, was einen Fehler verursacht. In diesen Fällen behandelt Mathcad das Programm so wie alle mathematischen Ausdrücke: Es markiert die fehlerhafte Anweisung mit einer Fehlermeldung und zeigt den Namen oder den Operator, der den Fehler verursacht hat, in einer anderen Farbe an, wie bereits in Kapitel 8 beschrieben.

Mathcad Professional bietet Ihnen zwei Möglichkeiten, die Fehlerverarbeitung in Programmen zu verbessern:

- Mit der Anweisung **on error** fangen Sie einen numerischen Fehler auf, der andernfalls zu einer Programmunterbrechung führen würde.

- Mit der Funktion *fehler* haben Sie Zugriff auf den Mechanismus, mit dem Mathcad einen »Fehler-Tip« anzeigt, und können ihn in Ihrem Programm nutzen.

Die Anweisung on error

In einigen Fällen kann man Programmeingaben überprüfen, die einen numerischen Fehler erzeugen (beispielsweise eine Singularität, einen Überlauf oder einen Konvergenzfehler). In so einem Fehlerfall würde Mathcad die Programmausführung beenden. In komplizierteren Fällen, insbesondere wenn Ihre Programme viele numerische Operatoren oder vordefinierte Funktionen von Mathcad verwenden, ist es nicht möglich, alle Fehlersituationen abzuprüfen, welche in dem Programm auftreten können. Die Anweisung **on error** soll Ihnen dabei helfen, Fehler aufzufangen und einen alternativen Ausdruck zu berechnen, wenn ein numerischer Fehler auftritt, für den Mathcad andernfalls die Programmausführung beendet.

Um die Anweisung **on error** zu benutzen, klicken Sie in der Programmierungspalette auf on error , oder drücken Sie [Strg]+[']. Geben Sie nicht die Wörter »on error« ein. Geben Sie in den Platzhalter rechts von **on error** die Programmanweisungen ein, die normalerweise ausgewertet werden, in denen aber etwaige numerische Fehler aufgefangen werden. In den Platzhalter links von **on error** geben Sie die Programmanweisungen ein, die ausgeführt werden, wenn der Standardausdruck auf der rechten Seite nicht ausgewertet werden kann.

Abbildung 15.7 zeigt **on error** in einem Programm, das die Wurzel eines Ausdrucks ermittelt.

> Dieses benutzerdefinierte Programm zum Ermitteln von Wurzeln demonstriert die
> "On Error"-Anweisung.
>
> Dieses Programm sucht standardmäßig nach der reellen Wurzel eines Ausdrucks
> und verwendet dazu einen Schätzwert von Null. Ist keine reelle Wurzel zu finden,
> sucht es nach einer komplexen Wurzel, wobei der Schätzwert 0 + 2i verwendet wird.
>
> $RF(f, x) := wurzel(f(x), x)$ <-- Die numerische Wurzel-Funktion von Mathcad.
>
> $RootFind(f) := \begin{vmatrix} gr \leftarrow 0 \\ gc \leftarrow 0 + 2i \\ RF(f, gc) \text{ on error } RF(f, gr) \end{vmatrix}$ <-- Klicken Sie auf die Schaltfläche "On Error" auf der Programmierungspalette, um den Operator hier einzufügen.
>
> $f1(x) := x^2 - 2 \cdot x - 3$ $f2(x) := x^2 - x + 3$
>
> $RootFind(f1) = -1.000$ $RootFind(f2) = 0.500 + 1.658i$
>
> Ohne "On Error" kann das Beispiel nicht konvergieren:
> $RF(f2, 0) =$
> Konvergenz gegen eine Lösung nicht möglich.
> Versuchen Sie es mit einem anderen Schätzwert,
> oder überprüfen Sie, ob tatsächlich eine Lösung existiert.

Abbildung 15.7: Die Anweisung on error fängt numerische Fehler in einem Programm auf.

Fehlermeldungen

So wie Mathcad die weitere Auswertung unterbricht und eine Fehlermeldung für einen fehlerhaften Ausdruck erzeugt (siehe Abbildung 15.7 unten), können auch Sie die Auswertung unterbrechen und eigene Fehlermeldungen anzeigen.

Dazu verwenden Sie die *fehler*-Funktion von Mathcad Professional. Diese Funktion, die im Abschnitt »Funktionen für Zeichenfolgen« beschrieben ist, unterbricht die numerische Auswertung für einen Ausdruck und zeigt eine Fehlermeldung an. Normalerweise wird die *fehler*-Funktion im linken Platzhalter einer **on error**-Anweisung eingegeben, so daß eine Fehlermeldung angezeigt wird, wenn eine bestimmte Bedingung zutrifft.

Abbildung 15.8 zeigt, wie selbst in kleinen Programmen benutzerdefinierte Fehlermeldungen angezeigt werden können.

Hinweis Einige *fehler*-Funktionen werden automatisch in eine Mathcad-Fehlermeldung umgewandelt, die der *fehler*-Funktion ähnlich sind. So wird zum Beispiel »muß real sein« umgewandelt in »Dieser Wert muß real sein. Sein imaginärer Bestandteil muß 0 sein.«

```
C(n,k) berechnet die Anzahl der Kombinationen von k aus n.
Die Fehlermeldung variiert je nach Art der falschen Eingabe:

C(n,k) := | fehler("muß reell sein")       if  [ (Im(n) ≠ 0) + (Im(k) ≠ 0) ]
          | fehler("muß positiv sein")     if  [ (n ≤ 0) + (k ≤ 0) ]
          | fehler("muß ganze Zahl sein")  if  [ (n ≠ floor(n)) + (k ≠ floor(k)) ]
          | fehler("erstes arg muß > sein als zweites")  if  (n ≤ k)
          | ⎡ k                  ⎤
          | ⎢ ∏  ((n - i + 1)/i) ⎥  on error  ( (n)! / ((k)!·((n - k))!) )
          | ⎣i = 1                ⎦

          "On Error" wird für eine numerische Näherung verwendet,
          sobald die exakte Formel überläuft.

C(200, 105) = 7.060·10^58

Beim Klicken auf die folgenden Gleichungen erscheinen unterschiedliche Fehlermeldungen...
  C(2, 38i) =     C(-2, 6) =      C(2.5, 3) =      C(105, 200) =
  muß reell sein  muß positiv sein  muß ganze Zahl sein  erstes arg muß > sein als zweites
```

Abbildung 15.8: Benutzerdefinierte Fehlermeldungen

Programme in Programmen

Die Beispiele in den vorigen Abschnitten wurden mehr der Demonstration halber ausgewählt. Sie waren daher nicht besonders leistungsfähig. Dieser Abschnitt zeigt Beispiele für komplexere Programme.

Die Programmierung ist insbesondere deshalb so flexibel, weil man Programmstrukturen innerhalb anderer Programmstrukturen einbetten kann. In Mathcad gehen Sie dazu wie folgt vor:

- Sie können als eine der Anweisungen in einem Programm ein anderes Programm einfügen, oder Sie definieren an andere Stelle ein Programm, das Sie innerhalb eines anderen Programms wie eine Subroutine aufrufen.

- Sie können eine Funktion rekursiv definieren.

Subroutinen

Abbildung 15.9 zeigt zwei Beispiele für Programme, die eine Anweisung enthalten, die selbst wiederum ein Programm darstellen. Im Prinzip gibt es keine Beschränkung, wie weit ein Programm verschachtelt werden darf.

Viele Programmierer vermeiden verschachtelte Programme und die dadurch eingeführte Komplexität, indem sie Subroutinen anlegen. Abbildung 15.10 zeigt ein Beispiel für diese Technik.

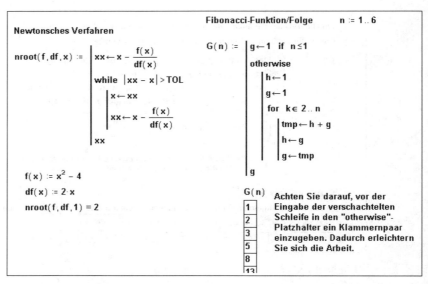

Abbildung 15.9: Programme, in denen Anweisungen selbst wiederum Programme sind

Tip Sie sollten sich angewöhnen, lange Programme in Subroutinen zu zerlegen. Lange Programme und tief verschachtelte Anweisungen können dazu führen, daß andere Ihr Programm nicht mehr verstehen. Außerdem ist es schwierig, lange Programme zu bearbeiten und auf Fehler hin zu untersuchen.

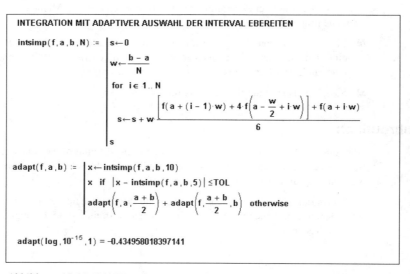

Abbildung 15.10: Die Komplexität wird durch eine Subroutine vermindert.

Die Funktion *Adaptieren* in Abbildung 15.10 führt mit Hilfe von *intsimp* eine adaptive Quadratur- oder Integrationsroutine durch, um das Gebiet in jedem Teilintervall anzunähern. Das sonst für die Definition von *Adaptieren* benutzte Programm wird vereinfacht, indem Sie *intsimp* separat definieren und unter *Adaptieren* anwenden.

Rekursion

Die Rekursion ist eine leistungsfähige Programmiertechnik, wobei eine Funktion in ihrer Definition auf sich selbst verweist, wie in Abbildung 15.11 gezeigt. Beachten Sie auch die Definition von *Adaptieren* in Abbildung 15.10. Die Definition rekursiver Funktionen sollte immer aus mindestens zwei Teilen bestehen:

- Einer Definition der Funktion, in der ein früherer Wert der Funktion verwendet wird.
- Einer Ausgangsbedingung, die verhindert, daß die Rekursion endlos läuft.

Die Idee dabei ist ähnlich der mathematischen Induktion: Wenn Sie aus $f(n)$ den Wert $f(n+1)$ ableiten können und wenn Sie überdies $f(0)$ kennen, wissen Sie alles über f.

Tip Rekursive Funktionsdefinitionen sind zwar elegant und knapp, aber nicht immer effizient im Hinblick auf den Rechenaufwand. Sie werden feststellen, daß eine äquivalente Definition unter Verwendung einer der iterativen Schleifen schneller ausgewertet wird.

Größter gemeinsamer Nenner

$$\gcd(x,y) := \begin{vmatrix} y & \text{if } x=0 \\ \gcd(\text{mod}(y,x),x) & \text{otherwise} \end{vmatrix}$$

$\gcd(9,45) = 9$

Faktorielle Funktion

$$\text{factorial}(n) := \begin{vmatrix} 1 & \text{if } n=1 \\ n \cdot \text{factorial}(n-1) & \text{otherwise} \end{vmatrix}$$

$\text{factorial}(5) = 120$

Zinseszins

$$P(n,i,P_0) := \begin{vmatrix} P_0 & \text{if } n=1 \\ P(n-1,i,P_0) \cdot (1+i\,\%) & \text{otherwise} \end{vmatrix}$$

$P(3,12,100) = 125.44$

Das Boolesche Gleichheitszeichen(=) muß in den Programmen stets mit Hilfe der Tastenkombination [Strg][+] eingegben werden.

Abbildung 15.11: Rekursive Funktionsdefinition

Kapitel 16
Komplexere Berechnungen

Verweise auf Arbeitsblätter

Austausch von Daten mit anderen Applikationen

Skripting für benutzerdefinierte OLE-Automatisierungsobjekte

Mathcad als OLE-Automatisierungsserver

Verweise auf Arbeitsblätter

Es gibt Situationen, in denen Sie die Formeln und Berechnungen aus einem Mathcad-Arbeitsblatt in einem anderen Arbeitsblatt brauchen. Oder es gibt Berechnungen und Definitionen, die Sie bei Ihrer Arbeit häufig benutzen. Sie könnten diese Dinge natürlich einfach mit KOPIEREN und EINFÜGEN aus dem BEARBEITEN-Menü in das neue Arbeitsblatt einfügen. Wenn es sich dabei aber um ein ganzes Arbeitsblatt handelt, kann das aufwendig sein und die eigentliche Aufgabe Ihres aktuellen Arbeitsblatts unübersichtlich machen.

Tip Eine Alternative wäre, einen ausblendbaren Bereich anzulegen (wie auf Seite 121 beschrieben), um Berechnungen auf Ihrem Arbeitsblatt zu verbergen. Diese Methode erlaubt Ihnen zwar nicht, die Berechnungen so wiederzuverwenden wie bei einem Verweis auf ein Arbeitsblatt, aber Sie haben die Möglichkeit, einen Bereich mit Berechnungen zu sperren und durch ein Kennwort zu schützen.

Um einen Verweis auf ein Arbeitsblatt einzufügen, gehen Sie wie folgt vor:

1. Klicken Sie mit der Maus an die Position, an der der Verweis eingefügt werden soll. Klicken Sie dabei in einen leeren Bereich. Der Cursor sollte als Fadenkreuz angezeigt werden.

2. Wählen Sie im EINFÜGEN-Menü den Eintrag VERWEIS.

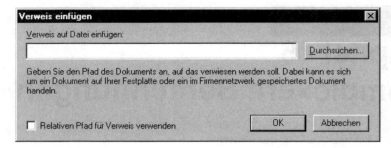

3. Klicken Sie auf DURCHSUCHEN, um ein Arbeitsblatt auszuwählen. Alternativ können Sie auch den Pfad zu dem Arbeitsblatt eingeben. Außerdem ist es möglich, eine Internet-Adresse (URL) zu verwenden, um einen Verweis auf ein Mathcad-Arbeitsblatt einzufügen, das im World Wide Web abgelegt ist.

4. Klicken Sie auf OK, um den Verweis in Ihr Arbeitsblatt einzufügen.

Um kenntlich zu machen, daß ein Verweis eingefügt wurde, setzt Mathcad an der Stelle, an der sich der Cursor befand, ein kleines Icon ein.

Der Pfad zu dem betreffenden Arbeitsblatt befindet sich rechts von diesem Icon. Alle Definitionen in dem damit angesprochenen Arbeitsblatt stehen unterhalb und rechts von diesem Icon zur Verfügung. Wenn Sie auf dieses Icon doppelklicken, öffnet Mathcad dieses Arbeitsblatt zur Bearbeitung in einem eigenen Fenster. Sie können dieses Icon verschieben oder löschen.

Hinweis Standardmäßig ist die Position der betreffenden Datei im Arbeitsblatt als *absoluter* Systempfad (oder URL) abgelegt. Das bedeutet, wenn Sie das Haupt-Arbeitsblatt und das darin verwendete Arbeitsblatt in ein Dateisystem mit einer anderen Verzeichnisstruktur verschieben, findet Mathcad die Datei nicht mehr. Wenn Sie die Position der verwendeten Datei *relativ* zu dem Mathcad-Arbeitsblatt abspeichern möchten, das den Verweis enthält, klicken Sie im Dialogfeld VERWEIS EINFÜGEN auf RELATIVEN PFAD FÜR VERWEIS VERWENDEN. Um einen relativen Pfad zu benutzen, müssen Sie die Datei, welche die Referenz enthält, natürlich vorher bereits abgespeichert haben.

Wenn Sie den Inhalt einer Datei verändern, auf die Sie in Ihrem Arbeitsblatt verweisen, so daß sich alle Berechnungen ändern, müssen Sie *alle* Arbeitsblätter öffnen, die Verweise auf diese Datei enthalten, um die Berechnungen zu aktualisieren. Die Berechnungen in diesen Arbeitsblättern werden sonst nicht automatisch aktualisiert.

Daten mit anderen Applikationen austauschen

Komponenten sind spezielle OLE-Objekte, die Ihnen ermöglichen, innerhalb Ihres Mathcad-Arbeitsblatts auf die Funktionen anderer Applikationen zuzugreifen (beispielsweise Axum und S-PLUS von MathSoft, Microsoft Excel und MATLAB). Anders als die OLE-Objekte, die Sie in ein Arbeitsblatt einfügen, wie in Kapitel 6 beschrieben, kann eine Komponente Daten von Mathcad entgegennehmen, Daten an Mathcad weitergeben oder beides, indem es das Objekt dynamisch mit Ihren Mathcad-Berechnungen verknüpft.

Tip Wie in Kapitel 11 beschrieben, stellt Mathcad die Komponente DATEI LESEN/ SCHREIBEN bereit, mit der Sie *statische* Daten, d.h. Daten in gespeicherten Dateien, in unterschiedlichen Formaten importieren und exportieren können. Eine Beschreibung der dynamischen Verknüpfung zu einem Objekt, für welche es in Mathcad keine dedizierte Komponente gibt, finden Sie im Abschnitt »Skripting für benutzerdefinierte OLE-Automatisierungsobjekte« beschrieben.

In Mathcad gibt es unter anderem folgende Komponenten:

- Axum, zum Anlegen von benutzerdefinierbaren Axum-Diagrammen
- Exce,l für den Zugriff auf Zellen und Formeln in einer Tabellenkalkulation von Microsoft Excel
- SmartSketch, zum Anlegen von 2D-Zeichnungen und 2D-Skizzen
- S-PLUS Graph, für das Anlegen von S-PLUS-Diagrammen

Pro - S-PLUS Script, für den Zugriff auf die Programmierumgebung von S-PLUS
Pro - MATLAB, für den Zugriff auf die Programmierumgebung von MATLAB

Hinweis Um eine Applikationskomponente nutzen zu können, muß die Applikation für diese Komponente natürlich auf Ihrem System installiert sein, aber nicht notwendigerweise ausgeführt werden.

Tip Im Ordner SAMPLES finden Sie zahlreiche Beispieldateien, die Komponenten verwenden.

Die Verwendung von Komponenten

Komponenten erhalten Eingaben von einer oder mehreren Mathcad-Variablen, führen das, was Sie spezifiziert haben, mit diesen Daten durch, und geben in der Regel Ausgaben an andere Mathcad-Variablen weiter. Eine »Eingabevariable« ist ein Skalar, ein Vektor oder eine Matrix, die Sie auf Ihrem Mathcad-Arbeitsblatt bereits definiert haben. Ausgaben aus einer Komponente (ebenfalls Skalar, Vektor oder Matrix) werden einer Mathcad-Variablen zugewiesen. Diese Variable wird auch als »Ausgabevariable« bezeichnet.

Grundsätzlich gehen Sie wie folgt vor, um eine Komponente zu nutzen:

- Fügen Sie die Komponente ein.
- Spezifizieren Sie Eingabevariable(n) und Ausgabevariable(n).
- Konfigurieren Sie die Komponenten so, daß sie Komponenten von Mathcad entgegennehmen bzw. Ausgaben an Mathcad zurückgeben.

Weil einige Komponenten nur Eingaben entgegennehmen oder Ausgaben senden können, unterscheiden sich diese Schritte zwischen den Komponenten. Die in diesen Schritten vorgestellten Konzepte bieten einen Überblick.

Tip Viele Komponenten unterstützen sowohl Zeichenfolgen als auch Skalare, Vektoren und Matrizen für die Ein- und Ausgabe.

Schritt 1: Eine Komponente einfügen

Um eine Komponente in ein Mathcad-Arbeitsblatt einzufügen, gehen Sie wie folgt vor:

1. Klicken Sie auf einen leeren Bereich in Ihrem Mathcad-Arbeitsblatt, in dem die Komponente erscheinen soll. Klicken Sie unterhalb oder rechts von Definitionen für Variablen, die als Eingaben für diese Komponente dienen sollen.

2. Wählen Sie im EINFÜGEN-Menü den Eintrag KOMPONENTE. Damit wird der Komponenten-Assistent gestartet.

3. Wählen Sie eine der Komponenten aus der Liste aus, und klicken Sie auf WEITER. Abhängig von der ausgewählten Komponente wird möglicherweise ein weiteres Dialogfeld angezeigt, in dem Sie die Eigenschaften der Komponente spezifizieren können. Wenn Sie auf FERTIGSTELLEN klicken, wird die Komponente in Ihr Arbeitsblatt eingefügt.

Wenn bei der Auswahl einer der Komponenten kein Assistent aufgerufen wird, wird die Komponente unmittelbar auf Ihrem Arbeitsblatt angezeigt, wobei die Standardeigenschaften verwendet werden.

Jede Komponente hat ein bestimmtes Erscheinungsbild, aber alle Komponenten haben einen oder mehrere Platzhalter links von »:=« und/oder unten in der Komponente. Beispielsweise sieht die Excel-Komponente (mit einer Eingabe und zwei Ausgaben) beim Einfügen in Ihr Arbeitsblatt so aus:

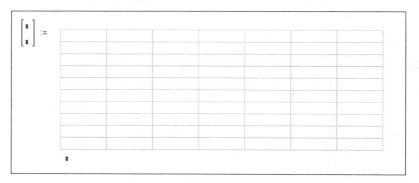

Die Platzhalter unten in der Komponente nehmen die Namen zuvor definierter Eingabevariablen auf. Die Platzhalter, die Sie links von »:=« sehen, sind für die Ausgabevariablen vorgesehen.

Nach dem Eintragen der Platzhalter für die Eingabe- und Ausgabevariablen können Sie die Variablen verbergen, indem Sie mit der rechten Maustaste auf die Komponente klicken und aus dem POPUP-Menü den Eintrag ARGUMENTE VERBERGEN wählen.

Hinweis   Um eine Eingabe- oder Ausgabevariable einzufügen, klicken Sie mit der rechten Maustaste auf die Komponente und wählen im Popup-Menü den Eintrag EINGABEVARIABLE HINZUFÜGEN bzw. AUSGABEVARIABLE HINZUFÜGEN. Um eine Eingabe oder Ausgabe zu entfernen, wählen Sie in dem Menü EINGABEVARIABLE LÖSCHEN oder AUSGABEVARIABLE LÖSCHEN.

Schritt 2: Konfiguration einer Komponente

Nachdem Sie eine Komponente in ein Arbeitsblatt eingefügt haben, konfigurieren Sie ihre Eigenschaften, so daß die Komponente weiß, wie es die von Mathcad erhaltenen Eingaben verarbeiten und wie es Ausgaben weitergeben soll. Um die Eigenschaften für eine Komponente zu konfigurieren, gehen Sie wie folgt vor:

1. Klicken Sie einmal auf die Komponente.
2. Klicken Sie mit der rechten Maustaste auf die Komponente, um ein Popup-Menü anzuzeigen.
3. Wählen Sie im Popup-Menü den Eintrag EIGENSCHAFTEN aus.

Die Einstellungen im Dialogfeld EIGENSCHAFTEN sind für die verschieden Komponenten unterschiedlich. Im EIGENSCHAFTEN-Dialogfeld für die Excel-Komponente können Sie angeben, in welchen Anfangszellen die Eingabewerte abgelegt sind und aus welchem Zellbereich die Ausgabe erfolgt.

Tip   Wenn Sie eine Applikationskomponente einfügen, sehen Sie ein kleines Fenster dieser Umgebung auf Ihrem Mathcad-Arbeitsblatt. Wenn Sie auf die Komponente doppelklicken, wird diese *Inplace* aktiviert, und statt der Menüs und Symbolleisten von Mathcad werden die Menüs und Symbolleisten dieser Applikation angezeigt. Damit haben Sie Zugriff auf die Funktionen dieser Applikation, ohne die Mathcad-Umgebung verlassen zu müssen.

Schritt 3: Daten austauschen

Nachdem Sie die Komponente konfiguriert haben, klicken Sie außerhalb. Jetzt findet der Datenaustausch statt. Daten werden von den Eingabevariablen in die Komponente eingegeben, die Komponente verarbeitet die Daten, und die Ausgabevariablen erhalten die Ausgaben der Komponente. Dieser Austausch findet statt, wenn Sie auf die Komponente klicken und [F9] drücken, wenn sich die Eingabevariablen ändern oder wenn Sie im RECHNEN-Menü den Eintrag ARBEITSBLATT BERECHNEN auswählen.

Tip   Mit Hilfe mancher Komponenten können Sie die Datei, mit der die Komponente Daten austauscht, als gesonderte Datei speichern.

Axum-Komponente

Axum ist eine Applikation von MathSoft, mit der technische Diagramme angelegt und Datenanalysen ausgeführt werden. Es bietet Ihnen über 90 zwei- und dreidimensionale Diagrammtypen mit komplexen Formatoptionen. Wenn Sie Axum LE für Mathcad (in Ihrem Mathcad-Professional-Paket enthalten), Axum 5.03 oder höher auf Ihrem System installiert haben, bringt die Axum-Komponente einen Teil ihrer Leistungsfähigkeit in Ihr Arbeitsblatt ein.

Einfügen einer Axum-Komponente

Um eine Axum-Komponente in Ihr Mathcad-Arbeitsblatt einzufügen, gehen Sie wie folgt vor:

1. Legen Sie ein oder mehrere Felder an, die Eingaben für die Axum-Komponente enthalten, die Axum in einem Diagramm darstellen soll. Weitere Informationen über die Anzahl und die Art dieser Felder finden Sie in der Online-Hilfe von Axum und im Axum-Benutzerhandbuch, das auf der Mathcad-CD im PDF-Format vorliegt.

2. Klicken Sie auf einen leeren Bereich in Ihrem Arbeitsblatt. Vergewissern Sie sich, daß Sie unterhalb oder rechts von dem/den angelegten Feld(ern) klicken.

3. Wählen Sie im EINFÜGEN-Menü den Eintrag KOMPONENTE.

4. Wählen Sie AXUM GRAPH aus der Liste, und klicken Sie auf WEITER. Wählen Sie eine Diagrammart aus, und geben Sie die angemessene Anzahl an Eingabevariablen an. Klicken Sie dann auf FERTIGSTELLEN.

5. Auf Ihrem Mathad-Arbeitsblatt erscheint ein leeres Axum-Diagramm. Geben Sie die Namen Ihrer Feldvariablen in die Platzhalter an der linken unteren Ecke des Diagramms ein. Bei Vektoren hier bitte keinerlei Indizes schreiben. Klicken Sie außerhalb des Diagramms oder drücken Sie die ⏎-Taste.

Wenn Sie außerhalb der Komponente klicken, wird das Diagramm angezeigt. Ein Beispiel dafür sehen Sie in Abbildung 16.1.

Bearbeitung eines Axum-Diagramms

Nachdem eine Axum-Komponente in ein Mathcad-Arbeitsblatt eingefügt wurde, können Sie das Diagramm unter Verwendung der Formatoptionen von Axum formatieren. Dazu gehen Sie wie folgt vor:

1. Doppelklicken Sie im Mathcad-Arbeitsblatt auf das Axum-Diagramm. Die Menüs und Symbolleisten von Axum werden in Mathcad angezeigt.

2. Bearbeiten Sie das Axum-Diagramm unter Verwendung einer der bereitgestellten Optionen.

3. Klicken Sie außerhalb der Komponente in Ihr Mathcad-Arbeitsblatt, um diese neu zu berechnen und Ihre Arbeit in Mathcad fortzusetzen.

Weitere Informationen über die Verwendung von Axum finden Sie in der Axum-Online-Hilfe. Beispieldateien von Mathcad, die Axum-Komponenten enthalten, finden Sie im SAMPLES\AXUM-Ordner im Mathcad-Verzeichnis auf Ihrer Festplatte, wo Sie Mathcad installiert haben.

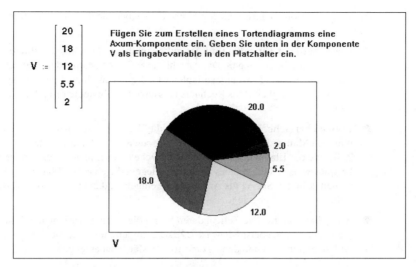

Abbildung 16.1: Mit Hilfe der Axum-Komponente wird ein Axum-Diagramm angelegt.

Excel-Komponente

Die Excel-Komponente ermöglicht es Ihnen, Daten direkt mit Microsoft Excel (Version 7 oder höher) auszutauschen und auf seine Funktionen zuzugreifen, falls diese Applikation auf Ihrem System installiert ist.

Tip | Wenn Sie eine statische Datendatei, d.h. eine gespeicherte Datei, im Excel-Format importieren oder exportieren möchten, verwenden Sie die in Kapitel 11 beschriebene Komponente DATEI LESEN/SCHREIBEN.

Einfügen einer Excel-Komponente

Um eine Excel-Komponente in Ihr Mathcad-Arbeitsblatt einzufügen, gehen Sie wie folgt vor:

1. Klicken Sie auf einen leeren Bereich in Ihrem Arbeitsblatt. Wenn Sie Werte aus einer Mathcad-Variablen an die Komponente weitergeben möchten, klicken Sie unterhalb oder rechts von der Variablendefinition.

2. Wählen Sie im EINFÜGEN-Menü den Eintrag KOMPONENTE.

3. Wählen Sie EXCEL aus der Liste aus, und klicken Sie auf WEITER. Um ein Objekt zu erzeugen, das auf einer bereits existierenden Datei basiert, wählen Sie ERSTELLEN AUS DATEI und geben den Pfadnamen in das Textfeld ein bzw. suchen ihn mit Hilfe der DURCHSUCHEN-Schaltfläche. Klicken Sie auf ÖFFNEN. Andernfalls wählen Sie LEERE EXCEL-TABELLE ERSTELLEN.

4. Klicken Sie auf ALS SYMBOL ANZEIGEN, wenn statt der Excel-Datei ein Symbol in Ihrem Mathcad-Arbeitsblatt angezeigt werden soll.

Auf den darauffolgenden Seiten des Assistenten geben Sie die folgenden Informationen ein:

- **Die Anzahl der Eingabe- und Ausgabevariablen**. Sie können mehrere Ein- und Ausgabevariablen anlegen. Die Anzahl der zwischen Mathcad und Excel verfügbaren Eingabe- und Ausgabevariablen ist lediglich durch die Speicherkapazität und die Geschwindigkeit Ihres Rechners begrenzt. Es gibt keine festgelegte Beschränkung.

- **Eingabebereiche**. Die Zellen, in denen die Werte für die einzelnen Eingabevariablen von Mathcad gespeichert werden. Geben Sie die Anfangszelle an, das ist die Zelle, die das Element der oberen linken Ecke eines Eingabefelds enthält. Um beispielsweise eine Eingabevariable anzulegen, die eine 3x3-Matrix mit Werten enthält, könnten Sie A1 als Anfangszelle eingeben, dann werden die Werte in den Zellen A1 bis C3 abgelegt.

- **Ausgabebereiche**. Die Zellen, deren Werte die Ausgabevariablen in Mathcad definieren. Geben Sie beispielsweise **C2:L11** ein, um die Werte aus den Zellen C2 bis L11 zu extrahieren und daraus eine 10x10-Matrix zu erzeugen.

Tip Mit Hilfe von Notationen wie **TABELLE2!B2:C2** können Sie ein bestimmtes Excel-Arbeitsblatt und einen bestimmten Zellenbereich festlegen.

Wenn Sie alle Informationen in den Assistenten eingegeben haben, erscheint die Excel-Komponente in Ihrem Arbeitsblatt. Die Platzhalter für die Ein- und Ausgabevariablen werden angezeigt. Geben Sie die Namen für die Eingabevariablen in die unteren Platzhalter ein. Geben Sie die Ausgabevariablen in die Platzhalter links vom »:=« ein. Wenn Sie außerhalb der Komponente klicken, werden Eingabevariablen von Mathcad an Excel geschickt und ein Bereich von Zellen wird an Mathcad zurückgegeben.

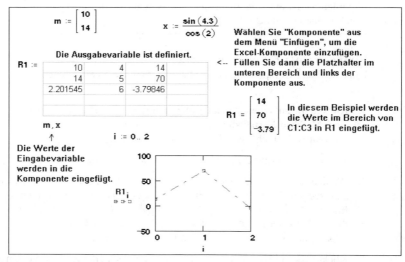

Abbildung 16.2: Verknüpfung einer Excel-Tabellenkalkulation mit einem Mathcad-Arbeitsblatt

Abbildung 16.2 zeigt ein Beispiel für eine Excel-Komponente in einem Mathcad-Arbeitsblatt.

Hinweis	Standardmäßig zeigt eine Excel-Komponente nur einige wenige Zeilen und Spalten der zugrundeliegenden Tabellenkalkulation an. Um weitere oder weniger Zeilen und Spalten zu sehen, doppelklicken Sie auf die Komponente, so daß Griffe entlang der Seiten der Komponente angezeigt werden. Anschließend ändern Sie die Größe, indem Sie einen dieser Griffe entsprechend verschieben.

Eingaben und Ausgaben ändern

Wenn Sie Eingabe- oder Ausgabevariablen hinzufügen, müssen Sie angeben, in welchen Zellen die Komponente die neue Eingabe ablegt und welche Zellen die neue Ausgabe zur Verfügung stellen. Dazu gehen Sie wie folgt vor:

1. Klicken Sie mit der rechten Maustaste auf die Komponente, und wählen Sie im Popup-Menü den Eintrag EIGENSCHAFTEN.

2. Gehen Sie auf die Registerkarten EINGABEN oder AUSGABEN, und spezifizieren Sie jeweils einen entsprechenden Zellbereich.

Sie sollten diese Schritte auch ausführen, wenn Sie die im Assistenten spezifizierten Zellbereiche für Ein- und Ausgaben ändern möchten.

Zugriff auf Excel

Nachdem Sie eine Excel-Komponente auf Ihrem Mathcad-Arbeitsblatt eingefügt haben, können Sie diese nutzen, um Berechnungen in Excel auszuführen. Dazu gehen Sie wie folgt vor:

1. Doppelklicken Sie auf die Excel-Komponente im Mathcad-Arbeitsblatt. Die Excel-Komponente wird geöffnet und zeigt ihre Menüs und Symbolleisten innerhalb von Mathcad an.

2. Bearbeiten Sie die Excel-Komponente.

3. Klicken Sie in das Mathcad-Arbeitsblatt, so daß die Komponenten neu berechnet werden und Sie Ihre Arbeit fortsetzen können.

SmartSketch-Komponente

SmartSketch ist ein von Intergraph entwickeltes Tool für 2D-Zeichnungen und -Skizzen. Mit der SmartSketch-Komponente können Sie in Ihrem Mathcad-Arbeitsblatt SmartSketch-Zeichnungen erstellen, die mit Ihren Mathcad-Berechnungen verknüpft sind. So können beispielsweise Mathcad-Gleichungen die Größe von Objekten in einer Zeichnung steuern.

Die SmartSketch-Komponente macht Mathcad zur idealen Plattform für das Erstellen technischer Abbildungen und Skizzen nach Vorgaben. Die SmartSketch-Komponente steht Ihnen zur Verfügung, wenn Sie SmartSketch LE für Mathcad (in Ihrem Mathcad-Paket enthalten), SmartSketch 3, Imagination Engineer bzw. Imagineer Technical 2 installiert haben.

Einfügen einer SmartSketch-Zeichnung

Um eine Zeichnung einzufügen, die mit Ihrem Mathcad-Arbeitsblatt verknüpft ist, gehen Sie wie folgt vor:

1. Klicken Sie auf einen leeren Bereich in Ihrem Arbeitsblatt. Wenn Sie Werte aus einer Mathcad-Variablen an die Zeichnung weitergeben möchten, klicken Sie unterhalb oder rechts von der Variablendefinition.

2. Wählen Sie im EINFÜGEN-Menü den Eintrag KOMPONENTE. Wählen Sie SMARTS-KETCH aus, und klicken Sie auf WEITER. Die erste Seite des SmartSketch-Komponenten-Assistenten erscheint.

3. Um eine bereits erstellte SmartSketch-Zeichnung einzufügen, wählen Sie AUS DATEI und geben den Pfadnamen in das Textfeld ein, oder Sie benutzen die BROWSE-Schaltfläche zum Auffinden der Datei. Klicken Sie dann auf ÖFFNEN. Sie können auch NEUES SMARTSKETCH-DOKUMENT wählen. Die nächste Seite des Assistenten wird nun geöffnet.

4. Geben Sie die Anzahl der Ein- und Ausgaben an. Wenn Sie sich in einer bereits bestehenden Datei befinden, geben Sie auch die Namen der Variablen, der Dimensionen oder der Symbole in der Zeichnung an, an die Eingaben gesendet und von denen Ausgaben empfangen werden sollen. Verwenden Sie die Dropdown-Menüs in den Textfeldern neben jeder Ein- bzw. Ausgabe.

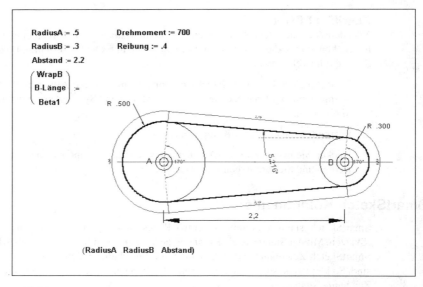

Abbildung 16.3: Eine SmartSketch-Zeichnung in ein Mathcad-Arbeitsblatt integrieren.

Wenn Sie auf FERTIGSTELLEN klicken, erscheint die SmartSketch-Komponente mit Platzhaltern für die Eingabe- und Ausgabevariablen in Ihrem Arbeitsblatt. Geben Sie die Namen der Mathcad-Eingabevariablen in den unteren Platzhalter ein. Die Ausgabevariablen geben Sie in die Platzhalter links neben »:=« ein.

Abbildung 16.3 zeigt eine in ein Mathcad-Arbeitsblatt eingefügte SmartSketch-Zeichnung. Die Werte aus den Variablen *Radius A*, *Radius B* und *Distance* werden als Eingabe an SmartSketch gesandt und bei der Erstellung der Zeichnung verwendet. Die Variablen *WrapB*, *BLength* und *Beta1* sind Ausgabevariablen.

Hinweis Eingabewerte *ohne* Einheiten werden in SI-Einheiten weitergeleitet. Wenn Sie z.B. `2,0` als Eingabe für eine Länge versenden, wird diese Angabe als 2,0 Meter verstanden. SmartSketch wandelt sie also standardmäßig in die Anzeigeeinheiten (Standard: Zoll) um und erstellt die Zeichnung.

Erstellen einer neuen Zeichnung

Wenn Sie beim Einfügen der SmartSketch-Komponente NEUES SMARTSKETCH-DOKUMENT gewählt haben, müssen Sie eine neue SmartSketch-Zeichnung erstellen, wenn die Komponente angezeigt wird. Dabei gehen Sie wie folgt vor:

1. Doppelklicken Sie in die Komponente, und erstellen Sie eine neue Zeichnung mit Hilfe der SmartSketch-Menüs und -Symbolleisten. Benutzen Sie die Dimensionen-Symbolleiste, um Dimensionen, d.h. Bemaßungen, in Ihre Zeichnung einzufügen.
2. Wählen Sie aus dem TOOL-Menü den Eintrag VARIABLEN, um Variablen zu definieren oder Dimensionen zu bearbeiten. Schließen Sie die Variablentabelle, bevor Sie wieder in das Arbeitsblatt zurückklicken.

Anschließend möchten Sie Variablen, Dimensionen oder Symbole an die Ein- bzw. Ausgaben binden. Klicken Sie hierfür mit der rechten Maustaste auf die Komponente, und wählen Sie aus dem Popup-Menü den Eintrag EIGENSCHAFTEN. In dem EIGENSCHAFTEN-Dialogfeld können Sie folgendes angeben:

- **Eingabenamen**: die in der SmartSketch-Zeichnung verwendeten Dimensionen-, Variablen- und Symbolnamen, die durch die Eingaben an die SmartSketch-Komponente kontrolliert werden. Wählen Sie einen Dimensionen- oder Variablennamen aus der Dropdown-Liste.

- **Ausgabenamen**: die in der SmartSketch-Zeichnung verwendeten Dimensionen-, Variablen- und Symbolnamen, die die Ausgabevariablen in Mathcad definieren. Wählen Sie einen Dimensionen- oder Variablennamen aus der Dropdown-Liste.

Wenn Sie außerhalb der Komponente klicken, werden die Eingabewerte von Mathcad an die SmartSketch-Zeichnung geschickt und als Ausgabewerte an Mathcad zurückgesandt.

Tip Wenn die Zeichnung über das Komponentenfenster hinausgeht, klicken Sie mit der rechten Maustaste auf die Komponente, wählen Sie aus dem Popup-Menü den Eintrag EIGENSCHAFTEN, und klicken Sie auf das Feld neben AUTOMATISCHE GRÖSSENANPASSUNG.

Hinweis Um zu gewährleisten, daß Änderungen in den Dimensionen (Bemaßungen) einer Zeichnung nur in Relation zu anderen Änderungen vorgenommen werden, sollten Sie im TOOL-Menü die Option BEZIEHUNGEN ERHALTEN aktivieren. Überprüfen Sie diese aktivierte Einstellung durch Doppelklicken auf die Komponente, und wählen Sie den Eintrag TOOLS aus der Menüleiste.

Weitere Informationen über SmartSketch finden Sie in den entsprechenden Handbüchern und der Dokumentation, die über das HILFE-Menü von SmartSketch zugänglich ist. Mathcad-Beispieldateien mit SmartSketch-Komponenten liegen im SAMPLES\CAD-Ordner im Verzeichnis, in welches Sie Mathcad installiert haben.

S-PLUS-Diagramm-Komponente

S-PLUS ist eine komplexe Applikation zur Datenanalyse und statistischen Auswertung, die ebenfalls von MathSoft angeboten wird. Sie ermöglicht es Ihnen, auf Ihrem Mathcad-Arbeitsblatt die unterschiedlichsten zwei- und dreidimensionalen Diagramme zu verwenden, unter anderem Trellis-Diagramme. Um diese Komponente nutzen zu können, muß auf Ihrem Computer S-PLUS 4.5 oder höher installiert sein.

Einfügen eines S-PLUS-Diagramms

Um eine S-PLUS-Diagramm-Komponente in Ihr Mathcad-Arbeitsblatt einzufügen, gehen Sie wie folgt vor:

1. Legen Sie ein bzw. mehrere Felder an, die Eingaben für die S-PLUS-Komponente enthalten. Weitere Informationen über die Anzahl und die Art dieser Felder finden Sie in der Online-Hilfe von S-PLUS.

2. Klicken Sie auf einen leeren Bereich in Ihrem Arbeitsblatt. Vergewissern Sie sich, daß Sie unterhalb oder rechts der angelegten Felder klicken.

3. Wählen Sie im EINFÜGEN-Menü den Eintrag KOMPONENTE.

4. Wählen Sie aus der Liste den Eintrag S-PLUS-DIAGRAMM aus, und klicken Sie auf WEITER. Wählen Sie eine Diagrammart aus, und vergewissern Sie sich, daß Sie die angemessene Anzahl an Eingabevariablen angeben. Klicken Sie dann auf FERTIGSTELLEN.

5. Auf Ihrem Mathcad-Arbeitsblatt erscheint ein leeres S-PLUS-Diagramm. Geben Sie die Namen Ihrer Feldvariablen in die Platzhalter an der linken unteren Ecke des Diagramms ein. Klicken Sie außerhalb des Diagramms, oder drücken Sie die [↵]-Taste.

Diagrammtypen

Um auf die anderen Diagrammtypen zuzugreifen, nachdem Sie die Komponente eingefügt haben, klicken Sie mit der rechten Maustaste auf die Komponente und wählen im Popup-Menü den Eintrag EIGENSCHAFTEN aus. Die Registerkarte GRAPHTYP im Dialogfeld EIGENSCHAFTEN erlaubt Ihnen die Auswahl einer der folgenden Optionen:

- **GUI-Diagramm**. Dieser Diagrammtyp unterstützt alle S-PLUS-Diagramme, die auf der grafischen Benutzeroberfläche von S-PLUS zur Verfügung stehen. Für diese Komponente werden die Eingaben als Felder interpretiert, deren Datenspalten den Routinen übergeben werden, die das Diagramm erstellen. Der darzustellende Diagrammtyp wird in den Feldern ACHSENTYP und DIAGRAMMTYP angegeben. Klicken Sie auf ACHSEN-/DIAGRAMMTYP AUSWÄHLEN, um das S-PLUS-Dialogfeld für die Auswahl von Diagrammtypen und die Anzeige von Vorschaubildern für die verschiedenen Typen aufzurufen.

| Hinweis | Für GUI-Diagramme können bestimmte Eingaben als Bedingungsvariablen behandelt werden, um Trellis-Diagramme (bedingte Diagramme mit mehreren Feldern) zu erzeugen. Dazu markieren Sie im Dialogfeld EIGENSCHAFTEN die Kontrollkästchen auf der Registerkarte EINGABE-VARIABLEN. |

- **Graphskript aufrufen.** Dieser Diagrammtyp unterstützt alle Befehle, die »traditionelle« S-PLUS-Grafiken (im Stil von Version 3.3) erzeugen. Um Befehle einzugeben, öffnen Sie den Skripteditor, indem Sie im Popup-Menü der Komponente den Eintrag SKRIPT BEARBEITEN auswählen. Das Skript, das Sie eingeben, kann beliebigen S-PLUS-Code enthalten, mit Aufrufen von `plot()`, `points()` usw., um ein oder mehrere Diagramme zu erzeugen. Die Ein- und Ausgaben und statischen Variablen werden auf den Registerkarten EINGABEVARIABLEN und AUSGABEVARIABLEN im Dialogfeld EIGENSCHAFTEN spezifiziert, so wie in der S-PLUS-Script-Komponente (siehe unten). Ein völlig leeres Skript wird standardmäßig als `plot(in0)` definiert. Innerhalb des Skripts kann auf die Variable `graphsheet.name` zugegriffen werden, um den Namen des Diagramm-Arbeitsblatts zu erhalten. Wenn Sie mit der Bearbeitung des Skripts fertig sind, wählen Sie im DATEI-Menü des Skripteditors den Eintrag SCHLIESSEN UND ZURÜCKKEHREN.

| Hinweis | Normalerweise wird das Diagramm gelöscht, bevor ein Aufruf des Skripts es aktualisiert. Ist im Dialogfeld EIGENSCHAFTEN auf der Registerkarte GRAPHTYP das Kontrollkästchen DIAGRAMM VOR JEDEM AUFRUF LÖSCHEN nicht markiert, wird das Diagramm vor der Aktualisierung nicht gelöscht. Auf diese Weise können Sie mehrere Diagramme auf verschiedenen Seiten sammeln. |

| Hinweis | Standardmäßig werden die Daten in Mathcad-Eingabevariablen an S-PLUS-Variablen mit den Namen `in0`, `in1`, `in2` usw. weitergegeben. Die S-PLUS-Variablen `out0`, `out1`, `out2` usw. definieren die Daten, die gegebenenfalls den Mathcad-Ausgabevariablen übergeben werden sollen. Um diese Namen zu ändern, wählen Sie im Popup-Menü für die Komponente den Eintrag EIGENSCHAFTEN und geben auf den Registerkarten EINGABEVARIABLEN und AUSGABEVARIABLEN neue Namen ein. |

S-PLUS-Skript-Komponente

Die S-PLUS-Skript-Komponente ermöglicht es Ihnen, S-PLUS-Programme der Versionen 4.5 oder höher zu entwickeln und auszuführen und sie mit anderen Berechnungen in Mathcad Professional zu verknüpfen.

Einfügen eines S-PLUS-Skripts

Um eine S-PLUS-Skript-Komponente in Ihr Mathcad-Arbeitsblatt einzufügen, gehen Sie wie folgt vor:

1. Klicken Sie auf einen leeren Bereich in Ihrem Arbeitsblatt. Wenn Sie Werte aus einer Mathcad-Variablen an die Komponente weitergeben möchten, klicken Sie unterhalb oder rechts von der Variablendefinition.

2. Wählen Sie im EINFÜGEN-Menü den Eintrag KOMPONENTE.
3. Wählen Sie S-PLUS SKRIPT aus der Liste aus, und klicken Sie auf WEITER.
4. Geben Sie das Skript an, das Sie ausführen möchten, und legen Sie die Anzahl der Eingaben und Ausgaben fest. Klicken Sie auf FERTIGSTELLEN. Die S-PLUS-Skript-Komponente erscheint als Skript.
5. In den Platzhalter unten im Diagramm geben Sie den Namen der Mathcad-Eingabevariablen ein, die der Komponente übergeben werden soll. In den Platzhalter links von der Komponente geben Sie den Namen der Mathcad-Ausgabevariable ein.

Hinweis   Standardmäßig werden die Eingaben für Ihre Skripts als Variablen mit den Namen `in0`, `in1`, `in2` usw. weitergegeben. Die Variablen `out0`, `out1`, `out2` usw. definieren die Daten, die gegebenenfalls den Mathcad-Ausgabevariablen übergeben werden sollen. Um diese Namen zu ändern, wählen Sie im Popup-Menü für die Komponente den Eintrag EIGENSCHAFTEN und geben auf den Registerkarten EINGABEVARIABLEN und AUSGABEVARIABLEN neue Namen ein.

Bearbeitung des Skripts

Um Ihren S-PLUS-Code zu bearbeiten oder ein Skript aus einer gespeicherten S-PLUS-Skript-Datei zu importieren, öffnen Sie den Editor, indem Sie mit der rechten Maustaste auf die Schaltfläche neben der Komponente klicken und im Popup-Menü der Komponente den Eintrag SKRIPT BEARBEITEN auswählen.

Ihr S-PLUS-Code, der mehrere Anweisungen enthalten kann, wird innerhalb einer automatisch angelegten Funktion zur Ausführung der Komponente eingefügt. Dieser Code kann temporäre Variablen verwenden, die außerhalb der Komponente nicht sichtbar sind (es sei denn, `assign` wurde aufgerufen, um die S-PLUS-Datenbanken zu ändern). Ein Skript könnte beispielsweise die Anweisung `out0<-sin(in0)` enthalten, um die Ausgabe für den Sinus der Eingabe weiterzugeben.

Hinweis   Detaillierte Informationen zur Skriptsyntax finden Sie in der Online-Hilfe von S-PLUS.

Tip   Um statische Variablen, die ihre Werte zwischen den Aufrufen des Skripts beibehalten, zu bestimmen, geben Sie den (durch Kommata getrennten) Variablennamen in das Feld STATISCHE VARIABLENNAMEN in der Registerkarte EINGABEVARIABLEN des Dialogfelds EIGENSCHAFTEN der Komponente. Beachten Sie, daß alle statischen Variablen zurückgesetzt werden, wenn das Skript geändert wird.

Innerhalb eines Skripts stehen die folgenden Variablen zur Verfügung:

- `input.var.names` und `output.var.names` sind Vektoren mit Zeichenfolgen, die die Eingabe- und Ausgabevariablennamen für die Komponente enthalten. Sie können diese Variablen nutzen, um Skripts zu schreiben, die eine unterschiedliche Anzahl von Eingaben und Ausgaben verarbeiten.
- `first.call` hat den Wert T, wenn das Skript zum ersten Mal ausgeführt wird. Diese Variable kann genutzt werden, um statische Variablen zu initialisieren.

Wenn Sie mit der Bearbeitung fertig sind, wählen Sie im DATEI-Menü des Editors den Befehl SCHLIESSEN & ZURÜCK. Wenn Sie außerhalb der Komponente klicken, wird das Skript ausgeführt. Wenn der Text eines S-PLUS-Programms nicht geparst werden kann (wenn beispielsweise eine ungerade Anzahl Klammern gesetzt wurde) oder wenn bei der Ausführung ein Fehler auftritt, wird ein Popup-Fenster angezeigt.

Hinweis Wenn in der Komponente S-PLUS im Popup-Menü ERFAßTE ERGEBNISSE ANZEIGEN angekreuzt ist, zeigt die Komponente den Text an, der durch die letzte Ausführung des S-PLUS-Programms erstellt wurde, einschließlich Druckaufträge, die durch das Skript ausgeführt wurden, als wären sie über die S-PLUS-Befehlszeile gestartet worden. Die Erfassung dieses Textes kann die Ausführung verlangsamen. Fehlermeldungen werden jedoch immer erfaßt, so daß die Anzeige umgeschaltet werden kann, wenn man die Fehlermeldung einsehen möchte.

MATLAB-Komponente

Pro Die MATLAB-Komponente ermöglicht Ihnen, Daten mit der Programmierumgebung MATLAB Professional 4.2c oder höher von MathWorks auszutauschen und darauf zuzugreifen, falls diese Applikation auf Ihrem System installiert ist.

Tip Wenn Sie nur eine statische Datendatei im MATLAB-Format importieren oder exportieren möchten, verwenden Sie die in Kapitel 11 beschriebene Komponente DATEI LESEN/SCHREIBEN.

Einfügen einer MATLAB-Komponente

Um eine MATLAB-Komponente in Ihr Mathcad-Arbeitsblatt einzufügen, gehen Sie wie folgt vor:

1. Klicken Sie auf einen leeren Bereich in Ihrem Arbeitsblatt. Wenn Sie Werte aus einer Mathcad-Variablen an die Komponente weitergeben möchten, klicken Sie unterhalb oder rechts von der Variablendefinition.

2. Wählen Sie im EINFÜGEN-Menü den Eintrag KOMPONENTE.

3. Wählen Sie MATLAB aus der Liste aus, und klicken Sie auf WEITER. Die MATLAB-Komponente wird in Ihr Arbeitsblatt eingefügt.

4. In den Platzhalter unten im Diagramm geben Sie den Namen der Mathcad-Eingabevariablen ein, die der Komponente übergeben werden soll. In den Platzhalter links von der Komponente geben Sie den Namen der Mathcad-Ausgabevariable ein.

Hinweis Standardmäßig werden die Daten in den Mathcad-Variablen an MATLAB-Variablen mit den Namen `in0`, `in1`, `in2` usw. weitergegeben. Die Variablen `out0`, `out1`, `out2` usw. definieren die Daten, die gegebenenfalls den Mathcad-Ausgabevariablen übergeben werden sollen. Um diese Namen zu ändern, wählen Sie im Popup-Menü für die Komponente den Eintrag EIGENSCHAFTEN und geben auf den Registerkarten EINGABEVARIABLEN und AUSGABEVARIABLEN neue Namen ein.

Um die MATLAB-Komponente dafür zu nutzen, Berechnungen in MATLAB auszuführen, gehen Sie wie folgt vor:

1. Doppelklicken Sie im Mathcad-Arbeitsblatt auf die MATLAB-Komponente. Die MATLAB-Komponente wird als Textfenster geöffnet, wo Sie MATLAB-Befehle eingeben können.
2. Bearbeiten Sie das MATLAB-Skript. Verwenden Sie die richtigen Variablennamen für Eingaben und Ausgaben.

Wenn Sie außerhalb der Komponente klicken, werden die Eingabevariablen von Mathcad an MATLAB geschickt, und die Felder von MATLAB werden den Ausgabevariablen in Mathcad zugewiesen.

Hinweis Einige MATLAB-Versionen unterstützen mehrdimensionale Felder und andere komplexe Datenstrukturen. Sie können diese Strukturen zwar innerhalb der MATLAB-Komponente nutzen, aber zwischen MATLAB und Mathcad können nur Skalare, Vektoren und zweidimensionale Felder ausgetauscht werden.

MathConnex

Pro Die Komponenten in Mathcad werden verwendet, um ein Mathcad-Arbeitsblatt mit anderen Datenquellen und Applikationen zu verbinden. Wenn Sie über Mathcad Professional verfügen, können Sie die Applikation MathConnex einsetzen, um diese Datenquellen und Applikationen nicht nur mit Mathcad, sondern auch untereinander zu verknüpfen.

Neben den in Mathcad Professional bereitgestellten Komponenten enthält MathConnex zahlreiche weitere Komponenten für die Datenmanipulation, beispielsweise eine Mathcad-Komponente zur Verknüpfung mit einem Mathcad-Arbeitsblatt. Dadurch kann man z.B. abhängig von Bedingungen oder in Schleifen komplette Mathcaddokumente durchrechnen lassen, in denen natürlich entsprechende Ein-/Ausgabevariablen in0, in1, out0, ... vorgesehen sein müssen. Die MathConnex-Umgebung ermöglicht Ihnen, alle verfügbaren Komponenten mit allen anderen Komponenten zu verknüpfen. MathConnex ist also ein Werkzeug für den Datenfluß zwischen Datenquellen und Applikationen. Sie können den Datenfluß zwischen den Datenquellen visuell darstellen, um Projekte zu analysieren, die mehrere Applikationen und Datenquellen verwenden.

Um MathConnex auszuführen, klicken Sie in der Standard-Symbolleiste auf ![icon], oder Sie verlassen Mathcad und führen MathConnex als eigenständiges Programm aus. Weitere Informationen über MathConnex finden Sie im MathConnex-Benutzerhandbuch, das auf der Mathcad-CD im PDF-Format vorliegt.

Skripting für benutzerdefinierte OLE-Automatisierungsobjekte

Pro Wie im vorigen Abschnitt bereits beschrieben, beinhaltet Mathcad verschiedene spezialisierte Komponenten für die Nutzung von Funktionalitäten aus anderen Programmierumgebungen innerhalb Ihres Mathcad-Arbeitsblatts. Zwischen Mathcad-Arbeitsblättern und anderen Applikationen, welche die OLE-Automatisierung unterstützen, können die Daten jedoch auch dynamisch ausgetauscht werden, auch wenn es in Mathcad keine spezielle Komponente dafür gibt. Dazu verwenden Sie die Komponente *SCRIPTABLE OBJECT*. Sie können aus jedem Objekt, das Sie in ein Mathcad-Arbeitsblatt einfügen können, und jedem ActiveX-Control, das auf Ihrem Rechner installiert ist, ein benutzerdefiniertes Scriptable Object erzeugen.

Um eine Scriptable-Object-Komponente zu erzeugen, müssen Sie die folgenden Voraussetzung erfüllen:

1. Sie müssen eine unterstützte Skriptingsprache beherrschen, beispielsweise Microsoft VBScript oder JScript, die auf Ihrem System installiert ist.

2. Sie müssen wissen, wie die andere Applikation OLE implementiert hat.

3. Die andere Applikation und das Bedienelement müssen auf Ihrem System installiert sein.

Skriptingsprachen

Um eine *Scriptable-Object*-Komponente verwenden zu können, muß auf Ihrem System eine unterstützte Skriptingsprache installiert sein. Die folgenden Sprachen werden unterstützt: Microsoft VBScript (Visual Basic Scripting Edition) und Microsoft JScript (eine abgespeckte Implementierung von JavaScript). Diese beiden Skriptingsprachen sind im Microsoft Internet Explorer enthalten, den Sie von der Mathcad-CD installieren können. Die Skriptingsprachen können auch von der Web-Site von Microsoft heruntergeladen werden:

`http://msdn.microsoft.com/scripting`

Hinweis VBScript ist eine Untermenge der Sprache Visual Basic for Applications, die in Microsoft Excel, Project, Access und im Visual-Basic-Entwicklungssystem verwendet wird. VBScript ist eine abgespeckte, interpretierte Sprache, verwendet also keine strenge Typisierung (nur Variants). Weil VBScript eine sichere Teilmenge der Sprache sein soll, beinhaltet es keinen Datei-I/O und auch keinen direkten Zugriff auf das zugrundeliegende Betriebssystem. JScript ist ein schneller, portierbarer Interpreter für die Benutzung in Applikationen, die ActiveX-Steuerelemente, OLE-Automatisierungs-server und Java-Applets verwenden. JScript kann mit VBScript (nicht der Benutzung mit Java) verglichen werden. Wie VBScript ist auch JScript ein reiner Interpreter, der Quellcode verarbeitet und keine Standalone-Applets erzeugt. Die Syntax und die Techniken für die Verwendung von Skriptingsprachen zu erklären, würde den Rahmen dieses Buchs sprengen.

Einfügen eines Scriptable Object

Um eine Scriptable-Object-Komponente in Ihr Mathcad-Arbeitsblatt einzufügen, gehen Sie wie folgt vor:

1. Klicken Sie auf einen leeren Bereich in Ihrem Arbeitsblatt. Wenn Sie Werte aus einer Mathcad-Variablen an die Komponente weitergeben möchten, klicken Sie unterhalb oder rechts von der Variablendefinition.
2. Wählen Sie im EINFÜGEN-Menü den Eintrag KOMPONENTE.
3. Wählen Sie SCRIPTABLE OBJECT aus der Liste aus, und klicken Sie auf WEITER.

Damit wird der Skripting-Assistent gestartet. Die Liste OBJECT TO SCRIPT zeigt die auf Ihrem System verfügbaren Serverapplikationen an. Wählen Sie eine Applikation, die die OLE2-Automatisierung unterstützt (schauen Sie gegebenenfalls in der Dokumentation dieser Applikation nach).

Sie müssen angeben:

- Ob es sich bei der Komponente um eine neue Datei handelt, oder ob Sie eine existierende Datei einfügen möchten.

- Ob in Ihrem Mathcad-Arbeitsblatt die Datei oder ein Symbol dafür angezeigt werden soll.

Auf den restlichen Seiten des Assistenten geben Sie an, welche Skriptingsprache Sie verwenden, welchen Objekttyp Sie anlegen, welchen Namen das Objekt hat und welche Ein- und Ausgaben für das Objekt implementiert werden.

Eine Scriptable-Object-Komponente erscheint in Ihrem Arbeitsblatt mit Platzhaltern für Eingabe- und Ausgabevariablen. Geben Sie die Eingabevariablen in die unteren Platzhalter ein. Geben Sie die Ausgabevariablen in die Platzhalter links neben »:=« ein.

Objektmodell

Die Komponente Scriptable Object beinhaltet die folgenden vordefinierten Objekte, Eigenschaften und Methoden, die Ihnen ermöglichen, sie als Komponente in Mathcad einzusetzen.

Auflistungen

- **Inputs** und **Outputs** sind vordefinierte Auflistungen von DataValue-Objekten (siehe unten), die die Ein- und Ausgaben des Scriptable Object enthalten.

- Die Eigenschaft **Count** kann dazu genutzt werden, die Gesamtzahl der Elemente in der Auflistung abzufragen. Beispielsweise gibt **Outputs.Count** die Anzahl der Ausgabevariablen zurück.

- Die Methode **Item** wird genutzt, um ein einzelnes Element in der Auflistung zu spezifizieren. Um auf eine bestimmte Eingabe oder Ausgabe zuzugreifen, verwenden Sie die Notation **Inputs.Item**(n) oder **Outputs.Item**(n), wobei n den Index der Ein- oder Ausgabe darstellt. Der Index n beginnt immer bei 0. Weil **Item** die Standardmethode ist, können Sie in Sprachen wie VBScript oder JScript den Methodennamen weglassen, wenn diese Standardmethode angewendet werden soll. **Inputs(0)** beispielsweise ist äquivalent zu **Inputs.Item(0)** und bezieht sich auf die erste Eingabe.

DataValue-Objekte

- Die **Value**-Eigenschaft greift auf den *Realteil* eines DataValue-Objekts zu. In VBScript oder JScript beispielsweise gibt **Inputs(0).Value** den Realteil der ersten Eingabe zurück.

- Die **IValue**-Eigenschaft greift auf den *Imaginärteil* eines DataValue-Objekts zu. In VBScript oder JScript gibt **Outputs(1).IValue** den Imaginärteil der zweiten Ausgabe zurück. Falls es keinen Imaginärteil gibt, gibt **IValue** »NIL« zurück.

- Die **IsComplex**-Eigenschaft gibt »TRUE« zurück, wenn ein DataValue einen gültigen Imaginärteil besitzt, andernfalls »FALSE«. Beispielsweise gibt der Ausdruck (**inputs(0).IsComplex**) »FALSE« zurück, wenn die erste Eingabe nur einen Realteil besitzt.

- Die Eigenschaften **Rows** und **Cols** enthalten die Anzahl der Zeilen und Spalten.

Globale Methoden

- Die Funktion **alert** nimmt einen einzelnen String-Parameter entgegen, der dem Benutzer in einem modalen Standard-Windows-Dialogfeld mit einer »OK«-Schaltfläche angezeigt wird.

- Die Funktion **errmsg** nimmt einen String-Parameter entgegen, der im Skript als Fehlermeldung angezeigt wird und die Ausführung unterbricht. Ein zweiter, optionaler Parameter ist ein String, der die Fehlerquelle anzeigt.

Hinweis	In JScript muß bei der Eingabe von Funktionen, Methoden und Eigenschaften die *Groß-/Kleinschreibung* berücksichtigt werden, in VBScript dagegen nicht.

Skripting für das Objekt

Um ein Skript für ein Objekt anzulegen, klicken Sie einmal auf die Komponente, um sie zu markieren. Anschließend klicken Sie mit der rechten Maustaste auf die Komponente und wählen im Popup-Menü den Eintrag SKRIPT aus.

Sie sehen ein Skripteditor-Fenster mit drei vorbereiteten Unterprogramm-Rümpfen, in die Sie Ihren eigenen Skriptingcode eingeben können.

Das Skript, das Sie schreiben, enthält normalerweise mindestens die folgenden drei Unterprogramme (d.h. Routinen):

- Eine *Startroutine*, die einmal ausgerufen wird, wenn die Ausführung der Komponente beginnt. Hier sollten Sie Variablen initialisieren, Dateien zum Lesen und Schreiben öffnen usw.

- Eine *Ausführungsroutine*, die standardmäßig die Auflistungen **Inputs** und **Outputs** als Argumente entgegennimmt.

- Eine *Stoproutine*, die einmal aufgerufen wird, wenn die Ausführung der Komponente beendet wird.

Die Befehle der einzelnen Abschnitte werden nacheinander ausgeführt, wenn das Mathcad-Arbeitsblatt berechnet wird. Was Sie in diesen Unterprogrammen angeben, wird hauptsächlich durch die Eigenschaften des OLE-Objekts bestimmt, für das Sie das Skript schreiben. Lesen Sie dies in der Dokumentation für den Server oder das Steuerelement nach.

Wählen Sie im DATEI-Menü des Skripteditors den Eintrag SCHLIESSEN UND ZURÜCKKEHREN, nachdem Sie Ihr Skript fertiggestellt haben und die Arbeit auf dem Mathcad-Arbeitsblatt fortsetzen möchten.

Tip	Beachten Sie auch den SAMPLES-Ordner mit Beispieldateien, die die "Scriptable-Object"-Komponente verwenden. Sie finden ihn im Verzeichnis, in welches Sie Mathcad installiert haben.

Zugriff auf Mathcad aus einer anderen Applikation

Der vorige Abschnitt hat gezeigt, wie Sie ein benutzerdefiniertes Objekt in Mathcad anlegen können. Die OLE-Automatisierungs-Schnittstelle von Mathcad stellt einen Mechanismus für den komplementären Prozeß zur Verfügung, nämlich Mathcad als Automatisierungsserver in anderen Windows-Applikationen einzusetzen. Mit Hilfe der OLE-Automatisierungs-Schnittstelle von Mathcad können Sie Daten dynamisch von einer anderen Applikation an Mathcad schicken, Berechnungen und andere Datenmanipulationen in Mathcad vornehmen und die Ergebnisse dann an die Originalapplikation zurücksenden.

Hinweis	Die OLE-Automatisierungs-Schnittstelle wird in Mathcad 7.02 und höher unterstützt und ersetzt die DDE-Schnittstelle von Mathcad 5 und 6. Weitere Informationen und Beispiele für die Schnittstelle finden Sie auf der Web-Site von MathSoft unter **http://www.mathsoft.com/support/**. Beachten Sie auch TRAJECTORY.XLS im \SAMPLES\EXCEL-Ordner, im Mathcad-Verzeichnis, entsprechend Ihrer Installation.

Das Dokumentobjektmodell von Mathcad

Um die OLE-Automatisierungs-Schnittstelle nutzen zu können, müssen Sie ein Programm in Visual Basic 5.0 oder höher oder in einer Applikation, die als OLE-Automatisierungsclient eingesetzt werden kann, beispielsweise Microsoft Excel 5.0 oder höher, schreiben. (Lesen Sie in der Dokumentation der Applikation nach, ob sie als OLE-Automatisierungsclient eingesetzt werden kann.) Im Programm definieren und laden Sie Variablen in Mathcad-Dokumentobjekte. Die in Mathcad mit Eingabewerten definierten Variablen müssen die Namen **in0**, **in1**, **in2** usw. erhalten. Die von Mathcad zurückzugebenden Variablen müssen die Namen **out0**, **out1**, **out2** usw. erhalten.

Automatisierungsmethoden

- **GetComplex**(*Name, RealPart, ImagPart*) lädt komplexe Daten (Real- und Imaginärteil) aus der Mathcad-Variablen *Name*, wobei der *Name* einer von **out0**, **out1**, **out2** usw. ist.

- **SetComplex**(*Name, RealPart, ImagPart*) weist der Mathcad-Variablen *Name* komplexe Daten zu, wobei *Name* **in0**, **in1**, **in2** usw. sein kann.

- **Recalculate** löst die Neuberechnung des Mathcad-Dokuments aus.

- **SaveAs**(*Name*) speichert das Mathcad-Dokument als Datei. Der Pfad wird in der Zeichenfolge *Name* übergeben.

Skripting für das Objekt

Die jeweiligen Prozeduren für das Skripting eines Mathcad-OLE-Automatisierungsobjekts unterscheiden sich abhängig davon, welche Applikation als OLE-Automatisierungs-Client verwendet wird. Grundsätzlich wird die folgende Vorgehensweise verwendet:

1. Stellen Sie ein Mathcad-OLE-Objekt bereit, mit dem kommuniziert werden soll.
2. Richten Sie die Client-Applikation ein, so daß sie Daten an Mathcad sendet und Daten aus Mathcad übernimmt.
3. Schreiben Sie Code, der bestimmt, welche Daten gesendet bzw. entgegengenommen werden sollen.

Das folgende Beispiel zeigt, wie Sie die VBA-Umgebung von Microsoft Excel nutzen, um der Variablen **in0** in einem Mathcad-OLE-Objekt eine komplexe Zahl zuzuweisen, die Berechnung in Mathcad auszulösen und die Antwort in Excel zurückzugeben:

1. Fügen Sie ein Mathcad-Objekt in eine Excel-Arbeitsmappe ein. Weitere Informationen darüber finden Sie in der Dokumentation und in der Online-Hilfe von Excel.
2. Richten Sie Excel so ein, daß Daten bereitstehen, die Mathcad übergeben werden und daß es Zellen bereitstellt, in die die Daten aus Mathcad übernommen werden können. Beachten Sie bitte die verallgemeinerte Schreibweise für die Daten, welche nur komplexe Zahlen zuläßt. Bei rein reellen Werten müssen Sie also die Imaginärteile explizit mit dem Wert 0 definieren. (Siehe auch Hinweis)
3. Schreiben Sie ein Visual-Basic-Makromodul. Weitere Informationen darüber finden Sie in der Dokumentation und in der Online-Hilfe von Excel.
4. Doppelklicken Sie in der Excel-Arbeitsmappe auf das Mathcad-Objekt, um das verknüpfte Objekt zu aktivieren. Klicken Sie außerhalb des Objekts. Führen Sie dann das Excel-Makro aus.

Abbildung 16.4 zeigt, wie die Daten, die in den Zellen G7 bis H8 abgelegt sind, in die Mathcad-Variable **in0** geschrieben werden. Mathcad führt eine Berechnung aus (hier addiert es einfach nur 1 zu den Werten), und die in der Mathcad-Variablen **out0** gespeicherten Ergebnisse werden in die Zellen G12 bis H13 geschrieben. Das VBA-Makro dafür sieht so aus:

```
Sub UpdateWorksheet()
    Dim MathcadObject As Object
    Dim outRe, outIm As Variant
    Dim intRe, inIm As Variant
```
'Verweis auf das Mathcad-Objekt anlegen
```
    Set MathcadObject = ActiveSheet.OLEObjects(1).Object
```
' Wert lesen, der von Excel an Mathcad übergeben wird
```
    inRe = ActiveSheet.Range("G7:G8").Value
    inIm = ActiveSheet.Range("H7:H8").Value
```
' Werte an Mathcad übergeben, der Variablen in0 zuweisen
' und neu berechnen
```
    Call MathcadObject.SetComplex("in0", inRe, inIm)
    Call MatcadObject.Recalculate
```
' Ergebniswerte in die dafür vorgesehenen Excel-Zellen
schreiben.
```
    Call MathcadObject.GetComplex("out0", outRe, outIm)
    ActiveSheet.Range("G11:G12").Value = outRe
    ActiveSheet.Range("H11:H12").Value = outIm
End Sub
```

Hinweis Um Mathcad reelle Daten zu übergeben, sollten Sie eine oder mehrere Zellen bereitstellen, die Nullen für den Imaginäranteil enthalten.

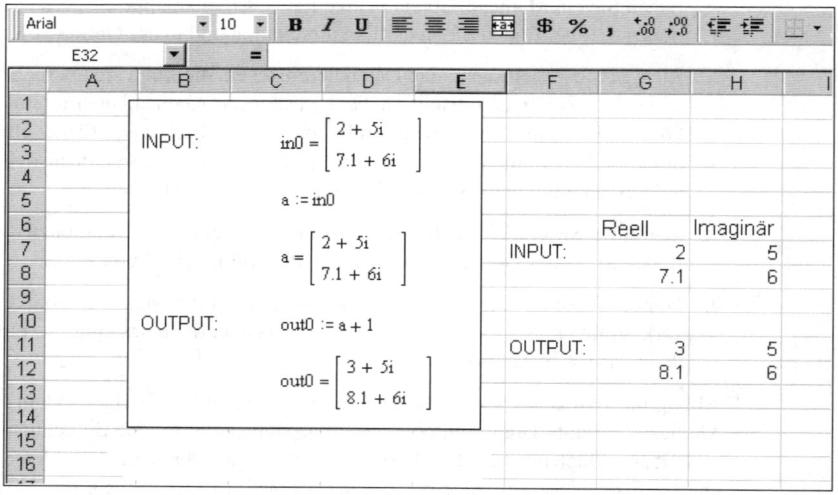

Abbildung 16.4: Mathcad als OLE-Automatisierungsserver in Microsoft Excel

Anhang

Operatoren

Funktionen für die symbolische Transformation

SI-Einheiten

CGS-Einheiten

US-spezifische Einheiten

MKS-Einheiten

Vordefinierte Variablen

Suffixe für Zahlen

Griechische Buchstaben

Pfeil- und Navigationstasten

Funktionstasten

ASCII-Codes

Operatoren

In dieser Tabelle gelten die folgenden Konventionen:

- **A** und **B** stellen Felder (Vektoren oder Matrizen) dar.
- **u** und **v** stellen Vektoren mit realen oder komplexen Elementen dar.
- **M** stellt eine quadratische Matrix dar.
- z und w stellen reelle oder komplexe Zahlen dar.
- x und y stellen reelle Zahlen dar.
- i stellt eine Bereichsvariable dar.
- S und alle mit S beginnenden Namen stellen Ausdrücke für Zeichenfolgen dar.
- t steht für einen beliebigen Variablennamen.
- f stellt eine Funktion dar.
- X und Y stellen Variablen oder Ausdrücke eines beliebigen Typs dar.

Weitere Informationen über programmierbare Operatoren in Mathcad Professional finden Sie in Kapitel 15. Informationen über symbolische Operatoren und Schlüsselwörter finden Sie in Kapitel 14.

Operation	Darstellung	Taste	Beschreibung
Klammern	(X)	'	Gruppierungsoperator.
Vektorindex	$\mathbf{v}_n$	[	Gibt das indizierte Element eines Vektors zurück.
Matrixindex	$\mathbf{A}_{m,n}$	[	Gibt das indizierte Element einer Matrix zurück.
Spaltenindex-Hochstellung	$A^{\langle n \rangle}$	Strg + 6	Extrahiert Spalte n aus dem Feld $\mathbf{A}$. Gibt einen Vektor zurück.
Vektorisieren	$\vec{X}$	Strg + -	Erzwingt, daß die Ausdrücke in X elementweise erfolgen. Alle Vektoren oder Matrizen in X müssen dieselbe Größe haben.
Fakultät	$n!$	!	Gibt $n \cdot (n-1) \cdot (n-2) \ldots$ zurück. Der Integer n darf nicht negativ sein.
Komplex konjugiert	$\bar{x}$	"	Kehrt das Vorzeichen des Imaginärteils von X um. Dieser Tastendruck erzeugt einen Ausdruck für eine Zeichenfolge in einem leeren Platzhalter und einen Textbereich in einem leeren Bereich des Arbeitsblatts.
Transposition	$\mathbf{A}^T$	Strg + 1	Gibt eine Matrix zurück, deren Zeilen die Spalten von $\mathbf{A}$ und deren Spalten die Zeilen von $\mathbf{A}$ sind. $\mathbf{A}$ kann ein Vektor oder eine Matrix sein.
Potenz	z^w	^	Erhebt z in die Potenz von w.
Potenz von Matrizen, Matrix-Inverse	$\mathbf{M}^n$	^	n-te Potenz der quadratischen Matrix $\mathbf{M}$ (unter Verwendung der Matrixmultiplikation). n muß eine ganze Zahl sein. $\mathbf{M}^{-1}$ ist die Inverse von $\mathbf{M}$. Andere negative Potenzen sind Potenzen der Inversen. Gibt eine quadratische Matrix zurück.
Negierung	$-X$	-	Multipliziert X mit -1.
Vektorsumme	$\Sigma \mathbf{v}$	Strg + 4	Summiert die Elemente des Vektors $\mathbf{v}$. Gibt einen Skalar zurück.

Operation	Darstellung	Taste	Beschreibung
Quadratwurzel	$\sqrt{z}$	\	Gibt die positive Quadratwurzel für positive z zurück; gibt den Hauptwert für negative oder komplexe z zurück.
n-te Wurzel	$\sqrt[n]{z}$	Strg +<	Gibt die n-te Wurzel von z zurück; gibt einen Realwert für die Wurzel zurück, wo immer das möglich ist. n muß eine posititve ganze Zahl sein.
Absolutwert	$\|z\|$	|	Gibt $\sqrt{\mathrm{Re}(z)^2 + \mathrm{Im}(z)^2}$ zurück.
Absolutwert eines Vektors	$\|\mathbf{v}\|$	|	Gibt den Betrag des Vektors **v** zurück: $\sqrt{\mathbf{v}\cdot\mathbf{v}}$, wenn alle Elemente in **v** reell sind; $\sqrt{\mathbf{v}\cdot\bar{\mathbf{v}}}$, wenn es komplexe Elemente in **v** gibt.
Determinante	$\|\mathbf{M}\|$	|	Gibt die Determinante der quadratischen Matrix **M** zurück. Das Ergebnis ist ein Skalar.
Division	$\dfrac{X}{z}$	/	Dividiert den Ausdruck X durch den Skalar z, der nicht Null sein darf. Ist X ein Feld, wird jedes Element durch z dividiert.
Multiplikation	$X \cdot Y$	*	Gibt das Produkt von X und Y zurück, wenn es sich bei beiden um Skalare handelt. Wenn Y ein Feld und X ein Skalar sind, multipliziert es jedes Element von Y mit X. Gibt das Punktprodukt (inneres Produkt) zurück, wenn X und Y Vektoren derselben Größe sind. Führt eine Matrixmultiplikation aus, wenn X und Y konforme Matrizen sind.
Kreuzprodukt	$\mathbf{u} \times \mathbf{v}$	Strg + 8	Gibt das Kreuzprodukt (Vektorprodukt) für die dreielementigen Vektoren **u** und **v** zurück.
Summation	$\sum\limits_{i=m}^{n} X$	Strg + ⇧ + 4	Führt die Summation von X über $i = m$, $m + 1, \ldots, n$ aus. X kann ein beliebiger Ausdruck sein. Er muß i nicht unbedingt beinhalten, tut das in der Regel jedoch. m und n müssen ganze Zahlen sein.
Produkt	$\prod\limits_{i=m}^{n} X$	Strg + ⇧ + 3	Erzeugt ein iteriertes Produkt von X für $i = m, m + 1, \ldots, n$. X kann ein beliebiger Ausdruck sein. Er muß i nicht unbedingt beinhalten, dies ist in der Regel jedoch der Fall. m und n müssen ganze Zahlen sein.

Operation	Darstellung	Taste	Beschreibung
Bereichssumme	$\sum_i X$	$	Gibt eine Summation von X über die Bereichsvariable i zurück. X kann ein beliebiger Ausdruck sein.
Bereichsprodukt	$\prod_i X$	#	Gibt das iterierte Produkt von X über die Bereichsvariable i zurück. X kann ein beliebiger Ausdruck sein.
Integral	$\int_a^b f(t)dt$	&	Gibt das bestimmte Integral von $f(x)$ über das Intervall $[a, b]$ zurück. a und b müssen reelle Skalare sein. Alle Variablen in dem Ausdruck $f(t)$ außer der Integrationsvariablen t müssen definiert sein. Der Integrand, $f(t)$ darf kein Feld zurückgeben.
Ableitung	$\dfrac{d}{dt}f(t)$	?	Gibt die Ableitung von $f(t)$ für t zurück. Alle Variablen im Ausdruck $f(t)$ müssen definiert sein. Die Variable t muß einen skalaren Wert darstellen. Die Funktion $f(t)$ muß einen Skalar zurückgeben.
n-te Ableitung	$\dfrac{d^n}{dt^n}f(t)$	[Strg]+[.]	Gibt die n-te Ableitung von $f(t)$ für t zurück. Alle Variablen im Ausdruck $f(t)$ müssen definiert sein. Die Variable t muß einen skalaren Wert darstellen. Die Funktion $f(t)$ muß einen Skalar zurückgeben. n muß für die numerische Auswertung eine ganze Zahl zwischen 0 und 5 sein, für die symbolische Auswertung eine positive ganze Zahl.
Addition	$X + Y$	+	Skalare Addition, falls X, Y oder beide Skalare sind. Elementweise Addition, wenn X und Y Vektoren oder Matrizen derselben Größe sind. Ist X ein Feld und Y ein Skalar, wird Y zu jedem Element von X addiert.
Subtraktion	$X - Y$	-	Skalare Subtraktion, falls X, Y oder beide Skalare sind. Elementweise Subtraktion, wenn X und Y Vektoren oder Matrizen derselben Größe sind. Ist X ein Feld und Y ein Skalar, wird Y von jedem Element von X subtrahiert.
Addition mit Zeilenumbruch	$X...$ $+Y$	[Strg]+[↵]	Wie die Addition. Der Zeilenumbruch dient nur kosmetischen Zwecken.

Operation	Darstellung	Taste	Beschreibung
Und	$x \wedge y$	Strg + ↵ + 7	Gibt den Wert 1 zurück, wenn x und y ungleich 0 sind. Gibt den Wert 0 zurück, wenn x oder y gleich 0 ist.
Oder	$x \vee y$	Strg + ↵ + 6	Gibt den Wert 1 zurück, wenn x oder y gleich 0 ist. Gibt den Wert 0 zurück, wenn x und y gleich 0 sind.
Nicht	$\neg x$	Strg + ↵ + 1	Gibt 0 zurück, wenn x ungleich oder gleich 0 ist.
Xoder (Exklusives oder)	$x \oplus y$	Strg + ↵ + 5	Gibt 1 zurück, wenn entweder x oder y ungleich 0 ist. Gibt 0 zurück, wenn x und y ungleich oder gleich 0 sind.
Größer	$x > y$, $S1 > S2$	>	Gibt für reelle Skalare x und y 1 zurück, wenn $x > 0$, andernfalls 0. Für Zeichenfolgen $S1$ und $S1$ wird 1 zurückgegeben, wenn $S1$ nach der ASCII-Reihenfolge hinter $S2$ liegt, andernfalls 0.
Kleiner	$x < y$, $S1 < S2$	<	Gibt für reelle Skalare x und y 1 zurück, wenn $x < 0$, andernfalls 0. Für Zeichenfolgen $S1$ und $S1$ wird 1 zurückgegeben, wenn $S1$ nach der ASCII-Reihenfolge vor $S2$ liegt, andernfalls 0.
Größer gleich	$x \geq y$, $S1 \geq S2$	Strg + 0	Gibt für reelle Skalare x und y 1 zurück, wenn $x \geq 0$, andernfalls 0. Für Zeichenfolgen $S1$ und $S1$ wird 1 zurückgegeben, wenn $S1$ nach der ASCII-Reihenfolge hinter $S2$ liegt oder gleich $S1$ ist, andernfalls 0.
Kleiner gleich	$x \leq y$, $S1 \leq S2$	Strg + 9	Gibt für reelle Skalare x und y 1 zurück, wenn $x \leq 0$, andernfalls 0. Für Zeichenfolgen $S1$ und $S1$ wird 1 zurückgegeben, wenn $S1$ nach der ASCII-Reihenfolge vor $S2$ liegt oder gleich $S1$ ist, andernfalls 0.
Ungleich	$z \neq w$, $S1 \neq S2$	Strg + 3	Gibt für reelle Skalare z und w 1 zurück, wenn $z \neq w$, andernfalls 0. Für Zeichenfolgen $S1$ und $S1$ wird 1 zurückgegeben, wenn $S1$ nicht zeichenweise identisch mit $S2$ ist.
Gleich	$X = Y$	Strg + + (auf Nummerntastatur)	Gibt 1 zurück, wenn $X = Y$, andernfalls 0. Erscheint als fettes = auf dem Bildschirm.

Funktionen für die symbolische Transformation

Einige symbolische Transformationen (siehe Kapitel 14) werden mit Funktionen durchgeführt, die nicht in den vordefinierten Funktionen von Mathcad enthalten sind. Die folgende Liste zeigt Definitionen für diese speziellen Funktionen an. Außer *Ei*, *erf* und *Zeta*, die unendliche Summen beinhalten, und *W*, können Sie diese Definitionen nutzen, um numerische Werte zu berechnen.

Viele dieser Funktionen können in Mathcad definiert werden. Beispiele dafür finden Sie im Informationszentrum in den QuickSheets.

γ ist die Eulersche Konstante, annähernd 0,5772156649.

$$\text{Chi}(x) = \gamma + \ln(x) + \int_0^x \frac{\cosh(t) - 1}{t} dt$$

$$\text{Ci}(x) = \gamma + \ln(x) + \int_0^x \frac{\cos(t) - 1}{t} dt$$

$$\text{dilog}(x) = \int_1^x \frac{\ln(t)}{1 - t} dt$$

$\text{Dirac}(x) = 0$, falls x ungleich Null.

$$\int_{-\infty}^{\infty} \text{Dirac}(x) dx = 1$$

$$\text{Ei}(x) = \gamma + \ln(x) + \sum_{n=1}^{\infty} \frac{x^n}{n \cdot n!} \quad (x > 0)$$

$$\text{erf}(z) = \frac{2}{\sqrt{\pi}} \sum_{n=0}^{\infty} \frac{(-1)^n z^{2n+1}}{n!(2n+1)} \quad (\text{für komplexe } z)$$

$$\text{FresnelC}(x) = \int_0^x \cos\left(\frac{\pi}{2} t^2\right) dt$$

$$\text{FresnelS}(x) = \int_0^x \sin\left(\frac{\pi}{2} t^2\right) dt$$

$$\text{LegendreE}(x, k) = \int_0^x \left(\frac{1 - k^2 \cdot t^2}{1 - t^2}\right)^{1/2} dt$$

$$\text{LegendreEc}(k) = \text{LegendreE}(1, k)$$

$$\text{LegendreEc1}(k) = \text{LegendreEc}(\sqrt{1 - k^2})$$

$$\text{LegendreF}(x,k) = \int_0^x \frac{1}{\sqrt{(1-t^2)(1-k^2 \cdot t^2)}} dt$$

$$\text{LegendreF}(x,k) = \int_0^x \frac{1}{\sqrt{(1-t^2)(1-k^2 \cdot t^2)}} dt$$

$$\text{LegendreKc}(k) = \text{LegendreF}(1,k)$$

$$\text{LegendreKc1}(k) = \text{LegendreKc}(\sqrt{1-k^2})$$

$$\text{LegendrePi}(x,n,k) = \int_0^x \frac{1}{\sqrt{(1-n^2 \cdot t^2)}\sqrt{(1-t^2)(1-k^2 \cdot t^2)}} dt$$

$$\text{LegendrePic}(n,k) = \text{LegendrePi}(1,n,k)$$

$$\text{LegendrePic1}(k) = \text{LegendrePic}(n, \sqrt{1-k^2})$$

$$\text{Psi}(n,k) = \frac{d^n}{dx^n} \text{Psi}(x)$$

$$\text{Psi}(x) = \frac{d}{dx} \ln(\Gamma(x))$$

$$\text{Shi}(x) = \int_0^x \frac{\sinh(t)}{t} dt$$

$$\text{Si}(x) = \int_0^x \frac{\sin(t)}{t} dt$$

W(x) ist der Hauptzweig einer Funktion, die $W(x) \cdot \exp(W(x)) = x$ genügt.

W(n, x) ist der n-te Zweig von W(x).

$$\text{Zeta}(x) = \sum_{n=1}^{\infty} \frac{1}{n^x} \quad (x > 1)$$

Die Funktionen *arcsec*, *arccsc*, *arccot*, *arcsech*, *arcscsh* und *arccoth* können berechnet werden, indem ihr Reziprokwert gebildet und darauf die vordefinierten Funktionen *acos*, *asin* usw. angewendet werden, z.B.:

$$arc\sec(x) := a\cos\left(\frac{1}{x}\right)$$

Die Funktionen *Psi* und Γ erscheinen häufig in den Ergebnissen unbestimmter Summen und Produkte.

SI-Einheiten

Basiseinheiten

m (Meter), *Länge*   kg (Kilogramm), *Masse*   s (Sekunde), *Zeit*

A (Ampere), *Strom*   K (Kelvin), *Temperatur*   cd (Candela), *Lichtstärke*

mol, *Substanz*

Winkelmaße

$rad = 1$ $deg = \dfrac{\pi}{180} \cdot rad$ $str = 1 \cdot str$

Länge

$cm = 0{,}01 \cdot m$ $km = 1000 \cdot m$ $mm = 0{,}001 \cdot m$

$ft = 0{,}3048 \cdot m$ $in = 2{,}54 \cdot cm$ $yd = 3 \cdot ft$

$mi = 5280 \cdot ft$

Masse

$gm = 10^{-3} \cdot kg$ $tonne = 1000 \cdot kg$ $lb = 453{,}59237 \cdot gm$

$mg = 10^{-3} \cdot gm$ $ton = 2000 \cdot lb$ $slug = 32{,}174 \cdot lb$

$oz = \dfrac{lb}{16}$

Zeit

$min = 60 \cdot s$ $std = 3600 \cdot s$ $tag = 24 \cdot std$

$jahr = 365{,}2422 \cdot tag$

Fläche, Volumen

$Hektar = 10^4 \cdot m^2$ $acre = 4840 \cdot yd^2$ $L = 0{,}001 \cdot m^3$

$mL = 10^{-3} \cdot L$ $fl\_oz = 29{,}57353 \cdot cm^3$ $gal = 128 \cdot fl\_oz$

Geschwindigkeit, Beschleunigung

$mph = \dfrac{mi}{std}$ $kph = \dfrac{km}{std}$

$g = 9{,}80665 \cdot \dfrac{m}{s^2}$

Kraft, Energie, Leistung

$N = kg \cdot \dfrac{m}{s^2}$ $\quad$ $dyne = 10^{-5} \cdot N$ $\quad$ $lbf = g \cdot lb$

$kgf = g \cdot kg$ $\quad$ $J = N \cdot m$ $\quad$ $erg = 10^{-7} \cdot J$

$cal = 4{,}1868 \cdot J$ $\quad$ $kcal = 1000 \cdot cal$ $\quad$ $BTU = 1{,}05506 \cdot 10^3 \cdot J$

$W = \dfrac{J}{s}$ $\quad$ $kW = 1000 \cdot W$ $\quad$ $hp = 550 \cdot \dfrac{ft \cdot lbf}{s}$

Druck, Viskosität

$Pa = \dfrac{N}{m^2}$ $\quad$ $psi = \dfrac{lbf}{in^2}$ $\quad$ $atm = 1{,}01325 \cdot 10^5 \cdot Pa$

$in\_Hg = 3{,}37686 \cdot 10^3 \cdot Pa$ $\quad$ $torr = 1{,}33322 \cdot 10^2 \cdot Pa$ $\quad$ $stokes = 10^{-4} \cdot \dfrac{m^2}{s}$

$poise = 0{,}1 \cdot Pa \cdot s$

Elektrizität

$C = A \cdot s$ $\quad$ $V = \dfrac{J}{C}$ $\quad$ $mV = 10^{-3} \cdot V$

$kV = 10^3 \cdot V$ $\quad$ $\Omega = \dfrac{V}{A}$ $\quad$ $k\Omega = 10^3 \cdot \Omega$

$M\Omega = 10^6 \cdot \Omega$ $\quad$ $S = \dfrac{1}{\Omega}$ $\quad$ $mho = \dfrac{1}{\Omega}$

$H = \dfrac{V}{A} \cdot s$ $\quad$ $\mu H = 10^{-6} \cdot H$ $\quad$ $mH = 10^{-3} \cdot H$

$\mu A = 10^{-6} \cdot A$ $\quad$ $mA = 10^{-3} \cdot A$ $\quad$ $kA = 10^3 \cdot A$

$F = \dfrac{C}{V}$ $\quad$ $pF = 10^{-12} \cdot F$ $\quad$ $nF = 10^{-9} \cdot F$

$\mu F = 10^{-6} \cdot F$ $\quad$ $Wb = V \cdot s$

$Oe = \dfrac{1000}{4 \cdot \pi} \cdot \dfrac{A}{m}$ $\quad$ $T = \dfrac{Wb}{m^2}$ $\quad$ $gauss = 10^{-4} \cdot T$

Frequenz, Aktivität

$Hz = \dfrac{1}{s}$ $\quad$ $kHz = 10^3 \cdot Hz$ $\quad$ $MHz = 10^6 \cdot Hz$

$$GHz = 10^9 \cdot Hz \qquad Bq = \frac{1}{s} \qquad Hza = 2 \cdot \pi \cdot Hz$$

Temperatur

$R = 0{,}556 \cdot K$

Dosis

$$Gy = \frac{J}{kg} \qquad Sv = \frac{J}{kg}$$

Leuchtstärke, Illuminosität

$$lm = cd \cdot str \qquad lx = \frac{cd \cdot str}{m^2}$$

CGS-Einheiten

Basiseinheiten

cm (Zentimeter), *Länge*   gm (Gramm), *Masse*   s (Sekunde), *Zeit*

coul (Coulomb), *Ladung*   K (Kelvin), *Temperatur*

Winkelmaße

$rad = 1 \qquad deg = \frac{\pi}{180} \cdot rad$

Länge

$m = 100 \cdot cm \qquad km = 1000 \cdot m \qquad mm = 0{,}1 \cdot cm$

$ft = 30{,}48 \cdot cm \qquad in = 2{,}54 \cdot cm \qquad yd = 3 \cdot ft$

$mi = 5280 \cdot ft$

Masse

$kg = 1000 \cdot gm \qquad tonne = 1000 \cdot kg \qquad lb = 453{,}59237 \cdot gm$

$mg = 10^{-3} \cdot gm \qquad ton = 2000 \cdot lb \qquad slug = 32{,}174 \cdot lb$

$oz = \frac{lb}{16}$

Zeit

$\min = 60 \cdot s$ $\qquad$ $\text{std} = 3600 \cdot s$ $\qquad$ $\text{tag} = 24 \cdot \text{std}$

$\text{jahr} = 365{,}2422 \cdot \text{tag}$

Fläche, Volumen

$\text{Hektar} = 10^4 \cdot m^2$ $\qquad$ $\text{acre} = 4840 \cdot yd^2$ $\qquad$ $\text{Liter} = 1000 \cdot cm^3$

$mL = cm^3$ $\qquad$ $\text{fl\_oz} = 29{,}57353 \cdot cm^3$ $\qquad$ $\text{gal} = 128 \cdot \text{fl\_oz}$

Geschwindigkeit, Beschleunigung

$\text{mph} = \dfrac{mi}{hr}$ $\qquad$ $\text{kph} = \dfrac{km}{hr}$ $\qquad$ $g = 9{,}80665 \cdot \dfrac{m}{s^2}$

$c = 2{,}997925 \cdot 10^{10} \cdot \dfrac{cm}{s}$ $\qquad$ $c\_ = c \cdot \dfrac{s}{m}$

Kraft, Energie, Leistung

$\text{dyne} = gm \cdot \dfrac{cm}{s^2}$ $\qquad$ $\text{Newton} = 10^5 \cdot \text{dyne}$ $\qquad$ $\text{lbf} = g \cdot lb$

$\text{kgf} = g \cdot kg$ $\qquad$ $\text{erg} = \text{dyne} \cdot cm$ $\qquad$ $\text{Joule} = 10^7 \cdot \text{erg}$

$\text{cal} = 4{,}1868 \cdot 10^7 \cdot \text{erg}$ $\qquad$ $\text{BTU} = 1{,}05506 \cdot 10^{10} \cdot \text{erg}$ $\qquad$ $\text{kcal} = 1000 \cdot \text{cal}$

$\text{Watt} = \dfrac{\text{Joule}}{s}$ $\qquad$ $kW = 1000 \cdot W$ $\qquad$ $hp = 550 \cdot \dfrac{ft \cdot lbf}{s}$

Druck, Viskosität

$Pa = 10 \cdot \dfrac{\text{dyne}}{cm^2}$ $\qquad$ $\text{psi} = \dfrac{lbf}{in^2}$ $\qquad$ $\text{atm} = 1{,}01325 \cdot 10^5 \cdot Pa$

$\text{in\_Hg} = 3{,}38638 \cdot 10^3 \cdot Pa$ $\qquad$ $\text{torr} = 1{,}33322 \cdot 10^2 \cdot Pa$ $\qquad$ $\text{stokes} = \dfrac{cm^2}{s}$

$\text{poise} = 0{,}1 \cdot Pa \cdot s$

Elektrizität

Dies sind die CGS-esu-Einheiten, die einzig auf Masse, Länge und Zeit basieren. Die "stat"-Einheiten sind in Dyne, Zentimeter und Sekunde definiert.

$\text{statamp} = \text{dyne}^{0,5} \cdot cm \cdot s^{-1}$ $\qquad$ $\text{statcoul} = \text{dyne}^{0,5} \cdot cm$ $\qquad$ $\text{statvolt} = \text{dyne}^{0,5}$

$\text{statohm} = s \cdot cm^{-1}$ $\qquad$ $\text{statsiemens} = cm \cdot s^{-1}$ $\qquad$ $\text{statfarad} = cm$

$\text{statweber} = \text{dyne}^{0,5} \cdot cm$ $\qquad$ $\text{stathenry} = s^2 \cdot cm^{-1}$ $\qquad$ $\text{statesla} = \text{dyne}^{0,5} \cdot cm \cdot s^{-2}$

Frequenz

$$Hz = \frac{1}{s} \qquad kHz = 10^3 \cdot Hz \qquad MHz = 10^6 \cdot Hz$$

$$GHz = 10^9 \cdot Hz \qquad Hza = 2 \cdot \pi \cdot Hz$$

Temperatur

$R = 0{,}556 \cdot K$

Umwandlung in SI-Einheiten

$$amp = \frac{c}{10} \cdot statamp \qquad volt = \frac{watt}{amp} \qquad ohm = \frac{volt}{amp}$$

$$coul = amp \cdot s \qquad farad = \frac{coul}{volt} \qquad henry = volt \cdot \frac{s}{amp}$$

US-spezifische Einheiten

Basiseinheiten

ft (Fuß), *Länge*   lb (Pfund), *Masse*   Sek (Sekunde), *Zeit*

coul (Coulomb), *Ladung*   K (Kelvin), *Temperatur*

Winkelmaße

$$rad = 1 \qquad deg = \frac{\pi}{180} \cdot rad$$

Länge

$$in = \frac{ft}{12} \qquad m = \frac{ft}{0{,}3048} \qquad yd = 3 \cdot ft$$

$$cm = 0{,}01 \cdot m \qquad mi = 5280 \cdot ft \qquad km = 1000 \cdot m$$

$$mm = 0{,}001 \cdot m$$

Masse

$$slug = 32{,}174 \cdot lb \qquad oz = \frac{lb}{16} \qquad ton = 2000 \cdot lb$$

$$kg = \frac{lb}{0{,}45359237} \qquad tonne = 1000 \cdot kg \qquad gm = 10^{-3} \cdot kg$$

$mg = 10^{-3} \cdot gm$

Zeit

$min = 60 \cdot s$ $\qquad$ $std = 3600 \cdot s$ $\qquad$ $tag = 24 \cdot std$

$jahr = 365{,}2422 \cdot tag$

Fläche, Volumen

$acre = 4840 \cdot yd^2$ $\qquad$ $Hektar = 10^4 \cdot m^2$ $\qquad$ $fl\_oz = 29{,}57353 \cdot cm^3$

$Liter = (0{,}1 \cdot m)^3$ $\qquad$ $mL = 10^{-3} \cdot Liter$ $\qquad$ $gal = 128 \cdot fl\_oz$

Geschwindigkeit, Beschleunigung

$mph = \dfrac{mi}{hr}$ $\qquad$ $kph = \dfrac{km}{hr}$ $\qquad$ $g = 32{,}174 \cdot \dfrac{ft}{s^2}$

Kraft, Energie, Leistung

$lbf = g \cdot lb$ $\qquad$ $Newton = kg \cdot \dfrac{m}{s^2}$ $\qquad$ $dyne = 10^{-5} \cdot Newton$

$kgf = g \cdot kg$ $\qquad$ $Joule = Newton \cdot m$ $\qquad$ $erg = 10^{-7} \cdot Joule$

$cal = 4{,}1868 \cdot Joule$ $\qquad$ $kcal = 1000 \cdot cal$ $\qquad$ $BTU = 1{,}05506 \cdot 10^3 \cdot Joule$

$Watt = \dfrac{Joule}{s}$ $\qquad$ $hp = 550 \cdot \dfrac{ft \cdot lbf}{s}$ $\qquad$ $kW = 1000 \cdot Watt$

Druck, Viskosität

$psi = \dfrac{lbf}{in^2}$ $\qquad$ $Pa = \dfrac{Newton}{m^2}$ $\qquad$ $atm = 1{,}01325 \cdot 10^5 \cdot Pa$

$in\_Hg = 3{,}38638 \cdot 10^3 \cdot Pa$ $\qquad$ $torr = 1{,}33322 \cdot 10^2 \cdot Pa$ $\qquad$ $stokes = \dfrac{cm^2}{s}$

$poise = 0{,}1 \cdot Pa \cdot s$

Elektrizität

$Volt = \dfrac{Watt}{Ampere}$ $\qquad$ $mV = 10^{-3} \cdot Volt$ $\qquad$ $KV = 10^3 \cdot Volt$

$Ohm = \dfrac{Volt}{Ampere}$ $\qquad$ $mho = \dfrac{1}{Ohm}$ $\qquad$ $siemens = \dfrac{1}{Ohm}$

$\Omega = Ohm$ $\qquad$ $k\Omega = 10^3 \cdot Ohm$ $\qquad$ $M\Omega = 10^6 \cdot Ohm$

$$\text{henry} = \frac{\text{Weber}}{\text{Ampere}} \qquad \mu H = 10^{-6} \cdot \text{Henry} \qquad mH = 10^{-3} \cdot \text{Henry}$$

$$\text{Ampere} = \frac{\text{coul}}{\text{s}} \qquad \mu A = 10^{-6} \cdot \text{Ampere} \qquad mA = 10^{-3} \cdot \text{Ampere}$$

$$kA = 10^{3} \cdot \text{Ampere} \qquad \text{Farad} = \frac{\text{Coulomb}}{\text{Volt}} \qquad pF = 10^{-12} \cdot \text{Farad}$$

$$nF = 10^{-9} \cdot \text{Farad} \qquad \mu F = 10^{-6} \cdot \text{Farad} \qquad \text{Weber} = \text{Volt} \cdot \text{s}$$

$$Oe = \frac{1000}{4 \cdot \pi} \cdot \frac{A}{m} \qquad \text{Tesla} = \frac{\text{Weber}}{m^2} \qquad \text{Gauss} = 10^{-4} \cdot \text{Tesla}$$

Frequenz, Aktivität

$$Hz = \frac{1}{s} \qquad kHz = 10^{3} \cdot Hz \qquad MHz = 10^{6} \cdot Hz$$

$$GHz = 10^{9} \cdot Hz \qquad Hza = 2 \cdot \pi \cdot Hz$$

Temperatur

$$R = 0{,}556 \cdot K$$

MKS-Einheiten

Basiseinheiten

m (Meter), *Länge*   kg (Kilogramm), *Masse*   s (Sekunde), *Zeit*

coul (Coulomb), *Ladung*   K (Kelvin), *Temperatur*

Winkelmaße

$$\text{rad} = 1 \qquad\qquad \text{deg} = \frac{\pi}{180} \cdot \text{rad}$$

Länge

$$cm = 0{,}01 \cdot m \qquad km = 1000 \cdot m \qquad mm = 0{,}001 \cdot m$$

$$ft = 0{,}3048 \cdot m \qquad in = 2{,}54 \cdot cm \qquad yd = 3 \cdot ft$$

$$mi = 5280 \cdot ft$$

Masse

$$gm = 10^{-3} \cdot kg \qquad \text{tonne} = 1000 \cdot kg \qquad lb = 453{,}59237 \cdot gm$$

$mg = 10^{-3} \cdot gm$ $\qquad$ $ton = 2000 \cdot lb$ $\qquad$ $slug = 32{,}174 \cdot lb$

$oz = \dfrac{lb}{16}$

Zeit

$min = 60 \cdot s$ $\qquad$ $std = 3600 \cdot s$ $\qquad$ $tag = 24 \cdot std$

$jahr = 365{,}2422 \cdot tag$

Fläche, Volumen

$Hektar = 10^4 \cdot m^2$ $\qquad$ $acre = 4840 \cdot yd^2$ $\qquad$ $Liter = (0{,}1 \cdot m)^3$

$mL = 10^{-3} \cdot Liter$ $\qquad$ $fl\_oz = 29{,}57353 \cdot cm^3$ $\qquad$ $gal = 128 \cdot fl\_oz$

Geschwindigkeit, Beschleunigung

$mph = \dfrac{mi}{hr}$ $\qquad$ $kph = \dfrac{km}{hr}$ $\qquad$ $g = 9{,}80665 \cdot \dfrac{m}{s^2}$

Kraft, Energie, Leistung

$Newton = kg \cdot \dfrac{m}{s^2}$ $\qquad$ $dyne = 10^{-5} \cdot Newton$ $\qquad$ $lbf = g \cdot lb$

$kgf = g \cdot kg$ $\qquad$ $Joule = Newton \cdot m$ $\qquad$ $erg = 10^{-7} \cdot Joule$

$cal = 4{,}1868 \cdot Joule$ $\qquad$ $kcal = 1000 \cdot cal$ $\qquad$ $BTU = 1{,}05506 \cdot 10^3 \cdot Joule$

$Watt = \dfrac{Joule}{s}$ $\qquad$ $kW = 1000 \cdot Watt$ $\qquad$ $hp = 550 \cdot \dfrac{ft \cdot lbf}{s}$

Druck, Viskosität

$Pa = \dfrac{Newton}{m^2}$ $\qquad$ $psi = \dfrac{lbf}{in^2}$ $\qquad$ $atm = 1{,}01325 \cdot 10^5 \cdot Pa$

$in\_Hg = 3{,}38638 \cdot 10^3 \cdot Pa$ $\qquad$ $torr = 1{,}33322 \cdot 10^2 \cdot Pa$ $\qquad$ $stokes = 10^{-4} \cdot \dfrac{m^2}{s}$

$poise = 0{,}1 \cdot Pa \cdot s$

Elektrizität

$Volt = \dfrac{Watt}{Ampere}$ $\qquad$ $mV = 10^{-3} \cdot Volt$ $\qquad$ $KV = 10^3 \cdot Volt$

$Ohm = \dfrac{Volt}{Ampere}$ $\qquad$ $mho = \dfrac{1}{Ohm}$ $\qquad$ $siemens = \dfrac{1}{Ohm}$

$\Omega = \text{Ohm}$ $\qquad$ $k\Omega = 10^3 \cdot \text{Ohm}$ $\qquad$ $M\Omega = 10^6 \cdot \text{Ohm}$

$\text{henry} = \dfrac{\text{Weber}}{\text{Ampere}}$ $\qquad$ $\mu H = 10^{-6} \cdot \text{Henry}$ $\qquad$ $mH = 10^{-3} \cdot \text{Henry}$

$\text{Ampere} = \dfrac{\text{coul}}{s}$ $\qquad$ $\mu A = 10^{-6} \cdot \text{Ampere}$ $\qquad$ $mA = 10^{-3} \cdot \text{Ampere}$

$kA = 10^3 \cdot \text{Ampere}$ $\qquad$ $\text{Farad} = \dfrac{\text{Coulomb}}{\text{Volt}}$ $\qquad$ $pF = 10^{-12} \cdot \text{Farad}$

$nF = 10^{-9} \cdot \text{Farad}$ $\qquad$ $\mu F = 10^{-6} \cdot \text{Farad}$ $\qquad$ $\text{Weber} = \text{Volt} \cdot s$

$Oe = \dfrac{1000}{4 \cdot \pi} \cdot \dfrac{A}{m}$ $\qquad$ $\text{Tesla} = \dfrac{\text{Weber}}{m^2}$ $\qquad$ $\text{Gauss} = 10^{-4} \cdot \text{Tesla}$

Frequenz, Aktivität

$Hz = \dfrac{1}{s}$ $\qquad$ $kHz = 10^3 \cdot Hz$ $\qquad$ $MHz = 10^6 \cdot Hz$

$GHz = 10^9 \cdot Hz$ $\qquad$ $Hza = 2 \cdot \pi \cdot Hz$

Temperatur

$R = 0{,}556 \cdot K$

Vordefinierte Variablen

Die vordefinierten Variablen von Mathcad werden hier mit ihren Standardwerten aufgelistet.

Konstante = Wert	Beschreibung
$\pi = 3.14159...$	Pi. Mathcad verwendet 15 signifikante Stellen für π. Geben Sie π mit [Strg]+[P] ein bzw. [⇧]+[Strg]+[?] falls Sie die Tastaturkürzel auf Windows-Standard umgestellt haben.
$e = 2.71828...$	Die Basis des natürlichen Logarithmus. Mathcad verwendet 15 Stellen für e.
$\infty = 10^{307}$	Unendlich. Dieses Symbol repräsentiert Werte, die größer sind als die größte Zahl, die in Mathcad dargestellt werden kann. Um ∞ einzugeben, drücken Sie [Strg]+[⇧]+[Z].
%=0.01	Prozent. Wird in Ausdrücken wie 10*% verwendet (erscheint als 10 · %) oder als Skalierungseinheit am Ende einer Gleichung mit einem Gleichheitszeichen.

	CTOL = 10^{-3}	Bedingungstoleranz für die Lösung und Optimierung von Funktionen; gibt an, wie genau eine Bedingung erfüllt sein muß, so daß die Lösung akzeptiert wird.
Pro	CWD = "[systempfad]"	Zeichenfolge für den Arbeitsordner des Arbeitsblatts.
	FRAME = 0	Zähler bei der Verwendung von Animationsclips.
Pro	in$n$ = 0, out$n$ = 0	Eingabe- und Ausgabevariablen (*in0*, *in1*, *out0*, *out1* usw.) in einer Mathcad-Komponete in einem MathConnex-System.
	ORIGIN = 0	Feldursprung. Gibt den Index des ersten Elements in Feldern zurück.
	PRNCOLWIDTH = 8	Spaltenbreite für das Schreiben in Dateien mit der Funktion PRNSCHREIBEN.
	PRNPRECISION = 4	Anzahl der signifikanten Stellen beim Schreiben von Dateien mit der Funktion PRNSCHREIBEN.
	TOL = 10^{-3}	Toleranz für numerische Annäherungsalgorithmen (Integrale, Gleichungslösung usw.); gibt an, wie genau die Annäherung für eine Lösung sein muß, damit sie akzeptiert wird.

Suffixe für Zahlen

Die folgende Tabelle zeigt, wie Mathcad Zahlen interpretiert, die mit einem Buchstaben enden.

Basis:

Suffix	Beispiel	Bedeutung
b, B	100001b	Binär
h, H	8BCh	Hexadezimal
o, O	1007o	Oktal

Einheiten und andere:

i oder j	4i, 1j, 3 + 1.5j	Imaginär

Suffix	Beispiel	Bedeutung
K	–273K	Standardeinheit für die absolute Temperatur
L	–2.54L	Standardlängeneinheit
M	2.2M	Standardmasseneinheit
Q	–100Q	Standardladungseinheit
S	6.97S	Standardstoffeinheit im SI-Einheitensystem
T	3600T	Standardzeiteinheit
C	125C	Standardleuchtwerteinheit im SI-Einheitensystem

Hinweis Da Mathcad bei den meisten Ausdrücken, in denen eine Zahl direkt von einem Buchstaben gefolgt wird, von einer implizierten Multiplikation ausgeht, müssen Sie den implizierten Multiplikationsoperator mit der ←-Taste wieder löschen, um einen Ausdruck wie 4.5M erstellen zu können.

Griechische Buchstaben

Um einen griechischen Buchstaben in eine Gleichung oder in einen Text einzugeben, geben Sie das lateinische Äquivalent aus der folgenden Tabelle ein, gefolgt von [Strg]+[G]. Als Alternative verwenden Sie die Symbolleiste für griechische Buchstaben.

Name	Groß-buchstabe	Klein-buchstabe	Lateinisches Äquivalent
Alpha	A	α	A
Beta	B	β	B
Chi	Ξ	χ	C
Delta	Δ	δ	D
Epsilon	E	ε	E
Eta	H	η	H
Gamma	Γ	γ	G
Iota	I	ι	I
Kappa	K	κ	K

Name	Groß-buchstabe	Klein-buchstabe	Lateinisches Äquivalent
Lambda	Λ	λ	L
Mu	M	μ	M
Nu	N	ν	N
Omega	Ω	ω	W
Omikron	O	o	O
Phi	Φ	φ	F
Phi (alternativ)		φ	J
Pi	Π	π	P
Psi	Ψ	ψ	Y
Rho	Π	ρ	R
Sigma	Σ	σ	S
Tau	T	τ	T
Theta	Θ	θ	Q
Theta (alternativ)	ϑ		J
Ypsilon	Ψ	υ	U
Xi	Ξ	ξ	X
Zeta	Z	ζ	Z

Hinweis Der griechische Buchstabe π wird so häufig verwendet, daß es auf der Tastatur einen Shortcut dafür gibt: [Strg]+[⇧]+[P] bzw. [⇧]+[P], wenn Sie die Tastaturkürzel auf Mathcad-Standard eingestellt haben.

Pfeil- und Bewegungstasten

Tasten	Aktionen
[↑]	Fadenkreuz nach oben bewegen. Im Mathbereich: Bearbeitungszeile nach oben bewegen. Im Text: Einfügemarke in die darüberliegende Zeile bewegen.

Tasten	Aktionen
↓	Fadenkreuz nach unten bewegen. Im Mathbereich: Bearbeitungszeile nach unten bewegen. Im Text: Einfügemarke in die darunterliegende Zeile bewegen.
←	Fadenkreuz nach links bewegen. Im Mathbereich: Linken Operanden auswählen. Im Text: Einfügemarke um ein Zeichen nach links bewegen.
→	Fadenkreuz nach rechts bewegen. Im Mathbereich: Rechten Operanden auswählen. Im Text: Einfügemarke um ein Zeichen nach rechts bewegen.
BILD ↑	Um ein Viertel der Fensterhöhe nach oben scrollen.
BILD ↓	Um ein Viertel der Fensterhöhe nach unten scrollen.
⇧ ↑	Im Rechenbereich: Fadenkreuz über den Ausdruck bewegen. Im Text: Von der Einfügemarke bis in die darüberliegende Zeile markieren.
⇧ ↓	Im Rechenbereich: Fadenkreuz unter den Ausdruck bewegen. Im Text: Von der Einfügemarke bis in die darunterliegende Zeile markieren.
⇧ ←	Im Rechenbereich: Teile eines Ausdrucks links von der Einfügemarke markieren. Im Text: Links von der Einfügemarke Zeichen für Zeichen markieren.
⇧ →	Im Rechenbereich: Teile eines Ausdrucks rechts von der Einfügemarke markieren. Im Text: Rechts von der Einfügemarke Zeichen für Zeichen markieren.
STRG ↑	Im Text: Einfügemarke an den Anfang einer Zeile bewegen.
STRG + ↓	Im Text: Einfügemarke an das Ende einer Zeile bewegen.
STRG ←	Im Text: Einfügemarke nach links an den Anfang eines Wortes bewegen.
STRG →	Im Text: Einfügemarke nach rechts an den Anfang des nächsten Wortes bewegen.
STRG ↵	Direkten Seitenumbruch einfügen.
STRG ⇧ ↑	Im Text: von der Einfügemarke an bis an den Anfang der darüberliegenden Zeile markieren.
STRG ⇧ ↓	Im Text: von der Einfügemarke an bis an das Ende der aktuellen Zeile markieren.
STRG ⇧ ←	Im Text: Links von der Einfügemarke bis zum Anfang eines Wortes markieren.
STRG ⇧ →	Im Text: Rechts von der Einfügemarke bis zum Anfang des nächsten Wortes markieren

Tasten	Aktionen
⎵	Zeigt die verschiedenen Zustände der Bearbeitungszeilen an.
⭾	Im Text: bewegt die Einfügemarke zum nächsten Tabstop. Im Rechenbereich oder Diagramm: zum nächsten Platzhalter bewegen.
⇧ + ⭾	Im Rechenbereich oder Diagramm: bis zum vorherigen Platzhalter bewegen.
BILD ↑	Um 80% des Fensters nach oben bewegen.
BILD ↓	Um 80% des Fensters nach unten bewegen.
⇧ + BILD ↑	Bis zum vorherigen Seitenumbruch bewegen.
⇧ + BILD ↓	Bis zum nächsten Seitenumbruch bewegen.
POS 1	Bis zum Anfang des vorherigen Bereichs bewegen. Im Text: zum Anfang der aktuellen Zeile bewegen.
ENDE	Zum nächsten Bereich bewegen. Im Text: an das Ende der aktuellen Zeile bewegen.
STRG POS 1	Zum Anfang des Arbeitsblatts scrollen. Im Text: Einfügemarke an den Anfang des Textbereichs oder des Absatzes bewegen.
STRG ENDE	Zum Ende des Arbeitsblatts scrollen. Im Text: Einfügemarke ans Ende des Textbereichs oder des Absatzes bewegen.
↵	Im Text: neue Zeile beginnen. In Gleichung oder Diagramm: Fadenkreuz unter einen Bereich an den linken Rand bewegen.

Funktionstasten

Tasten	Aktionen
F1	Hilfe.
⇧ + F1	Kontextabhängige Hilfe.
F2	Selektierten Bereich in die Zwischenablage kopieren.
F3	Selektierten Bereich ausschneiden und in der Zwischenablage ablegen.
F4	Inhalt der Zwischenablage einfügen.
Strg + F4	Arbeitsblatt oder Vorlage schließen.
Alt + F4	Mathcad schließen.

Tasten	Aktionen
[F5]	Arbeitsblatt oder Vorlage öffnen.
[Strg]+[F5]	Nach Text oder mathematischen Symbolen suchen.
[⇧]+[F5]	Text oder mathematische Symbole ersetzen.
[F6]	Aktuelles Arbeitsblatt speichern.
[Strg]+[F6]	Nächstes Fenster aktivieren.
[Strg]+[F7]	Fügt das Primsymbol ein.
[F7]	Neues Arbeitsblatt öffnen.
[F9]	Einen ausgewählten Bereich neu berechnen.
[Strg]+[F9]	Leerzeilen einfügen.
[Strg]+[F10]	Leerzeilen entfernen.

Hinweis Diese Funktionstasten werden hauptsächlich der Kompatibilität mit früheren Mathcad-Versionen halber bereitgestellt. Mathcad unterstützt die Standard-Tastenkombinationen von Windows, die zum Öffnen von Dateien [Strg]+[O], zum Speichern [Strg]+[S], zum Drucken [Strg]+[P], zum Kopieren [Strg]+[C] und zum Einfügen [Strg]+[V] verwendet werden können. Wählen Sie im ANSICHT-Menü den Eintrag OPTIONEN, und markieren Sie auf der Registerkarte ALLGEMEIN das Kontrollkästchen STANDARDMÄSSIGE WINDOWS-TASTATURBEFEHLE, um alle Windows-Shortcuts zu aktivieren.

ASCII-Codes

Dezimale ASCII-Codes von 32 bis 255. Nicht-druckbare Zeichen werden mit »npc« gekennzeichnet.

Code	Zeichen	Code	Zeichen	Code	Zeichen	Code	Zeichen	Code	Zeichen
32	Space-Taste	80	P	130	,	182	¶	230	æ
33	!	81	Q	131	f	183	·	231	ç
34	"	82	R	132	„	184	¸	232	è
35	#	83	S	133	…	185	¹	233	é

Code	Zeichen	Code	Zeichen	Code	Zeichen	Code	Zeichen	Code	Zeichen
36	$	84	T	134	†	186	º	234	ê
37	%	85	U	135	‡	187	»	235	ë
38	&	86	V	136	ˆ	188	¼	236	ì
39	'	87	W	137	‰	189	½	237	í
40	(	88	X	138	Š	190	¾	238	î
41	)	89	Y	139	‹	191	¿	239	ï
42	*	90	Z	140	Œ	192	À	240	ð
43	+	91	[	141-4	npc	193	Á	241	ñ
44	,	92	\	145	'	194	Â	242	ò
45	-	93	]	146	'	195	Ã	243	ó
46	.	94	^	147	"	196	Ä	244	ô
47	/	95	_	148	"	197	Å	245	õ
48	0	96	`	149	•	198	Æ	246	ö
49	1	97	a	150	–	199	Ç	247	÷
50	2	98	b	151	—	200	È	248	ø
51	3	99	c	152	~	201	É	249	ù
52	4	100	d	153	™	202	Ê	250	ú
53	5	101	e	154	š	203	Ë	251	û
54	6	102	f	155	›	204	Ì	252	ü
55	7	103	g	156	œ	205	Í	253	ý
56	8	104	h	157–8	npc	206	Î	254	þ
57	9	105	i	159	Ÿ	207	Ï	255	ÿ
58	:	106	j	160	npc	208	Ð		
59	;	107	k	161	¡	209	Ñ		
60	<	108	l	162	¢	210	Ò		
61	=	109	m	163	£	211	Ó		
62	>	110	n	164	¤	212	Ô		

Code	Zeichen	Code	Zeichen	Code	Zeichen	Code	Zeichen	Code	Zeichen
63	?	111	o	165	¥	213	Õ		
64	@	112	p	166	¦	214	Ö		
65	A	113	q	167	§	215	×		
66	B	114	r	168	¨	216	Ø		
67	C	115	s	169	©	217	Ù		
68	D	116	t	170	ª	218	Ú		
69	E	117	u	171	«	219	Û		
70	F	118	v	172	¬	220	Ü		
71	G	119	w	173	-	221	Ý		
72	H	120	x	174	®	222	Þ		
73	I	121	y	175	¯	223	ß		
74	J	122	z	176	°	224	à		
75	K	123	{	177	±	225	á		
76	L	124	|	178	²	226	â		
77	M	125	}	179	³	227	ã		
78	N	126	~	180	´	228	ä		
79	O	127–9	*npc*	181	µ	229	å		

II Referenzteil

Einleitung

In diesem Teil werden die von Mathcad bereitgestellten Funktionen, Operatoren und symbolischen Schlüsselwörter aufgeführt und beschrieben, wobei besonderer Wert auf die mathematischen und statistischen Aspekte gelegt wird. Auf bestimmte Hilfsfunktionen (beispielsweise die verschiedenen bei der Bildverarbeitung verwendeten Dateizugriffsfunktionen) wird in Teil I *Mathcad Benutzerhandbuch* genauer eingegangen.

Notation

Wo möglich, gelten den gesamten Teil hindurch folgende Zeichen:

- *x* und *y* stehen für reelle Zahlen.
- *z* und *w* stehen entweder für reelle oder für komplexe Zahlen.
- *m*, *n*, *i*, *j* und *k* stehen für ganze Zahlen.
- *S* sowie alle mit *S* beginnenden Bezeichner stehen für Zeichenkettenausdrücke.
- **u**, **v** sowie alle mit **v** beginnnenden Bezeichner stehen für Vektoren.
- **A** und **B** stehen für Matrizen oder Vektoren.
- **M** und **N** stehen für quadratische Matrizen.
- *f* steht für eine Funktion, die einen skalaren Wert zurückliefert.
- **F** steht für eine Funktion, die einen Vektor als Wert zurückliefert.
- *Datei* ist eine Zeichenkettenvariable, die sich auf einen Dateinamen oder Pfad bezieht.
- *X* und *Y* stehen für Variablen oder Ausdrücke beliebigen Typs.

Kapitel 17
Funktionen

In diesem Kapitel erfolgt eine alphabetische Aufzählung und Beschreibung der von Mathcad bereitgestellten mathematischen und statistischen Funktionen.

Mit *Professional* gekennzeichnete Funktionen stehen nur in Mathcad Professional zur Verfügung. Bestimmte Funktionen, die im folgenden beschrieben werden, kommen auch im *Solving and Optimization Extension Pack* (Expert Solver) vor. Für dieses Pack, das separat erhältlich ist, ist Mathcad Professional erforderlich.

Bei den Funktionsbezeichnungen ist auf die Groß- und Kleinschreibung, nicht aber auf die Schriftart zu achten. Sie können sie in einer beliebigen Schriftart eingeben, müssen aber die im Syntaxabschnitt angegebene Schreibweise einhalten.

Viele der Funktionen, die hier so beschrieben werden, als ob für sie skalare Argumente erforderlich seien, akzeptieren in Wirklichkeit auch Vektorargumente. So ist beispielsweise das Argument z für die Funktion acos als eine »reelle oder komplexe Zahl« angegeben, aber tatsächlich berechnet acos jede Vektoreingabe aus reellen oder komplexen Zahlen korrekt.

Andere Funktionen können optionale Argumente wie z.B. cumint oder fv besitzen. Bei solchen Funktionen wie f und g bedeutet die Notation $f(x\,[y])$, daß y ausgelassen werden kann. Wohingegen die Notation $g(x,[[y],[z]])$ bedeutet, daß sowohl x als auch y ausgelassen werden können (allerdings nur beide und nicht x oder y allein).

Einige Funktionen nehmen keine Eingabeargumente mit Einheiten an. Bei einer solchen Funktion f erscheint bei der Auswertung von $f(x)$ eine entsprechende Fehlermeldung, falls x über eine Einheit verfügt.

Funktionskategorien

Jede Funktion fällt in eine der folgenden Kategorien:

- Bessel-Funktionen
- Komplexe Zahlen
- Lösung von Differentialgleichungen
- Ausdruck-Funktionen
- Dateizugriff

- Fourier-Transformation
- Hyperbolische Funktionen
- Interpolation und Vorhersage
- Logarithmus- und Exponentialfunktionen
- Zahlentheorie/Kombinatorik
- Stückweise stetige Funktionen
- Wahrscheinlichkeitsdichte
- Wahrscheinlichkeitsverteilung
- Zufallszahlen
- Regression und Glättung
- Gleichungslösung
- Sortierung
- Sonderfunktionen
- Statistische Funktionen
- Zeichenkettenfunktionen
- Trigonometrische Funktionen
- Abbruch- und Rundungsfunktionen
- Vektor- und Matrixfunktionen
- Wavelet-Transformation

Die Kategoriebezeichnung erscheint in der rechten oberen Ecke jedes Eintrages. Um einen Überblick über sämtliche Funktionen einer gegebenen Kategorie zu erhalten, schlagen Sie im Index dieses Buchs nach.

Auffinden weiterer Informationen

Sie gelangen außerdem auf folgende Weisen an Informationen zu Funktionen:

- Um innerhalb von Mathcad eine Kurzbeschreibung einer beliebigen Funktion zu erhalten, klicken Sie den Eintrag FUNKTION im Menü EINFÜGEN an. Wählen Sie eine Funktion im Feld FUNKTION aus, und lesen Sie die Beschreibung im Feld BESCHREIBUNG. Klicken Sie auf die Schaltfläche HILFE, um das Hilfethema zu einer ausgewählten Funktion zu lesen.

- Greifen Sie für genauere Informationen zu Funktionen, Kategorien und verwandte Themen auf die QuickSheets im Informationszentrum zurück. Wählen Sie dazu den Eintrag INFORMATIONSZENTRUM im HILFE-Menü aus, klicken Sie auf das QuickSheets-Symbol, und wählen Sie anschließend ein bestimmtes Thema.

Anmerkung zum Literaturverzeichnis

In Anhang B finden Sie ein Literaturverzeichnis, damit Sie mehr über den einer Funktion oder einem Operator von Mathcad zugrundeliegenden numerischen Algorithmus erfahren können. Diese Angaben sind nicht dazu gedacht, eine Beschreibung des tatsächlich zugrundeliegenden Quellcodes zu liefern. In einigen Büchern (beispielsweise in *Numerical Recipes in C*) ist der eigentliche C-Code für die in ihnen behandelten Algorithmen enthalten, aber die Quellenangabe besagt nicht notwendigerweise, daß es sich bei dem Code um den in Mathcad implementierten handelt. Die Quellenangaben werden lediglich zu Informationszwecken angeführt.

Funktionen

achsenabschn — Regression und Glättung

Syntax   achsenabschn(**vx**, **vy**)

Beschreibung   Liefert den y-Achsenabschnitt der Regressionsgeraden nach der Methode der kleinsten Quadrate.

Argumente
   vx, **vy**   reelle Vektoren derselben Größe

Siehe auch   neigung für weitere Einzelheiten, stdabw.

acos — Trigonometrische Funktion

Syntax   acos(z)

Beschreibung   Liefert den Arkuskosinus von z (in Radiant). Das Ergebnis liegt zwischen 0 und π, falls z eine reelle Zahl ist. Bei komplexem z ist das Ergebnis der Hauptwert.

Argumente
   z reelle oder komplexe Zahl

acot — Trigonometrische Funktion

Syntax   acot(z)

Beschreibung   Liefert den Arkuskotangens von z (in Radiant). Das Ergebnis liegt zwischen 0 und π, falls z eine reelle Zahl ist. Bei komplexem z ist das Ergebnis der Hauptwert.

Argumente
   z reelle oder komplexe Zahl

acoth   Trigonometrische Funktion

Syntax   acoth(z)

Beschreibung Liefert den Areakotangens von z. Bei komplexem z ist das Ergebnis der Hauptwert.

Argumente

z   reelle oder komplexe Zahl

acsc   Trigonometrische Funktion

Syntax   acsc(z)

Beschreibung Liefert den Arkuskosekans von z (in Radiant). Bei komplexem z ist das Ergebnis der Hauptwert.

Argumente

z   reelle oder komplexe Zahl

Ai   *(Professional)*   Bessel-Funktion

Syntax   Ai(x)

Beschreibung Liefert den Wert der Airy-Funktion der ersten Art.

Argumente

x   reelle Zahl

Beispiel

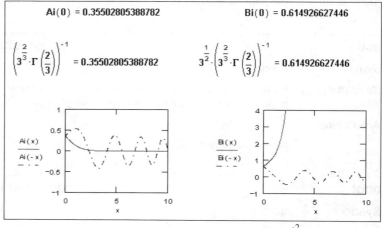

Anmerkung   Diese Funktion ist eine Lösung der Differentialgleichung: $\frac{d^2}{dx^2}y - x \cdot y = 0$.

Algorithmus Asymptotische Entwicklung (Abramowitz und Stegun, 1972)

Siehe auch Bi

arcosh
Hyperbolische Funktion

Syntax arcosh(z)

Beschreibung Liefert den Areakosinus von z. Bei komplexem z ist das Ergebnis der Hauptwert.

Argumente

    z reelle oder komplexe Zahl

arcsch
Hyperbolische Funktion

Syntax arcsch(z)

Beschreibung Liefert den Areakosekans von z. Bei komplexem z ist das Ergebnis der Hauptwert.

Argumente

    z reelle oder komplexe Zahl

arg
Komplexe Zahlen

Syntax arg(z)

Beschreibung Liefert den Winkel (in Radiant) zwischen der positiven reellen Achse und dem Punkt z in der komplexen Ebene. Das Ergebnis liegt zwischen $-\pi$ und π. Liefert den Wert θ, falls z als $r \cdot e^{i \cdot \theta}$ angegeben wird.

Argumente

    z reelle oder komplexe Zahl

Siehe auch atan, atan2, winkel

arsech
Hyperbolische Funktion

Syntax arsech(z)

Beschreibung Liefert den Areasekans von z. Bei komplexem z ist das Ergebnis der Hauptwert.

Argumente

    z reelle oder komplexe Zahl

arsinh
Hyperbolische Funktion

Syntax arsinh(z)

Beschreibung Liefert den Areasinus von z. Bei komplexem z ist das Ergebnis der Hauptwert.

Argumente

    z reelle oder komplexe Zahl

artanh   Hyperbolische Funktion

Syntax   artanh(z)

Beschreibung   Liefert den Areatangens von z. Bei komplexem z ist das Ergebnis der Hauptwert.

Argumente

                    z reelle oder komplexe Zahl

---

asec   Trigonometrische Funktion

Syntax   asec(z)

Beschreibung   Liefert den Arkussekans von z (in Radiant). Bei komplexem z ist das Ergebnis der Hauptwert.

Argumente

                    z reelle oder komplexe Zahl

---

asin   Trigonometrische Funktion

Syntax   asin(z)

Beschreibung   Liefert den Arkussinus von z (in Radiant). Das Ergebnis liegt zwischen $-\pi/2$ und $\pi/2$, falls z eine reelle Zahl ist. Bei komplexem z ist das Ergebnis der Hauptwert.

Argumente

                    z reelle oder komplexe Zahl

---

atan2   Trigonometrische Funktion

Syntax   atan2(x, y)

Beschreibung   Liefert den Winkel (in Radiant) zwischen der positiven x-Achse und dem Punkt (x, y) in der x-y-Ebene. Das Ergebnis liegt zwischen $-\pi$ und π.

Argumente

               x, y reelle Zahlen

Siehe auch   arg, atan, winkel

---

atan   Trigonometrische Funktion

Syntax   atan(z)

Beschreibung   Liefert den Arkustangens von z (in Radiant). Das Ergebnis liegt zwischen $-\pi/2$ und $\pi/2$, falls z eine reelle Zahl ist. Bei komplexem z ist das Ergebnis der Hauptwert.

Argumente

          z reelle oder komplexe Zahl

Siehe auch   arg, atan2, winkel

---

bei   *(Professional)*   Bessel-Funktion

Syntax   bei(n, x)

Beschreibung   Liefert den Wert der imaginären Bessel-Kelvin-Funktion n-ten Grades.

Argumente

          n ganze Zahl, $n \geq 0$

          x reelle Zahl

Anmerkung   Die Funktion **ber**(n, x) + i · **bei**(n, x) ist eine Lösung der Differentialgleichung:

$$x^2 \frac{d^2}{dx^2} y + x \cdot \frac{d}{dx} y - (i \cdot x^2 + n^2) \cdot y = 0.$$

Algorithmus   Reihenentwicklung (Abramowitz und Stegun, 1972)

Siehe auch   ber

---

ber   *(Professional)*   Bessel-Funktion

Syntax   ber(n, x)

Beschreibung   Liefert den Wert des reellen Anteils der Bessel-Kelvin-Funktion n-ten Grades.

Argumente

          n ganze Zahl, $n \geq 0$

          x reelle Zahl

Anmerkung   Die Funktion **ber**(n, x) + i · **bei**(n, x) ist eine Lösung der Differentialgleichung:

$$x^2 \frac{d^2}{dx^2} y + x \cdot \frac{d}{dx} y - (i \cdot x^2 + n^2) \cdot y = 0.$$

Algorithmus   Reihenentwicklung (Abramowitz und Stegun, 1972)

Siehe auch   bei

BILD_LESEN *(Professional)*   Dateizugriff

Syntax   BILD_LESEN(*Datei*)

Beschreibung   Erstellt eine Matrix mit der Graustufendarstellung des in *Datei* enthaltenen Bitmap-Bildes. Jedes Matrixelement entspricht dabei einem Pixel. Der Wert eines Matrixelements bestimmt die Graustufe des entsprechenden Bildpunkts. Jedes Element enthält eine ganze Zahl zwischen 0 (schwarz) und 255 (weiß). *Datei* darf im BMP-, JPG-, GIF-, TGA- oder PCX-Format vorliegen.

Argumente

Datei Zeichenkettenvariable für den Dateinamen bzw. Pfad eines Graustufenbildes

Siehe auch RGBLESEN für Farbbilder

Bi *(Professional)* Bessel-Funktion

Syntax Bi(*x*)

Beschreibung Liefert den Wert der Airy-Funktion der zweiten Art.

Argumente

x reelle Zahl

Anmerkung Diese Funktion ist eine Lösung der Differentialgleichung: $\frac{d^2}{dx^2}y - x \cdot y = 0$.

Algorithmus Asymptotische Entwicklung (Abramowitz und Stegun, 1972)

Siehe auch Ai für ein Beispiel.

BLAU_LESEN *(Professional)* Dateizugriff

Syntax BLAU_LESEN(*Datei*)

Beschreibung Entnimmt *Datei* nur den Blauanteil des Farbbildes im BMP-, JPG-, GIF-, TGA- oder PCX-Format. Als Ergebnis wird eine Matrix mit einem Drittel der Spalten geliefert, die RGBLESEN liefert.

Argumente

Datei Zeichenkettenvariable für den Dateinamen bzw. Pfad eines Farbbildes

BMPLESEN - Dateizugriff

Syntax BMPLESEN(*Datei*)

Beschreibung Erstellt eine Matrix mit der Graustufendarstellung des in *Datei* enthaltenen Bitmap-Bildes. Jedes Matrixelement entspricht dabei einem Pixel. Der Wert eines Matrixelements bestimmt die Graustufe des entsprechenden Bildpunkts. Jedes Element enthält eine ganze Zahl zwischen 0 (schwarz) und 255 (weiß).

Argumente

Datei Zeichenkettenvariable für den Dateinamen bzw. Pfad eines Graustufenbildes im BMP-Format

Anmerkungen Nachdem Sie eine Bilddatei eingelesen haben, können Sie das Bild mittels des *Bild-Operators* betrachten. Mathcad Professional stellt überdies die Funktion BILD_LESEN bereit, mit der sich nicht nur BMP-, sondern auch JPG-, GIF-, TGA- und PCX-Dateien einlesen lassen.

Siehe auch RGBLESEN für Farbbilder.

BMPSCHREIBEN Dateizugriff

Syntax BMPSCHREIBEN(*Datei*)

Beschreibung Erzeugt aus einer Matrix die Bilddatei *Datei* für ein Graustufenbild im BMP-Format. Wird wie folgt eingesetzt: **BMPSCHREIBEN**(*Datei*) := **M**. Die Funktion muß alleinstehend auf der linken Seite einer Definition erscheinen.

Argumente

    Datei Zeichenkettenvariable für den Dateinamen bzw. Pfad des BMP-Bildes

    M Matrix mit ganzen Zahlen, $0 \leq \mathbf{M}_{i,j} \leq 255$

bspline *(Professional)* Interpolation und Vorhersage

Syntax bspline(**vx**, **vy**, **u**, *n*)

Beschreibung Liefert den Koeffizienten-Vektor eines B-Splines *n*-ten Grades, mit den in **u** angegebenen Knotenpositionen. Der Ergebnisvektor wird zum ersten Argument der Funktion **interp**. Das erste Element von **vx** muß größer oder gleich dem ersten Element von **u** sein. Das letzte Element von **vx** muß kleiner als oder gleich dem letzten Element von **u** sein.

Argumente

    vx, vy reelle Vektoren derselben Größe; die Elemente von **vx** müssen aufsteigend sortiert sein

    u reeller Vektor mit $n - 1$ weniger Elementen als **vx**; die Elemente von **u** müssen aufsteigend sortiert sein; das erste Element von **vx** ist das erste Element von **u**; das letzte Element von **vx** ist das letzte Element von **u**.

    n eine der ganzen Zahlen 1, 2 oder 3; steht für den Grad der einzelnen passenden stückweise linearen, quadratischen oder kubischen Polynome.

Anmerkungen Die Knoten, also jene Werte, an denen die Stücke sich zusammensetzen, sind im Eingabevektor **u** enthalten. Hierin liegt ein Unterschied zu den herkömmlichen Splines (**lspline**, **kspline** und **pspline**), bei denen die Knoten den im Vektor **vx** enthaltenen Werten entsprechen müssen. Die Tatsache, daß Knoten vom Anwender ausgewählt oder geändert werden können, machen **bspline** flexibler als andere Splines.

Siehe auch **lspline** für weitere Einzelheiten.

bulstoer *(Professional)* Lösung von Differentialgleichungen

Syntax bulstoer(**y**, *x1*, *x2*, *acc*, **D**, *kmax*, *sv*)

Beschreibung Löst eine Differentialgleichung mittels der sich anpassenden Methode nach Bulirsch-Stoer. Stellt die Abschätzung der Lösung der Differentialgleichung in *x2* bereit.

Argumente	*Mehrere Argumente dieser Funktion stimmen mit den bei* rkfest *beschriebenen überein.*
y	reeller Vektor mit Anfangswerten
x1, x2	reelle Endpunkte des Lösungsintervalls
acc	Der reelle Wert *acc* > 0 gibt die Genauigkeit der Lösung an; ein niedriger Wert für *acc* bewirkt, daß der Algorithmus kleinere Schritte entlang der Trajektorie durchführt und somit die Genauigkeit der Lösung erhöht. Werte für *acc* um 0,001 bringen im allgemeinen genaue Lösungen hervor.
D(*x*, **y**)	Eine reelle Vektorwerte liefernde Funktion, welche die Ableitungen der unbekannten Funktionen beschreibt.
kmax	Die ganze Zahl *kmax* > 0 gibt die maximale Anzahl von Zwischenpunkten an, mit denen die Lösung angenähert wird; setzt eine Obergrenze für die Anzahl von Zeilen der von diesen Funktionen zurückgelieferten Matrizen fest.
sv	Die reelle Zahl *sv* > 0 gibt den Mindestabstand zwischen den Werten an, mit denen die Lösung angenähert wird; setzt eine Untergrenze für die Differenz zwischen jeweils zwei Zahlen in der ersten Spalte der von der Funktion zurückgelieferten Matrix fest.
Anmerkungen	Die spezialisierten Lösungsverfahren für Differentialgleichungen **Bulstoer**, **Rkadapt**, **Stiffb** und **Stiffr** liefern die Lösung *y*(*x*) für eine Anzahl von *x*-Werten mit konstantem Abstand im von *x1* und *x2* begrenzten Integrationsintervall. Wenn Sie nur am Lösungswert des Endpunktes, *y*(*x2*), interessiert sind, verwenden Sie statt dessen **bulstoer**, **rkadapt**, **stiffb** und **stiffr**.
Algorithmus	Bulirsch-Stoer-Methode mit angepaßten Schritten (Press et al., 1992)
Siehe auch	das allgemeinere Lösungsverfahren für Differentialgleichungen **rkfest** für Informationen über Ausgabe und Argumente.

Bulstoer *(Professional)* Lösung von Differentialgleichungen

Syntax	Bulstoer(**y**, *x1*, *x2*, *npts*, **D**)
Beschreibung	Löst eine Differentialgleichung mittels der sich anpassenden Methode nach Bulirsch-Stoer. Liefert eine Lösung der Differentialgleichung für *x*-Werte mit konstantem Abstand durch wiederholtes Anwenden der Funktion **bulstoer**.
Argumente	*Alle Argumente dieser Funktion stimmen mit den bei* rkfest *beschriebenen überein.*
y	reeller Vektor mit Anfangswerten
x1, x2	reelle Endpunkte des Lösungsintervalls
npts	Die ganze Zahl *npts* > 0 gibt die Anzahl von Punkten nach dem Anfangspunkt an, für die eine Lösung ermittelt werden soll; legt die Zeilenanzahl der Ausgabematrix fest.
D(*x*, **y**)	Eine reelle Vektorwerte liefernde Funktion, welche die Ableitungen der unbekannten Funktionen beschreibt.

Anmerkungen	Wenn Sie wissen, daß die Lösung fließend ist, setzen Sie die Funktion **Bulstoer** anstelle von rkfest ein. Die Funktion **Bulstoer** verwendet die Methode nach Bulirsch-Stoer, die unter diesen Umständen etwas genauer ist als die von rkfest verwendete Methode nach Runge-Kutta.
Algorithmus	Bulirsch-Stoer-Methode mit konstanten Schritten und angepaßten Zwischenschritten (Press et al., 1992)
Siehe auch	das allgemeinere Lösungsverfahren für Differentialgleichungen rkfest für Informationen über Ausgabe und Argumente.

ceil   Abbruch- und Rundungsfunktion

Syntax	ceil(x)
Beschreibung	Liefert die kleinste ganze Zahl $\geq x$.
Argumente	
x	reelle Zahl
Siehe auch	floor für weitere Einzelheiten, runden, trunc

cholesky   *(Professional)*   Vektor- und Matrixfunktion

Syntax	cholesky(**M**)
Beschreibung	Liefert eine untere Dreiecksmatrix **L**, die der Gleichung $\mathbf{L} \cdot \mathbf{L}^T = \mathbf{M}$ genügt.
Argumente	
M	reelle, symmetrische, positiv definite Quadratmatrix
Anmerkungen	Die Funktion **cholesky** nimmt **M** in dem Sinne als symmetrisch an, daß sie nur den Teil des oberen Dreiecks von **M** verwendet und davon ausgeht, daß dieser mit dem unteren Dreieck übereinstimmt.

cnper/verzper   Finanzen

Syntax	cnper(*rate, pv, fv*)
Beschreibung	Liefert den Gesamtzeitraum, der für eine Investition erforderlich sind, um einen bestimmten künftigen Wert, *fv*, mit einem aktuellen Wert, *pv*, und einem Zinssatz, *rate*, auszugeben.
Argumente	
rate	reeller Satz, *rate* > -1
pv	reeller, aktueller Wert, *pv* > 0
fv	reeller, künftiger Wert, *fv* > 0

Anmerkungen	Wenn Sie den Jahreszinssatz für die Investition, *ann_rate*, kennen, müssen Sie den Zinssatz pro Zeitraum als *rate = ann_rate/nper* ermitteln.
Siehe auch	crate, nper

combin   Zahlentheorie/Kombinatorik

Syntax	combin(n, k)
Beschreibung	Liefert die Anzahl der Teilmengen mit k Elementen, die sich aus n Objekten erstellen läßt.
Argumente	
n, k	ganze Zahlen, $0 \leq k \leq n$
Anmerkungen	Jede dieser Teilmengen wird als eine Kombination bezeichnet. Die Anzahl von Kombinationen berechnet sich nach: $C_k^n = \dfrac{n!}{k! \cdot (n-k)!}$.
Siehe auch	permut

cond1   *(Professional)*   Vektor- und Matrixfunktion

Syntax	cond1(**M**)
Beschreibung	Liefert die Konditionszahl der Matrix **M**, basierend auf der L_1-Norm.
Argumente	
M	reelle oder komplexe Quadratmatrix

cond2   *(Professional)*   Vektor- und Matrixfunktion

Syntax	cond2(**M**)
Beschreibung	Liefert die Konditionszahl der Matrix **M**, basierend auf der L_2-Norm.
Argumente	
M	reelle oder komplexe Quadratmatrix
Algorithmus	Einzelwertberechnung (Wilkinson und Reinsch, 1971)

conde   *(Professional)*   Vektor- und Matrixfunktion

Syntax	conde(**M**)
Beschreibung	Liefert die Konditionszahl der Matrix **M**, basierend auf der euklidischen Norm.
Argumente	
M	reelle oder komplexe Quadratmatrix

condi   *(Professional)*   Vektor- und Matrixfunktion

Syntax   condi(**M**)

Beschreibung   Liefert die Konditionszahl der Matrix **M**, basierend auf der unendlichen Norm.

Argumente

        M   reelle oder komplexe Quadratmatrix

cosech   Hyperbolische Funktion

Syntax   cosech(z)

Beschreibung   Liefert den hyperbolischen Kosekans von z.

Argumente

        z reelle oder komplexe Zahl

cosec   Trigonometrische Funktion

Syntax   cosec(z), für z in Radiant;

              cosec(z·deg), für z in Grad

Beschreibung   Liefert den Kosekans von z.

Argumente

        z reelle oder komplexe Zahl

cosh   Hyperbolische Funktion

Syntax   cosh(z)

Beschreibung   Liefert den hyperbolischen Kosinus von z.

Argumente

        z reelle oder komplexe Zahl

cos   Trigonometrische Funktion

Syntax   cos(z), für z in Radiant;

              cos(z·deg), für z in Grad

Beschreibung   Liefert den Kosinus von z.

Argumente

        z reelle oder komplexe Zahl

cot Trigonometrische Funktion

Syntax cot(z), für z in Radiant;

cot(z·deg), für z in Grad

Beschreibung Liefert den Kotangens von z.

Argumente

z reelle oder komplexe Zahl

coth Hyperbolische Funktion

Syntax coth(z)

Beschreibung Liefert den hyperbolischen Kotangens von z.

Argumente

z reelle oder komplexe Zahl

cfft Fourier-Transformation

Syntax cfft(**A**)

Beschreibung Liefert die schnelle, diskrete Fourier-Transformation zu komplexen Daten (die für Messungen in regelmäßigen Abständen im Zeitbereich stehen). Liefert ein Feld derselben Größe wie das als Argument übergebene Feld.

Argumente

A reelle(r) oder komplexe(r) Matrix oder Vektor

Beispiel

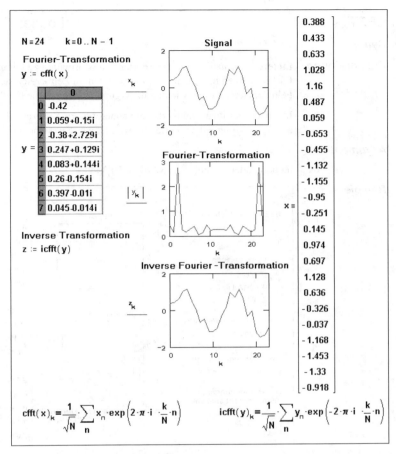

Anmerkungen   Das an anderer Stelle behandelte Fourier-Transformationspaar fft/ifft können Sie aus den beiden folgenden Gründen nicht verwenden:

- Die Daten können komplexe Werte annehmen; somit kann Mathcad die bei reellen Werten vorhandene Symmetrie nicht länger nutzen.

- Der Datenvektor verfügt nicht über genau 2^m Datenpunkte; somit kann Mathcad die Vorteile des effizienten FFT-Algorithmus nicht nutzen, der bei dem Funktionspaar fft/ifft zur Anwendung kommt.

Auch wenn das Funktionspaar fft/ifft mit Feldern beliebiger Größe umgehen kann, sind die Funktionen merklich schneller, wenn sich die Anzahl der Zeilen und Spalten in viele kleinere Faktoren zerlegen läßt. Sowohl Vektoren der Länge 2^m als auch welche mit Längen wie 100 oder 120 fallen in diese Kategorie. Umgekehrt verlangsamt ein Vektor mit der Länge einer großen Primzahl den Algorithmus der Fourier-Transformation.

Algorithmus   Singleton-Methode (Singleton, 1986)

Siehe auch   fft für weitere Einzelheiten.

CFFT Fourier-Transformation

Syntax CFFT(**A**)

Beschreibung Liefert die schnelle, diskrete Fourier-Transformation zu komplexen Daten (die für Messungen in regelmäßigen Abständen im Zeitbereich stehen). Liefert ein Feld derselben Größe wie das als Argument übergebene Feld.

Identisch zu cfft(**A**), außer daß ein anderer Normalisierungsfaktor und eine andere Vorzeichenkonvention verwendet werden (siehe das Beispiel).

Argumente

    A reelle(r) oder komplexe(r) Matrix oder Vektor

Beispiel

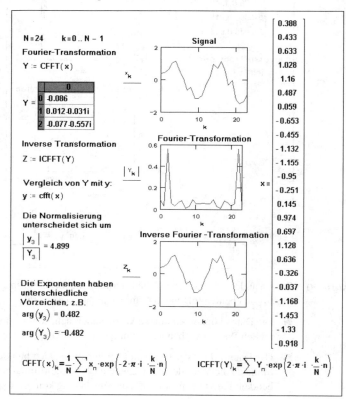

Algorithmus Singleton-Methode (Singleton, 1986)

Siehe auch fft für weitere Einzelheiten.

Crate/fzins   Finanzen

Syntax   crate(*nper, pv, fv*)

Beschreibung   Liefert den festen Zinssatz, der für eine Investition zu einem aktuellen Wert, *pv*, erforderlich ist, um einen bestimmten, künftigen Wert, *fv*, über einen vorgegebenen Gesamtzeitraum, *nper*, auszugeben.

Argumente

    nper   ganze Zahl für die Anzahl der Gesamtzeiträume, *nper* ≥ 1

    pv   reeller, aktueller Wert, *pv* > *0*

    fv   reeller, künftiger Wert, *fv* > *0*

Siehe auch   cnper, rate

CreateMesh/ErstellenGitter   Vektor- und Matrixfunktion

Syntax   CreateMesh(**F**, *s0*, *s1*, *t0*, *t1*, *sgrid*, *tgrid*, **fmap**)

Beschreibung   Liefert ein eingebundenes Feld, das Punkte auf der parametrischen Oberfläche im dreidimensionalen Raum enthält, die durch **F** definiert sind.

Argumente

    F   reelle, dreidimensionale Vektorwert-Funktion mit zwei Variablen *s* und *t*; definiert eine parametrische Oberfläche im *(u,v,w)*-Raum.

    s0, s1 (optional) reelle Endpunkte für die Domäne für *s, s0 < s1*

    t0, t1 (optional) reelle Endpunkte für die Domäne für *t, t0 < t1*

    sgrid   (optional) ganze Zahl für Gitterpunkte in *s, sgrid* > *0*

    tgrid   (optional) ganze Zahl für Gitterpunkte in *t, tgrid* > *0*

    fmap   (optional) reelle, dreidimensionale Vektorwert-Funktion mit drei Variablen *u*, *v* und *w*; definiert kartesische Koordinaten *(x,y,z)* mit *(u,v,w)*.

Anmerkungen   CreateMesh wird von Mathcad für die Erstellung von 3D-QuickPlots von Oberflächen verwendet. Der Standardwert für *s0* und *t0* ist -5, für *s1* und *t1* ist er 5, für *sgrid* und *tgrid* ist er 20 und für **fmap** ist es die Identitätsabbildung. Wenn *s0* und *s1* explizit angegeben sind, dann müssen auch *t0* und *t1* angegeben werden. Die Zellenanzahl im Gitter, die von *sgrid* und *tgrid* bestimmt wird, lautet (*sgrid*−1)(*tgrid*−1).

Es gibt verschiedene Möglichkeiten für die Angabe der Funktion **F**. Aufrufe für **CreateMesh** könnten aussehen wie **CreateMesh(G)**, wobei G eine reelle Skalarwert-Funktion von *u* und *v* ist (und *w=G(u,v)*); oder **CreateMesh**(*h1,h2,h3*), wobei *h1*, *h2* und *h3* reelle Skalarwert-Funktionen von *s* und *t* sind (und *u=h1(s,t); v=h2(s,t); w=h3(s,t)*).

Ebenso kann die Zuordnung **fmap** für **sph2xyz** definiert werden, eine vorgegebene Funktion in Mathcad, die sphärische Koordination (r,θ,ϕ) in kartesische Koordination (x,y,z) konvertiert:

$$x = u \sin(w) \cos(v) = r \sin(\phi) \cos(\theta)$$
$$y = u \sin(w) \sin(v) = r \sin(\phi) \sin(\theta)$$
$$z = u \cos(w) = r \cos(\phi)$$

oder **cyl2xyz**, wodurch zylindrische Koordinaten (r,θ,z) to (x,y,z) konvertiert werden:

$$x = u \cos(v) = r \cos(\theta)$$
$$y = u \sin(v) = r \sin(\theta)$$
$$z = w = z$$

CreateSpace/ErstellenRaum — Vektor- und Matrixfunktion

Syntax CreateSpace(**F**, *t0*, *t1*, *tgrid*, **fmap**)

Beschreibung Liefert ein eingebundenes Feld, das Punkte auf der parametrischen Oberfläche im dreidimensionalen Raum enthält, die durch **F** definiert sind.

Argumente

- *F* reelle, dreidimensionale Vektorwert-Funktion mit zwei Variablen *s* und *t*; definiert eine parametrische Oberfläche im (u,v,w)-Raum
- s0, s1 (optional) reelle Endpunkte für die Domäne für *s*, $s0 < s1$
- t0, t1 (optional) reelle Endpunkte für die Domäne für *t*, $t0 < t1$
- sgrid (optional) ganze Zahl für Gitterpunkte in *s*, $sgrid > 0$
- tgrid (optional) ganze Zahl für Gitterpunkte in *t*, $tgrid > 0$
- fmap (optional) reelle, dreidimensionale Vektorwert-Funktion mit drei Variablen *u*, *v* und *w*; definiert kartesische Koordinaten (x,y,z) mit (u,v,w)

Anmerkungen CreateSpace wird von Mathcad für die Erstellung von 3D-QuickPlots von Kurven verwendet. Der Standardwert für *t0* ist -5, für *t1* ist er 5, für *tgrid* ist er 20 und für **fmap** ist es die Identitätsabbildung. Die Zellenanzahl im Gitter, die von *tgrid* bestimmt wird, lautet *tgrid*–1.

Es gibt verschiedene Möglichkeiten für die Angabe der Funktion **F**. Aufrufe für CreateSpace könnten aussehen wie CreateSpace(*g1,g2,g3*) wobei *g1,g2* und *g3* Skalarwert-Funktionen von *t* sind und $u=g1(t)$, $v=g2(t)$, $w=g3(t)$.

Siehe auch CreateMesh für Informationen über die Zuordnung **fmap**.

Csgn — Komplexe Zahlen

Syntax csgn(*z*)

Beschreibung Liefert 0, falls $z=0$; 1, falls $Re(z)>0$ oder ($Re(z)=0$ und $Im(z)>0$); sonst -1.

Argumente

- *z* reelle oder komplexe Zahl

Siehe auch   sign, signum

cumint/kumzins   Finanzen

Syntax   cumint(*rate, nper, pv, start, end,* [*type*])

Beschreibung Liefert die aufgelaufenen Zinsen, die zwischen einem Startzeitraum, *start*, und einem Endzeitraum, *end*, bei einem vorgegebenen Zinssatz, *rate*, dem Gesamtzeitraum, *nper*, und dem aktuellen Wert der Anleihe, *pv*, für Anleihen bezahlt wurden.

Argumente

rate   reeller Zinssatz, *rate* ≥ 0

nper   ganze Zahl für Gesamtzeitraum, *nper* ≥ 1

pv   reeller, aktueller Wert, *pv* > 0

start   Startzeitraum der Ansammlung, *start* ≥ 1

end   Endzeitraum der Ansammlung, *end* ≥ 1, *start* $\leq$ *end*, *end* $\leq$ *nper*

type   (optional) Anzeiger für Zahlungsplanung. 0 für Zahlungen gegen Ende des Zeitraums. 1 für Zahlungen zu Beginn des Zeitraums. Standard ist *type* = 0.

Anmerkungen   Wenn Sie den Jahreszinssatz, *ann_rate*, kennen, müssen Sie den Zinssatz pro Zeitraum ermitteln als *rate* = *ann_rate/nper*.

Siehe auch   cumprn, ipmt, pmt

cumprn/kumtilg   Finanzen

Syntax   cumprn(*rate, nper, pv, start, end,* [*type*])

Beschreibung Liefert die aufgelaufenen Zinsen, die zwischen einem Startzeitraum, *start*, und einem Endzeitraum, *end*, bei einem vorgegebenen Zinssatz, *rate*, dem Gesamtzeitraum, *nper*, und dem aktuellen Wert der Anleihe, *pv*, für Kapitaleinlagen bezahlt wurden.

Argumente

rate   reeller Zinssatz, *rate* ≥ 0

nper   ganze Zahl für Gesamtzeitraum, *nper* ≥ 1

pv   reeller, aktueller Wert, *pv* > 0

start   Startzeitraum der Ansammlung, *start* ≥ 1

end   Endzeitraum der Ansammlung, *end* ≥ 1, *start* $\leq$ *end*, *end* $\leq$ *nper*

type   (optional) Anzeiger für Zahlungsplanung. 0 für Zahlungen gegen Ende des Zeitraums. 1 für Zahlungen zu Beginn des Zeitraums. Standard ist *type* = 0.

Anmerkungen   Wenn Sie den Jahreszinssatz, *ann_rate*, kennen, müssen Sie den Zinssatz pro Zeitraum ermitteln als *rate* = *ann_rate/nper*.

Siehe auch   cumint, pmt, ppmt

dbeta   Wahrscheinlichkeitsdichte

Syntax   dbeta(x, $s1$, $s2$)

Beschreibung   Liefert die Wahrscheinlichkeitsdichte für die Beta-Verteilung:

$$\frac{\Gamma(s_1+s_2)}{\Gamma(s_1)\cdot\Gamma(s_2)}\cdot x^{s_1-1}\cdot(1-x)^{s_2-1}.$$

Argumente

       x reelle Zahl, $0 < x < 1$

       $s1, s2$ reelle Formparameter, $s1 > 0$, $s2 > 0$

dbinom   Wahrscheinlichkeitsdichte

Syntax   dbinom(k, n, p)

Beschreibung   Liefert $\Pr(X = k)$, wenn die Zufallsvariable X folgende Binominalverteilung aufweist: $\frac{n!}{k!(n-k)!}p^k(1-p)^{n-k}$.

Argumente

       k, n ganze Zahlen, $0 \le k \le n$

       p reelle Zahl, $0 \le p \le 1$

dcauchy   Wahrscheinlichkeitsdichte

Syntax   dcauchy(x, l, s)

Beschreibung   Liefert die Wahrscheinlichkeitsdichte für die Cauchy-Verteilung: $(\pi s(1 + ((x-1)/s)^2))^{-1}$.

Argumente

       x reelle Zahl

       l reeller Lageparameter

       s reeller Skalenparameter, $s > 0$

dchisq   Wahrscheinlichkeitsdichte

Syntax   dchisq(x, d)

Beschreibung   Liefert die Wahrscheinlichkeitsdichte für die Chi-Quadrat-Verteilung:

$$\frac{e^{-x/2}}{2\Gamma(d/2)}\left(\frac{x}{2}\right)^{(d/2-1)}.$$

Argumente

    x reelle Zahl, $x \geq 0$

    d ganzzahliger Freiheitsgrad, $d > 0$

---

dexp   Wahrscheinlichkeitsdichte

Syntax   dexp(x, r)

Beschreibung   Liefert die Wahrscheinlichkeitsdichte für die Exponentialverteilung: re^{-rx}

Argumente

    x reelle Zahl, $x \geq 0$

    r reelle Verteilungsrate, $r > 0$

---

dF   Wahrscheinlichkeitsdichte

Syntax   dF(x, $d1$, $d2$)

Beschreibung   Liefert die Wahrscheinlichkeitsdichte für die F-Verteilung:

$$\frac{d_1^{d_1/2} d_2^{d_2/2} \Gamma((d_1+d_2)/2)}{\Gamma(d_1/2)\Gamma(d_2/2)} \cdot \frac{x^{(d_1-2)/2}}{(d_2 + d_1 x)^{(d_1+d_2)/2}} \cdot$$

Argumente

    x reelle Zahl, $x \geq 0$

    $d1, d2$ ganzzahlige Freiheitsgrade, $d1 > 0$, $d2 > 0$

---

dgamma   Wahrscheinlichkeitsdichte

Syntax   dgamma(x, s)

Beschreibung   Liefert die Wahrscheinlichkeitsdichte für die Gamma-Verteilung: $\dfrac{x^{s-1} e^{-x}}{\Gamma(s)}$.

Argumente

    x reelle Zahl, $x \geq 0$

    s reeller Formparameter, $s > 0$

dgeom — Wahrscheinlichkeitsdichte

Syntax dgeom(k, p)

Beschreibung Liefert $\Pr(X = k)$, wenn die Zufallsvariable X folgende geometrische Verteilung aufweist: $p(1-p)^k$

Argumente

k ganze Zahl, $k \geq 0$

p reelle Zahl, $0 < p \leq 1$

dhypergeom — Wahrscheinlichkeitsdichte

Syntax dhypergeom(m, a, b, n)

Beschreibung Liefert $\Pr(X = m)$, wenn die Zufallsvariable X folgende hypergeometrische Verteilung aufweist:

$$\binom{a}{m} \cdot \binom{b}{n-m} \Big/ \binom{a+b}{n}, \text{ wobei } \max\{0, n-b\} \leq m \leq \min\{n, a\}; \text{ sonst } 0 \text{ für } m$$

Argumente

m, a, b, n ganze Zahlen, $0 \leq m \leq a$, $0 \leq n-m \leq b$, $0 \leq n \leq a+b$

diag *(Professional)* — Vektor- und Matrixfunktion

Syntax diag(**v**)

Beschreibung Liefert eine Diagonalmatrix, die auf ihrer Diagonalen die Elemente von **v** enthält.

Argumente

v reeller oder komplexer Vektor

dlnorm — Wahrscheinlichkeitsdichte

Syntax dlnorm(x, μ, σ)

Beschreibung Liefert die Wahrscheinlichkeitsdichte für die logarithmische Normalverteilung:

$$\frac{1}{\sqrt{2\pi}\sigma x} \exp\left(-\frac{1}{2\sigma^2}(\ln(x)-\mu)^2\right).$$

Argumente

x reelle Zahl, $x \geq 0$

m reelles logarithmisches Mittel

s reelle logarithmische Abweichung, $\sigma > 0$

dlogis
Wahrscheinlichkeitsdichte

Syntax dlogis(x, l, s)

Beschreibung Liefert die Wahrscheinlichkeitsdichte für die logistische Verteilung:

$$\frac{\exp(-(x-l)/s)}{s \cdot (1+\exp(-(x-l)/s))^2}.$$

Argumente

- x reelle Zahl
- l reeller Lageparameter
- s reeller Skalenparameter, $s > 0$

---

dnbinom
Wahrscheinlichkeitsdichte

Syntax dnbinom(k, n, p)

Beschreibung Liefert $\Pr(X = k)$, wenn die Zufallsvariable X folgende negative Binominalverteilung aufweist:

$$\binom{n+k-1}{k} p^n (1-p)^k.$$

Argumente

- k, n ganze Zahlen, $n > 0$ und $k \geq 0$
- p reelle Zahl, $0 < p \leq 1$

---

dnorm
Wahrscheinlichkeitsdichte

Syntax dnorm(x, μ, σ)

Beschreibung Liefert die Wahrscheinlichkeitsdichte für die Normalverteilung:

$$\frac{1}{\sqrt{2\pi}\sigma} \exp\left(-\frac{1}{2\sigma^2}(x-\mu)^2\right).$$

Argumente

- x reelle Zahl
- m reelles Mittel
- s reelle Standardabweichung, $\sigma > 0$

Beispiel

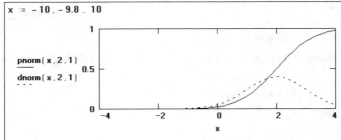

Die Funktion "dnorm" führt zur bekannten Glockenkurve, hier mit einem Mittelwert von 2.
Die Funktion "pnorm" ist der laufende Bereich unter der "dnorm"-Kurve.

dpois Wahrscheinlichkeitsdichte

Syntax dpois(k, λ)

Beschreibung Liefert Pr($X = k$), wenn die Zufallsvariable X die Poisson-Verteilung aufweist:
$$\frac{\lambda^k}{k!}e^{-\lambda}.$$

Argumente

 k ganze Zahl, $k \geq 0$

 l reelles Mittel, $\lambda > 0$

dt Wahrscheinlichkeitsdichte

Syntax dt(x, d)

Beschreibung Liefert die Wahrscheinlichkeitsdichte für die t-Verteilung nach Student:
$$\frac{\Gamma((d+1)/2)}{\Gamma(d/2)\sqrt{\pi d}}\left(1+\frac{x^2}{d}\right)^{-(d+1)/2}.$$

Argumente

 x reelle Zahl

 d ganzzahliger Freiheitsgrad, $d > 0$

dunif Wahrscheinlichkeitsdichte

Syntax dunif(x, a, b)

Beschreibung Liefert die Wahrscheinlichkeitsdichte für die Gleichverteilung: $\frac{1}{b-a}$.

Argumente

    x reelle Zahl, $a \leq x \leq b$

    a, b reelle Zahlen, $a < b$

---

dweibull   Wahrscheinlichkeitsdichte

Syntax   dweibull(x, s)

Beschreibung   Liefert die Wahrscheinlichkeitsdichte für die Weibull-Verteilung: $sx^{s-1}\exp(-x^s)$.

Argumente

    x reelle Zahl, $x \geq 0$

    s reeller Formparameter, $s > 0$

---

eff   Finanzen

Syntax   eff(*rate*, *nper*)

Beschreibung   Liefert den effektiven Jahreszinssatz mit dem vorgegebenen nominalen Zinssatz, *rate*, und dem Gesamtzeitraum pro Jahr, *nper*.

Argumente

    rate   reeller Satz

    nper   ganze Zahl für Gesamtzeitraum, $nper \geq 1$

Anmerkungen   Effektiver Jahreszins ist auch bekannt als Annual Percentage Rate (APR).

Siehe auch   nom

---

eigenvektoren *(Professional)*   Vektor- und Matrixfunktion

Syntax   eigenvektoren(**M**)

Beschreibung   Liefert eine Matrix mit den normalisierten Eigenvektoren zu den Eigenwerten der Matrix **M**. Die *n*-te Spalte der Matrix entspricht dem *n*-ten von der Funktion eigenwerte zurückgelieferten Eigenvektor.

Argumente

    M   reelle oder komplexe Quadratmatrix

Algorithmus   Reduktion auf die Hessenberg-Form zusammen mit einer QR-Zerlegung (Press et al., 1992)

Siehe auch   eigenwerte, eigenvek

Beispiel

Suchen der Eigenwerte und Eigenvektoren einer reellen Matrix...

$$A := \begin{pmatrix} 1 & -2 & 6 \\ 3 & 0 & 10 \\ 2 & 5 & -1 \end{pmatrix} \qquad c := \text{eigenwerte}(A) \qquad c = \begin{pmatrix} 0.105 \\ 7.497 \\ -7.602 \end{pmatrix}$$

Ermitteln aller entsprechenden Eigenvektoren in einem Schritt (nur in Mathcad PLUS)...

$$v := \text{eigenvektoren}(A) \qquad v = \begin{pmatrix} 0.873 & 0.244 & -0.554 \\ -0.408 & 0.81 & -0.574 \\ -0.266 & 0.534 & 0.603 \end{pmatrix}$$

Die erste Spalte von v ist der Eigenvektor für 0.105, das erste Element von c. Die zweite Spalte von v ist dem entsprechend der Eigenvektor für 7.497, das zweite Element von c.

eigenvek   Vektor- und Matrixfunktion

Syntax   eigenvek(**M**, z)

Beschreibung   Liefert einen Vektor, der den normalisierten Eigenvektor zum Eigenwert z der Quadratmatrix **M** enthält.

Argumente

    M reelle oder komplexe Quadratmatrix

    z reelle oder komplexe Zahl

Algorithmus   Inverse Iteration (Press et al., 1992; Lorczak)

Siehe auch   eigenwerte, eigenvektoren

eigenwerte   Vektor- und Matrixfunktion

Syntax   eigenwerte(**M**)

Beschreibung   Liefert einen Vektor mit den Eigenwerten der Matrix **M**.

Argumente

    M reelle oder komplexe Quadratmatrix

Beispiel

$$A := \begin{pmatrix} 1 & -7 & 6 \\ 3 & 0 & 10 \\ 2 & 5 & -1 \end{pmatrix} \qquad c := \text{eigenwerte}(A) \qquad c = \begin{pmatrix} 3.805 + 1.194i \\ 3.805 - 1.194i \\ -7.609 \end{pmatrix}$$

Algorithmus   Reduktion auf die Hessenberg-Form zusammen mit einer QR-Zerlegung (Press et al., 1992)

Siehe auch   eigenvek, eigenvektoren

einheit
Vektor- und Matrixfunktion

Syntax   einheit(n)

Beschreibung   Liefert die Einheitsmatrix der Größe n.

Argumente

     n ganze Zahl, $n > 0$

erfc
Sonderfunktion

Syntax   erfc(x)

Beschreibung   Liefert die komplementäre Fehlerfunktion erfc(x): = 1 – erf(x).

Argumente

     x reelle Zahl

Algorithmus   Stetige Bruchentwicklung (Abramowitz und Stegun, 1972; Lorczak)

Siehe auch   fehlf

erweitern
Vektor- und Matrixfunktion

Syntax   erweitern(**A**, **B**, **C**, ...)

Beschreibung   Liefert eine Matrix, die sich aus den seitlich aneinandergefügten Matrizen **A**, **B**, **C**, ... zusammensetzt.

Argumente

     A, **B**   wenigstens zwei Matrizen oder Vektoren; **A**, **B**, **C**, ... müssen über dieselbe Anzahl von Zeilen verfügen

Beispiel

$$A := \begin{bmatrix} \sqrt{2} \\ e \\ \pi \end{bmatrix} \qquad B := \text{einheit}(3) \qquad B = \begin{bmatrix} 1 & 0 & 0 \\ 0 & 1 & 0 \\ 0 & 0 & 1 \end{bmatrix}$$

$$\text{erweitern}(A, B) = \begin{bmatrix} 1.41421 & 1 & 0 & 0 \\ 2.71828 & 0 & 1 & 0 \\ 3.14159 & 0 & 0 & 1 \end{bmatrix} \qquad \text{stapeln}(A^T, B) = \begin{bmatrix} 1.41421 & 2.71828 & 3.14159 \\ 1 & 0 & 0 \\ 0 & 1 & 0 \\ 0 & 0 & 1 \end{bmatrix}$$

Siehe auch   stapeln

exp
Logarithmus- und Exponentialfunktion

Syntax   exp(*z*)

Beschreibung   Liefert den Wert der Exponentialfunktion e^z.

Argumente

     z   reelle oder komplexe Zahl

expfit
Regression und Glättung

Syntax   expfit(**vx**, **vy**, **vg**)

Beschreibung   Liefert einen Vektor mit den Parametern (*a*, *b*, *c*), welcher die Funktion $a \cdot e^{b \cdot x} + c$ am besten an die Daten in **vx** und **vy** annähert.

Argumente

     vx, *vy*   reelle Vektoren derselben Größe

     vg   reeller Vektor des Schätzwertes für (*a*, *b*, *c*)

Siehe auch   line, linanp, genanp, logfit, pwrfit, lgsfit, sinfit, medfit

Fehler
Zeichenkettenfunktion

Syntax   Fehler(*S*)

Beschreibung   Liefert die Zeichenkette *S* als Fehlermeldung.

Argumente

     S   Zeichenkette

Beispiel

$$f(x) := \text{wenn}\left(x < 5, x \cdot \frac{2}{\pi}, \text{fehler}(\text{"x muß kleiner 5 sein"})\right)$$

$$f(7) = \square$$

x muß kleiner 5 sein

Anmerkungen   Die in Mathcad vorgegebenen Fehlermeldungen erscheinen als »Fehlerhinweis«, falls eine integrierte Funktion falsch angewendet wird oder kein Ergebnis liefern kann.

Verwenden Sie die Zeichenkettenfunktion Fehler, um eigene Fehlermeldungen zu definieren, die erscheinen, wenn Ihre selbstdefinierten Funktionen falsch angewendet werden oder kein Ergebnis liefern können. Diese Funktion eignet sich besonders zum Abfangen fehlerhafter Eingaben in selbstgeschriebenen Mathcad-Programmen.

Wenn Mathcad in einem Ausdruck auf die Funktion **Fehler** stößt, hebt es den Ausdruck in rot hervor. Sobald Sie den Ausdruck anklicken, erscheint die Fehlermeldung als Quickinfo in der Nähe des Ausdrucks. Der Text der Meldung entspricht dem Zeichenkettenargument, das Sie an die Funktion Fehler übergeben.

fehlf — Sonderfunktion

Syntax fehlf(x)

Beschreibung Liefert die Fehlerfunktion $\text{fehlf}(x) = \int_0^x \frac{2}{\sqrt{\pi}} e^{-t^2} dt$.

Argumente

  x reelle Zahl

Algorithmus Stetige Bruchentwicklung (Abramowitz und Stegun, 1972; Lorczak)

Siehe auch erfc

fft — Fourier-Transformation

Syntax fft(**v**)

Beschreibung Liefert die schnelle, diskrete Fourier-Transformation zu reellen Daten. Liefert einen Vektor mit $2^{n-1} + 1$ Elementen.

Argumente

  v reeller Vektor mit 2^n Elementen (die für Messungen in regelmäßigen Abständen im Zeitbereich stehen), wobei n eine ganze Zahl ist, $n > 0$.

Beispiel

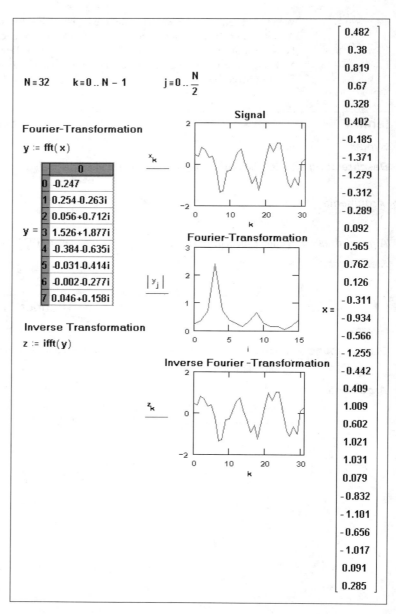

Anmerkungen Wenn Sie einen Vektor **v** für die Anwendung in Fourier- oder Wavelet-Transformationen definieren, stellen Sie sicher, daß Sie mit v_0 beginnen (bzw. den Wert der Systemvariable ORIGIN ändern). Wenn Sie v_0 nicht definieren, setzt Mathcad diesen Wert auf Null. Hierdurch können die Ergebnisse der Transformationsfunktionen verfälscht werden.

Mathcad kennt zwei Arten von Funktionspaaren für die Fourier-Transformation: fft/ifft und cfft/icfft. Diese Funktionen können ausschließlich auf diskrete Daten angewendet werden (d.h., die Eingaben und Ausgaben können nur Vektoren und Matrizen sein). Sie können sie nicht auf stetige Daten anwenden.

Verwenden Sie die Funktionen fft und ifft, wenn:

- die Datenwerte im Zeitbereich reell sind und
- der Datenvektor über 2^m Elemente verfügt.

Greifen Sie in allen anderen Fällen auf die Funktionen cfft und icfft zurück.

Die erste Bedingung ist erforderlich, da das Funktionspaar fft/ifft die Tatsache ausnutzt, daß die zweite Hälfte der Transformation bei reellen Daten mit der Konjugierten der ersten Hälfte übereinstimmt. Mathcad verwirft daher die zweite Hälfte des Ergebnisvektors, um Zeit und Speicherplatz zu sparen. Das Funktionspaar cfft/icfft geht hingegen nicht von einer Symmetrie der Transformation aus; aus diesem Grund *müssen* Sie dieses Paar für komplexe Datenwerte verwenden. Da es sich bei den reellen Zahlen lediglich um eine Teilmenge der komplexen Zahlen handelt, können Sie das Funktionspaar cfft/icfft auch für reelle Daten einsetzen.

Die zweite Bedingung ist erforderlich, weil das Funktionspaar fft/ifft einen hocheffizienten Algorithmus für die schnelle Fourier-Transformation verwendet. Dafür muß der in fft verwendete Vektor allerdings 2^m Elemente enthalten. Das Fourier-Transformationspaar cfft/icfft verwendet hingegen einen Algorithmus, bei dem sowohl Vektoren als auch Matrizen beliebiger Größe zugelassen sind. Wenn Sie dieses Transformationspaar auf eine Matrix anwenden, erhalten Sie als Ergebnis eine zweidimensionale Fourier-Transformation.

Wenn Sie fft zur Bestimmung des Frequenzbereichs verwendet haben, *müssen* Sie ifft verwenden, um wieder zum Zeitbereich zurückzugelangen. Entsprechendes gilt, wenn Sie cfft zur Bestimmung des Frequenzbereichs verwendet haben: Sie *müssen* icfft verwenden, um wieder zum Zeitbereich zurückzugelangen.

Unterschiedliche Quellen folgen unterschiedlichen Konventionen hinsichtlich des Anfangsfaktors der Fourier-Transformation und hinsichtlich der Frage, ob die Ergebnisse der Transformation bzw. der inversen Transformation konjugiert werden sollen. Die Funktionen fft, ifft, cfft und icfft verwenden beim Übergang vom Zeit- zum Frequenzbereich den Faktor $1/\sqrt{n}$ als Normalisierungsfaktor sowie einen positiven Exponenten. Die Funktionen FFT, IFFT, CFFT und ICFFT verwenden beim Übergang vom Zeit- zum Frequenzbereich den Faktor $1/n$ als Normalisierungsfaktor sowie einen negativen Exponenten. Achten Sie darauf, diese Funktionen immer paarweise einzusetzen. Wenn Sie beispielsweise mit der Funktion CFFT vom Zeit- in den Frequenzbereich gewechselt haben, dann müssen Sie die Funktion ICFFT für die Rücktransformation in den Zeitbereich verwenden.

Die von fft zurückgelieferten Vektorelemente genügen folgender Gleichung:

$$c_j = \frac{1}{\sqrt{n}} \sum_{k=0}^{n-1} v_k e^{2\pi i (j/n)k}.$$

In dieser Formel steht n für die Anzahl der Elemente von **v** und i für die imaginäre Einheit.

Die von der Funktion fft zurückgelieferten Vektorelemente gehören zu unterschiedlichen Frequenzen. Um die eigentliche Frequenz wiederzugewinnen, müssen Sie die Abtastfrequenz des ursprünglichen Signals kennen. Wenn **v** ein an die Funktion fft übergebener Vektor mit n Elementen und f_s die Abtastfrequenz ist, dann berechnet sich die zu c_k gehörige Frequenz wie folgt:

$$f_k = \frac{k}{n} \cdot f_s.$$

Aus diesem Grund ist es unmöglich, oberhalb der Abtastfrequenz liegende Frequenzen zu erfassen. Dies ist keine Begrenzung von Mathcad, sondern der zugrundeliegenden Mathematik. Um ein Signal korrekt aus seiner Fourier-Transformierten wiederherstellen zu können, müssen Sie es mit einer Frequenz abtasten, die mindestens dem zweifachen seiner Bandbreite entspricht. Eine eingehende Behandlung dieses Phänomens würde den Rahmens dieses Handbuchs sprengen, ist aber in gängigen Lehrbüchern zur digitalen Signalverarbeitung zu finden.

Algorithmus Cooley-Tukey (Press et al., 1992)

FFT Fourier-Transformation

Syntax FFT(**v**)

Beschreibung Identisch zu fft(**v**), außer daß ein anderer Normalisierungsfaktor und eine andere Vorzeichenkonvention verwendet werden. Liefert einen Vektor mit $2^{n-1}+1$ Elementen.

Argumente

v reeller Vektor mit 2^n Elementen (die für Messungen in regelmäßigen Abständen im Zeitbereich stehen), wobei n eine ganze Zahl ist, $n > 0$.

Anmerkungen Es gibt nicht nur die im fft-Eintrag beschriebenen Definitionen für die Fourier-Transformation. Beispielsweise werden in dem Buch *The Fouriertransformation and Its Applications* von Ronald Bracwell (McGraw-Hill, 1986) folgende Definitionen für diskrete Fourier-Transformationen und ihre Inversen gegeben:

$$F(\upsilon) = \frac{1}{n} \sum_{\tau=1}^{n} f(\tau) e^{-2\pi i (\upsilon/n)\tau} \quad f(\tau) = \sum_{\upsilon=1}^{n} F(\upsilon) e^{2\pi i (\tau/n)\upsilon}$$

Diese Definitionen sind in der ingenieurwissenschaftlichen Literatur sehr gebräuchlich. Um auf diese Definitionen an Stelle der im letzten Abschnitt beschriebenen zurückzugreifen, verwenden Sie die Funktionen FFT, IFFT, CFFT und ICFFT. Diese unterscheiden sich folgendermaßen von den zuvor beschriebenen:

An Stelle des Faktors $1/\sqrt{n}$ vor beiden Formeln, erscheint hier der Faktor $1/n$ vor der Transformation und kein Faktor vor der Inversen.

Das Minuszeichen erscheint im Exponenten der Transformation und nicht in ihrer Inversen.

Die Funktionen FFT, IFFT, CFFT und ICFFT werden genau so verwendet wie die Funktionen fft, ifft, cfft und icfft.

Algorithmus Cooley-Tukey (Press et al., 1992)

Siehe auch fft für weitere Einzelheiten.

---

fhyper Sonderfunktion

Syntax fhyper(a, b, c, x)

Beschreibung Liefert den Wert der Gaußschen hypergeometrischen Funktion $_2F_1(a, b;c;x)$

Argumente

a, b, c, x reelle Zahlen, $-1 < x < 1$

Anmerkungen Die hypergeometrische Funktion ist eine Lösung der Differentialgleichung

$$x \cdot (1-x) \cdot \frac{d^2}{dx^2} y + (c - (a+b+1) \cdot x) \cdot \frac{d}{dx} y - a \cdot b \cdot y = 0 \, .$$

Viele Funktionen sind Spezialfälle der hypergeometrischen Funktion; beispielsweise die elementaren Funktionen $\ln(1-x) = x \cdot$ fhyper $(1, 1, 2, -x)$ und $\operatorname{asin}(x) = x \cdot$ fhyper$\left(\frac{1}{2}, \frac{1}{2}, \frac{3}{2}, x^2\right)$ sowie kompliziertere wie die Legendre-Funktionen.

Algorithmus Reihenentwicklung (Abramowitz und Stegun, 1972)

---

floor Abbruch- und Rundungsfunktion

Syntax floor(x)

Beschreibung Liefert die größte ganze Zahl $\leq x$.

Argumente

x reelle Zahl

Beispiel

```
ceil( 3.25 ) = 4          floor( 3.25 ) = 3
   mantissa( x ) := x - floor( x )
      mantissa( 3.45 ) = 0.45
```

Anmerkungen Kann zur Definition des positiven Nachkommateils einer Zahl verwendet werden:

mantisse(x) := $x -$ floor(x).

| *Siehe auch* | ceil, runden, trunc |

fv/zwz   Finanzen

| *Syntax* | fv(*rate, nper, pmt, [[pv], [type]]*) |
| *Beschreibung* | Liefert den künftigen Wert einer Investition oder Anleihe über einen bestimmten Gesamtzeitraum, *nper*, bei einer vorgegebenen, regelmäßigen Zahlung, *pmt*, und einem festen Zinssatz, *rate*. |

Argumente

rate	reeller Satz
nper	ganze Zahl für den Gesamtzeitraum, *nper* ≥ 1
pmt	reelle Zahlung
pv	(optional) reeller, aktueller Wert, Standard ist *pv* = 0
type	(optional) Anzeiger für Zahlungsplanung. 0 für Zahlungen gegen Ende des Zeitraums. 1 für Zahlungen zu Beginn des Zeitraums. Standard ist *type* = 0.

Algorithmus	Wenn Sie den Jahreszinssatz, *ann_rate*, kennen, müssen Sie den Zinssatz pro Zeitraum ermitteln als *rate = ann_rate/nper*.
	Zahlungen wie Sparanlagen oder Zahlungen für Anleihen müssen mit negativen Zahlen eingegeben werden. Zahlungseingänge wie Schecks müssen mit positiven Zahlen eingegeben werden.
Siehe auch	fvadj, fvc, nper, pmt, pv, rate

fvadj/zwzz   Finanzen

| *Syntax* | fvadj(*prin*, **v**) |
| *Beschreibung* | Liefert den künftigen Wert einer Kapitaleinlage, *prin*, nach Anwendung diverser Zinssätze, die in einem Vektor, **v**, gespeichert sind. |

Argumente

| prin | reelle Kapitaleinlage |
| v | reeller Vektor des Zinssatzes |

| *Anmerkungen* | Verwenden Sie **fvadj** für die Ermittlung des künftigen Wertes einer Investition mit einer Variable oder einem variablen Zinssatz. |
| *Siehe auch* | fv, fvc |

fvc/zwz — Finanzen

Syntax fvc(*rate*, **v**)

Beschreibung Liefert den künftigen Wert einer Cash-Flow-Liste, die zu regelmäßigen Intervallen, **v**, erscheint, zu einem bestimmten Zinssatz, *rate*.

Argumente
- *rate* reeller Satz
- **v** reeller Vektor des Cash Flow

Anmerkungen In **v** müssen Zahlungen mit negativen Zahlen und Einnahmen mit positiven Zahlen eingegeben werden. fvc geht davon aus, daß die Zahlung gegen Ende eines Zeitraums vorgenommen wird.

Siehe auch fv, fvadj

gcd — Zahlentheorie/Kombinatorik

Syntax gcd(**A**)

Beschreibung Liefert die größte positive ganze Zahl, die ein Teiler sämtlicher im Feld **A** enthaltenen Werte ist. Diese ganze Zahl wird als größter gemeinsamer Teiler der Elemente in **A** bezeichnet.

Argumente
- **A** ganzzahlige(r) Matrix oder Vektor; alle Elemente von **A** sind größer als Null

Algorithmus Euklidischer Algorithmus (Niven und Zuckerman, 1972)

Anmerkungen gcd(**A, B, C, ...**) ist ebenfalls erlaubt und liefert den größten gemeinsamen Nenner der Elemente **A, B, C, ...**

Siehe auch lcm

genanp — Regression und Glättung

Syntax genanp(**vx, vy, vs, F**)

Beschreibung Liefert einen Vektor mit denjenigen Parametern, die eine Funktion $f(x)$ und n Parameter $u_0, u_1, \ldots, u_{n-1}$ am besten an die Daten in **vx** und **vy** annähert.

Argumente
- **vx, vy** reelle Vektoren derselben Größe
- **vs** reeller Vektor mit Schätzwerten für n Parameter
- **F** eine Funktion, die einen Vektor mit $n+1$ Elementen zurückliefert, welcher die Funktion f und deren partielle Ableitungen unter Berücksichtigung ihrer n Parameter enthält

Funktionen

Beispiel

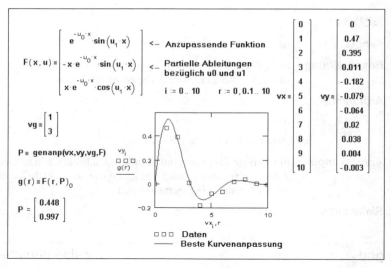

Anmerkungen Die Funktionen linanp und genanp sind eng miteinander verwandt. Alles, was Sie mit linanp tun können, können Sie auch mit genanp erreichen, wenn auch weniger komfortabel. Der Unterschied zwischen diesen beiden Funktionen entspricht dem Unterschied zwischen dem Lösen eines linearen und eines nichtlinearen Gleichungssystems. Ersteres läßt sich am einfachsten mit den Methoden der linearen Algebra erledigen. Letzteres ist weitaus schwieriger und muß in der Regel über Iterationen angegangen werden. Dies erklärt auch, warum genanp im Gegensatz zu linanp einen Vektor mit Schätzwerten benötigt.

Im vorstehenden Beispiel wird genanp eingesetzt, um den am besten zu einer Datenmenge passenden Exponenten zu ermitteln. Durch eine Verringerung des Wertes für die Systemvariable TOL läßt sich in genanp unter Umständen eine größere Genauigkeit erreichen.

Algorithmus Levenberg-Marquardt (Press et al., 1992)

Siehe auch linanp, line, expfit, logfit, pwrfit, lgsfit, sinfit, medfit

---

geninv   *(Professional)*   Vektor- und Matrixfunktion

Syntax geninv(**A**)

Beschreibung Liefert die links-inverse Matrix zur Matrix **A**.

Argumente

A reelle $m \times n$-Matrix, mit $m \geq n$

Anmerkungen Mit **L** als links-inverser Matrix gilt: $\mathbf{L} \cdot \mathbf{A} = \mathbf{I}$, wobei **I** die Einheitsmatrix mit spalten(**I**) = spalten(**A**) ist.

Algorithmus SVD-basierter Aufbau (Nash, 1979)

genvektoren (Professional) — Vektor- und Matrixfunktion

Syntax genvektoren(**M**, **N**)

Beschreibung Liefert eine Matrix mit normalisierten Eigenvektoren entsprechend der Eigenwerte im Vektor **v**, der von der Funktion **genwerte** zurückgeliefert wird. Die j-te Spalte dieser Matrix ist der Eigenvektor **x**, der dem verallgemeinerten Eigenwertproblem $\mathbf{M} \cdot \mathbf{x} = v_j \cdot \mathbf{N} \cdot \mathbf{x}$ genügt.

Argumente

M, N reelle Quadratmatrizen derselben Größe

Algorithmus Stabile QZ-Methode (Golub und Van Loan, 1989)

Siehe auch genwerte für ein Beispiel.

---

genwerte (Professional) — Vektor- und Matrixfunktion

Syntax genwerte(**M**, **N**)

Beschreibung Liefert einen Vektor **v** mit Eigenwerten, die alle der verallgemeinerten Eigenwertgleichung $\mathbf{M} \cdot \mathbf{x} = v_j \cdot \mathbf{N} \cdot \mathbf{x}$ für Eigenvektoren **x** ungleich Null genügen.

Argumente

M, N reelle Quadratmatrizen derselben Größe

Beispiel

$$M := \begin{bmatrix} -3 & 6 & 0 \\ 3 & 0 & -4 \\ 6 & 6 & -5 \end{bmatrix} \qquad N := \begin{bmatrix} -5 & 9 & -1 \\ 0 & 4 & -7 \\ -3 & 10 & 4 \end{bmatrix}$$

Vektor mit generalisierten Eigenwerten

$$v := \text{genwerte}(M,N) \qquad v = \begin{bmatrix} 2.177 \\ 0.803 \\ 0.285 \end{bmatrix}$$

Matrix mit generalisierten Eigenvektoren die zu den generalisierten Eigenwerten im Vektor v korrespondieren:

$$x := \text{genvektoren}(M,N) \qquad x = \begin{bmatrix} 0.839 & 0.562 & -0.597 \\ 0.515 & 0.725 & -0.21 \\ 0.175 & 0.397 & -0.774 \end{bmatrix}$$

x0 := submatrix(x,0,2,0,0)
x1 := submatrix(x,0,2,1,1)
x2 := submatrix(x,0,2,2,2)

Vergleich:

$$M \cdot x0 = \begin{bmatrix} 0.571 \\ 1.818 \\ 7.25 \end{bmatrix} \qquad M \cdot x1 = \begin{bmatrix} 2.666 \\ 0.1 \\ 5.744 \end{bmatrix} \qquad M \cdot x2 = \begin{bmatrix} 0.534 \\ 1.306 \\ -0.969 \end{bmatrix}$$

$$v_0 \cdot (N \cdot x0) = \begin{bmatrix} 0.571 \\ 1.818 \\ 7.25 \end{bmatrix} \qquad v_1 \cdot (N \cdot x1) = \begin{bmatrix} 2.666 \\ 0.1 \\ 5.744 \end{bmatrix} \qquad v_2 \cdot (N \cdot x2) = \begin{bmatrix} 0.534 \\ 1.306 \\ -0.969 \end{bmatrix}$$

Anmerkungen Zur Berechnung der Eigenvektoren greifen Sie auf die Funktion **genvektoren** zurück.

Algorithmus Stabile QZ-Methode (Golub und Van Loan, 1989)

gmittel   Statistische Funktion

Syntax   gmittel(**A**)

Beschreibung   Liefert das geometrische Mittel der Elemente von **A**:

$$\text{gmittel}(\mathbf{A}) = \left(\prod_{i=0}^{m-1} \prod_{j=0}^{n-1} A_{i,j} \right)^{1/(mn)}$$

Argumente

             A   reelle(r) $m \times n$-Matrix oder Vektor, mit allen Elementen größer als Null

Anmerkungen   **gmittel(A, B, C, ...) ist ebenfalls erlaubt und liefert das geometrische Mittel der Elemente A, B, C, ...**

Siehe auch   hmean, mittelwert, median, modus

GRÜN_LESEN *(Professional)*   Dateizugriff

Syntax   GRÜN_LESEN(*Datei*)

Beschreibung   Entnimmt *Datei* nur den Grünanteil des Farbbildes im BMP-, JPG-, GIF-, TGA- und PCX-Format. Als Ergebnis wird eine Matrix mit einem Drittel der Spalten geliefert, die RGBLESEN liefert.

Argumente

          Datei   Zeichenkettenvariable für den Dateinamen bzw. Pfad eines Farbbildes

---

grwanp   *(Professional)*   Lösung von Differentialgleichungen

Syntax   grwanp(**v1**, **v2**, *x1*, *x2*, *xf*, **D**, **ld1**, **ld2**, **sc**)

Beschreibung   Konvertiert eine Grenzwertdifferentialgleichung in Anfangs-/Endwertprobleme. Nützlich, wenn Ableitungen lediglich an dem Zwischenpunkt *xf* nicht stetig sind.

Argumente

           v1   reeller Vektor zur Abschätzung der fehlenden Anfangswerte in *x1*

           v2   reeller Vektor zur Abschätzung der fehlenden Anfangswerte in *x2*

       x1, *x2*   reelle Endpunkte des Intervalls, für das die Lösung der Differentialgleichungen ermittelt wird

            xf   Punkt zwischen *x1* und *x2*, an dem die Trajektorien der bei *x1* bzw. *x2* ansetzenden Lösungen gleich sein müssen

        D(*x*, **y**)   Eine *n* reelle Vektorelemente liefernde Funktion, welche die Ableitungen der unbekannten Funktionen beschreibt.

      ld1(*x1*, **v1**)   Eine reelle Vektorwerte liefernde Funktion, deren *n* Elemente den Werten der *n* unbekannten Funktionen in *x1* entsprechen. Bei einigen dieser Werte handelt es sich um Konstanten, die durch ihre Anfangsbedingungen festgelegt sind. Falls ein Wert nicht bekannt ist, sollten Sie auf den entsprechenden Schätzwert aus **v1** zurückgreifen.

ld2(*x2*, **v2**)   analog zu **ld1**, allerdings für von den *n* unbekannten Funktionen in *x2* angenommene Werte

sc(*xf*, **y**)   Eine *n* reelle Vektorelemente liefernde Funktion, die angibt, wie Sie die Lösungen in *xf* anpassen wollen. Üblicherweise definiert man **sc**(*xf*, **y**) := **y**, damit die Lösungen für alle unbekannten Funktionen in *xf* angepaßt sind.

Beispiel

```
Lösen      y'' = ( y  )     für x < 0        Wo. y(-1)=1 und y(1)=2
                 ( -y )     für x ≥ 0

                  ⎡         y₁              ⎤
D(x, y) :=        ⎢                         ⎥
                  ⎣ (x<0)·y₀ + (x≥0)·-y₀    ⎦
                                              xf := 0   ←— Diskontinuitätspunkt

v1₀ := 1           ←— Schätzwert für y'(-1)
v2₀ := 1           ←— Schätzwert für y'(1)

load1(x1, v1) := ( 1  )   ←— y(-1)
                 ( v1₀)   ←— Schätzwert für y'(-1)

load2(x2, v2) := ( 2  )   ←— y(1)
                 ( v2₀)   ←— Schätzwert für y'(1)

score(xf, y) := y     ←— weist Mathcad an, die beiden Hälften der Gleichung
                          anzupassen

S := grwanp(v1, v2, -1, 1, 0, D, load1, load2, score)

S = ( 0.092  -0.678 )       ←— enthält ( y'(-1)   y'(1) )
```

Anmerkungen   Falls Sie Kenntnisse über die Anfangs- und Endpunkte besitzen, verwenden Sie die Funktion **sbval**. Falls Sie jedoch etwas über die Lösung und deren ersten Ableitung an einigen Zwischenwerten *xf* wissen, verwenden Sie die Funktion **grwanp**.

grwanp löst ein Zwei-Punkte-Grenzwertproblem dieser Art, indem die Funktion von den Endpunkten aus vorstößt und die Trajektorien der Lösung und deren Ableitungen im Zwischenpunkt in Übereinstimmung bringt. **grwanp** eignet sich besonders, wenn eine Ableitung wie im vorstehenden Beispiel eine unstetige Stelle im Integrationsintervall besitzt. **grwanp** liefert keine Lösung zu einer Differentialgleichung. Die Funktion berechnet lediglich die Anfangswerte, über welche die Lösung verfügen muß, damit die Lösung zu den von Ihnen angegebenen Endwerten paßt. Sie müssen dann die von **grwanp** gelieferten Werte nehmen und das resultierende Anfangswertproblem mittels **rkfest** oder einer der anderen spezialisierteren Lösungsverfahren für Differentialgleichungen lösen.

Algorithmus   Shooting method with 4th order Runge-Kutta method (Press et al., 1992)

Siehe auch   **rkfest** für Informationen über Ausgabe und Argumente.

Her	*(Professional)*	Sonderfunktion

Syntax Her(*n*, *x*)

Beschreibung Liefert den Wert des Hermite-Polynoms *n*-ten Grades an der Stelle *x*.

Argumente

    n   ganze Zahl, $n \geq 0$

    x   reelle Zahl

Anmerkungen Das Hermite-Polynom *n*-ten Grades ist eine Lösung der Differentialgleichung:

$$x \cdot \frac{d^2}{dx^2} y - 2 \cdot x \cdot \frac{d}{dx} y + 2 \cdot n \cdot y = 0.$$

Algorithmus Rekursive Relation (Abramowitz und Stegun, 1972)

---

hist   Statistische Funktion

Eindimensionaler Fall

Syntax hist(***n***, **A**)

Beschreibung Liefert einen Vektor, der die Häufigkeiten enthält, mit denen Werte aus **A** in die durch den Vektor *n* angegebenen Intervalle fallen. Der resultierende Histogrammvektor ist um ein Element kürzer als *n*.

Argumente

    n   ganze Zahl, $n > 0$

    A   reelle Matrix

Anmerkungen Dies ist identisch mit hist(**intervals**, **A**) mit

$$\text{intervals}_i = \min(\mathbf{A}) + \frac{\max(\mathbf{A}) - \min(\mathbf{A})}{n} \cdot i \text{ und } 0 \leq i \leq n \text{ (siehe unten).}$$

Zweidimensionaler Fall

Syntax hist(**intervals**, **A**)

Beschreibung Liefert einen Vektor, der die Häufigkeiten enthält, mit denen Werte aus **A** in die durch den Vektor **intervals** angegebenen Intervalle fallen. Der resultierende Histogrammvektor ist um ein Element kürzer als **intervals**.

Argumente

    intervals   reeller Vektor mit Elementen in aufsteigender Reihenfolge

    A   reelle Matrix

Beispiel

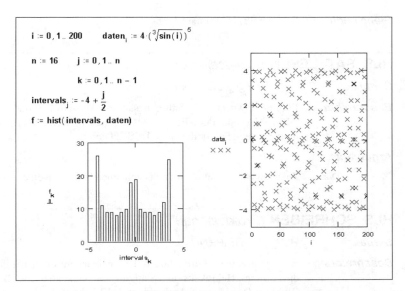

Anmerkungen Der Vektor **intervals** enthält die Endpunkte von Teilintervallen, die eine Aufteilung der Daten bewirken. Das Ergebnis der Funktion hist ist ein Vektor **f**, in dem f_i der Anzahl von Werten in **A** entspricht, die der Bedingung

$int_i \leq Wert < int_{i+1}$ genügen.

Mathcad läßt Datenpunkte unberücksichtigt, die kleiner als der erste oder größer als der letzte Wert in **intervals** sind.

HLS_HELL_LESEN *(Professional)* — Dateizugriff

Syntax HLS_HELL_LESEN(*Datei*)

Beschreibung Entnimmt *Datei* nur die Helligkeitskomponente des Farbbildes im BMP-, JPG-, GIF-, TGA- und PCX-Format. Als Ergebnis wird eine Matrix mit einem Drittel der Spalten geliefert, die HLS_LESEN liefert.

Argumente

Datei Zeichenkettenvariable für den Dateinamen bzw. Pfad eines Farbbildes

HLS_LESEN *(Professional)* — Dateizugriff

Syntax HLS_LESEN(*Datei*)

Beschreibung Erstellt eine Matrix, in der die Farbinformationen aus *Datei* durch die entsprechenden Werte für Farbton, Helligkeit und Sättigung dargestellt sind. *Datei* darf im BMP-, JPG-, GIF-, TGA- oder PCX-Format vorliegen.

Argumente

Datei Zeichenkettenvariable für den Dateinamen bzw. Pfad eines Farbbildes

Siehe auch   RGBLESEN für einen Überblick

HLS_SAT_LESEN *(Professional)*   Dateizugriff

Syntax   HLS_SAT_LESEN(*Datei*)

Beschreibung   Entnimmt *Datei* nur die Sättigungskomponente des Farbbildes im BMP-, JPG-, GIF-, TGA- oder PCX-Format. Als Ergebnis wird eine Matrix mit einem Drittel der Spalten geliefert, die HLS_LESEN liefert.

Argumente

     Datei   Zeichenkettenvariable für den Dateinamen bzw. Pfad eines Farbbildes

HLS_SCHREIBEN *(Professional)*   Dateizugriff

Syntax   HLS_SCHREIBEN(*Datei*)

Beschreibung   Erzeugt aus einer Matrix, die aus der Aneinanderreihung der drei Matrizen für die Farbton-, Helligkeits- und Sättigungskomponenten eines Bildes besteht, die Bilddatei *Datei* für eine Farbbild im BMP-Format.

Argumente

     Datei   Zeichenkettenvariable für den Dateinamen bzw. Pfad des BMP-Bildes

     M   Matrix mit ganzen Zahlen, $0 \leq \mathbf{M}_{i,j} \leq 255$

Siehe auch   RGBSCHREIBEN für eine allgemeine Übersicht über das Erstellen von Dateien für Farbdaten.

HLS_TON_LESEN *(Professional)*   Dateizugriff

Syntax   HLS_TON_LESEN(*Datei*)

Beschreibung   Entnimmt *Datei* nur die Farbtonkomponente des Farbbildes im BMP-, JPG-, GIF-, TGA- oder PCX-Format. Als Ergebnis wird eine Matrix mit einem Drittel der Spalten geliefert, die HLS_LESEN liefert.

Argumente

     Datei   Zeichenkettenvariable für den Dateinamen bzw. Pfad eines Farbbildes

hmean   Statistische Funktion

Syntax   hmean(**A**)

Beschreibung   Liefert das harmonische Mittel der Elemente von **A**:

$$\mathrm{hmean}(\mathbf{A}) = \left(\frac{1}{mn} \sum_{i=0}^{m-1} \sum_{j=0}^{n-1} \frac{1}{\mathbf{A}_{i,j}} \right)^{-1}$$

Argumente	
A	reelle(r) oder komplexe(r) $m \times n$-Matrix oder Vektor, mit allen Elementen größer als Null
Anmerkungen	hmean(**A, B, C, ...**) ist ebenfalls erlaubt und liefert das harmonische Mittel der Elemente **A, B, C, ...**
Siehe auch	gmean, mittelwert, median, modus

HSV_LESEN *(Professional)* — Dateizugriff

Syntax	HSV_LESEN(*Datei*)
Beschreibung	Erstellt eine Matrix, in der die Farbinformationen aus *Datei* durch die entsprechenden Werte für Farbton, Sättigung und Wert dargestellt sind. *Datei* darf im BMP-, JPG-, GIF-, TGA- oder PCX-Format vorliegen.
Argumente	
Datei	Zeichenkettenvariable für den Dateinamen bzw. Pfad eines Farbbildes
Siehe auch	RGBLESEN für einen Überblick.

HSV_SAT_LESEN *(Professional)* — Dateizugriff

Syntax	HSV_SAT_LESEN(*Datei*)
Beschreibung	Entnimmt *Datei* nur die Sättigungskomponente des Farbbildes im BMP-, JPG-, GIF-, TGA- oder PCX-Format. Als Ergebnis wird eine Matrix mit einem Drittel der Spalten geliefert, die HSV_LESEN liefert.
Argumente	
Datei	Zeichenkettenvariable für den Dateinamen bzw. Pfad eines Farbbildes

HSV_SCHREIBEN *(Professional)* — Dateizugriff

Syntax	HSV_SCHREIBEN(*Datei*)
Beschreibung	Erzeugt aus einer Matrix, die aus der Aneinanderreihung der drei Matrizen für die Farbton-, Sättigungs- und Wertkomponenten eines Bildes besteht, die Bilddatei *Datei* für ein Farbbild im BMP-Format.
Argumente	
Datei	Zeichenkettenvariable für den Dateinamen bzw. Pfad des BMP-Bildes
M	Matrix mit ganzen Zahlen, $0 \leq \mathbf{M}_{i,j} \leq 255$
Siehe auch	RGBSCHREIBEN für eine allgemeine Übersicht.

HSV_TON_LESEN *(Professional)*   Dateizugriff

Syntax   HSV_TON_LESEN(*Datei*)

Beschreibung   Entnimmt *Datei* nur die Farbtonkomponente des Farbbildes im BMP-, JPG-, GIF-, TGA- oder PCX-Format. Als Ergebnis wird eine Matrix mit einem Drittel der Spalten geliefert, die HSV_LESEN liefert.

Argumente

    Datei   Zeichenkettenvariable für den Dateinamen bzw. Pfad eines Farbbildes

---

HSV_WERT_LESEN *(Professional)*   Dateizugriff

Syntax   HSV_WERT_LESEN(*Datei*)

Beschreibung   Entnimmt *Datei* nur die Wertkomponente des Farbbildes im BMP-, GIF-, JPG- oder TGA-Format. Als Ergebnis wird eine Matrix mit einem Drittel der Spalten geliefert, die HSV_LESEN liefert.

Argumente

    Datei   Zeichenkettenvariable für den Dateinamen bzw. Pfad eines Farbbildes

---

I0   Bessel-Funktion

Syntax   I0(x)

Beschreibung   Liefert den Wert der modifizierten Bessel-Funktion $I_0(x)$ der ersten Art. Entspricht In(0, x).

Argumente

    x reelle Zahl

Algorithmus   Small order approximation (Abramowitz und Stegun, 1972)

I1   Bessel-Funktion

Syntax   I1(x)

Beschreibung   Liefert den Wert der modifizierten Bessel-Funktion $I_1(x)$ der ersten Art. Entspricht In(1, x).

Argumente

    x reelle Zahl

Algorithmus   Small order approximation (Abramowitz und Stegun, 1972)

ibeta	*(Professional)*	Sonderfunktion

Syntax ibeta(a, x, y)

Beschreibung Liefert den Wert der unvollständigen Beta-Funktion mit dem Parameter a an der Stelle (x, y).

Argumente

    a reelle Zahl

    x, y reelle Zahlen, $x > 0, y > 0$

Anmerkungen Die unvollständige Beta-Funktion taucht häufig in Wahrscheinlichkeitsberechnungen auf. Sie ist durch folgende Formel definiert:

$$\text{ibeta}(a, x, y) = \frac{\Gamma(x+y)}{\Gamma(x) \cdot \Gamma(y)} \cdot \int_0^a t^{x-1} \cdot (1-t)^{y-1} dt \; .$$

Algorithmus *Stetige Bruchentwicklung =? Continued fraction expansion* (Abramowitz und Stegun, 1972)

---

icfft	Fourier-Transformation

Syntax icfft(**A**)

Beschreibung Liefert die inverse Fourier-Transformation zu cfft. Liefert ein Feld derselben Größe wie das als Argument übergebene Feld.

Argumente

    A   reelle(r) oder komplexe(r) Matrix oder Vektor

Anmerkungen Die Funktionen cfft und icfft sind genau invers zueinander: icfft(cfft(A)) = A.

Algorithmus Singleton-Methode (Singleton, 1986)

Siehe auch fft für weitere Einzelheiten und cfft für ein Beispiel.

ICFFT	Fourier-Transformation

Syntax ICFFT(**A**)

Beschreibung Liefert die inverse Fourier-Transformation zu CFFT. Liefert ein Feld derselben Größe wie das als Argument übergebene Feld.

Argumente

    A   reelle(r) oder komplexe(r) Matrix oder Vektor

Anmerkungen Die Funktionen CFFT und ICFFT sind genau invers zueinander:

icfft(cfft(A)) = A.

Algorithmus Singleton-Methode (Singleton, 1986)

Siehe auch fft für weitere Einzelheiten und CFFT für ein Beispiel.

ifft Fourier-Transformation

Syntax   ifft(**v**)

Beschreibung   Liefert die inverse Fourier-Transformation zu fft. Liefert einen reellen Vektor mit 2^n Elementen.

Argumente

   v   reeller Vektor mit $1 + 2^{n-1}$ Elementen, wobei n eine ganze Zahl ist.

Anmerkungen   Das Argument **v** ist ein Vektor, der den von der Funktion fft erzeugten Vektoren ähnelt. Um das Ergebnis zu berechnen, erzeugt Mathcad zunächst einen neuen Vektor **w**, indem die Konjugierten der Elemente von **v** erzeugt und an den Vektor **v** angehängt werden. Anschließend berechnet Mathcad einen Vektor **d**, dessen Elemente folgender Formel genügen:

$$d_j = \frac{1}{\sqrt{n}} \sum_{k=0}^{n-1} w_k e^{-2\pi i (j/n) k}.$$

Dies ist, abgesehen von dem Minuszeichen im Exponenten, dieselbe Formel wie für fft. Die Funktionen fft und ifft sind genau invers zueinander. Für alle reellen **v** gilt: ifft(fft(v)) = v.

Algorithmus   Cooley-Tukey (Press et al., 1992)

Siehe auch   fft für weitere Einzelheiten.

IFFT Fourier-Transformation

Syntax   IFFT(**v**)

Beschreibung   Liefert die inverse Fourier-Transformation zu FFT. Liefert einen reellen Vektor mit 2^n Elementen.

Argumente

   v   reeller Vektor mit $1 + 2^{n-1}$ Elementen, wobei n eine ganze Zahl ist.

Algorithmus   Cooley-Tukey (Press et al., 1992)

Siehe auch   fft für weitere Einzelheiten

Im Komplexe Zahlen

Syntax   Im(z)

Beschreibung   Liefert den imaginären Anteil von z.

Argumente

   z reelle oder komplexe Zahl

Siehe auch   Re

In
Bessel-Funktion

Syntax   In(m, x)

Beschreibung   Liefert den Wert der modifizierten Bessel-Funktion $I_m(x)$ der ersten Art.

Argumente

   m ganze Zahl, $0 \leq m \leq 100$

   x reelle Zahl

Anmerkungen   Lösung der Differentialgleichung $x^2 \cdot \dfrac{d^2}{dx^2} y + x \cdot \dfrac{d}{dx} y - (x^2 + m^2) \cdot y = 0$.

Algorithmus   Small order approximation, upward recurrence Relation (Abramowitz und Stegun, 1972; Press et al., 1992)

Siehe auch   Kn

---

interp
Interpolation und Vorhersage

Eindimensionaler Fall

Syntax   interp(**vs**, **vx**, **vy**, x)

Beschreibung   Interpoliert den Wert aus Spline- oder Regressions-Koeffizienten. Nimmt die drei Vektorargumente **vx**, **vy** (gleich groß) und **vs** entgegen. Liefert den interpolierten y-Wert zur Stelle x.

Argumente

   vs   reeller Ergebnisvektor der Interpolationsroutinen **bspline**, **kspline** oder **pspline** bzw. der Regressionsroutinen **regress** oder **loess**

   vx, **vy**   reelle Vektoren derselben Größe

   x reelle Zahl

Anmerkungen   Lassen Sie uns zuerst über das Ergebnis von kubischen Spline-Routinen bei **interp** sprechen. Um den interpolierten Wert für ein bestimmtes x zu ermitteln, bestimmt Mathcad die beiden Punkte, zwischen die der Punkt x fällt. Als Ergebnis wird der y-Wert des von diesen beiden Punkten umschlossenen kubischen Kurvenabschnittes zurückgeliefert. Für vor dem ersten Wert aus **vx** liegende x-Werte extrapoliert Mathcad den kubischen Kurvenabschnitt mittels der beiden ersten Punkte von **vx**. Entsprechend extrapoliert Mathcad den kubischen Kurvenabschnitt für hinter dem letzten Wert von **vx** liegende x-Werte mittels der beiden letzten Punkte von **vx**.

Um gute Ergebnisse zu erzielen, sollten Sie die Funktion **interp** nicht auf x-Werte anwenden, die zu weit von geeigneten Punkten entfernt sind. Da Splines zur Interpolation und nicht zur Extrapolation gedacht sind, ist es unwahrscheinlich, daß für solche x-Werte berechnete Werte von Nutzen sind. Greifen Sie als Alternative auf **prognose** zurück.

Bei regress errechnet interp einfach den Wert des Regresspolynoms: für loess verwendet interp das lokale Polynom der kleinsten Quadrate beim Intervall.

Zweidimensionaler Fall

Syntax interp(vs, Mxy, Mz, v)

Beschreibung Interpoliert den Wert aus Spline- oder Regressions-Koeffizienten. Nimmt zwei Matrixargumente **Mxy** und **Mz** (mit derselben Zeilenanzahl) sowie ein Vektorargument **vs** entgegen. Liefert den interpolierten z-Wert zum Punkt

$x = v_0$ und $y = v_1$.

Argumente

vs   reeller Ergebnisvektor der Interpolationsroutinen bspline, kspline oder pspline bzw. der Regressionsroutinen regress oder loess

Mxy, Mz   reelle Matrizen (mit derselben Zeilenanzahl)

v   reeller zweidimensionaler Vektor

Anmerkungen Um gute Ergebnisse zu erzielen, sollten Sie die Funktion interp nicht auf x- und y-Werte anwenden, die zu weit von den Gitterpunkten entfernt sind. Da Splines zur Interpolation und nicht zur Extrapolation gedacht sind, ist es unwahrscheinlich, daß für solche x- und y-Werte berechnete Werte von Nutzen sind. Greifen Sie als Alternative auf prognose zurück.

Siehe auch lspline für ein Beispiel, bspline, kspline, pspline, regress, loess

---

ipmt/gesverz   Finanzen

Syntax ipmt(*rate, per, nper, pv,* [[*fv*], [*type*]])

Beschreibung Liefert die Zinszahlung für eine Investition oder Anleihe für einen vorgegebenen Zeitraum, *per*, basierend auf regelmäßigen, konstanten Zahlungen über einen vorgegebenen Gesamtzeitraum, *nper*, mit einem festen Zinssatz, *rate*, und einem bestimmten, aktuellen Wert, *pv*.

Argumente

rate   reeller Satz

per   ganze Zahl für Zeitraum, $per \geq 1$

nper   ganze Zahl für Gesamtzeitraum, $1 \leq per \leq nper$

pv   reeller, aktueller Wert

fv   (optional) reeller, künftiger Wert, Standard ist $fv = 0$

type   (optional) Anzeiger für Zahlungsplanung. 0 für Zahlungen gegen Ende des Zeitraums. 1 für Zahlungen zu Beginn des Zeitraums. Standard ist *type* = 0.

Anmerkungen Wenn Sie den Jahreszinssatz, *ann_rate*, kennen, müssen Sie den Zinssatz pro Zeitraum ermitteln als *rate* = *ann_rate/nper*.

Zahlungen wie Sparanlagen oder Zahlungen für Anleihen müssen mit negativen Zahlen eingegeben werden. Zahlungseingänge wie Schecks müssen mit positiven Zahlen eingegeben werden.

Siehe auch cumint, pmt, ppmt

irr/izf   Finanzen

Syntax   irr(**v**, [*guess*])

Beschreibung   Liefert die interne Kapitalverzinsung für diverse Cash Flows, **v**, die zu regelmäßigen Intervallen stattfinden.

Argumente

  v   reeller Vektor des Cash Flow

  guess   (optional) reeller Schätzwert, Standard ist *guess* = 0,1 (10%)

Anmerkungen   In **v** müssen Zahlungen mit negativen Zahlen und Einnahmen mit positiven Zahlen eingegeben werden. Es muß mindestens einen negativen und einen positiven Wert in **v** geben.

Wenn `irr` kein Ergebnis ermitteln kann, das nach 20 Iterationen eine Abweichung von Prozent zuläßt, wird eine Fehlermeldung ausgegeben. In diesem Fall sollte ein anderer Schätzwert genommen werden, obwohl es hierbei keine Lösungsgarantie gibt.

Siehe auch mirr, npv

IsArray   *(Professional)*   Ausdruck-Funktion
Syntax   IsArray(*x*)
Beschreibung   Liefert den Wert 1, falls *x* eine Matrix oder ein Vektor ist; sonst 0.
Argumente

  x   reelle oder komplexe Zahl, Feld oder Zeichenkette

IsScalar   *(Professional)*   Ausdruck-Funktion
Syntax   IsScalar(*x*)
Beschreibung   Liefert den Wert 1, falls *x* eine reelle oder komplexe Zahl ist; sonst 0.
Argumente

  x   reelle oder komplexe Zahl, Feld oder Zeichenkette

IsString   *(Professional)*   Ausdruck-Funktion
Syntax   IsString(*x*)

Beschreibung	Liefert den Wert 1, falls x eine Zeichenkette ist; sonst 0.	
Argumente		
	x	reelle oder komplexe Zahl, Feld oder Zeichenkette

iwave	*(Professional)*	Wavelet-Transformation
Syntax	iwave(**v**)	
Beschreibung	Liefert die inverse Wavelet-Transformation zu wave.	
Argumente		
	v	reeller Vektor mit 2^n Elementen, wobei $n > 0$ eine ganze Zahl ist
Algorithmus	Pyramidenförmiger Daubechies-Vierkoeffizienten-Wavelet-Filter (Press et al., 1986)	
Siehe auch	wave für ein Beispiel	

J0		Bessel-Funktion
Syntax	J0(x)	
Beschreibung	Liefert den Wert der Bessel-Funktion $J_0(x)$ der ersten Art. Entspricht $Jn(0, x)$.	
Argumente		
	x	reelle Zahl
Algorithmus	Verfahren nach Steed (Press et al., 1992)	

J1		Bessel-Funktion
Syntax	J1(x)	
Beschreibung	Liefert den Wert der Bessel-Funktion $J_1(x)$ der ersten Art. Entspricht $Jn(1, x)$.	
Argumente		
	x	reelle Zahl
Algorithmus	Verfahren nach Steed (Press et al., 1992)	

Jac	*(Professional)*	Sonderfunktion
Syntax	Jac(n, a, b, x)	
Beschreibung	Liefert den Wert des Jacobi-Polynoms n-ten Grades mit den Parametern a und b an der Stelle x.	
Argumente		
	n	ganze Zahl, $n \geq 0$
	a, b	reelle Zahlen, $a > -1$, $b > -1$

	x	reelle Zahl

Anmerkungen Die Jacobi-Polynome sind Lösungen der Differentialgleichung

$$(1-x^2)\cdot\frac{d^2}{dx^2}y+(b-a-(a+b+2)\cdot x)\cdot\frac{d}{dx}y-n\cdot(n+a+b+1)\cdot y=0$$

und schließt die Chebyshev- und Legendre-Polynome als Spezialfälle mit ein.

Algorithmus Rekursive Relation (Abramowitz und Stegun, 1972)

Jn   Bessel-Funktion

Syntax Jn(m, x)

Beschreibung Liefert den Wert der Bessel-Funktion $\mathbf{J}_m(x)$ der ersten Art.

Argumente

	m	ganze Zahl, $0 \leq m \leq 100$
	x	reelle Zahl

Anmerkungen Lösung der Differentialgleichung $x^2 \cdot \frac{d^2}{dx^2}y + x \cdot \frac{d}{dx}y + (x^2 - m^2) \cdot y = 0.$

Algorithmus Verfahren nach Steed (Press et al., 1992)

Siehe auch Yn

---

js   Bessel-Funktion

Syntax js(n, x)

Beschreibung Liefert den Wert der sphärischen Bessel-Funktion der ersten Art n-ten Grades an der Stelle x.

Argumente

	x	reelle Zahl, $x > 0$; $x = 0$ ist zulässig für js, wenn $n \geq 0$
	n	ganze Zahl

Anmerkungen Lösung der Differentialgleichung

$$x^2 \cdot \frac{d^2}{dx^2}y + 2 \cdot x \cdot \frac{d}{dx}y + (x^2 - n \cdot (n+1)) \cdot y = 0.$$

Algorithmus Small order approximation, upward recurrence Relation (Abramowitz und Stegun, 1972; Press et al., 1992)

Siehe auch ys

K0 — Bessel-Funktion

Syntax K0(x)

Beschreibung Liefert den Wert der modifizierten Bessel-Funktion $K_0(x)$ der ersten Art. Entspricht Kn(0, x).

Argumente

x reelle Zahl, $x > 0$

Algorithmus Small order approximation (Abramowitz und Stegun, 1972)

K1 — Bessel-Funktion

Syntax K1(x)

Beschreibung Liefert den Wert der modifizierten Bessel-Funktion $K_1(x)$ der ersten Art. Entspricht Kn(1, x).

Argumente

x reelle Zahl, $x > 0$

Algorithmus

$$vy'_i = \frac{\sum_{j=1}^{n} K\left(\frac{vx_i - vx_j}{b}\right) vy_j}{\sum_{j=1}^{n} K\left(\frac{vx_i - vx_j}{b}\right)}, \text{ wobei } K(t) = \frac{1}{\sqrt{2\pi} \cdot (0{,}37)} \cdot \exp\left(-\frac{t^2}{2 \cdot (0{,}37)^2}\right)$$

Small order approximation (Abramowitz und Stegun, 1972)

kgltt *(Professional)* — Regression und Glättung

Syntax kgltt(**vx**, **vy**, b)

Beschreibung Erzeugt einen neuen Vektor derselben Größe wie **vy**, der unter Verwendung eines Gaußschen Kerns berechnete gewichtete Durchschnittswerte von **vy** liefert.

Argumente

vx, vy reelle Vektoren derselben Größe; Elemente von **vx** müssen aufsteigend sortiert sein

b reelle Bandbreite, $b > 0$; bestimmt den Glättungsbereich und sollte in Abhängigkeit davon, welche Bereichsgröße Sie beim Glätten verwenden wollen, ein Mehrfaches des Abstandes zwischen den Datenpunkten entlang der x-Achse betragen.

Anmerkungen Die Funktion kgltt verwendet einen Gaußschen Kern, um lokal gewichtete Durchschnittswerte des Eingabevektors **vy** zu berechnen. Dieses Glättungsverfahren ist am nützlichsten, wenn Ihre Daten auf einem Band verhältnismäßig konstanter Breite liegen. Falls Ihre Daten auf einem Band mit beträchtlich schwankender Breite verstreut liegen, sollten Sie auf ein adaptives Glättungsverfahren, wie beispielsweise strgltt, zurückgreifen.

Für jedes vy_i im n-dimensionalen Vektor **vy** liefert die Funktion kgltt ein neues vy'_i nach:

und b die Bandbreite ist, die Sie an die Funktion kgltt übergeben. Die Bandbreite beträgt in Abhängigkeit davon, welche Bereichsgröße Sie beim Glätten verwenden wollen, üblicherweise ein Mehrfaches des Abstandes der Datenpunkte entlang der x-Achse.

Algorithmus	Moving window Gaussian Kernel Smoothing (Lorczak)
Siehe auch	medgltt für weitere Einzelheiten, strgltt

knorm   Wahrscheinlichkeitsverteilung

Syntax   knorm(x)

Beschreibung   Liefert die kumulative Standard-Normalverteilung. Äquivalent zu

pnorm(x, 0, 1).

Argumente

x reelle Zahl

Anmerkungen   cnorm wird hauptsächlich aus Kompatibilitätsgründen zu mit früheren Versionen von Mathcad erstellten Dokumenten bereitgestellt.

Kn   Bessel-Funktion

Syntax   Kn(m, x)

Beschreibung   Liefert den Wert der modifizierten Bessel-Funktion $K_m(x)$ der ersten Art.

Argumente

m ganze Zahl, $0 \leq m \leq 100$

x reelle Zahl, $x > 0$

Anmerkungen   Lösung der Differentialgleichung $x^2 \cdot \frac{d^2}{dx^2} y + x \cdot \frac{d}{dx} y - (x^2 + m^2) \cdot y = 0$.

Algorithmus   Small order approximation, upward recurrence Relation (Abramowitz und Stegun, 1972; Press et al., 1992)

Siehe auch   Yn

korr — Statistische Funktion

Syntax korr(**A**, **B**)

Beschreibung Liefert den Korrelationskoeffizienten nach Pearson für die Elemente der beiden
$m \times n$-Felder **A** und **B**: $\mathrm{korr}(\mathbf{A}, \mathbf{B}) = \dfrac{\mathrm{kvar}(\mathbf{A}, \mathbf{B})}{\mathrm{stdabw}(\mathbf{A}) \cdot \mathrm{stdabw}(\mathbf{B})}$

Argumente

  A, B reelle oder komplexe $m \times n$-Matrizen oder Vektoren derselben Größe

Siehe auch kvar

---

kspline — Interpolation und Vorhersage

Eindimensionaler Fall

Syntax kspline(**vx**, **vy**)

Beschreibung Liefert den Koeffizienten-Vektor eines kubischen Splines mit kubischen Endpunkten. Dieser Vektor wird zum ersten Argument der Funktion interp.

Argumente

  vx, vy reelle Vektoren derselben Größe; die Elemente von **vx** müssen aufsteigend sortiert sein

Zweidimensionaler Fall

Syntax kspline(**Mxy**, **Mz**)

Beschreibung Liefert den Koeffizienten-Vektor eines zweidimensionalen kubischen Splines, der an den Bereichsgrenzen von **Mxy** kubisch sein muß. Dieser Vektor wird zum ersten Argument der Funktion interp.

Argumente

  Mxy $n \times 2$-Matrix, deren Elemente $Mxy_{i,0}$ und $Mxy_{i,1}$ die x- und y-Koordinaten entlang der *Diagonalen* eines rechtwinkligen Gitters angeben. Diese Matrix spielt genau dieselbe Rolle wie **vx** im zuvor beschriebenen eindimensionalen Fall. Da diese Punkte eine Diagonale beschreiben, müssen die Elemente in jeder Spalte von **Mxy** aufsteigend sortiert sein ($Mxy_{i,k} < Mxy_{j,k}$ für $i < j$).

  Mz $n \times n$-Matrix, deren ij-tes Element die z-Koordinate des Punktes mit $x = Mxy_{i,0}$ und $y = Mxy_{j,1}$ ist. **Mz** spielt genau dieselbe Rolle wie **vy** im zuvor beschriebenen eindimensionalen Fall.

Algorithmus Lösung tridiagonaler Systeme (Press et al., 1992; Lorczak)

Siehe auch lspline für weitere Einzelheiten

kurt   Statistische Funktion

Syntax   kurt(**A**)

Beschreibung   Liefert den Häufungsgrad der Elemente von **A**:

$$\text{kurt}(\mathbf{A}) = \left(\frac{mn(mn+1)}{(mn-1)(mn-2)(mn-3)} \sum_{i=0}^{m-1}\sum_{j=0}^{n-1}\left(\frac{\mathbf{A}_{i,j} - \text{mittelwert}(\mathbf{A})}{\text{Stdabw}(\mathbf{A})}\right)^4\right) - \frac{3 \cdot (mn-1)^2}{(mn-2)(mn-3)}$$

Argumente

       A   reelle(r) oder komplexe(r) $m \times n$-Matrix oder Vektor; $m \cdot n \geq 4$

Anmerkungen   kurt(**A, B, C, ...**) ist ebenfalls erlaubt und liefert den Häufungsgrad der Elemente **A, B, C, ...**

Kvar   Statistische Funktion

Syntax   kvar(**A, B**)

Beschreibung   Liefert die Kovarianz der Elemente in den beiden $m \times n$-Feldern **A** und **B**:

$$\text{kvar}(\mathbf{A}, \mathbf{B}) = \frac{1}{mn} \sum_{i=0}^{m-1}\sum_{j=0}^{n-1}\left[A_{i,j} - \text{mittelwert}(\mathbf{A})\right]\overline{\left[B_{i,j} - \text{mittelwert}(\mathbf{B})\right]}, \text{ wobei}$$

der Balken die Konjugiertkomplexe kennzeichnet.

Argumente

       A, B   reelle oder komplexe $m \times n$-Matrizen oder Vektoren

Siehe auch   korr

LadeFarbwerte*(Professional)*   Dateizugriff

Syntax   LadeFarbwerte(*Datei*)

Beschreibung   Liefert ein Feld mit den Werten der Farbpalette *Datei*.

Argumente

      Datei   Zeichenkettenvariable für einen CMP-Dateinamen

Anmerkungen   *Datei* ist der Dateiname für eine im Unterverzeichnis »CMAPS« Ihres Mathcad-Verzeichnisses befindliche Farbpalette. Die Funktion **LadeFarbwerte** ist nützlich, wenn Sie eine Farbpalette bearbeiten oder zur Erstellung einer neuen Farbpalette verwenden wollen. Weitere Informationen finden Sie in der Online-Hilfe.

Siehe auch   SpeichernFarbwerte

| **Lag** | *(Professional)* | Sonderfunktion |

Syntax Lag(n, x)

Beschreibung Liefert den Wert des Laguerre-Polynoms n-ten Grades an der Stelle x.

Argumente

n ganze Zahl, $n \geq 0$

x reelle Zahl

Anmerkungen Die Laguerre-Polynome sind Lösungen der Differentialgleichung

$$x \cdot \frac{d^2}{dx^2} y + (1-x) \cdot \frac{d}{dx} y + n \cdot y = 0.$$

Algorithmus Recurrence Relation (Abramowitz und Stegun, 1972)

| **länge** | | Vektor- und Matrixfunktion |

Syntax länge($\mathbf{v}$)

Beschreibung Liefert die Anzahl von Vektorelementen in $\mathbf{v}$.

Argumente

$\mathbf{v}$ Vektor

Anmerkungen entspricht zeilen($\mathbf{v}$)

| **lcm** | | Zahlentheorie/Kombinatorik |

Syntax lcm($\mathbf{A}$)

Beschreibung Liefert die kleinste positive ganze Zahl, die ein Vielfaches aller im Feld $\mathbf{A}$ enthaltenen Werte ist. Diese ganze Zahl wird als kleinstes gemeinsames Vielfaches der Elemente aus $\mathbf{A}$ bezeichnet.

Argumente

$\mathbf{A}$ ganzzahlige(r) Matrix oder Vektor; alle Elemente in $\mathbf{A}$ sind größer als Null.

Anmerkungen lcm($\mathbf{A}$, $\mathbf{B}$, $\mathbf{C}$, ...) ist ebenfalls erlaubt und liefert das gemeinsame Vielfache der Elemente $\mathbf{A}$, $\mathbf{B}$, $\mathbf{C}$, ...

Algorithmus Euklidischer Algorithmus (Niven und Zuckerman, 1972)

Siehe auch gcd

| **Leg** | *(Professional)* | Sonderfunktion |

Syntax Leg(n, x)

Beschreibung Liefert den Wert des Legendre-Polynoms n-ten Grades an der Stelle x.

Argumente

    n ganze Zahl, $n \geq 0$

    x reelle Zahl

Anmerkungen   Die Legendre-Polynome sind Lösungen der Differentialgleichung

$$(1 - x^2) \cdot \frac{d^2}{dx^2} y - 2 \cdot x \cdot \frac{d}{dx} y + n \cdot (n+1) \cdot y = 0.$$

Algorithmus   Recurrence Relation (Abramowitz und Stegun, 1972)

---

letzte   Vektor- und Matrixfunktion

Syntax   letzte(**v**)

Beschreibung   Liefert den Index des letzten Vektorelements von **v**.

Argumente

    v   Vektor

Anmerkungen   letzte(**v**) = länge(**v**) – 1 + ORIGIN

Siehe auch   zeilen

---

lgsfit/lgsanp   Regression und Glättung

Syntax   lgsfit(**vx, vy, vg**)

Beschreibung   Liefert zur Erstellung der Funktion $a \cdot (1 + b\exp(-cx))^{-1}$ einen Vektor mit den Parametern (a, b, c), der sich am besten an die Daten in **vx** und **vy** annähert.

Argumente

    vx, vy   reelle Vektoren derselben Größe

    vg   reeller Vektor mit Schätzwerten für (a, b, c)

Anmerkungen   Dies ist ein spezieller Fall der **genanp**-Funktion. Ein Vektor mit Schätzwerten ist für die Initialisierung erforderlich. Je niedriger der Wert der vorgegebenen TOL-Variable, desto genauer ist das Ergebnis in lgsfit.

Siehe auch   line, linanp, genanp, expfit, logfit, pwrfit, sinfit, medfit

---

linanp   Regression und Glättung

Syntax   linanp(**vx, vy, F**)

Beschreibung   Liefert einen Vektor mit den zur Erstellung einer Linearkombination der Funktionen in **F** verwendeten Koeffizienten, die sich am besten an die Daten in **vx** und **vy** annähert. In der Funktion **genanp** finden Sie ein allgemeineres Verfahren.

Argumente

    vx, vy   reelle Vektoren derselben Größe; die Elemente von **vx** müssen aufsteigend sortiert sein

    F   eine Funktion einer einzigen Variable, die einen Vektor mit Funktionen zurückliefert

Beispiel

$$vx := \begin{bmatrix} 0 \\ .2 \\ .4 \\ .6 \\ .8 \\ 1 \end{bmatrix} \quad vy := \begin{bmatrix} .43 \\ .22 \\ .8 \\ .1 \\ 1 \\ 2 \end{bmatrix} \quad F(x) := \begin{bmatrix} x^2 \\ x \\ \frac{1}{x+1} \end{bmatrix}$$

$$j := 0..5$$
$$S := \text{linanp}(vx, vy, F)$$
$$r := 0, .025 .. 1$$

$$g(t) := F(t) \cdot S$$

$$S = \begin{pmatrix} 3.087 \\ -1.475 \\ 0.515 \end{pmatrix}$$

Beste Anpassung: $3.087x^2 - 1.475x + 0.515 \cdot \frac{1}{x+1}$

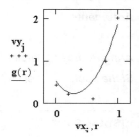

Anmerkungen   Nicht alle Datensätze lassen sich durch Geraden oder Polynome modellieren. Es gibt Situationen, in denen Sie Ihre Daten mit einer Linearkombination aus beliebigen Funktionen modellieren müssen, von denen keine einzige Polynomausdrücke darstellt. In einer Fourier-Reihe versuchen Sie beispielsweise die Daten mittels einer Linearkombination komplexer Exponentialfunktionen anzunähern. Oder Sie sind davon überzeugt, daß Ihre Daten durch eine gewichtete Kombination von Legendre-Polynomen modelliert werden können, wissen jedoch nicht, welche Gewichtungen zu verwenden sind.

Die Funktion linanp ist für die Lösung dieser Art von Problemen gedacht. Wenn Sie glauben, daß sich Ihre Daten durch eine Linearkombination beliebiger Funktionen modellieren lassen:

$$y = a_0 \cdot f_0(x) + a_1 \cdot f_1(x) + \ldots + a_n \cdot f_n(x),$$

sollten Sie linanp zur Bestimmung der a_i verwenden. Das obige Beispiel zeigt eine Linearkombination der drei Funktionen x, x^2 und $(x + 1)^{-1}$ zur Modellierung von Daten.

Es gibt aber auch Situationen, in denen selbst die Flexibilität von linanp nicht ausreicht. Möglicherweise müssen Ihre Daten nicht durch eine Linearkombination, sondern durch eine Funktion mit erst noch zu bestimmenden Parametern modelliert werden. Wenn sich Ihre Daten beispielsweise durch folgende Summe modellieren lassen:

$$f(x) = a_1 \cdot \sin(2x) + a_2 \cdot \tanh(3x)$$

und Sie nur noch die unbekannten Gewichtungen a_1 und a_2 zu bestimmen brauchen, dann ist linanp ausreichend. Wenn Ihre Daten hingegen durch folgende Summe modelliert werden:

$$f(x) = 2 \cdot \sin(a_1 x) + 3 \cdot \tanh(a_2 x)$$

und nun die unbekannten Parameter a_1 und a_2 zu bestimmen sind, dann sollten Sie die Funktion genanp verwenden.

Algorithmus SVD-basierte Minimierung nach der Methode der kleinsten Quadrate (Press et al., 1992)

Siehe auch geanp, line

line/linie Regression und Glättung

Syntax line(**vx**, **vy**)

Beschreibung Liefert einen Vektor, der den y-Achsenabschnitt und die Steigung der Regressionsgeraden der kleinsten Quadrate enthält.

Argumente

    vx, vy reelle Vektoren derselben Größe

Siehe auch neigung, weitere Details unter achsenabschn, stderr, medfit

linterp Interpolation und Vorhersage

Syntax linterp(**vx**, **vy**, x)

Beschreibung Liefert einen linear interpolierten Wert zur Stelle x.

Argumente

    vx, vy reelle Vektoren derselben Größe; die Elemente von **vx** müssen aufsteigend sortiert sein

    x reelle Zahl, für die interpoliert werden soll

Beispiel

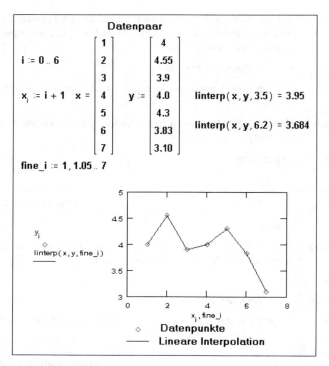

Anmerkungen Bei der Interpolation werden vorhandene Datenpunkte verwendet, um zwischen diesen Datenpunkten liegende Werte vorherzusagen. Mathcad ermöglicht es Ihnen, die Datenpunkte entweder mit geraden Linien (lineare Interpolation wie bei linterp) oder mit Abschnitten eines kubischen Polynoms (kubische Spline-Interpolation wie bei lspline, pspline, kspline, bspline und interp) zu verbinden.

Im Gegensatz zu den an anderer Stelle behandelten Regressionsfunktionen liefern diese Interpolationsfunktionen eine Kurve, die durch die von Ihnen vorgegebenen Punkte verläuft. Aus diesem Grunde ist die resultierende Funktion äußerst empfindlich gegenüber verfälschten Datenpunkten. Wenn Ihre Daten verrauscht sind, sollten Sie statt dessen eher auf die Regressionsfunktionen zurückgreifen.

Sorgen Sie dafür, daß in allen Feldelementen von **vx** und **vy** Datenwerte enthalten sind. Da jedes Feldelement über einen Wert verfügen muß, weist Mathcad jedem nicht ausdrücklich von Ihnen belegtem Element den Wert 0 zu.

Um den interpolierten Wert für ein bestimmtes x zu bestimmen, ermittelt linterp die beiden Punkte, zwischen die der Wert fällt, und liefert den entsprechenden y-Wert auf der geraden Linie zwischen den beiden Punkten als Ergebnis zurück.

Für vor dem ersten Punkt aus **vx** liegende x-Werte extrapoliert linterp die gerade Linie zwischen den ersten beiden Datenpunkten.

Um gute Ergebnisse zu erzielen, sollte der x-Wert zwischen dem größten und kleinsten Wert des Vektors **vx** liegen. Da die Funktion **linterp** zur Interpolation und nicht zur Extrapolation gedacht ist, sind für außerhalb dieses Bereichs liegende x-Werte berechnete Werte wahrscheinlich von geringem Nutzen. Greifen Sie als Alternative auf **prognose** zurück.

llösen (Professional) Vektor- und Matrixfunktion

Syntax llösen(**M**, **v**)

Beschreibung Liefert einen Lösungsvektor **x**, so daß $\mathbf{M} \cdot \mathbf{x} = \mathbf{v}$.

Argumente

  M reelle oder komplexe Quadratmatrix, die weder singulär noch annähernd singulär ist

  v reeller oder komplexer Vektor

Beispiel

$3 \cdot x + 6 \cdot y = 9$ ← Aufzulösendes Gleichungssystem.
$2 \cdot x + .54 \cdot y = 4$

$$M := \begin{pmatrix} 3 & 6 \\ 2 & .54 \end{pmatrix} \qquad v := \begin{pmatrix} 9 \\ 4 \end{pmatrix}$$ ← Matrix und Vektor erstellen.

$$\text{llösen}(M, v) = \begin{pmatrix} 1.844 \\ 0.578 \end{pmatrix}$$ ← Wert für x, der dem Gleichungssystem genügt.
← Wert für y, der dem Gleichungssystem genügt.

Anmerkungen Eine Matrix ist singulär, wenn ihre Determinante Null ist; sie ist annähernd singulär, wenn sie über eine hohe Konditionalzahl verfügt. Sie können ein lineares Gleichungssystem auch unter Verwendung der Matrixinversion mittels numerischer oder symbolischer Lösungsblöcke auflösen.

Algorithmus *LU-Zerlegung* und *Vorwärts/Rückwärts-Substitution* (Press et al., 1992)

ln Logarithmus- und Exponentialfunktion

Syntax ln(z)

Beschreibung Liefert den natürlichen Logarithmus für z ungleich Null (zur Basis e). Für komplexe z ist dies der Hauptwert (imaginärer Anteil zwischen π und $-\pi$).

Argumente

  z reelle oder komplexe Zahl ungleich Null

Beispiel

```
ln( 2 ) = 0.693        <——>    e^.693 = 2

ln( -2 ) = 0.693 + 3.142i   <— Der Logarithmus einer negativen Zahl ist stets
                               der Logarithmus des Betrags plus πi

ln( 0 ) =
 Bereichsfehler            <— Da alles, was in die nullte Potenz erhoben wird, 1 ist,
                               läßt sich der Logarithmus von 0 nicht berechnen.

ln( 1 ) = 0   <——>   e^0 = 1
```

Anmerkungen   Im allgemeinen liefert ein komplexes Argument in der Funktion für den natürlichen Logarithmus das Ergebnis von:

$$\ln(x + i \cdot y) = \ln|x + i \cdot y| + \mathrm{atan}(y/x) \cdot i + 2 \cdot n \cdot \pi \cdot i$$

Die Mathcad-Funktion ln liefert den Wert für $n = 0$, d.h.:

$$\ln(x + i \cdot y) = \ln|x + i \cdot y| + \mathrm{atan}(y/x) \cdot i$$ (Hauptverzweigung des natürlichen Logarithmus)

Siehe auch   log

---

loess   (Professional)   Regression und Glättung

Eindimensionaler Fall

Syntax   loess(**vx**, **vy**, *spanne*)

Beschreibung   Liefert den von der Funktion interp benötigten Vektor zum Ermitteln des Polynoms zweiten Grades, das am besten in bestimmte Umgebungen von in den Feldern **vx** und **vy** angegebenen Datenpunkten paßt.

Argumente

    vx, vy   reelle Vektoren derselben Größe

    spanne   reelle Zahl; *spanne* > 0 gibt die Größe der Umgebung an, die loess bei der Durchführung dieser lokalen Regression betrachtet

Beispiel

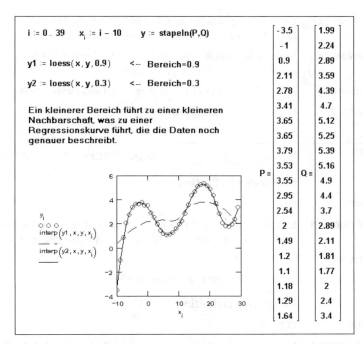

Anmerkungen Anstatt wie regress ein einziges Polynom zu ermitteln, generiert loess in Abhängigkeit von der von Ihnen gewünschten Stelle auf der Kurve ein unterschiedliches Polynom zweiten Grades. Hierzu wird eine kleine Umgebung des Sie interessierenden Punktes untersucht. Das Argument *spanne* bestimmt die Größe dieser Umgebung. Mit zunehmender *spanne* wird loess äquivalent zu regress für $n = 2$. Ein guter Vorgabewert für *spanne* ist 0,75.

Das vorstehende Beispiel zeigt, welche Auswirkungen *spanne* auf die von der Funktion loess generierten Ergebnisse hat. Ein kleinerer Wert für *spanne* läßt die Ergebniskurve die Schwankungen in den Daten in stärkerem Maße nachzeichnen. Ein größerer Wert für *spanne* führt zu einem Verwischen der Schwankungen in den Daten und somit zu einer glatteren Ergebniskurve.

Zweidimensionaler Fall

Syntax loess(**Mxy**, **vz**, *spanne*)

Beschreibung Liefert den von der Funktion interp benötigten Vektor zum Ermitteln des Polynoms zweiten Grades, das am besten in bestimmte Umgebungen von in den Feldern **Mxy** und **vz** angegebenen Datenpunkten paßt.

Argumente

Mxy reelle $m \times 2$-Matrix mit den *x-y*-Koordinaten der *m* Datenpunkte

vz reeller *m*-dimensionaler Vektor mit den *z*-Koordinaten zu den in **Mxy** angegebenen Punkten

	spanne	reelle Zahl; *spanne* > 0 gibt die Größe der Umgebung an, die **loess** bei der Durchführung dieser lokalen Regression betrachtet
Anmerkungen		Kann einfach auf die drei- und vierdimensionalen Fälle erweitert werden (also auf bis zu vier unabhängige Variablen).
Algorithmus		Lokale Polynomabschätzung (Cleveland und Devlin, 1988)
Siehe auch		regress für weitere Einzelheiten

log — Logarithmus- und Exponentialfunktion

Klassische Definition

Syntax	log(*z*)
Beschreibung	Liefert den Logarithmus von *z* ungleich Null zur Basis 10. Für komplexe *z* ist das Ergebnis der Hauptwert (imaginärer Anteil zwischen π und $-\pi$).
Argumente	

	z	reelle oder komplexe Zahl ungleich Null

Erweiterte Definition

Syntax	log(*z*, *b*)
Beschreibung	Liefert den Logarithmus von *z* ungleich Null zur Basis *b*. Für komplexe *z* ist das Ergebnis der Hauptwert (imaginärer Anteil zwischen π und $-\pi$).
Argumente	

	z	reelle oder komplexe Zahl ungleich Null
	b	reelle Zahl, $b > 0$, $b \neq 1$
Siehe auch		ln

logfit/logfit — Regression und Glättung

Syntax	logfit(**vx, vy, vg**)
Beschreibung	Liefert einen Vektor, der die Parameter (*a, b, c*) enthält, aus denen die Funktion $a \cdot \ln(x+b) + c$ erstellt wird, die am besten zu den Datenfeldern **vx** und **vy** paßt.
Argumente	

	vx, vy	reelle Vektoren derselben Größe
	vg	reeller Vektor mit Schätzwerten für (*a, b, c*)
Anmerkungen		Dies ist ein spezieller Fall der **genanp**-Funktion. Je niedriger der Wert der vorgegebenen TOL-Variable, desto genauer das Ergebnis von **logfit**.
Siehe auch		line, linanp, genanp, expfit, pwrfit, lgsfit, sinfit, medfit

lspline

Interpolation und Vorhersage

Eindimensionaler Fall

Syntax lspline(**vx**, **vy**)

Beschreibung Liefert den Koeffizienten-Vektor eines kubischen Splines mit linearen Endpunkten. Dieser Vektor wird zum ersten Argument der Funktion interp.

Argumente

vx, **vy** reelle Vektoren derselben Größe; die Elemente von **vx** müssen aufsteigend sortiert sein

Beispiel

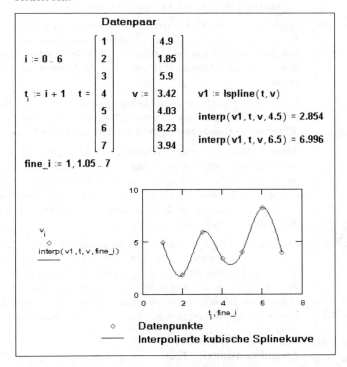

Anmerkungen Die kubische Spline-Interpolation ermöglicht es Ihnen, eine Kurve auf eine Weise durch eine Punktmenge zu legen, daß die erste und zweite Ableitung der Kurve in jedem Punkt stetig sind. Für die Bildung dieser Kurve werden jeweils drei benachbarte Punkte genommen und ein durch diese Punkte verlaufendes kubisches Polynom konstruiert. Diese kubischen Polynome werden anschließend aneinandergehängt, um die gesamte Kurve zu bilden.

Um eine kubische Spline-Kurve durch eine Menge von Punkten zu legen:

1. Erstellen Sie die Vektoren **vx** und **vy** mit den *x*- und *y*-Koordinaten, durch die der kubische Spline verlaufen soll. Die Elemente von **vx** müssen aufsteigend sortiert sein. (Auch wenn wir die Bezeichnungen **vx**, **vy** und **vs**

verwenden, haben diese Variablennamen keine besondere Bedeutung; Sie können die Variablenbezeichnungen frei wählen.)

2. Erzeugen Sie den Vektor **vs** := lspline(**vx**, **vy**). Der Vektor **vs** enthält Zwischenergebnisse für die Weiterverarbeitung mit interp. Er enthält unter anderem die zweiten Ableitungen der Spline-Kurve, die für die Anpassung an die Punkte aus **vx** und **vy** benötigt werden.

3. Um den kubischen Spline für eine beliebige Stelle, sagen wir $x0$, zu bestimmen, berechnen Sie interp(**vs**, **vx**, **vy**, $x0$), wobei **vs**, **vx** und **vy** die zuvor beschriebenen Vektoren sind.
   Dasselbe Ergebnis hätten Sie durch die Auswertung von interp(lspline(**vx**, **vy**), **vx**, **vy**, $x0$) erzielen können.

Allerdings werden Sie interp in der Praxis vermutlich für viele verschiedene Punkte auswerten. Der Aufruf von lspline kann zeitaufwendig sein, und das Ergebnis ändert sich nicht von einem Punkt zum nächsten. Daher ist es sinnvoll, den Aufruf nur einmal durchzuführen und das Ergebnis im Feld **vs** zu speichern.

Sorgen Sie dafür, daß in allen Elementen des Eingabefeldes Datenwerte enthalten sind. Da jedes Feldelement über einen Wert verfügen muß, weist Mathcad jedem nicht ausdrücklich von Ihnen belegten Element den Wert 0 zu.

Neben lspline verfügt Mathcad noch über drei weitere kubische Spline-Funktionen: pspline, kspline und bspline. Die Funktion pspline erzeugt eine Spline-Kurve, die sich an den Endpunkten einer Parabel annähert, wohingegen die Funktion kspline eine Spline-Kurve erzeugt, die an den Endpunkten vollständig kubisch sein kann. bspline wiederum ermöglicht dem Anwender die Auswahl der Interpolationsknoten.

Die ersten drei Komponenten des Ergebnisvektors **vs** von lspline sind: $vs_0=0$ (dieser Code teilt interp mit, daß **vs** das Ergebnis einer Spline-Funktion und nicht einer Regressionsfunktion ist), $vs_1=3$ (der Index innerhalb von **vs**, ab dem die Koeffizienten der zweiten Ableitung beginnen) und $vs_2=0$ (die Kennung für lspline). Für pspline und kspline sind die ersten drei Komponenten abgesehen von $vs_2=1$ (die Kennung für pspline) bzw. $vs_2=2$ (die Kennung für kspline) identisch.

Zweidimensionaler Fall

Syntax lspline(**Mxy**, **Mz**)

Beschreibung Liefert den Koeffizienten-Vektor eines zweidimensionalen kubischen Splines, der an den Bereichsgrenzen von **Mxy** kubisch sein muß. Dieser Vektor wird zum ersten Argument der Funktion interp.

Argumente

Mxy $n \times 2$-Matrix, deren Elemente $Mxy_{i,0}$ und $Mxy_{i,1}$ die x- und y-Koordinaten entlang der *Diagonalen* eines rechtwinkligen Gitters angeben. Diese Matrix spielt genau dieselbe Rolle wie **vx** im zuvor beschriebenen eindimensionalen Fall. Da diese Punkte eine Diagonale beschreiben, müssen die Elemente in jeder Spalte von **Mxy** aufsteigend sortiert sein ($Mxy_{i,k} < Mxy_{j,k}$ für $i < j$).

Mz $n \times n$-Matrix, deren *ij*-tes Element die *z*-Koordinate des Punktes mit $x = Mxy_{i,0}$ und $y = Mxy_{j,1}$ ist. **Mz** spielt genau dieselbe Rolle wie **vy** im zuvor beschriebenen eindimensionalen Fall.

Anmerkungen Mathcad behandelt die zweidimensionale kubische Spline-Interpolation in der gleichen Weise wie die eindimensionale. Anstelle einer durch eine Punktmenge gelegten Kurve, deren erste und zweite Ableitung an jeder Stelle stetig sind, legt Mathcad eine Oberfläche durch ein Gitter von Punkten. Diese Oberfläche entspricht einem kubischen Polynom in *x* und *y*, deren erste und zweite partielle Ableitung in der jeweiligen Richtung in jedem Gitterpunkt stetig sind.

Der erste Schritt bei der zweidimensionalen Spline-Interpolation ist genau derselbe wie im eindimensionalen Fall: Geben Sie die Punkte an, durch welche die Oberfläche verlaufen soll. Das Vorgehen ist allerdings etwas komplizierter, da Sie nun ein Gitter von Punkten anzugeben haben.

Gehen Sie folgendermaßen vor, um eine zweidimensionale Spline-Interpolation durchzuführen:

1. Erstellen Sie **Mxy**.
2. Erstellen Sie **Mz**.
3. Erzeugen Sie den Vektor **vs** := lspline(**Mxy**, **Mz**). Der Vektor **vs** enthält Zwischenergebnisse für die Weiterverarbeitung mit interp.
   Um den kubischen Spline für eine beliebige Stelle, sagen wir (*x*0, *y*0), zu bestimmen, berechnen Sie interp$\left(\textbf{vs}, \textbf{Mxy}, \textbf{Mz}, \begin{bmatrix} x0 \\ y0 \end{bmatrix}\right)$, wobei **vs**, **Mxy** und **Mz** die zuvor beschriebenen Vektoren bzw. Felder sind. Das Ergebnis ist der zum Punkt (*x*0, *y*0) gehörige Wert auf der interpolierten Oberfläche. Dasselbe Ergebnis hätten Sie durch die Auswertung von

   interp$\left(\text{lspline}(\textbf{Mxy}, \textbf{Mz}), \textbf{Mxy}, \textbf{Mz}, \begin{bmatrix} x0 \\ y0 \end{bmatrix}\right)$ erzielen können.

Allerdings werden Sie interp in der Praxis vermutlich für viele verschiedene Punkte auswerten. Der Aufruf von lspline kann zeitaufwendig sein und das Ergebnis ändert sich nicht von einem Punkt zum nächsten. Führen Sie den Aufruf daher nur einmal durch, und speichern Sie das Ergebnis im Feld **vs**.

Neben lspline verfügt Mathcad noch über zwei weitere kubische Spline-Funktionen für den zweidimensionalen Fall: pspline und kspline. Die Funktion pspline erzeugt eine Spline-Kurve, die sich an den Kanten an ein Polynom zweiten Grades in *x* und *y* annähert. Die Funktion kspline erzeugt eine Spline-Kurve, die sich an den Kanten an ein Polynom dritten Grades in *x* und *y* annähert.

Algorithmus Lösung tridiagonaler Systeme (Press et al., 1992; Lorczak)

lu (Professional)   Vektor- und Matrixfunktion

Syntax lu(**M**)

Beschreibung Liefert eine $n \times (3 \cdot n)$-Matrix, deren erste n Spalten eine $n \times n$-Permutationsmatrix **P**, deren nächste n Spalten eine untere $n \times n$-Dreiecksmatrix **L** und deren restliche n Spalten eine obere $n \times n$-Dreiecksmatrix **U** enthalten. Diese Matrizen genügen der Gleichung $\mathbf{P} \cdot \mathbf{M} = \mathbf{L} \cdot \mathbf{U}$.

Argumente

M reelle oder komplexe $n \times n$-Matrix

Anmerkungen Dieses Verfahren wird als LU-Zerlegung (oder -Faktorisierung) der durch **P** permutierten Matrix **M** bezeichnet.

Algorithmus Crouts-Verfahren mit partieller Picotierung (Press et al., 1992; Golub und Van Loan, 1989)

matrix   Vektor- und Matrixfunktion

Syntax matrix(m, n, f)

Beschreibung Erstellt eine Matrix, in der das ij-te Element dem Wert $f(i, j)$ entspricht; mit $i = 0, 1, \ldots, m - 1$ und $j = 0, 1, \ldots, n - 1$.

Argumente

m, n ganze Zahlen

f eine Funktion, die einen skalaren Wert liefert

max   Vektor- und Matrixfunktion

Syntax max(**A**)

Beschreibung Liefert das größte Element aus **A**. Liefert $\max(\operatorname{Re}(\mathbf{A})) + i\,\max(\operatorname{Im}(\mathbf{A}))$, falls **A** komplex ist.

Argumente

A reelle(r) oder komplexe(r) $m \times n$-Matrix oder Vektor

Anmerkungen max(**A, B, C,** ...) ist ebenfalls erlaubt und liefert das größte Element in **A, B, C,** ...

Siehe auch min

maximieren   Lösung von Differentialgleichungen

Syntax maximieren($f, var1, var2, \ldots$)

Beschreibung Liefert diejenigen Werte $var1, var2, \ldots$, die ein vorgegebenes Gleichungssystem mit vorgegebenen Ungleichungen lösen und die Funktion f dabei ihren höchsten Wert annehmen lassen. Die Anzahl von Argumenten entspricht der

Anzahl von Unbekannten plus eins. Das Ergebnis ist ein Skalar, wenn nur eine Unbekannte vorhanden ist; sonst ein Ergebnisvektor.

Argumente

    f   eine reelle Zahlen liefernde Zielfunktion

var1, *var2*   reelle oder komplexe Variablen; *var1*, *var2*, ... müssen vor der Verwendung von maximieren Schätzwerte zugewiesen werden

Beispiele   (siehe folgende Seite)

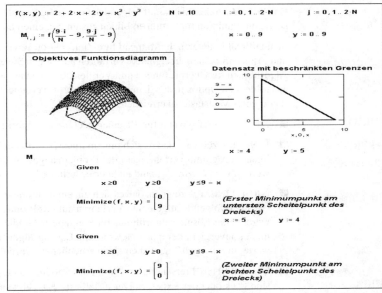

Anmerkungen   Folgende fünf Schritte müssen zum Lösen eines Maximierungsproblems durchgeführt werden:

1. Definieren Sie eine Zielfunktion *f*.

2. Geben Sie Schätzwerte für alle Unbekannten vor, nach denen Sie auflösen wollen. Dadurch erhält Mathcad einen Ausgangspunkt für die Lösungssuche.

3. Geben Sie das Wort Vorgabe ein. Damit wird Mathcad mitgeteilt, daß ein System von bedingenden Gleichungen bzw. Ungleichungen folgt. Sie können **Vorgabe** oder **vorgabe** auf beliebige Weise eingeben. Geben Sie das Wort lediglich nicht in einem Textbereich ein.

4. Geben Sie nun die Gleichungen und Ungleichungen in beliebiger Reihenfolge unterhalb des Wortes **Vorgabe** ein. Drücken Sie [Strg] + =, um »=« einzugeben.

5. Geben Sie schließlich die Funktion maximieren mit *f* und Ihrer Auflistung der Unbekannten ein. Sie dürfen keine numerischen Werte in der Auflistung von Unbekannten angeben; so wäre beispielsweise die Eingabe maxi-

mieren(*f*, 2) nicht zulässig. Wie **vorgabe** können Sie auch maximieren bzw. Maximieren auf beliebige Weise eingeben.

Die Funktion maximieren übergibt die Ergebniswerte folgendermaßen:

- Falls es eine Unbekannte gibt, liefert maximieren einen die Funktion *f* optimierenden skalaren Wert.

- Falls es mehr als eine Unbekannte gibt, liefert maximieren einen Ergebnisvektor; beispielsweise liefert maximieren(*f*, *var1*, *var2*) einen Vektor mit Werten für *var1* und *var2*, die den Bedingungen genügen und *f* optimieren.

Das Wort **Vorgabe**, die darauf folgenden Gleichungen und Ungleichungen sowie die Funktion maximieren bilden zusammen einen *Lösungsblock*.

Standardmäßig untersucht Mathcad Ihre Zielfunktion sowie die Bedingungen und löst sie mit einem geeigneten Verfahren auf. Wenn Sie es mit anderen Algorithmen für Überprüfungen und Vergleiche versuchen wollen, können Sie aus folgenden Optionen aus dem mit maximieren verbundenen Popup-Menü (per rechter Maustaste zu erreichen) auswählen:

- AUTOSELECT – wählt für Sie einen geeigneten Algorithmus aus.

- LINEAR – zeigt an, daß es sich um ein lineares Problem handelt (weshalb lineare Programmverfahren auf das Problem angewendet werden); Schätzwerte für *var1*, *var2*, ... sind nicht erforderlich (dürfen alle Null sein).

- NICHTLINEAR – zeigt an, daß es sich um ein nichtlineares Problem handelt (weshalb folgende allgemeine Verfahren auf das Problem angewendet werden: der Lösungsalgorithmus für konjugierte Gradienten; falls dieser nicht konvergiert, der quasi-Newtonsche Lösungsalgorithmus); Schätzwerte für *var1*, *var2*, ... haben einen erheblichen Einfluß auf die Lösung.

- QUADRATISCH (erscheint nur, wenn das Solving and Optimization Extension Pack oder der Expert Solver installiert ist) – zeigt an, daß es sich um ein quadratisches Problem handelt (weshalb quadratische Programmverfahren auf das Problem angewendet werden); Schätzwerte für *var1*, *var2*, ... sind nicht erforderlich (dürfen alle Null sein).

- ERWEITERTE OPTIONEN (erscheint nur in Mathcad Professional) – bezieht sich ausschließlich auf die Lösungsalgorithmen für nichtlineare konjugierte Gradienten und das quasi-Newton-Verfahren.

Diese Optionen bieten Ihnen eine größere Einflußnahme beim Ausprobieren verschiedener Algorithmen für Überprüfungen und Vergleiche. Sie können außerdem die Werte der Systemvariablen CTOL und TOL anpassen. Die *Bedingungstoleranz* CTOL überwacht, in welchem Maße die Annäherung an eine Bedingung erfolgt sein muß, damit eine Lösung als annehmbar gilt. Falls CTOL beispielsweise der Wert 0,001 zugewiesen wäre, würde eine Bedingung wie $x < 2$ auch dann als eingehalten gelten, wenn der Wert von x die Bedingung $x < 2,001$ erfüllte. Die Bedingungstoleranz läßt sich auf die gleiche Weise definieren oder ändern wie die *Konvergenztoleranz* TOL, die eingehend in Verbindung mit der Funktion Suchen behandelt wird. Da maximieren auch ohne einschränkenden Bedingungen eingesetzt werden kann, ist der Wert von CTOL manchmal ohne Bedeutung. Sein Vorgabewert ist 10^{-3}.

	Weitere Funktionen des Solving and Optimization Pack (Expert Solver) sind eine teils ganzzahlige Programmierung und bedingungsabhängige Berichtgenerierung für Bedingungen. Weitere Informationen finden Sie in der Online-Hilfe.
	Für ein bedingungsloses Maximierungsproblem sind das Wort **Vorgabe** und die Bedingungen nicht erforderlich.
Algorithmus	Im nichtlinearen Fall: Quasi-Newton, konjugierter Gradient
	Im linearen Fall: Simplex-Verfahren mit Verzweigungs- und Sprungtechniken
	(Press et al., 1992; Polak, 1997; Winston, 1994)
Siehe auch	Suchen für weitere Einzelheiten zu Lösungsblöcken, Minfehl, minimieren

medgltt — Regression und Glättung

Syntax medgltt(**vy**, *n*)

Beschreibung Erzeugt einen neuen Vektor derselben Größe wie **vy**, der durch Glättung von **vy** mit gleitendem Median gebildet wird.

Argumente

    vy reeller Vektor

    n

    ungerade ganze Zahl, $n > 0$; die Größe des Glättungsbereichs

Beispiel

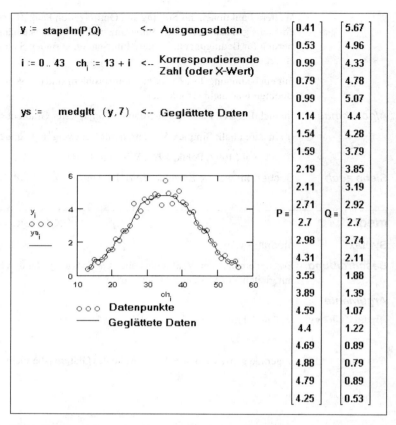

Anmerkungen Beim Glätten wird aus einer Menge von *y*-Werten (und möglicherweise auch *x*-Werten) eine neue Menge von *y*-Werten erzeugt, die gegenüber der Ursprungsmenge einen glatteren Verlauf nimmt. Anders als die Interpolationsfunktionen **kspline, lspline, bspline** oder **pspline** bzw. die Regressionsfunktionen **regress** oder **loess**, ist das Ergebnis der Glättung eine neue Menge von *y*-Werten und nicht eine Funktion, die für zwischen von Ihnen angegebenen Datenpunkten liegende Stellen ausgewertet werden kann. Falls Sie an *y*-Werten *zwischen* den von Ihnen angegebenen *y*-Werten interessiert sind, greifen Sie auf eine Interpolations- oder Regressionsfunktion zurück.

Wann immer Sie Vektoren in einer der hier beschriebenen Funktionen verwenden, sollten Sie dafür sorgen, daß jedes Vektorelement über einen Datenwert verfügt. Da jedes Vektorelement einen Wert enthalten muß, weist Mathcad allen nicht ausdrücklich von Ihnen belegten Elementen den Wert 0 zu.

Die Funktion **medgltt** ist die robusteste der drei Glättungsfunktionen von Mathcad, da sie am wenigsten von verfälschten Datenpunkten beeinträchtigt wird. Diese Funktion verwendet einen Glättungsalgorithmus mit gleitendem Median, berechnet den jeweiligen Rest, glättet diesen auf dieselbe Weise und fügt diese beiden geglätteten Vektoren zusammen.

Dabei geht medgltt folgendermaßen vor:

1. Der gleitende Median des Eingabevektors **vy** wird bestimmt. Wir werden ihn **vy'** nennen. Das i-te Element ist gegeben durch:
$$vy'_i = \mathrm{median}(vy_{i-(n-1/2)}, \ldots, vy_i, \ldots, vy_{i+(n-1/2)}).$$
2. Der Rest wird berechnet: **vr** = **vy** − **vy'**.
3. Der Restvektor **vr** wird auf dieselbe Weise wie im ersten Schritt geglättet, um einen geglätteten Restvektor **vr'** zu erzeugen.
4. Als Ergebnis wird die Summe dieser beiden geglätteten Vektoren zurückgegeben:
medgltt(**vy**, n) = **vy'** + **vr'**.

medgltt läßt dabei die ersten und letzten $(n-1)/2$ Punkte unverändert. In der Praxis sollte die Größe des Glättungsbereichs n klein im Vergleich zur Größe des Datensatzes sein.

Algorithmus	*Moving window median method* (Lorczak)
Siehe auch	kgltt und strgltt (nur in Mathcad Professional bereitstehende alternative Glättungsfunktionen)

medfitian — Regression und Glättung

Syntax	medfit(**vx**, **vy**)
Beschreibung	Beschreibt den y-Achsenabschnitt und die Neigung der median-median-Zeile.
Argumente	
vx, vy	reelle Vektoren derselben Größe
Anmerkungen	medfit stellt eine lineare Entsprechung zur Verfügung, die stabiler (weniger anfällig gegenüber Datenausfällen) ist als line.
Siehe auch	line, linanp, genanp, expfit, logfit, pwrfit, lgsfit, sinfit

median — Statistische Funktion

Syntax	median(**A**)
Beschreibung	Liefert den Median der Elemente von **A**. Der Median ist der Wert, für den es gleich viele oberhalb und unterhalb liegende Werte in **A** gibt. Falls **A** eine gerade Anzahl von Werten umfaßt, ist der Median das arithmetische Mittel der beiden zentralen Werte.
Argumente	
A	reelle(r) $m \times n$-Matrix oder Vektor
Anmerkungen	median(**A, B, C,** ...) ist ebefalls erlaubt und liefert den median der Elemente **A, B, C,** ...
Siehe auch	gmittel, median, mittelwert, modus

mhyper   (Professional)   Sonderfunktion

Syntax   mhyper(a, b, x)

Beschreibung   Liefert den Wert der zusammenlaufenden hypergeometrischen Funktion $_1F_1(a; b; x)$ bzw. $M(a; b; x)$.

Argumente

a, b, x reelle Zahlen

Anmerkungen   Die zusammenlaufende hypergeometrische Funktion ist eine Lösung der Differentialgleichung

$$x \cdot \frac{d^2}{dx^2} y + (b - x) \cdot \frac{d}{dx} y - a \cdot y = 0$$ und ist auch als Kummer-Funktion bekannt.

Viele Funktionen sind Spezialfälle dieser Funktion; beispielsweise die elementaren Funktionen exp(x) = mhyper(**1, 1, x**) und exp(x) · sinh(x) = x · mhyper (**1, 2, 2 · x**) sowie kompliziertere wie die Hermite-Funktionen.

Algorithmus   Reihenentwicklung, asymptotische Approximation (Abramowitz und Stegun, 1972)

Minfehl   Gleichungslösung

Syntax   Minfehl(*var1*, *var2*, ...)

Beschreibung   Liefert die Werte von *var1*, *var2*, ..., die der Lösung eines vorgegebenen Systems aus Gleichungen und Ungleichungen am nächsten kommt. Die Anzahl von Argumenten entspricht der Anzahl von Unbekannten. Das Ergebnis ist ein Skalar, falls nur ein Argument vorhanden ist; andernfalls ein Ergebnisvektor.

Argumente

var1, *var2*, ...   reelle oder komplexe Variablen; den Variablen *var1*, *var2*, ... müssen vor der Verwendung von Minfehl Schätzwerte zugewiesen sein.

Beispiel

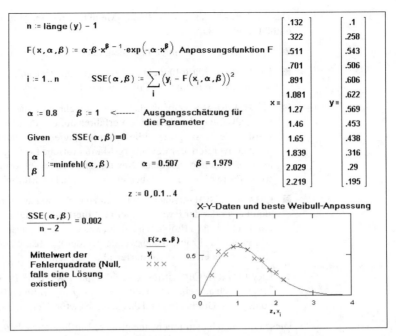

Anmerkungen Die Funktion Minfehl ist der Funktion Suchen sehr ähnlich und greift auf denselben Algorithmus zurück. Der Unterschied besteht darin, daß Minfehl auch dann versucht, möglichst nah an einer Lösung liegende Werte zu ermitteln, wenn keine Lösungen zu einem System gefunden werden. Die Funktion Suchen würde hingegen eine Fehlermeldung liefern, die anzeigt, daß sie keine Lösung finden konnte. Sie setzen Minfehl auf genau die gleiche Weise ein wie Suchen.

Sie geben Minfehl wie Suchen mit Ihrer Auflistung von Unbekannten ein. Es dürfen keine numerischen Werte in der Auflistung von Unbekannten enthalten sein; so wäre beispielsweise Minfehl(0,8, 1) im vorstehenden Beispiel nicht zulässig. Wie Suchen können Sie Minfehl bzw. minfehl in beliebiger Schreibweise eingeben.

Minfehl liefert normalerweise ein Ergebnis mit minimierten Fehlern für die Bedingungen. Allerdings kann Minfehl nicht feststellen, ob das Ergebnis ein absolutes Minimum für die Fehler dieser Bedingungen darstellt.

Wenn Sie Minfehl in einem Lösungsblock einsetzen, sollten Sie immer zusätzliche Überprüfungen auf Plausibilität der Ergebnisse vorsehen. Die Systemvariable ERR gibt die Größe des Fehlervektors für die Näherungslösung an. Es gibt keine Systemvariable, mit der sich die Größe des Fehlers für einzelne Lösungen der Unbekannten angeben ließe.

Minfehl ist besonders für die Lösung bestimmter nichtlinearer Probleme kleinster Quadrate geeignet. Im vorstehenden Beispiel wird Minfehl eingesetzt, um die unbekannten Parameter einer Weibull-Verteilung zu ermitteln. Auch die Funktion genanp eignet sich zur Lösung nichtlinearer Probleme kleinster Quadrate.

Das mit **Minfehl** verbundene Popup-Menü (per rechter Maustaste zu erreichen) enthält folgende Optionen:

- AUTOSELECT – wählt einen geeigneten Algorithmus für Sie aus.

- LINEAR – in **Minfehl** nicht verfügbar (da die Zielfunktion eine quadratische Funktion ist und das Problem somit niemals linear sein kann).

- NICHTLINEAR – zeigt an, daß es sich um ein nichtlineares Problem handelt (weshalb folgende allgemeine Verfahren auf das Problem angewendet werden: der Lösungsalgorithmus für konjugierte Gradienten; falls dieser nicht konvergiert, der Levenberg-Marquardtsche Lösungsalgorithmus; falls auch der scheitert, der quasi-Newtonsche Lösungsalgorithmus); Schätzwerte für *var1*, *var2*, ... haben einen erheblichen Einfluß auf die Lösung.

- QUADRATISCH (erscheint nur, wenn das Solving and Optimization Extension Pack oder der Expert Solver installiert ist) – zeigt an, daß es sich um ein quadratisches Problem handelt (weshalb quadratische Programmverfahren auf das Problem angewendet werden); Schätzwerte für *var1*, *var2*, ... sind nicht erforderlich (dürfen alle Null sein).

- ERWEITERTE OPTIONEN (erscheint nur in Mathcad Professional) – bezieht sich ausschließlich auf die Lösungsalgorithmen für nichtlineare konjugierte Gradienten und das quasi-Newton-Verfahren.

Diese Optionen bieten Ihnen eine größere Einflußnahme beim Ausprobieren verschiedener Algorithmen für Überprüfungen und Vergleiche. Sie können außerdem die Werte der Systemvariablen CTOL und TOL anpassen. Die *Bedingungstoleranz* CTOL überwacht, in welchem Maße die Annäherung an eine Bedingung erfolgt sein muß, damit eine Lösung als annehmbar gilt. Falls CTOL der Wert 0,001 zugewiesen wäre, würde eine Bedingung wie beispielsweise $x < 2$ auch dann als eingehalten gelten, wenn der Wert von x die Bedingung $x < 2,001$ erfüllte. Die Bedingungstoleranz läßt sich auf die gleiche Weise definieren oder ändern wie die *Konvergenztoleranz* TOL. Der Vorgabewert für CTOL ist 10^{-3}.

Weitere Funktionen des Solving and Optimization Pack (Expert Solver) sind eine teils ganzzahlige Programmierung und bedingungsabhängige Berichtgenerierung. Weitere Informationen finden Sie in der Online-Hilfe.

Algorithmus Im nichtlinearen Fall: Levenberg-Marquardt, Quasi-Newton, konjugierter Gradient

Im linearen Fall: Simplex-Verfahren mit Verzweigungs- und Sprungtechniken

(Press et al., 1992; Polak, 1997; Winston, 1994)

Siehe auch Suchen für weitere Einzelheiten zu Lösungsblöcken; maximieren, minimieren

min
Vektor- und Matrixfunktion

Syntax	min(**A**)
Beschreibung	Liefert das kleinste Element aus **A**. Liefert min(Re(**A**)) + $i \cdot$ min(Im(**A**)), falls **A** komplex ist.
Argumente	
A	reelle(r) oder komplexe(r) $m \times n$-Matrix oder Vektor
Anmerkungen	min(**A**, **B**, **C**, ...) ist ebenfalls erlaubt und liefert das kleinste Element in **A**, **B**, **C**, ...
Siehe auch	max

minimieren
Lösung von Differentialgleichungen

Syntax minimieren(*f*, *var1*, *var2*, ...)

Beschreibung Liefert diejenigen Werte *var1*, *var2*, ..., die ein vorgegebenes Gleichungssystem mit vorgegebenen Ungleichungen lösen und die Funktion *f* dabei ihren niedrigsten Wert annehmen lassen. Die Anzahl von Argumenten entspricht der Anzahl von Unbekannten plus eins. Das Ergebnis ist ein Skalar, wenn nur eine Unbekannte vorhanden ist; sonst ein Ergebnisvektor.

Argumente

f eine reelle Zahlen liefernde Zielfunktion

var1, *var2*, ... reelle oder komplexe Variablen; *var1*, *var2*, ... müssen vor der Verwendung von minimieren Schätzwerte zugewiesen werden

Beispiele (siehe folgende Seite)

Anmerkungen Folgende fünf Schritte müssen zum Lösen eines Minimierungsproblems durchgeführt werden:

1. Definieren Sie die Zielfunktion *f*.

2. Geben Sie Schätzwerte für alle Unbekannten vor, nach denen Sie auflösen wollen. Dadurch erhält Mathcad einen Ausgangspunkt für die Lösungssuche.

3. Geben Sie das Wort **Vorgabe** ein. Damit wird Mathcad mitgeteilt, daß ein System von bedingenden Gleichungen bzw. Ungleichungen folgt. Sie können **Vorgabe** oder **vorgabe** auf beliebige Weise eingeben. Geben Sie das Wort lediglich nicht in einem Textbereich ein.

Beispiele

$$f(x) := 8 \cdot x_0 + 10 \cdot x_1 + 7 \cdot x_2 + 6 \cdot x_3 + 11 \cdot x_4 + 9 \cdot x_5 \qquad \text{Objektive Funktion}$$

$$M := \begin{bmatrix} 12 & 9 & 25 & 20 & 17 & 13 \\ 35 & 42 & 18 & 31 & 56 & 49 \\ 37 & 53 & 28 & 24 & 29 & 20 \end{bmatrix} \qquad v := \begin{bmatrix} 60 \\ 150 \\ 125 \end{bmatrix} \qquad \text{Beschränkte Koeffizienten}$$

$$x_5 := 0 \qquad \text{Initialisierung (letzte Komponente von x)}$$

Given

$$M \cdot x \geq v$$
$$x \leq 1$$
$$x \geq 0$$

Linearer Programm Lösungsblock

$$\text{Minimize}(f, x) = \begin{bmatrix} 1 \\ 0.623 \\ 0.343 \\ 1 \\ 0.048 \\ 1 \end{bmatrix} \qquad \text{Lösung}$$

$$f(x, y) := 2 + 2 \cdot x + 2 \cdot y - x^2 - y^2 \qquad N := 10 \qquad i := 0, 1 .. 2 \cdot N \qquad j := 0, 1 .. 2 \cdot N$$

$$M_{i,j} := f\left(\frac{9 \cdot i}{N} - 9, \frac{9 \cdot j}{N} - 9\right) \qquad x := 0 .. 9 \qquad y := 0 .. 9$$

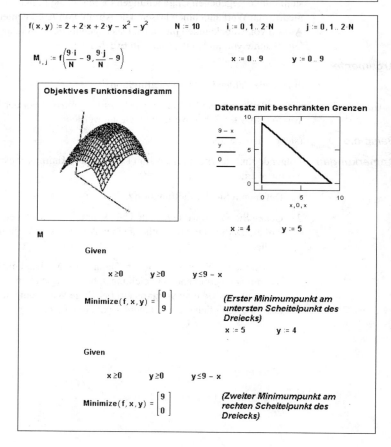

Objektives Funktionsdiagramm

Datensatz mit beschränkten Grenzen

M

$$x := 4 \qquad y := 5$$

Given

$$x \geq 0 \qquad y \geq 0 \qquad y \leq 9 - x$$

$$\text{Minimize}(f, x, y) = \begin{bmatrix} 0 \\ 9 \end{bmatrix} \qquad \text{(Erster Minimumpunkt am untersten Scheitelpunkt des Dreiecks)}$$

$$x := 5 \qquad y := 4$$

Given

$$x \geq 0 \qquad y \geq 0 \qquad y \leq 9 - x$$

$$\text{Minimize}(f, x, y) = \begin{bmatrix} 9 \\ 0 \end{bmatrix} \qquad \text{(Zweiter Minimumpunkt am rechten Scheitelpunkt des Dreiecks)}$$

4. Geben Sie nun die Gleichungen und Ungleichungen in beliebiger Reihenfolge unterhalb des Wortes **Vorgabe** ein. Drücken Sie [Strg] + =, um »=« einzugeben.

5. Geben Sie schließlich die Funktion minimieren mit f und Ihrer Auflistung der Unbekannten ein. Sie dürfen keine numerischen Werte in der Auflistung von Unbekannten angeben; so wäre beispielsweise die Eingabe minimieren(f, 2) nicht zulässig. Wie **vorgabe** können Sie auch minimieren bzw. Minimieren auf beliebige Weise eingeben.

Die Funktion minimieren übergibt die Ergebniswerte folgendermaßen:

- Falls es eine Unbekannte gibt, liefert minimieren einen die Funktion f optimierenden skalaren Wert.

- Falls es mehr als eine Unbekannte gibt, liefert minimieren einen Ergebnisvektor; beispielsweise liefert minimieren(f, $var1$, $var2$) einen Vektor mit Werten für $var1$ und $var2$, die den Bedingungen genügen und f optimieren.

Das Wort **Vorgabe**, die darauf folgenden Gleichungen und Ungleichungen sowie die Funktion minimieren bilden zusammen einen *Lösungsblock*.

Standardmäßig untersucht Mathcad Ihre Zielfunktion sowie die Bedingungen und löst sie mit einem geeigneten Verfahren auf. Wenn Sie es mit anderen Algorithmen für Überprüfungen und Vergleiche versuchen wollen, können Sie folgende Optionen aus dem mit minimieren verbundenen Popup-Menü (per rechter Maustaste zu erreichen) auswählen:

- AUTOSELECT – wählt einen geeigneten Algorithmus für Sie aus.

- LINEAR – zeigt an, daß es sich um ein lineares Problem handelt (weshalb lineare Programmverfahren auf das Problem angewendet werden); Schätzwerte für $var1$, $var2$, ... sind nicht erforderlich (dürfen alle Null sein).

- NICHTLINEAR – zeigt an, daß es sich um ein nichtlineares Problem handelt (weshalb folgende allgemeine Verfahren auf das Problem angewendet werden: der Lösungsalgorithmus für konjugierte Gradienten; falls dieser nicht konvergiert, der quasi-Newtonsche Lösungsalgorithmus); Schätzwerte für $var1$, $var2$, ... haben einen erheblichen Einfluß auf die Lösung.

- QUADRATISCH (erscheint nur, wenn das Solving and Optimization Pack oder der Expert Solver installiert ist) – zeigt an, daß es sich um ein quadratisches Problem handelt (weshalb quadratische Programmverfahren auf das Problem angewendet werden); Schätzwerte für $var1$, $var2$, ... sind nicht erforderlich (dürfen alle Null sein).

- ERWEITERTE OPTIONEN (erscheint nur in Mathcad Professional) – bezieht sich ausschließlich auf die Lösungsalgorithmen für nichtlineare konjugierte Gradienten und das quasi-Newton-Verfahren.

Diese Optionen bieten Ihnen eine größere Einflußnahme beim Ausprobieren verschiedener Algorithmen für Überprüfungen und Vergleiche. Sie können außerdem die Werte der Systemvariablen CTOL und TOL anpassen. Die *Bedingungstoleranz* CTOL überwacht, in welchem Maße die Annäherung an eine Bedingung erfolgt sein muß, damit eine Lösung als annehmbar gilt. Falls

CTOL beispielsweise der Wert 0,001 zugewiesen wäre, würde eine Bedingung wie $x < 2$ auch dann als eingehalten gelten, wenn der Wert von x die Bedingung $x < 2,001$ erfüllte. Die Bedingungstoleranz läßt sich auf die gleiche Weise definieren oder ändern wie die *Konvergenztoleranz* TOL, die eingehend in Verbindung mit der Funktion Suchen behandelt wird. Da minimieren auch ohne einschränkenden Bedingungen eingesetzt werden kann, ist der Wert von CTOL manchmal ohne Bedeutung. Der Vorgabewert ist 10^{-3}.

Weitere Funktionen des Solving and Optimization Pack (Expert Solver) sind eine teils ganzzahlige Programmierung und bedingungsabhängige Berichtgenerierung. Weitere Informationen finden Sie in der Online-Hilfe.

Für ein bedingungsloses Maximierungsproblem sind das Wort **Vorgabe** und die Bedingungen nicht erforderlich.

Algorithmus Im nichtlinearen Fall: *Levenberg-Marquardt, Quasi-Newton, konjugierter Gradient*

Im linearen Fall: Simplex-Verfahren mit Verzweigungs- und Sprungtechniken

(Press et al., 1992; Polak, 1997; Winston, 1994)

Siehe auch Suchen für weitere Einzelheiten zu Lösungsblöcken, maximieren, Minfehl

mirr/mizf   Finanzen

Syntax mirr(*v, fin_rate, rein_rate*)

Beschreibung Liefert die modifizierte interne Kapitalverzinsung für diverse Cash Flows, die zu regelmäßigen Intervallen, **v**, bei einem vorgegebenen Zahlungsstatus über Ihre Cash-Flow-Anleihen, *fin_rate*, und einer Reinvestitionsrate, die durch Cash-Flow-Erträge, *rein_rate*, erzielt werden.

Argumente

v reeller Vektor des Cash Flow

fin_rate reeller Zahlungsstatus

rein_rate reelle Reinvestitionsrate

Anmerkungen Für **v** müssen Zahlungen mit negativen Zahlen eingegeben werden und Einnahmen mit positiven Zahlen. Für **v** muß es mindestens einen positiven und einen negativen Wert geben.

Siehe auch irr

mittelwert   Statistische Funktion

Syntax mittelwert(**A**)

Beschreibung Liefert das arithmetische Mittel der Elemente von **A**:

$$\text{mittelwert}(\mathbf{A}) = \frac{1}{mn} \sum_{i=0}^{m-1} \sum_{j=0}^{n-1} A_{i,j}$$

Argumente		
	A	reelle(r) oder komplexe(r) $m \times n$-Matrix oder Vektor
Anmerkungen		mittelwert(**A, B, C, ...**) ist ebenfalls erlaubt und liefert den arithmetrischen Mittelwert der Elemente von **A, B, C, ...**
Siehe auch		gmittel, hmean, median, modus

mod Zahlentheorie/Kombinatorik

Syntax mod(n, k)

Beschreibung Liefert den Rest von n nach einer Teilung durch k. Das Ergebnis hat dasselbe Vorzeichen wie n.

Argumente

n, k ganze Zahlen, $k \neq 0$

mode Statistische Funktion

Syntax mode(**A**)

Beschreibung Liefert den am häufigsten vorkommenden Wert aus **A**.

Argumente

A reelle(r) oder komplexe(r) $m \times n$-Matrix oder Vektoren

Anmerkungen mode(**A, B, C, ...**) ist ebenfalls erlaubt und liefert den Wert in **A, B, C, ...**, der am häufigsten vorkommt.

Siehe auch gmittel, hmean, mittelwert, median

multigit *(Professional)* Lösung von Differentialgleichungen

Syntax multigit(**M**, *nzyklen*)

Beschreibung Löst die partielle Differentialgleichung nach Poisson über eine quadratische Fläche. Die $n \times n$-Matrix **M** stellt die Werte der Quellfunktion bereit, wobei $n - 1$ eine Zweierpotenz ist und an allen vier Seiten der Wert Null als Randbedingung vorausgesetzt wird.

Argumente

M reelle $(1 + 2^k) \times (1 + 2^k)$-Quadratmatrix mit den Quellwerten für jeden Punkt der Fläche, in der die Lösung gesucht wird (beispielsweise die rechte Seite in der unten angeführten Gleichung)

nzyklen   Die positive ganze Zahl gibt die Anzahl von Durchläufen für jede Stufe der multigit-Iteration an; mit dem Wert 2 erreicht man in der Regel eine gute Annäherung der Lösung

Beispiel

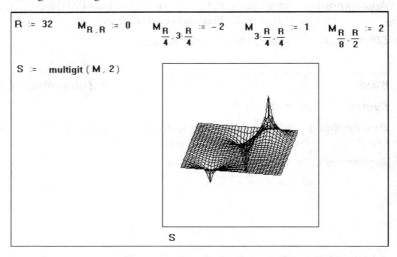

Anmerkungen   Zwei häufig bei der Untersuchung physikalischer Systeme auftauchende partielle Differentialgleichungen sind die Poissonsche Gleichung

$$\frac{\partial^2 u}{\partial x^2} + \frac{\partial^2 u}{\partial y^2} = \rho(x,y)$$ und deren homogene Form, die Laplacesche Gleichung.

Mathcad verfügt über zwei Funktionen zum Lösen dieser Gleichungen über einer quadratischen Fläche, vorausgesetzt, die von der unbekannten Funktion $u(x, y)$ an allen vier Seiten der Grenze angenommenen Werte sind bekannt. Der allgemeinste Lösungsalgorithmus ist die Funktion relax. In dem Spezialfall, in dem die Funktion $u(x, y)$ an allen vier Seiten der Grenze bekanntermaßen den Wert Null hat, können Sie aber auf die Funktion multigit zurückgreifen. Diese Funktion löst das Problem dann häufig schneller als relax. Wenn die Randbedingungen für alle vier Seiten übereinstimmen, können Sie einfach eine Umwandlung in eine äquivalente Gleichung vornehmen, für die der Wert für alle vier Seiten Null ist.

Die Funktion multigit liefert eine Quadratmatrix zurück, in der

- ■ die Position eines Matrixelements dessen Position in der quadratischen Fläche entspricht und

- ■ dessen Wert sich dem Wert der Lösung an dieser Stelle annähert.

Algorithmus   Full multigrid Algorithmus (Press et al., 1992)

Siehe auch   relax

neigung
Regression und Glättung

Syntax   neigung(**vx**, **vy**)

Beschreibung   Liefert die Steigung der Regressionsgeraden der kleinsten Quadrate.

Argumente

    vx, **vy**   reelle Vektoren derselben Größe

Beispiel

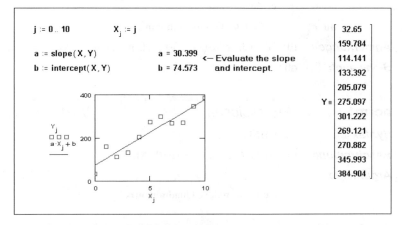

Anmerkungen   Die Funktionen achsenabschn und neigung liefern die Steigung bzw. den Achsenabschnitt derjenigen Geraden, die hinsichtlich der kleinsten Quadrate am besten zu den Daten paßt: y = achsenabschn(**vx**, **vy**) + neigung(**vx**, **vy**) · x. Alternativ hierzu können Sie die line-Funktion verwenden, die beide Parameterschätzungen über einen Funktionsaufruf liefert.

Sorgen Sie dafür, daß in allen Feldelementen von **vx** und **vy** Datenwerte enthalten sind. Da jedes Feldelement über einen Wert verfügen muß, weist Mathcad jedem nicht ausdrücklich von Ihnen belegtem Element den Wert 0 zu.

Diese Funktionen eignen sich nicht nur für inhärent lineare, sondern auch für exponentielle Daten. Wenn x und y im Zusammenhang $y = Ae^{kx}$ stehen, können Sie diese Funktionen auf den Logarithmus der Datenwerte anwenden und von der Tatsache Gebrauch machen, daß folgendes gilt: $\ln(y) = \ln(A) + kx$ mit A = exp(achsenabschn(**vx**, ln (**vy**))) und k = neigung(**vx**, ln(**vy**)).

Die resultierende Anpassung wichtet die Fehler anders als eine exponentielle Anpassung nach der Methode der kleinsten Quadrate (wie sie von der Funktion expfit geliefert wird), führt aber für gewöhnlich zu einer guten Annäherung.

Siehe auch   achsenabschn, line, medfit, stdfehl

nom		Finanzen

Syntax   nom(*rate, nper*)

Beschreibung   Liefert den nominalen Zinssatz, aus dem sich der effektive Jahreszinssatz, *rate*, sowie der Gesamtzeitraum pro Jahr, *nper*, ergeben.

Argumente

    rate   reeller Zinssatz, $rate > -1$

    nper   ganze Zahl des Gesamtzeitraums, $nper \geq 1$

Anmerkungen   Effektiver Jahreszinssatz ist auch als Annual Percentage Rate (APR) bekannt.

Siehe auch   eff

---

norm1	*(Professional)*	Vektor- und Matrixfunktion

Syntax   norm1(**M**)

Beschreibung   Liefert die L_1-Norm der Matrix **M**.

Argumente

    M   reelle oder komplexe Quadratmatrix

---

norm2	*(Professional)*	Vektor- und Matrixfunktion

Syntax   norm2(**M**)

Beschreibung   Liefert die L_2-Norm der Matrix **M**.

Argumente

    M   reelle oder komplexe Quadratmatrix

Algorithmus   Einzelwertberechnung (Wilkinson und Reinsch, 1971)

---

norme	*(Professional)*	Vektor- und Matrixfunktion

Syntax   norme(**M**)

Beschreibung   Liefert die euklidische Norm der Matrix **M**.

Argumente

    M   reelle oder komplexe Quadratmatrix

---

normi	*(Professional)*	Vektor- und Matrixfunktion

Syntax   normi(**M**)

Beschreibung   Liefert die unendliche Norm der Matrix **M**.

Argumente

    M   reelle oder komplexe Quadratmatrix

nper   Finanzen

Syntax   nper(*rate, pmt, pv,* [[*fv*], [*type*]])

Beschreibung   Liefert die Anzahl von Vergleichzeiträumen für eine Investition oder Anleihe basierend auf regelmäßigen, konstanten Zahlungen, *pmt*, mit einem festen Zinssatz, *rate*, und einem bestimmten Wert, *pv*.

Argumente

rate	reeller Zinssatz
pmt	reelle Zahlung
pv	reeller Wert
fv	(optional) reeller zukünftiger Wert, Standard ist *fv* = 0
type	(optional) Zahlungsplanung, 0 für Zahlungen am Ende des Zeitraums, 1 für Zahlungen zu Beginn des Zeitraums, Standard ist *type* = 0

Anmerkungen   Wenn Sie den Jahreszinssatz, *ann_rate*, kennen, müssen Sie den Zinssatz pro Zeitraum als *rate = ann_rate/nper* ermitteln.

Zahlungen wie Sparanlagen oder Zahlungen für Anleihen müssen mit negativen Zahlen eingegeben werden. Zahlungseingänge wie Schecks müssen mit positiven Zahlen eingegeben werden. Bei *nper* müssen für *rate* und *pv* gegensätzliche Zeichen verwendet werden, wenn *pmt > 0*.

Siehe auch   cnper, fv, pmt, pv, rate

npv/gnw   Finanzen

Syntax   npv(*rate*, **v**)

Beschreibung   Liefert den aktuellen Nettowert einer Investition bei einem Diskontsatz, *rate*, und diversen Cash Flows zu regelmäßigen Intervallen, **v**.

Argumente

rate	reeller Satz
v	reeller Vektor des Cash Flow

Anmerkungen   *npv* geht davon aus, daß die Zahlung gegen Ende des Zeitraums vorgenommen wird. Bei **v** müssen die Zahlungen mit negativen Zahlen und Zahlungseingänge mit positiven Zahlen eingegeben werden.

Die *npv*-Investition beginnt vor dem Datum des ersten Cash Flow und endet mit dem letzten Cash Flow im Vektor. Wenn Ihr erster Cash Flow zu Beginn der ersten Periode auftritt, muß der erste Wert dem *npv*-Ergebnis hinzugefügt und darf nicht in den Vektor des Cash Flow mit eingezogen werden.

Siehe auch   irr, pv

nullstellen

Lösung von Differentialgleichungen

Syntax	nullstellen(v)
Beschreibung	Liefert die Wurzeln aus Polynomen n-ten Grades, deren Koeffizienten in **v** enthalten sind. Das Ergebnis ist ein Vektor der Länge n.
Argumente	
v	reeller oder komplexer Vektor der Länge $n + 1$.

Beispiel

$$x^3 - 10 \cdot x + 2 \quad \leftarrow \text{Polynom}$$

$$v := \begin{bmatrix} 2 \\ -10 \\ 0 \\ 1 \end{bmatrix} \quad \begin{array}{l} \leftarrow \text{Vektor mit den Koeffizienten, beginnend} \\ \text{mit der Konstanten; der Vektor muß} \\ \text{alle Koeffizienten enthalten, selbst} \\ \text{wenn diese Null sind.} \end{array}$$

$$\text{nullstellen}(v) = \begin{bmatrix} -3.258 \\ 0.201 \\ 3.057 \end{bmatrix} \quad \begin{array}{l} \leftarrow \text{gibt alle Wurzeln mit} \\ \text{einem Mal zurück} \end{array}$$

Anmerkungen Um die Wurzeln eines Ausdrucks der Form $v_n x^n + \ldots + v_2 x^2 + v_1 x + v_0$ zu ermitteln, können Sie die Funktion nullstellen anstelle von wurzel verwenden. Im Gegensatz zu wurzel ist für nullstellen kein Schätzwert erforderlich. Weiterhin liefert nullstellen sämtliche Wurzeln mit einem Mal, unabhängig davon, ob sie real oder imaginär sind.

Die Funktion nullstellen kann nur eine Polynomgleichung mit einer Unbekannten auflösen. Einen allgemeineren Algorithmus zur Gleichungslösung finden Sie unter wurzel. Um mehrere Gleichungen gleichzeitig zu lösen, müssen Sie Lösungsblöcke verwenden (Suchen oder Minfehl). Um eine Gleichung symbolisch zu lösen, also ein genaues numerisches Ergebnis in Form von Termen aus elementaren Funktionen zu ermitteln, verwenden Sie den Eintrag NACH VARIABLE AUFLÖSEN aus dem Menü SYMBOLIK oder das Schlüsselwort **auflösen**.

Algorithmus Laguerre with deflation and polishing (Lorczak) ist die Standardmethode. Eine matrixbasierte Methode (welche die eigenwerte-Funktion von Mathcad verwendet) steht zur Verfügung, wenn mann mit der rechten Maustaste auf das Wort nullstellen klickt und seine Auswahl aus dem Popup-Menü trifft.

Siehe auch das Schlüsselwort **Koeff** für eine Möglichkeit zur sofortigen Bildung des Koeffizientenvektors **v** zu einem gegebenen Polynom.

Odesolve/Gdglösen(Professional)   Lösung von Differentialgleichungen

Syntax   Odesolve(*x, b,*[*nstep*])

Beschreibung   Löst eine einzige, gewöhnliche Differentialgleichung entweder anhand des ersten Wertes oder anhand der Randbedingungen. Die Differentialgleichung muß linear sein in der höchsten auftretenden Ableitungsordnung. Das Ergebnis ist eine Funktion von *x*, die aus einer Wertetabelle stammt, die entweder über einen Fixed Step oder über Adaptive DE Solvers errechnet wurde.

Argumente

    x   Integrationsvariable, reell

    b   Endpunkt des Integrationsintervalls, reell

    nstep   (optional) Schritte in ganzen Zahlen, *nstep > 0*

Example

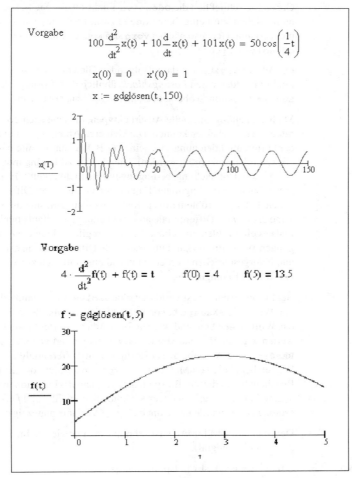

Anmerkungen   Für die Lösung einer Differentialgleichung mit **Odesolve** gibt es drei Schritte.

Geben Sie das Wort **Vorgabe** ein. Dies gibt Mathcad den Hinweis, daß eine Differentialgleichung folgt mit Bedingungen für einen Erst- oder Grenzwert. Sie können sowohl **Vorgabe** als auch **vorgabe** eingeben. Geben Sie es jedoch nicht innerhalb eines Textbereichs ein.

Geben Sie die Differentialgleichung und die Bedingungen in einer beliebigen Reihenfolge hinter dem Wort **Vorgabe** ein. Verwenden Sie [Strg] + [=] für die Eingabe von »=« und [Strg] + [F7] für die Eingabe von '. Die Differentialgleichung kann mit den Differentialoperatoren d/dx, d^2/dx^2, d^3/dx^3, ... oder oder mit der Notation $y'(x), y''(x), y'''(x)$, ... geschrieben werden Beachten Sie, daß die unabhängige Variable x stets explizit angezeigt werden muß. Eine Erstwertbedingung könnte zum Beispiel folgendermaßen aussehen: $y(a)=c$ oder $y'(a)=d$; Mathcad erlaubt keine komplizierten Bedingungen wie $y(a)+y'(a)=e$.

Geben Sie schließlich die **Odesolve**-Funktion ein. Sie können für x keinen numerischen Wert eingeben: **Odesolve**(2, 150) wie im obigen Beispiel ist nicht erlaubt. Genauso wie bei **Vorgabe** können Sie sowohl **Odesolve** als auch **odesolve** eingeben.

Das Wort **Vorgabe**, die darauffolgenden Gleichungen und die **Odesolve**-Funktion bilden einen *Lösungsblock*, ähnlich dem Lösungsblock bei der **Suchen**-Funktion, wobei jedoch hier keine Schätzwerte erforderlich sind.

Mathcad benötigt spezielle Ausdrucktypen, die zwischen **Vorgabe** und **Odesolve** erscheinen können. Die kleineren Ableitungen können nichtlinear in der Differentialgleichung erscheinen (z.B. können sie miteinander multipliziert oder zu Potenzen erhöht werden). Die höchste Ableitung muß jedoch linear erscheinen. Ungleichungsbedingungen sind nicht erlaubt. Es muß n unabhängige Gleichungsbedingungen für eine $n$te Ordnung der Differentialgleichung geben. Falls ein Problem mit einem Erstwert auftritt, sind die Werte für $y(x)$ und seine ersten $n-1$ Differentiale an einem einzigen Anfangspunkt a erforderlich. Falls es ein Problem mit einem Grenzwert gibt, sollten die n Gleichungsbedingungen Werte für $y(x)$ und für bestimmte Differentiale an exakt zwei Punkten a und b vorgeschrieben werden. Mathcad überprüft den korrekten Typ und die Anzahl der Bedingungen.

Bei Problemen mit Erstwerten setzt **Odesolve** seine Standardroutine **rkfixed** ein. Wenn Sie **Rkadapt** bevorzugen, klicken Sie mit der rechten Maustaste auf das Wort **Odesolve**, und wählen Sie »Adaptiv«. Bei Problemen mit Grenzwerten wird die Routine **sbval** verwendet gefolgt von **rkfixed** oder **Rkadapt**. Die Ausgabe dieser Lösungen für Differentialgleichungen ist eine Wertetabelle, die von Mathcad mit **lspline** gefolgt von **interp** interpoliert. Beachten Sie in diesem Beispiel, daß $y(x)$ and $f(t)$ Funktionen sind, die wie jede andere Funktion geplotted werden können, obwohl y und f als Ausgabe von **Odesolve** (es wurde keine unabhängige Variable angezeigt) definiert wurden.

Der Standardwert für *nstep* ist zehnmal so lang wie das Intervall $[a, b]$ (reduziert auf ein Integral).

See also   rkfixed, Rkadapt, sbval, lspline, interp

pbeta — Wahrscheinlichkeitsverteilung

Syntax pbeta($x, s1, s2$)

Beschreibung Liefert die kummulative Beta-Verteilung mit den Formparametern $s1$ und $s2$.

Argumente

- x reelle Zahl, $0 < x < 1$
- $s1, s2$ reelle Formparameter, $s1 > 0$, $s2 > 0$

Algorithmus Stetige Bruchentwicklung (Abramowitz und Stegun, 1972)

---

pbinom — Wahrscheinlichkeitsverteilung

Syntax pbinom(k, n, p)

Beschreibung Liefert $\Pr(X \leq k)$, wenn die Zufallsvariable X die Binominalverteilung mit den Parametern n und p aufweist.

Argumente

- k, n ganze Zahlen, $0 \leq k \leq n$
- p reelle Zahl, $0 \leq p \leq 1$

Algorithmus Stetige Bruchentwicklung (Abramowitz und Stegun, 1972)

---

pcauchy — Wahrscheinlichkeitsverteilung

Syntax pcauchy(x, l, s)

Beschreibung Liefert die kumulative Cauchy-Verteilung.

Argumente

- x reelle Zahl
- l reeller Lageparameter
- s reeller Skalenparameter, $s > 0$

---

pchisq — Wahrscheinlichkeitsverteilung

Syntax pchisq(x, d)

Beschreibung Liefert die kumulative Chi-Quadrat-Verteilung.

Argumente

- x reelle Zahl, $x \geq 0$
- d ganzzahliger Freiheitsgrad, $d > 0$

Algorithmus Stetige Bruchentwicklung und asymptotische Entwicklung (Abramowitz und Stegun, 1972)

permut   Zahlentheorie/Kombinatorik

Syntax   permut(n, k)

Beschreibung   Liefert die Anzahl von Möglichkeiten, in denen sich jeweils k Elemente aus n einzelnen Objekten anordnen lassen.

Argumente

        n, k ganze Zahlen, $0 \leq k \leq n$

Anmerkungen   Jede dieser Anordnungen wird als eine Permutation bezeichnet. Die Anzahl von Permutationen berechnet sich nach: $P_k^n = \dfrac{n!}{(n-k)!}$.

Siehe auch   combin

---

pexp   Wahrscheinlichkeitsverteilung

Syntax   pexp(x, r)

Beschreibung   Liefert die kumulative Exponentialverteilung.

Argumente

        x reelle Zahl, $x \geq 0$

        r reelle Verteilungsrate, $r > 0$

---

pF   Wahrscheinlichkeitsverteilung

Syntax   pF(x, $d1$, $d2$)

Beschreibung   Liefert die kumulative F-Verteilung.

Argumente

        x reelle Zahl, $x \geq 0$

        $d1, d2$ ganzzahlige Freiheitsgrade, $d1 > 0$, $d2 > 0$

Algorithmus   Stetige Bruchentwicklung (Abramowitz und Stegun, 1972)

---

pgamma   Wahrscheinlichkeitsverteilung

Syntax   pgamma(x, s)

Beschreibung   Liefert die kumulative Gamma-Verteilung.

Argumente

        x reelle Zahl, $x \geq 0$

        s reeller Formparameter, $s > 0$

Algorithmus   Stetige Bruchentwicklung und asymptotische Entwicklung (Abramowitz und Stegun, 1972)

pgeom
Wahrscheinlichkeitsverteilung

Syntax pgeom(k, p)

Beschreibung Liefert Pr($X \leq k$), wenn die Zufallsvariable X die geometrische Verteilung mit dem Parameter p aufweist.

Argumente

k ganze Zahl, $k \geq 0$

p reelle Zahl, $0 < p \leq 1$

phypergeom
Wahrscheinlichkeitsverteilung

Syntax phypergeom(m, a, b, n)

Beschreibung Liefert Pr($X \leq m$), wenn die Zufallsvariable X die hypergeometrische Verteilung mit den Parametern a, b und n aufweist.

Argumente

m, a, b, n ganze Zahlen, $0 \leq m \leq a$, $0 \leq n\text{-}m \leq b$, $0 \leq n \leq a+b$

plnorm
Wahrscheinlichkeitsverteilung

Syntax plnorm(x, μ, σ)

Beschreibung Liefert die kumulative logarithmische Normalverteilung.

Argumente

x reelle Zahl, $x \geq 0$

m reelles logarithmisches Mittel

s reelle logarithmische Abweichung, $\sigma > 0$

plogis
Wahrscheinlichkeitsverteilung

Syntax plogis(x, l, s)

Beschreibung Liefert die kumulative logistische Verteilung.

Argumente

x reelle Zahl

l reeller Lageparameter

s reeller Skalenparameter, $s > 0$

pmt/zrate
Finanzen

Syntax	pmt(*rate*, *nper*, *pv*, [[*fv*], [*type*]])
Beschreibung	Liefert die Zahlung für eine Investition oder Anleihe basierend auf regelmäßigen, konstanten Zahlungen über einen vorgegebenen Zeitraum, *nper*, mit einem festen Zinssatz, *rate*, und einem bestimmten, aktuellen Wert, *pv*.

Argumente

rate	reeller Satz
nper	ganze Zahl für Gesamtzeitraum, $nper \geq 1$
pv	reeller, aktueller Wert
fv	(optional) reeller, zukünftiger Wert, Standard ist $fv = 0$
type	(optional) Anzeiger für Zahlungsplanung. 0 für Zahlungen gegen Ende des Zeitraums. 1 für Zahlungen zu Beginn des Zeitraums. Standard ist $type = 0$.

Anmerkungen Wenn Sie den Jahreszinssatz, *ann_rate*, kennen, müssen Sie den Zinssatz pro Zeitraum ermitteln als $rate = ann\_rate/nper$.

Zahlungen wie Sparanlagen oder Zahlungen für Anleihen müssen mit negativen Zahlen eingegeben werden. Zahlungseingänge wie Schecks müssen mit positiven Zahlen eingegeben werden.

Siehe auch cumint, cumprn, fv, ipmt, nper, ppmt, pv, rate

---

pnbinom
Wahrscheinlichkeitsverteilung

Syntax	pnbinom(*k*, *n*, *p*)
Beschreibung	Liefert die kumulative negative Binominalverteilung mit den Parametern *n* und *p*.

Argumente

k, *n*	ganze Zahlen, $n > 0$ und $k \geq 0$
p	reelle Zahl, $0 < p \leq 1$

Algorithmus Stetige Bruchentwicklung (Abramowitz und Stegun, 1972)

---

pnorm
Wahrscheinlichkeitsverteilung

Syntax	pnorm(*x*, μ, σ)
Beschreibung	Liefert die kumulative Normalverteilung.

Argumente

x	reelle Zahl
m	reelles Mittel
s	reelle Standardabweichung, $\sigma > 0$

Polyhedron/*Polyeder*(Professional)   Vektor- und Matrixfunktion

Syntax   Polyhedron(S)

Beschreibung   Liefert den linearen Polyhedron, dessen Name, Zahlencode oder Wytoff-Symbol S lautet.

Argumente
         S   String-Ausdruck, der den Namen eines Polyhedrons, seinen Zahlencode oder sein Wytoff-Symbol enthält.

Example

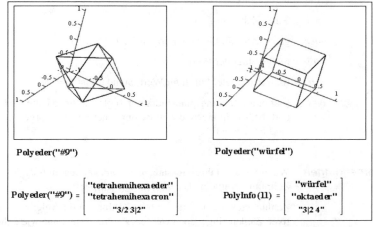

Anmerkungen   Die Oberfläche eines linearen Polyhedrons besteht aus regelmäßigen Polygonen und jeder Scheitelpunkt steht in derselben Beziehung zum Solid. Die Oberflächen müssen jedoch nicht identisch sein. Es gibt 75 solcher Polyhedra sowie zwei Arten von Prismen und Antiprismen. Die Polyhedron-Funktion kann 80 solcher Beispiele konstruieren und wird gemeinsam mit dem 3D-Oberflächenplot-Tool verwendet (siehe Abbildung). Zu seinen Argumenten zählen entweder ein Name (»Kubus«), das Symbol # gefolgt von einer Zahl (»#6«) oder ein Wytoff-Symbol (»3|2 4«).

PolyLookup/*PolyInfo*(Professional)   Vektor- und Matrixfunktion

Syntax   PolyLookup(n)

Beschreibung   Liefert einen Vektor, der den Namen, den dualen Namen und das Wytoff-Symbol für das durch n angezeigte Polyhedron enthält.

Argumente
         n   ganze Zahl, *ist der Code für ein Polyhedron. Alternativ hierzu ein String-Ausdruck, der den Zahlencode, den Namen oder das Wytoff-Symbol des Polyhedrons enthält.*

Siehe auch   Polyhedron

ppmt
Finanzen

Syntax ppmt(*rate, per, nper, pv,* [[*fv*], [*type*]])

Beschreibung Liefert die Zahlung bei einer Investition oder einer Anleihe für einen vorgegebenen Zeitraum, *per*, basierend auf regelmäßigen, konstanten Zahlungen über einen vorgegebenen Gesamtzeitraum, *nper*, bei einem festen Zinssatz, *rate*, und einem bestimmten, aktuellen Wert, *pv*.

Argumente

- *rate* reeller Satz
- *per* ganze Zahl, $per \geq 1$
- *nper* ganze Zahl für Gesamtzeitraum $1 \leq per \leq nper$
- *pv* reeller aktueller Wert
- *fv* (optional) reeler künftiger Wert, Standard ist $fv = 0$
- *type* (optional) Zahlungsplan-Indikator, 0 für Zahlungen, die am Ende einer Periode, und 1 für Zahlungen, die zu Beginn einer Periode vorgenommen wurden. Standard ist $type = 0$

Anmerkungen Wenn Sie den Jahreszinssatz, *ann_rate*, kennen, müssen Sie den Zinssatz pro Zeitraum ermitteln als *rate = ann_rate/nper*.

Zahlungen wie Sparanlagen oder Zahlungen für Anleihen müssen mit negativen Zahlen eingegeben werden. Zahlungseingänge wie Schecks müssen mit positiven Zahlen eingegeben werden.

Siehe auch cumprn, ipmt, pmt

ppois
Wahrscheinlichkeitsverteilung

Syntax ppois(k, λ)

Beschreibung Liefert die kumulative Poisson-Verteilung.

Argumente

- *k* ganze Zahl, $k \geq 0$
- *l* reelles Mittel, $\lambda > 0$

Algorithmus Stetige Bruchentwicklung und asymptotische Entwicklung (Abramowitz und Stegun, 1972)

PRNANFÜGEN Dateizugriff

Syntax PRNANFÜGEN(*Datei*) := **A**

Beschreibung Hängt eine Matrix **A** an eine vorhandene strukturierte ASCII-Datei an. Jede Zeile in der Matrix wird zu einer neuen Zeile in der Datendatei. Die vorhandenen Daten müssen über gleich viele Spalten verfügen wie **A**. Die Funktion muß alleine auf der linken Seite einer Definition erscheinen.

Argumente

Datei Zeichenkettenvariable für einen Dateinamen bzw. Pfad

Siehe auch PRNSCHREIBEN für weitere Einzelheiten

PRNLESEN Dateizugriff

Syntax PRNLESEN(*Datei*)

Beschreibung Liefert die Matrix zu einer eingelesenen strukturierten ASCII-Datei. Jede Zeile in der Datendatei wird zu einer Zeile in der Matrix. Die Anzahl von Elementen pro Zeile muß gleich sein. Die Funktion wird folgendermaßen verwendet:

A := PRNLESEN(*Datei*).

Argumente

Datei Zeichenkettenvariable für den Dateinamen bzw. Pfad einer strukturierten ASCII-Datei

Anmerkungen Die Funktion PRNLESEN liest eine vollständige Datendatei ein, ermittelt die Anzahl von Zeilen und Spalten und erstellt aus den Daten eine Matrix.

Wenn Mathcad Daten mittels der Funktion PRNLESEN einliest, geschieht folgendes:

- Jede Instanz der Funktion PRNLESEN liest eine vollständige Datendatei ein.

- Sämtliche Zeilen in der Datendatei müssen über dieselbe Anzahl von Werten verfügen. (Mathcad ignoriert dabei Zeilen ohne Werte.) Falls die Zeilen in der Datei unterschiedlich viele Werte enthalten, kennzeichnet Mathcad die PRNLESEN-Gleichung mit einer Fehlermeldung. Verwenden Sie dann einen Texteditor, um die fehlenden Werte durch Nullen zu ersetzen, bevor Sie PRNLESEN erneut verwenden.

- Die Funktion PRNLESEN ignoriert in der Datendatei vorkommenden Text.

- Das Ergebnis des Einlesens der Datei ist eine $m \times n$-Matrix **A**, wobei m die Anzahl von Daten enthaltenden Zeilen der Datei und n die Anzahl der Werte pro Zeile ist.

PRNSCHREIBEN und PRNLESEN ermöglichen Ihnen das Schreiben und Einlesen von in Mathcad Professional erstellten verschachtelten Feldern.

PRNSCHREIBEN *(Professional)*   Dateizugriff

Syntax   PRNSCHREIBEN(*Datei*) := **A**

Beschreibung   Schreibt eine Matrix **A** in eine strukturierte ASCII-Datendatei namens *Datei*. Jede Zeile der Matrix wird zu einer Zeile in der Datei. Die Funktion muß alleinstehend auf der linken Seite einer Definition erscheinen.

Argumente

        Datei   Zeichenkettenvariable für den Dateinamen bzw. Pfad der strukturierten ASCII-Datei

        A   Matrix oder Vektor

Anmerkungen   Die Funktionen PRNSCHREIBEN und PRNANFÜGEN schreiben Datenwerte geordnet in Zeilen und Spalten in eine Datei. Beim Einsatz dieser Funktionen gilt folgendes:

- Gleichungen mit PRNSCHREIBEN und PRNANFÜGEN müssen in einer vorgegebenen Form angegeben werden. Auf der linken Seite muß PRNSCHREIBEN(*Datei*) bzw. PRNANFÜGEN(*Datei*) stehen. Darauf folgen das Definitionszeichen (:=) und ein Matrixausdruck. Verwenden Sie im Matrixausdruck keine Bereichsvariablen oder Indizes.

- Jede neue Gleichung, in der PRNSCHREIBEN vorkommt, erzeugt eine neue Datei. Wenn zwei Gleichungen in dieselbe Datei schreiben, werden die mit der ersten Gleichung geschriebenen Daten von denen der zweiten Gleichung überschrieben. Verwenden Sie PRNANFÜGEN, wenn Sie Daten an eine vorhandene Datei anfügen möchten, statt sie zu überschreiben.

- Die Systemvariablen *PRNCOLWIDTH* und *PRNPRECISION* legen das Format der von Mathcad erzeugten Datendatei fest. Der Wert von *PRNCOLWIDTH* gibt die Breite der Spalten (in Zeichen), der von *PRNPRECISION* die Anzahl der signifikanten Ziffern an. Standardmäßig gilt: *PRNCOLWIDTH*=8 und *PRNPRECISION*=4. Zum Ändern dieser Werte wählen Sie den Eintrag OPTIONEN aus dem Menü RECHNEN aus und bearbeiten die Werte auf der Registerkarte VORDEFINIERTE VARIABLEN, oder Sie geben diese Variablen oberhalb der Funktion PRNSCHREIBEN in Ihrem Mathcad-Dokument ein.

PRNSCHREIBEN und PRNLESEN ermöglichen Ihnen das Schreiben und Einlesen von in Mathcad Professional erstellten *verschachtelten Datenfeldern*.

Wenn es sich bei dem zu schreibenden Datenfeld entweder um eine verschachteltes Datenfeld (ein Datenfeld, dessen Elemente wiederum aus Datenfeldern bestehen) oder ein komplexes Datenfeld (ein Datenfeld, dessen Elemente komplex sind) handelt, dann erzeugt PRNSCHREIBEN *keine* einfache ASCII-Datei. Statt dessen erstellt PRNSCHREIBEN eine Datei in einem speziellen Format, das für andere Anwendungen wahrscheinlich nicht lesbar ist. Allerdings läßt sich diese Datei mittels der Mathcad-Funktion PRNLESEN einlesen.

Indem Sie die Funktion **erweitern** verwenden, können Sie mehrere Variablen verketten und sie alle mittels **PRNSCHREIBEN** in eine Datendatei schreiben.

Siehe auch   PRNANFÜGEN

---

prognose   *(Professional)*   Interpolation und Vorhersage

Syntax   prognose(v, m, n)

Beschreibung   Liefert n prognostizierte Werte basierend auf m Konsekutivwerten aus dem Datenvektor **v**. Elemente in **v** sollten Beispiele enthalten, die ähnlichen Intervallen entnommen wurden.

Argumente

    v   reeller Vektor

    m, n   ganze Zahlen, $m > 0, n > 0$

Beispiel

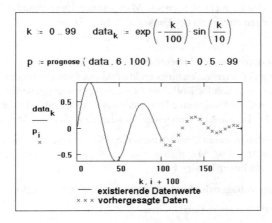

Anmerkungen   Interpolationsfunktionen wie **kspline**, **lspline** oder **pspline** ermöglichen es Ihnen zusammen mit **interp**, zwischen vorhandenen Datenpunkten liegende Werte zu ermitteln. Es kann aber auch vorkommen, daß Sie jenseits ihrer vorhandenen Werte liegende Datenpunkte benötigen. Mathcad stellt die Funktion **prognose** zur Verfügung, die auf einige der vorhandenen Daten zurückgreift, um Vorsagen über hinter den bekannten Werten liegende Datenpunkte zu treffen. Diese Funktion setzt einen linearen Vorhersagealgorithmus ein, der für glatte und oszillierende, nicht notwendigerweise periodische, Kurvenverläufe geeignet ist. Dieser Algorithmus kann als eine Art Extrapolationsverfahren betrachtet werden, ist aber nicht mit linearer oder polynomischer Extrapolation zu verwechseln.

Die Funktion **prognose** greift für die Berechnung der Vorhersagekoeffizienten auf die letzten m Werte der Ursprungsdaten zurück. Nach der Bestimmung dieser Koeffizienten verwendet sie die letzten m Punkte, um die Koordinaten des $(m+1)$-ten Punktes vorherzusagen, wodurch letztendlich ein m Punkte breiter gleitender Bereich erzeugt wird.

Algorithmus   Verfahren nach Burg (Press et al., 1992)

pspline — Interpolation und Vorhersage

Eindimensionaler Fall

Syntax   pspline(**vx**, **vy**)

Beschreibung   Liefert den Koeffizienten-Vektor eines kubischen Splines mit parabolischen Endpunkten. Dieser Vektor wird zum ersten Argument der Funktion interp.

Argumente

- **vx, vy**   reelle Vektoren derselben Größe; die Elemente von **vx** müssen aufsteigend sortiert sein

Zweidimensionaler Fall

Syntax   pspline(**Mxy**, **Mz**)

Beschreibung   Liefert den Koeffizienten-Vektor eines zweidimensionalen kubischen Splines, der an den Bereichsgrenzen von **Mxy** parabolisch sein muß. Dieser Vektor wird zum ersten Argument der Funktion interp.

Argumente

- **Mxy** $n \times 2$-Matrix, deren Elemente $Mxy_{i,0}$ und $Mxy_{i,1}$ die x- und y-Koordinaten entlang der *Diagonalen* eines rechtwinkligen Gitters angeben. Diese Matrix spielt genau dieselbe Rolle wie **vx** im zuvor beschriebenen eindimensionalen Fall. Da diese Punkte eine Diagonale beschreiben, müssen die Elemente in jeder Spalte von **Mxy** aufsteigend sortiert sein ($Mxy_{i,k} < Mxy_{j,k}$ für $i < j$).

- **Mz** $n \times n$-Matrix, deren ij-tes Element die z-Koordinate des Punktes mit $x = Mxy_{i,0}$ und $y = Mxy_{j,1}$ ist. **Mz** spielt genau dieselbe Rolle wie **vy** im zuvor beschriebenen eindimensionalen Fall.

Algorithmus   Lösung tridiagonaler Systeme (Press et al., 1992; Lorczak)

Siehe auch   lspline für weitere Einzelheiten

---

pt — Wahrscheinlichkeitsverteilung

Syntax   pt(x, d)

Beschreibung   Liefert die kumulative t-Verteilung nach Student.

Argumente

- x reelle Zahl, $x \geq 0$
- d ganzzahliger Freiheitsgrad, $d > 0$

Algorithmus   Stetige Bruchentwicklung (Abramowitz und Stegun, 1972)

punif
Wahrscheinlichkeitsverteilung

Syntax punif(x, a, b)

Beschreibung Liefert die kumulative Gleichverteilung.

Argumente

x reelle Zahl

a, b reelle Zahlen, $a < b$

---

pv/gw
Finanzen

Syntax pv($rate, nper, pmt,$ [[fv], [$type$]])

Beschreibung Liefert die Zahlung bei einer Investition oder einer Anleihe für einen vorgegebenen Zeitraum, *per*, basierend auf regelmäßigen, konstanten Zahlungen über einen vorgegebenen Gesamtzeitraum, *nper*, bei einem festen Zinssatz, *rate*, und einem bestimmten, aktuellen Wert, *pv*.

Argumente

rate reeller Satz

nper ganze Zahl für Gesamtzeitraum *nper* ≥ 1

pv reeller, aktueller Wert

fv (optional) reeler künftiger Wert, Standard ist *fv* = 0

type (optional) Zahlungsplan-Indikator, 0 für Zahlungen, die am Ende einer Periode und 1 für Zahlungen, die zu Beginn einer Periode vorgenommen wurden. Standard ist *type* = 0

Anmerkungen Wenn Sie den Jahreszinssatz, *ann_rate*, kennen, müssen Sie den Zinssatz pro Zeitraum ermitteln als *rate = ann_rate/nper*.

Zahlungen wie Sparanlagen oder Zahlungen für Anleihen müssen mit negativen Zahlen eingegeben werden. Zahlungseingänge wie Schecks müssen mit positiven Zahlen eingegeben werden.

Siehe auch fv, nper, pmt, rate

---

pweibull
Wahrscheinlichkeitsverteilung

Syntax pweibull(x, s)

Beschreibung Liefert die kumulative Weibull-Verteilung.

Argumente

x reelle Zahl, $x \geq 0$

s reeller Formparameter, $s > 0$

pwrfit/potanp Regression und Glättung

Syntax pwrfit(*vx, vy, vg*)

Beschreibung Liefert einen Vektor, der die Parameter (a, b, c) enthält, aus denen die Funktion
$a \cdot x^b + c$ erstellt wird, die am besten zu den Datenfeldern **vx** und **vy** paßt.

Argumente

vx, vy reelle Vektoren derselben Größe

vg reeller Vektor mit Schätzwerten für (a, b, c)

Anmerkungen Dies ist ein spezieller Fall der genanp-Funktion. Für die Initialisierung ist ein Vektor mit Schätzwerten erforderlich. Wird der Wert der vorgegebenen TOL-Variable verringert, kann dadurch mehr Genauigkeit in pwrfit erzielt werden.

Siehe auch line, linanp, genanp, expfit, logfit, lgsfit, sinfit, medfit

qbeta Wahrscheinlichkeitsverteilung

Syntax qbeta(*p, s1, s2*)

Beschreibung Liefert die inverse Beta-Verteilung mit den Formparametern *s1* und *s2*.

Argumente

p reelle Zahl, $0 \leq p \leq 1$

s1, s2 reelle Formparameter, $s1 > 0, s2 > 0$

Algorithmus Wurzelsuche (Halbierungs- und Sekantenverfahren) (Press et al., 1992)

qbinom Wahrscheinlichkeitsverteilung

Syntax pbinom(*p, n, q*)

Beschreibung Liefert die inverse Binominalverteilung, d.h., die kleinste ganze Zahl k für die pbinom(k, n, q) $\geq p$ gilt.

Argumente

n ganze Zahl, $n > 0$

p, q reelle Zahlen, $0 \leq p \leq 1, 0 \leq q \leq 1$

Algorithmus Diskretes Halbierungsverfahren (Press et al., 1992)

qcauchy Wahrscheinlichkeitsverteilung

Syntax qcauchy(*p, l, s*)

Beschreibung Liefert die inverse Cauchy-Verteilung.

Argumente

	p	reelle Zahl, $0 < p < 1$
	l	reeller Lageparameter
	s	reeller Skalenparameter, $s > 0$

qchisq   Wahrscheinlichkeitsverteilung

Syntax qchisq(p, d)

Beschreibung Liefert die inverse Chi-Quadrat-Verteilung.

Argumente

	p	reelle Zahl, $0 \leq p < 1$
	d	ganzzahliger Freiheitsgrad, $d > 0$

Algorithmus Wurzelsuche (Halbierungs- und Sekantenverfahren) (Press et al., 1992)

Rationale Funktionsnäherungen (Abramowitz und Stegun, 1972)

qexp   Wahrscheinlichkeitsverteilung

Syntax qexp(p, r)

Beschreibung Liefert die inverse Exponentialverteilung.

Argumente

	p	reelle Zahl, $0 \leq p < 1$
	r	reelle Verteilungsrate, $r > 0$

qF   Wahrscheinlichkeitsverteilung

Syntax qF(p, $d1$, $d2$)

Beschreibung Liefert die inverse F-Verteilung.

Argumente

	p	reelle Zahl, $0 \leq p < 1$
	$d1$, $d2$	ganzzahlige Freiheitsgrade, $d1 > 0$, $d2 > 0$

Algorithmus Wurzelsuche (Halbierungs- und Sekantenverfahren) (Press et al., 1992)

qgamma   Wahrscheinlichkeitsverteilung

Syntax qgamma(p, s)

Beschreibung Liefert die inverse Gamma-Verteilung.

Argumente

        p   reelle Zahl, $0 \le p < 1$

        s   reeller Formparameter, $s > 0$

Algorithmus   Wurzelsuche (Halbierungs- und Sekantenverfahren) (Press et al., 1992)

    Rationale Funktionsnäherungen (Abramowitz und Stegun, 1972)

---

qgeom   Wahrscheinlichkeitsverteilung

Syntax   qgeom(*p*, *q*)

Beschreibung   Liefert die inverse geometrische Verteilung, d.h., die kleinste ganze Zahl *k*, für die **pgeom**(*k*, *q*) $\ge p$ gilt.

Argumente

        p, *q*   reelle Zahlen, $0 < p < 1, 0 < q < 1$

Anmerkungen   *k* ist näherungsweise die ganze Zahl, für die $\Pr(X \le k) = p$ gilt, wenn die Zufallsvariable *X* die geometrische Verteilung mit dem Parameter *q* aufweist. Dies ist die Bedeutung von »inverser« geometrischer Verteilungsfunktion.

---

qhypergeom   Wahrscheinlichkeitsverteilung

Syntax   qhypergeom(*p*, *a*, *b*, *n*)

Beschreibung   Liefert die inverse hypergeometrische Verteilung, d.h., die kleinste ganze Zahl *k* für die **phypergeom**(*k*, *a*, *b*, *n*) $\ge p$ gilt.

Argumente

        p   reelle Zahl, $0 \le p \le 1$

        a, *b*, *n*   ganze Zahlen, $0 \le a, 0 \le b, 0 \le n \le a+b$

Anmerkungen   *k* ist näherungsweise die ganze Zahl, für die $\Pr(X \le k) = p$ gilt, wenn die Zufallsvariable *X* die hypergeometrische Verteilung mit den Parametern *a*, *b* und *n* aufweist. Dies ist die Bedeutung von »inverser« hypergeometrischer Verteilungsfunktion.

Algorithmus   Diskretes Halbierungsverfahren (Press et al., 1992)

---

qlnorm   Wahrscheinlichkeitsverteilung

Syntax   qlnorm(*p*, μ, σ)

Beschreibung   Liefert die inverse logarithmische Normalverteilung.

Argumente

        p   reelle Zahl, $0 \le p < 1$

        m   logarithmisches Mittel

        s   logarithmische Abweichung, $\sigma > 0$

Algorithmus   *Wurzelsuche (Halbierungs- und Sekantenverfahren)* (Press et al., 1992)

qlogis
Wahrscheinlichkeitsverteilung

Syntax qlogis(p, l, s)

Beschreibung Liefert die inverse logistische Verteilung.

Argumente

- p   reelle Zahl, $0 < p < 1$
- l   reeller Lageparameter
- s   reeller Skalenparameter, $s > 0$

qnbinom
Wahrscheinlichkeitsverteilung

Syntax qnbinom(p, n, q)

Beschreibung Liefert die inverse negative Binominalverteilung, d.h., die kleinste ganze Zahl k für die pnbinom(k, n, q) $\geq p$ gilt.

Argumente

- n   ganze Zahl, $n > 0$
- p, q   reelle Zahlen, $0 < p < 1, 0 < q < 1$

Algorithmus Diskretes Halbierungsverfahren (Press et al., 1992)

qnorm
Wahrscheinlichkeitsverteilung

Syntax qnorm(p, µ, σ)

Beschreibung Liefert die inverse Normalverteilung.

Argumente

- p   reelle Zahl, $0 < p < 1$
- m   reelles Mittel
- s   Standardabweichung, $\sigma > 0$

Algorithmus Wurzelsuche (Halbierungs- und Sekantenverfahren) (Press et al., 1992)

qpois
Wahrscheinlichkeitsverteilung

Syntax qpois(p, λ)

Beschreibung Liefert die inverse Poisson-Verteilung, d.h. die kleinste ganze Zahl k, für die ppois(k, λ) $\geq p$ gilt.

Argumente

- p   reelle Zahl, $0 \leq p \leq 1$
- l   reelles Mittel, $\lambda > 0$

Anmerkungen	k ist näherungsweise die ganze Zahl, für die $\Pr(X \leq k) = p$ gilt, wenn die Zufallsvariable X die Poisson-Verteilung mit dem Parameter λ aufweist. Dies ist die Bedeutung von »inverser« Poisson-Verteilungsfunktion.
Algorithmus	Diskretes Halbierungsverfahren (Press et al., 1992)

qr   Vektor- und Matrixfunktion

(Professional)

Syntax   qr(**A**)

Beschreibung   Liefert ein $m \times (m + n)$-Matrix, deren ersten m Spalten die $m \times m$-Orthonormalmatrix **Q** und deren letzten n Spalten die obere $m \times n$-Dreiecksmatrix **R** enthalten. Diese genügen der Matrixgleichung $\mathbf{A} = \mathbf{Q} \cdot \mathbf{R}$.

Argumente

    A   reelle $m \times n$-Matrix

Beispiel

$$A := \begin{pmatrix} 1 & 2 & -1 \\ 2.3 & 4 & 4 \\ -2 & 5.1 & 4 \\ 0 & .8 & 6 \end{pmatrix} \qquad M := qr(A)$$

$$M = \begin{pmatrix} 0.312 & 0.279 & -0.437 & -0.796 & 3.208 & 0.312 & 0.062 \\ 0.717 & 0.553 & 0.129 & 0.403 & 0 & 6.823 & 5.742 \\ -0.623 & 0.776 & -0.069 & 0.066 & 0 & 0 & 6.002 \\ 0 & 0.117 & 0.888 & -0.446 & 0 & 0 & 0 \end{pmatrix}$$

$Q := \text{submatrix}(M, 0, 3, 0, 3)$ $R := \text{submatrix}(M, 0, 3, 4, 6)$

$$Q \cdot Q^T = \begin{pmatrix} 1 & 0 & 0 & 0 \\ 0 & 1 & 0 & 0 \\ 0 & 0 & 1 & 0 \\ 0 & 0 & 0 & 1 \end{pmatrix} \qquad Q \cdot R = \begin{pmatrix} 1 & 2 & -1 \\ 2.3 & 4 & 4 \\ -2 & 5.1 & 4 \\ 0 & 0.8 & 6 \end{pmatrix}$$

qt   Wahrscheinlichkeitsverteilung

Syntax   qt(p, d)

Beschreibung   Liefert die inverse t-Verteilung nach Student.

Argumente

    p reelle Zahl, $0 < p < 1$

    d ganzzahliger Freiheitsgrad, $d > 0$

Algorithmus   Wurzelsuche (Halbierungs- und Sekantenverfahren) (Press et al., 1992)

qunif
Wahrscheinlichkeitsverteilung

Syntax qunif(p, a, b)

Beschreibung Liefert die inverse Gleichverteilung.

Argumente

    p reelle Zahl, $0 \leq p \leq 1$

    a, b reelle Zahlen, $a < b$

qweibull
Wahrscheinlichkeitsverteilung

Syntax qweibull(p, s)

Beschreibung Liefert die inverse Weibull-Verteilung.

Argumente

    p reelle Zahl, $0 < p < 1$

    s reeller Formparameter, $s > 0$

rate/zsatz
Finanzen

Syntax rate (nper, pmt, pv, [[fv], [type], [guess]])

Beschreibung Gibt den Zinssatz pro Periode einer Investition oder eines Darlehens über eine bestimmte Anzahl an Gesamtperioden, *nper*, an, bei der eine periodische, konstante Zahlung, *pmt*, sowie ein festgelegter aktueller Wert, *pv*, vorgegeben sind.

Argumente

    nper ganze Zahl für einen Gesamtperiode, $nper > 1$

    pmt reelle Zahlung

    pv reeller, aktueller Wert

    fv (optional) reeller künftiger Wert, Standard ist $fv = 0$

    type (optional) Zahlungsplan-Indikator, 0 für Zahlungen, die am Ende einer Periode und 1 für Zahlungen, die zu Beginn einer Periode vorgenommen wurden. Standard ist $type = 0$

    guess (optional) reelle Schätzung, Standard ist $guess = 0{,}1$ (10%)

Algorithmus Die von Ihnen vorgenommenen Zahlungen wie Geldanlagen oder Darlehen müssen mit Negativzahlen eingegeben werden. Geld, das Sie erhalten, wie Schecks, müssen mit Positivzahlen eingegeben werden.

	Wenn rate innerhalb $1*10^{-7}$ Prozent nach 20 Iterationen zu keinem genauen Ergebnis kommen kann, wird eine Fehlermeldung ausgegeben. In diesem Fall sollte ein anderer Wert geschätzt werden, allerdings ist hierfür keine Lösung garantiert.
Siehe auch	crate, fv, nper, pmt, pv

rbeta   Zufallszahlen

Syntax	rbeta(m, $s1$, $s2$)
Beschreibung	Liefert einen Vektor mit m Beta-verteilten Zufallszahlen.
Argumente	
m	ganze Zahl, $m > 0$
$s1$, $s2$	reelle Formparameter, $s1 > 0$, $s2 > 0$
Algorithmus	XG-Algorithmus nach Best, Johnk-Generator (Devroye, 1986)
Siehe auch	rnd

rbinom   Zufallszahlen

Syntax	rbinom(m, n, p)
Beschreibung	Liefert einen Vektor mit m binominalverteilten Zufallszahlen.
Argumente	
m, n	ganze Zahlen, $m > 0$, $n > 0$
p	reelle Zahl, $0 \leq p \leq 1$
Algorithmus	Waiting time and rejection algorithms (Devroye, 1986)
Siehe auch	rnd

rcauchy   Zufallszahlen

Syntax	rcauchy(m, l, s)
Beschreibung	Liefert einen Vektor mit m Cauchy-verteilten Zufallszahlen.
Argumente	
m	ganze Zahl, $m > 0$
l	reeller Lageparameter
s	reeller Skalenparameter, $s > 0$
Algorithmus	Inverse cumulative density method (Press et al., 1992)
Siehe auch	rnd

rchisq
Zufallszahlen

Syntax rchisq(m, d)

Beschreibung Liefert einen Vektor mit m chi-quadrat-verteilten Zufallszahlen.

Argumente

    m ganze Zahl, $m > 0$

    d ganzzahliger Freiheitsgrad, $d > 0$

Algorithmus XG-Algorithmus nach Best, Johnk-Generator (Devroye, 1986)

Siehe auch rnd

---

regress
Regression und Glättung

Eindimensionaler Fall

Syntax regress(**vx**, **vy**, n)

Beschreibung Liefert den von der Funktion interp benötigten Vektor zum Ermitteln des Polynoms n-ten Grades, das am besten zu den Datenfeldern **vx** und **vy** paßt.

Argumente

    vx, vy reelle Vektoren derselben Größe

    n ganze Zahl, $n > 0$

Beispiel

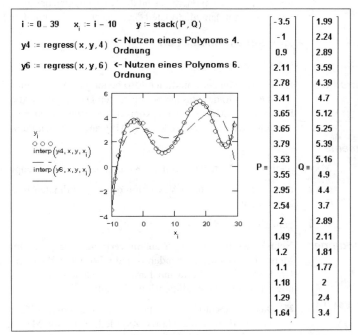

Anmerkungen	Die Regressionsfunktionen **regress** und **loess** sind hilfreich, wenn Sie über eine Menge von y-Meßwerten zu entsprechenden x-Werten verfügen und ein Polynom n-ten Grades an diese y-Werte annähern wollen. (Für eine einfache lineare Annäherung, also mit $n = 1$, können Sie auch auf die Funktionen **neigung** und **achsenabschn** zurückgreifen.)
	Verwenden Sie **regress**, wenn Sie alle Ihre Daten mit einem einzigen Polynom annähern wollen. Die Funktion **regress** läßt Sie ein Polynom beliebigen Grades ermitteln. In der Praxis werden Sie allerdings kaum über $n = 6$ hinauszugehen brauchen.
	Da die Funktion **regress** versucht, alle Ihre Datenpunkte mit einem einzigen Polynom zu erfassen, liefert sie keine guten Ergebnisse, wenn sich Ihre Daten nicht wie ein einziges Polynom verhalten. Nehmen wir beispielsweise an, Sie erwarten für ein y_i einen linearen Verlauf von x_1 bis x_{10} und ein kubisches Verhalten von x_{11} bis x_{20}. Wenn Sie **regress** darauf mit $n = 3$ (kubisch) ansetzen, erhalten Sie eine gute Annäherung für die zweite Hälfte, aber eine schlechte für die erste.
	Die von Mathcad Professional bereitgestellte Funktion **loess** mildert diese Art von Problemen durch die Durchführung einer in stärkerem Maße lokalen Regression ab.
	Die ersten drei Komponenten des Ergebnisvektors **vr** := regress(**vx**, **vy**, n) sind: $vr_0 = 3$ (dieser Code teilt **interp** mit, daß **vr** das Ergebnis von **regress** und nicht einer Spline-Funktion ist), $vr_1 = 3$ (der Index innerhalb von **vr**, ab dem die Koeffizienten des Polynoms beginnen) und $vr_2 = n$ (der Grad der Annäherung). Die übrigen $n + 1$ Komponenten sind die Koeffizienten des angenäherten Polynoms vom Term mit dem niedrigsten Grad bis zum Term mit dem höchsten Grad.

Zweidimensionaler Fall

Syntax	regress(**Mxy**, **vz**, n)
Beschreibung	Liefert den von der Funktion **interp** benötigten Vektor zum Ermitteln des Polynoms n-ten Grades, das am besten zu den Datenfeldern **Mxy** und **vz** paßt. **Mxy** ist eine $m \times 2$-Matrix mit x-y-Koordinaten. **vz** ist ein m-dimensionaler Vektor mit den z-Koordinaten zu den m in **Mxy** angegebenen Punkten.
Argumente	
Mxy	reelle $m \times 2$-Matrix mit den x-y-Koordinaten der m Datenpunkte
vz	reeller m-dimensionaler Vektor mit den z-Koordinaten zu den in **Mxy** angegebenen Punkten
n	ganze Zahl, $n > 0$
Anmerkungen	Nehmen wir beispielsweise an, Sie verfügten über eine Menge von z-Meßwerten zu entsprechenden x- und y-Werten und wollen ein Polynom n-ten Grades an diese z-Werte annähern. Die Bedeutung der Eingabeargumente ist allgemeiner als im eindimensionalen Fall:

- ■ Das Argument **vx**, das bisher ein m-dimensionaler Vektor von x-Werten war, wird zur $m \times 2$-Matrix **Mxy**. Jede Zeile von **Mxy** enthält einen x-Wert in der ersten und einen zugehörigen y-Wert in der zweiten Spalte.

- Das Argument *x* für die Funktion interp wird zum zweidimensionalen Vektor **v**, mit denjenigen *x*- und *y*-Werten, für die Sie das Polynom der Oberfläche ermitteln wollen, die am besten zu den Datenpunkten in **Mxy** und **vz** paßt.

Diese Betrachtung läßt sich problemlos auf höherdimensionale Fälle übertragen. Sie können weitere unabhängige Variablen hinzufügen, indem Sie einfach das Feld **Mxy** um entsprechende Spalten erweitern. Dann müssen Sie auch die entsprechende Anzahl von Zeilen zu dem Vektor **v** hinzufügen, den Sie an die Funktion interp übergeben. Die Funktion regress kann mit beliebig vielen unabhängigen Variablen umgehen. Allerdings wird regress langsamer rechnen und mehr Speicher erfordern, wenn die Anzahl unabhängiger Variablen und der Grad des Polynoms größer ist als vier. Die Funktion loess ist dagegen auf maximal vier unabhängige Variablen beschränkt.

Denken Sie daran, daß die Anzahl von Datenwerten *m* für regress der Bedingung $m > \binom{n+k-1}{n} \cdot \frac{n+k}{k}$ genügen muß, wobei *k* für die Anzahl unabhängiger Variablen (und somit für die Spaltenanzahl von **Mxy**), *n* für den Grad des geforderten Polynoms und *m* für die Anzahl von Datenwerten (und somit für die Zeilenanzahl von **vz**) steht. Wenn Sie beispielsweise fünf erläuternde Variablen und ein Polynom vierten Grades vorliegen haben, benötigen Sie über 126 Stützpunkte.

Die von Mathcad Professional bereitgestellte Funktion loess eignet sich für solche Daten besser als regress, die sich nicht von einem einzigen Polynom beschreiben lassen.

Algorithmus Normale Gleichungslösung durch Gauß-Jordan-Eliminierung (Press et al., 1992)

---

relax   *(Professional)*   Lösung von Differentialgleichungen

Syntax relax(**A**, **B**, **C**, **D**, **E**, **F**, **U**, *rjac*)

Beschreibung Liefert eine Matrix mit Lösungswerten für eine Poissonsche partielle Differentialgleichung über einer quadratischen Fläche. Allgemeiner als das schnellere multigit.

Argumente

A, **B**, **C**, **D**, **E** reelle Quadratmatrizen derselben Größe mit den Koeffizienten der diskretisierten Laplaceschen Gleichung (beispielsweise die linken Seiten der unten stehenden Gleichungen)

F reelle Quadratmatrix mit dem Ursprungsterm an jedem Punkt der Fläche, in der die Lösung gesucht wird (beispielsweise die rechten Seiten der unten stehenden Gleichungen)

U reelle Quadratmatrix mit Randwerten der Flächenseiten und anfänglichen Schätzwerten für die Lösung innerhalb der Fläche

rjac der Spektralradius der Jacobi-Iteration, $0 < rjac < 1$, der die Konvergenz des Relaxationsalgorithmus vorgibt; der optimale Wert hängt von den jeweiligen Details Ihres Problems ab

Beispiel

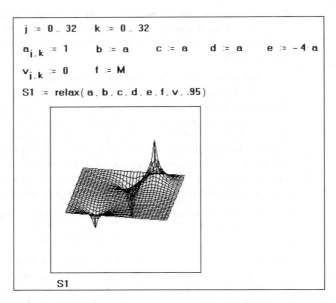

$j := 0 .. 32 \quad k := 0 .. 32$

$a_{j,k} := 1 \quad b := a \quad c := a \quad d := a \quad e := -4 \cdot a$

$v_{j,k} := 0 \quad f := M$

$S1 := \text{relax}(a, b, c, d, e, f, v, .95)$

S1

Anmerkungen Zwei häufig bei der Untersuchung physikalischer Systeme auftauchende partielle Differentialgleichungen sind die Poissonsche Gleichung

$$\frac{\partial^2 u}{\partial x^2} + \frac{\partial^2 u}{\partial y^2} = \rho(x,y)$$

und deren homogene Form, die Laplacesche Gleichung.

Mathcad verfügt über zwei Funktionen zum Lösen dieser Gleichungen über einer quadratischen Fläche, vorausgesetzt, die von der unbekannten Funktion $u(x, y)$ an allen vier Seiten der Grenze angenommenen Werte sind bekannt. Der allgemeinste Lösungsalgorithmus ist die Funktion relax. In dem Spezialfall, in dem die Funktion $u(x, y)$ an allen vier Seiten der Grenze bekanntermaßen den Wert Null hat, können Sie aber auf die Funktion multigit zurückgreifen. Diese Funktion löst das Problem dann häufig schneller als relax. Wenn die Randbedingungen für alle vier Seiten übereinstimmen, können Sie einfach eine Umwandlung in eine äquivalente Gleichung vornehmen, für die der Wert für alle vier Seiten Null ist.

Die Funktion relax liefert eine Quadratmatrix zurück, in der

- die Position eines Matrixelements dessen Position in der quadratischen Fläche entspricht und
- dessen Wert sich dem Wert der Lösung an dieser Stelle annähert.

Diese Funktion greift auf die Relaxationsmethode zurück, um zur Lösung zu konvergieren. Die Poissonsche Gleichung für einen quadratischen Bereich ist gegeben durch:

$$a_{j,k} u_{j+1,k} + b_{j,k} u_{j-1,k} + c_{j,k} u_{j,k+1} + d_{j,k} u_{j,k-1} + e_{j,k} u_{j,k} = f_{j,k}$$

Algorithmus Gauß-Seidel mit successive overrelaxation (Press et al., 1992)

Siehe auch multigit

Re — Komplexe Zahlen

Syntax Re(z)

Beschreibung Liefert den reellen Anteil von z.

Argumente

    z reelle oder komplexe Zahl

Siehe auch Im

---

rexp — Zufallszahlen

Syntax rexp(m, r)

Beschreibung Liefert einen Vektor mit m exponentialverteilten Zufallszahlen.

Argumente

    m ganze Zahl, $m > 0$

    r reelle Verteilungsrate, $r > 0$

Algorithmus Inverse cumulative density method (Press et al., 1992)

Siehe auch rnd

---

rF — Zufallszahlen

Syntax rF(m, d1, d2)

Beschreibung Liefert einen Vektor mit m F-verteilten Zufallszahlen.

Argumente

    m ganze Zahl, $m > 0$

    d1, d2 ganzzahlige Freiheitsgrade, $d1 > 0$, $d2 > 0$

Algorithmus XG-Algorithmus nach Best, Johnk-Generator (Devroye, 1986)

Siehe auch rnd

---

rgamma — Zufallszahlen

Syntax rgamma(m, s)

Beschreibung Liefert einen Vektor mit m gamma-verteilten Zufallszahlen.

Argumente

    m ganze Zahl, $m > 0$

    s reeller Formparameter, $s > 0$

Algorithmus XG-Algorithmus nach Best, Johnk-Generator (Devroye, 1986)

Siehe auch rnd

RGBLESEN   Dateizugriff

Syntax   RGBLESEN(*Datei*)

Beschreibung Erstellt eine Matrix, in der die Farbinformationen der BMP-Datei *Datei* durch die entsprechenden Werte für Rot, Grün und Blau dargestellt sind. Diese Matrix setzt sich aus drei Teilmatrizen zusammen, die jeweils über dieselbe Anzahl von Spalten und Zeilen verfügen. Jedes Pixel wird durch drei Matrixelemente – statt nur eines – dargestellt. Jedes Element enthält eine ganze Zahl zwischen 0 und 255. Die drei entsprechenden Elemente bilden zusammengenommen die Farbe des Pixels.

Argumente

Datei   Zeichenkettenvariable für den Dateinamen bzw. Pfad eines Farbbildes

Beispiel

```
farbe := "c:\images\monalisa.bmp"

grau := READBMP( farbe )
gepackt := READRGB( farbe )

r := zeilen( gepackt ) - 1     c := spalten( gepackt ) / 3

rot := submatrix( gepackt, 0, r, 0, c - 1 )
grün := submatrix( gepackt, 0, r, c, 2·c - 1 )
blau := submatrix( gepackt, 0, r, 2·c, 3·c - 1 )
```

Anmerkungen Um die Matrix eines Farbbildes in dessen Rot-, Grün- und Blauanteile aufzuteilen, verwenden Sie die im Beispiel vorgeführten Formeln mit der Funktion submatrix. In diesem Beispiel wird das Farbbild »monalisa.bmp« sowohl in die Graustufenmatrix »grau« als auch in die komprimierte RGB-Matrix »**gepackt**« eingelesen und anschließend in die drei Teilmatrizen »**rot**«, »**grün**« und »**blau**« konvertiert.

Nachdem Sie eine Bilddatei eingelesen haben, können Sie das Bild mittels des *Bild-Operators* betrachten.

Mathcad Professional stellt überdies spezialisierte Funktionen zum Einlesen von Farbbildern oder Bildkomponenten bereit, wie beispielsweise Funktionen zum Einlesen von Bildern im BMP-, JPG-, GIF-, TGA- oder PCX-Format.

Mit Hilfe der folgenden Tabelle finden Sie heraus, welche Funktion für Ihre Zwecke geeignet ist:

Zum Separieren einer Datei in diese Komponenten:
Verwenden Sie diese Funktionen:
rot, grün und blau (RGB)
ROT_LESEN, GRÜN_LESEN, BLAU_LESEN
Farbton, Helligkeit und Sättigung (HLS)

	HLS_LESEN, HLS_TON_LESEN, HLS_HELL_LESEN, HLS_SAT_LESEN
	Farbton, Sättigung und Wert (HSV)
	HSV_LESEN, HSV_TON_LESEN, HSV_SAT_LESEN, HSV_WERT_LESEN
Hinweis	HLS_LESEN und HSV_LESEN funktionieren auf genau dieselbe Weise wie RGB_LESEN. Alle anderen Funktionen arbeiten genauso wie BMPLESEN.
Siehe auch	BMPLESEN für Graustufenbilder.

RGBSCHREIBEN   Dateizugriff

Syntax	RGBSCHREIBEN(*Datei*)
Beschreibung	Erzeugt aus einer Matrix, die aus der Aneinanderreihung der drei Matrizen für die Rot-, Grün- und Blauwerte eines Bildes besteht, die Bilddatei *Datei* für ein Farbbild im BMP-Format. Wird wie folgt eingesetzt: RGBSCHREIBEN(*Datei*) := **M**. Die Funktion muß alleinstehend auf der linken Seite einer Definition erscheinen.
Argumente	
Datei	Zeichenkettenvariable für den Dateinamen bzw. Pfad des BMP-Bildes
M	Matrix mit ganzen Zahlen, $0 \leq \mathbf{M}_{i,j} \leq 255$
Anmerkungen	Die Funktion **erweitern** ist hilfreich, um Teilmatrizen vor der Verwendung von RGBSCHREIBEN miteinander zu verbinden.
	Mathcad Professional verfügt über Funktionen zum Erstellen von Farbbildern in BMP-Dateien aus Matrizen, in denen das Bild im HLS- oder HSV-Format enthalten ist. Diese funktionieren genau auf die gleiche Weise wie RGBSCHREIBEN.
Siehe auch	HLS_SCHREIBEN und HSV_SCHREIBEN

rgeom   Zufallszahlen

Syntax	rgeom(*m, p*)
Beschreibung	Liefert einen Vektor mit *m* geometrisch verteilten Zufallszahlen.
Argumente	
m	ganze Zahl, $m > 0$
p	reelle Zahl, $0 < p < 1$
Algorithmus	Inverse cumulative density method (Press et al., 1992)
Siehe auch	rnd

rg
Vektor- und Matrixfunktion

(Professional)

Syntax	rg(**A**)
Beschreibung	Liefert den Rang der Matrix **A**, d.h. die maximale Anzahl von linear unabhängigen Spalten in **A**.
Argumente	
A	reelle $m \times n$-Matrix
Algorithmus	Einzelwertberechnung (Wilkinson und Reinsch, 1971)

rhypergeom
Zufallszahlen

Syntax	rhypergeom(m, a, b, n)
Beschreibung	Liefert einen Vektor mit m hypergeometrisch verteilten Zufallszahlen.
Argumente	
m	ganze Zahl, $m > 0$
a, b, n	ganze Zahlen, $0 \leq a, 0 \leq b, 0 \leq n \leq a+b$
Algorithmus	Uniform sampling method (Devroye, 1986)
Siehe auch	rnd

rkadapt
(Professional)   Lösung von Differentialgleichungen

Syntax	rkadapt(**y**, $x1, x2, acc$, **D**, $kmax, save$)
Beschreibung	Löst eine Differentialgleichung mittels einer langsam variierenden Runge-Kutta-Methode. Liefert die Abschätzung der Lösung der Differentialgleichung in $x2$.
Argumente	*Mehrere Argumente dieser Funktion stimmen mit den bei* rkfest *beschriebenen überein.*
y	reeller Vektor mit Anfangswerten
$x1, x2$	reelle Endpunkte des Lösungsintervalls
acc	Der reelle Wert $acc > 0$ gibt die Genauigkeit der Lösung an; ein niedriger Wert für acc bewirkt, daß der Algorithmus kleinere Schritte entlang der Trajektorie durchführt und somit die Genauigkeit der Lösung erhöht. Werte für acc um 0,001 bringen im allgemeinen genaue Lösungen hervor.
D(x, **y**)	Eine reelle Vektorwerte liefernde Funktion, welche die Ableitungen der unbekannten Funktionen beschreibt.
$kmax$	Die ganze Zahl $kmax > 0$ gibt die maximale Anzahl von Zwischenpunkten an, mit denen die Lösung angenähert wird. Der Wert $kmax$ legt eine Obergrenze für die Anzahl von Zeilen der von diesen Funktionen zurückgelieferten Matrix fest.

save	Die reelle Zahl *save* > 0 gibt den Mindestabstand zwischen den Werten an, mit denen die Lösung angenähert wird. *save* legt eine Untergrenze für die Differenz zwischen jeweils zwei Zahlen in der ersten Spalte der von der Funktion zurückgelieferten Matrix fest.
Anmerkungen	Die spezialisierten Lösungsverfahren für Differentialgleichungen **Bulstoer**, **Rkadapt**, **Steifb** und **Steifr** liefern die Lösung $y(x)$ für eine Anzahl von x-Werten mit konstantem Abstand im von $x1$ und $x2$ begrenzten Integrationsintervall. Wenn Sie nur am Lösungswert des Endpunktes, $y(x2)$, interessiert sind, verwenden Sie statt dessen **bulstoer**, **rkadapt**, **steifb** und **steifr**.
Algorithmus	Runge-Kutta-Methode fünften Grades mit angepaßten Schritten (Press et al., 1992)
Siehe auch	das allgemeine Lösungsverfahren für Differentialgleichungen **rkfest** für Informationen über Ausgabe und Argumente; **Rkadapt**.

Rkadapt   *(Professional)*   Lösung von Differentialgleichungen

Syntax	Rkadapt(**y**, *x1*, *x2*, *npts*, **D**)
Beschreibung	Löst eine Differentialgleichung mittels einer langsam variierenden Runge-Kutta-Methode. Liefert eine Lösung der Differentialgleichung für x-Werte mit konstantem Abstand durch wiederholtes Anwenden der Funktion **rkadapt**.
Argumente	*Alle Argumente dieser Funktion stimmen mit den bei* **rkfest** *beschriebenen überein.*
y	reeller Vektor mit Anfangswerten
x1, *x2*	reelle Endpunkte des Lösungsintervalls
npts	Die ganze Zahl *npts* > 0 gibt die Anzahl von Punkten nach dem Anfangspunkt an, für die eine Lösung ermittelt werden soll; legt die Zeilenanzahl der Ausgabematrix fest.
D(*x*, **y**)	Eine reelle Vektorwerte liefernde Funktion, welche die Ableitungen der unbekannten Funktionen beschreibt.
Anmerkungen	Für eine feste Anzahl von Punkten läßt sich eine Funktion genauer annähern, wenn an Stellen, an denen sich die Funktion schnell ändert, mehr und an Stellen, an denen sie sich langsamer ändert, weniger Berechnungen durchgeführt werden. Wenn Sie wissen, daß die Lösung diese Eigenschaft besitzt, werden Sie mit **Rkadapt** besser beraten sein. Anders als die Funktion **rkfest**, die eine Lösung für konstante Intervalle ermittelt, untersucht **Rkadapt**, wie schnell die Lösung sich ändert, und paßt die Schrittweite dementsprechend an. Diese »angepaßte Schrittweitenregulierung« ermöglicht es **Rkadapt**, sich auf die Teile des Integrationsbereichs zu konzentrieren, für die sich die Funktion schnell verändert, statt die Zeit für die wenig veränderlichen Anteile zu verschwenden.
	Auch wenn **Rkadapt** bei der Lösung der Differentialgleichung uneinheitliche Schrittweiten einsetzt, liefert die Funktion das Ergebnis dennoch für gleich weit voneinander entfernte Punkte.

Sowohl die Argumente von Rkadapt als auch die Form der Ergebnismatrix stimmen mit denen von rkfest überein.

Algorithmus Runge-Kutta-Methode mit konstanten Schritten und angepaßten Zwischenschritten (Press et al., 1992)

Siehe auch das allgemeinere Lösungsverfahren für Differentialgleichungen rkfest für Informationen über Ausgabe und Argumente; siehe auch Odesolve für einen Blockauflöse-Ansatz.

---

rkfest   Lösung von Differentialgleichungen

Syntax rkfest(y, *x1*, *x2*, *npts*, **D**)

Beschreibung Löst eine Differentialgleichung mittels einer Runge-Kutta-Methode. Liefert eine Lösung der Differentialgleichung für *x*-Werte mit konstantem Abstand.

Argumente

y reeller Vektor mit Anfangswerten (dessen Länge vom Grad der Differentialgleichung bzw. von der Größe des Differentialgleichungssystems abhängt). Bei einer Differentialgleichung ersten Grades, wie in den nachfolgenden Beispielen 1 und 2, ist der Vektor mit $y(0) = y(x1)$ auf einen Punkt beschränkt. Bei einer Differentialgleichung zweiten Grades, wie in Beispiel 3, verfügt der Vektor über zwei Elemente: den Wert der Funktion und dessen erste Ableitung an der Stelle *x1*. Bei Differentialgleichungen höherer Ordnung, wie in Beispiel 4, verfügt der Vektor über *n* Elemente zur Angabe der Anfangsbedingungen für y, y', y'', ... , $y^{(n-1)}$. Bei einem System ersten Grades, wie in Beispiel 5, enthält der Vektor Anfangswerte für jede unbekannte Funktion. Bei Systemen höherer Grade, wie in Beispiel 6, enthält der Vektor die Anfangswerte für die $n-1$ Ableitungen jeder unbekannten Funktion sowie die Anfangswerte der Funktionen selbst.

x1, *x2* reelle Endpunkte des Intervalls, für das die Lösung der Differentialgleichungen ermittelt wird; die Anfangswerte in **y** sind die Werte an der Stelle *x1*.

npts Die ganze Zahl *npts* > 0 gibt die Anzahl von Punkten nach dem Anfangspunkt an, für die eine Lösung ermittelt werden soll; legt die Zeilenanzahl der Ausgabematrix fest.

D(*x*, y) Eine reelle Vektorwerte liefernde Funktion, welche die Ableitungen der unbekannten Funktionen beschreibt. Bei einer Differentialgleichung ersten Grades, wie in den Beispielen 1 und 2, ist der Vektor auf eine skalare Funktion beschränkt. Bei einer Differentialgleichung zweiten Grades, wie in Beispiel 3, besitzt der Vektor zwei Elemente: $\mathbf{D}(t,\mathbf{y}) = \begin{bmatrix} y'(t) \\ y''(t) \end{bmatrix}$. Bei Differentialgleichungen höheren Grades, wie in Beispiel 4, besitzt der Vektor *n* Elemente:

$$\mathbf{D}(t,\mathbf{y}) = \begin{bmatrix} y'(t) \\ y''(t) \\ \vdots \\ y^{(n)}(t) \end{bmatrix}.$$

Bei einem System ersten Grades, wie in Beispiel 5, enthält der Vektor die erste Ableitung jeder unbekannten Funktion. Bei Systemen höherer Grade, wie in Beispiel 6, enthält der Vektor Ausdrücke für die $n-1$ Ableitungen jeder unbekannten Funktion sowie die n-te Ableitung.

Beispiele

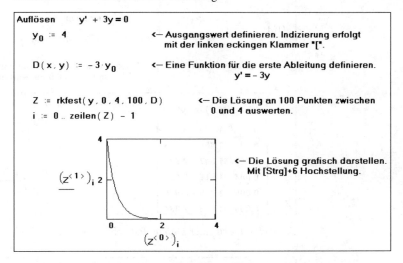

Beispiel 1: Lösen einer Differentialgleichung ersten Grades

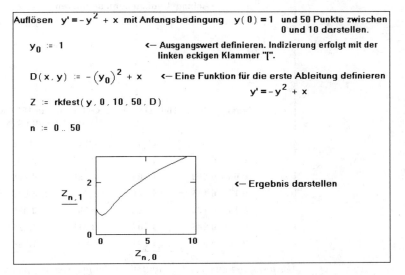

Beispiel 2: Lösen einer nichtlinearen Differentialgleichung

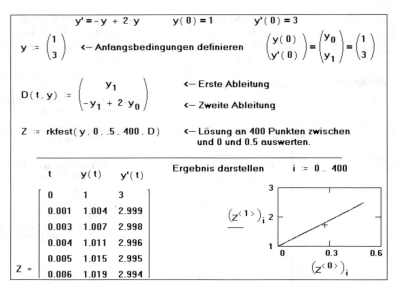

Beispiel 3: Lösen einer Differentialgleichung zweiten Grades

| Lösen | $y'''' - 2 \cdot k^2 \cdot y'' + k^4 \cdot y = 0$ | | | $k := 3$ |

$$y := \begin{pmatrix} 0 \\ 1 \\ 2 \\ 3 \end{pmatrix} \quad \leftarrow \text{Anfangsbedingungen definieren}$$

$$D(t, y) := \begin{bmatrix} y_1 \\ y_2 \\ y_3 \\ 2 \cdot k^2 \cdot y_2 - k^4 \cdot y_0 \end{bmatrix} \begin{matrix} \leftarrow \text{Erste Ableitung} \\ \leftarrow \text{Zweite Ableitung} \\ \leftarrow \text{Dritte Ableitung} \\ \leftarrow \text{Vierte Ableitung} \end{matrix}$$

$Z := \text{rkfest}(y, 0, 5, 100, D)$ $\leftarrow$ Lösung an 100 Punkten zwischen und t=0 und t=5 auswerten.

$$Z = \begin{bmatrix} t & y(t) & y'(t) & y''(t) & y'''(t) \\ 0 & 0 & 1 & 2 & 3 \\ 0.05 & 0.053 & 1.104 & 2.195 & 4.776 \\ 0.1 & 0.111 & 1.221 & 2.477 & 6.543 \\ 0.15 & 0.175 & 1.354 & 2.85 & 8.358 \\ 0.2 & 0.246 & 1.507 & 3.315 & 10.274 \\ 0.25 & 0.326 & 1.687 & 3.88 & 12.348 \end{bmatrix}$$

Beispiel 4: Lösen einer Differentialgleichung höheren Grades

Auflösen eines Systems mit zwei nichtlinearen Gleichungen

$\mu := -.2 \qquad x := \begin{pmatrix} 0 \\ 1 \end{pmatrix}$ ← Anfangsbedingungen

$D(t, x) := \begin{bmatrix} \mu \cdot x_0 - x_1 - \left[(x_0)^2 + (x_1)^2 \right] \cdot x_0 \\ (\mu \cdot x_1 + x_0) - \left[(x_0)^2 + (x_1)^2 \right] \cdot x_1 \end{bmatrix}$ ← Erste Ableitung

$Z := \text{rkfest}(x, 0, 20, 100, D)$

$n := 0 .. 100$

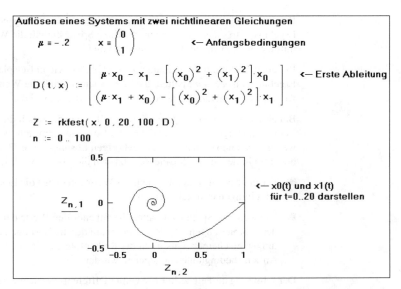

← x0(t) und x1(t) für t=0..20 darstellen

Beispiel 5: Lösen eines linearen Gleichungssystems ersten Grades

Lösen $u' = 2v$ abhängig von $u(0) = 1.5$ $u'(0) = 1.5$
$\quad\quad\ v'' = 4v - 2u$ Anfangsbedingungen: $v(0) = 1$ $v'(0) = 1$

$y := \begin{pmatrix} 1.5 \\ 1.5 \\ 1 \\ 1 \end{pmatrix}$ ← v(0)
← v'(0)   ← Vektor der Angangsbedingungen definieren.
← u(0)
← u'(0)

$D(x, y) := \begin{bmatrix} y_3 \\ 2 \cdot y_0 \\ y_1 \\ 4 \cdot y_0 - 2 \cdot y_2 \end{bmatrix}$ ← u'
← u''   ← Vektor der ersten und zweiten
← v'   Ableitung definieren
← v''

$Z := \text{rkfest}(y, 0, 1, 100, D)$

$Z = \begin{bmatrix} x & u(x) & u'(x) & v(x) & v'(x) \\ 0 & 1.5 & 1.5 & 1 & 1 \\ 0.01 & 1.51 & 1.53 & 1.015 & 1.04 \\ 0.02 & 1.521 & 1.56 & 1.031 & 1.08 \\ 0.03 & 1.532 & 1.591 & 1.046 & 1.12 \\ 0.04 & 1.543 & 1.622 & 1.062 & 1.161 \end{bmatrix}$

Beispiel 6: Lösen eines linearen Gleichungssystems zweiten Grades

Anmerkungen   Bei einer Differentialgleichung ersten Grades, wie in den Beispielen 1 und 2, gibt rkfest eine zweispaltige Matrix aus, in der

- die linke Spalte diejenigen Punkte enthält, an denen die Lösung für die Differentialgleichung ermittelt wird,
- die rechte Spalte die zugehörigen Lösungswerte enthält.

Bei einer Differentialgleichung zweiten Grades, wie in Beispiel 3, besteht die Ergebnismatrix aus drei Spalten: die linke Spalte enthält die Werte von t, die mittlere die von $y(t)$ und die rechte die von $y'(t)$.

Bei einer Differentialgleichung höherer Grades, wie in Beispiel 4, besteht die Ergebnismatrix aus n Spalten: die linke Spalte enthält die Werte von t und die weiteren Spalten die Werte von $y(t)$, $y'(t)$, $y''(t)$,..., $y^{(n-1)}(t)$.

Bei einem System ersten Grades, wie in Beispiel 5, enthält die erste Spalte der Matrix diejenigen Punkte, an denen die Lösungen ermittelt werden, und die weiteren Spalten enthalten die zugehörigen Lösungswerte. Bei Systemen höherer Grade, wie in Beispiel 6, setzt sich die Matrix wie folgt zusammen:

- Die erste Spalte enthält diejenigen Werte, an denen die Lösungen und deren Ableitungen ermittelt werden.

- Die weiteren Spalten enthalten die zugehörigen Werte der Lösungen und deren Ableitungen. Die Reihenfolge, in der die Lösungen und ihre Ableitungen erscheinen, entspricht der Reihenfolge, in der sie im Vektor der Anfangsbedingungen angegeben wurden.

Der schwierigste Teil beim Lösen einer Differentialgleichung ist die Definition der Funktion $\mathbf{D}(x, \mathbf{y})$. In den Beispielen 1 und 2 war es leicht nach $y'(x)$ aufzulösen. In einigen schwierigeren Fällen können Sie symbolisch nach $y'(x)$ auflösen und das Ergebnis in die Definition für $\mathbf{D}(x, \mathbf{y})$ übertragen. Verwenden Sie dazu das Schlüsselwort **auflösen** oder den Eintrag NACH VARIABLE AUFLÖSEN aus dem Menü SYMBOLIK.

Die Funktion rkfest basiert auf der Runge-Kutta-Methode vierten Grades, die einen guten universell einsetzbaren Lösungsalgorithmus für Differentialgleichungen darstellt. Auch wenn die Runge-Kutta-Methode nicht immer die schnellste Methode ist, so führt sie doch fast immer zum Erfolg. Es gibt bestimmte Situationen, in denen Sie vielleicht lieber auf eine der spezialisierten Lösungsverfahren von Mathcad zurückgreifen wollen. Diese Situationen lassen sich in drei umfassende Kategorien unterteilen:

- Ihr Differentialgleichungssystem besitzt bestimmte Eigenschaften, die mit anderen Funktionen als rkfest besser ausgenutzt werden. Das System könnte steif sein (Steifb, Steifr); die Funktion könnte einen glatten (Bulstoer) oder langsam variierenden (Rkadapt) Verlauf haben.

- Sie haben ein Randwertproblem statt eines Anfangswertproblems (sgrw und grwanp).

- Sie sind an der Auswertung der Lösung an nur einem Punkt interessiert (bulstoer, rkadapt, steifb und steifr).

Sie können auch einfach verschiedene Verfahren auf dieselbe Differentialgleichung anwenden, um herauszufinden, welches die besten Ergebnisse liefert. Manchmal gibt es sehr feine Unterschiede zwischen Differentialgleichungen, die ein bestimmtes Verfahren geeigneter machen als ein anderes.

Algorithmus Runge-Kutta-Methode vierten Grades mit konstanten Schritten (Press et al., 1992)

rlnorm
Zufallszahlen

Syntax rlnorm(m, μ, σ)
Beschreibung Liefert einen Vektor mit m logarithmisch normalverteilten Zufallszahlen.
Argumente
- m ganze Zahl, $m > 0$
- m reelles logarithmisches Mittel
- s reelle logarithmische Abweichung, $\sigma > 0$

Algorithmus Ratio-of-uniforms method (Press et al., 1992)
Siehe auch rnd

rlogis
Zufallszahlen

Syntax rlogis(m, l, s)
Beschreibung Liefert einen Vektor mit m logistisch verteilten Zufallszahlen.
Argumente
- m ganze Zahl, $m > 0$
- l reeller Lageparameter
- s reeller Skalenparameter, $s > 0$

Algorithmus Inverse cumulative density method (Press et al., 1992)
Siehe auch rnd

rnbinom
Zufallszahlen

Syntax rnbinom(m, n, p)
Beschreibung Liefert einen Vektor mit m negativ binomialverteilten Zufallszahlen.
Argumente
- m, n ganze Zahlen, $m > 0, n > 0$
- p reelle Zahl, $0 < p \leq 1$

Algorithmus Auf rpois und rgamma basierend (Devroye, 1986)
Siehe auch rnd

(Vorangehender Abschnitt:)
Siehe auch QuickSheets im Mathcad Informationszentrum und Tutorial über Differentialgleichungen: siehe auch Odesolve für einen Blockauflöse-Ansatz.

rnd — Zufallszahlen

Syntax rnd(x)

Beschreibung Liefert eine Zufallszahl zwischen 0 und x. Entspricht runif(1, 0, x) für x > 0.

Argumente

x reelle Zahl

Beispiel

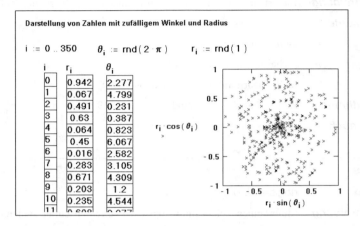

Hinweis: Sie werden dieses Beispiel nicht exakt wiederholen können, da der Zufallszahlengenerator jedesmal andere Werte ausgibt.

Anmerkungen Jedesmal wenn Sie eine Gleichung wiederholt berechnen lassen, in der die Funktion rnd oder eine andere Zufallsvariablen liefernde Systemfunktion vorkommt, generiert Mathcad neue Zufallszahlen. Eine Neuberechnung wird durchgeführt, indem Sie die Gleichung anklicken und anschließend den Eintrag BERECHNEN aus dem Menü RECHNEN auswählen.

Diese Funktionen verfügen über einen mit ihnen verbundenen Rekursivwert. Jedesmal wenn Sie diesen Wert zurücksetzen, generiert Mathcad neue auf diesem Wert basierende Zufallszahlen. Ein vorgegebener Rekursivwert führt immer zur selben Zufallszahlenfolge. Die Auswahl von BERECHNEN aus dem Menü RECHNEN läßt Mathcad diese Zufallszahlenfolge entlang voranschreiten. Eine Änderung des Startwertes läßt Mathcad hingegen eine völlig andere Zufallszahlenfolge abarbeiten.

Um den Rekursivwert zu ändern, wählen Sie den Eintrag OPTIONEN aus dem Menü RECHNEN aus und ändern den entsprechenden Wert auf der Registerkarte VORDEFINIERTE VARIABLEN. Stellen Sie dabei sicher, daß Sie eine ganze Zahl eingeben.

Um den Zufallszahlengenerator von Mathcad zurückzusetzen, ohne den Rekursivwert zu ändern, wählen Sie ebenfalls den Eintrag OPTIONEN aus dem Menü RECHNEN aus, klicken auf die Registerkarte VORDEFINIERTE VARIABLEN und anschließend auf die Schaltfläche OK, um den aktuellen Rekursivwert anzunehmen. Klicken Sie danach auf die Gleichung mit der Funktion zur Generierung von Zufallszahlen, und wählen Sie den Eintrag BERECHNEN aus dem Menü RECHNEN aus. Da der Zufallszahlengenerator nun zurückgesetzt ist, erzeugt Mathcad die gleichen Zufallszahlen wie nach einem Neustart von Mathcad.

Mathcad stellt eine Reihe weiterer Zufallszahlengeneratoren zur Verfügung.

Algorithmus Linear congruence method (Knuth, 1996)

rnorm   Zufallszahlen

Syntax rnorm(m, μ, σ)

Beschreibung Liefert einen Vektor mit m normalverteilten Zufallszahlen.

Argumente

  m ganze Zahl, $m > 0$
  m reelles Mittel
  s reelle Standardabweichung, $\sigma > 0$

Beispiel

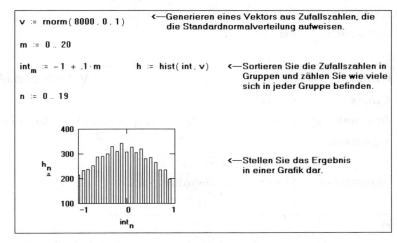

Hinweis: Sie werden dieses Beispiel nicht exakt wiederholen können, da der Zufallszahlengenerator jedesmal andere Werte ausgibt.

Algorithmus Ratio-of-uniforms method (Press et al., 1992)

Siehe auch rnd

ROT_LESEN *(Professional)* — Dateizugriff

Syntax   ROT_LESEN(*Datei*)

Beschreibung   Entnimmt *Datei* nur den Rotanteil des Farbbildes im BMP-, JPG-, GIF-, TGA- oder PCX-Format. Als Ergebnis wird eine Matrix mit einem Drittel der Spalten geliefert, die RGBLESEN liefert.

Argumente

    Datei   Zeichenkettenvariable für den Dateinamen bzw. Pfad eines Farbbildes

rpois — Zufallszahlen

Syntax   rpois(m, λ)

Beschreibung   Liefert einen Vektor mit m Poisson-verteilten Zufallszahlen.

Argumente

    m ganze Zahl, $m > 0$

    l reelles Mittel, $\lambda > 0$

Algorithmus   Devroye, 1986

Siehe auch   rnd

rref/zref — Vektor- und Matrixfunktion

Syntax   rref(**A**)

Beschreibung   Liefert eine Matrix, die der zeilenreduzierten Stufenform von **A** entspricht.

Argumente

    A   reelle $m \times n$-Matrix

Algorithmus   Elementare Zeilenreduktion (Anton)

rt — Zufallszahlen

Syntax   rt(m, d)

Beschreibung   Liefert einen Vektor mit m nach Students t-verteilten Zufallszahlen.

Argumente

    m ganze Zahl, $m > 0$

    d ganzzahliger Freiheitsgrad, $d > 0$

Algorithmus   XG-Algorithmus nach Best, Johnk-Generator (Devroye, 1986)

Siehe auch   rnd

runden — Abbruch- und Rundungsfunktion

mit einem Argument

Syntax   runden(x)

Beschreibung   Rundet die reelle Zahl x auf die nächstgelegene ganze Zahl. Entspricht runden(x, 0).

Argumente

     x reelle Zahl

mit zwei Argumenten

Syntax   runden(x, n)

Beschreibung   Rundet die reelle Zahl x auf n Dezimalstellen. Bei $n < 0$ wird auf der linken Seite des Kommas gerundet.

Argumente

     x reelle Zahl

     n ganze Zahl

Siehe auch   ceil, floor, trunc

---

runif — Zufallszahlen

Syntax   runif(m, a, b)

Beschreibung   Liefert einen Vektor mit m gleichverteilten Zufallszahlen.

Argumente

     m ganze Zahl, $m > 0$

     a, b reelle Zahlen, $a < b$

Algorithmus   Linear congruence method (Knuth, 1997)

Siehe auch   rnd

---

rweibull — Zufallszahlen

Syntax   rweibull(m, s)

Beschreibung   Liefert einen Vektor mit m Weibull-verteilten Zufallszahlen.

Argumente

     m ganze Zahl, $m > 0$

     s reeller Formparameter, $s > 0$

Algorithmus   Inverse cumulative density method (Press et al., 1992)

Siehe auch   rnd

SpeichernFarbwerte *(Professional)* — Dateizugriff

Syntax SpeichernFarbwerte(*Datei*, **M**)

Beschreibung Erstellt die Farbpalette *Datei* mit den Werten der Matrix **M**. Liefert die Anzahl der in *Datei* gespeicherten Zeilen.

Argumente

Datei   Zeichenkettenvariable für einen CMP-Dateinamen

M   ganzzahlige Matrix mit drei Spalten, deren Elemente $M_{i,j}$ alle der Bedingung $0 \leq M_{i,j} \leq 255$ genügen.

Anmerkungen   *Datei* ist der Dateiname für eine im Unterverzeichnis CMAPS Ihres Mathcad-Verzeichnisses befindliche Farbpalette. Nach Verwendung der Funktion **SpeichernFarbwerte** steht die Farbpalette auf der Registerkarte ERWEITERT im Dialogfenster zum Menüpunkt 3D-DIAGRAMM aus dem Menü FORMAT zur Verfügung. Weitere Informationen finden Sie in der Online-Hilfe.

Siehe auch   LadenFarbwerte

---

sech — Hyperbolische Funktion

Syntax sech(*z*)

Beschreibung Liefert den hyperbolischen Sekans von *z*.

Argumente

z   reelle oder komplexe Zahl

---

sec — Trigonometrische Funktion

Syntax sec(*z*), für *z* in Radiant;

sec(*z*·deg), für *z* in Grad

Beschreibung Liefert den Sekans von *z*.

Argumente

z   reelle oder komplexe Zahl; *z* ist kein Vielfaches von $\pi/2$

---

sgrw *(Professional)* — Lösung von Differentialgleichungen

Syntax sgrw (**v**, *x1*, *x2*, **D**, **ld**, **sc**)

Beschreibung Konvertiert eine Grenzwertdifferentialgleichung in ein Anfangsproblem. Geeignet, wenn Ableitungen vollständig stetig sind.

Argumente

v   reeller Vektor zur Abschätzung der fehlenden Anfangswerte

x1, *x2*   reelle Endpunkte des Intervalls, für das die Lösung der Differentialgleichungen ermittelt wird

D(x, y)	Eine *n* reelle Vektorelemente liefernde Funktion, welche die Ableitungen der unbekannten Funktionen beschreibt.
ld(x1, **v**)	Eine reelle Vektorwerte liefernde Funktion, deren *n* Elemente den Werten der *n* unbekannten Funktionen in *x1* entsprechen. Bei einigen dieser Werte handelt es sich um Konstanten, die durch Ihre Anfangsbedingungen festgelegt sind. Falls ein Wert nicht bekannt ist, sollten Sie auf den entsprechenden Schätzwert aus **v** zurückgreifen.
sc(x2, y)	Eine *n* reelle Vektorelemente liefernde Funktion, die die Diskrepanz der Lösung an der Stelle *x2* angibt.

Beispiel

In Anfangswert konvertieren: $y^{(5)} + y = 0$ $y(0) = 0$ $y'(0) = 7$
$y(1) = 1$ $y'(1) = 10$ $y''(1) = 5$

$$v := \begin{pmatrix} 1 \\ 1 \\ 1 \end{pmatrix} \quad \leftarrow \text{Schätzwert für} \quad \begin{matrix} y''(0) \\ y'''(0) \\ y^{iv}(0) \end{matrix}$$

$$\text{load}(x1, v) := \begin{bmatrix} 0 \\ 7 \\ v_0 \\ v_1 \\ v_2 \end{bmatrix} \begin{matrix} \leftarrow \text{bekannt } y(0) \\ \leftarrow \text{bekannt } y'(0) \\ \text{Unbekannte} \\ \text{Anfangsbedingungen.} \\ \text{Aufzulösen nach} \\ \text{sbval.} \end{matrix}$$

$$D(x, y) := \begin{bmatrix} y_1 \\ y_2 \\ y_3 \\ y_4 \\ -y_0 \end{bmatrix} \quad \leftarrow \text{D Vektor für die Differentialgleichung: } y^{(5)} + y = 0$$

$$\text{score}(x2, y) := \begin{pmatrix} y_0 - 1 \\ y_1 - 10 \\ y_2 - 5 \end{pmatrix} \quad \begin{matrix} \leftarrow \text{Unterschied zwischen} \\ \text{berechneten und} \\ \text{gegebenen Werten} \\ \text{von y.} \end{matrix}$$

S := sgrw(v, 0, 1, D, load, score)

$$S = \begin{pmatrix} -85.014 \\ 348.107 \\ -516.257 \end{pmatrix} \quad \begin{matrix} \leftarrow y''(0) \\ \leftarrow y'''(0) \\ \leftarrow y^{iv}(0) \end{matrix} \quad \begin{matrix} \text{Fehlende Anfangsbedingungen.} \\ \text{Aufzulösen nach rkfest.} \end{matrix}$$

Anmerkungen Die Lösungsalgorithmen für Anfangswertprobleme, wie beispielsweise **rkfest**, setzen voraus, daß Sie den Wert der Lösung sowie der ersten $n - 1$ Ableitungen am Anfang des Integrationsintervalls bereits kennen. Lösungsalgorithmen für Zweipunkt-Randwertprobleme, wie beispielsweise **sgrw** und **grwanp**, können eingesetzt werden, wenn Ihnen diese Informationen zwar für die Lösung am Anfang des Integrationsintervalls fehlen, Ihnen dafür aber etwas über die Lösung an einer anderen Stelle im Intervall bekannt ist. Im einzelnen:

- Es liegt eine Differentialgleichung *n*-ten Grades vor.

- Sie kennen zwar einige, aber nicht alle Werte der Lösung sowie deren erste $n - 1$ Ableitungen am Anfang des Integrationsintervalls *x1*.

- Sie kennen zwar einige, aber nicht alle Werte der Lösung sowie deren erste $n - 1$ Ableitungen am Ende des Integrationsintervalls *x2*.

- Zwischen dem, was Sie über die Lösung an der Stelle *x1* bzw. an der Stelle *x2* wissen, verfügen Sie über *n* bekannte Werte.

Falls zwischen *x1* und *x2* eine Unstetigkeitsstelle liegt, sollten Sie die Funktion **grwanp** verwenden. Wenn eine vollständige Stetigkeit gegeben ist, verwenden Sie **sgrw**, um die an der Stelle *x1* unbestimmten Anfangswerte zu ermitteln. Die

Funktion sgrw liefert keine Lösung zu einer Differentialgleichung; sie berechnet vielmehr die Anfangswerte, die für die Lösung vorliegen müssen, damit die Lösung die von Ihnen angegebenen Endwerte erreicht. Sie müssen dann die von sgrw gelieferten Anfangswerte nehmen und das daraus resultierende Endwertproblem mittels rkfest oder eines anderen spezialisierten Lösungsalgorithmus für Differentialgleichungen auflösen.

Algorithmus   Shooting method with 4th order Runge-Kutta method (Press et al., 1992)

Siehe auch   rkfest für weitere Einzelheiten; siehe auch Odesolve für einen Blockauflöse-Ansatz.

signum   Komplexe Zahlen

Syntax   signum(z)

Beschreibung   Liefert 1, falls $z = 0$; sonst $z/|z|$.

Argumente

  z reelle oder komplexe Zahl

Siehe auch   csgn, sign

sign   Stückweise stetige Funktionen

Syntax   sign(x)

Beschreibung   Liefert 0, falls $x = 0$; 1, falls $x > 0$; sonst -1.

Argumente

  x reelle Zahl

Siehe auch   csgn, signum

sinfit/sinanp   Regression und Glättung

Syntax   sinfit(vx, vy, vg)

Beschreibung   Liefert einen Vektor, der die Parameter (a, b, c) enthält, welche die Funktion $a \cdot \sin(x + b) + c$ den Daten in **vx** und **vy** am besten angleichen.

Argumente

  vx, vy reelle Vektoren derselben Größe

  vg reelle Vektoren mit Schätzwerten für (a, b, c)

Anmerkungen   Dies ist ein spezieller Fall der genanp-Funktion. Ein Vektor mit Schätzwerten ist für die Initialisierung erforderlich. Verringert man den Wert der vorgegebenen TOL-Variable, kann dadurch eine bessere Genauigkeit in sinfit erzielt werden.

Siehe auch   line, linanp, genanp, expfit, logfit, pwrfit, lgsfit, medfit

sinh
Hyperbolische Funktion

Syntax sinh(z)

Beschreibung Liefert den hyperbolischen Sinus von z.

Argumente
  z reelle oder komplexe Zahl

sin
Trigonometrische Funktion

Syntax sin(z), für z in Radiant;

sin(z·deg), für z in Grad

Beschreibung Liefert den Sinus von z.

Argumente
  z reelle oder komplexe Zahl

skew
Statistische Funktion

Syntax skew($\mathbf{A}$)

Beschreibung Liefert die Asymmetrie der Elemente in $\mathbf{A}$:

$$\text{skew}(\mathbf{A}) = \frac{mn}{(mn-1)(mn-2)} \sum_{i=0}^{m-1}\sum_{j=0}^{n-1} \left(\frac{\mathbf{A}_{i,j} - \text{mittelwert}(\mathbf{A})}{\text{Stdabw}(\mathbf{A})} \right)^3$$

Argumente
  $\mathbf{A}$ reelle(r) oder komplexe(r) $m \times n$-Matrix oder Vektor; $m \cdot n \geq 3$

Anmerkungen skew($\mathbf{A}$, $\mathbf{B}$, $\mathbf{C}$, ...) ist ebenfalls zulässig und liefert die Asymmetrie der Elemente in $\mathbf{A}$, $\mathbf{B}$, $\mathbf{C}$, ...

sort
Sortierung

Syntax sort($\mathbf{v}$)

Beschreibung Liefert die Elemente des Vektors $\mathbf{v}$ aufsteigend sortiert.

Argumente
  $\mathbf{v}$ Vektor

Beispiel

Sortierfunktionen

$$i := 0..3 \qquad j := 0..3 \qquad x_i := \sin(i)$$

Für Vektoren:

$$x = \begin{pmatrix} 1.175i \\ 1.175i \\ 1.175i \\ 1.175i \end{pmatrix} \qquad \text{sort}(x) = \begin{pmatrix} 1.175i \\ 1.175i \\ 1.175i \\ 1.175i \end{pmatrix} \qquad \text{umkehren}(\text{sort}(x)) = \begin{pmatrix} 1.175i \\ 1.175i \\ 1.175i \\ 1.175i \end{pmatrix}$$

Für Matrizen:

$$M_{(i,j)} := \text{mod}(i+3, j+3) \qquad M = \begin{pmatrix} 0 & 3 & 3 & 3 \\ 1 & 0 & 4 & 4 \\ 2 & 1 & 0 & 5 \\ 0 & 2 & 1 & 0 \end{pmatrix}$$

Sortiert nach Spalte Null...   Sortiert nach der letzten Zeile...

$$\text{spsort}(M, 0) = \begin{pmatrix} 0 & 2 & 1 & 0 \\ 0 & 3 & 3 & 3 \\ 1 & 0 & 4 & 4 \\ 2 & 1 & 0 & 5 \end{pmatrix} \qquad \text{zsort}(M, 3) = \begin{pmatrix} 0 & 3 & 3 & 3 \\ 1 & 4 & 4 & 0 \\ 2 & 5 & 0 & 1 \\ 0 & 0 & 1 & 2 \end{pmatrix}$$

Anmerkungen   Alle Sortierfunktionen von Mathcad akzeptieren Matrizen und Vektoren mit komplexen Elementen. Allerdings ignoriert Mathcad den imaginären Anteil beim Sortieren.

Um einen Vektor oder eine Matrix absteigend zu sortieren, sortieren Sie zunächst aufsteigend und wenden anschließend die Funktion **umkehren** an. Beispielsweise liefert **umkehren(sort(v))** die Elemente von **v** in absteigender Sortierung.

Solange Sie den Wert von ORIGIN unverändert lassen, werden Matrizen bei Zeile Null und Spalte Null beginnend durchnummeriert. Wenn Sie dies vergessen, kann es schnell zu dem Fehler kommen, eine Matrix nach der falschen Zeile oder Spalte zu sortieren, weil ein falsches Argument n für **zsort** oder **spsort** angegeben wird. Um beispielsweise nach der ersten Spalte einer Matrix zu sortieren, müssen Sie spsort(**A**, 0) verwenden.

Algorithmus   Heap-Sort (Press et al., 1992)

---

spalten   Vektor- und Matrixfunktion

Syntax   spalten(**A**)

Beschreibung   Liefert die Spaltenanzahl des Feldes **A**.

Argumente

              A   Matrix oder Vektor

Beispiel   Matrix M...

$$M := \begin{pmatrix} 0 & 1 \\ 5 & 3 \\ 6 & -2 \end{pmatrix} \qquad \begin{array}{l} \text{spalten}(M) = 2 \\ \text{zeilen}(M) = 3 \end{array} \qquad \leftarrow \text{Ergibt Anzahl Zeilen und Spalten in M.}$$

Siehe auch   zeilen

spsort
Sortierung

Syntax spsort(**A**, *j*)

Beschreibung Sortiert die Zeilen der Matrix **A** so, daß die Elemente in Spalte *j* aufsteigend sortiert sind. Das Ergebnis hat dieselbe Größe wie **A**.

Argumente

  A $m \times n$-Matrix oder Vektor

  j ganze Zahl, $0 \leq j \leq n - 1$

Algorithmus Heap-Sort (Press et al., 1992)

Siehe auch sort für weitere Einzelheiten, zsort

---

sp *(Professional)*
Vektor- und Matrixfunktion

Syntax sp(**M**)

Beschreibung Liefert die Spur von **M**, die Summe der diagonalen Elemente.

Argumente

  M reelle oder komplexe Quadratmatrix

---

stapeln
Vektor- und Matrixfunktion

Syntax stapeln(**A**, **B**, **C**, ...)

Beschreibung Liefert eine Matrix, die durch das Aufsetzen der Matrizen **A**, **B**, **C**, ... von oben nach unten gebildet wird.

Argumente

  A, **B**, **C**, ... zwei Matrizen oder Vektoren; **A**, **B**, **C**, ... müssen über die gleiche Spaltenanzahl verfügen

Siehe auch erweitern für ein Beispiel.

---

stdabw
Statistische Funktion

Syntax stdabw(**A**)

Beschreibung Liefert die Standardabweichung der Elemente in **A**, wobei *mn* (die Größe des Datenfeldes) im Nenner steht: $\text{stdabw}(\mathbf{A}) = \sqrt{\text{var}(\mathbf{A})}$.

Argumente

  A reelle(r) oder komplexe(r) $m \times n$-Matrix oder Vektor

Anmerkungen stdabw(**A**, **B**, **C**, ...) ist ebenfalls erlaubt und liefert die Standardabweichung der Elemente **A**, **B**, **C**, ...

Siehe auch Stdabw, var, Var

Stdabw — Statistische Funktion

Syntax   Stdabw(A)

Beschreibung   Liefert die Standardabweichung der Elemente in **A**, wobei $mn - 1$ (die Größe des Datenfeldes minus eins) im Nenner steht: $\text{Stdabw}(\mathbf{A}) = \sqrt{\text{Var}(\mathbf{A})}$.

Argumente

  A   reelle(r) oder komplexe(r) $m \times n$-Matrix oder Vektor

Anmerkungen   Stdabw(**A**, **B**, **C**, ...) ist ebenfalls erlaubt und liefert die Standardabweichung der Elemente **A**, **B**, **C**, ...

Siehe auch   stdabw, var, Var

---

stdfehl — Regression und Glättung

Syntax   stdfehl(**vx**, **vy**)

Beschreibung   Liefert den mit einer einfachen linearen Regression verbundenen Standardfehler an, wobei gemessen wird, wie dicht die Datenpunkte an der Regressionsgeraden liegen:

$$\text{stdfehl}(\mathbf{vx}, \mathbf{vy}) = \sqrt{\frac{1}{n-2}\sum_{i=0}^{n-1}(\mathbf{vy}_i - (\text{achsenabschn}(\mathbf{vx}, \mathbf{vy}) + \text{neigung}(\mathbf{vx}, \mathbf{vy}) \cdot \mathbf{vx}_i))^2}.$$

Argumente

  vx, **vy**   reelle Vektoren derselben Größe

Siehe auch   neigung, achsenabschn

---

steifb   *(Professional)*   Lösung von Differentialgleichungen

Syntax   steifb(**y**, *x1*, *x2*, *acc*, **D**, **J**, *kmax*, *sv*)

Beschreibung   Löst eine Differentialgleichung mittels der Bulirsch-Stoer-Methode für steife Systeme. Liefert die Abschätzung der Lösung der Differentialgleichung in $x2$.

Argumente   *Mehrere Argumente dieser Funktion stimmen mit den bei* rkfest *beschriebenen überein.*

  y   reeller Vektor mit Anfangswerten

  x1, *x2*   reelle Endpunkte des Lösungsintervalls

  D(*x*, **y**)   Eine reelle Vektorwerte liefernde Funktion mit den Ableitungen der unbekannten Funktionen.

  acc   Der reelle Wert $acc > 0$ gibt die Genauigkeit der Lösung an; ein niedriger Wert für *acc* bewirkt, daß der Algorithmus kleinere Schritte entlang der Trajektorie durchführt und somit die Genauigkeit der Lösung erhöht. Werte für *acc* um 0,001 bringen im allgemeinen genaue Lösungen hervor.

$J(x, y)$	Eine vektorwertige Funktion, welche die $n \times (n + 1)$-Matrix liefert, deren erste Spalte die Ableitungen $\partial D / \partial x$ enthält und deren übrige Spalten die Jacobi-Matrix ($\partial D / \partial y_k$) für das Differentialgleichungssystem bilden.
$kmax$	Die ganze Zahl $kmax > 0$ gibt die maximale Anzahl von Zwischenpunkten an, mit denen die Lösung angenähert wird. Der Wert $kmax$ legt eine Obergrenze für die Anzahl von Zeilen der von diesen Funktionen zurückgelieferten Matrix fest.
sv	Die reelle Zahl $sv > 0$ gibt den Mindestabstand zwischen den Werten an, mit denen die Lösung angenähert wird. sv legt eine Untergrenze für die Differenz zwischen jeweils zwei Zahlen in der ersten Spalte der von der Funktion zurückgelieferten Matrix fest.
Anmerkungen	Die spezialisierten Lösungsverfahren für Differentialgleichungen Bulstoer, Rkadapt, Steifb und Steifr liefern die Lösung $y(x)$ für eine Anzahl von x-Werten mit konstantem Abstand im von $x1$ und $x2$ begrenzten Integrationsintervall. Wenn Sie nur am Lösungswert des Endpunktes, $y(x2)$, interessiert sind, verwenden Sie statt dessen bulstoer, rkadapt, steifb und steifr.
Algorithmus	Bulirsch-Stoer-Methode mit angepaßter Schrittweite für steife Systeme (Press et al., 1992)
Siehe auch	das allgemeinere Lösungsverfahren für Differentialgleichungen rkfest für Informationen über Ausgabe und Argumente; Steifb.

Steifb *(Professional)*Lösung von Differentialgleichungen

Syntax	Steifb(y, $x1$, $x2$, $npts$, D, J)
Beschreibung	Löst eine Differentialgleichung mittels der Bulirsch-Stoer-Methode für steife Systeme. Liefert eine Lösung der Differentialgleichung für x-Werte mit konstantem Abstand durch wiederholtes Anwenden der Funktion steifb.
Argumente	*Mehrere Argumente dieser Funktion stimmen mit den bei rkfest beschriebenen überein.*
y	reeller Vektor mit Anfangswerten
$x1, x2$	reelle Endpunkte des Lösungsintervalls
$npts$	Die ganze Zahl $npts > 0$ gibt die Anzahl von Punkten nach dem Anfangspunkt an, für die eine Lösung ermittelt werden soll; legt die Zeilenanzahl der Ausgabematrix fest.
$D(x, y)$	Eine reelle Vektorwerte liefernde Funktion mit den Ableitungen der unbekannten Funktionen.
$J(x, y)$	Eine vektorwertige Funktion, welche die $n \times (n + 1)$-Matrix liefert, deren erste Spalte die Ableitungen $\partial D / \partial x$ enthält und deren übrige Spalten die Jacobi-Matrix ($\partial D / \partial y_k$) für das Differentialgleichungssystem bilden. Ein Beispiel: wenn

$$D(x, y) = \begin{bmatrix} x \cdot y_1 \\ -2 \cdot y_1 \cdot y_0 \end{bmatrix}, \text{ dann } J(x, y) = \begin{bmatrix} y_1 & 0 & x \\ 0 & -2 \cdot y_1 & -2 \cdot y_0 \end{bmatrix}$$

Anmerkungen	Ein Differentialgleichungssystem der Form **y** = **A** · **x** heißt steif, wenn die Matrix **A** nahezu singulär ist. Unter diesen Bedingungen kann eine von rkfest ermittelte Lösung oszillieren oder instabil sein. Wenn Sie ein steifes System lösen wollen, sollten Sie eine der beiden speziell für steife Systeme gedachten Lösungsalgorithmen verwenden: Steifb und Steifr. Sie basieren auf dem Bulirsch-Stoer- beziehungsweise Rosenbrock-Verfahren für steife Systeme.
	Die Form der Ergebnismatrix dieser Funktionen stimmt mit der von rkfest überein. Jedoch erfordern Steifb und Steifr ein zusätzliches Argument **J**(x, y).
Algorithmus	Bulirsch-Stoer-Methode mit konstanten Schritten und angepaßten Zwischenschritten für steife Systeme (Press et al., 1992)
Siehe auch	das allgemeinere Lösungsverfahren für Differentialgleichungen rkfest für Informationen über Ausgabe und Argumente.

steifr (Professional)   Lösung von Differentialgleichungen

Syntax	steifr(**y**, $x1$, $x2$, acc, **D**, **J**, $kmax$, sv)
Beschreibung	Löst eine Differentialgleichung mittels der Rosenbrock-Methode für steife Systeme. Liefert die Lösungsabschätzung der Differentialgleichung in $x2$.
Argumente	*Mehrere Argumente dieser Funktion stimmen mit den bei* rkfest *beschriebenen überein.*
y	reeller Vektor mit Anfangswerten
$x1, x2$	reelle Endpunkte des Lösungsintervalls
D(x, y)	Eine reelle Vektorwerte liefernde Funktion mit den Ableitungen der unbekannten Funktionen.
acc	Der reelle Wert $acc > 0$ gibt die Genauigkeit der Lösung an; ein niedriger Wert für acc bewirkt, daß der Algorithmus kleinere Schritte entlang der Trajektorie durchführt und somit die Genauigkeit der Lösung erhöht. Werte für acc um 0,001 bringen im allgemeinen genaue Lösungen hervor.
J(x, y)	Eine vektorwertige Funktion, welche die $n \times (n + 1)$-Matrix liefert, deren erste Spalte die Ableitungen $\partial \mathbf{D} / \partial x$ enthält und deren übrige Spalten die Jacobi-Matrix ($\partial \mathbf{D} / \partial y_k$) für das Differentialgleichungssystem bilden.
$kmax$	Die ganze Zahl $kmax > 0$ gibt die maximale Anzahl von Zwischenpunkten an, mit denen die Lösung angenähert wird. Der Wert $kmax$ legt eine Obergrenze für die Anzahl von Zeilen der von diesen Funktionen zurückgelieferten Matrix fest.
sv	Die reelle Zahl $sv > 0$ gibt den Mindestabstand zwischen den Werten an, mit denen die Lösung angenähert wird. sv legt eine Untergrenze für die Differenz zwischen jeweils zwei Zahlen in der ersten Spalte der von der Funktion zurückgelieferten Matrix fest.
Anmerkungen	Die spezialisierten Lösungsverfahren für Differentialgleichungen Bulstoer, Rkadapt, Steifb und Steifr liefern die Lösung $y(x)$ für eine Anzahl von x-Werten mit konstantem Abstand im von $x1$ und $x2$ begrenzten Integrationsinter-

vall. Wenn Sie nur am Lösungswert des Endpunktes, *y(x2)*, interessiert sind, verwenden Sie statt dessen **bulstoer, rkadapt, steifb** und **steifr**.

Algorithmus Rosenbrock-Methode vierten Grades mit angepaßter Schrittweite für steife Systeme (Press et al., 1992)

Siehe auch das allgemeinere Lösungsverfahren für Differentialgleichungen rkfest für Informationen über Ausgabe und Argumente; Steifr.

Steifr   *(Professional)*   Lösung von Differentialgleichungen

Syntax Steifr(**y**, *x1*, *x2*, *npts*, **D**, **J**)

Beschreibung Löst eine Differentialgleichung mittels der Rosenbrock-Methode für steife Systeme. Liefert eine Lösung der Differentialgleichung für *x*-Werte mit konstantem Abstand durch wiederholtes Anwenden der Funktion steifr.

Argumente *Mehrere Argumente dieser Funktion stimmen mit den bei* rkfest *beschriebenen überein.*

y reeller Vektor mit Anfangswerten

x1, x2 reelle Endpunkte des Lösungsintervalls

npts Die ganze Zahl *npts* > 0 gibt die Anzahl von Punkten nach dem Anfangspunkt an, für die eine Lösung ermittelt werden soll; legt die Zeilenanzahl der Ausgabematrix fest.

D(*x*, **y**) Eine reelle Vektorwerte liefernde Funktion mit den Ableitungen der unbekannten Funktionen.

J(*x*, **y**) Eine vektorwertige Funktion, welche die $n \times (n+1)$-Matrix liefert, deren erste Spalte die Ableitungen $\partial \mathbf{D} / \partial x$ enthält und deren übrige Spalten die Jacobi-Matrix ($\partial \mathbf{D} / \partial y_k$) für das Differentialgleichungssystem bilden. Ein Beispiel:

wenn $\mathbf{D}(x, \mathbf{y}) = \begin{bmatrix} x \cdot y_1 \\ -2 \cdot y_1 \cdot y_0 \end{bmatrix}$, dann $\mathbf{J}(x, \mathbf{y}) = \begin{bmatrix} y_1 & 0 & x \\ 0 & -2 \cdot y_1 & -2 \cdot y_0 \end{bmatrix}$

wenn $\mathbf{D}(x, \mathbf{y}) = \begin{bmatrix} x \cdot y_1 \\ -2 \cdot y_1 \cdot y_0 \end{bmatrix}$, dann $\mathbf{J}(x, \mathbf{y}) = \begin{bmatrix} y_1 & 0 & x \\ 0 & -2 \cdot y_1 & -2 \cdot y_0 \end{bmatrix}$.

Anmerkungen Ein Differentialgleichungssystem der Form $\mathbf{y} = \mathbf{A} \cdot \mathbf{x}$ heißt steif, wenn die Matrix **A** nahezu singulär ist. Unter diesen Bedingungen kann eine von rkfest ermittelte Lösung oszillieren oder instabil sein. Wenn Sie ein steifes System lösen wollen, sollten Sie eine der beiden speziell für steife Systeme gedachten Lösungsalgorithmen verwenden: Steifb und Steifr. Sie basieren auf dem Bulirsch-Stoer- beziehungsweise Rosenbrock-Verfahren für steife Systeme.

Die Form der Ergebnismatrix dieser Funktionen stimmt mit der von rkfest überein. Jedoch erfordern Steifb und Steifr ein zusätzliches Argument **J**(*x*, **y**).

Algorithmus   Rosenbrock-Methode vierten Grades mit angepaßter Schrittweite für steife Systeme (Press et al., 1992)

Siehe auch   das allgemeinere Lösungsverfahren für Differentialgleichungen rkfest für Informationen über Ausgabe und Argumente.

---

strgltt   *(Professional)*   Regression und Glättung

Syntax   strgltt(**vx**, **vy**)

Beschreibung   Erzeugt einen neuen Vektor derselben Größe wie **vy**, der die Anwendung eines symmetrischen linearen Anpassungsverfahren für die k am nächsten liegenden Werte nach der Methode kleinster Quadrate gebildet wird, wobei k adaptiv ausgewählt wird.

Argumente

    vx, vy   reelle Vektoren derselben Größe; die Elemente von **vx** müssen aufsteigend sortiert sein

Beispiel

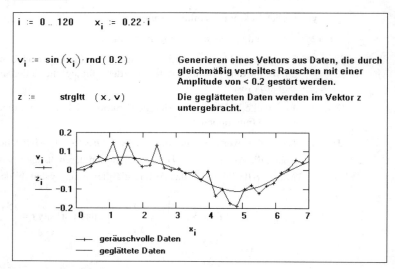

Anmerkungen   Die Funktion strgltt greift auf ein symmetrisches lineares Anpassungsverfahren für die k am nächsten liegenden Werte nach der Methode kleinster Quadrate zurück, um eine Folge von Geradenabschnitten durch die Daten zu legen. Anders als kgltt, das für alle Daten eine feste Bandbreite verwendet, sucht strgltt jeweils an die verschiedenen Datenanteile angepaßte unterschiedliche Bandbreiten aus.

Algorithmus   Variable span super-smoothing method (Friedman)

Siehe auch   medgltt, kgltt

strtpos   (Professional)   Zeichenkettenfunktion

Syntax   strtpos(S, TeilS, m)

Beschreibung   Liefert die Anfangsposition der Teilzeichenkette *TeilS* in der Zeichenkette *S* ab der Position *m*. Liefert den Wert -1, falls die Teilzeichenkette nicht enthalten ist.

Argumente

           S   Zeichenkettenausdruck; Mathcad geht für das erste Zeichen in *S* von der Position 0 aus

       TeilS   Teilzeichenkettenausdruck

          m   ganze Zahl, $m \geq 0$

---

submatrix   Vektor- und Matrixfunktion

Syntax   submatrix(**A**, *iz, jz, isp, jsp*)

Beschreibung   Liefert die Teilmatrix von **A**, die alle den Zeilen *iz* bis *jz* und den Spalten *isp* bis *jsp* gemeinsamen Elemente enthält. Achten Sie darauf, daß $iz \leq jz$ und $isp \leq jsp$, da andernfalls die Reihenfolge der Zeilen und/oder Spalten vertauscht wird.

Argumente

          A $m \times n$-Matrix oder Vektor

       iz, jz   ganze Zahlen, $0 \leq iz \leq jz \leq m$

     isp, jsp   ganze Zahlen, $0 \leq isp \leq jsp \leq n$

Beispiel

$$M := \begin{bmatrix} 1 & 7 & 1 & 4 & 4 \\ -5 & -8 & -2 & 3 & 3 \\ -6 & -9 & -3 & 2 & 3 \\ 1 & 2 & 3 & 4 & 3 \\ 4 & 5 & 5 & 6 & 8 \end{bmatrix}$$

ORIGIN = 0

$$\text{submatrix}(M, 1, 2, 0, 2) = \begin{pmatrix} -5 & -8 & -2 \\ -6 & -9 & -3 \end{pmatrix}$$ ← Extrahiert alle Elemente in den Zeilen 1 und 2 und den Spalten 0, 1 und 2.

$$\text{submatrix}(M, 1, 2, 2, 0) = \begin{pmatrix} -2 & -8 & -5 \\ -3 & -9 & -6 \end{pmatrix}$$ ← Austausch der beiden letzten Argumente kehrt die Spaltenfolge um.

$$\text{submatrix}(M, 2, 1, 2, 0) = \begin{pmatrix} -3 & -9 & -6 \\ -2 & -8 & -5 \end{pmatrix}$$ ← Austausch der beiden ersten Skalarargumente kehrt die Zeilenfolge um.

subzf (Professional) Zeichenkettenfunktion

Syntax subzf(S, m, n)

Beschreibung Liefert die Teilzeichenkette aus S, die an der m-ten Position beginnt und über maximal n Zeichen verfügt.

Argumente

- S — Zeichenkettenausdruck; Mathcad geht für das erste Zeichen in S von der Position 0 aus
- m, n — ganze Zahlen, $m \geq 0$, $n \geq 0$

Suchen Gleichungslösung

Syntax Suchen(var1, var2, ...)

Beschreibung Liefert die Werte von var1, var2, ..., die ein vorgegebenes System aus Gleichungen und Ungleichungen lösen.

Argumente

- var1, var2 — reelle oder komplexe Variablen; den Variablen var1, var2, ... müssen vor der Verwendung von Suchen Schätzwerte zugewiesen sein.

Beispiele

Zu lösende Gleichung: $x^2 + 10 = e^x$

Schätzwert: $x := 2$

Vorgabe $x^2 + 10 = e^x$

$a := \text{suchen}(x)$

Ergebnis: $a = 2.919$

Ergebnis überprüfen: $a^2 + 10 = 18.52$

$e^a = 18.52$

Beispiel 1: Ein Lösungsblock mit einer Gleichung und einer Unbekannten

Schnittpunkt von Kreis und Linie:

Schätzwerte:
$$x := 1$$
$$y := 1$$

Vorgabe
$$x^2 + y^2 = 6 \quad \text{Kreis}$$
$$x + y = 2 \quad \text{Linie} \quad +$$
$$x \leq 1 \quad \text{Ungleichungen}$$
$$y > 2$$
$$\begin{pmatrix} \text{xwert} \\ \text{ywert} \end{pmatrix} := \text{suchen}(x, y)$$

Ergebnisse:
$$\text{xwert} = -0.414$$
$$\text{ywert} = 2.414$$

Prüfen, ob es sich beim Punkt um eine Lösung handelt:
$$\text{xwert}^2 + \text{ywert}^2 = 6 \qquad \text{xwert} + \text{ywert} = 2$$

Beispiel 2: Ein Lösungsblock mit Gleichungen und Ungleichungen

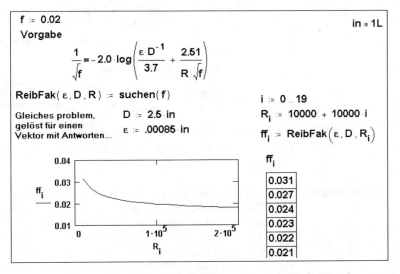

Beispiel 3: Wiederholtes Lösen einer Gleichung (durch die Definition der Reynoldschen Zahl R als Bereichsvariablen)

$$M := \begin{bmatrix} 13 & 4 & 4 \\ 4 & 9 & -3 \\ 4 & -3 & 57 \end{bmatrix}$$ *Zwei Methoden für das Berechnen der Quadratwurzel einer Matrix*

Vec := eigenvektoren(M)   Vals:=diag(eigenwerte(M)) $S := \vec{Vec \cdot \sqrt{Vals} \cdot Vec^T}$

$$S = \begin{bmatrix} 3.528 & 0.639 & 0.38 \\ 0.639 & 2.915 & -0.31 \\ 0.38 & -0.31 & 7.534 \end{bmatrix} \quad S^2 = \begin{bmatrix} 13 & 4 & 4 \\ 4 & 9 & -3 \\ 4 & -3 & 57 \end{bmatrix}$$ *Nutzen der Eigenanalyse*

X := M   Ausgangsschätzung

Given

$$X^2 = M$$

$$\text{Suchen}(X) = \begin{bmatrix} 3.528 & 0.639 & 0.38 \\ 0.639 & 2.915 & -0.31 \\ 0.38 & -0.31 & 7.534 \end{bmatrix}$$ *Nutzen von Lösungsblöcken*

Beispiel 4: Ein Lösungsblock zur Berechnung der Quadratwurzel einer Matrix

$$A := \begin{bmatrix} 0 & 0 \\ 0 & 1 \end{bmatrix} \quad B := \begin{bmatrix} 0 & 1 \\ 0 & -1 \end{bmatrix} \quad C := \begin{bmatrix} 1 & 0 \\ 0 & 0 \end{bmatrix} \quad P := \text{einheit}(2)$$

Given   (Ausgangsschätzung)

$$-P \cdot A \cdot P + P \cdot B + B^T \cdot P + C = 0$$

$$\text{Suchen}(P) = \begin{bmatrix} 1.732051 & 1 \\ 1 & 0.732051 \end{bmatrix}$$ *Lösung einer algebraischen Riccatigleichung aus der System- und Kontrolltheorie*

Beispiel 5: Ein Lösungsblock zur Berechnung der Lösung einer Matrixgleichung

Anmerkungen   Mathcad Professional ermöglicht es Ihnen, ein Gleichungssystem aus bis zu 200 Gleichungen mit 200 Unbekannten zu lösen. (In der Standardversion von Mathcad liegt die Obergrenze bei 50 Gleichungen mit 50 Unbekannten.) Wenn Sie sich nicht sicher sind, ob ein gegebenes System eine Lösung besitzt, aber ein angenähertes Ergebnis mit minimiertem Fehler benötigen, verwenden Sie statt dessen die Funktion minfehl. Um eine Gleichung symbolisch zu lösen, also ein genaues numerisches Ergebnis in Form von Termen aus elementaren Funktionen zu ermitteln, verwenden Sie den Eintrag NACH VARIABLE AUFLÖSEN aus dem Menü SYMBOLIK oder das Schlüsselwort **auflösen**.

Folgende vier Schritte müssen zum Lösen eines Systems aus mehreren Gleichungen durchgeführt werden:

1. Es müssen für alle zu bestimmenden Unbekannten anfängliche Schätzwerte festgelegt werden. Von diesen ausgehend, beginnt Mathcad die Suche nach Lösungen. Verwenden Sie komplexe Schätzwerte, wenn Sie komplexe Lösungen erwarten und reelle Schätzwerte, wenn Sie reelle Lösungen erwarten.

2. Geben Sie das Wort **Vorgabe** ein. Damit wird Mathcad mitgeteilt, daß ein System von bedingenden Gleichungen bzw. Ungleichungen folgt. Sie können **Vorgabe** oder **vorgabe** auf beliebige Weise eingeben. Geben Sie das Wort lediglich nicht in einem Textbereich ein.

3. Geben Sie die Gleichungen und Ungleichungen in beliebiger Reihenfolge unterhalb des Wortes **Vorgabe** ein. Drücken Sie [Strg] + =, um »=« einzugeben.

4. Geben Sie schließlich die Funktion **suchen** mit Ihrer Auflistung der Unbekannten ein. Sie dürfen keine numerischen Werte in der Auflistung von Unbekannten angeben; so wäre beispielsweise die Eingabe **Suchen(2)** in Beispiel 1 nicht zulässig. Wie **Vorgabe** können Sie auch **Suchen** bzw. **suchen** auf beliebige Weise eingeben.

Das Wort **Vorgabe**, die darauf folgenden Gleichungen und Ungleichungen sowie die Funktion **Suchen** bilden zusammen einen *Lösungsblock*.

Beispiel 1 zeigt ein Arbeitsblatt, das einen Lösungsblock für eine Gleichung mit einer Unbekannten enthält. Für eine Gleichung mit einer Unbekannten können Sie auch die Funktion **wurzel** oder **nullstellen** verwenden.

Mathcad ist äußerst restriktiv hinsichtlich der Typen von Ausdrücken, die zwischen **Vorgabe** und **Suchen** stehen dürfen. Sehen Sie sich dazu das Beispiel 2 an. Zulässige Bedingungstypen sind: $z=w$, $x>y$, $x<y$, $x \geq y$ und $x \leq y$. Folgende Dinge läßt Mathcad in einem Lösungsblock nicht zu:

- Bedingungen mit »≠«
- Bereichsvariablen oder Ausdrücke, die in irgendeiner Form Bereichsvariablen enthalten
- Jede Form von zuweisender Anweisung (Anweisungen wie beispielsweise **x:=1**)

Wenn Sie das Ergebnis aus einem Lösungsblock in einer iterativen Berechnung verwenden wollen, sehen Sie sich Beispiel 3 an.

Lösungsblöcke dürfen nicht ineinander verschachtelt werden. In jedem Lösungsblock dürfen **Vorgabe** und **Suchen** nur jeweils einmal enthalten sein. Sie können allerdings am Ende eines Lösungsblock eine Funktion der Art $f(x) :=$ **Suchen**(x) definieren und auf diese in einem anderen Lösungsblock zurückgreifen.

Wenn der Lösungsalgorithmus keine weiteren Fortschritte bei der Lösung erzielen kann, aber *nicht* alle Bedingungen eingehalten sind, bricht er ab und kennzeichnet **Suchen** mit einer Fehlermeldung. Dies ist immer dann der Fall, wenn die Differenz zwischen aufeinanderfolgenden Annäherungen an die Lösung größer ist als der Wert TOL *und*:

- der Lösungsalgorithmus einen Punkt erreicht, an dem er den Fehler nicht weiter verringern kann.

- der Lösungsalgorithmus einen Punkt erreicht, an dem es keine bevorzugte Richtung gibt. In diesem Fall fehlt dem Lösungsalgorithmus die Basis für weitere Iterationen.

- der Lösungsalgorithmus die Grenze seiner Genauigkeit erreicht. Rundungsfehler machen es unwahrscheinlich, daß weitere Berechnungen die Genauigkeit der Lösung verbessern. Dies geschieht häufig dann, wenn TOL auf einen Wert kleiner als 10^{-15} gesetzt wird.

Folgende Probleme kommen als Ursachen für dieses Scheitern in Frage:

- Es gibt tatsächlich keine Lösung.

- Sie haben reelle Schätzwerte für eine Gleichung ohne reelle Lösung angegeben. Wenn die Lösung für eine Variable komplex ist, kann der Lösungsalgorithmus sie nur mittels eines gleichfalls komplexen Startwertes für diese Variable finden.

- Der Fehleralgorithmus kann in ein lokales Minimum für die Fehlerwerte geraten sein. Versuchen Sie andere Startwerte, oder fügen Sie eine Ungleichung hinzu, die Mathcad vor dem lokalen Minimum bewahrt, um die tatsächliche Lösung zu finden.

- Der Fehleralgorithmus kann an einen Punkt gelangen, an dem zwar kein lokales Minimum vorliegt, von dem aus er dennoch den nächsten Schritt nicht bestimmen kann. Versuchen Sie es wiederum mit anderen Startwerten, oder fügen Sie eine Ungleichung hinzu, um die unerwünschten Abbruchstellen zu vermeiden.

- Es kann manchmal unmöglich sein, alle Bedingungen mit der gewünschten Toleranz zu erfüllen. Versuchen Sie es damit, einen größeren Wert für TOL oberhalb des Lösungsblocks zu definieren. Eine Erhöhung der Toleranz führt bei Mathcad zu einer anderen Bewertung, ob eine Annäherung groß genug ist, um als Lösung gelten zu können.

Das Popup-Menü (per rechter Maustaste zu erreichen), das mit Suchen verbunden ist, enthält folgende Optionen:

- AUTOSELECT – wählt einen geeigneten Algorithmus aus.

- LINEAR – zeigt an, daß es sich um ein lineares Problem handelt (weshalb lineare Programmverfahren auf das Problem angewendet werden); Schätzwerte für $var1$, $var2$, ... sind nicht erforderlich (dürfen alle Null sein).

- NICHTLINEAR – zeigt an, daß es sich um ein nichtlineares Problem handelt (weshalb folgende allgemeine Verfahren auf das Problem angewendet werden: der Lösungsalgorithmus für konjugierte Gradienten; falls dieser scheitert, der Levenberg-Marquardtsche Lösungsalgorithmus; falls auch der scheitert, der quasi-Newtonsche Lösungsalgorithmus); Schätzwerte für $var1$, $var2$, ... haben einen erheblichen Einfluß auf die Lösung.

- ■ QUADRATISCH (erscheint nur, wenn das Solving and Optimization Extension Pack oder Expert Solver mit Mathcad Professional installiert ist) – zeigt an, daß es sich um ein quadratisches Problem handelt (weshalb quadratische Programmverfahren auf das Problem angewendet werden); Schätzwerte für *var1*, *var2*, ... sind nicht erforderlich (dürfen alle Null sein).

- ■ ERWEITERTE OPTIONEN (erscheint nur bei Mathcad Professional) – bezieht sich ausschließlich auf die Lösungsalgorithmen für nichtlineare konjugierte Gradienten und das quasi-Newton-Verfahren.

Diese Optionen bieten Ihnen eine größere Einflußnahme beim Ausprobieren verschiedener Algorithmen für Überprüfungen und Vergleiche. Sie können außerdem die Werte der Systemvariablen CTOL und TOL anpassen. Die *Bedingungstoleranz* CTOL überwacht, in welchem Maße die Annäherung an eine Bedingung erfolgt sein muß, damit eine Lösung als annehmbar gilt. Falls CTOL der Wert 0,001 zugewiesen wäre, würde eine Bedingung, wie beispielsweise $x < 2$, auch dann als eingehalten gelten, wenn der Wert von x die Bedingung $x < 2,001$ erfüllte. Die Bedingungstoleranz läßt sich auf die gleiche Weise definieren oder ändern wie die *Konvergenztoleranz* TOL. Der Vorgabewert für CTOL ist 0.

Weitere Funktionen des Solving and Optimization Extension Pack (Expert Solver) sind eine teils ganzzahlige Programmierung und bedingungsabhängige Berichtgenerierung für Bedingungen. Weitere Informationen finden Sie in der Online-Hilfe.

Algorithmus   Im nichtlinearen Fall: Levenberg-Marquardt, Quasi-Newton, konjugierter Gradient

Im linearen Fall: Simplex-Verfahren mit Verzweigungs- und Sprungtechniken

(Press et al., 1992; Polak, 1997; Winston, 1994)

Siehe auch   Minfehl, Maximize, Minimize

---

svds   *(Professional)*   Vektor- und Matrixfunktion

Syntax   svds(**A**)

Beschreibung   Liefert einen Vektor mit den Einzelwerten von **A**.

Argumente

    A $m \times n$-Matrix mit $m \geq n$

Algorithmus   Householder reduction with QR transformation (Wilkinson und Reinsch, 1971)

Siehe auch   svd

svd (*Professional*) Vektor- und Matrixfunktion

Syntax svd(**A**)

Beschreibung Liefert eine $(m + n) \times n$-Matrix, deren ersten m Zeilen die orthonormale $m \times n$-Matrix **U** und deren übrigen n Zeilen die orthonormale $n \times n$-Matrix **V** enthalten. Die Matrizen **U** und **V** genügen der Gleichung $\mathbf{A} = \mathbf{U} \cdot \text{diag}(\mathbf{s}) \cdot \mathbf{V}^T$, wobei **s** der von svds(**A**) zurückgelieferte Vektor ist.

Argumente

  A $m \times n$-Matrix mit $m \geq n$

Beispiel

```
Die zu zerlegende m x n-Matrix A ist unten definiert

st := svd(A)        <- Die aus der Einzelwertzerlegung resultierende
                       (m+n) x n-Matrix

singval := svds(A)  <- Vektor enthält die Einzelwerte von A

          ⎡ 133.214 ⎤
singval = ⎢  40.406 ⎥
          ⎣  21.404 ⎦

m := zeilen(A)   m = 6        n := spalten(A)  n = 3

U := submatrix(st, 0, m - 1, 0, n - 1)      <- Extrahiert orthonormale m x n-Matrix U

V := submatrix(st, m, m + n - 1, 0, n - 1)  <- Extrahiert orthonormale n x n-Matrix V

Vergleicht A mit U·diag(singval)·Vᵀ:
```

$$\mathbf{A} \equiv \begin{bmatrix} 20 & 32 & -4 \\ 4.5 & 100 & -4 \\ -5.8 & 68 & 15 \\ 1.5 & 10 & 26 \\ 7 & 30 & 18 \\ 4.2 & 28 & 25 \end{bmatrix} \quad \mathbf{U} \cdot \text{diag}(\text{singval}) \cdot \mathbf{V}^T = \begin{bmatrix} 20 & 32 & -4 \\ 4.5 & 100 & -4 \\ -5.8 & 68 & 15 \\ 1.5 & 10 & 26 \\ 7 & 30 & 18 \\ 4.2 & 28 & 25 \end{bmatrix} \quad \mathbf{U}^T \cdot \mathbf{U} = \begin{bmatrix} 1 & 0 & 0 \\ 0 & 1 & 0 \\ 0 & 0 & 1 \end{bmatrix}$$

$$\mathbf{V}^T \cdot \mathbf{V} = \begin{bmatrix} 1 & 0 & 0 \\ 0 & 1 & 0 \\ 0 & 0 & 1 \end{bmatrix}$$

Algorithmus Householder reduction with QR transformation (Wilkinson und Reinsch, 1971)

Siehe auch svds

---

tanh Hyperbolische Funktion

Syntax tanh(z)

Beschreibung Liefert den hyperbolischen Tangens von z.

Argumente

  z reelle oder komplexe Zahl

tan		Trigonometrische Funktion
Syntax	tan(z), für z in Radiant;	
	tan(z·deg), für z in Grad	
Beschreibung	Liefert den Tangens von z.	
Argumente		
	z	reelle oder komplexe Zahl

Tcheb	*(Professional)*	Sonderfunktion
Syntax	Tcheb(n, x)	
Beschreibung	Liefert den Wert des Chebyshev-Polynoms n-ten Grades der ersten Art.	
Argumente		
	n	ganze Zahl, $n \geq 0$
	x	reelle Zahl
Anmerkungen	Lösung der Differentialgleichung $(1-x^2) \cdot \frac{d^2}{dx^2} y - x \frac{d}{dx} y + n^2 \cdot y = 0$.	
Algorithmus	Recurrence relation (Abramowitz und Stegun, 1972)	
Siehe auch	Ucheb	

trunc		Abbruch- und Rundungsfunktion
Syntax	trunc(x)	
Beschreibung	Liefert den ganzzahligen Anteil von x. Entspricht floor(x) für $x > 0$ und ceil(x) für $x < 0$.	
Argumente		
	x	reelle Zahl
Siehe auch	ceil, floor, runden	

Ucheb	*(Professional)*	Sonderfunktion
Syntax	Ucheb(n, x)	
Beschreibung	Liefert den Wert des Chebyshev-Polynoms n-ten Grades der zweiten Art.	
Argumente		
	n	ganze Zahl, $n \geq 0$
	x	reelle Zahl
Anmerkungen	Lösung der Differentialgleichung $(1-x^2) \cdot \frac{d^2}{dx^2} y - 3 \cdot x \cdot \frac{d}{dx} y + n \cdot (n+2) \cdot y = 0$.	

Algorithmus   Recurrence relation (Abramowitz und Stegun, 1972)
Siehe auch   Tcheb

umkehren   Sortierung

Eindimensionaler Fall

Syntax   umkehren(**v**)
Beschreibung   Vertauscht die Reihenfolge der Elemente des Vektors **v**.
Argumente
     v   Vektor

Zweidimensionaler Fall

Syntax   umkehren(**A**)
Beschreibung   Vertauscht die Reihenfolge der Zeilen der Matrix **A**.
Argumente
     A   Matrix
Siehe auch   sort für eine Beispielanwendung.

UnitsOf/EinhVon   Ausdruck-Funktion

Syntax   UnitsOf(x)
Beschreibung   Liefert die Einheiten von x. Gibt 1 aus, wenn x keine Einheit besitzt.
Argumente
     x reelle(s) oder komplexe(s) Zahl, Feld oder String
Anmerkungen   Sie können einen Wert durch die UnitsOf-Funktion teilen, damit er keine Einheit mehr besitzt. So benötigen bspw. vorgegebene Funktionen wie ln Argumente ohne Einheiten. Wenn ein Argument für ln eine Einheit besitzt, können Sie das Argument durch UnitsOf teilen, um sie zu entfernen.

var   Statistische Funktion

Syntax   var(**A**)
Beschreibung   Liefert die Varianz der Elemente in **A**:

$$\text{var}(\mathbf{A}) = \frac{1}{mn} \sum_{i=0}^{m-1} \sum_{j=0}^{n-1} \left| \mathbf{A}_{i,j} - \text{mittelwert}(\mathbf{A}) \right|$$

Dieser Ausdruck ist durch die Probengröße mn normalisiert.

Argumente

  A reelle(s) oder komplexe(s) $m \times n$-Matrix oder Feld

Anmerkungen var(**A**, **B**, **C**, ...) ist ebenfalls erlaubt und liefert die Varianz der Elemente **A**, **B**, **C**, ...

Siehe auch stdabw, Stdabw, Var

Var   Statistische Funktion

Syntax Var(**A**)

Beschreibung Liefert die Varianz der Elemente in **A**:

$$\mathrm{var}(\mathbf{A}) = \frac{1}{mn-1} \sum_{i=0}^{m-1} \sum_{j=0}^{n-1} \left| A_{i,j} - \mathrm{mittelwert}(\mathbf{A}) \right|^2$$

Dieser Ausdruck ist durch die Probengröße minus eins, $mn - 1$, normalisiert.

Argumente

  A reelle(s) oder komplexe(s) $m \times n$-Matrix oder Feld

Anmerkungen Var(**A**, **B**, **C**, ...) ist ebenfalls erlaubt und liefert die Varianz der Elemente **A**, **B**, **C**, ...

Siehe auch stdabw, Stdabw, var

vekinzf *(Professional)*   Zeichenkettenfunktion

Syntax vekinzf(**v**)

Beschreibung Liefert die Zeichenkette, die aus der Umwandlung des aus ASCII-Codes bestehenden Vektors **v** in Zeichen entsteht. Bei den Elementen in **v** muß es sich um ganze Zahlen von 0 bis 255 handeln.

Argumente

  v Vektor mit ASCII-Codes

Siehe auch zfinvek

verkett *(Professional)*   Zeichenkettenfunktion

Syntax verkett($S1$, $S2$, $S3$, ...)

Beschreibung Fügt die Zeichenkette $S1$ an das Ende der Zeichenkette $S2$, die Zeichenkette $S3$ an das Ende der Zeichenkette $S2$ usw. an.

Argumente

 $S1$, $S2$, $S3$, ... Zeichenkettenausdrücke

wave	*(Professional)*	Wavelet-Transformation
Syntax	wave(v)	
Beschreibung	Liefert die mittels des Daubechies-Vierkoeffizienten-Wavelet-Filters ermittelte diskrete Wavelet-Transformation zu reellen Daten.	
Argumente		
v	reeller Vektor mit 2^n Elementen, wobei $n > 0$ eine ganze Zahl ist	
Beispiel	(siehe folgende Abbildung)	
Anmerkungen	Wenn Sie einen Vektor **v** für die Anwendung in Fourier- oder Wavelet-Transformationen definieren, stellen Sie sicher, daß Sie mit v_0 beginnen (bzw. den Wert der Systemvariable ORIGIN ändern). Wenn Sie v_0 nicht definieren, setzt Mathcad diesen Wert automatisch auf Null. Hierdurch können die Ergebnisse der Transformationsfunktionen verfälscht werden.	
Algorithmus	Pyramidenförmiger Daubechies-Vierkoeffizienten-Wavelet-Filter (Press et al., 1986)	
Siehe auch	iwave	
Beispiel		

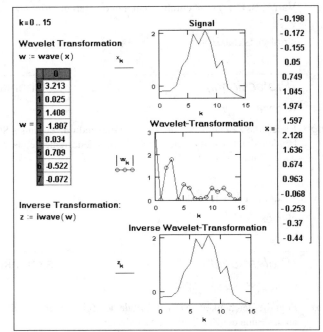

wenn — Stückweise stetige Funktion

Syntax wenn(*bed*, *x*, *y*)

Beschreibung Liefert *x* oder *y* in Abhängigkeit von dem Wert für *bed*. Liefert *x*, wenn *bed* wahr (ungleich Null) ist. Liefert *y*, wenn *bed* falsch (Null) ist.

Argumente

bed beliebiger Ausdruck (üblicherweise ein Boolescher Ausdruck)

x, y beliebige, reelle oder komplexe Zahlen, Felder oder Strings

Beispiel

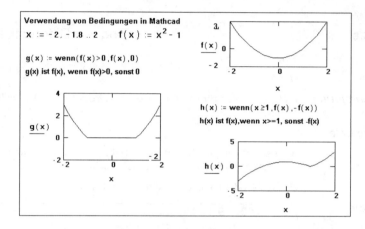

Anmerkungen Verwenden Sie wenn, um eine Funktion zu definieren, die sich bis zu einem bestimmten Wert auf die eine Weise und jenseits dieses Wertes auf eine andere Weise verhält. Diese Unstetigkeitsstelle wird durch das erste Argument *bed* festgelegt. Mit den verbleibenden beiden Argumenten geben Sie das Verhalten der Funktion auf den beiden Seiten der Unstetigkeitsstelle vor. Bei dem Argument *bed* handelt es sich gewöhnlich um einen booleschen Ausdruck (der sich aus den Booleschen Operatoren $=, >, <, \geq, \leq, \neq, \wedge, \vee, \oplus$, oder $\neg$ zusammensetzt).

Um Zeit zu sparen, berechnet Mathcad nur die erforderlichen Argumente. Wenn beispielsweise *bed* falsch ist, braucht *x* nicht berechnet zu werden, weil dieser Wert ohnehin nicht zurückgeliefert wird. Dadurch können Fehler im nicht berechneten Argument unentdeckt bleiben. So wird Mathcad beispielsweise nie feststellen, daß ln(0) in dem Ausdruck wenn(|z| < 0, ln(0), ln(z)) nicht definiert ist.

Sie können Boolesche Operatoren kombinieren, um komplexere Bedingungen zu erstellen. Beispielsweise wirkt die Bedingung $(x < 1) \wedge (x > 0)$ als ein »UND«-Gatter, das nur dann den Wert 1 liefert, wenn *x* zwischen 0 und 1 liegt. Ähnlich wirkt die Bedingung $(x < 1) \vee (x > 0)$ als ein »oder«-Gatter, das nur dann den Wert 1 zurückliefert, wenn x > 1 oder x < 0 ist.

winkel
Trigonometrische Funktion

Syntax winkel(x, y)

Beschreibung Liefert den Winkel (in Radiant) zwischen der positiven x-Achse und dem Punkt (x, y) in der x-y-Ebene. Das Ergebnis liegt zwischen 0 und 2π.

Argumente

    x, y   reelle Zahlen

Siehe auch arg, atan, atan2

wurzel
Lösung von Differentialgleichungen

Version ohne Klammern

Syntax wurzel(f(var), var)

Beschreibung Liefert den Wert für *var*, für den der Ausdruck *f(var)* oder die Funktion *f* gleich Null ist.

Argumente

    var   reelles oder komplexes Skalar; *var* muß vor der Verwendung dieser Version von wurzel ein Schätzwert zugewiesen sein.

    f   eine reelle oder komplexe Werte liefernde Funktion

Beispiel

```
x := -10, -9.9 .. 10
```

$x^3 - 10 \cdot x + 2$

Verwenden Sie nun drei Schätzwerte zur Ermittlung von drei Nullstellen...

    x := -2   wurzel$(x^3 - 10 \cdot x + 2, x)$ = -3.258

    x := 0   wurzel$(x^3 - 10 \cdot x + 2, x)$ = 0.201

    x := 3   wurzel$(x^3 - 10 \cdot x + 2, x)$ = 3.057

Anmerkungen Bei Ausdrücken mit mehreren Nullstellen legt Ihr Schätzwert fest, welche Nullstelle Mathcad als Ergebnis liefert. Das Beispiel zeigt eine Situation, in der die Funktion wurzel mehrere unterschiedliche Werte liefert, die jeweils vom anfänglichen Schätzwert abhängig sind.

Sie dürfen keine numerischen Werte in der Auflistung von Unbekannten angeben; so wäre beispielsweise die Eingabe **wurzel**(f(x), -2) oder **wurzel**(14, -2) im obigen Beispiel nicht zulässig.

Mathcad kann sowohl komplexe als auch reelle Nullstellen bestimmen. Um eine komplexe Nullstelle zu ermitteln, müssen Sie einen komplexen Wert als anfänglichen Schätzwert vorgeben.

Das Lösen einer Gleichung der Form $f(x) = g(x)$ entspricht folgender Verwendung von **wurzel**:

$$\text{wurzel}(f(x) - g(x), x)$$

Die Funktion **wurzel** kann nur einzelne Gleichungen mit einer Unbekannten lösen. Zum gleichzeitigen Lösen mehrerer Gleichungen müssen Sie auf **Suchen** oder **Minfehl** zurückgreifen. Um eine Gleichung symbolisch zu lösen, also ein genaues numerisches Ergebnis in Form von Termen aus elementaren Funktionen zu ermitteln, verwenden Sie den Eintrag NACH VARIABLE AUFLÖSEN aus dem Menü SYMBOLIK oder das Schlüsselwort auflösen.

In der Funktion **nullstellen** finden Sie weiterhin ein effektives Mittel, um alle Wurzeln eines Polynoms mit einem Mal zu berechnen.

Mathcad führt die Berechnungen mit der ungeklammerten Version der Funktion **wurzel** nach dem *Sekantenverfahren* durch. Falls diese Methode keinen Wert finden kann, wird das *Mueller-Verfahren* angewendet. Der Schätzwert, den Sie für x angeben, wird zum Startwert für die aufeinanderfolgenden Annäherungen an den jeweiligen Nullstellenwert. Sobald der für die angenommene Nullstelle bestimmte Wert von $f(x)$ kleiner ist als der Wert der Systemvariable TOL, liefert die Funktion **wurzel** ein Ergebnis.

Sollte Mathcad selbst nach vielen Annäherungen kein akzeptables Ergebnis gefunden haben, wird die Funktion **wurzel** mit einer Fehlermeldung versehen, die auf deren Unvermögen hinweist, zu einem Ergebnis zu konvergieren. Dieser Fehler kann folgende Ursachen haben:

- Der Ausdruck hat keine Nullstellen.

- Die Nullstellen des Ausdrucks liegen zu weit vom Schätzwert entfernt.

- Der Ausdruck verfügt zwischen dem anfänglichen Schätzwert und den Nullstellen über lokale Maxima bzw. Minima.

- Der Ausdruck ist zwischen dem anfänglichen Schätzwert und den Nullstellen unstetig.

- Der Ausdruck besitzt eine komplexe Nullstelle, aber der anfängliche Schätzwert war reell (oder umgekehrt).

Um die Ursache für den Fehler herauszufinden, können Sie versuchen, sich das Diagramm des Ausdrucks anzeigen zu lassen. Mit dessen Hilfe können Sie feststellen, ob der Graph des Ausdrucks die x-Achse schneidet, und falls dies der Fall sein sollte, wo die Stelle ungefähr liegt. Im allgemeinen gilt: Je näher Ihr anfänglicher Schätzwert an der Schnittstelle des Ausdrucks mit der x-Achse liegt, desto schneller konvergiert die Funktion **wurzel** zu einem akzeptablen Ergebnis.

Hier sind einige Ratschläge für eine optimale Nutzung der Funktion **wurzel**:

- Um die Genauigkeit der Funktion **wurzel** zu verändern, ändern Sie einfach den Wert der Systemvariablen TOL. Wenn Sie den Wert von TOL erhöhen, wird die Funktion **wurzel** schneller konvergieren, das Ergebnis dafür aber ungenauer sein. Wenn Sie den Wert von TOL hingegen verringern, wird die Funktion **wurzel** zwar langsamer konvergieren, dafür aber ein genaueres Ergebnis liefern. Um TOL an einer bestimmten Stelle des Arbeitsblattes zu ändern, geben Sie eine Definition in der Form *TOL* := 0,01 ein. Um TOL für das gesamte Arbeitsblatt zu ändern, wählen Sie den Eintrag OPTIONEN aus dem Menü RECHNEN aus, aktivieren die Registerkarte VORDEFINIERTE VARIABLEN und ändern den Wert in dem Eingabefeld neben der Beschriftung TOL. Nach dem Anklicken der Schaltfläche OK wählen Sie den Eintrag ARBEITSBLATT BERECHNEN aus dem Menü RECHNEN, um das ganze Arbeitsblatt mit dem neuen Wert für TOL zu aktualisieren.

- Wenn ein Ausdruck mehrere Nullstellen besitzt, probieren Sie verschiedene Schätzwerte aus, um sie zu ermitteln. Durch die Darstellung der Funktion als Diagramm läßt sich leicht feststellen, wie viele Nullstellen vorhanden sind, wo sie liegen und welche Schätzwerte zu deren Ermittlung wahrscheinlich geeignet sind. Sehen Sie sich hierzu das vorangegangene Beispiel an. Wenn zwei Nullstellen dicht beieinanderliegen, müssen Sie TOL möglicherweise verringern, um sie voneinander unterscheiden zu können.

- Wenn $f(x)$ in der Nähe der Nullstelle nur eine geringe Steigung aufweist, kann **wurzel**$(f(x), x)$ unter Umständen zu einem relativ weit von der tatsächlichen Nullstelle entfernt liegenden Wert r konvergieren. In solchen Fällen kann r auch für $|f(r)| <$ TOL weit von dem Punkt entfernt liegen, an dem $f(r) = 0$ gilt. Verringern Sie den Wert von TOL, um zu einer genaueren Angabe der Nullstelle zu gelangen. Oder versuchen Sie, den Ausdruck **wurzel**$(g(x), x)$ mit $g(x) = \dfrac{f(x)}{\dfrac{d}{dx} f(x)}$ zu ermitteln.

- Für einen Ausdruck $f(x)$ mit einer bekannten Nullstelle r entspricht die Ermittlung weiterer Nullstellen von $f(x)$ der Bestimmung der Nullstellen von $h(x) = (f(x))/(x - r)$. Das derartige Herausdividieren von bekannten Nullstellen ist ein geeignetes Mittel, um zwei nah beieinanderliegende Nullstellen zu ermitteln. Es ist häufig einfacher, nach Nullstellen des auf diese Weise definierten Ausdrucks $h(x)$ aufzulösen, als weitere Nullstellen von $f(x)$ mit Hilfe anderer Schätzwerte zu ermitteln.

Algorithmus Sekanten- und Mueller-Verfahren (Press et al., 1992; Lorczak)

Version ohne Klammern

Syntax wurzel($f(var)$, *var*, *a*, *b*)

Beschreibung Liefert den Wert für *var*, der zwischen *a* und *b* liegt, für den der Ausdruck $f(var)$ oder die Funktion f gleich Null ist.

Argumente

        var   reeller Skalar

        f   reel bewertete Funktion

        a, b   reele Zahlen, $a < b$

Anmerkungen   Bei Ausdrücken mit mehreren Wurzeln legen Sie mit Ihrer Schätzung der Intervallendpunkte a und b fest, welche Wurzel Mathcad als Ergebnis liefert. $f(a)$ und $f(b)$ müssen gegensätzliche Zeichen aufweisen. Beachten Sie, daß *var* für die geklammerte Version von **wurzel** keine Ersteinschätzung benötigt.

Wenn die optionalen Argumente a und b nicht enthalten sind, wird die ungeklammerte Version von **wurzel** verwendet. Notieren Sie die Einschränkung für die reellen Ausdrücke und Variablen in der geklammerten Version.

Mathcad bewertet die geklammerte Version der **wurzel**-Funktion mit der Ridder-Methode. Wird mit Hilfe dieser Methode keine Wurzel gefunden, verwendet man die Brent-Methode.

Die obigen Anmerkungen zu Konvergenz und Genauigkeit der ungeklammerten Version von **wurzel** gelten auch für die Version mit Klammern.

Algorithmus   Methoden nach Ridder und Brent (Press et al., 1992; Lorczak)

Y0   Bessel-Funktion

Syntax   Y0(x)

Beschreibung   Liefert den Wert der Bessel-Funktion $Y_0(x)$ der zweiten Art. Entspricht Yn(0, x).

Argumente

        x reelle Zahl, $x > 0$

Algorithmus   Verfahren nach Steed (Press et al., 1992)

Y1   Bessel-Funktion

Syntax   Y1(x)

Beschreibung   Liefert den Wert der Bessel-Funktion $Y_1(x)$ der zweiten Art. Entspricht Yn(1, x).

Argumente

        x reelle Zahl, $x > 0$

Algorithmus   Verfahren nach Steed (Press et al., 1992)

Yn   Bessel-Funktion

Syntax   Yn(m, x)

Beschreibung   Liefert den Wert der Bessel-Funktion $\mathbf{Y}_m(x)$ der zweiten Art.

Argumente

           m ganze Zahl, $0 \leq m \leq 100$

           x reelle Zahl, $x > 0$

Anmerkungen   Lösung der Differentialgleichung $x^2 \cdot \dfrac{d^2}{dx^2}y + x \cdot \dfrac{d}{dx}y + (x^2 - m^2) \cdot y = 0$.

Algorithmus   Verfahren nach Steed (Press et al., 1992)

Siehe auch   Jn

ys   Bessel-Funktion

Syntax   ys(n, x)

Beschreibung   Liefert den Wert der sphärischen Bessel-Funktion n-ten Grades der zweiten Art an der Stelle x.

Argumente

           n ganze Zahl, $-200 \leq n$

           x reelle Zahl, $x > 0$

Anmerkungen   Lösung der Differentialgleichung

$$x^2 \cdot \frac{d^2}{dx^2}y + 2 \cdot x \cdot \frac{d}{dx}y + (x^2 - n \cdot (n+1))y = 0 \quad .$$

Algorithmus   Recurrence relation (Abramowitz und Stegun, 1972)

Siehe auch   js

zahlinzf   *(Professional)*   Zeichenkettenfunktion

Syntax   zahlinzf(z)

Beschreibung   Liefert die Zeichenkette, deren Zeichen dem Dezimalwert von z entsprechen.

Argumente

           z reelle oder komplexe Zahl

Siehe auch   zfinzahl

zeilen

Vektor- und Matrixfunktion

Syntax	zeilen(**A**)
Beschreibung	Liefert die Zeilenanzahl einer Matrix **A**.
Argumente	
A	Matrix oder Vektor
Siehe auch	spalten für ein Beispiel.

zfinvek *(Professional)*

Zeichenkettenfunktion

Syntax zfinvek(*S*)

Beschreibung Liefert einen Vektor aus ASCII-Codes, die den Zeichen in *S* entsprechen. Eine Auflistung der ASCII-Codes finden Sie im Anhang des *Mathcad Benutzerhandbuches*. Beispielsweise ist 97 der ASCII-Code für den Buchstaben »a«, 98 der für den Buchstaben »b« und 99 der Code für den Buchstaben »c«.

Argumente

S Zeichenkettenausdruck

Siehe auch vekinzf

zfinzahl *(Professional)*

Zeichenkettenfunktion

Syntax zfinzahl(*S*)

Beschreibung Liefert eine Konstante, die durch Umwandlung der Zeichen in *S* in eine Zahl entsteht. Die Zeichen in *S* müssen eine ganze Zahl, wie beispielsweise 17, eine reelle Gleitkommazahl, wie beispielsweise -16,5, eine komplexe Gleitkommazahl, wie beispielsweise 2,1+6*i* oder 3,241-9,234*j*, beziehungsweise eine Zahl in der Exponentialdarstellung, wie beispielsweise 4,51*e*-3 (für $4{,}51 \cdot 10^{-3}$), darstellen. Eventuell in der Zeichenkette vorhandene Leerstellen werden von Mathcad ignoriert.

Argumente

S Zeichenkettenausdruck

Siehe auch zahlinzf

zflänge *(Professional)*

Zeichenkettenfunktion

Syntax zflänge(*S*)

Beschreibung Liefert die Anzahl von Zeichen in *S*.

Argumente

S Zeichenkettenausdruck

zsort — Sortierung

Syntax zsort(**A**, *i*)

Beschreibung Sortiert die Spalten der Matrix **A** so, daß die Elemente in Zeile *i* aufsteigend sortiert sind. Das Ergebnis hat dieselbe Größe wie **A**.

Argumente

A $m \times n$-Matrix oder Vektor

i   ganze Zahl, $0 \leq i \leq m - 1$

Algorithmus Heap-Sort (Press et al., 1992)

Siehe auch sort für weitere Einzelheiten, spsort

δ — Stückweise stetige Funktion

Syntax δ(*m*, *n*)

Beschreibung Liefert den Wert der Kroneckerschen Delta-Funktion. Das Ergebnis ist 1, falls *m*=*n*, sonst 0. (Um an das Zeichen δ zu gelangen, geben Sie [D] + [Strg] + [G] ein.)

Argumente

m, *n*   ganze Zahlen

Algorithmus Continued fraction expansion (Abramowitz und Stegun, 1972; Lorczak)

ε — Stückweise stetige Funktion

Syntax ε(*i*, *j*, *k*)

Beschreibung Liefert den Wert eines vollständig antisymmetrischen Tensors der dritten Stufe. Das Ergebnis ist 0, falls zwei der Argumente übereinstimmen, 1, falls die drei Argumente eine gerade Permutation von (0 1 2) sind, und -1, falls die Argumente eine ungerade Permutation von (0 1 2) sind. (Um an das Zeichen ε zu gelangen, geben Sie [E] + [Strg] + [G] ein.)

Argumente

i, *j*, *k*   ganze Zahlen von 0 bis einschließlich 2 (bzw. von ORIGIN bis einschließlich ORIGIN+2)

Γ		Sonderfunktion
	Klassische Definition	
Syntax	Γ(z)	
Beschreibung	Liefert den Wert der klassischen Eulerschen Gamma-Funktion. (Um an das Zeichen Γ zu gelangen, geben Sie [G] + [Strg] + [G] ein.)	
Argumente		
z	reelle oder komplexe Zahl; undefiniert für $z = 0, -1, -2, \ldots$	
Anmerkungen	Für $\mathrm{Re}(z) > 0$ gilt $\Gamma(z) = \int_0^\infty t^{z-1} e^{-t} dt$.	
	Für $\mathrm{Re}(z) < 0$ folgen die Funktionswerte analytisch der obigen Formel. Da $\Gamma(z+1) = z!$, erweitert die Gamma-Funktion die Fakultätsfunktion (die herkömmlicherweise nur für positive ganze Zahlen definiert ist).	
	Erweiterte Definition	
Syntax	Γ(x, y)	
Beschreibung	Liefert den Wert der erweiterten Eulerschen Gamma-Funktion. (Um an das Zeichen Γ zu gelangen, geben Sie [G] + [Strg] + [G] ein.)	
Argumente		
x, y	reelle Zahlen, $x > 0, y \geq 0$	
Anmerkungen	Obwohl die Funktion $\Gamma(x, y) = \int_y^\infty t^{x-1} e^{-t} dt$ auf reelle Argumente beschränkt ist, erweitert sie die klassische Gamma-Funktion in dem Sinne, daß die untere Integrationsgrenze y frei variiert werden kann. In dem Spezialfall y=0 wird die klassische Fassung verwendet, und das erste Argument darf komplexe Werte annehmen.	

Φ		Stückweise stetige Funktion
Syntax	Φ(x)	
Beschreibung	Liefert den Wert der Heaviside-Sprungfunktion. Das Ergebnis ist 1, falls $x \geq 0$, sonst 0. (Um an das Zeichen Φ zu gelangen, geben Sie [F] + [Strg] + [G] ein.)	
Argumente		
x	reelle Zahl	

Beispiel

$\text{impuls}(x, w) := \Phi(x) - \Phi(x - w)$

$\text{tiefpaß}(x, w) := \text{impuls}(x + w, 2 \cdot w)$

$\text{hochpaß}(x, w) := 1 - \text{impuls}(x + w, 2 \cdot w)$

$\text{bandpaß}(x, w, f) := \text{impuls}(x - f, w)$

$z := -20, -19.9 .. 20$

Im folgenden Diagramm sind die drei Filter wegen der besseren Übersichtlichkeit vertikal versetzt dargestellt.

tiefpaß(z, 3)

hochpaß(z, 6) − 2

bandpaß(z, 4, 8) + 2

Kapitel 18
Operatoren

In diesem Kapitel werden die in Mathcad vordefinierten Operatoren aufgeführt und beschrieben. Die Operatoren werden gemäß der jeweiligen Symbolleiste bzw. Werkzeugpalette (Kalkulator, Matrix, Rechnung, Auswertung, Boolean oder Programmierung) abgehandelt, auf der sie erscheinen.

Mit *Professional* gekennzeichnete Operatoren stehen nur in Mathcad Professional zur Verfügung.

Zugriff auf Operatoren

Sie können auf zwei Weisen auf die Operatoren zugreifen:

- Geben Sie einfach die für den Operator angegebene Tastenkombination ein.
- Wählen Sie den Operator aus einer Symbolleiste aus:
  1. Wählen Sie zuerst das Menü ANSICHT ⇒ SYMBOLLEISTEN ⇒ RECHNEN aus. Es erscheint die Symbolleiste RECHNEN mit den Schaltflächen für die verschiedenen Operatorenpaletten.

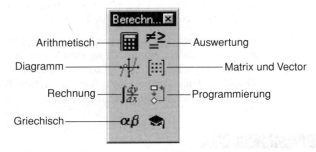

  2. Klicken Sie auf die gewünschte Schaltfläche. Es erscheint die entsprechende Operatorenpalette.

     Alternativ hierzu können Sie eine Operatorenpalette direkt aus dem Menü ANSICHT heraus aufrufen, indem Sie ANSICHT ⇒ SYMBOLLEISTEN wählen und anschließend eine der aufgeführten Operatorenpaletten auswählen, beispielsweise MATRIX:

Es erscheint die Operatorenpalette MATRIX mit den Schaltflächen für die verschiedenen Matrix-Operatoren.

3. Klicken Sie auf die Schaltfläche für den gewünschten Operator.

Auffinden weiterer Informationen

Greifen Sie für Beispiele mit Operatoren auf die QuickSheets im Informationszentrum zurück. Wählen Sie dazu den Eintrag INFORMATIONSZENTRUM im HILFE-Menü, klicken Sie auf das QuickSheets-Symbol, und wählen Sie anschließend ein bestimmtes Thema aus.

Um die Anzeige einiger Operatoren (z.B. Multiplikations- oder Ableitungsoperatoren) zu ändern, wählen Sie aus dem RECHNEN-Menü den Eintrag OPTIONEN, klicken Sie die Registerkarte ANZEIGE an, und benutzen Sie die Dropdown-Optionen, um eine Auswahl zu treffen. Weitere Informationen finden Sie im Mathcad-Benutzerhandbuch.

Anmerkung zum Literaturverzeichnis

In Anhang B finden Sie ein Literaturverzeichnis, damit Sie mehr über den einer Funktion oder einem Operator von Mathcad zugrundeliegenden numerischen Algorithmus erfahren können. Diese Angaben sind nicht dazu gedacht, eine Beschreibung des tatsächlich zugrundeliegenden Quellcodes zu liefern. In einigen Büchern (beispielsweise in *Numerical Recipes in C*) ist der eigentliche C-Code für die in ihnen behandelten Algorithmen enthalten, aber die Quellenangabe besagt nicht notwendigerweise, daß es sich bei dem Code um den in Mathcad implementierten handelt. Die Quellenangaben werden lediglich zu Informationszwecken aufgeführt.

Arithmetische Operatoren

Um auf einen arithmetischen Operator zuzugreifen

- verwenden Sie die zugehörige Tastenkombination, oder
- wählen Sie den Operator von der Operatorenpalette KALKULATOR (falls eine entsprechende Schaltfläche vorhanden ist):

Im Abschnitt »Zugriff auf Operatoren« zu Beginn des Kapitels finden Sie weitere Hinweise darüber, wie Sie auf eine Symbolleiste zugreifen.

Runde Klammern

(X)

Tastenkombination

Beschreibung Gruppiert Teile eines Ausdrucks.

Addition

$X + Y$

Tastenkombination

Beschreibung Falls X und Y reelle oder komplexe Zahlen sind, werden X und Y addiert.

Falls X und Y reelle oder komplexe Vektoren oder Matrizen derselben Größe sind, werden die Elemente in X zu den entsprechenden Elementen in Y hinzuaddiert.

Falls X ein reelles oder komplexes Feld und Y eine reelle oder komplexe Zahl ist, wird Y zu jedem Element in X hinzuaddiert.

Addition mit Zeilenumbruch

$X...$
$+ Y$

Tastenkombination `Strg` + `↵`

Beschreibung Addiert auf dieselbe Weise wie Addition, fügt aber aus Gründen der Übersichtlichkeit einen Zeilenumbruch ein.

Anmerkungen Diese Formatierungseigenschaft kann nicht bei Multiplikationen oder Divisionen verwendet werden. Sie kann aber bei Subtraktionen verwendet werden, wenn $X - Y$ als $X + (-Y)$ geschrieben wird.

Subtraktion und Negation

$X - Y, - X$

Tastenkombination `-`

Subtraktion

Beschreibung Falls X und Y reelle oder komplexe Zahlen sind, wird Y von X abgezogen.

Falls X und Y reelle oder komplexe Vektoren oder Matrizen derselben Größe sind, werden die Elemente in Y von den entsprechenden Elementen in X abgezogen.

Falls X ein reelles oder komplexes Feld und Y eine reelle oder komplexe Zahl ist, wird Y von jedem Element in X abgezogen.

Negation

Beschreibung Falls X eine reelle oder komplexe Zahl ist, wird das Vorzeichen von X umgekehrt.

Falls X ein reelles oder komplexes Feld ist, wird das Vorzeichen jedes Elements in X umgekehrt.

Multiplikation

$X \cdot Y$

Tastenkombination `*`

Beschreibung Falls X und Y reelle oder komplexe Zahlen sind, wird Y mit X multipliziert.

Falls Y ein reelles oder komplexes Feld und X eine reelle oder komplexe Zahl ist, wird jedes Element in Y mit X multipliziert.

Falls X und Y reelle oder komplexe Vektoren derselben Größe sind, wird das Skalarprodukt (inneres Produkt) gebildet.

Falls *X* und *Y* reelle oder komplexe konforme Matrizen sind, wird eine Matrizenmultiplikation durchgeführt.

Um die Anzeige einer Multiplikation von einem Punkt in ein Kreuz umzuwandeln, wählen Sie aus dem RECHNEN-Menü den Eintrag OPTIONEN, klicken Sie auf die Registerkarte ANZEIGE, und verwenden Sie die Dropdown-Optionen, um eine Auswahl zu treffen.

Division

$$\frac{X}{z}$$

Tastenkombination   [/]

Beschreibung   Falls *X* und *z* reelle oder komplexe Zahlen sind und *z* ungleich Null ist, wird *X* durch *z* geteilt.

Falls *X* ein reelles oder komplexes Feld und *z* eine reelle oder komplexe Zahl ungleich Null ist, wird jedes Element in *X* durch *z* geteilt.

Um eine Inline-Division X/z zu erhalten, drücken Sie [Strg] + /.

Bereichsvariable

Tastenkombination   [,]

Beschreibung   Gibt an, daß eine Variable für einen Wertebereich steht (zum Zwecke wiederholter oder iterativer Berechnungen).

Fakultät

$n!$

Tastenkombination   [!]

Beschreibung   Liefert $n \cdot (n-1) \cdot (n-2) \ldots 2 \cdot 1$, falls *n* eine ganze Zahl mit $n \geq 1$ ist; liefert 1, falls $n = 0$.

Vektor- und Matrixindex

$\mathbf{v}_n, \mathbf{M}_{i,j}$

Tastenkombination   [[]

Beschreibung   Falls **v** ein Vektor ist, liefert $\mathbf{v}_n$ das *n*-te Element von **v**.

Falls **M** eine Matrix ist, liefert $\mathbf{M}_{i,j}$ das Element der *i*-ten Zeile und *j*-ten Spalte von **M**.

Konjugierte komplexe Zahl

$$\overline{X}$$

Tastenkombination `["]`

Beschreibung Kehrt das Vorzeichen des imaginären Anteils von X um, falls X eine komplexe Zahl ist.

Betrag, Determinante

|x|

Tastenkombination `[|]`

Beschreibung Falls z eine reelle oder komplexe Zahl ist, liefert $|z|$ den Betrag (bzw. Absolutwert) $\sqrt{\operatorname{Re}(z)^2 + \operatorname{Im}(z)^2}$ von z.

Falls **v** ein reeller oder komplexer Vektor ist, liefert |**v**| den Betrag (bzw. die Euklidische Norm oder Länge) $\sqrt{\mathbf{v} \cdot \overline{\mathbf{v}}}$ von **v**. Falls alle Elemente in **v** reell sind, ist diese Definition äquivalent zu $\sqrt{\mathbf{v} \cdot \mathbf{v}}$.

Falls **M** eine reelle oder komplexe Quadratmatrix ist, liefert |**M**| die Determinante von **M**.

Quadratwurzel

$$\sqrt{z}$$

Tastenkombination `[\]`

Beschreibung Liefert die positive Quadratwurzel für positive z, den Hauptwert für negative oder komplexe z.

n-te Wurzel

$$\sqrt[n]{z}$$

Tastenkombination `[Strg]` + `[<]`

Beschreibung Liefert die positive n-te Wurzel für positive z, die negative n-te Wurzel für negative z und ungerade n, sonst den Hauptwert. n muß eine ganze Zahl $n \geq 1$ sein.

Siehe auch Potenz, Quadratwurzel

Anmerkungen Dieser Operator liefert die gleichen Werte wie der **Potenz**-Operator, außer wenn $z < 0$ und k eine ungerade ganze Zahl und $n \geq 3$ ist (per besonderer Übereinkunft).

Potenz

$$z^w$$

Tastenkombination [^]

Skalar-Fall

Beschreibung Liefert den Hauptwert von z potenziert mit w, wobei z und w reelle oder komplexe Zahlen sind.

Siehe auch n-te Wurzel

Anmerkungen Der Hauptwert ist durch die Formel $|z|^w \cdot \exp(\pi \cdot i \cdot w)$ gegeben. In dem Spezialfall $z < 0$ und $w = 1/n$, wobei n eine ungerade ganze Zahl mit $n \geq 3$ ist, verfügt der Hauptwert über einen imaginären Teil ungleich Null. Somit ergibt Potenz in diesem Spezialfall nicht denselben Wert wie der Operator n-te Wurzel (per Übereinkunft).

Matrix-Fall

Beschreibung Falls **M** eine reelle oder komplexe Quadratmatrix und $n \geq 0$ eine ganze Zahl ist, liefert $\mathbf{M}^n$ die n-te Potenz von **M** (durch iterative Matrixmultiplikation). Unter denselben Bedingungen ist $\mathbf{M}^{-n}$ die inverse Matrix von $\mathbf{M}^n$ (unter der zusätzlichen Voraussetzung, daß **M** nicht singulär ist).

Algorithmus LU-Zerlegung zur Matrixinversion (Press et al., 1992)

Ist

$$c =$$

Tastenkombination [=]

Beschreibung Liefert den numerischen Wert von c, falls c eine zuvor auf dem Arbeitsblatt definierte Variable, eine vordefinierte Variable, eine global definierte Variable oder eine Funktion aus mehreren solcher Variablen ist. Erscheint als übliches = auf dem Bildschirm. Wird nicht zur symbolischen Auswertung verwendet.

Definition

$$z := c, f(x, y, z, \ldots) := ausdr$$

Tastenkombination [:]

Beschreibung Weist z von dieser Stelle an für das weitere Arbeitsblatt den numerischen Wert c zu. Weist einer Funktion $f(x, y, z, \ldots)$ von dieser Stelle an für das weitere Arbeitsblatt die von dem Ausdruck *ausdr* vorgegebene Bedeutung zu. *ausdr* braucht sich dabei nicht auf $x, y, z, \ldots$ zu beziehen (tut dies gewöhnlich aber) und kann andere vordefinierte oder benutzerdefinierte Funktionen einbeziehen.

Siehe auch Definition (unter »Auswertungs-Operatoren«) für ein Beispiel.

Matrix-Operatoren

Um auf einen Matrix-Operator zuzugreifen

- verwenden Sie die zugehörige Tastenkombination oder
- wählen Sie den Operator von der Operatorenpalette MATRIX:

Im Abschnitt »Zugriff auf Operatoren« zu Beginn des Kapitels finden Sie weitere Hinweise darüber, wie Sie auf eine Symbolleiste zugreifen.

Matrix einfügen

Tastenkombination   [Strg] + [M]

Beschreibung   Erzeugt einen Vektor bzw. eine Matrix mit den angegebenen Dimensionen.

Vektor- und Matrixindex

$$\mathbf{v}_n, \mathbf{M}_{i,j}$$

Tastenkombination   [[ ]

Beschreibung   Falls $\mathbf{v}$ ein Vektor ist, liefert $\mathbf{v}_n$ das n-te Element von $\mathbf{v}$.

Falls $\mathbf{M}$ eine Matrix ist, liefert $\mathbf{M}_{i,j}$ das Element der i-ten Zeile und j-ten Spalte von $\mathbf{M}$.

Skalarprodukt

$$\mathbf{u} \cdot \mathbf{v}$$

Tastenkombination   [*]

Beschreibung   Liefert das Skalarprodukt (bzw. Punkt- oder innere Produkt) zweier n-dimensionaler reeller oder komplexer Vektoren $\mathbf{u}$ und $\mathbf{v}$.

Kreuzprodukt

$$\mathbf{u} \times \mathbf{v}$$

Tastenkombination [Strg] + [8]

Beschreibung Liefert das Kreuzprodukt (bzw. Vektorprodukt) zweier dreidimensionaler reeller oder komplexer Vektoren **u** und **v**.

Vektorsumme

$$\Sigma\mathbf{v}$$

Tastenkombination [Strg] + [4]

Beschreibung Liefert die Summe (ein Skalar) sämtlicher Elemente eines reellen oder komplexen Vektors **v**. (Es sind keine Bereichsvariablen oder Vektorindizes erforderlich.)

Matrixinversion

Tastenkombination [^] – [1]

Beschreibung Liefert die mehrwertige Inverse einer reellen oder komplexen nichtsingulären Quadratmatrix **M**.

Betrag, Determinante

$$|x|$$

Tastenkombination [|]

Beschreibung Falls z eine reelle oder komplexe Zahl ist, liefert $|z|$ den Betrag (bzw. Absolutwert) $\sqrt{\mathrm{Re}(z)^2 + \mathrm{Im}(z)^2}$ von z.

Falls **v** ein reeller oder komplexer Vektor ist, liefert $|\mathbf{v}|$ den Betrag (bzw. die Euklidische Norm oder Länge) $\sqrt{\mathbf{v} \cdot \overline{\mathbf{v}}}$ von **v**. Falls alle Elemente in **v** reell sind, ist diese Definition äquivalent zu $\sqrt{\mathbf{v} \cdot \mathbf{v}}$.

Falls **M** eine reelle oder komplexe Quadratmatrix ist, liefert $|\mathbf{M}|$ die Determinante von **M**.

Algorithmus LU-Zerlegung (Press et al., 1992)

Hochgestellter Matrixindex

$$\mathbf{M}^{<n>}$$

Tastenkombination [Strg] + [6]

Beschreibung Liefert die n-te Spalte (einen Vektor) der Matrix **M**.

Transponierte

$$M^T$$

Tastenkombination   [Strg] + [1]

Beschreibung   Liefert eine Matrix, deren Zeilen die Spalten von **M** und deren Spalten die Zeilen von **M** sind, falls **M** ein Vektor oder eine Matrix ist.

Vektorisieren

$$\vec{X}$$

Tastenkombination   [Strg] + [-]

Beschreibung   Erzwingt die elementweise Durchführung der Operationen im Ausdruck X. Alle Vektoren oder Matrizen in X müssen über dieselbe Größe verfügen.

Anmerkungen   Der Mathcad-Operator **Vektorisieren** ermöglicht die effiziente gleichzeitige Anwendung der Operation auf jedes Element eines Vektors bzw. einer Matrix. Um beispielsweise eine Matrix **P** durch das Multiplizieren entsprechender Elemente der Matrizen **M** und **N** zu definieren, können Sie $P_{i,j} = M_{i,j} \cdot N_{i,j}$ schreiben, wobei i und j Bereichsvariablen sind. (Hierbei handelt es sich nicht um eine Matrixmultiplikation, sondern um eine elementweise Multiplikation.) Die Definition von **P** mit Hilfe des Operators **Vektorisieren** ist allerdings erheblich schneller:

- Wählen Sie den gesamten Ausdruck durch einfaches Anklicken aus, und drücken Sie die Leertaste so lange, bis sich die rechte Seite des Ausdrucks zwischen den Eingabemarkierungen befindet.

- Drücken Sie [Strg] + [-], um den Operator **Vektorisieren** anzuwenden. Mathcad plaziert einen Pfeil oberhalb des ausgewählten Ausdrucks.

Die derartige elementweise Erweiterung einer gewöhnlichen Skalarmultiplikation wird als *Vektorisieren* eines Ausdrucks bezeichnet.
Nachfolgend finden Sie einige Eigenschaften des Operators **Vektorisieren**:

- Der Operator **Vektorisieren** ändert die Bedeutung von Funktionen und Operatoren, nicht aber die von Konstanten oder Variablen.

- Operationen mit einem Feld und einem Skalar werden durchgeführt, indem das Skalar auf jedes Element des Feldes angewendet wird. Wenn beispielsweise **v** ein Vektor und n ein Skalar ist, liefert die Anwendung des Operators **Vektorisieren** auf v^n einen Vektor, dessen Elemente in die n-te Potenz des jeweiligen Elements von **v** erhoben wurden.

- Folgende Matrix-Operatoren können Sie nicht unterhalb des Operators **Vektorisieren** verwenden: Skalarprodukt, Matrixmultiplikation, potenzierte Matrizen, inverse Matrizen, Determinante bzw. Betrag eines Vektors. Der Operator **Vektorisieren** wandelt diese Operationen entsprechend elementweise in Skalarmultiplikation, Potenzierung oder Betrag um.

- Der Operator **Vektorisieren** hat keine Auswirkung auf Operatoren und Funktionen, die Vektoren oder Matrizen erfordern: Transponierte, Kreuzprodukt, Summe der Vektorelemente und Funktionen wie beispielsweise mittelwert. Diese Operatoren verfügen nicht über eine skalare Bedeutung.

Bild

Tastenkombination [Strg] + [T]

Beschreibung Zeigt eine Matrix **M** als Graustufenbild an. Jedes Element von **M** entspricht einem Pixel. Der Wert eines Elements bestimmt die Graustufe des zugehörigen Pixels. Jedes Element von **M** ist eine ganze Zahl zwischen 0 (schwarz) und 255 (weiß).

Rechenoperatoren

Um auf einen Rechenoperator zuzugreifen,

- verwenden Sie die zugehörige Tastenkombination, oder

- wählen Sie den Operator von der Operatorenpalette RECHNUNG:

Im Abschnitt »Zugriff auf Operatoren« zu Beginn des Kapitels finden Sie weitere Hinweise darüber, wie Sie auf eine Symbolleiste zugreifen.

Summation

$$\sum_{i=m}^{n} X$$

Tastenkombination [Strg] + [⇧] + [4]

Rechenoperatoren   567

Beschreibung Führt eine iterative Addition von X über $i = m, m + 1, \ldots, n$ durch. X kann ein beliebiger Ausdruck sein, in dem das üblicherweise vorhandene i nicht unbedingt enthalten sein muß. m und n müssen ganze Zahlen sein. Falls $m = -\infty$ oder $n = \infty$, muß die Auswertung symbolisch erfolgen.

Beispiel

$$i := 0 \ldots 20 \qquad j := 1 \ldots 10 \qquad x_i := \sin(0.1 \cdot i \cdot \pi)$$

$$\sum_i i = 210 \qquad \prod_i (i+1) = 5.109 \cdot 10^{19}$$

$$\sum_i x_i = 0 \qquad \sum_i x_i \cdot i = -63.138$$

$$y_j := \sum_i i^j \qquad \sum_i \sum_j i^j = 2.554 \cdot 10^{13}$$

$$y_1 = 210 \qquad \sum_j y_j = 2.554 \cdot 10^{13}$$

$$y_{10} = 2.416 \cdot 10^{13}$$

Siehe auch Bereichssummation

Anmerkungen Um mehrfache Summationen zu ermitteln, plazieren Sie wie im vorstehenden Beispiel eine weitere Summation im letzten Platzhalter der ersten Summation.

Produkt

$$\prod_{i=m}^{n} X$$

Tastenkombination [Strg] + [⇧] + [3]

Beschreibung Führt eine iterative Multiplikation von X über $i = m, m + 1, \ldots, n$ durch. X kann ein beliebiger Ausdruck sein, in dem das üblicherweise vorhandene i nicht unbedingt enthalten sein muß. m und n müssen ganze Zahlen sein. Falls $m = -\infty$ oder $n = \infty$, muß die Auswertung symbolisch erfolgen. Die Funktionsweise ist ähnlich wie die bei der Summation.

Siehe auch Bereichsprodukt, Summation für ein Beispiel.

Bereichssummation

$$\sum_i X$$

Tastenkombination [$]

Beschreibung Führt eine iterative Addition von X über die Bereichsvariable i durch. X kann ein beliebiger Ausdruck sein, in dem das üblicherweise vorhandene i nicht unbedingt enthalten sein muß.

Beispiel

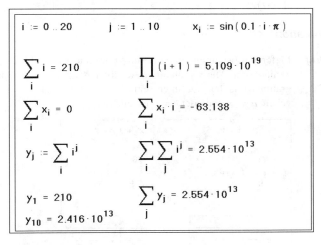

Siehe auch Summation

Anmerkungen Wenn Sie den an früherer Stelle beschriebenen Operator **Summation** verwenden, muß die Summation über ganze Zahlen mit der Schrittweite 1 durchgeführt werden. Mathcad stellt eine allgemeinere Fassung dieses Operators bereit, der mit beliebigen von Ihnen als Summationsindex definierten Bereichsvariablen umgehen kann.

Der Operator **Bereichssummation** kann anders als der Operator **Summation** nicht für sich alleine stehen. Er macht das Vorhandensein einer Bereichsvariable erforderlich. Allerdings läßt sich eine einzige Bereichsvariable für eine beliebige Anzahl dieser Operatoren verwenden.

Um mehrfache Summationen zu ermitteln, plazieren Sie wie im vorstehenden Beispiel eine weitere Summation im letzten Platzhalter der ersten Summation, und verwenden Sie zwei Bereichsvariablen.

Bereichsprodukt

$$\prod_i X$$

Tastenkombination [#]

Beschreibung Führt eine iterative Multiplikation von X über die Bereichsvariable i durch. X kann ein beliebiger Ausdruck sein, in dem das üblicherweise vorhandene i nicht unbedingt enthalten sein muß. Die Funktionsweise ist ähnlich wie die bei der **Bereichssummation**.

Siehe auch Produkt, Bereichssummation für ein Beispiel.

Bestimmtes Integral

$$\int_a^b f(t)\,dt$$

Tastenkombination   [&]

Beschreibung   Liefert das bestimmte Integral von $f(t)$ im Intervall $[a, b]$. a und b müssen reelle Skalare sein. Alle Variablen im Ausdruck $f(t)$ müssen, mit Ausnahme der Integrationsvariablen t, definiert sein. Der Integrand, $f(t)$, kann kein Feld zurückgeben. $a = -\infty$ und/oder $b = \infty$ ist zulässig.

Beispiele

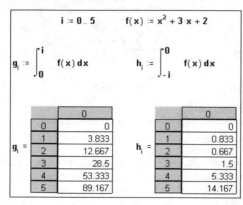

Beispiel 1

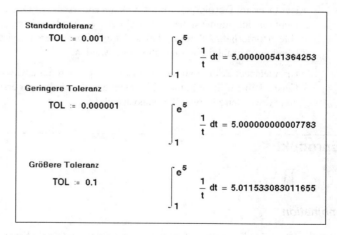

Beispiel 2

Anmerkungen   Bei der Integration sind unter Mathcad einige wichtige Dinge zu berücksichtigen:

- Die Integrationsgrenzen müssen reell sein, während die zu integrierenden Ausdrücke entweder reell oder komplex sein dürfen.
- Abgesehen von der Integrationsvariable müssen alle im Integranden verwendeten Variablen an anderer Stelle auf dem Arbeitsblatt definiert worden sein.
- Die Integrationsvariable muß eine einzelne Variablenbezeichnung sein.
- Falls die Integrationsvariable Einheiten umfaßt, müssen die Ober- und Untergrenzen der Integration über dieselben Einheiten verfügen.

Wie bei allen numerischen Verfahren können ungeeignete Integranden beim Integrationsalgorithmus von Mathcad zu Schwierigkeiten führen. Falls der zu integrierende Ausdruck Singularitäten, Unstetigkeiten oder große und schnelle Schwankungen aufweist, kann die Lösung von Mathcad falsch sein.

In einigen Fällen werden Sie mit Hilfe der symbolische Auswertung von Mathcad einen genauen Ausdruck für Ihr bestimmtes Integral oder das unbestimmte Integral (Umkehrung zur Ableitung) finden können.

Auch wenn das Ergebnis einer Integration stets eine einzelne Zahl ist, können Sie ein Integral immer mit einer Bereichsvariable einsetzen, um gleichzeitig Ergebnisse für viele Werte zu erhalten (wie in Beispiel 1). Solche wiederholten Auswertungen können in Abhängigkeit von der Komplexität der Integrale, der Länge des Intervalls und des Wertes von TOL ein beträchtliches Maß an Zeit in Anspruch nehmen.

Der numerische Integrationsalgorithmus von Mathcad nimmt fortlaufend Abschätzungen für den Integrationswert vor und liefert einen Wert, sobald die Differenz der beiden letzten Abschätzungen kleiner ist als der Wert der vordefinierten Variable TOL. Das vorstehende Beispiel 2 verdeutlicht die Auswirkung einer Änderung von TOL auf die Genauigkeit der Integralberechnung. (Nicht zu verwechseln mit der Formatierungsanweisung für die dargestellte Anzahl von Ziffern.)

Sie können den Toleranzwert, wie dargestellt, direkt durch die Definition von TOL in Ihrem Arbeitsblatt ändern. Sie können die Toleranz auch auf der Registerkarte VORDEFINIERTE VARIABLEN ändern, indem Sie den Eintrag OPTIONEN aus dem Menü RECHNEN auswählen. Um die Auswirkungen einer Änderung des Wertes für die Toleranz zu erfahren, wählen Sie den Eintrag ARBEITSBLATT BERECHNEN aus dem Menü RECHNEN, um alle Gleichungen auf dem Arbeitsblatt neu zu berechnen.

Wenn die Näherungen an ein Integral nicht auf ein Ergebnis hin konvergieren, kennzeichnet Mathcad das Integral mit einer entsprechenden Fehlermeldung.

Wenn Sie den Wert für die Toleranz ändern, denken Sie an den Zusammenhang von Genauigkeit und Rechenzeit. Wenn Sie die Toleranz verringern, wird Mathcad Integrale mit höherer Genauigkeit berechnen. Da dies mehr Rechenaufwand bedeutet, wird Mathcad allerdings mehr Zeit für die Ermittlung eines Ergebnisses benötigen. Umgekehrt wird Mathcad die Berechnung schneller durchführen, wenn Sie die Toleranz erhöhen; aber die Ergebnisse werden ungenauer sein.

Mit Mathcad lassen sich auch Doppel- oder Mehrfachintegrale auswerten. Für ein Doppelintegral müssen Sie die Taste [&] zweimal drücken. Geben Sie den Integranden, die Grenzen und die Integrationsvariable für jedes Integral ein. Denken Sie daran, daß Doppelintegrale mehr Zeit in Anspruch nehmen als einfache Integrale, um zu einem Ergebnis zu konvergieren. Wenn möglich, verwenden Sie ein entsprechendes einfaches Integral statt eines Doppelintegrals.

Da bestimmte numerische Integrationsverfahren am besten für bestimmte Arten von Integralen geeignet sind, verfügt Mathcad über eine AutoSelect-Eigenschaft für die Integration. In Abhängigkeit vom auszuwertenden Integral wählt Mathcad automatisch das geeignetste Integrationsverfahren aus. Bei Anwendung der AutoSelect-Eigenschaft untersucht Mathcad zunächst das Integral und wertet es anschließend mit einem der folgenden Verfahren aus:

- Romberg (trapezförmige Annäherung nach Romberg mit der Richard-Extrapolation – gleiche Intervalle)
- Angepaßt (falls die Werte von $f(x)$ signifikant über das Integral variieren – ungleiche Intervalle)
- Unendliche Grenze (falls $a = -\infty$ und/oder $b = \infty$)
- Singulärer Endpunkt (falls $f(a)$ und/oder $f(b)$ nicht definiert ist)

Wenn Sie in Mathcad Professional ein anderes als das während des AutoSelect-Vorgangs ausgewählte Verfahren zur Auswertung eines Integrals verwenden möchten, schalten Sie die AutoSelect-Eigenschaft aus, und wählen Sie ein anderes Verfahren aus. Dazu gehen Sie folgendermaßen vor:

1. Geben Sie das Integral ein, und erlauben Sie AutoSelect, ein Ergebnis zu liefern.
2. Klicken Sie mit der rechten Maustaste auf das Integral.
3. Klicken Sie auf die Methode, die Sie verwenden möchten.

Das Integral wird automatisch mit dem angeklickten Verfahren neu ausgewertet. Es wird so lange auf diese Weise neu ausgewertet, bis Sie ein anderes Verfahren auswählen oder die AutoSelect-Eigenschaft wieder aktivieren.

Algorithmus Romberg, Kahan-Transformation, QAGS, Clenshaw-Curtis, Gauß-Kronrod-Formeln (Piessens, 1983; Lorczak)

Unbestimmtes Integral

$$\int f(t)dt$$

Tastenkombination [Strg] + [I] $\int$

Beschreibung Liefert das unbestimmte Integral (d.h. eine Umkehrung der Ableitung) von $f(t)$. Die Ermittlung muß symbolisch erfolgen. Der Integrand, $f(t)$, kann kein Feld zurückgeben.

Ableitung

$$\frac{d}{dt}f(t)$$

Tastenkombination [?]

Beschreibung Liefert die Ableitung von $f(t)$ für die Stelle t. Alle Variablen im Ausdruck $f(t)$ müssen definiert sein. Die Variable t muß ein skalarer Wert sein. Die Funktion $f(t)$ muß einen skalaren Wert zurückliefern.

Beispiel

```
x := 2        y := 10       t := 0
g(t) := 5·t⁴

Ableitung                           Resultat
d/dx x⁵ = 79.99999999999997         g(x) = 80

d/dx x⁵·y = 799.9999999999998       g(x)·y = 800

d/dy x⁵·y = 31.99999999999998       x⁵ = 32

d/dt x⁵·y = 0
```

Anmerkungen Bei dem von Mathcad verwendeten Algorithmus für Ableitungen können Sie für die erste Ableitung mit einer Genauigkeit von 7 oder 8 signifikanten Stellen rechnen, vorausgesetzt, der Wert, an dem die Ableitung ermittelt wird, liegt nicht zu nah an einer Singularität der Funktion. Die Genauigkeit dieses Algorithmus nimmt mit jedem Grad der Ableitung um eine Stelle ab (siehe auch den Operator **n-te Ableitung**).

Das Ergebnis des Differenzierens ist keine Funktion, sondern eine einzelne Zahl: die berechnete Ableitung für den angegebenen Wert der zu differenzierenden Variable. Im vorangegangenen Beispiel ist die Ableitung von x^3 nicht der Ausdruck $3x^2$, sondern $3x^2$ an der Stelle $x = 2$. Wenn Sie den Ausdruck $3x^2$ erhalten wollen, müssen Sie entweder direkt oder per Menü eine symbolische Berechnung durchführen.

Obwohl das Differenzieren nur eine Zahl liefert, kann dennoch eine Funktion als Ableitung einer anderen definiert werden. Beispielsweise:

$$f(x) := \frac{d}{dx}g(x)$$

Die Auswertung von $f(x)$ liefert dann die numerisch berechnete Ableitung von $g(x)$ an der Stelle x. Mit dieser Technik können Sie mittels Bereichsvariablen die Ableitung einer Funktion an vielen Stellen ermitteln.

Um die Anzeige eines Ableitungssymbols in ein Symbol für eine partielle Ableitung umzuwandeln, wählen Sie aus dem RECHNEN-Menü den Eintrag OPTIONEN, klicken Sie auf die Registerkarte ANZEIGE, und verwenden Sie die Dropdown-Optionen, um eine Auswahl zu treffen.

Algorithmus   Modifiziertes Verfahren nach Ridder (Press et al., 1992; Lorczak)

n-te Ableitung

$$\frac{d^n}{dt^n} f(t)$$

Tastenkombination   Strg + .

Beschreibung   Liefert die n-te Ableitung von $f(t)$ für die Stelle t. Alle Variablen in $f(t)$ müssen definiert sein. Die Variable t muß ein skalarer Wert sein. Die Funktion $f(t)$ muß einen skalaren Wert zurückliefern. n muß für eine numerische Auswertung eine ganze Zahl zwischen 0 und 5 bzw. für eine symbolische Auswertung eine positive ganze Zahl sein.

Anmerkungen   Für $n = 1$ ergibt dieser Operator dasselbe Ergebnis wie der Operator **Ableitung**. Für $n = 0$ liefert er einfach den Wert der Funktion selbst.

Um die Anzeige eines n-ten Ableitungssymbols in ein Symbol für eine partielle n-te Ableitung umzuwandeln, wählen Sie aus dem RECHNEN-Menü den Eintrag OPTIONEN, klicken Sie auf die Registerkarte ANZEIGE, und verwenden Sie die Dropdown-Optionen, um eine Auswahl zu treffen.

Algorithmus   Modifiziertes Verfahren nach Ridder (Press et al., 1992; Lorczak)

Grenzwert

$$\lim_{t \to a} f(t)$$

Tastenkombination   Strg + L

Beschreibung   Liefert den beidseitigen Grenzwert von $f(t)$. Die Auswertung muß symbolisch erfolgen.

Algorithmus   Reihenentwicklung (Geddes und Gonnet, 1989)

Rechtsseitiger Grenzwert

$$\lim_{t \to a^+} f(t)$$

Tastenkombination   Strg + ⇧ + A

Beschreibung Liefert den rechtsseitigen Grenzwert von $f(t)$. Die Auswertung muß symbolisch erfolgen.

Algorithmus Reihenentwicklung (Geddes und Gonnet, 1989)

Linksseitiger Grenzwert

$$\lim_{t \to a^-} f(t)$$

Tastenkombination [Strg] + [⇧] + [B]

Beschreibung Liefert den linksseitigen Grenzwert von $f(t)$. Die Auswertung muß symbolisch erfolgen.

Algorithmus Reihenentwicklung (Geddes und Gonnet, 1989)

Auswertungs-Operatoren

Um auf einen Auswertungs-Operator zuzugreifen

- verwenden Sie die zugehörige Tastenkombination, oder
- wählen Sie den Operator von der Operatorenpalette AUSWERTUNG:

Im Abschnitt »Zugriff auf Operatoren« zu Beginn des Kapitels finden Sie weitere Hinweise darüber, wie Sie auf eine Symbolleiste zugreifen.

Ist

$$c =$$

Tastenkombination [=]

Beschreibung Liefert den numerischen Wert von c, falls c eine zuvor auf dem Arbeitsblatt definierte Variable, eine vordefinierte Variable, eine global definierte Variable oder eine Funktion aus mehreren solcher Variablen ist. Erscheint als übliches = auf dem Bildschirm. Wird nicht zur symbolischen Auswertung verwendet.

Definition

$$z := c, f(x, y, z, \ldots) := ausdr$$

Tastenkombination :

Beschreibung Weist z von dieser Stelle an für das weitere Arbeitsblatt den numerischen Wert c zu. Weist einer Funktion $f(x, y, z, \ldots)$ von dieser Stelle an für das weitere Arbeitsblatt die von dem Ausdruck *ausdr* vorgegebene Bedeutung zu. *ausdr* braucht sich dabei nicht auf $x, y, z, \ldots$ zu beziehen (tut dies gewöhnlich aber) und kann andere vordefinierte oder benutzerdefinierte Funktionen einbeziehen.

Beispiele

> **Berechnung der Entfernunng zwischen Punkten**
>
> $x1 := 0 \qquad y1 := 1.5$
>
> $x2 := 3 \qquad y2 := 4 \qquad \operatorname{dist}(x, y) := \sqrt{x^2 + y^2}$
>
> $x3 := -1 \qquad y3 := 1$
>
> **Berechnung der Entfernung vom Anfangspunkt**
> $\operatorname{dist}(x1, y1) = 1.5$
> $\operatorname{dist}(x2, y2) = 5$
> $\operatorname{dist}(x3, y3) = 1.414$
>
> **Berechnung der Entfernung zwischen Punkten**
> $\operatorname{dist}(x2 - x1, y2 - y1) = 3.905$
> $\operatorname{dist}(x3 - x1, y3 - y1) = 1.118$
> $\operatorname{dist}(x3 - x2, y3 - y2) = 5$

Beispiel 1

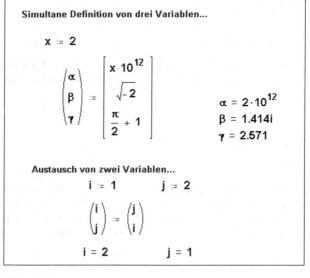

Beispiel 2

Anmerkungen   Sie können Datenfelder auf die gleiche Weise definieren wie Skalare, mit dem Feldbezeichner **A** auf der linken Seite des Definitionszeichens := und dem zugeordneten Wertefeld auf der rechten Seite.

Sie können Felder auch wie im vorangegangenen Beispiel verwenden, um mehrere Variablen gleichzeitig zu definieren. Die linke Seite einer gleichzeitigen Definition besteht aus einem Feld, dessen Elemente entweder Namen oder indizierte Variablennamen sind. Die rechte Seite muß ein Feld mit Werten sein, das über gleichviele Zeilen und Spalten verfügt wie das Feld auf der linken Seite. Mathcad definiert jede Variable auf der linken Seite mit dem Wert der entsprechenden Position im Feld auf der rechten Seite. Alle Elemente auf der rechten Seite werden zunächst ausgewertet, bevor eine Zuweisung zur linken Seite erfolgt. Aus diesem Grund dürfen in den Ausdrücken auf der rechten Seite keine Abhängigkeiten von Variablen der linken Seite vorhanden sein. Weiterhin darf keine Variable mehrfach auf der linken Seite vorkommen.

Wenn Sie eine Funktion definieren, wertet Mathcad diese nicht aus, bevor Sie später auf dem Arbeitsblatt Gebrauch von ihr machen. Falls ein Fehler auftreten sollte, wird die Verwendung der Funktion als Fehler gekennzeichnet, obwohl das eigentliche Problem möglicherweise in der Definition der Funktion zu finden ist. Wenn beispielsweise $f(x) := 1/x$ gilt, und Sie versuchen, $f(0)$ auszuwerten, dann erscheint die Fehlermarkierung nicht bei der Definition von $f(x)$, sondern beim ersten Auftreten von $f(0)$.

Globale Definition

$$z \equiv c, \; f(x, y, z, \ldots) \equiv ausdr$$

Tastenkombination

Beschreibung   Weist z den numerischen Wert c zu und behält diese Zuweisung für das gesamte Arbeitsblatt bei (unabhängig davon, an welcher Stelle die globale Definition vorgenommen wurde). Weist einer Funktion $f(x, y, z, \ldots)$ entsprechend die von dem Ausdruck *ausdr* vorgegebene Bedeutung für das gesamte Arbeitsblatt zu. *ausdr* braucht sich dabei nicht auf $x, y, z, \ldots$ zu beziehen (tut dies gewöhnlich aber) und kann andere vordefinierte oder benutzerdefinierte Funktionen einbeziehen.

Anmerkungen   Sie können Datenfelder auf die gleiche Weise global definieren wie Skalare, mit dem Feldbezeichner **A** auf der linken Seite des Definitionszeichens $\equiv$ und dem zugeordneten Wertefeld auf der rechten Seite.

Der von Mathcad verwendete Algorithmus für die Auswertung aller Definitionen, sowohl globaler als auch sonstiger, läuft folgendermaßen ab:

- Zunächst durchläuft Mathcad das gesamte Arbeitsblatt einmal vollständig von oben nach unten. Bei diesem ersten Durchlauf wertet Mathcad ausschließlich globale Definitionen aus.

- Anschießend durchläuft Mathcad das gesamte Arbeitsblatt ein zweites Mal vollständig von oben nach unten. Diesmal wertet Mathcad alle mit := vorgenommenen Definitionen sowie alle Gleichungen, die das Zeichen $\equiv$ enthalten, aus.

Obwohl globale Definitionen vor sämtlichen lokalen Definitionen ausgewertet werden, ermittelt Mathcad diese auf die gleiche Weise wie die lokalen Definitionen: von oben nach unten und von links nach rechts. Aus diesem Grund müssen Sie beim Einsatz einer Variable auf der rechten Seite eines ≡ beachten, daß:

- diese Variable ebenfalls per ≡ definiert worden sein muß *und daß*
- sie vor der Stelle definiert worden sein muß, an der auf sie zurückgegriffen wird.

Andernfalls wird die Variable in rot dargestellt, um anzuzeigen, daß sie undefiniert ist.

Zum guten Stil gehört es, nur eine Definition für eine globale Variable zuzulassen. Obwohl es möglich ist, eine Variable mit zwei unterschiedlichen globalen Definitionen bzw. mit einer globalen und einer lokalen Definition zu definieren, ist dies niemals erforderlich und sorgt lediglich dafür, daß Ihr Arbeitsblatt schwerer nachzuvollziehen ist.

Symbolisches Gleich

$c \rightarrow$

Tastenkombination

Beschreibung Liefert direkt den symbolischen »Wert« von c, falls c eine zuvor auf dem Arbeitsblatt definierte Variable, eine vordefinierte Variable, eine global definierte Variable oder eine Funktion aus mehreren solcher Variablen ist.

Anmerkungen Das symbolische Gleichheitszeichen kann als Analogon zum numerischen Gleichheitszeichen »=« betrachtet werden und ist dazu in der Lage, Ausdrücke als Ergebnis zu liefern. Sie können es beispielsweise verwenden, um algebraische Ausdrücke symbolisch zu vereinfachen, zu zerlegen oder um Ableitungen, Integrale und Grenzwerte symbolisch auszuwerten. Beachten Sie, daß »→« immer auf den gesamten Ausdruck angewendet wird (anders als das Menü SYMBOLIK).

Präfix   (Professional)

fx

Tastenkombination keine

Beschreibung Bei Verwendung eines eigenen Präfix-Operators liefert fx den Wert $f(x)$, wobei f entweder eine vordefinierte oder eine benutzerdefinierte Funktion und x eine reelle oder komplexe Zahl ist.

Beispiele

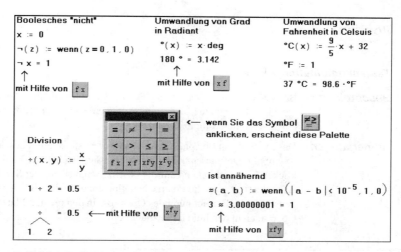

Beispiel 1: Definition eigener Operatoren

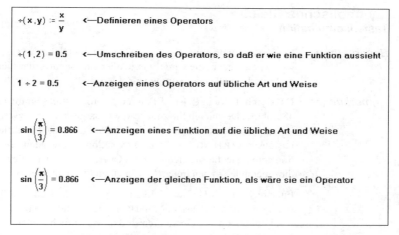

Beispiel 2: Darstellung eines Operators als Funktion und einer Funktion als Operator

Anmerkungen Das Symbol »°« in Beispiel 1 stammt aus der Schriftart »Symbol«. Definieren Sie zunächst wie dargestellt eine Funktion »°(x)«, und klicken Sie anschließend auf die Postfix-Schaltfläche der Symbolleiste AUSWERTUNG, um die Postfix-Notation anzuwenden. Bei der Postfix-Notation geben Sie die Bezeichnung des Operators in den rechten Platzhalter und den Operanden in den linken Platzhalter ein.

Viele Verleger lassen die runden Klammern um die Argumente bestimmter Funktionen gerne weg (*sin x* statt sin(*x*)). Sie können dies erreichen, indem Sie die *sin*-Funktion, wie in Beispiel 2, als einen Operator mit einem Operanden behandeln.

Postfix (Professional)

$x\,f$

Tastenkombination   keine

Beschreibung   Bei Verwendung eines eigenen Postfix-Operators liefert $x\,f$ den Wert $f(x)$, wobei f entweder eine vordefinierte oder eine benutzerdefinierte Funktion und x eine reelle oder komplexe Zahl ist.

Anmerkungen   Das Symbol ° in Beispiel 1 zum Operator **Präfix** stammt aus der Schriftart »Symbol«. Definieren Sie zunächst, wie dargestellt, eine Funktion »°(x)«, und klicken Sie anschließend auf die Postfix-Schaltfläche der Symbolleiste AUSWERTUNG, um die Postfix-Notation anzuwenden. Bei der Postfix-Notation geben Sie die Bezeichnung des Operators in den rechten Platzhalter und den Operanden in den linken Platzhalter ein.

Infix (Professional)

$x\,f\,y$

Tastenkombination   keine

Beschreibung   Bei Verwendung eines eigenen Infix-Operators liefert $x\,f\,y$ den Wert $f(x, y)$, wobei f entweder eine vordefinierte oder eine benutzerdefinierte Funktion ist und x und y reelle oder komplexe Zahlen sind.

Anmerkungen   Das Symbol »≈« in Beispiel 1 zum Operator **Präfix** stammt aus der Schriftart »Symbol«. Definieren Sie zunächst, wie dargestellt, eine zweiwertige Funktion »≈(x, y)«, und klicken Sie anschließend auf die Infix-Schaltfläche der Symbolleiste AUSWERTUNG, um die Infix-Notation anzuwenden. Bei der Infix-Notation geben Sie die Bezeichnung des Operators in den mittleren Platzhalter und die Operanden in den linken bzw. rechten Platzhalter ein.

Entsprechend wird in Beispiel 2 zum Operator **Präfix** die zweiwertige Funktion $\div(x, y)$ definiert und anschließend in der gewohnten Art und Weise dargestellt: $x \div y$. Funktionen und Operatoren sind im wesentlichen gleich. Auch wenn eine Notierung wie $\div(x, y)$ ungewöhnlich ist, verwenden Sie ruhig diese Schreibweise.

Treefix (Professional)

$x f^{\,y}$

Tastenkombination   keine

Beschreibung   Bei Verwendung eines eigenen Treefix-Operators liefert $x f^{\,y}$ den Wert $f(x, y)$, wobei f entweder eine vordefinierte oder eine benutzerdefinierte Funktion ist und x und y reelle oder komplexe Zahlen sind.

Anmerkungen   Das Symbol ÷ in Beispiel 1 zum Operator Präfix stammt aus der Schriftart »Symbol«. Definieren Sie zunächst, wie dargestellt, eine zweiwertige Funktion ÷(x, y), und klicken Sie anschließend auf die Treefix-Schaltfläche der Symbolleiste AUSWERTUNG, um die Treefix-Notation anzuwenden. Bei der Treefix-Notation geben Sie die Bezeichnung des Operators in den mittleren Platzhalter und die Operanden in den linken bzw. rechten Platzhalter ein.

Boolesche Operatoren

Um auf einen Booleschen Operator zuzugreifen

- verwenden Sie die zugehörige Tastenkombination, oder

- wählen Sie den Operator von der Operatorenpalette BOOLESCHE:.

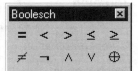

Im Abschnitt »Zugriff auf Operatoren« zu Beginn des Kapitels finden Sie weitere Hinweise darüber, wie Sie auf eine Symbolleiste zugreifen.

Größer als

$x > y$, $S1 > S2$

Tastenkombination

Beschreibung   Für skalare x und y ist das Ergebnis 1, falls $x > y$, sonst 0.

Für Zeichenkettenausdrücke $S1$ und $S2$ ist das Ergebnis 1, falls $S1$ in der ASCII-Reihenfolge hinter $S2$ liegt, sonst 0.

Kleiner als

$x < y$, $S1 < S2$

Tastenkombination   <

Beschreibung   Für skalare x und y ist das Ergebnis 1, falls $x < y$, sonst 0.

Für Zeichenkettenausdrücke $S1$ und $S2$ ist das Ergebnis 1, falls $S1$ in der ASCII-Reihenfolge vor $S2$ liegt, sonst 0.

Größer gleich

$x \geq y$, $S1 \geq S2$

Tastenkombination   ≥

Beschreibung   Für skalare x und y ist das Ergebnis 1, falls $x \geq y$, sonst 0.

Für Zeichenkettenausdrücke *S*1 und *S*2 ist das Ergebnis 1, falls *S*1 in der ASCII-Reihenfolge hinter *S*2 liegt, sonst 0.

Kleiner gleich

$x \leq y, S1 \leq S2$

Tastenkombination [Strg] + [(]

Beschreibung Für skalare *x* und *y* ist das Ergebnis 1, falls $x \leq y$, sonst 0.

Für Zeichenkettenausdrücke *S*1 und *S*2 ist das Ergebnis 1, falls *S*1 in der ASCII-Reihenfolge vor *S*2 liegt, sonst 0.

Ungleich

$x \neq y, S1 \neq S2$

Tastenkombination [Strg] + [3]

Beschreibung Für skalare *x* und *y* ist das Ergebnis 1, falls $x \neq y$, sonst 0.

Für Zeichenkettenausdrücke *S*1 und *S*2 ist das Ergebnis 1, falls *S1* nicht zeichenweise identisch mit *S*2 ist, sonst 0.

Gleich

$x = y, S1 = S2$

Tastenkombination [Strg] + [+] (auf Nummerntastatur)

Beschreibung Für skalare *x* und *y* ist das Ergebnis 1, falls $x = y$, sonst 0.

Für Zeichenkettenausdrücke *S*1 und *S*2 ist das Ergebnis 1, falls *S*1 zeichenweise identisch mit *S*2 ist, sonst 0.

Besonderer Hinweis: Diese Operatoren sind nur innerhalb einer Mathcad-Programmstruktur zulässig.

Und

$x \wedge y$

Tastenkombination [Strg] + [⇧] + [7]

Beschreibung $x \wedge y$ gibt den Wert 1 zurück, falls *x* und *y* ungleich null sind, und den Wert 0, falls *x* oder *y* gleich null.

Anmerkungen Der Wert 0 wird als FALSCH betrachtet; jeder Wert ungleich null (einschließlich 1) wird als WAHR betrachtet. Der Boolesche **und**-Operator wertet das rechte Argument nur aus, wenn das linke Argument WAHR ist. $x \wedge y$ ist auch als logische Konjunktion von *x* und *y* bekannt.

Oder

$x \vee y$

Tastenkombination [Strg] + [⇧] + [6]

Beschreibung $x \vee y$ gibt den Wert 1 zurück, falls x oder y gleich null ist, und den Wert 0, falls x und y gleich null sind.

Anmerkungen Der Wert 0 wird als FALSCH betrachtet; jeder Wert ungleich null (einschließlich 1) wird als WAHR betrachtet. Der Boolesche `oder`-Operator wertet das rechte Argument nur aus, wenn das linke Argument WAHR ist. $x \vee y$ ist auch als logische (inklusive) Disjunktion von x und y bekannt.

xOder

$x \oplus y$

Tastenkombination [Strg] + [⇧] + [1]

Beschreibung $x \oplus y$ gibt den Wert 1 zurück, falls nur x oder y gleich null ist, und den Wert 0, falls x und y gleich null sind.

Anmerkungen Der Wert 0 wird als FALSCH betrachtet; jeder Wert ungleich null (einschließlich 1) wird als WAHR betrachtet. Der Boolesche `xOder`-Operator wertet das rechte Argument nur aus, wenn das linke Argument WAHR ist. $x \oplus y$ ist identisch mit $(x \vee y) \wedge \neg (x \wedge y)$ und ist auch als logische exklusive Negation von x und y bekannt.

Nicht

$\neg x$

Tastenkombination [Strg] + [⇧] + [5]   ¬

Beschreibung $\neg x$ gibt den Wert 0 zurück, falls x ungleich null ist, und den Wert 0, falls x gleich null ist.

Anmerkungen Der Wert 0 wird als FALSCH betrachtet; jeder Wert ungleich null (einschließlich 1) wird als WAHR betrachtet. $\neg x$ ist auch als logische Negation von x bekannt.

Programmierungsoperatoren

Um auf einen Programmierungsoperator zuzugreifen,

- verwenden Sie die zugehörige Tastenkombination, oder

- wählen Sie den Operator von der Operatorenpalette PROGRAMMIERUNG:

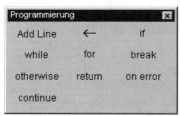

Im Abschnitt »Zugriff auf Operatoren« zu Beginn des Kapitels finden Sie weitere Hinweise darüber, wie Sie auf eine Symbolleiste zugreifen.

Besonderer Hinweis: Diese Operatoren sind nur innerhalb einer Mathcad-Programmstruktur zulässig.

Lokale Definition   *(Professional)*

$$w \leftarrow f(a, b, c, \ldots)$$

Tastenkombination   [!]

Beschreibung   Weist w innerhalb eines Programms den Wert der Funktion $f(a, b, c, \ldots)$ zu. Außerhalb des Programms bleibt w undefiniert.

Add Line   *(Professional)*

Tastenkombination   [ ]]

Beschreibung   Fügt eine Zeile in einem Programm ein. Sobald Sie den Operator **Add Line** zum ersten Mal verwenden, wird ein Programm erstellt (ein vertikaler Balken mit zwei Platzhaltern). Wenn Sie einen dieser Platzhalter auswählen und erneut den Operator **Add Line** einfügen, entstehen weitere Platzhalter.

Bedingungs-Anweisung   *(Professional)*

$$\Box \ \text{if} \ \Box$$

Tastenkombination   [ ]]

Beschreibung   Gestattet die Auswertung eines Ausdrucks in einem Programm nur dann, wenn eine angegebene Bedingung erfüllt ist. Sie müssen diesen Operator mittels der zugehörigen Tastenkombination oder der entsprechenden Schaltfläche einfügen. (Die Bedingungs-Anweisung if ist nicht identisch mit der vordefinierten Funktion **wenn**. Geben Sie nicht einfach das Wort »if« ein!)

Otherwise-Anweisung (Professional)

Û otherwise

Tastenkombination   Strg + ⇧ +]

Beschreibung   Wird in einem Programm gemeinsam mit der if-Anweisung verwendet, um bislang nicht berücksichtigte Möglichkeiten abzuhandeln. Sie müssen diesen Operator mittels der entsprechenden Schaltfläche einfügen. (Geben Sie nicht einfach das Wort »otherwise« ein!)

For-Schleife (Professional)

for Û ∈ Û

Û

Tastenkombination   Strg + ⇧ + "

Beschreibung   Ermöglicht in einem Programm die Auswertung einer Abfolge von Ausdrücken für eine angegebene Anzahl von Durchläufen. Der rechte Platzhalter enthält in der Regel eine Bereichsvariable. Sie müssen diesen Operator mittels der entsprechenden Schaltfläche einfügen. (Geben Sie nicht einfach das Wort »for« ein!)

While-Schleife (Professional)

while Û

Û

Tastenkombination   Strg +]

Beschreibung   Ermöglicht in einem Programm die wiederholte Auswertung einer Abfolge von Ausdrücken, bis eine angegebene Bedingung erfüllt ist. Der rechte Platzhalter enthält in der Regel einen Booleschen Ausdruck. Sie müssen diesen Operator mittels der entsprechenden Schaltfläche einfügen. (Geben Sie nicht einfach das Wort »while« ein!)

Break-Anweisung (Professional)

break

Tastenkombination   Strg + ⇧ + I

Beschreibung   Bricht innerhalb einer for- oder while-Schleife die Schleifenausführung ab. Wird üblicherweise gemeinsam mit einer if-Anweisung eingesetzt: Der Abbruch erfolgt, sobald eine bestimmte Bedingung erfüllt ist. Die Ausführung wird bei der nächsten Anweisung außerhalb der Schleife fortgesetzt. Sie müssen diesen Operator mittels der entsprechenden Schaltfläche einfügen. (Geben Sie nicht einfach das Wort »break« ein!)

Continue-Anweisung (Professional)

continue

Tastenkombination   Strg + [ ]

`continue`

Beschreibung   Bricht innerhalb einer for- oder while-Schleife die Schleifenausführung ab. Wird üblicherweise gemeinsam mit einer if-Anweisung eingesetzt: Der Abbruch erfolgt, sobald eine bestimmte Bedingung erfüllt ist. Die Ausführung wird mit der nächsten Iteration am Anfang der aktuellen Schleife fortgesetzt. Sie müssen diesen Operator mittels der entsprechenden Schaltfläche einfügen. (Geben Sie nicht einfach das Wort »continue« ein!)

Return-Anweisung (Professional)

return Û

Tastenkombination   Strg + ◊ +[ ]

`return`

Beschreibung   Bricht innerhalb eines Programms die Ausführung ab. Wird üblicherweise gemeinsam mit einer if-Anweisung eingesetzt: Der Abbruch erfolgt, sobald eine bestimmte Bedingung erfüllt ist. Diese Anweisung bricht weiterhin innerhalb einer for- oder while-Schleife die Schleifenausführung ab; in diesem Fall wird die Ausführung mit der nächsten Anweisung außerhalb der Schleife fortgesetzt. Sie müssen diesen Operator mittels der entsprechenden Schaltfläche einfügen. (Geben Sie nicht einfach das Wort »return« ein!)

Siehe auch   break und continue

Anmerkungen   Die break-Anweisung tut zwar das gleiche wie return, übergibt aber nur den Wert des letzten vor der break-Anweisung ausgewerteten Ausdrucks. Die return-Anweisung ist hingegen flexibler, da sie eine Unterbrechung des Programms sowie eine Übergabe bestimmter Werte ermöglicht, die nicht dem standardmäßigen, zuletzt berechneten Wert entsprechen.

On Error-Anweisung (Professional)

Û on error Û

Tastenkombination   Strg + [']

`on error`

Beschreibung   Gestattet innerhalb eines Programms die Berechnung eines alternativen Ausdrucks, sobald es zu einem beliebigen numerischen Fehler kommt. Sie müssen diesen Operator mittels der entsprechenden Schaltfläche einfügen. (Geben Sie nicht einfach die Wendung »on error« ein!)

Anmerkungen   Die on error-Anweisung führt zunächst das Argument auf der rechten Seite aus. Falls kein Fehler auftritt, wird das Ergebnis des rechten Ausdrucks geliefert. Falls ein Fehler auftritt, wird die Fehlermeldung beseitigt und das linke Argument zurückgeliefert.

Die on error-Anweisung ist ein Allzweckmittel zum Abfangen von Fehlern. Sie ist leistungsfähiger als die return-Anweisung im Zusammenspiel mit einigen entsprechenden Überprüfungen für die Behandlung von Eingaben, die einen numerischen Fehler auslösen können.

Kapitel 19
Symbolische Schlüsselwörter

In diesem Kapitel werden die symbolischen Schlüsselwörter von Mathcad in alphabetischer Reihenfolge aufgeführt und beschrieben.

Zugriff auf symbolische Schlüsselwörter

Sie können auf zwei Weisen auf die symbolischen Schlüsselwörter zugreifen:

- Geben Sie einfach das jeweilige Schlüsselwort ein.
- Wählen Sie den Operator aus der Symbolleiste SYMBOLIK aus:
    1. Klicken Sie zunächst in der Symbolleiste RECHNEN auf die Schaltfläche für die Symbolleiste SYMBOLIK:

Es erscheint die Symbolleiste SYMBOLISCH.

2. Klicken Sie auf die Schaltfläche des gewünschten Schlüsselwortes.

Die Schaltfläche für das Schlüsselwort **Modifikatoren** bezieht sich auf symbolische Modifikatoren.

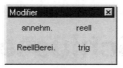

Der Modifikator **annehmen** wird als erstes Schlüsselwort behandelt. Die anderen drei Modifikatoren, **real**, **RealRange** und **trig**, werden in einigen Fällen zusammen mit dem Schlüsselwort **vereinfachen** verwendet. Schlagen Sie dort nach, um zu erfahren, wie diese Modifikatoren einzusetzen sind.

Zu den meisten Schlüsselwörtern gibt es einen entsprechenden Menüeintrag im Menü SYMBOLIK.

Diese Menüeinträge wirken sich jedoch nicht »direkt« aus; das heißt, sie greifen nicht auf zuvor gemachte Definitionen zurück und werden nicht automatisch aktualisiert, wenn Sie Änderungen an Ihrem Arbeitsblatt vornehmen.

Auffinden weiterer Informationen

Greifen Sie für Beispiele mit Schlüsselwörtern auf die QuickSheets im Informationszentrum zurück. Wählen Sie dazu den Eintrag INFORMATIONSZENTRUM im HILFE-Menü aus, klicken Sie auf das QuickSheets-Symbol, und wählen Sie anschließend ein bestimmtes Thema aus.

Schlüsselwörter

annehmen

Syntax **annehmen**, *bedingung*

Beschreibung Sorgt für eine oder mehrere Variablen für die Einhaltung von Bedingungen entsprechend des Ausdrucks *bedingung*. Eine typische Bedingung wäre beispielsweise *var* < 10.

annehmen kann eine Variable weiterhin darauf einschränken, reell zu sein oder in einen bestimmten Wertebereich zu fallen. Dazu dienen folgende Modifikatoren:

var = **real** wertet den Ausdruck unter der Voraussetzung aus, daß *var* eine reelle Zahl ist;

var = **RealRange**(*a*, *b*) wertet den Ausdruck unter der Voraussetzung aus, daß *var* eine reelle Zahl ist und zwischen *a* und *b* liegt, wobei *a* und *b* reelle Zahlen oder unendlich sind (geben Sie [Strg] + [⇧] + [Z] an, um ∞ darzustellen).

Beispiel

Symbolische Auswertung

$$\int_0^\infty e^{-x^2} dx \rightarrow \frac{1}{2}\sqrt{\pi}$$

Komplexe Auswertung

$$e^{i \cdot n \cdot \theta} \text{ komplex} \rightarrow \cos(n \cdot \theta) + i \cdot \sin(n \cdot \theta)$$

Gleitkommaauswertung

$$\int_0^\infty e^{-x^2} dx \text{ gleit}, 10 \rightarrow .8862269255$$

Beschränkte Auswertung

$$x \cdot \int_0^\infty e^{-\alpha \cdot t} dt \text{ annehm.}, \alpha > 1, \alpha = \text{real} \rightarrow \frac{x}{\alpha}$$

(α muß größer als 1 und reell sein)

auflösen

Syntax **auflösen**, *var*

Beschreibung Löst eine Gleichung nach der Variablen *var* oder ein Gleichungssystem nach den Variablen im Vektor *var* auf.

Beispiel

$$A1 = \frac{L}{r^2} + 2 \cdot C \quad \text{auflösen}, r \rightarrow \begin{bmatrix} \frac{1}{(A1 - 2 \cdot C)} \cdot \sqrt{(A1 - 2 \cdot C) \cdot L} \\ \frac{-1}{(A1 - 2 \cdot C)} \cdot \sqrt{(A1 - 2 \cdot C) \cdot L} \end{bmatrix}$$

$a := 34$

$$\frac{1}{2} \cdot x^2 + x = -2 + a \quad \text{auflösen}, x \rightarrow \begin{bmatrix} -1 + \sqrt{65} \\ -1 - \sqrt{65} \end{bmatrix} \quad \text{Tippen Sie [Ctrl]+ für das Gleichheitszeichen}$$

$$\frac{\alpha \cdot f + 1}{f - \beta} = e^{-\alpha} \quad \text{auflösen}, f \rightarrow \frac{-(1 + \exp(-\alpha) \cdot \beta)}{(\alpha - \exp(-\alpha))}$$

$$x^3 - 5 \cdot x^2 - 4 \cdot x + 20 > 0 \quad \text{auflösen}, x \rightarrow \begin{bmatrix} (-2 < x) \cdot (x < 2) \\ 5 < x \end{bmatrix}$$

$$e^t + 1 \quad \text{auflösen}, t \rightarrow i \cdot \pi$$

Beispiel 1: Auflösen von Gleichungen und Ungleichungen sowie das Ermitteln von Nullstellen

Benutzung des Schlüsselwortes "auflösen"

$$\begin{bmatrix} x + 2 \cdot \pi \cdot y = a \\ 4 \cdot x + y = b \end{bmatrix} \text{auflösen} \begin{bmatrix} x \\ y \end{bmatrix} \rightarrow \begin{bmatrix} \frac{1}{(-1 + 8 \cdot \pi)} \cdot (2 \cdot \pi \cdot b - a) \\ \frac{-(-4 \cdot a + b)}{(-1 + 8 \cdot \pi)} \end{bmatrix}$$

Benutzung des Lösungsblockes

Given $\quad x + 2 \cdot \pi \cdot y = a \quad$ <- [Ctrl]+ für das

$\quad\quad\quad 4 \cdot x + y = b \quad\quad\quad$ Gleichheitszeichen drücken

$$\text{Suchen}(x, y) \rightarrow \begin{bmatrix} \frac{1}{(-1 + 8 \cdot \pi)} \cdot (2 \cdot \pi \cdot b - a) \\ \frac{-(-4 \cdot a + b)}{(-1 + 8 \cdot \pi)} \end{bmatrix}$$

Beispiel 2: Symbolisches Auflösen eines Gleichungssystems

Anmerkungen Das symbolische Auflösen von Gleichungen ist weitaus schwieriger als deren numerische Auflösung. Manchmal führt der symbolische Lösungsalgorithmus zu keinem Ergebnis. Viele Probleme lassen sich nur mit einer numerischen Herangehensweise lösen und noch mehr bringen Lösungen hervor, die für eine Weiterverwendung zu lang sind.

Eine andere Möglichkeit zum Auflösen nach einer Variable besteht darin, eine Gleichung einzugeben, den aufzulösenden Ausdruck anzuklicken und den Eintrag VARIABLE/AUFLÖSEN aus dem Menü SYMBOLIK zu wählen.

Wie in Beispiel 2 vorgeführt, können Sie entweder das symbolische Schlüsselwort **auflösen** oder einen Lösungsblock verwenden, um ein Gleichungssystem symbolisch aufzulösen. Beim symbolischen Vorgehen sind keine anfänglichen Schätzwerte erforderlich.

entwickeln

Syntax **entwickeln**, *ausdr*

Beschreibung Entwickelt abgesehen vom Teilausdruck *ausdr* alle Potenzen und Produkte von Summen in einem Ausdruck. Das Argument *ausdr* ist optional. Wenn das Argument *ausdr* weggelassen wird, wird der gesamte Ausdruck entwickelt.

Beispiel

Ausdrücke entwickeln

$(x + y)^4$ entwickeln $\to x^4 + 4 \cdot x^3 \cdot y + 6 \cdot x^2 \cdot y^2 + 4 \cdot x \cdot y^3 + y^4$

$\cos(5 \cdot x)$ entwickeln $\to 16 \cdot \cos(x)^5 - 20 \cdot \cos(x)^3 + 5 \cdot \cos(x)$

$(x + 1) \cdot (y + z)$ entwickeln $x + 1 \to (x + 1) \cdot y + (x + 1) \cdot z$

Ausdrücke faktorisieren

8238913765711 faktor $\to (73) \cdot (112861832407)$

$\dfrac{1}{x-1} + \dfrac{x}{x+3} - \dfrac{2 \cdot x}{x+2}$ faktor $\to \dfrac{-(2 \cdot x^2 - 9 \cdot x - 6 + x^3)}{[(x-1) \cdot [(x+3) \cdot (x+2)]]}$

$x^2 - 2$ faktor, $\sqrt{2} \to (x + \sqrt{2}) \cdot (x - \sqrt{2})$

Sammeln von Termen

$x^2 - a \cdot y \cdot x^2 + 2 \cdot y^2 \cdot x - x$ sammeln $x \to (1 - a \cdot y) \cdot x^2 + (2 \cdot y^2 - 1) \cdot x$

$x^2 - a \cdot y \cdot x^2 + b \cdot y \cdot x - a \cdot x \cdot y$ sammeln $x, y \to (1 - a \cdot y) \cdot x^2 + (b - a) \cdot y \cdot x$

Anmerkungen Eine andere Möglichkeit zum Entwickeln eines Ausdrucks besteht darin, den Ausdruck zwischen den beiden Eingabelinien zu plazieren und den Eintrag ENTWICKELN aus dem Menü SYMBOLIK zu wählen.

ersetzen

Syntax **ersetzen**, *var1=var2*

Beschreibung Ersetzt in einem Ausdruck die Variable *var1* durch einen Ausdruck bzw. eine Variable *var2*. Drücken Sie [Strg] + [=], um das Gleichheitszeichen einzugeben.

Beispiel

> Um z durch x zu ersetzen, benutzen Sie das Schlüsselwort "ersetzen" und ein Argument, welches angibt, welche Variable durch welchen Ausdruck ersetzt werden soll. Nutzen Sie [Ctrl]= für das Gleichheitszeichen.
>
> $$z^2 + \frac{2}{z} \quad \text{ersetzen} \quad , z = x \quad \rightarrow \quad x^2 + \frac{2}{x}$$
>
> Ersetzen von y durch f(sin(x)):
>
> $$\sqrt{1 + y^2} \quad \text{ersetzen} \quad , y = f(\sin(x)) \quad \rightarrow \quad \sqrt{1 + f(\sin(x))^2}$$

Anmerkungen   Mathcad kann eine Variable nicht durch einen Vektor oder eine Matrix ersetzen. Sie können allerdings eine Variable in einer Matrix durch einen skalaren Ausdruck ersetzen. Dazu gehen Sie folgendermaßen vor:

1. Markieren Sie den Ausdruck, der die Variable ersetzen soll, und wählen Sie den Eintrag KOPIEREN aus dem Menü BEARBEITEN.

2. Klicken Sie auf die zu ersetzende Variable, und wählen Sie den Eintrag VARIABLE/ERSETZEN aus dem Menü SYMBOLIK. Diesen Menübefehl können Sie auch für Ersetzungen in beliebigen Ausdrücken verwenden

faktor

Syntax   **faktor**, *ausdr*

Beschreibung   Faktorisiert einen Ausdruck in ein Produkt, falls sich der gesamte Ausdruck als Produkt schreiben läßt. Wenn der Ausdruck eine einzelne ganze Zahl ist, zerlegt Mathcad diese in Potenzen von Primfaktoren. Wenn der Ausdruck ein Polynom oder eine rationale Funktion ist, führt Mathcad eine Faktorisierung in Potenzen von Polynomen oder rationalen Funktionen niedrigeren Grades durch. Das Argument *ausdr* ist optional.

Siehe auch   **entwickeln** für ein Beispiel

Anmerkungen   Wenn Sie einen Ausdruck über bestimmte Nullstellen faktorisieren möchten, fügen Sie die Wurzelausdrücke durch Kommata voneinander getrennt an das Schlüsselwort **faktor** an.

Manchmal läßt sich ein Ausdruck auch durch Faktorisierung von Teilausdrücken vereinfachen, auch wenn der Gesamtausdruck nicht faktorisiert werden kann. Plazieren Sie dazu den Teilausdruck zwischen den beiden Eingabelinien, und wählen Sie den Eintrag FAKTOR aus dem Menü SYMBOLIK. Sie können den Menübefehl FAKTOR auch verwenden, um ganze Ausdrücke zu faktorisieren. Allerdings berücksichtigen die Befehle des Menüs SYMBOLIK keine zuvor in Ihrem Arbeitsblatt vorgenommenen Definitionen, und es wird keine automatische Aktualisierung des Ausdrucks durchgeführt.

fourier

Syntax **fourier,** *var*

Beschreibung Ermittelt die Fourier-Transformation eines Ausdrucks hinsichtlich der Variable *var*.

Beispiel

```
Dirac(t) fourier,t  →  1          <- [Ctrl]-[Shift] zum Einfügen eines Schlüsselwortes drücken

   3
─────── invfourier,x  →  3/2·exp(-t)·Φ(t) + 3/2·exp(t)·Φ(-t)
 1 + x²

exp(-a·t) laplace,t  →  1/(s + a)

   s
─────── invlaplace,s  →  -a·exp(-a·t) + Dirac(t)   <- Dirac(t) ist ein Impuls bei t=0.
 s + a                                                Obwohl sie numerisch nicht
                                                      definiert ist, erkennt Mathcad's
                                                      symbolischer Prozessor diese
sin(π/2·t) ztrans,t  →  z/(1 + z²)                    Funktion.

                                                      (Sehen Sie in Anhang A, "Andere
   z                                                  spezielle Funktionen", für mehr
─────── invztrans,z  →  2ⁿ                            Informationen über die
 z - 2                                                Dirac-Deltafunktion nach.)
```

Anmerkungen Mathcad liefert eine Funktion von ω, die durch $\int_{-\infty}^{+\infty} f(t)e^{-i\omega t} dt$ gegeben ist, wobei $f(t)$ der zu transformierende Ausdruck ist.

Wenn Sie eine Fourier-Transformation durchführen, liefert Mathcad eine Funktion der Variablen ω, da dies in diesem Zusammenhang eine übliche Variablenbezeichnung ist. Wenn der Ausdruck, den Sie transformieren, bereits ein ω enthält, verwendet Mathcad zur Vermeidung von Doppeldeutigkeiten statt dessen die Variable ωω.

Eine andere Möglichkeit zum Ermitteln der Fourier-Transformation eines Ausdrucks besteht darin, den Ausdruck einzugeben und die Transformationsvariable anzuklicken. Anschließend wählen Sie den Eintrag TRANSFORMATION/ FOURIER aus dem Menü SYMBOLIK.

gleit

Syntax **gleit,** *m*

Beschreibung Zeigt eine Gleitkommazahl mit einer Genauigkeit von *m* Stellen an, sofern dies möglich ist. Wenn das ganzzahlige Argument *m* weggelassen wird, kommt die standardmäßige Genauigkeit von 20 Stellen zum Zuge.

Siehe auch **annehmen** für ein Beispiel

Anmerkungen Eine andere Möglichkeit zur Durchführung einer Gleitkommaauswertung für einen Ausdruck besteht darin, den Ausdruck zwischen den beiden Eingabelinien zu plazieren und den Eintrag AUSWERTEN/GLEITKOMMA aus dem Menü SYMBOLIK zu wählen.

invfourier

Syntax **invfourier**, *var*

Beschreibung Ermittelt die inverse Fourier-Transformation eines Ausdrucks hinsichtlich der Variable *var*.

Siehe auch **fourier** für ein Beispiel

Anmerkungen Mathcad liefert eine Funktion von *t*, die durch $\frac{1}{2\pi}\int_{-\infty}^{+\infty} F(\omega)e^{i\omega t} d\omega$ gegeben ist, wobei $F(\omega)$ der zu transformierende Ausdruck ist.

Wenn Sie eine Fourier-Transformation durchführen, liefert Mathcad eine Funktion der Variablen *t*, da dies in diesem Zusammenhang eine übliche Variablenbezeichnung ist. Wenn der Ausdruck, den Sie transformieren, bereits ein *t* enthält, verwendet Mathcad zur Vermeidung von Doppeldeutigkeiten statt dessen die Variable *t t*.

Eine andere Möglichkeit zum Ermitteln der inversen Fourier-Transformation eines Ausdrucks besteht darin, den Ausdruck einzugeben und die Transformationsvariable anzuklicken. Anschließend wählen Sie den Eintrag TRANSFORMATION/FOURIER INVERS aus dem Menü SYMBOLIK.

invlaplace

Syntax **invlaplace**, *var*

Beschreibung Ermittelt die inverse Laplace-Transformation eines Ausdrucks hinsichtlich der Variable *var*.

Siehe auch **fourier** für ein Beispiel

Anmerkungen Mathcad liefert eine Funktion von *t*, die durch $\frac{1}{2\pi i}\int_{\sigma-i\infty}^{\sigma+i\infty} F(s)e^{st} dt$ gegeben ist, wobei $F(s)$ der zu transformierende Ausdruck ist und alle seine Singularitäten links von der Geraden $\text{Re}(s) = \sigma$ liegen.

Wenn Sie eine inverse Fourier-Transformation durchführen, liefert Mathcad eine Funktion der Variablen *t*, da dies in diesem Zusammenhang eine übliche Variablenbezeichnung ist. Wenn der Ausdruck, den Sie transformieren, bereits ein *t* enthält, verwendet Mathcad zur Vermeidung von Doppeldeutigkeiten statt dessen die Variable *t t*.

Eine andere Möglichkeit zum Ermitteln der inversen Fourier-Transformation eines Ausdrucks besteht darin, den Ausdruck einzugeben und die Transformationsvariable anzuklicken. Anschließend wählen Sie den Eintrag TRANSFORMATION/LAPLACE INVERS aus dem Menü SYMBOLIK.

invztrans

Syntax **invztrans**, *var*

Beschreibung Ermittelt die inverse *z*-Transformation eines Ausdrucks hinsichtlich der Variable *var*.

Siehe auch **fourier** für ein Beispiel

Anmerkungen Mathcad liefert eine Funktion von *n*, die durch das Umlaufintegral

$$\frac{1}{2\pi i}\int_C F(z)z^{n-1}dz$$

um den Ursprung gegeben ist, wobei *F(z)* der zu transformierende Ausdruck und *C* eine Kontur ist, die alle Singularitäten des Integranden umschließt.

Wenn Sie eine inverse *z*-Transformation durchführen, liefert Mathcad eine Funktion der Variablen *n*, da dies in diesem Zusammenhang eine übliche Variablenbezeichnung ist. Wenn der Ausdruck, den Sie transformieren, bereits ein *n* enthält, verwendet Mathcad zur Vermeidung von Doppeldeutigkeiten statt dessen die Variable *nn*.

Eine andere Möglichkeit zum Ermitteln der inversen *z*-Transformation eines Ausdrucks besteht darin, den Ausdruck einzugeben und die Transformationsvariable anzuklicken. Anschließend wählen Sie den Eintrag TRANSFORMATION/Z INVERS aus dem Menü SYMBOLIK.

koeff

Syntax **koeff**, *var*

Beschreibung Findet Koeffizienten eines Polynoms, wenn es in Termen aufsteigender Potenzen der Variable bzw. des Teilausdrucks *var* geschrieben ist. Mathcad liefert als Ergebnis einen Vektor mit den Koeffizienten. Das erste Element des Vektors ist der konstante Term und das letzte Element der Koeffizient für den Term im Polynom mit der höchsten Potenz.

Siehe auch **konvert**, **teilbruch** für ein Beispiel

Anmerkungen Eine andere Möglichkeit zur Ermittlung der Koeffizienten eines Polynoms besteht darin, die Variable bzw. den Teilausdruck *var* zwischen den beiden Eingabelinien zu plazieren und den Eintrag POLYNOM-KOEFFIZIENTEN aus dem Menü SYMBOLIK zu wählen.

komplex

Syntax komplex

Beschreibung Führt eine symbolische Auswertung im komplexen Zahlenbereich durch. Das Ergebnis liegt üblicherweise in der Form *a+i·b* vor.

Siehe auch **annehmen** für ein Beispiel

Anmerkungen Eine andere Möglichkeit zum Auswerten eines Ausdrucks im komplexen Zahlenbereich besteht darin, den Ausdruck zwischen den beiden Eingabelinien zu plazieren und den Eintrag AUSWERTEN/KOMPLEX aus dem Menü SYMBOLIK zu wählen.

konvert, teilbruch

Syntax **konvert, teilbruch,** *var*

Beschreibung Nimmt eine Partialbruchzerlegung eines Ausdrucks der Variablen *var* vor.

Beispiel

Erweitern von Ausdrücken in Teilbrüche

$$\frac{2 \cdot x^2 - 3 \cdot x + 1}{x^3 + 2 \cdot x^2 - 9 \cdot x - 18} \text{ konvert,teilbruch,x} \rightarrow \frac{1}{[3 \cdot (x - 3)]} + \frac{14}{[3 \cdot (x + 3)]} - \frac{3}{(x + 2)}$$

Nutzen Sie das "koeff" Schlüsselwort, um einen Ausdruck als Polynom zu behandeln und schreiben Sie die Koeffizienten aus. Spezifizieren entweder eine Variable oder eine Funktion als Argument.

$$3 \cdot b \cdot x^4 - \pi \cdot x^2 + \frac{2}{3} \cdot x - .3 \cdot a \cdot b \text{ koeff,x} \rightarrow \begin{bmatrix} -.3 \cdot a \cdot b \\ \frac{2}{3} \\ -\pi \\ 0 \\ 3 \cdot b \end{bmatrix}$$

$$\sin(x) + 2 \cdot \sin(x)^2 \text{ koeff , } \sin(x) \rightarrow \begin{bmatrix} 0 \\ 1 \\ 2 \end{bmatrix}$$

Anmerkungen Der Symbolprozessor versucht, den Nenner des Ausdrucks in lineare oder quadratische Faktoren mit ganzzahligen Koeffizienten zu zerlegen. Wenn dies gelingt, wird der Ausdruck in eine Summe von Brüchen mit diesen Faktoren als Nennern umgeformt. Bei allen Konstanten in dem ausgewählten Ausdruck muß es sich um ganze Zahlen oder Brüche handeln. Ausdrücke mit Zahlen, die über Nachkommastellen verfügen, werden von Mathcad nicht entwickelt.

Eine andere Möglichkeit zum Konvertieren eines Ausdrucks in Partialbrüche besteht darin, die Variable *var* an beliebiger Stelle im Ausdruck anzuklicken und anschließend den Eintrag VARIABLE/PARTIALBRUCHZERLEGUNG aus dem Menü SYMBOLIK zu wählen.

laplace

Syntax **laplace,** *var*

Beschreibung Ermittelt die Laplace-Transformation eines Ausdrucks hinsichtlich der Variable *var*.

Siehe auch **fourier** für ein Beispiel

Anmerkungen Mathcad liefert eine Funktion von *s*, die durch $\int_0^{+\infty} f(t)e^{-st}dt$ gegeben ist, wobei *f(t)* der zu transformierende Ausdruck ist.

Wenn Sie eine Laplace-Transformation durchführen, liefert Mathcad eine Funktion der Variablen *s*, da dies in diesem Zusammenhang eine übliche Variablenbezeichnung ist. Wenn der Ausdruck, den Sie transformieren, bereits ein *s* enthält, verwendet Mathcad zur Vermeidung von Doppeldeutigkeiten statt dessen die Variable *ss*.

Eine andere Möglichkeit zum Ermitteln der inversen Fourier-Transformation eines Ausdrucks besteht darin, den Ausdruck einzugeben und die Transformationsvariable anzuklicken. Anschließend wählen Sie den Eintrag TRANSFORMATION/LAPLACE aus dem Menü SYMBOLIK.

reihe

Syntax **reihe**, *var* = *z*, *m*

Beschreibung Entwickelt einen Ausdruck in einer oder mehreren Variablen *var* um den Punkt *z*. *m* gibt den Grad der Entwicklung an. Sowohl *z* als auch *m* sind optional. Standardmäßig wird die Reihenentwicklung um den Punkt Null vorgenommen und stellt ein Polynom sechsten Grades dar.

Beispiel

Generieren einer Reihe um den Punkt x=0:

$$\ln(x+y) \quad \text{reihe},x \rightarrow \ln(y) + \frac{x}{y} - \frac{1}{2}\cdot\frac{x^2}{y^2} + \frac{1}{3}\cdot\frac{x^3}{y^3} - \frac{1}{4}\cdot\frac{x^4}{y^4} + \frac{1}{5}\cdot\frac{x^5}{y^5}$$

Generieren einer Reihe für sin(x) mit Ordnung 6:

$$\sin(x) \quad \text{reihe},x,6 \rightarrow x - \frac{1}{6}\cdot x^3 + \frac{1}{120}\cdot x^5$$

Generieren einer Reihe um den Punkt x=1 und y=0, aber nur die Terme werden angezeigt, dessen Exponentensummen kleiner als 3 sind.

$$e^x + y \quad \text{reihe}, x=1, y, 3 \rightarrow \exp(1) + \exp(1)\cdot(x-1) + y + \frac{1}{2}\cdot\exp(1)\cdot(x-1)^2$$

Drücken Sie [Ctrl]= für das Gleichheitszeichen

Anmerkungen Mathcad findet Taylor-Reihen (Reihen ohne negative Potenzen der Variable) für in Null analytische Funktionen und Laurent-Reihen für Funktionen, die an der Stelle Null einen Pol endlichen Grades besitzen. Um eine Reihe mit einem anderen Entwicklungspunkt als Null zu entwickeln, muß das Argument zum Schlüsselwort **reihe** in der Form *var* = *z* angegeben sein. Dabei ist *z* eine beliebige reelle oder komplexe Zahl. Beispielsweise führt **reihe**, *x*=1 eine Reihenentwicklung um den Punkt *x*=1 durch. An das Gleichheitszeichen gelangen Sie durch Drücken von [Strg] + [=].

Um eine Reihenentwicklung für mehr als eine Variable durchzuführen, geben Sie die Variablen durch Kommata voneinander getrennt an. Die letzte Zeile im vorangegangenen Beispiel zeigt einen Ausdruck, der um *x* und *y* entwickelt wurde.

Eine andere Möglichkeit zum Durchführen einer Reihenentwicklung besteht darin, den Ausdruck einzugeben und eine Variable anzuklicken, für die Sie eine Reihenentwicklung ermitteln möchten. Anschließend wählen Sie den Eintrag VARIABLE/REIHENENTWICKLUNG aus dem Menü SYMBOLIK. In einem Dialogfenster werden Sie nach dem Grad für die Reihe gefragt. Dieser Befehl ist auf Reihen für eine einzige Variable beschränkt; alle anderen Variablen im Ausdruck werden als Konstanten behandelt. Das Ergebnis enthält auch den Fehler in der O-Notation. Bevor Sie die Reihe für weitere Berechnungen einsetzen, müssen Sie diesen Term für den Fehler entfernen.

Wenn Sie die vom Symbolprozessor erhaltenen Annäherungen verwenden, denken Sie daran, daß die Taylor-Reihe einer Funktion gegebenenfalls nur in einem kleinen Intervall um den Entwicklungspunkt konvergiert. Weiterhin besitzen Funktionen wie **sin** oder **exp** Reihen mit unendlich vielen Termen, während die von Mathcad gelieferten Polynome nur über wenige Terme verfügen (die Anzahl hängt vom gewählten Grad ab). Wenn Sie also eine Funktion mittels des von Mathcad gelieferten Polynoms annähern, wird die Annäherung zwar in der Nähe des Entwicklungspunktes hinreichend genau sein, aber in größerer Entfernung zum Entwicklungspunkt kann sie ziemlich ungenau sein.

sammeln

Syntax   **sammeln**, *var1*, *var2*, ..., *varn*

Beschreibung   Faßt Terme gleicher Potenzen der Variablen bzw. Teilausdrücke *var1* bis *varn* zusammen.

Siehe auch   **entwickeln** für ein Beispiel

Anmerkungen   Eine andere Möglichkeit zum Zusammenfassen von Termen besteht darin, den Ausdruck zwischen den beiden Eingabelinien zu plazieren und den Eintrag SAMMELN aus dem Menü SYMBOLIK zu wählen.

vereinfachen

Syntax   vereinfachen

Beschreibung   Vereinfacht einen Ausdruck durch arithmetische Umformungen, Kürzen und den Einsatz grundlegender trigonometrischer und inverser Funktionen.

Zur Steuerung der Vereinfachung dienen folgende Modifikatoren:

annehmen=real vereinfacht den Ausdruck unter der Voraussetzung, daß alle Unbekannten reelle Zahlen sind;

annehmen=RealRange(a, b) vereinfacht den Ausdruck unter der Voraussetzung, daß alle Unbekannten reelle Zahlen sind und zwischen a und b liegen, wobei a und b reelle Zahlen oder unendlich sind (Strg + Z).

trig vereinfacht einen trigonometrischen Ausdruck durch den ausschließlichen Einsatz der Elemente $\sin(x)^2 + \cos(x)^2 = 1$ und $\cosh(x)^2 + \sinh(x)^2 = 1$, vereinfacht einen Ausdruck aber nicht durch Vereinfachen von Logarithmen, Potenzen oder Wurzeln.

Beispiel

$$\frac{x^2 - 3 \cdot x - 4}{x - 4} + 2 \cdot x - 5 \xrightarrow{\text{vereinfachen}} 3 \cdot x - 4$$

$$e^{2 \ln(a)} \xrightarrow{\text{vereinfachen}} a^2$$

$$\sin(\ln(a \cdot b))^2 \xrightarrow{\text{vereinfachen}} 1 - \cos(\ln(a) + \ln(b))^2$$

$$\sin(\ln(a \cdot b))^2 \xrightarrow{\text{vereinfachen,trig}} 1 - \cos(\ln(a \cdot b))^2$$

$$\left(2^b\right)^c \xrightarrow{\text{vereinfachen}} \left(2^b\right)^c$$

$$\left(2^b\right)^c \xrightarrow{\text{vereinfachen,annehmen=reell}} 2^{b \cdot c}$$

$$\sqrt{x^2} \xrightarrow{\text{vereinfachen}} \operatorname{csgn}(x) \cdot x$$

$$\sqrt{x^2} \xrightarrow{\text{vereinfachen,annehmen=RealRange}(-10, -5)} -x$$

Anmerkungen Sie können einen Ausdruck auch vereinfachen, indem Sie ihn zwischen den beiden Eingabelinien plazieren und den Eintrag VEREINFACHEN aus dem Menü SYMBOLIK wählen. Dieses Vorgehen bietet sich an, wenn Sie Teile eines Ausdrucks vereinfachen möchten. Manchmal kann Mathcad einzelne Teile eines Ausdrucks vereinfachen, selbst wenn es den Gesamtausdruck nicht vereinfachen kann. Wenn die Vereinfachung des Gesamtausdrucks nicht zum gewünschten Ergebnis führt, versuchen Sie es mit der Auswahl von Teilausdrücken und dem Menüpunkt VEREINFACHEN aus dem Menü SYMBOLIK. Wenn Mathcad einen Ausdruck nicht weiter vereinfachen kann, erhalten Sie den ursprünglichen Ausdruck als Ergebnis zurück.

Im allgemeinen wird sich das Ergebnis einer Vereinfachung numerisch genau so verhalten wie der ursprüngliche Ausdruck. Wenn der Ausdruck allerdings Funktionen mit mehr als einem Zweig, beispielsweise Quadratwurzeln oder inverse trigonometrische Funktionen, einschließt, kann das symbolische Ergebnis von dem numerischen Ergebnis abweichen. Beispielsweise führt die Vereinfachung von $\operatorname{asin}(\sin(\theta))$ zu dem Ergebnis θ; diese Gleichung bewahrheitet sich in Mathcad aber nur, wenn θ eine Zahl zwischen $-\pi/2$ und $\pi/2$ ist.

ztrans

Syntax **ztrans**, *var*

Beschreibung Ermittelt die *z*-Transformation eines Ausdrucks hinsichtlich der Variable *var*.

Siehe auch **fourier** für ein Beispiel

Anmerkungen   Mathcad liefert eine Funktion von z, die durch $\sum_{n=0}^{+\infty} f(n)z^{-n}$ gegeben ist, wobei $f(n)$ der zu transformierende Ausdruck ist.

Wenn Sie eine z-Transformation durchführen, liefert Mathcad eine Funktion der Variablen z, da dies in diesem Zusammenhang eine übliche Variablenbezeichnung ist. Wenn der Ausdruck, den Sie transformieren, bereits ein z enthält, verwendet Mathcad zur Vermeidung von Doppeldeutigkeiten statt dessen die Variable zz.

Eine andere Möglichkeit zum Ermitteln der z-Transformation eines Ausdrucks besteht darin, den Ausdruck einzugeben und die Transformationsvariable anzuklicken. Anschließend wählen Sie den Eintrag TRANSFORMATION/Z aus dem Menü SYMBOLIK.

Anhang T
Weitere Sonderfunktionen

Manchmal liefert Mathcad einen symbolischen Ausdruck in Termen einer Funktion, die nicht zu den vordefinierten Funktionen von Mathcad gehört.

In Mathcad können Sie eine Vielzahl solcher Funktionen definieren. Sehen Sie dazu unter dem entsprechenden Thema in den QuickSheets des Informationszentrums nach.

Die nachfolgende Auflistung gibt die Definitionen für diese Funktionen an. Abgesehen von Ei, fehlf und Zeta, die mit unendlichen Summen zu tun haben, sowie w können Sie diese Definitionen zur Berechnung numerischer Werte in Mathcad heranziehen.

Funktionsdefinitionen

Bezeichnung	Definition
Eulersche Konstante	$\gamma = \lim_{n\to\infty}\left(\sum_{k=1}^{n}\frac{1}{k} - \ln(n)\right) = 0.57721566...$
Hyperbolisches Kosinusintegral	$\text{Chi}(x) = \gamma + \ln(x) + \int_{0}^{x}\frac{\cosh(t)-1}{t}dt$
Kosinusintegral	$\text{Ci}(x) = \gamma + \ln(x) + \int_{0}^{x}\frac{\cos(t)-1}{t}dt$
Dilogarithmische Funktion	$\text{dilog}(x) = \int_{t}^{x}\frac{\ln(t)}{1-t}dt$
Diracsche Delta-Funktion (Einheitsimpuls)	$\text{Dirac}(x) = 0$, falls x ungleich Null. $\int_{-\infty}^{\infty}\text{Dirac}(x)dx = 1$
Exponentialintegral	$\text{Ei}(x) = \gamma + \ln(x) + \sum_{n=1}^{\infty}\frac{x^n}{n\cdot n!}\quad (x > 0)$
Komplexe Fehlerfunktion	$\text{erf}(z) = \frac{2}{\sqrt{\pi}}\sum_{n=0}^{\infty}\frac{(-1)^n z^{2n+1}}{n!(2n+1)}$ (für komplexe z)
Fresnelsches Kosinusintegral	$\text{FresnelC}(x) = \int_{0}^{x}\cos\left(\frac{\pi}{2}t^2\right)dt$
Fresnelsches Sinusintegral	$\text{FresnelS}(x) = \int_{0}^{x}\sin\left(\frac{\pi}{2}t^2\right)dt$
Unvollständiges elliptisches Integral zweiter Art	$\text{LegendreE}(x,k) = \int_{0}^{x}\left(\frac{1-k^2\cdot t^2}{1-t^2}\right)^{1/2}dt$
Vollständiges elliptisches Integral zweiter Art	$\text{LegendreEc}(k) = \text{LegendreE}(1,k)$

Assoziiertes vollständiges elliptisches Integral zweiter Art	$\text{LegendreEc1}(k) = \text{LegendreEc}(\sqrt{1-k^2})$
Unvollständiges elliptisches Integral erster Art	$\text{LegendreF}(x,k) = \int_0^x \dfrac{1}{\sqrt{(1-t^2)(1-k^2 \cdot t^2)}}\,dt$
Vollständiges elliptisches Integral erster Art	$\text{LegendreKc}(k) = \text{LegendreF}(1,k)$
Assoziiertes vollständiges elliptisches Integral erster Art	$\text{LegendreKc1}(k) = \text{LegendreKc}(\sqrt{1-k^2})$
Unvollständiges elliptisches Integral dritter Art	$\text{LegendrePi}(x,n,k) = \int_0^x \dfrac{1}{\sqrt{(1-n^2 \cdot t^2)}\sqrt{(1-t^2)(1-k^2 \cdot t^2)}}\,dt$
Vollständiges elliptisches Integral dritter Art	$\text{LegendrePic}(n,k) = \text{LegendrePi}(1,n,k)$
Assoziiertes vollständiges elliptisches Integral dritter Art	$\text{LegendrePic1}(k) = \text{LegendrePic}(n,\sqrt{1-k^2})$
Digamma-Funktion	$\text{Psi}(x) = \dfrac{d}{dx}\ln(\Gamma(x))$
Polygamma-Funktion	$\text{Psi}(n,k) = \dfrac{d^n}{dx^n}\text{Psi}(x)$
Hyperbolisches Sinusintegral	$\text{Shi}(x) = \int_0^x \dfrac{\sinh(t)}{t}\,dt$
Sinusintegral	$\text{Si}(x) = \int_0^x \dfrac{\sin(t)}{t}\,dt$
Lambertsche W-Funktion	$W(x)$ ist der Hauptzweig einer Funktion, für die gilt: $W(x) \cdot \exp(W(x)) = x$. $W(n, x)$ ist der n-te Zweig von $W(x)$.
Riemannsche Zeta-Funktion	$\text{Zeta}(x) = \sum_{n=1}^{\infty}\dfrac{1}{n^x}\quad (x > 1)$

Anmerkungen

Die Funktionen `Psi` und Γ erscheinen häufig in den Ergebnissen *unbestimmter* Summen und Produkte. Wenn Sie einen einzelnen Variablenbezeichner anstelle eines Bereichs im Platzhalter für den Index einer Summation oder eines Produkts verwenden und anschließend den Eintrag AUSWERTEN / SYMBOLISCH oder einen anderen Befehl zur symbolischen Auswertung auswählen, dann wird Mathcad versuchen, eine *unbestimmte* Summe bzw. ein *unbestimmtes* Produkt für den Ausdruck zu berechnen. Die unbestimmte Summe von $f(i)$ ist ein Ausdruck $S(i)$ mit $S(i+1) - S(i) = f(i)$. Das unbestimmte Produkt von $f(i)$ ist ein Ausdruck $P(i)$ mit $\dfrac{P(i+1)}{P(i)} = f(i)$.

Anhang U
Literaturverzeichnis

Abramowitz, M. und I. Stegun. *Handbook of Mathematical Functions*. New York: Dover, 1972.

Devroye, L. *Non-uniform Random Variate Distribution*. New York: Springer-Verlag, 1986.

Friedmann, J.H. »A Variable Span Smoother.« *Tech Report No.5*. Laboratory for Computational Statistics. Palo Alto: Stanford Univ.

Geddes, K. und G. Gonnet. »A New Algorithm for Computing Symbolic Limits Using Generalized Hierarchical Series.« *Symbolic and Algebraic Computation (Proceedings of ISSAC '88)*. Herausgegeben von P. Gianni. Aus der Reihe *Lecture Notes in Computer Science*. Berlin: Springer-Verlag, 1989.

Golub, G. und C. Van Loan. *Matrix Computations*. Baltimore: John Hopkins University Press, 1989.

Knuth, D. *The Art of Computer Programming: Seminumerical Algorithms*. Reading: Addison-Wesley, 1997.

Lorczak, P. *The Mathcad Treasurey*. Ein MathSoft Electronic Book. Cambridge: Mathsoft, Inc.

Nash, J.C. *Compact Numerical Methods For Computers*. Bristol: Adam Hilger Ltd., 1979.

Niven, I. und H. Zuckermann. *An Introduction to the Theory of Numbers*. New York: John Wiley & Sons, 1972.

Press, W.H., W.T. Flannery, S.A. Teukolsky und B.P. Vetterling. *Numerical Recipes in C*. Cambridge University Press, New York, 1992.

Polak, E. *Optimization – Algorithms and Consistent Approximations*. New York: Springer-Verlag, 1997.

Singleton, R. *Communications of ACM*. Vol. 11, no. 11. November, 1986.

Wilkinson, J.H. und C. Reinsch. *Handbook for Automatic Computation*. Vol. II, *Linear Algebra*. New York: Springer-Verlag, 1971.

Winston, W. *Operations Research: Applications and Algorithms*. Belmton: Wadsworth, 1994.

Index

!
(64, 138, 555, 556
((x, y) 200
((z) 200
) 197, 241
, 195
.MCD 109
= (Boolean equal) 173
¼ (not equal to) 173

A
Abbruch- und Rundungsfunktin
    trunc 544
Abbruch- und Rundungsfunktion
    ceil 409
    floor 431
    runden 523
Ableitung 573
    n-te 574
Ableitungen 181
Ableitungen höherer Ordnung 183
Ableitungs-Operator 169
Absätze 87
Absatz, Textformat 90
Absatzeigenschaften 87, 88
Achsen 296
achsenabschn 401
achsenabschn(vx, vy) 221
Achsenbegrenzungen 277
Achsenbeschriftungen 37
Achsenstil 296
acos 401
acos(z) 196
acosh(z) 197
acsc 402
Add Line 584
Addition 559
    mit Zeilenumbruch 560
Addition, skalare 177
Additions-Operator 170
Ai 402
Ai(x) 197
Airy-Funktion 197, 402
Algebra, symbolische 309
Ampere 157
Animation 163
Anmerkungen in Diagrammen 305
Anmerkungen, elektronisches Buch 45
annehmen 314, 589
Arbeitsbereich 23

Arbeitsblätter 109
Arbeitsblätter, breite, drucken 132
Arbeitsblatt 26, 57
Arbeitsblatt berechnen 161
Arbeitsblatt, Layout 118
Arbeitsblatt, neu anordnen 114
Arbeitsblatt, Objekt einfügen 104
Arbeitsblatt, speichern 38
Arbeitsblatt, Standardformate 153
Arbeitsblattattribute 110
arcosh 403
arcot 401, 402
arcsch 403
arg 403
arg(z) 198
Arithmetik-Palette 169, 172
Arithmetik-Symbolleisten 169
Array 59
arsech 403
arsinh 404
artanh 404
ASCII-Codes 174
ASCII-Datendateien 243
asec 404
asin 404
asin(z) 196, 197
atan 405
atan(z) 196
atan2 404
atan2(x, y) 196
atanh(z) 197
auflösen 313, 589
Aufzählungszeichen 89
Aus Datei lesen 253
Ausdruck 65
Ausdruck, verschieben 77
Ausdruck-Funktion
    IsScalar 447
    IsString 447
Ausdruck-Funktiony
    IsArray 447
Ausdrucks, teilweise löschen 78
Ausdruckstyp 241
Ausdrücke 65
Ausdrücke anlegen 57
Ausdrücke bearbeiten 69
Ausdrücke numerisch auswerten 139
Ausdrücke, mathematische 57
Ausgabetabelle 34
Ausrichtung 89

Ausschneiden 77
Auswertung, Symbolleiste 24
Auswertungs- und Boolesche Palette 172
Automatischer Modus 160
AutoSelect 214
AutoSelect, Integration 185
AVI-Datei 164
Axum 350
Axum-Komponente 354

B
log(z, 197
Balkendiagramm
    Erzeugen 289
Bearbeitungslinie 66
Bearbeitungslinie, horizontale 66
Bedingungs-Anweisung 584
Bedingungsnummer 204
Bedingungstoleranz 213
Beenden 38
bei 405
bei(n, x) 197
Beispielstandardabweichung 216
Beispielvarianz 216
Beleuchtung 297, 303
ber 405
ber(n, x) 197
Berechnungen 137
Berechnungen steuern 160
Berechnungen unterbrechen 162
Berechnungen, iterative 33
Bereich anlegen 27
Bereich, mathematischer 57
Bereiche ausrichten 114
Bereiche bei Eingabe nach unten verschieben 88
Bereiche hervorgehoben darstellen 117
Bereiche trennen 80, 116
Bereichsauswahl 27
Bereichsprodukt 569
Bereichssummation 568
Bereichstypen 144
Bereichsvariable 33, 58, 142, 561
Bereichsvariablenoperator 34
Bessel-Funktion 197
    Ai 402
    bei 405
    ber 405
    Bi 406
    I0 442
    I1 442
    In 445
    J0 448

J1 448
Jn 449
js 449
K0 450
K1 450
Kn 451
Y0 552
Y1 552
Yn 552
ys 553
Bessel-Kelvin-Funktion 197
Betaverteilung 217
Beta-Verteilung, inverse 498
Betrag 562, 565
Bi 406
Bi(x) 197
Bild 567
Bild formatieren 102
Bild, aus Matrix erzeugen 100
BILD_LESEN 406
Bilder, Rahmen 103
Bild-Operator 100
Binärzahlen 59
Binomialfunktion 218
Binomialverteilung 217
Binominalverteilung
    inverse 498
    inverse negative 501
    kumulative negative 490
Bitmap 101
Bitmap, geräteunabhängige 101
Bitmaps
    Einfügen in Diagramme 305
BLAU_LESEN 406
BMPLESEN 406
BMPSCHREIBEN 407
Boolesche Operatoren 172
break 585
break-Anweisung 341
B-Spline 219
bspline 407
bspline(vx, vy, u, n) 219
Buch, elektronisches 43
Buch, elektronisches: Kommentare 45
Buchstaben, griechische 64, 86
Bulirsch-Stoer-Methode 236
Bulstoer 236, 408
bulstoer 408
bulstoer(y, x1, x2, acc, D, kmax, save) 237

C
Cauchy-Verteilung 217
Cauchy-Verteilung, inverse 498

Cauchy-Verteilung, kumulative 487
ceil 409
ceil(x) 200
CFFT(A) 201
cfft(A) 201
CGS-Einheiten 380
Chebyshev-Polynom 449
Chebyshevs 200
Chi-Quadrat-Verteilung 217
Chi-Quadrat-Verteilung, inverse 499
Chi-Quadrat-Verteilung, kumulative 487
cholesky 409, 410
cholesky(M) 207
Combin 410
combin(n, k) 199
cond1 410
cond1(M) 204
cond2 410
cond2(M) 204
conde 411
conde(M) 204
condi 411
condi(M) 204
continue 586
continue-Anweisung 341
cos 412
cos(z) 195
cosec 411
cosec(z) 195
cosech 411
cosh 411
cosh(z) 197
cot 412
cot(z) 195
coth 412
coth(z) 197
Coulomb 157
csch(z) 197
CSFT 414
csft 412
Csgn 415, 416, 417
csgn(z) 198
CTOL 213, 468

D
Datei lesen/schreiben 249
Dateiformat 39
Dateizugriff 242
    BILD_LESEN 406
    BLAU_LESEN 406
    BMPLESEN 406
    BMPSCHREIBEN 407
    HLS_HELL_LESEN 439

    HLS_LESEN 439
    HLS_SAT_LESEN 440
    HLS_SCHREIBEN 440
    HLS_TON_LESEN 440
    HLS_WERT_LESEN 442
    HSV_LESEN 441
    HSV_SAT_LESEN 441
    HSV_SCHREIBEN 441
    HSV_TON_LESEN 442
    PRNANFÜGEN 492
    PRNLESEN 493
    PRNSCHREIBEN 493
    RGBLESEN 510
    RGSCHREIBEN 511
    ROT_LESEN 522
    SaveColormap 524
Daten exportieren 261
Datenanalyse 215
Datendatei, importieren 253
Datenfelder 247
Daubechies'sche Vier-Koeffizienten-Wavelet-Filter 203
dbeta 418
dbeta(x, s1, s2) 217
dbinom 418
dbinom(k, n, p) 217
dcauchy 418
dcauchy(x, l, s) 217
dchisq 418
dchisq(x, d) 217
Definition 563, 576
    globale 577
    lokale 584
Definitionen 30
Definitionen, globale 141
deg 196
Dekomposition 207
Delta (m, n) 199
Delta-Funktion 199
depx(x, r) 217
Determinante 174, 177, 562, 565
dexp 419
Dezimalpunkt 58
dF 419
dF(x, d1, d2) 217
dgamma 419
dgamma(x, s) 217
dgeom 420
dgeom(k, p) 217
dhypergeom 420
dhypergeom(M, a, b, n) 217
diag 420
diag(v) 203

Diagramm, Symbolleiste 24
Diagrammbereiche 36
Diagramme 36
Diagramme, Standardwerte 276
Diagrammformatierung 37
Diagrammtyp
    umwandeln 296
DIB 101
Differential- und Integral
    Symbolleiste 24
Differentialgleichungen 229
Differentialgleichungen erster Ordnung 232
Differentialgleichungen höherer Ordnung 233
Differentialgleichungen, Lösung von
    Grwanp 436
    maximize 466
    multigit 479
    nullstellen 483, 484
    sgrw 525
    Steifb 532
    steifb 531
    Steifr 533
    steifr 533
    wurzel 549
Differentialgleichungen, Lösungen von
    Bulstoer 408
    bulstoer 408
    relax 507
    Rkadapt 513
    rkadapt 512
    rkfest 514
Differentialgleichungen, partielle 229, 239
Differentialgleichungssysteme 234
Dimensionen 148
Dimensionen anzeigen 158
Division 561
Division, skalare 176, 177
dlnorm 420
dlnorm(x, (, () 218
dlogis 421
dlogis(x, l, s) 218
dnbinom 421
dnbinom(k, n, p) 218
dnorm 421
dnorm(x, (, () 218
Doppelintegral 188
dpois 422
dpois(k, () 218
Drag&Drop 18
Drahtmodell 300
Drehen 307
Drucken 38, 39, 131
dt 422

dt(x, d) 218
dunif 422
dunif(x, a, b) 218
dweibull 423
dweibull(x, s) 218

E

e 138
Echelonform 204
eigenvek 424
eigenvek(M, z) 206
Eigenvektoren 206
eigenvektoren 423
eigenvektoren(M) 206
Eigenwerte 206
eigenwerte 424
eigenwerte(M) 206
Einfügen 77
einfügen
    Matrix 564
Einfügepunkt 32
Einfügepunkt verschieben 84
Eingabentabelle 251
einheit 425
Einheit einfügen 150
Einheiten 148
Einheiten, benutzerdefinierte 151
Einheiten, Umwandlung 158
Einheitenplatzhalter 156
Einheitensystem 148, 157
Einzug 89
Elektrizität 157
Elektronisches Buch 43
E-Mail 134
entw 313
entwickeln 591
Epsilon (i, j, k) 199
Erfc 425
Ergebnisformat 35, 152
Ergebnisformatierung 35
Ergebnisse 31, 152
Ergebnisse formatieren 152
Ergebnisse, Einheiten 156
Ergebnisse, komplexe 155
error(S) 241
Ersetzen 94
ersetzen 313, 591
erweitern 425
erweitern(A, B) 205
Erweiterungspaket 193
Excel 350
Excel-Komponente 355
exp 426

exp(z) 197
Exponentialfunktionen 197
Exponentialschwelle 35
Exponentialverteilung 217
Exponentialverteilung, inverse 499
Exponentialverteilung, kumulative 488

F
F1 47
Fadenkreuz-Cursor 57
faktor 313, 592
Fakultät 561
Farbpaletten 103
Farbtabellendatei 244
Farbzuordnung 298, 303
Fehl(x) 200
Fehler 426
Fehlerfunktion, komplementäre 425
Fehlermeldungen 166
fehlf 427
Fehlf(x) 200
Feld, Indizes 253
Feldelemente, Zugriff 253
Felder 58
Felder anlegen 247
Felder anzeigen 256
Felder einfügen 257
Felder kopieren 257
Felder, Bereichsvariablen 249
Felder, grafische Darstellung 261
Felder, verschachtelte 263
Feldindex 178
Feldursprung ändern 255
Fenster 26
FFT(v) 201
fft(v) 201
fhyper 431
Fläche
    Parameterdarstellung 286
Flächendiagramm 283, 300
    Erzeugen 285, 289
floor 431
floor(x) 200
for 585
Formate, mathematische 78
Format-Symbolleiste 25, 79
Formatvorlage definieren 91
for-Schleifen 338
fourier 313, 593
Fourier-Transformation 201
    CSFT 414
    csft 412
    ICSFT 443

icsft 443
ISFT 444
isft 444
SFT 430
sft 427
FRAME 163
Füllfarbe 298
Funktion
    Bulstoer 408
Funktion auf Ausdruck anwenden 76
Funktion einfügen 194
Funktionen auswerten 145
Funktionen definieren 145
Funktionen zweier Variablen 285
Funktionen, benutzerdefinierte, Variablen 147
Funktionen, hyperbolische 197
Funktionen, mathematische 195
Funktionen, trigonometrische 195
Funktionen, trigonometrische, inverse 196
Funktionen, vordefinierte 193
Funktionsdefinition 34, 602
Funktionsdefinitionen, rekursive 148
Funktionskategorien 399
Fußzeilen 120
F-Verteilung 217
F-Verteilung, inverse 499
F-Verteilung, kumulative 488

G
Gamma-Verteilung, inverse 499
Gamma-Verteilung, kumulative 488
gcd 432, 433
gcd(A) 199
genanp 433
genanp(vx, vy, vg, F) 223, 224
geninv 434
geninv(A) 203
genvektoren 435
genvektoren(M, N) 206
genwerte 435
genwerte(M, N) 206
geometrische Verteilung, inverse 500
Gitterlinien 276, 297
Glättungsfunktionen 221, 225
Gleich 582, 583
    symbolisches 578
Gleichheitszeichen, symbolisches 310
Gleichheitszeichen, symbolisches, anpassen 312
Gleichungen deaktivieren 163
Gleichungen, Anzeige 30
Gleichungen, eingebettete
    deaktivieren 94

Gleichungen, Einheiten 149
Gleichungen, im Text 93
Gleichungslösung
  Minfehl 472
Gleichungslösungen
  Suchen 536
Gleichungssysteme, lineare 207
Gleichverteilung, inverse 502
Gleichverteilung, kumulative 496
gleit 312, 593
global 141
gmittel 436
Grad 196
Grafiken 99
Grenzwert 574
  linksseitiger 575
  rechtsseitiger 574
Grenzwertprobleme 237
Griechische Buchstaben 64, 86
Größer als 581
Größer gleich 581
GRÜN_LESEN 436
Grwanp 436

H

Hauptwert 156
Heaviside-Sprungfunktion 199
Her 438
Her(n, x) 200
Hermite-Polynom 438
Hervorhebung 118
Hexadezimalzahlen 59
Hilfe 47
Hintergrundebenen 297
hist 438
hist(int, A) 215
HLS_HELL_LESEN 439
HLS_LESEN 439
HLS_SAT_LESEN 440
HLS_SCHREIBEN 440
HLS_TON_LESEN 440
HLS_WERT_LESEN 442
hmean 440
Hochgestellt 88
HSV_LESEN 441
HSV_SAT_LESEN 441
HSV_SCHREIBEN 441
HSV_TON_LESEN 442
HTML-Format 111
HTML-Hilfe 48
hyberbolische Funktionen
  arcosh 403
  arcsch 403
  arsech 403

arsinh 404
artanh 404
cosh 411
coth 412
sech 525
sinh 527
tanh 543
hyperbolische Funktionen
  cosech 411
hypergeom(a, b, c, x) 200
hypergeometrische Verteilung, inverse 500
Hyperlink einfügen 125
Hyperlinks 124

I

I0 442
I0(x) 197
I1 442
I1(x) 198
ibeta 443
ibeta(a, x, y) 200
ICFFT(A) 201
icfft(A) 201
ICSFT 443
icsft 443
identity(n) 204
if 584
if(cond, tvl, fvl) 199
IFFT(v) 201
ifft(v) 201
Im 444
Im(z) 198
Imaginärteil 198
In 445, 459
In(m, x) 198
Indizes 253
Infix 580
Informationszentrum 18, 42
Inhalte einfügen 101
Inplace-Aktivierung 18, 104
Integral
  bestimmtes 570
  unbestimmtes 572
Integrale 184
Integraltoleranzen 187
Integration, Romberg 185
Integrationsalgorithmen 185
Integrationsgrenze, Singularität 186
Integrationsgrenzen, variable 186
IntelliMouse 26
Internet-Zugriff 49
interp 445
interp(vs, vx, vy, x) 219
Interpolation 219

Interpolation und Vorhersage
    bspline 407
    interp 445
    lspline 463
    kspline 452
    linterp 457
    prognose 494
    pspline 495
invfourier 313, 594
invlaplace 314, 594
invztrans 314, 595
IsArray 447
IsArray(x) 241
ISFT 444
isft 444
lspline 463
IsScalar 447
IsScalar(x) 241
IsString 447
IsString(x) 241
Ist 563, 575
iwave 448
iwave(v) 203

J
J0 448
J0(x) 198
J1 448
J1(x) 198
Jac 448
Jac(n, a, b, x) 200
Jacobi-Polynom 449
Jn 449
Jn(m, x) 198
js 449
js(n, x) 198
JScript 365

K
K0 450
K0(x) 198
K1 450
K1(x) 198
kgltt 450
kgltt(vx, vy, b) 225
Klammern einfügen 75
Klammern entfernen 76
Kleiner als 581
Kleiner gleich 582
Kn 451
Kn(m,x) 198
knorm 451
knorm(x) 218

koeff 313, 595
Kombinatorik 199
komplex 312, 595
Komplexe Zahlen 175
    arg 403
    Csgn 415, 416, 417
    Im 444
    Re 509
    signum 527
Komponenten 350
Konjugation 174
Konjugation, komplexe 177
Konjugierte komplexe Zahl 562
Konvergenztoleranz 213
konvert, parfrac 596
Koordinatensystem
    kartesisches 285
Kopf-/Fusszeile 120
Kopfzeilen 120
Kopieren 77
korr 452
korr(A, B) 215
Korrelationskoeffizienten 215
Kosekans 195
Kosekans, hyperbolische 197
Kosinus 195
Kosinus, hyperbolischer 197
Kotangens 195
Kovarianz 215
Kreuzprodukt 177, 565
Kroneckersche Delta-Funktion 199
kspline 452
kspline(vx, vy) 219
Kürzungen 200
Kugelkoordinaten 285
kurt 453
Kurve
    Parameterdarstellung 286
Kvar 453
kvar(A, B) 215

L
länge 454
Lag 454
Lag(n, x) 200
Laguerre-Polynom 454
laplace 314, 596
Laplacesche Gleichung 240, 480
Layout 118
lcm 454
lcm(A) 199
Leeres Arbeitsblatt 110
Leerzeilen einfügen 116

Leerzeilen entfernen 116
Leg 454
leg(nx, x) 200
Legendre-Polynom 449
letzte 455
Leuchtstärke 157
linanp 455
linanp(vx, vy, F) 222, 223, 224
Linien 300
Linienfarbe 302
linterp 457
linterp(vx, vy, x) 219
Literaturverzeichnis 605
llösen 459
llösen(M, v) 207
ln(z) 197
loess 460
loess(vx, vy, span) 222
Lösungen, langsam variierende 236
Lösungsalgorithmen 214
Lösungsblock 210
log 462
Logarithmus- und Exponentialfunktion
   exp 426
   ln 459
   log 462
Logarithmusfunktionen 197
logistische Verteilung, inverse 500
lspline(vx, vy) 219
lu 466
lu(M) 207
LU-Faktorisierung 466
Lux 157
LU-Zerlegung 466

M
Mail 134
Mail-API 134
MAPI 134
Mathcad 8 18
Mathcad beenden 39
Mathcad Professional Edition 18
Mathcad-6-Format 112
Mathcad-7-Format 112
Mathcad-Arbeitsblatt 26
Mathcad-Dateiformat 39
Mathcad-Hilfe 47
Mathcad-Vorlage 113
MathConnex 364
MATLAB 350
MATLAB-Komponente 363
matrix 466
Matrix anlegen 59

Matrix einfügen 248
matrix(m, n, f) 205
Matrix, Befehl 247
Matrix, spezielle Eigenschaften 204
Matrix, Symbolleiste 24
Matrix-Addition 177
Matrixelemente, Definition 254
Matrixfunktionen 203
Matrixindex 178, 561, 564
   hochgestellt 565
Matrixinversion 565
Matrixmultiplikation 175, 176
Matrix-Subtraktion 177
Matrizen 59, 247
Matrizen, neue 205
Matrizentypen 203
max 466
Maximierungsproblem
   Lösung 467
maximize 466
MCD 39
medgltt 469
medgltt(vy, n) 225
Median 215
median 471
median(A) 215
Mehrfachintegrale 188
Metadatei 101
mhyper 472
mhyper(a, b, x) 200
Microsoft Excel 350
MIME 134
min 475
Minfehl 472
Minimierungsproblem
   Lösung 475
Mittel, arithmetisches 215
mittelwert 478
mittelwert(A) 215
MKS-Einheiten 384
mod 478, 479
mod(x, y) 199
mode 479
Modifikator 588
Modus, automatischer 160
Mol 157
multigit 240, 479
Multiplikation 67, 175, 560
Multiplikation, skalare 176

N
Name 61
Namen, ändern 69

Namen, Eingabe 66
Negation 560
Negativwert 177
neigung 481
neigung(vx, vy) 221
Norm, euklidsche 204
norm1 482
norm1(M) 204
norm2 482
norm2(M) 204
NORMAL.MCT 113
Normalverteilung 218
Normalverteilung, inverse 501
Normalverteilung, inverse logarithmische 500
Normalverteilung, kumulative 490
Normalverteilung, kumulative logarithmische 489
Normalverteilung, logarithmische 218
norme 482
norme(M) 204
normi 482
normi(M) 204
n-te Wurzel 562
nullstellen 483, 484
nullstellen(v) 208
num2str(z) 241

O

Oberfläche
    Füllen 298
Object Linking and Embedding 18, 104
Objekt einfügen 105
Objekte 99
Objekte einfügen 104
Oktalzahlen 59
OLE 104
OLE 2 18
OLE-Automatisierung 365
OLE-Objekt 101
OLE-Objekte 350
on error 343, 586
Online-Hilfesystem 18
Online-Ressourcen 41
Operanden 65, 170
Operator einfügen 70, 169
Operator löschen 73
Operator, benutzerdefinierter 189
Operator, Platzhalter 170
Operator, Tastenkombination 169
Operatoren 65, 169
    arithmetische 559
    Auswertungs- 575
    boolesche 575

Matrix 564
    Programmierung 581, 584
    Rechen- 567
    Zugriff auf 557
Operatoren, arithmetische 172
Operatoren, Boolesche 172
Operatoren, Eingabe 66
Operatoren, komplexe 174
Operatoren, programmierbare 171
Operatoren, symbolische 170
Optimierung 208
Optionen
    Autoselect 468
    Erweiterte Optionen 468
    Linear 468
    Nichtlinear 468
    Quadratisch 468
otherwise 585

P

Palette optimieren 103
Parameterfunktion 287
Parametriesiertes Flächendiagramm
    Erzeugen 290
Parametrisierte Kurve
    Erzeugen 291
parfrac
    s. konvert, parfrac 596
pbeta 485, 486
pbeta(x, s1, s2) 217
pbinom 486
pbinom(k, n, p) 217
pcauchy 487
pcauchy(x, l, s) 217
pchisq 487
pchisq(x, d) 217
Pearson 215
permut 487
permut(n, k) 199
Permutation 487
pexp 488
pexp(x, r) 217
pF 488
pF(x, d1, d2) 217
pgamma 488
pgamma(x, s) 217
pgeom 488
pgeom(k, p) 217
Phi(x) 199
phypergeom 489
phypergeom(M, a, b, n) 217
Platzhalter 30, 57, 170
plnorm 489

plnorm(x, (, () 218
plogis 489
plogis(x, l, s) 218
pnbinom 501
pnbinom(k, n, p) 218
pnbiom 446, 447, 489, 490
pnorm 490
pnorm(x, (, () 218
Poissonsche Gleichung 239, 480
Poisson-Verteilung 218
Poisson-Verteilung, inverse 501
Populationsstandardabweichung 216
Populationsvarianz 216
Portnummer 49
Postfix 580
Postfix-Operator 191
Potenz 177, 563
ppois 490, 491, 492
ppois(k, () 218
Präfix 578
Präfix-Operator 191
PRNANFÜGEN 492
PRNLESEN 493
PRNSCHREIBEN 493
Produkt 568
Produkt, iteriertes 178, 179
Produktbildung, mit Bereichsvariablen 179
Produkte 178
prognose 494
prognose(v, m, n) 219
Prognosewerte 219
Programmierung 333
Programmierung, Symbolleiste 24
Proxy-Server 49
pspline 495
pspline(vx, vy) 219
pt 496
pt(x, d) 218
punif 496
punif(x, a, b) 218
Punkte 302
    Einfügen und Entfernen 303
Punktlichtquellen 303
Punktprodukt 176
pweibull 497
pweibull(x, s) 218

Q
qbeta 497, 498
qbeta(p, s1, s2) 217
qbinom 498
qbinom(p, n, r) 217
qcauchy 498

qcauchy(p, l, s) 217
qchisq 499
qchisq(p, d) 217
qexp 499
qexp(p, r) 217
qF 499
qF(x, d1, d2) 217
qgamma 499
qgamma(p,s) 217
qgeom 500
qgeom(p, r) 217
qhypergeom 500
qhypergeom(p, a, b, n) 217
qlnorm 500
qlnorm(p, (, () 218
qlogis 500
qlogis(p, l, s) 218
qnbinom(p, n, r) 218
qnorm 501
qnorm(p, (, () 218
qpois 501
qpois(p, () 218
qr 502
qr(A) 207
qt 502
qt(p, d) 218
Quadratwurzel 562
QuickPlot 284
qunif 502
qunif(p, a, b) 218
qweibull 503
qweibull(p, s) 218

R
Ränder 119
Rahmen 103, 296, 297
Raumkurve 288
    Erzeugen 287
rbeta 503, 504
rbeta(m, s1, s2) 217
rbinom 504
rbinom(m, n, p) 217
rcauchy 504
rcauchy(m, l, s) 217
rchisq 504
rchisq(m, d) 217
Re 509
Re(z) 198
READBMP 100
real 589, 598
RealRange 589, 598
Realteil 198
Rechenbereich 93

Rechen-Palette 24
Rechtschreibprüfung 96
Region ausblenden 122
Region löschen 124
Region sperren 122
regress 505
regress(vx, vy, n) 222
Regression und Glättung
    achsenabschn 401
    genanp 433
    kgltt 450
    linanp 455
    loess 460
    medgltt 469
    neigung 481
    regress 505
    stdfehl 531
    strgltt 534
Regression, lineare 221
Regression, polynomiale 222
Regressionsfunktionen 221
Regressionslinie, Steigen 221
reihe 313, 597
Rekursion 347
relax 240, 507
return 586
return-Anweisung 342
rexp 509
rexp(m, r) 217
rF 509
rF(x, d1, d2) 217
rg 512
rgamma 509
rgamma(m, s) 217
RGBLESEN 510
RGBSCHREIBEN 511
rgeom 511
rgeom(m, p) 217
rhypergeom 512
rhypergeom(m, a, b, n) 217
Rkadapt 236, 513
rkadapt 512
rkadapt(y, x1, x2, acc, D, kmax, save) 237
rkfest 514
rlnorm 519
rlnorm(m, (, () 218
rlogis 520
rlogis(m, l, s) 218
rnbinom 520
rnbinom(m, n, p) 218
rnd 520
rnd(x) 218
rnorm 522

rnorm(m, (, () 218
Romberg 185
Rosenbrock-Methode 236
ROT_LESEN 522
round(x, n) 200
rpois 523
rpois(m, () 218
rref 523
rt 523
rt(m, d) 218
RTF-Format 111
Runde Klammern 559
runden 523
Rundungen 200
runif 524
runif(m, a, b) 218
rweibull 524
rweibull(m, s) 218

S
concat(S1, S2, 241
Säulendiagramm 283
    Erzeugen 285
sammeln 313, 598
SaveColormap 524
Schleifen 338
Schlüsselwörter
    Zugriff auf 587
Schlüsselwörter, symbolische 25
Schrift 88
Schriftgröße 88
Schriftschnitt 88
Scriptable Object 365
search(S, S1, m) 241
sec 525
sech 525
sech(z) 197
Seite einrichten 119
Seitenansicht 133
Seitenumbrüche 119
Sekans 195
Sekans, hyperbolische 197
SFT 430
sft 427
sgrw 525
SI-Einheiten 378
sign 527
sign(x) 199
signum 527
signum(z) 198
sin 528
sin(z) 195
sinh 527

sinh(z) 197
Sinus 195
Sinus, hyperbolischer 197
Skalar 58
Skalare Addition 177
Skalare Subtraktion 177
Skalarprodukt 564
skew 528
Skriptingsprachen 365
Socket 49
Sonderfunktionen 601
    Erfc 425
    fehlf 427
    fhyper 431
    ibeta 443
    Jac 448
    Lag 454
    Leg 454
    mhyper 472
    Tcheb 544
    Ucheb 544
sort 528
sort(v) 208
Sortieren 208
Sortierung
    sort 528
    spsort 529
    umkehren 545
    zsort 554
sp 530
spalten 529
Spaltenvektor 60
Speichern 38
Spline, kubischer 219
Spline-Interpolation 220
Spline-Interpolation, kubische 220, 463
S-PLUS 350
S-PLUS-Diagramm-Komponente 360
S-PLUS-Skript-Komponente 361
spsort 529
spsort(A, n) 208
Spur 204
Spuren 276
Standardformate 38
Standard-Normverteilung, kumulative 451
Standardpalette verwenden 103
Standard-Symbolleiste 25
stapeln 530
Statistik 215
Statistische Funktion
    mode 479
Statistische Funktionen
    hmean 440

kurt 453
Kvar 453
statistische Funktionen
    gmittel 436
    hist 438
    korr 452
    median 471
    mittelwert 478
    skew 528
    Stdabw 530
    stdabw 530
    Var 545, 546
    var 545
Stdabw 530
stdabw 530
Stdabw(A) 216
stdabw(A) 216
stderr(vx, vy) 221
stdfehl 531
Steifb 236, 532
steifb 531
steifb(y, x1, x2, acc, D, J, kmax, save) 237
Steifr 236, 533
steifr 533
steifr(y, x1, x2, acc, D, J, kmax, save) 237
stetige Funktion, stückweise
    wenn 547
Stoff 157
str2num(S) 242
str2vec(S) 242
Streuungsdiagramm 283, 287, 288
    Erzeugen 285, 289
strgltt 534
strgltt(vx, vy) 225
strlen(S) 242
strtpos 535
Studentsche t-Verteilung 218
submatrix 536
submatrix(A, ir, jr, ic, jc) 205
Subroutinen 345
substr(S, m, n) 242
Subtraktion 560
Subtraktion, skalare 177
subzf 536
Suchen 536
Suchen&Ersetzen 94
suchen(z0, z1, ...) 211
Suffixe 58
Summation 567
Summation, Index 178
Summation, mit Bereichsvariablen 179
Summation, variable Obergrenze 180
Summationen 178

Summations-Operator 178
Support, technischer 21
svd 542
svd(A) 208
svds 542
svds(A) 208
Symbole, griechische 24
Symbolische Schlüsselwörter 587
Symbolisches Gleich 578
Symbolleisten 24
Systeme, glatte 236
Systeme, steife 236
Systemvariablen 138

T

tan 543
tan(z) 195
Tangens, hyperbolischer 197
tanh 543
tanh(z) 197
Tcheb 544
Tcheb(n, x) 200
teilbruch 313
TEMPLATE 113
Tensor, asymmetrischer 199
Text
    Einfügen in Diagramme 305
Text auswählen 85
Text einfügen 83
Text ergänzen 84
Text löschen 84
Text, Gleichungen 93
Textbereich 27, 32
Textbereich, Breite 86
Textbereiche 83
Texteigenschaften 87
Texteingabe 32
Textfeld 32
Textformat ändern 91
Textformat anlegen 92
Textformat löschen 92
Textformat, Absatz 90
Textformate 90
Textwerkzeuge 94
Tiefgestellt 88
Tiefstellungen 64
Titel der Darstellung 297
TOL 187, 468
Toleranzvariable 187
Transformation, symbolische 376
Transformationen, diskrete 201
Transponierte 566
Transposition 177

Treefix 580
trig 599
Trigonometrie 195
trigonometrische Funktion
    atan2 404
trigonometrische Funktionen
    acos 401
    acsc 402
    arcot 401, 402
    asec 404
    asin 404
    atan 405
    cos 412
    cosec 411
    cot 412
    sec 525
    sin 528
    tan 543
    winkel 548
trunc 544
trunc(x) 200
t-Verteilung 218
t-Verteilung, inverse 502
t-Verteilung, kumulative 496

U

Ucheb 544
Ucheb(n, x) 200
Umgebungslicht 303
umkehren 545
umkehren(A) 208
Umrißdiagramm 283, 292, 300
    Erzeugen 285, 292
Umrisse
    füllen 300
Umrißkarte 292
Umrißlinien 300, 301
Unendlichkeitsnorm 204
Ungleich 582
Uniform Resource Locator 47
URL 47
US-spezifische Einheiten 382
UUENCODE 134

V

Var 545, 546
var 545
Var(A) 216
var(A) 216
Variable, Mehrfachdefinition 141
Variablen 30
Variablen auswerten 137
Variablen definieren 137

Variablen, eingebaute 138
Variablen, Format 78
Variablen, vordefinierte 386
Variablendefinition 137
Variablennamen, Einschränkungen 63
VBScript 365
vec2str(v) 242
vekinzf 546
Vektor anlegen 59
Vektor- und Matrix-Addition 177
Vektor- und Matrixfunktion
    cholesky 409, 410
    cond1 410
    cond2 410
    conde 411
    condi 411
    diag 420
    eigenvek 424
    eigenwerte 424
    einheit 425
    erweitern 425
    geninv 434
    genvektoren 435
    genwerte 435
    länge 454
    letzte 455
    llösen 459
    lu 466
    matrix 466
    max 466
    min 475
    norm1 482
    norm2 482
    norme 482
    normi 482
    qr 502
    rg 512
    rref 523
    sp 530
    spalten 529
    stapeln 530
    submatrix 536
    svd 542
    svds 542
    zeieln 553
Vektor- und Matrixpalette 175
Vektor- und Matrix-Subtraktion 177
Vektor- und Matrtixfunktion
    eigenvektoren 423
Vektor zeichnen 272
Vektor/Matrix-Multiplikation 176
Vektoren 59, 247
Vektorfelddiagramm 283
    Erzeugen 293

Vektorfunktionen 203
Vektorindex 178, 561, 564
Vektorisieren 178, 259, 566
Vektorisieren-Befehl 175
Vektorisieren-Operator 260
Vektorprodukt 175
Vektorsumme 177, 565
vereinf 312
vereinfachen 598
verkett 546
Verknüpfungen 107
Verteilung, geometrische 217
Verteilung, hypergeometrische 217
Verteilung, kumulative logistische 489
Verteilung, logistische 218
Volltonfarbe 298, 303
Vordefinierte Variablen 139
Vorgabe 211
Vorlagen 109
Vorlagen anlegen 112

W
Wahrscheinlichkeit 215
Wahrscheinlichkeitsdichte
    dbeta 418
    dbinom 418
    dcauchy 418
    dchisq 418
    dexp 419
    dF 419
    dgamma 419
    dgeom 420
    dhypergeom 420
    dlnorm 420
    dlogis 421
    dnbinom 421
    dnorm 421
    dpois 422
    dt 422
    dunif 422
    dweibull 423
Wahrscheinlichkeitsdichten 216
Wahrscheinlichkeitsverteilung
    knorm 451
    pbeta 485, 486
    pbinom 486
    pcauchy 487
    pchisq 487
    pexp 488
    pF 488
    pgamma 488
    pgeom 488
    phypergeom 489
    plnorm 489

plogis 489
pnbinom 446, 447, 489, 490
pnorm 490
ppois 490, 491, 492
pt 496
punif 496
pweibull 497
qbeta 497, 498
qbinom 498
qcauchy 498
qchisq 499
qexp 499
qF 499
qgamma 499
qgeom 500
qhypergeom 500
qlnorm 500
qlogis 500
qnbinom 501
qnorm 501
qpois 501
qt 502
qunif 502
qweibull 503
Wahrscheinlichkeitsverteilung, gleichmäßige 218
Wahrscheinlichkeitsverteilungen 216
Wahrscheinlichkeitsverteilungen, inverse kumulative 216
Wahrscheinlichkeitsverteilungen, kumulative 216
wave 546
wave(v) 203
Wavelet-Transformation
    iwave 448
    wave 546
Wavelet-Transformationen 203
Web-Browsing 46
Weibull-Verteilung 218
Weibull-Verteilung, inverse 503
Weibull-Verteilung, kumulative 497
wenn 547
while 585
while-Schleifen 339
Winkel 195
winkel 548
winkel(x, y) 195
Wurzel
    n-te 562
    Quadrat- 562
wurzel 549
wurzel(f(z), z) 208
Wurzeln 208

X
X-Y-Diagramm 36

Y
Y0 552
Y0(x) 198
Y1 552
Y1(x) 198
Yn 552
Yn(m, x) 198
ys 553
ys(n, x) 198

Z
Zahlen 58
Zahlen ändern 69
Zahlen, Eingabe 66
Zahlen, komplexe 58, 175, 198
Zahlen, Konstanten 78
Zahlentheorie 199
Zahlentheorie/Kombinatorik
    Combin 410
    gcd 432, 433
    lcm 454
    permut 487
Zahlentheorie/Kominatorik
    mod 478, 479
Zahlentypen 58
zahlinzf 553
Zeichenfolgen, Funktionen 241
Zeichenfolgen, Reihenfolge 174
Zeichenfolgen, Vergleich 174
Zeichenkettenfunktion
    Fehler 426
    strtpos 535
    subzf 536
    vekinzf 546
    verkett 546
    zahlinzf 553
    zfinvek 553
    zfinzahl 554
    zflänge 554
zeilen 553
Zeilen einfügen 116
Zeilen löschen 116
Zeilenvektor, in Spaltenvektor umwandeln 178
zfinvek 553
zfinzahl 554
zflänge 554
Zoom 114
Zoomen 307
zsort 554
zsort(A, n) 208

ztrans 314, 599
Zufallszahlen
    rbeta 503, 504
    rbinom 504
    rcauchy 504
    rchisq 504
    rexp 509
    rF 509
    rgamma 509
    rgeom 511
    rhypergeom 512
    rlogis 520
    rnbinom 520
    rnd 520
    rnorm 522
    rpois 523
    rt 523
    runif 524
    rweibull 524
Zufallszahlengeneratoren 216
Zuweisungsoperator, lokaler 334
Zylinderkoordinaten 285